スペイン初期中世建築史論

―10世紀レオン王国の建築とモサラベ神話―

伊藤 喜彦

中央公論美術出版

Spanish Early Medieval Architecture

Architecture of the 10th Century Kingdom of León and the Myth of Mozarabism

by

Yoshihiko Ito

Published 2017 in Japan by Chuokoron Bijutsu Shuppan Co., Ltd.

ISBN978-4-8055-0786-5

外観

内観

口絵1　サン・ミゲル・デ・エスカラーダ

外観

内観

口絵2　サンティアゴ・デ・ペニャルバ

主扉口の馬蹄形アーチ

外観

交差ヴォールト

口絵3　サン・ミゲル・デ・セラノーバ

内観

内観

内観

口絵4　サン・セブリアン・デ・マソーテ

創建部分内観

サン・エステバン（サン・セバスティアン）門

口絵5　コルドバ大モスク

外観

ヴォールト

口絵6　サンタ・マリア・デル・ナランコ

刊行に寄せて

　2003年度の授業開講時、私の担当する学生に一人の日本人留学生がいることを知って驚いた。

　若い頃、日本人学生と親しく交遊したことは私の大切な思い出である。高校・大学時代に生活をともにした日本の友人たちから、私は責任感、勤勉さ、そして友情の深遠さを学んだものだ。以来、私は日本人に対する尊敬と愛着、賞讃の気持ちを抱き続けてきた。

　伊藤喜彦君（そう、あの年度はじめに私の講義教室にいたのは彼だった）の存在は、私に二重の感情を引き起こした。責任感ある学生を引き受ける喜びがあった一方で、ヨーロッパ中世美術の一般的規範とはかなり異なった、スペイン初期中世の物質文化やイデオロギーに対し、彼がうまく対峙できるかどうか心配になったのである。しかしその心配はたちまち霧散した。伊藤君の質問や観察からは、彼が他の平均的な学生よりもこの主題をずっとよく理解していることが明らかになった。講義期間中からすでに、彼の修得した知識が十分であることは感じとっていたが、その後指導教官となって、研究の主題に対する彼独特の視点を見出すことになった。10世紀イベリア半島建築の謎を解明するにあたって、建築を建てた人びとや、当時の儀礼的習慣に則ってその建築を「生きた」社会を常に念頭に置きながら研究を進めるという、彼の研究構想が明らかとなったのである。

　伊藤君がスペインで最初に行ったサンティアゴ・デ・ペニャルバ寺院（10世紀）についての研究成果は、大学院時代を終え「サンティアゴ・デ・ペニャルバ教会堂における擬煉瓦積みヴォールトと10世紀レオン王国における古代建造物からの美的借用」（2012）という見事な研究論文に昇華された。この論文で伊藤君は、サンティアゴ・デ・ペニャルバの解釈にそれまで取りあげられてこなかった美的側面を持ち込み、10世紀レオン建築を規定する形態がアラブ起源かキリスト教起源かについて、専門家同士が複雑だが不毛な議論に終始してきた研究状況を打破しようとした。彼の考えによると、ローマの伝統にしたがって天井画が描かれたヴォールトは、10世紀スペインで未だ有効であったローマ末期イスパニアの図像および技術的資源を強調するものだったという。同じく

i

先行研究の方向性の転換を促す彼の研究成果に「10世紀のレオン王国における新しい権力、古い領域、再興された建築」がある。

上記2つの論文の精度は権威ある出版物によって十分に保証されたものであるが、いま読者の皆さんが目にしている彼の博士論文を元にした本書は、単にこれらの研究の延長線上にあるだけではなく、筆者である伊藤君のスペイン10世紀建築に関する知識の成熟ぶりを確信させてくれるものとなっている。

筆者は、研究の新たな方向性を打ち立てんとする一方、建築史研究の伝統的方法論を忘れてしまったわけではない。むしろ、それを完璧に磨き上げた形で用いる。建築の形と技術は2つの基本的な視点、すなわち形態論と統語論によって分析されていく。建築を専門とする筆者は技術に対し少なからぬ関心を寄せる。形態は、上手い下手はともかく容易に模倣されうるものだが、技術的資源の伝播はそれとは全く異なっており、世代を超えた連続性が見出されると筆者は指摘する。まさにこのことから筆者は、エスカラーダ、マソーテ、ペニャルバ、セラノーバといった建築が置かれた文脈、すなわち、西ゴート時代（5-8世紀）に存続していた古代の栄光に根ざし、イデオロギー的制約、機能的条件、限られた資源によってヨーロッパの変容から隔絶した伝統の様相を読み解いていく。これらは、第四部に収められた主要な建築についての素晴らしいモノグラフを書き下ろすにあたり必要な視点なのである。

紙面が限られているが、研究史に捧げられた第一部についてもコメントしておきたい。研究対象について豊富な知識を持つ筆者は、スペイン初期中世建築に対してこれまで唱えられてきたさまざまな意見を独自の視点で切り取り、それらのテクストが各時代のどんなコンテクストのなかで書かれたものなのかを正確に示してくれる。さらに建築の専門家として西洋美術史家の限られた視野を超えた豊かな視座を提供してくれるのである。

親愛なる読者の皆さん、本書は、紀元千年の西欧文化によって終わりを迎えることになる、スペイン美術の複雑で魅力的な世紀について、卓越したヴィジョンを示してくれるでしょう。

2016年秋　マドリッド・アウトノマ大学
イシドロ・G・バンゴ・トルビッソ

Presentacion

Fue para mí una gran sorpresa descubrir entre mis alumnos del curso 2003/04 un alumno japonés. Siempre he guardado entre mis recuerdos la estrecha amistad que mantuve con estudiantes japoneses durante mi juventud. Con ellos compartí mis últimos años de bachillerato y los de universidad. Aprendí de ellos el espíritu de responsabilidad y trabajo, así como lo entrañable de la amistad. De estos años de convivencia he conservado mi respeto, cariño y admiración por el pueblo japonés. La presencia de Yoshihiko Ito, pues este era el japonés que estaba en mi aula en aquel comienzo de curso, me produjo un doble sentimiento: alegría por saber que iba a tener un alumno responsable, pero a su vez me preocupaba si sería capaz de enfrentarse con una cultura material e ideológica bastante diferenciada de la norma general del arte medieval europeo. Mis preocupaciones se disiparon rápidamente: sus preguntas y observaciones demostraban un buen conocimiento del tema, muy superior a la media de los alumnos de su clase. Más adelante me convertí en su tutor, circunstancia que me permitió conocer no tanto su formación en el tema, cosa que ya pude detectar en las clases, como sus puntos de vista personales sobre la materia, lo mismo que sus ideas para enfrentarse con una investigación que contribuyese a aclarar el misterio de nuestros edificios del siglo X sin olvidarse de las gentes que los construyeron así como la sociedad que los "vivió" en la práctica ritual.

Tras su periodo de formación, su primer trabajo académico, dedicado al templo de Santiago de Peñalba (siglo X), terminó por convertirse en un brillante artículo de investigación: "Las bóvedas de ladrillo fingido en la iglesia de Santiago de Peñalba y los préstamos estéticos de monumentos antiguos en el reino de León en el siglo X" (2012). Con este articulo, Ito buscaba romper una línea de investigación, centrada en aquel entonces en una disquisición bizantina de especialistas, acerca del posible origen árabe o cristiano de las formas que definían la arquitectura leonesa de la décima centuria, introduciendo en la interpretación de Santiago de Peñalba otros aspectos estéticos que no habían sido tenidos en cuenta. Bóvedas pintadas según la tradición romana ponían, según su criterio, el énfasis en iconografía y recursos técnicos de la tardorromanidad hispana todavía vigentes en la España del X. En esta misma línea de renovación de las líneas de investigación debe incluirse su trabajo "New Power, Old Territory, and

iii

Renewed Architecture in the 10th century Kingdom of León".

Si estos dos trabajos nos sirven como testimonio perfectamente contrastado, pues ya son investigaciones avaladas por publicaciones de prestigio, su tesis doctoral, que el lector puede leer en las páginas de este libro, además de continuar en esta misma línea, nos confirma la madurez que ha alcanzado en el conocimiento de nuestra arquitectura del siglo X.

Pero si Ito abre nuevas líneas de investigación, no olvida los planteamientos historiográficos clásicos, ahora bien perfectamente depurados. Formas y técnicas arquitectónicas son analizadas desde dos puntos de vista fundamentales: morfología y sintaxis. Como experto en arquitectura, no es menor la atención que dedica a las técnicas. En este sentido, sabe muy bien que las formas se pueden imitar mejor o peor, pero cosa muy distinta es la transmisión de los recursos técnicos que lleva implícita la continuidad generación tras generación. Precisamente por esto, el autor no olvida contextualizar la realidad arquitectónica de edificios como Escalada, Mazote, Peñalba y Celanova en una tradición que arranca por condicionamiento ideológico, por necesidad funcional y por obligado continuismo de unos recursos limitados y aislados del devenir europeo en el esplendor antiguo todavía subsistente durante la monarquía visigoda (Siglos V - VIII). Todo ello será fundamental para redactar brillantemente las monografías de los edificios capitales recogidas en el capítulo IV.

No quisiera olvidar en estas breves palabras mías el capítulo dedicado a la historiografía del tema. Para un buen conocedor de la materia Ito realiza una original disección de las diferentes posturas, señalando con precisión el contexto de la época en que fueron escritas, pero es que además aporta la visión enriquecedora de un experto conocedor de la arquitectura con una óptica más amplia que la muy limitada de los historiadores del arte occidental.

Estimado lector, tienes ante tus ojos una excelente visión de un periodo complejo y muy atractivo del arte español en el siglo que concluirá en la cultura occidental en el año mil.

Universidad Autónoma de Madrid, otoño de 2016

Isidro G. Bango Torviso

iv

目　　次

刊行に寄せて …………………イシドロ・G・バンゴ・トルビッソ　*i*

表記について ………………………………………………　*3*

序 ………………………………………………………………　*7*

1) スペイン10世紀キリスト教建築というテーマ …………　*7*

2) 研究史の重要性 ………………………………………　*8*

3) 社会史の重要性 ………………………………………　*10*

4) 建築の歴史を語るための方法と史料 …………………　*12*

5) レオン王国建築の再考 ………………………………　*14*

第一部　スペイン初期中世建築研究史

はじめに …………………………………………………………　*19*

第1章　国民的建築をもとめて …………………………………　*20*

1) 西欧中世建築史の発達とロマネスク、東方 ……………　*20*

2) スペイン初期中世建築史の草創期 ……………………　*24*

3) ランペレスの登場 ……………………………………　*35*

4) ゴメス・モレーノ ……………………………………　*40*

5) スペイン中世建築史草創期の修復事業の問題
　　――レオン大聖堂　 ………………………………　*50*

まとめ ……………………………………………………　*52*

第2章　西ゴート、アストゥリアス、モサラベ …………　*54*

1) 発見された遺構、復原事業 ……………………………　*55*

2) 20世紀中葉までの成果とその後への継承 ……………　*57*

3) イスパノ・ビシゴード建築研究史 ……………………　*62*

4) アストゥリアス建築研究史 ……………………………　*65*

5)「プレロマネスク」とスペイン建築 ……………………… 69

　まとめ ……………………………………………………… 73

第3章　「モサラベ教会堂」と10世紀イベリア半島
　　　　キリスト教建築 …………………………………… 74

　1)　新たな発見とゴメス・モレーノ史観 ………………… 75

　2)　モサラベ以外の呼称の提唱とリージョナリズム ……… 80

　3)　レポブラシオン ………………………………………… 85

　4)　呼称の忌避と慣習としての形容詞「モサラベ」……… 88

　5)　10世紀研究と前二者との差異 ………………………… 91

第4章　近年の成果と問題点 …………………………………… 93

　1)　カバリェーロ・ソレーダ ……………………………… 93

　2)　アルバイターとノアック ……………………………… 97

　3)　バンゴ …………………………………………………… 98

　4)　ドッズ ………………………………………………… 100

　5)　マルティネス・テヘーラ …………………………… 102

　6)　グアルディア ………………………………………… 102

　7)　そのほかの進展と研究動向の総括 ………………… 104

　　　注 ……………………………………………………… 107

第二部　レオン王国とモサラベ移民

はじめに …………………………………………………………… 131

第1章　イベリア半島の初期中世 ……………………………… 133

　1)　ローマ時代のイベリア半島 ………………………… 133

　2)　西ゴート時代 ………………………………………… 138

　3)　711年 …………………………………………………… 145

　4)　アル・アンダルス …………………………………… 147

　5)　アストゥリアス王国 ………………………………… 150

6) 各時代の史料的差異について ……………………… *155*

7) 10世紀から11世紀へ ……………………………… *157*

第2章　ドゥエロ川北岸の無人化と再入植活動 ………… *163*

1) 無人化の現実と社会的断絶 ……………………… *163*

2) 無人化・再入植研究史 …………………………… *165*

3) 史料 ………………………………………………… *169*

4) 8世紀中葉の混乱 ………………………………… *170*

5) アルフォンソ1世の戦略的無人化 ……………… *172*

6) 年代記の語る再入植 ……………………………… *173*

7) 公文書の語る無人化と再入植 …………………… *175*

8) 無人化説への反論 ………………………………… *176*

まとめ ………………………………………………… *182*

第3章　モサラベとレオン王国に見られる
　　　　アラビア語の残滓 ……………………………… *185*

1)「モサラベ」という呼称 ………………………… *186*

2)「モサラベ」典礼 ………………………………… *190*

3) モサラベ研究史 …………………………………… *190*

4) アル・アンダルスのキリスト教社会 …………… *195*

5) アル・アンダルスから
　　アストゥリアス＝レオン王国への移民 ………… *203*

6) レオン王国公文書中のアラビア語由来の固有名詞 ……… *212*

まとめ ………………………………………………… *237*

第4章　10世紀レオン王国　建築の背景としての社会 ‥ *239*

1) レオン王国の10世紀 ……………………………… *240*

2) 文学、絵画、芸術 ………………………………… *262*

3) 社会的（非）断絶 ………………………………… *268*

注 ……………………………………………………… *271*

第三部　スペイン初期中世建築の特質

はじめに …………………………………………………… *295*

第1章　スペイン初期中世建築の特徴と諸問題 ………… *298*

1) 切石造のキリスト教建築と工法的進化の問題 ………… *298*

2) 教会堂の構成上の特徴：コルスの存在とアプスの形状 … *316*

3) 後ウマイヤ朝の建築 ………………………………… *321*

第2章　サンティアゴ・デ・ペニャルバの
レンガ積みトロンプルイユ ………………………… *328*

1) スペイン初期中世建築におけるヴォールトの特徴 ……… *331*

2) 焼成レンガの使用：
オプス・テスタケウムからイスラーム建築まで ………… *347*

3) 装飾感覚と擬似構造 ………………………………… *360*

第3章　サン・ミゲル・デ・エスカラーダの
円柱使用法 …………………………………………… *374*

1) 柱頭を備えたモノリスの円柱の使用 ………………… *374*

2) 古代末期・初期中世建築における
円柱使用の類型と事例 ………………………………… *375*

3) サン・ミゲル・デ・エスカラーダにおける
円柱の使用法 ………………………………………… *386*

第4章　馬蹄形アーチの構造と意匠 ………………………… *396*

1) 馬蹄形アーチとアルフィス …………………………… *396*

2) 隠しアーチをどう見せるか …………………………… *426*

3) アーチの造りと見せ …………………………………… *437*

第5章　テクストから読み解く
イベリア半島初期中世建築の様相 ………………… *439*

1) 西ゴート時代までの建築の語られ方 ………………… *439*

2) アストゥリアス王国以後の建築の語られ方 …………… *441*

3）レコンキスタ初期の建築を巡る言説についてのまとめ… *454*

まとめ　スペイン・イスラーム建築の発達と
　　　　キリスト教建築の保守性 ………………………… *456*

　　　注 ………………………………………………………… *458*

第四部　10世紀レオン王国の建築

はじめに ……………………………………………………… *477*

第1章　サンティアゴ・デ・ペニャルバ ………………… *478*

　1）文献資料の分析 ……………………………………… *478*

　2）ヒストリオグラフィーと修復史 …………………… *484*

　3）プラン・空間構成 …………………………………… *490*

　4）構造・工法・材料 …………………………………… *492*

　5）アーチ・ディテール・装飾 ………………………… *496*

　6）建設時期・フェーズ ………………………………… *501*

第2章　サン・ミゲル・デ・エスカラーダ …………… *514*

　1）文献資料の分析 ……………………………………… *514*

　2）ヒストリオグラフィーと修復史 …………………… *516*

　3）プラン・空間構成 …………………………………… *519*

　4）構造・工法・材料 …………………………………… *521*

　5）アーチ・ディテール・装飾 ………………………… *522*

　6）ペニャルバとの関連とポルティコの建設フェーズ ……… *524*

第3章　サン・セブリアン・デ・マソーテ …………… *536*

　1）文献資料と地名、聖人 ……………………………… *536*

　2）ヒストリオグラフィーと修復史 …………………… *537*

　3）プラン・空間構成 …………………………………… *541*

　4）構造・工法・材料 …………………………………… *543*

5）ディテール・装飾 ……………………………………… 544

6）サン・セブリアン・デ・マソーテというリメイク ……… 545

第4章　サン・ミゲル・デ・セラノーバ ……………… 554

1）文献資料の分析 ………………………………………… 554

2）ヒストリオグラフィーと修復史 ……………………… 558

3）プラン・空間構成 ……………………………………… 561

4）構造・工法・材料 ……………………………………… 563

5）様式：馬蹄形アーチ、持送り ………………………… 564

6）建設時期 ………………………………………………… 565

7）レオン、サンティアゴ・デ・ペニャルバ、コルドバ …… 566

注 ……………………………………………………… 574

結　論

1）10世紀のスペイン・キリスト教建築を
　モサラベと呼ばないこと ……………………………… 585

2）10世紀レオン王国建築の特質 ……………………… 590

注 ……………………………………………………… 594

巻末資料

地　　図 ……………………………………………… 596

表X　追加カウントしたアラビア語系人名 ………… 600

表Y　サアグン修道院、セラノーバ修道院、レオン大聖堂、
　　　アストルガ大聖堂公文書アーカイヴに見られる
　　　年毎のアラビア語人名の数 ……………………… 602

補遺：各種文字史料原文 …………………………… 608

略記号表 ……………………………………………… 625

参考文献 ……………………………………………… 626

図版出典一覧 ………………………………………… 655

あとがき …………………………………………………… 657

スペイン初期中世建築史論

──10世紀レオン王国の建築とモサラベ神話──

本書は、独立行政法人日本学術振興会平成28年度科学研究費補助金（研究成果公開促進費）の交付を受けた出版である。

表記について

1) 注釈、参考文献表記

本書では、ハーバード・システムによる注釈の方法を基に、冗長さを避けるため、また見やすさを重視するために筆者が独自に定めたルールを採る。既往の研究・資料を参照した場合に本文には（著者, 年）、（著者, 年:頁）、著者（年）、著者（年:頁）で示し、その（著者, 年）の詳細を、巻末の参考文献一覧において著者名のアルファベット順（五十音順）にまとめる。複数の引用文献がある場合は、セミコロン（;）でそれぞれを区切る。ただし複数行に渡る場合や、未見の資料、二次的に扱われるものは脚注に掲載する。そのほか注は、本文中に訳出した引用文の原文ほか、必要と思われる補足説明を加えるのに使用する。同じ著者の論文が連続する場合、IDEM と出版年、全く同じ論文が間をおかずに続く場合には、出版年も省略し、単に IDEM とする。

2) スペイン語名表記

スペイン語の人名・地名、一般に知られているその他の国の人名・地名などは基本的にカタカナ表記とするが、初出またはそれに準ずる位置でアルファベット表記を併記する。スペイン語は他の外国語と比較して日本語と音声的特徴が近い言語であるが、もちろん完全に翻字することは不可能である。従って、カタカナで読まれたときには以下のルールに従う。慣習に従った部分もあるが、筆者にとって、許容されうるカタカナ読みがされる可能性が最も高いと思われることを第一の基準としている。

1. カタカナ 3 字以上の語で、アクセントが最後から 2 番目のカタカナに相当し、最後のシラブルが母音を伴うか、r で終わる場合、基本的には長音符「ー」をつけてアクセントの代用とする。

例）Moreno = モレーノ、Aguilar = アギラール、Quadrado = クアドラード、
Escalada = エスカラーダ、Mazote = マソーテ、Celanova = セラノーバ、など。

ただし、促音のほうがより自然に読まれうると思われる場合は「ッ」を用いる。

例）Madrazo = マドラッソ

しかし、以下の場合、つけないほうがカタカナとして自然だと考えて長音符をつけない。

母音の連続部分にアクセントがくるもの。

例）Romea はロメーアではなくロメア。Arrechea はアレチェーアではなくアレチェア。Oviedo はオビエードではなくオビエド。Priego はプリエーゴではなくプリエゴ、Nieto はニエートではなくニエト、Chueca はチュエッカではなくチュエカ。

r 以外の子音で終り、語末に母音を持たないもの。

例）Galán はガラーンではなくガラン。Bazán はバサーンではなくバサン。León はレオーンではなくレオン。Albornoz はアルボルノースではなくアルボルノス、

Muñozはムニョースではなくムニョス。Valdésはバルデースではなくバルデス、Pidalはピダールではなくピダル。
知名度の高い固有名詞なども例外とする。

　例）Toledoはトレードではなくトレド。Granadaはグラナダ。Pradoはプラド。Barcelonaはバルセロナ。

2. 後ろから3つ目かそれより前のカタカナにアクセントがある場合、よほど変でなければ、長音符を入れない。

　例）Prados＝プラドス、Bendones＝ベンドネス、Manzanares＝マンサナレス、Menéndez＝メネンデス、Ambrosio de Morales＝アンブロシオ・デ・モラレス、Baños＝バニョス。

これは標準語で読まれた場合、自然にその部分にアクセントが置かれることが多いので、語が冗長となるのを避けるため省略したのである。

3. カタカナ2字以下の語は、基本的に長音符を入れない。

　例）Nave＝ナベ、Lena＝レナ。

4. Madrid, Davidのように、実際には最後の子音が発音されることがあまりない語は、専門家の間ではしばしばマドリーのようにそれを省略して表記する場合も多いが、本書ではよほどおかしくなければ表記する。Madridはマドリード、マドリッドと二つの慣用表記があるが、本書ではマドリッドを採用する。また、外国語系の姓などでも、スペイン語ではあり得ない子音の組み合わせなどがあるが、その人物自身が外国人であると判明していない限りはスペイン語読みとし、同じように実際には発音されることのない最後の子音も表記する。Simonet＝シモネット、Bonet＝ボネット。

5. LLはリャ行で統一、Yはヤ行で統一する。実際にはジャ行の発音に近いことが多いが、表記上の区別や慣用を優先する。

　例）Yarza＝ヤルサ、Palma de Mallorca＝パルマ・デ・マリョルカ、Castilla＝カスティーリャ

ただしカタルーニャ語読みされうる場合は、基本的にカタルーニャ語読み表記をこころがけた。

6. 母音を伴わないPがプ、Sがス、LやRがルとしか表せ得ないことなどを考え、同じ条件のDをドゥと表記することなどをせず、単にドとする。

　例）Quadradoはクアドゥラードではなくクアドラード。

7. 比較的知られている人名地名表記は基本的に慣用に従う。それ以外に関しては、ローマ時代の人名地名、西ゴート時代のイスパノ・ローマ系の人名はラテン語読みとし、イベリア半島におけるゲルマン語系の名称はゲルマン語慣用表記を優先した。イスラームによる征服以降のラテン語圏の王の名、地名などはスペイン語名でカタカナ表

記したが、それ以外の人名・地名（Beatus, Gennadius など）は、最も妥当と考えられるラテン語表記を元にカタカナ表記とした。初出時に括弧中にアルファベット表記、ラテン語表記を書く。

8. アラビア語の人名・地名は、日本の専門書などで使われている最も一般的な翻字を参考に、それが冗長と思われる場合はスペイン語読みも考慮する。アルファベット表記は子音の厳密な区別などを考慮しない簡略なものとした。

序

1）スペイン10世紀キリスト教建築というテーマ

　本研究に取り組むきっかけは、外部からの示唆でも自分自身の中での特に劇的な変化でもない。むしろ、建築から建築史へ、建築史から西洋建築史へ、中世へ、スペインへ、そして10世紀へというように少しずつ筆者の興味が特化していったことにあった。従って、この論文によって解決されるべき喫緊の課題というものが初めからあって、それに従ってテーマ設定がされたというよりは、研究されるべき点、研究されうる点を模索しながら取り組む中で徐々に形成されてきたという部分が大きい。そのため、本研究の目的と意義を、一つのまとまった前提として序に示すことにやや恣意的な側面がないわけではないが、スペイン10世紀キリスト教建築を、敢えて今、日本人の筆者が取り上げることの目的と意義も含め、以下にいくつか考えを述べたい。

　本研究が掲げる大きなテーマは、初期中世スペインが孕む文化的フロンティア性とその建築における表出を研究することで、大文字の西洋建築史がこれまで枝葉として目を向けずにいた驚くべき豊かさ・多様性の発見を促すばかりでなく、建築文化が接触・伝播・受容によってどのように変質し、特殊化するかという問題を考えることである。西方イスラーム文明の白眉であるコルドバの後ウマイヤ朝がイベリア半島の大半を制圧していた10世紀における、キリスト教建築というテーマは、そうした問題の典型的な事例として捉えることができよう。この時期は、その後の長きに渡り関係性を変化させていく中世イベリア半島の二大文化の最初の山場である。また、いわゆるプレロマネスクの時代は、西欧社会が基本的にはゆっくりと、しかし時に急激に、古代から中世へと変容していく移行期にあたるが、カロリング帝国中心部やイタリアとともに、イベリア半島はそうした移行期の様相を観察する格好の舞台であるといえる。

　研究のより具体的な意義、そして各論が明らかにすべき点などを考えたとき、

スペイン建築史研究後進国の日本において本研究が果たすべき役割と、スペインをはじめとした学界の中核に対するそれは、やや質が異なったものとなってくる。

我が国における西洋建築史研究は今日まで着実な進歩を遂げ、片や厳密で実証的な史学研究へと発達し、片や歴史的建造物の保存・活用の分野での重要な理論的・実践的基礎を提供している。しかしながら、スペインやラテンアメリカに関する研究は残念ながらまだ極めて遅れた状態にあると言わなければならない。とりわけ、800年近くにわたりイスラームとキリスト教両者の支配が並存するという、ヨーロッパでも、あるいは現在のイスラーム圏諸国と比較しても、きわめて特異な状況を経験した中世スペインの建築に関しては、現在まで我が国ではほんの一握りの研究者が暗中模索で研究を試みてきたに過ぎない。スペイン（イベリア半島）初期中世は、同時期の他の西欧諸国に比べて、数多くの状態のよい遺構に恵まれている。しかし、これら小規模ながら独特で魅力ある建築が、我が国において本格的研究の対象となったことはほとんどなく、その嚆矢となること自体、本研究の意義の一つとして挙げることが出来るだろう。

他方、国外、とりわけスペインでの研究に目を向けると、先行研究の層はぐっと厚くなる。しかし、本書第一部で述べるように、20世紀初頭の成果を方法的・内容的・論理的に完全に乗り越えることができた研究は未だない。さらに、西ゴート期建築に関しては大きな見直しの提案が近年出たものの、結局は進展以上の混乱を引き起こしているという状況である。本研究では研究史を規定してきた百年来の古典説である「モサラベ」建築史観の批判的再検討のために、その論拠となってきた社会的背景と建築の造形的部分とをとりあげ、古典説の見直しを図った。これまでの研究の蓄積に対する本研究の位置づけを明らかにしつつ、以下に本書の概要を述べることにする。

2）研究史の重要性

第一部は10世紀レオン王国を含むイベリア半島初期中世建築研究のこれまでの成果全般を取り扱っている。一般的な建築史の論文に比べ、本書では研究史により多くのページが割かれている。なぜ、研究史をそこまで徹底的に見ていく必要があるのか。

まず、10世紀レオン王国の建築を論じるには、時期的に10世紀をかなり

遡った研究を押さえておかなければならないことを理由の一つとして挙げたい。西ゴート期からロマネスク前夜までのイベリア半島全体の初期中世建築の流れを、古代末期から初期中世へ至る旧ローマ帝国領という文脈で捉えなければ、不完全な像しか描くことはできまい。

　第一部第1章では、研究の黎明期から古典的学説の形成期を辿る。泰斗ゴメス・モレーノの『モサラベ教会堂』(1919) 以前の研究黎明期の成果の多くは、現在ではほとんど再検討の必要がない過去の遺物であると考えられがちである。しかし、古典的学説として現在でも最も重要な論文である『モサラベ教会堂』の史観がどのような経緯で完成に至ったかを考えるためには、19世紀中葉以降の中世建築史の形成過程を把握することは絶対に必要な作業である。また、古典的パラダイムを踏襲した上で細部の編集に入る20世紀第2四半世紀以降に比べ、建築史という学問分野も、「モサラベ」や「西ゴート」という「様式」も定まっていなかった19世紀は、現在では当たり前に思える古典的概念が形成されていく思想史として見ることも可能である。

　第2章でも、引き続き初期中世全体の古典的分類がどのように成立したかについて検討する。西ゴート期とアストゥリアス王国の建築研究の要点を把握することは、10世紀研究が相対的にどのような位置にあるのかを把握することにもつながる。それによって、西ゴート、アストゥリアス、モサラベと分類されたそれぞれの枠組みが、異なる問題点を抱えた別々の問題系として固定化されていく様子が明らかとなる。第4章で取り上げるように、西ゴート、アストゥリアス、モサラベというそれぞれの区分は、近年になって再び流動化している。こうした現状を鑑みると、とりわけ西ゴート期建築研究の成果と問題点は、10世紀研究と極めて密接な関係を持っており、その間に挟まれたアストゥリアス建築研究をも含めた一体として成果を把握する必要があるのである。

　研究史が重視されるべき第二の理由は、本書が修正を迫る大古典説、ゴメス・モレーノによるモサラベ建築史観の重要性を示すためである。第1章後半ではゴメス・モレーノによる論の構築が当時いかに突出した説得力を持っていたかを示す。それは黎明期の研究の到達点であり、その後の研究の目標地点であり続けた。第3章では、この史観、すなわち10世紀のイスラーム化したスペインを生きたキリスト教徒の建築の物語として語られた、10世紀スペインのキリスト教建築の歴史が、その後少しずつ修正を迫られながらも、未だに根強い支持を受けている現状を呈示する。すなわち、ゴメス・モレーノによって歴

史的、そして造形的に定められた「モサラベ」という概念が、その後ずっと無批判な用いられ方をしてきたことの問題点を検証する。また同時に、ゴメス・モレーノ説への反論を試みてきたこれまでの研究が、逆にその偉大さを追認する結果を生んだり、反証を強調するあまりゴメス・モレーノのような統合された建築史から逸れてしまったことを示す。

研究史を重視するその他の理由として、建築史が国家的・文化的イデオロギーの代弁者としての役割を課せられてきた経緯への関心がある。スペイン初期中世建築研究史は、19世紀中葉以降現在までの、スペインという国家観の変遷を反映しているのである。

3）社会史の重要性

第二部では、10世紀にイベリア半島北西部でアストゥリアス王国から発展したレオン王国（アストゥリアス＝レオン王国）の建築を取り巻く背景と状況を描写する。まずレオン王国誕生までとその衰退について概観したあと、建築の影響関係の歴史的裏付けとしても重要な「無人化」「再入植」の問題についてまとめ、また、レオン王国におけるモサラベ移民の存在について、体系的批判を加える。その後、レオン王国がどのような社会であったかを描写し、そうした社会にどんな建築のかたちがあり得たか検討する。

第二部、とりわけ第2-3章は、建築ではなく、「モサラベ」の問題を取り扱っている。究極的には建築史である本書において、こうした非建築的側面を重視したのは、以下の理由からである。

現在までの美術史・建築史研究のうち、ゴメス・モレーノ史観を受容するものは、そもそもその史観に適合しない歴史的学説を全く顧みてこなかった。一方で、本書以前にもっとも体系的にモサラベ建築史観の批判を試みたのはバンゴ・トルビーソで、イスラーム治下のキリスト教徒の社会的状況や物質文化、西ゴート王国滅亡以降の西ゴート主義、教会堂平面の一貫性など、いくつかの重要な指摘をしてきた。しかしながら、ゴメス・モレーノが「モサラベ」に付与した決定的重要性そのものを否定するバンゴは、レオン王国における「モサラベ」について、その不能さを強調する以外に検討の意味はないと考えていた節がある。従って、ゴメス・モレーノ史観の重要な根拠の一つであった、イスラーム・スペイン建築文化の伝播経路としてのレオン王国におけるモサラベ移

民の存在とその重要性については、ゴメス・モレーノ以降これまでほとんど検討がされてこなかったのである。

　ところで、社会史の分野では、近年になって厳密な史料批判に基づく公文書集成の発刊が相次ぎ、より客観的で中立的なデータが入手できるようになったことで、これまでになかったような切り口の研究が進んでいる。10世紀レオン王国の背景として1970年代前半まではほとんど反駁の余地のないものに見えた無人化・再入植の問題や、もっと最近までゴメス・モレーノの渉猟した情報が繰り返されていたレオン王国におけるアラビア語の問題も、こうした新しい視点によって大幅な修正を迫られている。

　ここでいう無人化とは、イスラーム教徒軍による半島制圧とその後の戦乱によって、ドゥエロ川流域が8世紀の一時期に無人化状態に陥ったことを意味する。一方、再入植とは、9世紀以降アストゥリアス王国がその無人化地帯へ南進し、モサラベの助けを借りながら再入植を進めていったことを意味し、それによりレオン王国やのちのカスティーリャ王国の独自性が育まれたことを示唆する用語である。近年この無人化・再入植説は大きく修正されつつあるにもかかわらず、美術史・建築史の分野では、未だにレオン王国建築文化の出所をアストゥリアスかモサラベかの二者択一とする考えに縛られている。本書では、筆者が新たに文献資料から拾い上げた情報も織り交ぜながら、社会史における無人化・再入植説相対化の流れを整理し、ドゥエロ川流域が政治的真空地帯となった時期でも、各地域で社会的・文化的連続性が保たれていた可能性を示唆する。これにより、アストゥリアスとイスラーム・スペインに並ぶ第三のリソースとして、レオン王国が打ち立てられたドゥエロ川流域そのものが保っていた建築文化が脚光を浴びるのである。

　社会史分野におけるもう一つの重要な潮流は、レオン王国のアラビア語文化、とりわけアラビア語の人名についてのより精緻な分析の登場である。特に1990年代に人名研究が史学の新たなディシプリンとして存在感を強めたことは、それまで漠然と、そして恣意的にピックアップされていたラテン語文書におけるアラビア語名の問題が見直される契機となった。ゴメス・モレーノがレオン王国にモサラベ文化を見出した根拠の一つは、レオン王国にモサラベ移民がいたという文献的証拠である。しかし、本当にレオン王国にモサラベ移民はいたのだろうか？　この根本的な問い直しが幾人かの人名研究者によってなされ、レオン王国におけるアラビア語名が「モサラベ」移民とは必ずしもかかわ

りがないことが示唆されるようになった。

　こうした流れによって、ゴメス・モレーノ史観がいつ大幅修正されてもおかしくない状況になったものの、以下の問題が残っていた。まず第一に、美術史・建築史はこうした社会史の成果に無反応で、これまでほとんど援用していない。だが、ゴメス・モレーノの史観を根本的に問い直すのに、レオン王国におけるモサラベの存在の信憑性を問い直さずに済ますのは不可能である。第二に、逆に社会史の領域ではその成果が美術史・建築史においてどんな意義を持ちうるのかについてあまりにも無関心であった。レオン王国の「モサラベ」のあり方について再解釈を試みながら、「モサラベ」美術、「モサラベ」建築にはほとんど注意を払ってこなかったのである。第三に、これら人名研究が提示したデータは、大変示唆的でありながら、歴史を再構築するには不完全・不正確であった。これまでに発表されたいずれの研究も、ゴメス・モレーノが示したデータよりはるかに多くの事実を明らかにしていながら、ゴメス・モレーノ史観を反証するための十分なデータは与えてくれていない。本書において、レオン王国におけるアラビア語名の量的・経年的傾向を把握するために、新たに分析を試みる必要が生じたのはそのためである。

　以上から、レオン王国における再入植とモサラベ移民の問題を精査する本書第二部は建築そのものを扱うわけではないものの、実はレオン王国の建築をめぐる最も重要な論点の一つを扱っている。特にレオン王国におけるアラビア語名の問題は、レオン王国におけるモサラベ移民の存在をとらえなおし、歴史的状況そのものを正しく描写しなおすために、単なる人名研究を超えた意味合いを持っており、本書を成立させるために避けて通ることは出来ない。

4）建築の歴史を語るための方法と史料

　現在の西欧中世建築研究において、史料や遺構の新発見による史観の大転換というのは起こりにくく、したがって、新しい研究の対象から新しいことがらを導き出すかわりに、既知の対象の解釈を修正することが近年の研究者の主たる関心といえる。一部の考古学者は、より精密とされる科学的測定を取り入れた新しい手法（炭素同定、壁面の全石層分析など）を用いて、遺構の年代を何世紀もずらすという荒業をやってのけたりもするが、こうした手法は年代の推定や建設フェーズの追跡など限られた事実の解明にしか用いることが出来ず、し

かもしばしば極端な決定論に陥りがちである。こうした動きを参考にしつつも、本書では既出の文献や考古学的情報のより厳密な史料批判に加え、現存する遺構の造形的な部分をつぶさに再検討していくことや、より広範囲で複数の建造物の比較分析を行なうこと、そして集められた手がかり全体から導き出される蓋然性を重視した。また、これまでの研究では、平面図分析による機能論、彫刻・絵画の分析による様式論・図像論、切石造やヴォールト造など工法を進化・退化・革命の流れに押し込む建築考古学が主流であったが、筆者は、取り上げられることのあまりなかった意匠と工法の有機的関係に注目し、建築要素の共有を「影響」や「混合」の一言で済ませる従来の中世建築史研究と一線を画す視点を導入した。それによって、取り上げる題材のいくつかの盲点、あるいは看過されてきた点を、それ以外の既知の事実全体の整理・統合、紹介と併せて論じ、説得力のあるひとつの歴史／ストーリー（Historia）を語りたいと考えた。そのために採った方法は、それほど目新しいものではない。まず研究史を徹底的に整理したうえで、その傾向を整理し、筆者がどのような点でどのような解釈をできるかを探った。結果としての個々の解釈の大半は、まったく誰も聞いたことのないような突拍子もないものというよりは、ほかの建築との影響関係の有無であれ、社会的史実と建築との結びつきの再考であれ、1世紀にわたる本格的研究史のなかで誰かがどこかで何らかの形で示唆してきたことである。本書ではその中で、それまでされてこなかった証拠や反証の組み合わせ、それまでされてこなかった証拠の分析方法などでそれを客観的に評価したうえで、もっとも確からしいと思われる歴史としてここにまとめるよう努めた。その際、一般に定着した呼称（モサラベ、ビザンティン、カリファル）が抱かせる先入観を取り払って実態を観察した。既知の史料と、考古学者によって新たに付加されて来た情報を並べなおすこうした手法は、基本的にこれまでの建築史研究が採ってきた伝統的なものといえよう。

　10世紀レオン王国の建築の決定的側面に脚光を当て、そのあり方を再検討した第三部においては、20世紀中盤以降、美術史家と考古学者の各々あまり接点なき領分になってきたこの分野を、なるべく建築という視点から見るよう努めた。初期フランス中世考古学のラショナリズムに戻るわけではないが、近年ではごく一部の考古学的論文を除いてあまり論じられることもない工法や建設的な部分に着目したのである。また、実測の機会がなかったこともあり、何かしらの明確な結論を導き出すことが意図されたわけではないが、建築空間の構成

やプロポーションについても検討をした。

文献資料は、一部の修復記録を除き、全て活字化されたものである。とりわけ多用したのが、年代記のエディションとここ30年ほどで充実したレオン大聖堂、サアグン修道院等各所公文書アーカイヴのコーパスである。アラビア語年代記は基本的にそれを翻訳した二次史料を用いた。また、考古学的発掘調査の結果や建造物に関する各種データは、出版された発掘報告書や修理報告書、それを元にしたモノグラフから抽出されたものである。なお、スペイン初期中世キリスト教建築以外の建築に関する情報の多くは、図版も含め先行研究に拠った。

5) レオン王国建築の再考

第三部では、ヴォールト、円柱、アーチ、建設材料、建築を巡る言説などから10世紀レオン王国の建築のあり方を考察する。こうした要素の分析を通じて10世紀イベリア半島の建築を論じたこれまでで最も優れている研究は、やはりゴメス・モレーノの『モサラベ教会堂』であろう。建築の装飾的・構造的要素を定義・分類したその考察は、多くの点で未だに有効性を保っている。言い換えれば、その後の研究はゴメス・モレーノによって統合された「モサラベ」建築の解明に関して、副次的貢献しかしてこなかったといえる。しかしながら、個々の要素の比較だけでなく、それらの要素がどう組み合わされてどのような建築・建築部位を構成しているかを、「モサラベ」という図式を取り払って観察していくと、ゴメス・モレーノの結論からは大きく異なった10世紀建築の姿が浮かび上がってくる。同様に、建造物の構造あるいは「作り方」と、意匠あるいは「見せ方」を、個々に比較するのではなく、「作り」を「見せ」につなげる手法に注意を払うと、単なる建築技術の継承や、装飾モティーフの借用を超えた、それぞれの建築の微妙な立ち位置が見えてくる。

第三部で注目したのは、これまでの研究では見落とされていたこうしたニュアンスである。第1章では、イベリア半島初期中世建築のあらましと、先行研究の成果を解説することを第一の目的としつつ、概説書にあるような区分にしたがって代表的建築をただ描写するのではなく、横断的な切り口によって捉えなおす。例えば、考古学分野の先行研究は、切石造を文明の進化や革命と関連づけて最重要視してきたが、改めてイベリア半島初期中世全体でその発現を整

理してみると、経年変化や文明の入れ替わりよりも、むしろ地理的要因が大き
かったことがわかる。

　第2章は、サンティアゴ・デ・ペニャルバ「交差部」に見られる穹稜ドーム
状ヴォールトと、そこに描かれた同心円状レンガ積みトロンプルイユを巡る考
察である。実際の構造には用いられていないレンガ積みの層をわざわざ描いた
理由は何だったのか。また、その特殊なヴォールト形状はどのような文脈から
立ち現れてきたのか。それぞれの工法的要素について、そしてそれらの組み合
わせについて整理していく中で、ペニャルバのヴォールトは、「モサラベ」建築
というよりは、ガラエキアの建築的伝統と切り離せないことが示される。

　第3章ではサン・ミゲル・デ・エスカラーダ教会堂を円柱使用のあり方から
再検討する。円柱の使用の有無や、円柱と壁や抱きとの収まりに着目すると、
レオン王国の建築の手法はイスパノ・ビシゴードともアストゥリアスとも異
なっており、特定の癖があったことが明らかとなる。

　第4章では馬蹄形アーチの問題を取り扱う。レオン王国の建築においてイ
スラーム建築言語の借用が最も明白なのがこの馬蹄形アーチの処理であるが、
アーチの構造と意匠がどのような関係で捉えられていたかを見ていくと、イス
ラーム建築とキリスト教建築は接近したのではなく、むしろ共通の起源から
徐々に離隔しつつあったことが浮き彫りとなる。こうした視点は、第二部にお
ける建築の背景としての社会的「モサラベ」性に関する批判的検討と並び、モ
サラベ建築史観の大幅な見直しを迫るものである。

　第5章では、9世紀末から11世紀初頭にかけてのイベリア半島ラテン語圏に
おける建築を巡る言説を取り扱う。特にアストゥリアス年代記の記述などは、
これまでも多くの研究者によって取り上げられてきたものであるが、改めて時
期と地域を区切った上でテクストを等しく比較検討することによって、特殊な
表現と思われたものが持つ普遍性や、クリシェ化した言説が裏付ける当時の建
築の捉えられ方が判明する。また、古代末期から初期中世にかけての西欧やイ
スラーム・スペインにおける類例との比較も、当時の建築をめぐる認識につい
て、清新な像を浮かび上がらせることとなるだろう。

　このように第三部は、10世紀レオン王国の建築を特定の切り口で横断的に取
り扱うが、第四部では、様々な共通点を持つ代表的な4つの建築、サンティア
ゴ・デ・ペニャルバ（Santiago de Peñalba）、サン・ミゲル・デ・エスカラーダ（San
Miguel de Escalada）、サン・セブリアン・デ・マソーテ（San Cebrián de Mazote）、サ

15

ン・ミゲル・デ・セラノーバ（San Miguel de Celanova）を個別に取り扱う。本部は以下の二つの内容を合わせたものである。まず、各遺構の基本情報や重要な先行研究を、整理して紹介すること。部分的には同様の試みがなかったわけではないが、本書ではそれぞれの建築にまつわる歴史的・建築的・書誌的情報をより明快なかたちで示す。先行研究によって扱われた問題で、本書でそれについての新しい修正案を提示しないものに関しては、わざわざそれを再掲することを避け、参照すべき一次・二次資料の所在を明示するにとどめることとした。次に、それぞれの遺構に関して議論の余地があると思われる個別の問題、とりわけ建設の経緯と背景について検討を加える。例えばサン・ミゲル・デ・エスカラーダのポルティコ増築については、これまでに提出されたどの説も正鵠を得たものとは思えないため、本書において新たな仮説を提示したい。

　以上の検討を通じて、イベリア半島北西部、初期中世という、西欧建築史全体で見れば、特異でどちらかといえばマージナルな地域・時代のより正確な像の構築を試みると共に、古代と中世、地中海、ヨーロッパ、そしてイスラームというより大きな問題系が、どのような関係性をそこに表出させているのかを探っていきたい。

第一部　スペイン初期中世建築研究史

はじめに

　スペイン初期中世建築研究の展開は、それ自体が大変興味深いものである。本部では、イベリア半島に残された解釈の難しい一連の建造物が、徐々に整理分類されながら、時代ごとの歴史観や国家意識によってさまざまに解釈されていく過程を描写する[1]。

　本部は、以下の4章に分かれている。まず第1章は1910年代までを扱い、フランスなど諸外国との関係や、ナショナリズムとの結びつきのなかで、徐々に古典的学説の骨格が整っていく過程を描く。第2章では、1910年代に成立した古典的学説が、20世紀中葉に向けてより精密化していく過程を捉える。イスパノ・ビシゴード建築とアストゥリアス建築については、こうした古典的史観の延長としてのその後の研究の発展についても記述する。第3章では「モサラベ」と10世紀レオンの建築に関して前二者よりも詳しく研究史を分析し、ゴメス・モレーノの「モサラベ」史観とそれに反対する立場がどのような経緯を辿って現在に至っているのかを考察すると共に、10世紀レオン建築研究がアストゥリアス研究やイスパノ・ビシゴード研究とどのように異なっていったかを分析する。これに関連して、地域主義と研究史の関係についても簡単に触れる。また「プレロマネスク」をキーワードに、ヨーロッパ初期中世建築史の中でイベリア半島がどのように捉えられてきたかを検討する。そして第4章では、現在の研究状況を作っている主として1990年代からの動向を、反古典学説を中心にまとめ、研究史全体を整理する。

19

第1章　国民的建築をもとめて
スペイン初期中世建築の発見

> スペインが建築において固有の様式を持ってこなかったの
> は、そのために必要な時間を与えられなかったからだ[2]。

1）西欧中世建築史の発達とロマネスク、東方

　スペイン初期中世建築史のスタート地点を描写するには、それに時代的には
先立って生まれたロマネスク・ゴシック研究、特に後者に比重を置いた研究が
どのように発展したかを簡単に把握する必要があるだろう。

　ヨーロッパで中世建築研究が最初の大きな跳躍を遂げたのはロマン主義以降
であるが、ド・コモン（Arcisse de Caumont）、ヴィテ（Ludovic Vitet）、キシュラ
（Jules Quicherat）、ディドロン（A. N. Didron）、ヴェルネル（F. de Verneilh）らを
擁したフランスは、その発展を牽引した。なかでも決定的な役割を果したした
のが、1854年から1868年にかけて出版されたヴィオレ＝ル＝デュク（Eugène
Emmanuel Viollet-le-Duc, 1814-79）の『11世紀より16世紀にわたるフランス建
築に関する理論的事典』全10巻（Viollet-le-Duc, 1854）で、対象としてはほぼ
フランスに限定されてはいたが、以後の中世考古学・建築史・建築論・修復論
に大きな影響を与えた。

　ヴィオレ＝ル＝デュクがその後の中世建築史に与えた甚大な影響は、短期的
に彼の歴史観が西欧を席巻したことだけによるのではなく、多くの歴史的建造
物が、彼と彼の信奉者の手になる「修復」によって「生まれ変わった」ことに
よるところが大きい。現在われわれが中世建造物の真の姿を捉えようとするな
らば、多くの場合、19世紀に一旦停止を迫られるのである。スペインの建造物
修復分野においても、ヴィオレ＝ル＝デュクの哲学は『理論的事典』出版とほと
んど同時に浸透した。ヴィオレの考えと好対照を成すとして、しばしばラスキ
ン（John Ruskin）の反・復原の美学が挙げられるが、当時のスペインの考古学や
修復の現場においては、より直接的で広範にわたったヴィオレのインパクトは、

20

ラスキンのそれとは比較にならないほど甚大なものであった（Navascués, 1987：295-8）。

19世紀の中世考古学者にとって中世の建築というのは何よりもゴシックであり、中世建築史とはゴシック建築史とその前史であった。これはロマネスクを未来なきシステムと断じたド・コモンのような研究者にも、移行期の様相として評価を与えたキシュラらにも共通している。すなわち、全ての現存する中世の建造物は、盛期ゴシックあるいはその上位にイメージされる中世建築の頂点としての存在しなかったかもしれない理想的ゴシック建築の、準備段階、枝分かれ、衰退した姿、程度の異なる不完全な複製などとして捉えられたのである。これは既に古典的段階の古典建築に対して用いられていた理論を中世ヨーロッパに応用したものである。19世紀後半以降、中世建築研究は先行する古典建築研究の方法論を応用しながら急速に発展を遂げたのである（Arrechea, 1992）。

この時期の西欧中世建築史には、とりわけ重要な二つの論点があった。一つは、ロマネスクからゴシックへの「進化」の問題であり、もう一つが、さらに遡って西欧中世建築の起源の問題である。いずれも究極的には中世建築の頂点であるゴシックがいつ、どこで、どのように生まれたかという問いであった。前者の、一つの進化する体系として西欧中世建築史を考える思潮は、やがてロマネスクの「さらに」前の段階、プレロマネスクをどう捉えるかという難問に直面する。また後者は、古代末期からロマネスクまでのいわゆる暗黒の時代に、西欧がいかに、より高度な社会的芸術的レベルを維持していたビザンティン帝国やオリエントから影響を受けたかを、形態・工法的に読み解くという一つの潮流を育んだ（Arrechea, 1992；Gallego Fernández, 1992：34-44）。

ロマネスクの見落としから再発見へ

1823年の創刊から*Bulletin Monumental*誌の主幹であったフランス中世考古学の祖ド・コモンや、*Annales Archeologiques*誌を率いたディドロンらにとって、なにより重要であったのはゴシックである。ド・コモンはロマネスクをローマ建築の成れの果て、未来なきシステムとして軽視していた。その後1844年にヴィテによってノワイヨン大聖堂への注意が喚起されると、今度はロマネスクからゴシックへの「移行」があったと考えられるようになり、ゴシックの要素に進化する前段階をロマネスクに見出すというスタンスが広まる。ラステ

第一部　スペイン初期中世建築研究史

イリー（Robert de LASTEYRIE）、サン・ポール（Anthyme SAINT-PAUL）、ルフェーヴ
ル・ポンタリス（E. LEFÈVRE-PONTALIS）、アンラール（Camille ENLART）、オーベール
（Marcel Aubert）、ブリュタイユ（Jean-Auguste BRUTAILS）らへと続く古文書学校
の伝統の礎を築いたキシュラも、基本的にロマネスクはゴシックの前段階とす
るスタンスは維持した（ARRECHEA, 1992：12；IDEM, 1993：564-5；IDEM, 1999：12-3；
GALLEGO FERNÁNDEZ, 1992:32）。ゴシックという完成形へ向かう西欧中世建築史は、
アプローチがまったく異なるファーガスンのような史家も結果的には描いてお
り、彼はロマネスクという呼称を初期キリスト教バシリカなどに移し変え、一
般的にロマネスクと呼ばれるスタイルを、移行段階にあるとはいえゴシックの
一部である、と言い切っている（FERGUSSON, 1874:vol.1, 396）。芸術の歴史の流れ
に過度に進化を見出そうという姿勢は、いかに生物進化論が西洋の思考形態に
深いインパクトを残したかを如実に表しているともいえる[3]。また、20世紀初
頭の中世建築研究の重要な著作であるポーターの浩瀚な2巻本『中世建築：そ
の起源と発展』では、ギリシア、ローマ、初期ビザンティン、カロリング、そ
してロンバルドとノルマンの初期ロマネスク建築について詳述した第一巻の序
文で、それが「ゴシック建築の傑作を楽しむために」書かれたことが読者に伝
えられる[4]。やや穿った見方が許されれば、見開きを使って見事な断面図が描
かれているローマのパンテオンでさえもが、この本では、ゴシック建築の源流、
あるいはそれを観賞するための素養として取り上げられているに過ぎないので
ある。

オリエンタリズム

　　……19世紀中葉までに、オリエンタリズムはおよそ想像しうる限り最大
　の学問的宝庫となっていた（中略）（レイモン・）シュワブの考えによれば、
　「オリエンタル」という語は、アマチュアと専門家とを問わずすべてアジ
　ア的なるものに対する熱狂と同義であり、そしてアジア的なものとは、異
　国性、神秘性、深遠さ、生殖力などと驚くべき符合をみせていた。これは、
　かつてルネッサンス最盛期に、ヨーロッパでみられた古代ギリシア・ロー
　マに対する情熱が、そのまま東方に転じたものにほかならなかった。1829
　年に、ヴィクトル・ユゴーはこの方向転換を指して、「ルイ14世の時代に
　は、人びとはヘレニストであったが、今ではみなオリエンタリストである」
　と述べている……[5]

22

第1章　国民的建築をもとめて

　中世美術の源泉としてのオリエントを真剣に論じるのは、中世美術自体を真剣に論じることとほぼ同時に始まり、19世紀の中世美術史において最も関心を集めたテーマのひとつであった。ヴォギュエ侯爵（Marquis de Vogüé）によるシリア踏査など考古学者たちの探検は、「オリエント建築」自体への興味をかき立てただけでなく、それを自国の建築の胚胎として解釈する研究を刺激した[6]。ヴィオレ＝ル＝デュクは、ゴシックのヴォールトのルーツはシリアにあり、12世紀に十字軍がシリアに入ったことでそれが西欧に伝わったとした（Viollet-le-Duc, 1854:«voûte»）。同じようにテクシエ（Charles Texier）に研究の端を発するアルメニア建築は、20世紀に入ってストルツィゴウスキ（Josef Strzygowski）やバルトルシャイティス（Jurgis Baltrusaitis）らに大々的に取り上げられ、とりわけ西欧中世との影響関係という視点から研究が進められた。フランス南西部ペリグー（Périgueux）へのビザンティン建築の直接的影響を示唆した1851年のヴェルネルによる説は、連続ドーム大聖堂がオリエンタル風に復元される結果をもたらした。クラジョ（Louis Courajod）はオリエントと蛮族に中世芸術の主人公の座を与え、ショワジーはシリア、ビザンティン、アルメニア、イスラームの建築にヨーロッパ建築発展の源泉を見て取った（Choisy, 1954:vol.2）。20世紀に入っても、ロマネスクの起源がブラックボックス的なオリエント（ビザンティン、シリア、アルメニア）にあり、それがゴシックへと発展したとする考えは根強く続いていく（Lethaby, 1904）。中世主義者たちがオリエントにその起源を捜し求めたのは、ユゴーが対比して見せたように、ギリシア・ローマ建築の否定という彼らのジェスチャーの都合とも関係していたのである（Arrechea, 1992: 14; Idem, 1999:14; Gallego Fernández, 1992:34-9）。シリル・マンゴーは建築史研究におけるオリエンタリズムの様相を、「『カンガルーはオーストラリアから来た』といったように、『ドームはメソポタミアから来た』と答えた」のだと揶揄しているが（マンゴー, 1999:5-6）、とにかく、西洋建築芸術の源流としてのオリエントは、最初期の中世建築研究の最大の関心の一つだった[7]。

　このような中世建築に対する観念的捉えかたが、それに基づいた修復実務のスター、ヴィオレ＝ル＝デュクの名声と共に強い影響力を及ぼす中、1880年代の終りからサン・ポールはヴィオレの東方起源説、ロマネスクを単なる移行期とする姿勢、そしてそれに基づく復原の信憑性を強く批判し、ヴィオレ派との論争を巻き起こす。世紀の変わり目にはブリュタイユが登場し[8]、東方かローマかという証明できないような命題よりも、風土や機能との関係などを研究すべ

第一部　スペイン初期中世建築研究史

きと水をさすのであった。とはいえ壮大な東方起源説がその極点に達するのは
むしろ20世紀に入ってからである[9]。

　フランス中世考古学の成熟と並んで、世紀転換期の成果としては1884年か
ら1901年にかけて出版されたデヒーオとベツォルトによる『西欧の教会堂建
築』（DEHIO & BEZOLD, 1884）も極めて重要である。そのテクストもさながら、他
の追随を許さない図版の質・量は、その後にも継承されるドイツ中世建築史学
の精緻さと網羅性を予告しているかのようである。

2）スペイン初期中世建築史の草創期

　フェリペ2世の勅命を受けて16世紀に北西スペインを旅し、鋭い観察に
溢れた文章を残した年代記記者アンブロシオ・デ・モラレス（Ambrosio de
MORALES）や、アストゥリアス出身の文人政治家ホベリャノス（Gaspar Melchor
de JOVELLANOS, 1744-1811）の名高いアストゥリアス建築賞揚に見られるような、
知識人たちのいくつかの言及を除けば、スペイン国内におけるスペイン中世建
築研究の最初期の成果としては、1850-60年代に続々と出版された二つのシ
リーズが特に重要である。一つ目は、ホセ・アマドール・デ・ロス・リオス
（José AMADOR DE LOS RÍOS）編纂で、サン・フェルナンド王立芸術アカデミーやマ
ドリッド高等建築学校を巻き込んだ国家プロジェクト『スペインの建築モニュ
メント』[10]で、もう一つがパルセリッサ（F. J. de PARCERISA）が版画を担当し、クア
ドラード（José María QUADRADO）が大半の巻を執筆したロマン主義の色濃い『ス
ペインの思い出と美』[11]である（FERGUSSON, 1874：vol.1, ix；LAMPÉREZ, 1908a：16-7；
LOZOYA, 1931：xx；ARRECHEA, 1999：13）。

　しかし、これらの豪華本を別にすると、19世紀も終りにさしかかるまで、ス
ペイン国内での美術史や考古学の発展は、隣国フランスなどと比較するとま
だ遅れていた[12]。こうした状況下では、1865年にイギリスの建築家ストリー
ト（G. E. STREET）によって出版された『スペインにおけるゴシック建築につい
ての報告』が、時期の早さだけでなく内容的にも極めて重要な成果と言える
（STREET, 1865）。

ナショナリズムと建築史

　他のヨーロッパ諸国と同じように、スペインにおける歴史的建造物に対する

意識は、啓蒙主義によって準備され、1808年のナポレオン軍侵攻によって覚醒し、1830 - 40年代のロマン主義によって最初のピークを迎えた（NAVASCUÉS, 1987:290-4）。メンディサバル（1835年）、マドス（1855年）の名に代表される度重なる宗教団体の「デサモルティサシオン」（Desamortización 永代財産解放運動）は、多くの修道院建築の消失を招いたが、同時にカベーダ・イ・ナバ（José CAVEDA Y NAVA）、クアドラード、ホセ・アマドール・デ・ロス・リオスらの最初期の調査研究や、保存修復事業の幕開けともなった。

　19世紀後半になると、政治・経済的混乱の中、近代化に乗り遅れたスペインは強烈なアイデンティティー・クライシスに直面する。誇りと劣等感とがないまぜになったナショナリズムが、カタルーニャやバスクのリージョナリズムと奇妙に共振しながら高まっていくなかで、国家的モニュメントが歴史の襞の中に捜し求められていった。ところが、当時の西欧建築様式史の流れの中では、イベリア半島に残る芸術作品はフランスやイタリアで発生した潮流の影響下にあり、派生物であるという考え方が支配的であった。ファーガスンは、「スペイン人は美術を愛した、しかし天は彼に、知的資質を補って創作するに不可欠な、創意というものを与えなかったようだ」と断言している[13]。ロマネスクも、ゴシックも、ルネサンスも、バロックも、たとえいかに遺構の質・量にすぐれていようとも、皆隣国の借り物とみなされてしまう。特に、ナポレオン戦争の傷も癒えぬ当時のスペインにとって、フランスの影響を受けたものばかりを国家的芸術作品と認定するのは避けたいところであり、フランスの刻印が深いロマネスクやゴシックでは、ナショナリズムの要求に応えることができないのであった。

　独自性を見出すために、フランスやイギリスがゴシックに託したナショナリズムを、多くの知識人がイスラーム建築の傑作たるコルドバの大モスクやグラナダのアルハンブラ宮殿に求め、そのスペイン的派生たるムデハル（mudéjar）建築に求めたのは、当然の成り行きであった。ところが他のヨーロッパ諸国にとっては、ピレネーを越えると云々という、かの伝説的フレーズをとりあげるまでもなく、アンダルシアとその芸術はオリエンタルなのであって、イベリア半島あるいはスペインという近代のネーション・ステートとは直接には結びつかないものであった。イスラーム・スペインに対する国外の関心を否応なく高めたのは1832年に出版されたワシントン・アーヴィングの『アルハンブラ物語』[14]であるが、社会史においてアル・アンダルス研究の草分けとなった古典、

第一部　スペイン初期中世建築研究史

オランダ人ドズィーがフランス語で出版した『スペインのムスリムの歴史』には、特にフランス語系学界に根強く続いてゆくこうしたアラブ文化圏としてのアル・アンダルスというスタンスが濃密に示されている[15]。

　スペイン・イスラーム建築以外にも何か「スペイン的」なモニュメントが探される必要性があった。そこで注目されたのが初期中世であった。汎地中海的なローマ時代の建築が廃れ、ピレネー以北からロマネスクが持ち込まれるまでのイベリア半島に、他国には見られないオリジナルな建築が探し求められたのである。その歴史編纂作業は、必然的に、フランスを初めとする国外の中世考古学界による無知や軽視や否定に対する反駁を伴うものであった。最初期の研究の集大成であるランペレス『キリスト教中世建築史』には、西ゴート期の建築とアストゥリアス建築の「オーセンティシティーの問題」という章がわざわざ設けられ、語気も激しく外国人によるスペイン軽視が糾弾され、スペイン初期中世建築の独自性が主張されている（LAMPÉREZ, 1908a：185-90 & 324-6）。

スペイン初期中世建築の発見と分類

　政治社会史におけるイベリア半島初期中世は、イスラーム教徒によるイベリア半島占領以前（西ゴート時代）と以後に区切られるのだが、芸術史においては当初、一つのやや孤立したグループを形成する8-9世紀アストゥリアスと、それ以外とが区別された。すなわち、保存状態良好な遺構群が地理的に集中し、文書史料からおおよその建設年代が裏付けられるアストゥリアス建築の研究が、独立した形で進んでいった。アストゥリアス建築への注目は、16世紀のアンブロシオ・デ・モラレスや、その素朴な美しさを愛でた18世紀後半のホベリャノスまで遡ることが出来る。その研究は、19世紀中葉に初期中世を含めたスペイン建築通史を著したカベーダ・イ・ナバ[16]を経て、一方では最初のヴィジュアル史料である『スペインの建築モニュメント』[17]、他方でミゲル・ビヒル（Ciriaco MIGUEL VIGIL）による銘文集成[18]によって歩を進め、世紀の変わり目には、セルガス（Fortunato de SELGAS）らによってかなり詳細な研究が進んでいた（SELGAS, 1908）。また、早くから外国人研究者の注目を集め、場合によってはロマネスクに分類され、12世紀の建設と判断されさえした。

　対照的なのが、8世紀初頭までの西ゴート時代の建築である。西ゴート時代の芸術については、文献上の知識としてアサス（M. de ASSAS）やカベーダ・イ・ナバらの著作に言及されてはいたが、当初は西ゴート時代の遺構は存在しない

26

第1章 国民的建築をもとめて

と考えられ、馬蹄形アーチを持った建築は全てイスラーム建築とされていた（BANGO, 2001:159）。発掘や発見が進んだ現在でこそ、基礎部分が判明した遺跡がかなり多くはなったものの、現存する建造物は広い範囲に点在しており、特に古代末期から西ゴート時代中期の6世紀までは、めぼしい建造物はほぼ残っていないと言ってよい。19世紀には、西ゴート期の建築としては7世紀に帰されるいくつかの非都市部の小教会堂が挙げられるのみであった[19]。リャグーノの著作（1829年）[20]への序文においてセアン・ベルムデス（Juan CEAN BERMÚDEZ）が「ゴート族の建築」として挙げたもののうち、建築彫刻の断片を除いて現在でも西ゴート時代の建築とされているのは661（または652）年レケスウィント王建立との銘を掲げるサン・フアン・デ・バニョス（San Juan de Baños, figs.3-4 & 3-5）のみである[21]。

　馬蹄形アーチの有無や、その解釈によって、建物の年代は簡単に揺れ動いた。たとえばサン・ミリャン・デ・ラ・コゴーリャの教会堂（San Millán de la Cogolla de Suso）の年代を、アサスやカベーダは馬蹄形アーチの存在によって9世紀以降としたが、マドラッソは同じ理由から西ゴート時代とした[22]。ゴメス・モレーノによって1906年に初めて脚光を浴び、西ゴート建築の最高傑作として賞賛されるようになるサン・ペドロ・デ・ラ・ナベ（San Pedro de la Nave）は、『スペインの建築モニュメント』中で解説なしで図版のみが掲載されてはいたが、以後ほとんど無視されていた。西ゴート期の芸術についてのこうした手詰まり感を打開する最初のきっかけが、1858年のグアラサールの王冠[23]の発見であり、それを論じた1861年のアマドール・デ・ロス・リオスの論文であった[24]。

　10世紀の建築に関しては、学術的研究も、行政の対応も出遅れた。まず1855年に放棄され無人化していたサン・ミゲル・デ・エスカラーダ修道院教会堂が注目されたが、同教会堂は30年後の1886年に、その修復が急務とされるほど荒廃し、慌しく国の文化財指定を受けることとなった。緊急手配された修復事業は、史的考古学的裏付けがほとんどないまま五里霧中で進められた。誤謬の多い1855年『思い出と美』内の記事（クアドラード執筆）を除けば、この修復事業以前の記録としては、ベラスケス・ボスコ（Ricardo VELÁZQUEZ BOSCO, 1843-1923）による美しい図面（1866年）と、1874年に書かれた簡単な報告書（ÁLVAREZ DE LA BRAÑA, 1874）にほぼ限られる。

　10世紀建築のもう一つの重要な遺構であるサンティアゴ・デ・ペニャルバ教会堂（Santiago de Peñalba）の研究がこれにさらに遅れたのは、エル・ビエルソ地

27

第一部　スペイン初期中世建築研究史

方の山奥というそのロケーションも関係していよう。しかし早くも16世紀に
アンブロシオ・デ・モラレスが訪れて記録を残し、18世紀にはスペイン教会史
の大著 *España Sagrada* 内[25]で、フロレス神父（P. FLÓREZ）によってわざわざ平面
図が描かれるほどの奇異性をもった教会堂が、1909年に至って遂に正当な評
価を受けるまで、これほど時間がかかったのは、皮肉にもその良好な保存状態
が修復の議論を巻き起こさなかったことにも関係しているのかもしれない[26]。

　西ゴート期、8–9世紀アストゥリアス、10世紀再入植期の3つの建築群は、
いずれも19世紀末まで研究論文はまばらで、写真技術の未発達もあり図版は
わずかで不正確、多くはそのアクセスの困難さもあって、断片的にしか捉えら
れていなかった。ただアストゥリアス建築という時代的には中間にあたるグ
ループが、知識量や体系化の点でわずかに先んじていた。そんななか、『思い出
と美』や『建築モニュメント』の大判の図版が果たしたヴィジュアル上の役割
は決して無視できない。1925年にニューヨークで出版された『「スペインの建
築モニュメント」図版百選』[27]が示すように、図版はテクスト以上に広く外国に
流布していたようである。

外から見たスペイン初期中世

　スペイン国外における知識はより限定されていた。ファーガスンはその
1865年の著作への序文で、1855年以降、『スペインの建築モニュメント』、『ス
ペインの思い出と美』、そしてストリートの『スペインにおけるゴシック建築に
ついての報告』の3書によって、「神秘であり謎であった」スペイン中世建築が
ようやくその様相を明らかにしつつあると述べている。しかし同書におけるイ
ベリア半島の初期中世建築は、わずかにアストゥリアス建築などが至極簡単に
紹介されているに過ぎない（FERGUSSON, 1874：vol.1, ix & vol.2, 246-7）。1900年に
ローマで行なわれた学会の時点で、フランスの考古学者は、スペイン初期中世
建築の中ではかなり早くからその存在を認知されていたサン・フアン・デ・バ
ニョスすら知らなかったという[28]。1902年には、スペイン中世に11世紀以前の
建築はないと考えたマリニャンの著作が出、1905年には、その誤謬・混乱・無
知・表面的研究をランペレスになじられたアンラールの著作が出た（LAMPÉREZ,
1908a：18, 185-191 & 324-6）。ハウプトは複数のゲルマン主義濃厚な研究を発表
したが、1909年に出た代表作『ゲルマン古美術、建築を中心に…』は、スペ
イン初期中世に対してもゲルマン民族の魂を投影し、「西ゴート」のタイトル

の元に、西ゴート期のみならず、「モサラベ」、アストゥリアス建築を統合して論じた（HAUPT, 1923：192-236）。1910年前後になってもデュラフォワ（Marcel DIEULAFOY）が西ゴート建築を知らずにアストゥリアス建築を論じるなど、この傾向は根強く続いたが、ランペレスやゴメス・モレーノらによって徐々にスペイン初期中世建築は国際的に認知されるようになった（CAMPS CAZORLA, 1940：499；BANGO, 2001：160）。ポーター（Arthur Kingsley PORTER）が、芸術の「イニシアティヴをとることに関してこんなにも無能であった」スペイン人がなんと「フランスに2世紀先んじて」教会堂外陣を石造天井で覆っていたことに言及し、イベリア半島のプレロマネスクが他に比肩するものないことに驚嘆している[29]のも、このような時期であったと考えられる。

　西欧中世建築に対する研究が広がり、深まるにつれ、一方では、その起源としての「東方」と西欧を結び、他方では古典古代と盛期中世を結ぶミッシング・リンクとしての役割が、初期中世に求められていくことになったのは、ある意味当然の流れであった。さらには、ロマネスクやゴシックのようなある程度目に見える内的発展のロジックが見えづらく、したがってフランス中世考古学の手法がそのまま適用できないことも興味を引くようになった（ARRECHEA, 1992：18；RIVERA BLANCO, 1997：60；GALLEGO FERNÁNDEZ, 2001a：56；IDEM, 2001b：56）。スペイン初期中世建築についても、その建設年代や形態的起源に関して、当初から全く異なった意見が錯綜したが、なかでも東方の影響によってすべてを解説しようとする学説は根強く、20世紀初頭のストルツィゴウスキ、バトラー（Howard Crosby BUTLER）、ベル（G. M. L. BELL）らの研究による東方建築の知識の深化も手伝って、アンラール、デュラフォワ、キング（G. G. KING）らが初期中世イベリア半島の東方的性格を主張しつづけた。

建築家と建築史

　国内モニュメントの発見とカタログ化、ヴィジュアル記録という一大事業には、建築家も関わっていた。建築家たちは修復に携わっただけでなく、自国のスタイルを近代的な建造物の造形に反映するために過去の建築を研究した。最初の重要な人物は、のちにコルドバの大モスクやマディーナ・アッザフラーの美しい図版をおこし、その修復事業の中心的存在となるリカルド・ベラスケス・ボスコで、古典建築の様式を組み合わせた旧開発省（fig.1-1. 現農林水産省、ファサード上部の彫像群などは後の改築）や、レティーロ公園内のゴシックの細

第一部　スペイン初期中世建築研究史

fig.1-1　旧開発省（マドリッド）

部をもつガラスと鉄のパビリオンを設計した、マドリッド折衷主義の代表的な建築家でもある[30]。ベラスケス・ボスコは、建築家タイトルを取得する以前の1863年から1870年にかけて、ラビーニャ（M. LAVIÑA）の元でレオン大聖堂修復事業の製図工としてそのキャリアをスタートさせたが、その間1866年にサン・ミゲル・デ・エスカラーダを訪問し、現存する最古の図版を制作しており、この4つの美しい図面は『スペインの建築モニュメント』シリーズで採用されることとなる[31]。そして1868年には、そのエスカラーダの修復を任せられたのである（BALDELLOU, 1990:44-6）。前例のない修復事業を、建築家資格をもたない25歳の青年に任せようとしたこと、それが結局実施に至らないまま20年の時が流れることなどは、当時のスペインの経済的・文化的状況を如実に反映している[32]。

　その画力を買われて名だたる考古学者と親交を深め、1870年代には近東探検に随行して多くのオリエント建築を見知ったベラスケス・ボスコは、コルドバ大モスクなどの修復実務に大きな貢献をしただけでなく[33]、それまで明確に分析されておらず、時期や地域に分けられずに一緒くたにされてきた「アラブ建築」を注意深く観察して特にその装飾のフェーズを分類した。1894年の芸術アカデミー入会演説においては、スペイン・イスラーム建築以前の馬蹄形アーチの存在について語ったが、その際イスラーム建築に対する知識だけでなく、レオン時代に見知ったであろうローマ時代の墓碑に見られる馬蹄形モティーフが念頭にあったことは想像に難くない（VELÁZQUEZ BOSCO, 1894:25; BANGO, 2001:74）。ベラスケス・ボスコの建築史観は、その誤った部分も含めて一世代下ったランペレスにも大きな影響を与えた（LAMPÉREZ, 1902:191; IDEM, 1908:125; GALLEGO FERNÁNDEZ, 2001a:56-7）。

　ラサロ（Juan Bautista LÁZARO DE DIEGO, 1849-1919）も、ベラスケス・ボスコと同じようにレオン大聖堂修復に関わった建築家で、アストゥリアスの教会堂サンタ・クリスティーナ・デ・レナ（Santa Cristina de Lena）やサン・ミゲル・デ・

第1章　国民的建築をもとめて

エスカラーダといった初期中世建築の修理にも携わっている[34]。レナの教会堂では、1886年にベラスケス・ボスコによって提案されていた身廊部ヴォールト再建案 (fig.1-2) の実施 (1893-4年) を行い、同年、予算不足でストップしていたエスカラーダの修理プロジェクトを提出して、翌年その実施を終えた。

ネオ・ムデハルなどスペイン的様式建築を模索し、1900年のパリ万博ではネオ・プラテレスコ様式のスペイン館を設計した建築家ウリオステ (José URIOSTE Y VELADA, 1850–1909) は、サンタ・マリア・デ・レベーニャ (Santa María de Lebeña, fig.1-3) の修復に関わった (1895-7年)。19世紀の増築で構造に負担をかけていた上部の鐘塔を取り払った後、本体の教会堂の「様式」と似せた独立鐘塔を新築したり、欠けていた軒持ち送りを復元して取り付けた

a　修復前の様子

b　修復後
fig.1-2　サンタ・クリスティーナ・デ・レナ
　　　　（アストゥリアス）

りした事などで後に批判も受けたが、未だヴィオレ゠ル゠デュク修復理論の影響が色濃い19世紀末で、教会堂本体に対する修理のあり方は十分評価に値するものである。ラサロやウリオステは、修復の内容を詳細に記録した報告書を出版しており、文字・図面・写真に描かれる建築の姿と修復内容は、その後の研究に貴重な史料を提供している[35]。

カタルーニャではモデルニスモの建築家たちよりも一世代上にあたるルジェン (Elies ROGENT I AMAT, 1821–1897) が1887年にリポイ修道院教会堂を再建した。リポイをコバドンガ、サン・フアン・デ・ラ・ペーニャ[36]と並び称したルジェンによる復元は、初期ロマネスク建築リポイのあるべき形とはいえないが、それはロマン主義者ルジェンひとりの責任というよりは、当時のカタルー

31

第一部　スペイン初期中世建築研究史

fig.1-3　サンタ・マリア・デ・レベーニャ（カンタブリア）

ニャ・ナショナリズムが、たとえ根拠が希薄でも国家の原点を絶対に復元するという選択肢しか準備していなかったために起こったことである。ルジェンの次の世代にあたるモデルニスモの生みの親、ドゥメナク・イ・ムンタネー（ドメネク・イ・モンタネール, Lluís DOMÈNECH I MONTANER, 1849-1923）も、中世建築に造詣が深いことで知られていた。前述のラサロとはマドリッド建築学校の同期生である。ドゥメナクは「国民的建築を求めて」と題された1878年の論文においてスペインが現代の国民的建築を生み出す必要性を訴え、現代建築は「過去の全ての建築の継承者」であり、かつ多文化国家スペインの性質を反映しているべきであると述べた。当時の建築史研究と建築設計との密接な関係を伝えるマニフェストである[37]。

「ラテン・ビザンティン」様式史観

多くの初期中世モニュメントの保存状態改善が喫緊の課題とされ、ただちに史的・考古学的研究が掘り下げられる状況でない中、1874年に修復以前のサン・ミゲル・デ・エスカラーダについて短い論文を書いたアルバレス・デ・ラ・ブラーニャは、馬蹄形アーチを「アラブ様式がモデル」と紹介し、内陣の3つの祭室はある種の *mirahb*（sic）であると述べた上で、「コルドバから逃げてきた修道僧、つまり10世紀のモサラベ」にアラブ美術の影響を帰し、これを「アラブ・ビザンティン」建築または「モサラベ」モニュメントと呼んでいる（ÁLVAREZ DE LA BRAÑA, 1874）。エスカラーダという史料的に特殊な現存遺構のみを取り扱っていることなど、限定的ではあるが、唯一の先行研究として引用されている『思い出と美』の著述が相当に不正確であったことを鑑みると、10世紀建築研究はここでようやくスタート地点に立ったといえる。

1880年に発見されたカンタブリア地方のサンタ・マリア・デ・レベーニャは、1885年にトレス・カンポス（Rafael TORRES CAMPOS）によって初めて「ラテン・

第1章　国民的建築をもとめて

ビザンティン様式」として紹介された[38]。同じ年、サンティアゴ・デ・ペニャルバに関する紹介とごく簡潔な分析がヒネール・デ・ロス・リオスによってなされる。1886年2月28日にサン・ミゲル・デ・エスカラーダは晴れて国指定建造物となり、翌1887年のパルド・バサン伯爵夫人（Condesa de Pardo Bazán）による「アラブ人の建設」という紹介をもって、サン・ミゲル・デ・セラノーバ（San Miguel de Celanova）研究の口火が切られた[39]。レベーニャは1891年のロドリーゴ・アマドール・デ・ロス・リオス（Rodrigo Amador de Los Ríos）の著作でも紹介されて、1893年には国指定建造物となり、1897年には前述のウリオステによる修復が完了している。

　のちに西ゴート建築の特徴として定着することになる馬蹄形アーチの存在についての指摘は、クアドラードによるサン・フアン・デ・バニョスの描写がその草分けであるようだが、それが西ゴート固有の要素としてはっきりと認識されるのには時間を要した。サン・ミリャン・デ・ラ・コゴーリャが馬蹄形アーチの存在によって西ゴート期に「再編成」された1886年直前がどうやら、スペイン国内における西ゴート時代と馬蹄形アーチの相関関係言及の始まりのようである。馬蹄形アーチの「西ゴート」性を強調したトゥビーノは、1885年6月20日に開かれた有識者会議でサン・ミゲル・デ・エスカラーダの馬蹄形アーチは必ずしも「アラブ」ではないと発言しており、マドラッソは1893年にサンタ・マリア・デ・レベーニャの国家モニュメント指定に寄せて「最近までアラブ建築の要素と間違えられていたが実は西ゴートの要素」とわざわざ述べている。1894年の芸術アカデミー入会に伴って行なわれた講演の中でベラスケス・ボスコも、それまでの見落としを指摘し、イスラーム教徒軍による征服以前から半島にこの建築要素が存在していたことを主張した。馬蹄形アーチは、このころになってようやくイベリア半島に特徴的な建築要素として注目を浴びるようになったのである[40]。1876年に「西ゴート建築」として国家モニュメント指定が申請されるも、馬蹄形アーチがネックとなってその判断が保留されていたサン・フアン・デ・バニョスが、1897年に晴れて指定を受けたのも、こうした史観の修正が関係していよう。

　19世紀末から20世紀初頭にかけてのある種の美術ブームの火付け役として、1892年のマドリッド全国博覧会が果たした役割は見逃せない。スペイン各地に点在する芸術作品が一堂に会したことは芸術を愛好する知識人を大いに刺激し、ここにスペイン小旅行倶楽部（Sociedad Española de Excursiones）が誕生した

33

第一部　スペイン初期中世建築研究史

からである（Lozoya, 1931：XXIV）。その年報は、1903年に誕生したカスティー
リャ小旅行倶楽部のそれとともに、ディレッタントたちの優雅でロマンティッ
クなスタンスを維持しつつ、厳密な考証に基づいた研究論文を、多くの貴重な
写真とともに掲載し、ランペレス、アガピート、ゴメス・モレーノ、ウイドブ
ロらの活躍の場となった[41]。

　1861年のホセ・アマドール・デ・ロス・リオス『スペインのラテン・ビザン
ティン芸術とグアラサールの西ゴート王冠』以来20世紀初頭まで、スペイン
初期中世キリスト教建築は「ラテン・ビザンティン芸術（Arte latino-bizantino）」
と包括されていた。世紀転換期の建築史家たちは、西ゴート時代から11世紀
前半までを包括する様式概念としての「ラテン・ビザンティン芸術」という用
語を頻繁に使用する最後の世代にあたる。バスケス・ヌニェス（Arturo Vázquez
Núñez）は、ロマネスクを3つの段階に分割し、その第一段階（400-1000年）
を「原初的ロマネスク、あるいはラテン・ビザンティン様式」の時代とし
た（Vázquez Núñez, 1894：13）。バリャドリッド出身の建築家アガピート（Juan
Agapito y Revilla）は、地元カスティーリャ主義と併せて「ラテン・ビザンティ
ン」建築に熱心なナショナリズムを託し、「正真正銘スペイン的モニュメント」
（Agapito, 1906a：292）「ずば抜けた土着性の、オリジナルな芸術」（Idem, 1906b：
427）「我々の西ゴート期の芸術、固有の芸術、国民の芸術、最もスペイン的な
芸術」（Idem, 1906c：454）などと賞揚した[42]。1902年の時点で彼はサン・セブリ
アン・デ・マソーテ（San Cebrián de Mazote）を第2期ラテン・ビザンティン期に
分類し（Idem, 1902：3 & 32-3）、エスカラーダはモサラベの建設だから、マソー
テもモサラベに関連しているだろうと推察するが（Idem：27）、馬蹄形アーチは
西ゴート期建築固有の要素であるとして、マソーテではコルドバ・カリフ国美
術のいかなる借用も感じることができないとし、むしろ強い西ゴート性をそこ
に見た[43]。

　ラテン・ビザンティン美術（建築）という呼称は、その語義の正鵠を得ている
かはともかく、スペイン初期中世の芸術を一括りにする便利な言葉であったわ
けだが[44]、20世紀に入り徐々に用いられなくなっていった。替わって、西ゴー
ト、アストゥリアス、モサラベという3つのサブ・カテゴリーがより自立した
グループとして描写される傾向が強まる。1903年に書かれたサン・セブリア
ン・デ・マソーテ教会堂についての一文が、この時期のやや混乱した用語や考
えかたをよく表している。

34

（サン・セブリアン・デ・マソーテに見られるラテン・ビザンティン芸術のことを）複数の考古学者は西ゴートとも分類するけれども、我々としては「モサラベ」と呼びたいものである。これはもしその建設が10世紀以前であればということであるが（Álvarez de la Braña, 1903：68）。

　ここで注目されることは、「モサラベ」という用語はあくまでもイスラーム治下のキリスト教徒が建てた場合に限定されていたという点である。

　19世紀半ばからの全国のモニュメント集成の刊行、国家モニュメント指定と修復事業、あるいは国内博覧会といった中央主導の文化プロジェクトは、各地方で郷土愛を刺激し、19世紀末から20世紀初頭の約20年間のあいだに新たなモニュメント発見を促し、本格的な個別研究を生み出した（Lampérez, 1908a：17）。その最良にして最大の成果がプッチ・イ・カダファルク（Josep Puig i Cadafalch, 1867‑1956）らによる金字塔『カタルーニャのロマネスク建築』（Puig et alii, 1909）であるが、半島北西部でも程度の差はあれ同様の試みがなされた[45]。なお、世紀転換期のスペインの知識人たちは、素晴らしい過去の遺産を賞賛しつつ国家の不毛の現状を嘆くことを忘れなかった。「活力は不在なのではない、眠っているだけだ」（Simón y Nieto, 1998：111）、「我々は固有の芸術を持っていたのだ、現在ではそうではない」（Agapito, 1902：49）、「否、たとえ不毛のエゴイズムや萎縮した経済に覆われ、影が差そうとも、わが国において芸術も芸術的才能も死に絶えることはない」[46]といった言葉には、当時の誇りとコンプレックスが如実に表れている。

3）ランペレスの登場

　以上のように、個別の知識の増加と理解の深化が進んだ20世紀初頭に、それらを踏まえた体系的な研究書が日の目を見たのは、ある意味必然のなりゆきだった。プッチがカタルーニャ・ロマネスク研究において果たしたのと同程度の貢献をした人物は2人いる。1人が建築家・修復家・建築史家ビセンテ・ランペレス（Vicente Lampérez y Romea, 1861‑1923）であり、もう1人が碑銘・考古・文献学者で美術史家のマヌエル・ゴメス・モレーノ（Manuel Gómez-Moreno y Martínez, 1870‑1970）である。両者は共に、個々の建築とその要素の批判的で詳細な検討、およびそれらの体系化に非常に大きな役割を果たした。が、先

35

第一部　スペイン初期中世建築研究史

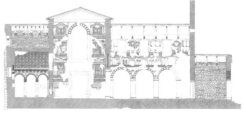

fig.1-5　サン・フリアン・デ・ロス・プラドス（オビエド）断面図

fig.1-4　サン・バウデリオ・デ・ベルランガ（ソリア県）

人の成果を統合するにとどまらず、独自に咀嚼した成果を加え、建築を歴史的に解説することに成功したゴメス・モレーノに対し、ランペレスはどちらかといえば最後の19世紀的建築史家として位置づけられることが多い[47]。

ランペレスについて詳しく述べる前に、この研究史第一期の終章である20世紀初頭におこったいくつかの発見をまとめておく。1907年には、忘れ去られていたスペイン初期中世の最も異様な建築、ソリア県のサン・バウデリオ・デ・ベルランガの小教会堂（San Baudelio de Berlanga）(fig.1-4) に脚光が当たり[48]、トレド県ではこれまたきわめて特殊なサンタ・マリア・デ・メルケ（Santa María de Melque）(fig.3-14) が発見された[49]。1912年にはオビエドのサン・フリアン・デ・ロス・プラドス（San Julián de los Prados）にて、それまでのアストゥリアス建築観を大きく揺るがす見事な壁画が見つかっている（fig.1-5）。ランペレスの活躍はこうした発見と同時期のことであった。

1861年にマドリッドで生まれたランペレスは、1885年にマドリッドの高等建築学校を卒業するとすぐに、のちに舅となるデメトリオ・デ・ロス・リオス（Demetrio de Los Rios）の元でレオン大聖堂修復事業に携わる。その後もブルゴス大聖堂、クエンカ大聖堂など、修復事業で中心的な役割を果たし、また数は少ないが新築のデザインも行なっている。修復家としてのランペレスは、評価が芳しくない。オリジナルの部分と復元された部分が一目で分かるように別の材料を用いることを提案するなど、19世紀的な理想復原とは一線を画す態度をとってはいたが、ブルゴスやクエンカの大聖堂修復事業を「ゴシック建築史上どんな既知のモデルにも呼応しない（中略）過度に冷たいネオ・ゴシック」と

第1章　国民的建築をもとめて

評したナバスクエスは彼を、「スペインのヴィオレ、ただしこのフランス人建築家の天賦の才を持ち合わせなかったのだが」と辛辣な批評をしている（TORRES BALBÁS, 1933：1-4；NAVASCUÉS, 1987：316-7；ARRECHEA, 1992：18）。

　一方、建築史家・教育者としてランペレスが果たした役割はより高い評価を受けている。工芸学校での助手を経て1901年から母校マドリッド建築高等学校およびアテネオ（Ateneo：文芸協会、1904年まで）で教鞭をとり、最終的には建築学校長となったランペレスは、当時の建築のあり方にも多大な影響を与えた。アテネオでの連続講義や雑誌論文などで精力的に発表された、キリスト教建築に関する一連の研究の集大成が、1908年に出版された『スペイン中世キリスト教建築史（*Historia de la arquietctura cristiana española en la Edad Media*）』である。この大著を中心に、ランペレスの研究の位置づけと意義を以下に見ていく[50]。

　1902年にランペレスは、バリャドリッドの建築家である友人アガピートとともにサン・セブリアン・デ・マソーテの教会堂を「発見」する。その報告書においてランペレスはマソーテを、「コルドバの修道僧らの集団脱出の時代に建てられたイスラームの影響を受けた北方ラテン・ビザンティン建築」（LAMPÉREZ, 1902：190-1）としているが、これは大筋としては100年後の今でもほぼ踏襲されている説だといえる。19世紀末まで、発見された遺構について妥当な研究論文が出されるまでにタイムラグがあったことを考えると、これは大きな進歩である。平面図、断面図など図版も豊富に掲載された。一方、後世の増改築で観察が不可能であった部分も多く、特にプランに関してはゴメス・モレーノが後に発表するものとは大きく異なっていた[51]。そして、ゴメス・モレーノと比べるとランペレスのもう一つの大きな弱点は、いくつかの重要なディテール分析を除けば、マソーテという建築を生んだ背景の描写に説得力を持たせられなかったことであった。

　その後もランペレスは多くの論攷を発表し、多くの図面を残した。1907年、それまでほとんど注目を浴びてこなかったトレド県のサンタ・マリア・デ・メルケがセディーリョ伯爵（Conde de CEDILLO）によって発見、紹介された際、これを助けて図版を描き起こしたのもランペレスであった（LAMPÉREZ, 1908a：215-8）し、サン・ミリャン・デ・ラ・コゴーリャ（San Millán de la Cogolla）の旧修道院教会堂に関して初めて建築史的分析を加えたのも彼であった（LAMPÉREZ, 1907）。

37

第一部　スペイン初期中世建築研究史

『スペイン中世キリスト教建築史』

　1908年に出版された『スペイン中世キリスト教建築史』初版は2巻構成で、第1巻に、先行研究などをまとめたプロローグ、基礎知識や方法論を仔細に渡って述べた序章、体裁上設けられたと思われる初期キリスト教建築の部が10ページ足らずで続き、その後「初期中世（Alta Edad Media）」の部、さらに「後期中世（Baja Edad Media）」部の前半としてロマネスクの長い章が収録されており、スペインのゴシック以前の建築に初めてまとまった形で評価を与えた書物であった[52]。また、単行本の建築史で「モサラベ」という用語を10世紀レオン王国のキリスト教建築に用いたのも、おそらく初めてのことであった。西ゴート、モサラベ、アストゥリアスという年代順ではない章順も興味深い。

　ランペレスは後述するゴメス・モレーノのように国外、特に東方の建築を観察して同じ要素を比較するということはあまりしなかったが、国内外の先行研究、特にフランス中世考古学の蓄積にはよく通じており、それがスペイン国内の中世建築についての広範で直接的な知識をささえていた。「建築的議論」の要素として、disposición（プランニング）、estructura（構造）、decoración（装飾）の3つを挙げ（LAMPÉREZ, 1908a：10）、文献資料に多くを依拠せず[53]、シンボリズムに懐疑的で建築を合理的産物として捉え（IDEM：87）、それまでのスペイン建築史における工法知識の不足を断じるなど、ヴィオ＝ル＝デュクやショワジーの構造ラショナリズムに想を得た建築史を展開した[54]。

　東方と西方という対立する二項が邂逅する舞台としてのイベリア半島像は、必ずしもランペレスに始まったわけではないが、ランペレスの場合はその傾向が特に明白に現れる。彼によれば東西の流れが融合して独自の建築が出来るとすぐに外国から新しい潮流がやってきてそれを押し流してしまうというのがスペイン建築史の特徴であり、たとえば「ラテン・ビザンティン・イスラーム・スペイン」様式（un estilo latino-bizantino-mahometano-español）（IDEM：199）であるサンタ・マリア・デ・レベーニャのあとロマネスクが到来してこれを押しのけてしまったという。ランペレスの東方と西方の使い分けを分析してみると、以下のようになる[55]。

　　西洋：ラテン、アーリア族、キリスト教；バシリカ、円柱列、エンタブレ
　　　　　チュア、コリント式柱頭

第1章　国民的建築をもとめて

東洋：ビザンティン、セム族、イスラーム；集中式平面、ドーム、ヴォールト、ビザンティン式柱頭

　2つのコンセプトは相互に排他的で、「『ビザンティン』という言葉には、ビザンティン帝国においてその完全なる表現を成した『全ての東方の萌芽』を込めている」(Idem:122) ため、例えばシリアとペルシアが区別されることはないし、ローマとレオン王国も同様である。サイードの批判を待つまでもなく、ここでいう東方とは、西洋が持ち合わせていなかった要素を後に西洋に供給した、全ての西洋以外の文明・民族の入ったブラックボックスとでもいうべき存在なのである。

　ラテン・ビザンティン混淆建築の最初のまとまったグループである西ゴート建築観は特に彼独特なものではない。ただ、非常に限られた遺構から一般的な「西ゴート建築の平面形式」「ヴォールト」「石積み」「アーチ」を帰納しようとするスタンスはやや苦しく、年代に関しても、これらの遺構が12世紀のものでないことは容易に論じられても、10世紀の建設でないことを否定する様式的根拠はぐらつく[56]。

　続くモサラベ（前半では何度かムサラベ（muzárabe）という表記も見られる）の章では、モサラベ社会はイスラーム治下でも西ゴート時代の伝統を守っていたが、アラブ文化の影響も受けていたこと、9世紀にアブダッラフマーン2世らから迫害を受けたコルドバの修道僧が北方へ逃れてアラブの影響を受けた建築を伝えたこと、従ってこの民族（pueblo）モサラベの建築的伝統がコルドバやトレドだけでなくカスティーリャにも伝えられたこと、長方形平面の外形に収められた曲平面のアプス部分はミフラーブを模したこと、といった、この頃には既に広まっていた史観が語られる（Idem:195-202）。一方、現在では重要な側面とされている壁画が発見されていなかったため、教会堂内壁面は裸の状態だったとしているほか、多くの点で不十分な情報をもとにした不十分な解説にとどまっている感は否定できない。

　初期中世最後の章のタイトルは「アストゥリアス建築」だが、カタルーニャの建築や初期ロマネスクを含むなど、混乱は否めない[57]。また、ビザンティンのドームがシンプルになってアストゥリアスのトンネルヴォールトになったと述べたり（Idem:264）、煉瓦造アーチというアストゥリアス建築の重大な特徴の一つを紹介しながら北部に煉瓦は不在であったと述べたり（Idem:265）、ノル

39

第一部　スペイン初期中世建築研究史

マン人の船の形がヴォールトにインスピレーションを与えたと述べたり（IDEM:
262）といった論の不確かさも目立つ。さらに、ロマネスクとの関連を強調しよ
うとしてか、ロマネスクの重要な要素とされた主として建設的な特徴を次々と
挙げて、それをこのグループの特徴として括っている（IDEM:264-6）が、やや
苦しい[58]。

　ランペレスの『建築史』のもうひとつの大きな特徴は、プロポーションへの
こだわりである（LAMPÉREZ, 1908a:69-86）。ロマネスクやゴシックに加えてラテ
ン・ビザンティン様式においてもプロポーションのルールがある、と主張する
も、大きく改築され原型をとどめていない建築の理想的プロポーションを推定
したり、幾何学的に解いたものと、直交グリッドで解いたものを並べて論じた
り、データの正確さ以上に、問題設定自体に問題があるのは否めない。

　「ラテン・ビザンティン建築」に「フランス的形態以前の典型的スペイン建
築」の姿を探し求めた（LAMPÉREZ, 1902:190-1）ランペレスは、現代建築に関し
ても1915年の全国建築家会議で「スペイン建築設計競技」を提唱、スペイン建
築の混淆性や順応性を評価し、中でもアラブ、ムデハル、オジーヴ（ゴシック）、
ルネサンス様式が最も適当な様式と主張した（ARRECHEA, 1999:9-11）。このよう
に歴史のなかに国民的建築を追い求めたランペレスの建築史は多くの点で改善
の余地があったが、個々のモニュメントを紹介して称えるだけでなく、その形
態と工法からそれぞれを有機的に結びつけ、様式に分類する画期的書物であっ
たといえる。

4）ゴメス・モレーノ

　ここまで述べてきたイベリア半島初期中世建築、とりわけ10世紀キリスト
教建築の研究は、一人の人物によって急激な進歩を遂げた。その人物こそ、マ
ヌエル・ゴメス・モレーノである（fig.1-6）。ゴメス・モレーノが知的活動を開
始する世紀転換期のスペインを象徴する出来事として、1898年の米西戦争が
ある。最後の植民地キューバ、プエルトリコ、フィリピンを失った自国家の
凋落ぶりに対する失望感を背景に、哲学者ミゲル・デ・ウナムーノ（Miguel de
UNAMUNO, 1864-1936）、詩人アントニオ・マチャード（Antonio MACHADO, 1875-
1939）らのいわゆる「98年の世代」を中心とする知的近代化が起ころうとし
ていた[59]。ゴメス・モレーノが活躍したのは、社会的転機でいえば1898年（米

40

第1章　国民的建築をもとめて

西戦争）と1936年（スペイン内戦勃発）に挟まれた時代である[60]。彼の貢献は、美術史・考古学・文献学など様々な分野に幅広く及んでいるが、特に10世紀芸術に関しては、記念碑的著作『モサラベ教会堂』発表（1919年）によって、初期ヒストリオグラフィーの終焉を告げ、その後の研究史を規定するメルクマールを打ち立てた[61]。

fig.1-6　マヌエル・ゴメス・モレーノ

ゴメス・モレーノは、グラナダで同名の画家の息子として生まれ、父を介してスペイン半島碑銘学の泰斗ヒュプナー（Ernst Willibald Emil HÜBNER, 1834–1901）と親交するなど、10代のうちから古物研究を始めた。当初、主として出身地グラナダを研究対象地としていたが、20世紀に入るとその研究の幅は半島全体の古代から近代まで広がり、スペイン及びカスティーリャ「小旅行倶楽部」の各年報（*BSEE, BSCE*）や『スペイン美術・考古学アーカイヴ』（*AEAA*）などに活発に研究論文を発表し始める。初期中世に関するモノグラフとしてとりわけ重要なものとしては、「サン・ペドロ・デ・ラ・ナベ」（GÓMEZ-MORENO, 1906b）、「サンティアゴ・デ・ペニャルバ」（IDEM, 1909）があり、横断的研究としても、その広範な知識を活かした1906年の「馬蹄形アーチを通じた旅」（IDEM, 1906a）、1913年の「モサラベ考古学について」（IDEM, 1913）等が精力的に発表された。これらの集大成が『モサラベ教会堂』（IDEM, 1919）ということになる。1925年に出版されたレオン県の『記念建造物カタログ』（IDEM, 1925）も、この1919年に至る年月に書かれたものであった。その後も1934年のロマネスク概説、11世紀までのスペイン・イスラーム美術とモサラベ美術を含んだ *Ars Hispaniae* 第3巻（IDEM, 1951）という2つの決定的重要性を持つ書を世に問うてはいるが、少なくともロマネスク以前のキリスト教美術に関して言えば、最重要の仕事はこの『モサラベ教会堂』及びそれ以前になされたと言い切ってよいだろう。

ゴメス・モレーノが北西部スペインの初期中世キリスト教美術に関心を寄せるそもそものきっかけは、1900年のアビラ県を皮切りとした県ごとの歴史遺産カタログ *Catálogo monumental* の執筆を依頼されたことである（GÓMEZ-

41

第一部　スペイン初期中世建築研究史

MORENO, 1919:XXI-XXII）。前世紀の『建築モニュメント』から半世紀を経たこのプロジェクト自体は、ゴメス・モレーノの脱稿から何年も経った1920年代にようやくレオン県（エスカラーダやペニャルバを含む（IDEM, 1925））、サモーラ県（サン・ペドロ・デ・ラ・ナベを含む）の各巻が出版されるも、そのほかの巻がお蔵入りするなど、企画倒れギリギリのものであった。

　長い間日の目を見なかったこれらの原稿を別にすれば、ゴメス・モレーノの当該分野における実質的デビューは、1906年1月に出た「馬蹄形アーチを通じた旅」（IDEM, 1906a）である。この論文は、まずオリエントにおける馬蹄形アーチの誕生とその後の展開を簡単に紹介し、後半でイベリア半島においていかにこの形態が早い時期から根付いていたかを論じたものである[62]。レオン地方で出土した後期ローマ時代（2世紀）の墓碑に描かれた馬蹄形アーチや、コルドバのセビーリャ門（Puerta de Sevilla）が紹介され、さらに、旧カスティーリャの西ゴート建築の共通の特徴がこの馬蹄形アーチであること、スペイン・イスラーム建築に採用された同アーチが形態を進化させていくこと、10世紀になるとモサラベにより、スペイン・イスラーム建築の主要素となった馬蹄形アーチが再びキリスト教建築に採用されることなどが、イベリア半島における2世紀から10世紀までの馬蹄形アーチの連続性を強調する形で描かれていく。ただしこの時点では、数ヵ月後にモノグラフで論じるサン・ペドロ・デ・ラ・ナベや、彼の主張の裏づけに必要だが誰も顧みてこなかったセビーリャ門などを除き、主要な初期中世キリスト教建築について二次的な情報しか持ち合わせていないことがうかがえる。その一方で、馬蹄形アーチの工法と形態をクロノロジーと相関させる主要な理論のほとんど全てが登場している。アーチの持ち上がり具合（半径の3分の1なら8世紀まで、2分の1なら9-10世紀）で見分けること。迫石の積み方が円の中心に収斂するかどうか、収斂点は一つであるか、複数であるか。初期のアーチで外輪下部が円弧から離れてほぼ垂直線を描き、結果として下部が幅広く安定した形になること。また10世紀のスペイン・イスラーム建築では外輪の上部がより幅広になること。開口部の両脇の抱きの幅と、アーチ内輪の最大幅との関係。要石の有無。そしてアーチを囲むモールディング、アルフィス（alfiz）の存在。これらのアーチに対する分析的な視点は、この時点から確立されていたのがわかる。実際には、西ゴートとスペイン・イスラーム（あるいはその亜種としてのモサラベ）という二項に、全ての要素がきれいに二分割されない点も、ゴメス・モレーノ自身気づいていたようだが、アーチの細かな

42

特徴に向けられた注意深い観察は、大枠の仮説を形成するという目的を達成するために用いられ、少なくない例外の存在がそうして確立しつつあるパラダイム自体を修正させることには決してならなかった（IDEM, 1906a：26-7）。

　そのほか、論文の主題ではないものの、レオンの建築に、南方から移住したモサラベが媒介したイスラーム建築の要素が採り入れられていることもこの時から指摘していて、「この建築は本来的にモサラベ」であると述べる一方で、アストゥリアスにおけるラミーロ1世の建築は完全に前後から孤立した、真のプレロマネスクであるとして（IDEM：25）、ロマネスクと関連づけた文脈で捉えるなど、要約された形ではあるが、ゴメス・モレーノ史観の主要な特徴はすでに揃っていたといえる。アストゥリアス建築、特にラミーロ1世の建築については繰り返しヨーロッパ的、フランス的、ロマネスクの前身というような主張が見られる（IDEM, 1913：92-3）。

　同年5月、サモーラ県の小教会堂サン・ペドロ・デ・ラ・ナベについてのモノグラフが*BSCE*に掲載され、ゴメス・モレーノおよびナベ教会堂双方の名声を一挙に高めた（IDEM, 1906b）。ナベの教会堂は、『建築モニュメント』に取り上げられながら、その後はほとんど顧みられず、不正確な平面図などを元に簡潔に紹介されるにとどまっていた。ゴメス・モレーノ論文の最大の論点は、10世紀の建築とするそれまでの説を覆し、7世紀末から8世紀の初頭に年代を置き換えたことである。それを史的にだけでなく、石積みなどの工法、また建築彫刻や碑銘から、そして自らが確立した馬蹄形アーチの形態の見分け方を援用して、鮮やかに証明していっただけでなく、初めての図版らしい図版と沢山の写真も添付し、ナベ研究の第一の基礎資料とした。こうしてサン・ペドロ・デ・ラ・ナベという新しい西ゴート時代の建築が日の目を浴びたことで、数少ない遺構に依拠した西ゴート期の建築に対する見解も、大きく上方修正を迫られたわけである。

　同じように10世紀のキリスト教建築に関しては、1909年のサンティアゴ・デ・ペニャルバについてのモノグラフが、上述のナベ論文と同等の意義を持つ（GÓMEZ-MORENO, 1909）。ペニャルバの場合は創設者聖ゲナディウス（San Genadio, *Gennadius*）やその弟子サロモン（Salomón, *Salomon*）に関して複数の文献史料が残っており、サン・ペドロ・デ・ラ・ナベの時よりもより史的事実に大きく紙面が割かれた。正確な（に見える）図版、碑銘学者の面目躍如たる史料の読み込みによる従来の解釈の修正、そして古文書を読んできたそれまでの歴史家たち

第一部　スペイン初期中世建築研究史

が決してできなかった、あるいはやろうともしなかった建築史学的分析は、どれも非常に完成度が高く、エスカラーダとの関連性、マソーテやセラノーバとの類似点の整理された指摘も説得力の高いものであった。マソーテに関しては前年に出版されたランペレスの『建築史』図版とは全く異なる復元案を提示して、ペニャルバと意識的に近接させて見せている。ここでゴメス・モレーノは題を「サンティアゴ・デ・ペニャルバ：10世紀のモサラベ教会堂」として、ペニャルバをわざわざ「モサラベ」と形容したが、具体的な遺構をあらゆる側面から論証することで、10世紀レオン＝モサラベの建築文化という一般化したヴィジョンを個々の事例に齟齬なく適用することに成功したのである。

　ゴメス・モレーノが、はや1906年に、移住したモサラベによる建築モードの伝達という考えを採用していたことは上記の通りだが、まだその時点ではモサラベ移民という普遍的な存在にもっと確固たるリアリティを持たせるには至っていなかった。1913年の「モサラベ考古学について」は、サンティアゴ・デ・ペニャルバ論文（GÓMEZ-MORENO, 1909）と執筆は同時期（GÓMEZ-MORENO, 1919：XXII）の、初めて10世紀建築全体をまとめて論じた論文で、6年後の『モサラベ教会堂』を予告するものと考えてよいだろう（GÓMEZ-MORENO, 1913）。考古学、と題してはいるが、モサラベへのシンパシーを盛り込んだ初期中世モサラベ文化史概説、とでも言うべき内容で、簡単な歴史背景と建造物の描写にとどまる。注目すべきは、実に簡潔な形ではあるが、アラビア語やアル・アンダルスの地名を織り交ぜたレオン王国の固有名詞などの存在が示されている点である。1919年の『モサラベ教会堂』でこれは大幅に加筆され、彼のモサラベ建築史観を強力に支える論拠となっていく。よりまとまった形で、より広い読者に向けて総括されるゴメス・モレーノの基本的なヴィジョンとその根拠が、こうして出揃ったのである。

『モサラベ教会堂』

　以上のように、方針としては1909年頃までに大筋が固まっていたゴメス・モレーノのイベリア半島10世紀キリスト教建築史・論が、満を持して単行本として出版されたのが1919年のことであった。写真のページを除いて400ページ強の『モサラベ教会堂：9‐11世紀のスペイン美術（*Iglesias mozárabes: arte español de los siglos IX a XI*）』である。単行本という性質上、それまで専門誌に発表されたどの論文よりも広い範囲に反響があったであろうが、内容的にも、以下述べ

ていくように、単なるそれまでの雑誌論文のまとめなおしではなく、それを凌駕するものであった。

　構成が興味を引く。アンダルシア、トレド、アラゴン、カタルーニャ、アストゥリアス、ガリシア、ポルトガル、レオン、カスティーリャと各州や地域ごとに章を設け、最後の2章で、当時の教会のしつらい・調度・什器について概観し（第10章）、現存するモサラベ美術工芸品を紹介・分析する（第11章）。こうした構成は、一見、10世紀のイベリア半島が共有する「モサラベ」という体験が州ごとにどのように発現しているかを、客観的に述べているような印象を与える。しかし、社会史的には重要なモサラベ・コミュニティがあったと考えられていたバレンシアやエストレマドゥーラなどの州が抜けている。20世紀初頭の時点で、「モサラベ」と判定できる遺構や美術工芸品がほとんど何も見つかっていなかったからであろう。また、ゴメス・モレーノ自身がモサラベという社会集団との希薄な関係性を指摘しているカタルーニャ州が30ページに渡るのに対し、肝心の筆頭を飾るアンダルシアに割かれたのはわずか8ページ、サンタ・マリア・デ・メルケを除くトレドには6ページと、合わせても半分にも及ばない。

　実際には、この本の中心は158ページに及ぶ第8章のレオンなのである。しかもこのレオンという領域の決定の仕方は、恣意的とはいえないまでも、レオンという一つの影響関係の中で論じたい周縁地域の遺構を盛り込んだ、曖昧なものである。ここでいう「レオン」を、カスティーリャ伯領とアストゥリアスを除くレオン王国とするならば、ガリシア州のサン・ミゲル・デ・セラノーバや旧カスティーリャ州のサン・セブリアン・デ・マソーテが含まれているのもわからなくもないが、ガリシア州には別に章が与えられて、全く芸術的に貧しいと4ページで切って捨てられているのである[63]。一見どこからでも読めるカタログの体裁をとった本書が、モサラベという社会集団のルーツたるアンダルシアから始まっているのはもちろん、偶然ではないだろう。

　なぜ、ここまで質・量共にバラバラなものを、あたかも等価に論じられるかのように並置したのだろうか？　管見ではやはり、論全体に、そして半島全体に通底する一つの特徴を強調したかったのであろう。そしてその特徴を作り出していたのは、ゴメス・モレーノにとっては、モサラベという国民的存在であったのである。カタログとしては非常に不恰好な、そしてそのぶん、レオン10世紀建築のモサラベ影響論としてはこれ以上なく磨き上げられた本書は、あ

45

第一部　スペイン初期中世建築研究史

る意味で同じようにほとんど事典とは言い難いヴィオレ＝ル＝デュクの『中世建築事典』を想起させる。両者とも、事典やカタログという体裁の客観性で偽装した、主観的な物語なのである。

　ゴメス・モレーノが「モサラベ」美術と呼んだ10世紀のスペイン美術に込められた思いは、単なる自国の芸術史の一フェーズというレベルを超えて、自国固有の美術として発展したかもしれない真にスペイン的なもの、という憧憬と諦念がつきまとう。こうした点はランペレスの立場と同じである。

　　　我が国の歴史はヨーロッパの歴史ではない。我が国の芸術がもしヨーロッパのそれと同じでないとすれば、それは同じでなくてしかるべきなのだ[64]。

　こう述べるゴメス・モレーノは、馬蹄形アーチの使用された時代をスペイン建築において唯一、一定のオリジナリティが認められる時代として評価し（GÓMEZ-MORENO, 1906a：4）、サン・ペドロ・デ・ラ・ナベについてのモノグラフでは最後にその「国民芸術における意義」として、メロヴィング朝時代のフランス建築の悲惨な状況に比べてスペインにおける固有の芸術の存在を誇る（IDEM, 1906b：372-3）。こうした憧憬はモサラベという社会集団を「スペイン人」と混同したり（IDEM, 1913：89-90）、「民主主義」と関連づけたり（IDEM：98-9）するところにも現れているといえよう。『モサラベ教会堂』でも、モサラベ芸術の時代をスペイン的精神が強化され、まさにその時代にスペインという国家が形成されたとまでいう（GÓMEZ-MORENO, 1919：XIV-XV）。フランス・ロマネスクがそうした流れを止めたことについては、たとえばサン・ミゲル・デ・セラノーバの「形態の洗練と巧緻」を賞賛しながら、それが「我が国において決定的なる芸術として定着しなかった」ことを悔しがり[65]、ランペレスが長々と批判したアンラール、マリニャンに話が及ぶと、「現代スペインの劣等ぶりを持ち出されて（外国人に）嘲弄されることにはもう慣れている」と半分投げ遣りに言い放っている（IDEM：XVI）。

　以上のような論の進め方に、ゴメス・モレーノの決定論的な思考や強引な論証のあり方を見出すことは容易いが、その内容、特にレオンの章でいかんなく発揮される圧倒的な説得力は他の追従を許さず、1世紀を経た現在でも感嘆せざるを得ない。その説得力の源の一つは、彼の学際的研究能力であろう[66]。各章で史的考察から建築の分析、そして彫刻や碑文に対する考古学的考察へと進

むのだが、ゴメス・モレーノはそれまで碑銘学者、歴史家、美術史家、考古学者の間に厳然と存在していた壁を軽々と乗り越え、各々の成果を単に統合するのみならず、自身がその全ての分野においてほぼゼロから論を構築できることを示すのである。個別の建築に関しては、ランペレスら先達が論じてきたほとんど全ての遺構に関して、大幅に加筆修正を行い、サン・ペドロ・デ・ロウローザ（São Pedro de Lourosa）などいくつかのほとんど初出のものも取り入れ、適切に自身の史観に組み込んでいる。同じ文脈で語るのは困難なように思われたカタルーニャについても、馬蹄形アーチをイスラーム的かそうでないかと判定する自身の基準を用いたことで、同じ土俵上に持ち込んだ。それまで、大部分の初期中世建築は、ロマネスクやゴシックと違って、工法的、構造的な合理性の進化では説明できなかったことから、体系的に語られるのには困難を伴ったが、馬蹄形アーチにある程度の進化するロジックが見出されたことで、関連づけて語ることが可能になったのである。

　もう一つ画期的だったのは、ゴメス・モレーノが敢然と公文書の原典にあたり、レオン王国の10世紀史料に現れるアル・アンダルスからの移民への言及、アラビア語系の人名の出現とその傾向、同じく地名、アラビア語系の外来語、アル・アンダルスから持ち込まれた写本などをリストアップして、10世紀のドゥエロ川北部流域の再入植における「モサラベ」の果たした役割がいかに大きいかを立証してみせたことである（GÓMEZ-MORENO, 1919：105-140）[67]。ゴメス・モレーノによるラテン語古文書学上におけるアラビア語の知識応用の的確さの評価は、残念ながら筆者の能力を超えるが、ある程度アラビア語圏スペイン史家に拠ってはいても、非常な量のアラビア語の残滓のピックアップとその判定を、各所のアーカイヴに埋もれた未刊行のものも含めた一次史料に当たって、ほとんど自力で行なっていることが見てとれる。「モサラベ」性の証明のためにゴメス・モレーノが残したこうしたアラビア語名のリストは、近年でこそ、文献学者の厳密な監修による公文書コレクション全体の活字化・刊行が進んだことで、訂正や追記を余儀なくされてはいるものの、長い間、全くそのままの形で引用されてきたものである。ゴメス・モレーノの史観をこうした切り口から反駁できなかったことも、その史観のその後の君臨を支えた原因のひとつといえよう。

　『モサラベ教会堂』で画定されたゴメス・モレーノによるイベリア半島の10世紀キリスト教建築美術観をまとめておこう。モサラベ美術は、10世紀とい

第一部　スペイン初期中世建築研究史

う「本来的にモサラベの時代」において、イスラーム美術とは違う独自性を備えるに至ったコルドバのキリスト教美術からの枝分かれであり、その時期はアブダッラフマーン2世のキリスト教徒締め付けを発端としてモサラベが北部に移住を始めたとされる850年からカリフ国崩壊の1030年までである（Idem：xv-xiv）。西ゴート時代のものをベースにしつつアル・アンダルスで発達した芸術を、南方では思うように実現することができなかったモサラベ達は、北方の移住の地でそれを開花させた（Idem：xx-xxi）。彼らは野蛮な北部キリスト教勢力下にアル・アンダルスの文化のみならず、国民性、民主性（！）をもたらしたのである（Idem：139-140）。ゴメス・モレーノは一方でモサラベ美術の等質性を謳いつつ、他方ではそれを「画一性、反復性、類型なき」芸術としている[68]。

　ゴメス・モレーノが、当初からモサラベの美術を論じようとしていたとは考えがたい。むしろ、10世紀のスペイン美術を論じようとしたときに、偶然、当時の「スペイン人」モサラベが格好の主役として浮上したのであろう。こうして、具体的な人間集団「モサラベ」としては、情報が集中する9世紀中葉のコルドバのイメージが投影され、建築表現としては主に10世紀前半のレオン王国の修道院建築のイメージが与えられ、両者が一意のコンセプトとしてロマネスク前夜のスペイン人とその文化を意味する換称とされたのである。この同視はフォンテーヌ（Fontaine, 1978b）やドッズ（Dodds, 1990）、ノアック（Noack, 1996）にも引き継がれる長い伝統となった。

　ゴメス・モレーノの研究に見られる注目すべきもう一つの特徴は、彼が20世紀初頭に論文を発表した時点では、多くのモニュメントは後世の変更・付加を受けてほとんど原型をとどめていなかったのに、論文中にゴメス・モレーノが描き、その後少なくとも半世紀は他の文献に引用され続けた多くの平面図・立面図は、こうした付加物（バロックの鐘塔、礼拝室、天井などから単に付置された増築部分まで）を取り除いた、理想的オリジナルの状態で呈示されたことである。1906年に発表されたサン・ペドロ・デ・ラ・ナベの教会堂（fig.1-7）もその一つで、「余剰を排した明瞭なヴォリュームのイメージ」（Arrechea, 1992:19）を呈示している。失われた内陣の天井には類似例であるサンタ・コンバ・デ・バンデのドーム状ヴォールトが借用されていた。この図面は、このように復元されるべきという指針を示したわけではなかったが、やがて1930年に村がダムの底に沈むことが決まったとき、スペイン建築史上では稀な移築が行なわれることになり、それにともなって結局ゴメス・モレーノの指針に基づいて身廊

48

第1章 国民的建築をもとめて

大壁やヴォールトが復元されたのである[69]。同様に、1909年のサンティアゴ・デ・ペニャルバ論文の中でゴメス・モレーノは、サン・セブリアン・デ・マソーテを取り上げて、その元の姿を復元した図面を発表した。マソーテについてはすでにランペレスが現状をほぼそのまま反映した図面を発表していたが、ゴメス・モレーノのそれは多くの点で異なっていた。やがてそのヴィジョンは、サン・ペドロ・デ・ラ・ナベの際よりももっとラディカルで無批判な復原、特に交差部ドームの推定復元に生かされることになるのだが、残

断面図

平面図
fig.1-7 サン・ペドロ・デ・ラ・ナベ（サモーラ）

念ながらゴメス・モレーノが一体何を見てランペレスの図面等を修正する根拠としたのか、また、その後、1930年代の修復の際に更に異なった図面が現れたのは、いかなる調査結果を根拠としていたのか、そもそも1930年代に現在の復元された姿を裏付けるほど十分な発掘調査が行なわれえたのか等、その妥当性はいまや証明不可能である。ゴメス・モレーノの多岐に渡る広範な知識に基づいた実証の重要性は疑うべくもないが、同時に極めて強い確信に基づいたやや操作的な一面も否めず、特にこのマソーテのオリジナルの姿についてはいくばくかの疑念を抱かざるを得ない[70]。

科学史家トーマス・クーンの名高い用語「パラダイム」は「一般に認められた科学的業績で、一時期の間、専門家に対して問い方や答え方のモデルを与えるもの」と定義されているが、スペイン初期中世美術史にそれをあてはめるとしたら、ゴメス・モレーノの史観がまさにその最初の、今のところまだ有効なパラダイムであるといえよう[71]。

49

第一部　スペイン初期中世建築研究史

5）スペイン中世建築史草創期の修復事業の問題──レオン大聖堂

　建造物の歴史的修復・復原（Restauration）が、ヴィオレ＝ル＝デュクが書き留めているように新たな問題として（«Le mot et la chose sont modernes»）、徐々に意識化され体系化されていった19世紀、そしてスペインにおいては20世紀の前半も含めたこの時期、修復を免れた歴史的建造物はごく僅かである。現存する遺構を、眺め、計測し、研究する際に、何がこの中世建築史の黎明期になされたかを把握するのは不可欠である。

　とはいえ、19世紀にほどこされた遺構への改変のすべてを詳らかにすることは不可能でもある。修復部分が「再建の再建」となるジレンマについてはすでにナバスクエスのストイックなまでに批判的な修復論において指摘されている[72]。スペイン初期中世については、特にサン・セブリアン・デ・マソーテの現状が深刻な改変を蒙っており、この点については第四部で詳しく検討するが、本章ではごく簡潔に、スペイン中世建築修復史の黎明期について触れる。

　ヴィオレ＝ル＝デュクがその事典内で述べる歴史的ニュアンスを帯びた復原（Restauration）[73]は、彼自身が述べているように当時は比較的新しいコンセプトで、ロマン主義を体験した19世紀になって初めて現れ、それまでのケース・バイ・ケースの修理や改修と一線を画すようになった。実務家ヴィオレ＝ル＝デュクの影響のもと、できるだけその美しい理想形を再現することが目標とされ、しばしば「演繹復元」（Arrechea, 1992:13）と呼ばれるような結果を生んだ。そこでは実際の遺構が見せる変則的で大雑把、場当たり的で非論理的な側面は修復の名の下に修正された[74]。こうした、考古学的実証性よりもコンポジションを重視する手法はやがて近代考古学の発展と共に糾弾の対象となってしまうが、その影響は隣国スペインにも及び、カタルーニャのサンタ・マリア・ダ・リポイ修道院教会堂の復元（1886年）を行なったルジェン、最初の総合的スペイン建築史を執筆したランペレスの考えにもヴィオレ＝ル＝デュクの深い影響が感じられるほか、1929年の法令でも、修復された建物の統一感を重視すべき、という基準が発表されている（Navascués, 1987:304-7, 316-321）。一方、1933年の法令に示された修復基準は、「建造物を再構成しようとする全ての試みを禁ず。あらゆる技術を用いてその保存と補強に努め、絶対に必要不可欠な部分のみにその修復をとどめ、付加部分が常に区別できるように行なうこと。」と反ヴィオ

第1章　国民的建築をもとめて

レ的あるいはラスキン的というべき基準が示されるが、これによって相反する立場が支持されなくなるということはなく、両極端の立場がしばらくの間並走することになる[75]。

　本書の対象であるレオンの地で、ベラスケス・ボスコ、デメトリオ・デ・ロス・リオス、ラサロ、そしてランペレスら本章で取り上げてきた建築家が修復に携わったのが、レオン大聖堂である（fig.1-8. NAVASCUÉS, 1987:298-304; ARRECHEA, 1992:11-12, 18）。

　1844年に国の指定歴史建造物

fig.1-8　レオン大聖堂

となったレオン大聖堂は、1859年から損傷のひどい南正面を中心とした修復事業の対象となったが、ヴィオレ＝ル＝デュクの影響以前のスペインにおいては建築といえば古典建築一辺倒で、ゴシックやロマネスクの修復をどうこなすべきかを教育するシステムが存在しなかった。明確な指針をもたない手さぐりな修復を蒙ってしまったレオン大聖堂は、結果、古典主義アカデミズムによる「よかれと思ってやった無理解」（NAVASCUÉS）の顛末をその身を持って示すこととなった。ほぼ新築のファサードを捏造してしまった主任建築家の「完全なる無能力」への糾弾は、近年の修復史家による辛辣な批評を待つまでもなく、すでに同時代のイギリス人建築家によってなされている。スペイン・ゴシックの最初の近代的研究者であるストリートは、再建・改築のために南正面が解体されたあとの1861年にレオンへやってきたが、そこで行なわれている修復工事の質に唖然とし、

　　……それ（南正面の解体）が行なわれる前に訪れなかったのは非常に遺憾である。フランスやわが英国においてさえこうした事業はリスクを伴うものであるのに、（中略）いわんやスペインのように、建築家教育が全くないがしろにされ、国民の古芸術がほとんど研究されていないような国におい

51

第一部　スペイン初期中世建築研究史

てをや！[76]

　と嘆いた。興味深いのは、1863 年にそうした修復の現状を憂えた有識者から「ヴィオレ＝ル＝デュクに相談をしたらどうか」という意見があったのを突っぱねて「我が国の人材で事足りる」としたサン・フェルナンド王立芸術アカデミーが、その 5 年後の 1868 年には当のヴィオレを名誉会員として招待し、1869年の修復案を「ヴィオレ＝ル＝デュク氏の学説に適合」するといって全会一致で可決している点である。スペインにおける『理論的事典』著者の修復論がいかにこの 5 年間で浸透したかを如実に示している逸話だといえよう。こうしてヴィオレ＝ル＝デュクの教えが定着するにつれ、強力な指針を得た修復建築家たちにより、レオン大聖堂は、見事な、そして 13 世紀のオリジナルとは遠くかけ離れたネオ・ゴシック建築となってしまうのであった（NAVASCUÉS, 1987:303-4）。

　レオン、バルセロナ、パルマ・デ・マリョルカ、クエンカといったスペインの多くのゴシック大聖堂が蒙った復原は、ロマン主義、ナショナリズム、アカデミズム、オリエンタリズム、ゴシック至上主義といった 19 世紀建築界の特徴と限界を体現しているが、こうした風潮は中世建築研究全体を覆っていた。サン・ペドロ・デ・ラ・ナベ、サン・ミゲル・デ・エスカラーダ、サン・セブリアン・デ・マソーテ、サンタ・クリスティーナ・デ・レナといった初期中世建築の修復を考える際にもこうした風潮は無視できないが、実務にもまたがる活躍をしたランペレスやゴメス・モレーノがこのような修復の理論と実践が行なわれている中で登場してきたということも、彼らの果たした役割を考える際に念頭に置くべきであろう。

まとめ

　20 世紀初頭までのスペインにおいては、純粋に学問としての中世建築史研究というコンセプトは存在していなかったと言ってよく、修復の必要性や国家的なものの探求といった思惑と密接に結びついて発展していった。

　中世建築史の黎明は、建設技術のリニアな進化によって中世建築の発達を語るという根強い伝統を生んだが、この観点から見ると、プレロマネスクという呼称の誕生以前から、アストゥリアスのラミーロ王の建築がフランスの「ロマ

52

第1章　国民的建築をもとめて

ネスクに」2世紀「先んじて」身廊を石造天井化した、という点で評価され続
けたのは興味深い。ある意味これは「西欧に先んじた」シリアやアルメニアを
評価するスタンスとも似ており、アストゥリアス建築そのもののイメージにバ
イアスをかける結果となっただけでなく、大半の初期中世建築の正当な評価に
も影響をおよぼすことになった。

　国内での本格的な研究の嚆矢は国家的プロジェクトとしての各地のモニュメ
ントのカタログ化であった。先の見えない社会情勢の中、屈折し、地方主義と
混淆するスペイン・ナショナリズムは、スペインの独自性の発現として初期中
世を発見したが、地理的時代的広がりが明確なアストゥリアス建築に比べ、馬
蹄形アーチを特徴とする多くの遺構は、それを正確に位置づけるゴメス・モ
レーノの体系的な研究を待たねばならなかった。イギリスやフランスなどには
遅れたが、国威発揚とも無縁ではない大博覧会は、古物愛好熱と地方主義を刺
激し、地方の名士の小旅行熱とともに知識を蓄積させるきっかけを作った。ま
た、外国の無理解への反発が、説得力ある議論の熟成に一役買うことにもなっ
た。

　ランペレスの試みは、のちに多くの点で修正されたが、スペイン的なものを
探求する姿勢で広範で多岐に渡る建築を網羅し、未だ最も影響力を持つ古典の
一つとなった。10世紀に関しては、1919年のゴメス・モレーノ『モサラベ教
会堂』の貢献は決定的で、形態にモサラベという歴史的な解説を加えることで、
現在までの基本的な学説を固めただけでなく、そこに短命に終わったスペイン
的建築の姿が鮮やかに描き出された。

　修復と保存という分野は、ナポレオン戦争やデサモルティサシオンの反動か
ら隆盛したロマン主義を原点とし、修復建築家（ベラスケス・ボスコ、ラサロ、
ウリオステ）によるヴィジュアル資料の作成という重要な側面に加え、復元か
否かという修復理論や、国民的建築の模索とないまぜになった建築様式論を発
達させた。19世紀的側面をもちながらその後の研究の礎となった1908年のラ
ンペレスの『キリスト教建築史』もこうした状況下で生まれた。また、修復が
研究の厳密さを必要としたことで、研究の発達に拍車がかかり、逆に研究の発
達は、修復の方法論の軌道修正を促すこととなったのである。

53

第2章 西ゴート、アストゥリアス、モサラベ

体系は相対的なものであって、任意の正確度をもって機能
することができる（ソーコー）

　1919年の『モサラベ教会堂』によって、ロマネスク以前のイベリア半島の遺
構の年代特定に一つの強力な判断基準が出来たことは、後続の研究に大きな影
響を残した。ゴメス・モレーノが述べた「見分け方」の中でも、特に高い利便
性を発揮したのが、馬蹄形アーチのカーヴがどの程度半円を超えているか、で
あった。前世紀に引き続き、20世紀前半にもまた、いくつかの重要な遺構が発
見されたが、セラノーバのサン・ミゲル礼拝堂やサン・ペドロ・デ・ラ・ナベ
に対する解釈が極端にばらついた19世紀とは異なり、こうした発見はたいて
い、すぐさま西ゴート的、アストゥリアス的、モサラベ的特徴によって分類さ
れ、時期の特定を見た。

　『モサラベ教会堂』出版後、1920年代や30年代にもいくつかの総論が出版さ
れたが、真の成熟期は、内戦終結後の1940年代から50年代にかけてであろう。
この時期、20世紀の半ばには、シュルンク（Helmut Schlunk, 1906–1982）やゴ
メス・モレーノの著述を含むスペイン美術全集 *Ars Hispaniae*、カンプス・カソ
ルラ（Emilio Camps Cazorla, 1903–1952）やトレス・バルバス（Leopoldo Torres
Balbás, 1888–1960）の著述を含むラモン・メネンデス・ピダル（Ramón Menéndez
Pidal, 1869–1968）監修の『スペイン史（*Historia de España*）』といったシリーズ
が続々と刊行された[77]。

　ゴメス・モレーノのモサラベ建築史観は、*Ars Hispaniae* 第3巻において、いく
つかの新発見を取り込みつつ、歴史的裏付けを省略した簡潔で決定的な形で繰
り返された（Gómez-Moreno, 1951）。1919年から1951年の間、後に述べるマイ
ナーな反論があるにはあったが、ゴメス・モレーノ自身がそれを再検討するこ
ともなく、他の研究者はゴメス・モレーノに追従するか、何らかの新発見を彼
の史観に合わせて報告するにとどまった。ここに我々は、1919年に確立した非

54

常に説得力のある学説とモサラベ的という純粋に形態・様式的なコンセプトが、1951年にはほとんどアプリオリに受容されているのを見ることが出来る。また、他の初期中世スペイン美術に関しても、すでに1920年代から通史やシリーズものである程度論じられてはいたが、方向性を保ちつつ今日でも十分に通用するレベルで総括されたといえるのは、やはり40年代に入ってからである。これは、この時期までに個別研究がさらに進み、同じパラダイム上でより網羅的で厳密な通史を書く準備が整ったことを示している。本章では1950年代までのスペイン初期中世建築に関する古典的学説の成立、およびその20世紀後半における強い持続力について見ていきたい。

1919年以降1950年代までにスペインで起こった最も衝撃的な出来事は、スペイン内戦（1936–9年）であろう。この社会的動乱とその後のフランコ政権は、一時的な研究の停止、修復事業の停滞、遺構の破壊や貴重な美術品の海外流出をもたらしたが、内戦を境にヒストリオグラフィーが大きく変化したわけではなかった。この数十年は、十分説得力のある古典的学説が着実に完成に向かう一つの成長期間であった。

この間、いくつかの重要な発見や復原事業があったほか、ミース・ファン・デル・ローエのドイツ館で名高い1929年のバルセロナ万博では、発見されたてのキンタニーリャ・デ・ラス・ビニャス（Santa María de Quintanilla de las Viñas）の建築彫刻のレプリカや、サンタ・マリア・デ・メルケやサンティアゴ・デ・ペニャルバの模型が展示され、スペイン初期中世建築の国際的認知に大きな役割を果たしたと思われる。これらの模型がゴメス・モレーノの図版の狂いなき再現であるのは興味深い[78]。

20世紀前半に確立された学説は、後半に入ってからも色褪せなかった。本章では世紀前半までの研究史に引き続き、西ゴート時代の建築とアストゥリアス建築に関しては、その後の研究の発展と特徴についても簡単に述べ、また、西欧のプレロマネスク研究におけるスペイン初期中世の位置づけの問題についても触れる。10世紀については、次章でより詳しく論じることとする。

1）発見された遺構、復原事業

この時期の重要な発見としては、アブダッラフマーン3世に対する名高い叛乱の舞台ボバストロ要塞のものと同定された、マラガ県の山中にある岩を掘り

第一部　スペイン初期中世建築研究史

込んだ教会堂跡（Bobastro, 1925 年発見；fig.2-8 & 3-17）、ブルゴス県キンタニーリャ・デ・ラス・ビニャスのサンタ・マリア教会堂（1927 年発見；fig.3-10 & 3-11）が挙げられる。前者はゴメス・モレーノの考えを裏付けるような形で解釈が出来、ごくすんなりと古典的学説体系の中に組み込まれた（Mergelina, 1925）。一方後者が辿った経緯はより複雑である。当初、最初の報告者のウイドブロのほか、シュルンクなど名だたる研究者が10世紀初頭、すなわちレコンキスタあるいはモサラベの時代に帰した。しかしもしキンタニーリャ・デ・ラス・ビニャスを10世紀のものとするならば、類似するサン・ペドロ・デ・ラ・ナベの建設時期を西ゴート期とする学説までが大きく揺らぐことになる。学界が騒然となったであろうことは、発見後10年間の論争が物語っている[79]。ところがすぐに西ゴート時代説に転向したシュルンク、当初から西ゴート時代説をとったゴメス・モレーノ、カンプス・カソルラ、パロルなど西ゴート派による体系的概説書の影響力が決定打となり、世紀中盤には西ゴート時代末期に帰されるのが定説となり、ごく最近になるまで、それが揺るがされることはなかった。古典的な西ゴート・アストゥリアス・モサラベ三分美術観が結局「全体をよりうまく説明できる」という点で勝っていたのだといえよう。

　1930 年代には重要な修復事業もあった。1930 年、ダム建設予定地からの移築という、スペインの石造建築としては非常に珍しい事業の対象となったのが、西ゴート期建築の最高傑作と称えられるサン・ペドロ・デ・ラ・ナベである（Torres Balbás, 1933：129-131）。また、サンタ・コンバ・デ・バンデ（Santa Comba de Bande）は、サン・ペドロ・デ・ラ・ナベ移築修復も司ったフェラントによって1932 年に修復され、サン・フルトゥオーゾ・デ・モンテリオス（São Frutuoso de Montélios）の長きに渡る修復も1931 年から始まっている。1933 年ごろからはサン・セブリアン・デ・マソーテの大規模な復原事業が開始された。これは内戦期の中断を経て、1941–44 年に完成したが、ゴメス・モレーノの推定に従って著しく復原された。この問題については本書第四部で詳述する。また 1940 年代にサンティアゴ・デ・ペニャルバの壁画の一部が発見され、レオン王国10世紀建築における装飾のあり方に重要な示唆を与えることとなった。1958 年に開かれた回顧展「スペイン歴史的建造物修復の20年」は、内戦後の復興事業の活発さとそこに込められたフランコ政権の思惑を物語っている[80]。

56

第2章　西ゴート、アストゥリアス、モサラベ

2）20世紀中葉までの成果とその後への継承

『モサラベ教会堂』（GÓMEZ-MORENO, 1919）によって確立された史観に加え、西ゴート期やアストゥリアスの建築に関して1910年代に確立していた見方をやや乱暴にまとめるなら、以下のようになるだろう。

西ゴート期にビザンティン美術や北アフリカの初期キリスト教美術の影響が半島に及び、半島のローマ美術と融合して西ゴート美術（またはイスパノ・ビシゴード美術）が誕生した（西ゴート族の芸術的役割については解釈がわかれたまま）。イスラーム下に残ったモサラベたちは当初これを引き継いだ。イスラーム侵入後、西ゴート時代にあまり半島文化を享受していなかったアストゥリアスではこの伝統は受け継がれず、まずアルフォンソ2世期に、カロリング王朝の影響で半円アーチなどを特徴とするヨーロッパ的な建築・美術が現れた。ラミーロ1世の時代には東方かどこからかの天才が現れて空前絶後のプレロマネスク建築が創られるも、これは継承されず、やがてモサラベの僧侶たちが移民してきてその影響を及ぼすようになった。やがてアストゥリアスは重要性を失い、替わってその南部に位置するドゥエロ川北部流域が、キリスト教徒勢力の中心地となる。そこへ、迫害を受けてコルドバから移住してきたモサラベたちにより、西ゴート以来の伝統にイスラーム教徒の創意を加えた優美な、そして全体に通底する規範を持たないモサラベ建築が創られるようになり、これは10世紀後半にモサラベ文化の衰退や後ウマイヤ朝宰相アルマンソールの度重なる略奪遠征などで衰退し、11世紀にロマネスクが導入されるとその活力を絶たれた。

外国人研究者の参入

こうした史観が保たれたまま、その後の学説が成熟していくのだが、20世紀に入ってからの新傾向として、外国人研究者の本格参入を挙げることが出来る。大半の外国人研究者の間では異国趣味が根強く残っていたとはいえ、前世紀とは比較にならない本格的な研究がフランス、ドイツ、アメリカの史家・美術史家によって始まった。文献学者・歴史家レヴィ・プロヴァンサル（Evariste LÉVI-PROVENÇAL, 1894-1956）、美術史家マルセ（Georges MARÇAIS, 1876-1962）やテラス（Henri TERRASSE, 1895-1971）など、20世紀前半を代表するスペイン・イ

57

第一部　スペイン初期中世建築研究史

スラーム研究者の多くはフランス語圏から輩出された。イスラーム・アラブ文明とキリスト教ヨーロッパの結節点としてのイベリア半島美術に注目したランベール（Élie LAMBERT, 1888-1961）やガイヤール（Georges GAILLARD）が積極的に論文を発表したのもこの時期である。

　ドイツ系研究者には、ゲルマン主義者ハウプト（Albrecht HAUPT）や、10世紀についても扱った『古えのスペイン教会堂建築』を書いたフリシャウアー（A. S. FRISCHAUER）が出ていたが[81]、最重要人物となったのはヘルムート・シュルンクである。シュルンクを初代所長とするマドリードのドイツ考古学研究所（Instituto Arqueológico Alemán）の正式な創設は1954年であるが、その前身はシュルンクが第二次世界大戦中の1943年に作った小さな図書館であるという[82]。1928年、22歳のシュルンクはアストゥリアス建築壁画を研究テーマとするドイツ政府の奨学生として初めて来西した[83]。1933年から35年までのプリンストン大学、ニューヨーク大学で講師を務めた期間を含め、スペイン初期中世美術をテーマに研究活動を続け、1942年にドイツ考古学研究所の設立を任された。これは第二次世界大戦終結とともに連合国側の意向で閉鎖されるも、1953年には活動を再開し、54年の正式なオープニングと共に、機関誌 *Madrider Mitteilungen* を掲げてスペイン考古学の一翼を担うようになった。

　シュルンクの具体的な研究内容については後述するが、彼が築き上げた伝統は、20世紀後半のハオシルト（Theodor HAUSCHILD）、ウルバート（Thilo ULBERT）、エヴァート（Christian EWERT）、アルバイター（Achim ARBEITER）らに引き継がれていく。彼らは古代末期、西ゴート期、アストゥリアス王国、アル・アンダルスの芸術に関する研究で大きな影響力を持ったが、こうした近接分野に比べると、10世紀キリスト教美術に関しては、ゴメス・モレーノの業績を覆したり超えたりするような著作が出ることはなかった。

　第1章で述べたように、スペイン中世建築を国外で最初にまともに取り扱ったのはイギリスのストリートであったが、そのストリートのスペイン・ゴシック研究の再版からキャリアをスタートさせたのがアメリカのキング（Georgiana Goddard KING, 1871-1939）である（KING, 1923:85）。ランペレスを師と呼び、ゴメス・モレーノらと親交のあったこのブリンマーカレッジ美術史教授は、ストルツィゴウスキやデュラフォワら名だたるオリエンタリストの名を挙げて彼らのスペイン中世に対する無知や誤謬を嘆き、スペイン初期中世およびロマネスクに見られるオリエント、特にシリアの影響を諄々と説いていく[84]。英語圏で

58

第2章 西ゴート、アストゥリアス、モサラベ

スペイン初期中世を初めて大々的に取り上げ、西ゴート、レコンキスタ（アストゥリアス）、モサラベという基本的三分割をいち早く取り入れたキングの『スペインのプレロマネスク教会堂』（King, 1924）は、何でも東方の影響で解釈するだけでなく、「スペイン人気質（Spanish temper）」で空間の質を説明する[85]。スペイン人の超時代的嗜好を説明するために、チュリゲラ式バロック建築を引き合いに出したキングは、アングロサクソン側から見るスペイン像を、直接的な知識と好意的な目で記し直し、スペイン建築に時代を超えた「純正なる不変要素（invariante castizo）」が存在すると唱えたチュエカを先取りしていた。

シリアとの関連の指摘はその後も続いた。1927年に、スペイン初期中世とシリアの三分後陣型教会堂の典礼を介した関連性を世に問うたのがホワイトヒルである[86]。時代も地域も違う教会堂のプランを並べて比較するという研究がなぜこの時期に可能になったのかといえば、シリア建築を扱ったバトラーによる大著と並び、スペインではランペレスの『建築史』、ゴメス・モレーノの『モサラベ教会堂』などが平面・断面図や写真資料を提供し、歴史背景や年代などの情報を提供してくれていたからであろう。

1938年、外国人によるはじめてのスペイン建築史通史が登場する。ローマから新古典主義までを扱ったベヴァン（Bernard Bevan, 1903-1995）の『スペイン建築史』である[87]。通史とは言っても5ページのローマ建築のあと西ゴートからゴシックまでの180ページが続き、ルネサンス・バロック・新古典が57ページという中世偏重の書で、その中でも「モサラベ」章はカタルーニャ・ロマネスクの章と並んで最も多く紙面が割かれている。いくつかの明白な誤謬を別にして、この本の最も興味深い点は、「モサラベ」たるものがイスラーム・キリスト教の二項対立の構図で単純化されていることで、冒頭からして「スペイン建築はキリスト教とイスラームという2つの文明、2つの真っ向から対立するメンタリティの産物である」（Bevan, 1950：17）と語り始めるのであった。

スペイン国内での初期中世建築史観の確立

1925年にゴメス・モレーノらによって『スペイン美術・考古学アーカイヴ（*Archivo Español de Arte y Arqueología*：*AEAA*）』が創刊され、内戦直後には、スペインにおける公共の専門的研究活動の母体である高等科学研究協会（Consejo Superior de Investigaciones Científicas：CSIC）が設立される[88]といったように、公的機関による国内の研究母体が整えられたのもこの時期である。世紀半ばの

第一部　スペイン初期中世建築研究史

1946年にはCSICのアストゥリアス支局としてアストゥリアス研究所（Instituto de Estudios Asturianos）がスタートし、現在まで、アストゥリアス王国の美術・建築に関して多数の重要なモノグラフの発表の場となっている。研究者としては、ゴメス・モレーノの弟子カンプス・カソルラ[89]や、アルハンブラ修復で名高い建築家トレス・バルバス、コルドバ大モスク発掘プロジェクトを率いたエルナンデス（Félix Hernández Giménez）、カスティーリャやアラゴンで修復実務と建築史研究にいそしんだイニゲス・アルメック（Francisco Íñiguez Almech）らが現れた[90]。

　古典的学説が強固に確立する世紀半ばには、初期キリスト教建築と西ゴート期建築の権威となるパロル（P. de Palol）が活動を始めた。ロソーヤ侯爵[91]、バルセイス[92]、パロルらスペイン人研究者の間では、ロマネスク以前のスペイン建築の固有性を賞賛する傾向は続いたが、その一方で、ウイドブロ（L. Huidobro）がカスティーリャ伯領時代の美術を「コンダル」美術と呼んで、10世紀建築の地域的細分化を推し進めた[93]。ゴメス・モレーノの『モサラベ教会堂』で「芸術的に貧しい」とされたガリシアにおいては、1920–30年代にカスティーリョ（Ángel del Castillo López）が未刊行の遺構を組み込んだ体系化に貢献して後のガリシア学派の礎を築き、ポルトガルでは、1927年にペッサーニャ（José Pessanha）が自国の初期中世建築を初めて体系的に語った[94]。

　トレス・バルバスが1934年に発表した初期中世概括は、多くをゴメス・モレーノに負うが、ローマ古典に対するオリエントのアンチ古典的性質や、公的芸術と民衆芸術という対立をより強調する[95]。アストゥリアス芸術を「地方的イスパノ・ローマ」（Torres Balbás, 1934:166）とする点がもっとも特徴的で、国際様式ロマネスクの萌芽と見てヨーロッパやカロリング芸術と関連づけるのではなく、むしろローカリティーとの関連で捉えるのは、ガルシア・デ・カストロやバンゴなど近年の主張と通じており興味深い。

　20世紀後半の概論でも、古典説は根強く続いた。スペイン建築史を壮大な規模で描いたチュエカ（Fernando Chueca Goitia）『スペイン建築史：古代および中世』やPlaneta社のシリーズ本『スペイン建築史』第1巻といった通史、フォンテーヌ（J. Fontaine）の2巻本『スペインのプレロマネスク美術』や、それよりは見劣りするパロルとヒルマー（M. Hirmer）の『スペインの初期中世美術』やオラゲール（F. de Olaguer-Feliú）の概説書でも、上述した古典的な解釈のエッセンスがほぼ完全に保たれている[96]。バンゴと共にゴメス・モレーノの「モサラ

60

第2章　西ゴート、アストゥリアス、モサラベ

べ」史観の積極的な批判的検討を促し、写本の研究では多くの新知見をもたらしたたヤルサも、イスパノ・ビシゴード建築やアストゥリアス建築についての描写の際には、多くの点で世紀中葉には確立していた古典説を少なからず援用しているのを認めることができる（Yarza, 1979：9-67；Idem, 1980：8-16 & 23-38；Idem, 1985：13）。

　一方、古代を専門とする考古学者コルソ（Ramón Corzo Sánchez）が1989年にスペイン初期中世全体をまとめた『西ゴート美術とプレロマネスク』は、一般向けのシリーズにしては独自の分類や大胆な仮説が目立つ。コルソは、彫刻様式、馬蹄形アーチの形態、空間構成、切石構法、そしてモデュールについて、「西ゴート」と完全に一対一対応をする規範が存在し、そのどれかひとつが存在する建物は全て、西ゴート時代のもの、またはその影響を受けたものと主張する。ただそれ以外の部分では大筋でシュルンクやゴメス・モレーノに従っており、古典的な説の転覆を狙ったコルソ独自の部分が、かえって古典説の持つ説得力を損ねてしまっているようにも感じられる[97]。より専門的な内容ながら、1980年のキングスリー（Karen Kingsley）の論文もこの系譜に含めることが出来る（Kingsley, 1980）。これは半島初期中世建築を徹底的に切石から捉え直したユニークな学位論文であるが、半島初期中世建築を石積みだけで分類する問題設定に無理があるのは明らかで、例えば切石造の西ゴート期建築を西ゴート的、と述べる一方、同じ切石造のサン・ミゲル・デ・セラノーバに関しては「モサラベが切石技術をもたらした」（Idem：173-5）と述べている。

　94歳になっても国際会議で持論を展開したゴメス・モレーノ（Gómez-Moreno, 1966）と同じように、建築家としては1920年代後半以降、活動を停止していたプッチ・イ・カダファルクも、建築史家としてはその後も長らく重鎮として活動しつづけた[98]。特に死後出版である『西ゴート美術とその生き永らえ（L'art wisigothique et ses survivances）』（Puig, 1961）では独自の意見を展開し、学界の主流にはならなかったが一定の影響を残した。同書はその名の通り、西ゴート時代の美術・建築の延長線上に、スペイン初期中世全体を位置づけるものである。その芸術的一貫性を強調し、地域や王朝などで分類、細分類する傾向に水を差した（Bango, 1994：28；Idem, 2001：163）ほか、一部の「西ゴート」建築の年代を遅らせ「プレ・モサラベ」として、19世紀以来の論争を再燃させてもいる[99]。彼の意見は、10世紀再入植時代の建築に見られる西ゴート時代からの伝統を強調するためや（Bango, 1974）、イスパノ・ビシゴード建築のクロノロジーが絶

61

第一部　スペイン初期中世建築研究史

対ではないことを主張するために（CABALLERO, 2000：209）しばしば引用されるが、教科書的な概説書にその考えが採用されることはほとんどなく、どちらかといえば異端的な扱いを受けてきたのが実情である。最終章「モサラベ美術」は、ゴメス・モレーノの説に依っており、特に新奇な点はない。

3）イスパノ・ビシゴード建築研究史

　ここまで初期中世全体についての記述に注意を払ってきたが、以後は古典学説で西ゴート期に帰されているイスパノ・ビシゴード建築[100]、アストゥリアス建築、そして章を改め第3章で10世紀の建築（「モサラベ」建築）について、それぞれの研究史を概観する。

　1927年、ブルゴス県キンタニーリャ・デ・ラス・ビニャスで発見された小さな礼拝堂が、遺構の少ないイスパノ・ビシゴード建築の研究に大きな波紋をもたらした。東部しか残されていなかったが、その見事な乾式の切石積みや装飾的レリーフ、馬蹄形アーチ、いくつかの具象的な建築彫刻、謎を呼ぶ3つのモノグラムの碑銘、再建に言及した再入植期の文書の存在は、建造時期に対する意見の不一致を引き起こし、その他の西ゴート期とされた遺構に対してもより厳密で批判的な検討がされるのを促進した[101]。また、20世紀初頭からランペレスやゴメス・モレーノに注目されていたポルトガルのサン・フルトゥオーゾ・デ・モンテリオス（São Frutuoso de Montélios）は、過剰との批判を免れなかった1930年代の復原工事を経て、その独特の形態やディテールを明らかにしたが、復原の結果は年代に対する論争に未だに影を落としている[102]。サンタ・マリア・デ・ラ・ナベは1930年にダムに沈む村から移築され、その際の復原で見違えるような姿を現した。モンテリオスと異なり、復元部分に異なる材料（レンガ）を用い、疑わしきは復元せずとしたその修復事業は、ゴメス・モレーノをはじめ多くの建築史家に賞賛されたが、ナバスクエスのようにそれでも過剰な復原であったと批判する研究者もいなくはない。ナベの教会堂の移築を担当した建築家フェラントは、1932年にサンタ・コンバ・デ・バンデの修復も行なっている。

　こうしたそれぞれの遺構の持つ、特に年代に関する不確実性が、古典的なイスパノ・ビシゴード説とは異なる意見をいくつも生んできたにもかかわらず、バニョス、ナベ、キンタニーリャ・デ・ラス・ビニャス、バンデ、モンテリオ

62

第2章　西ゴート、アストゥリアス、モサラベ

スは、イスラームによる征服以前の馬蹄形アーチを用いた、切石の西ゴート期建築であるという認識が常に主流であり続けた。

　古典的なイスパノ・ビシゴード建築イメージの確立は1940年代、いずれも当時の重要な全集に収められたカンプス・カソルラとシュルンクの論攷によってなされた[103]。両者とも、基本的にそれまでの枠組を外れず、綿密な考証によって新発見遺構のオーセンティシティーを認め、クリアで体系だてられた西ゴート期芸術のあり方を示した点が共通する。一方大きく異なる点として、芸術の源泉を辿ることに紙面を割き、整然と進行する比較様式論、比較図像論を展開したシュルンクに対し、カンプスは、ゴメス・モレーノによる形態・工法分析をより発展させ、没後に出版された大胆なモデュール・プロポーション論（CAMPS, 1953）へとつながる馬蹄形アーチの解析など、イスパノ・ビシゴード建築自体の内的発展の有様を描き出すことに腐心した[104]。

　ドッズはシュルンクが「自身の分析を文化的、政治的な歴史と関連づけることを避けている点で特徴的」であったと指摘している（DODDS, 1990：119 & n.1-15）が、シュルンクは、芸術作品同士の関連という点のみを信頼していたのかもしれない。南部イタリアのピラスター（SCHLUNK, 1947：252）、ギリシアの甕（IDEM：254）、ササン朝のフリーズ（IDEM：301-4）等、モティーフの源泉やクロノロジーの同定に用いられる形態的比較が中心で、そうした比較で決定的関連を言うのが難しい建築に関しては、彫刻や絵画に対してのようなクリアな因果関係探しをしない。そのかわり、建築を、その彫刻によってクリアに分類するのである。カンプスの地域による分類を否定するとシュルンクは、(1) 656-665年の斜角に彫られた（a bisel）幾何学文様（バニョス、モンテリオス）(2) 672-681年の植物文様（サン・ペドロ・デ・ラ・マタ、バンデ）(3) 680-711年のナベとキンタニーリャ・デ・ラス・ビニャス、と現存するイスパノ・ビシゴード建築のクロノロジーを定めている（IDEM：272）。200年クロノロジーがずらされることもあるこれらの建築を、リニアな進化の中に、10年刻みに位置づけられるとした確信には驚かされる。後年、幾分かの訂正を認めても基本的にこの考えが学界を支配していくのである。

　イスパノ・ビシゴード建築の東方性については、19世紀より厳密にその性質や起源を探る研究が進んだ。カンプスよりもビザンティンの影響の性質についてより厳密な検証を行なったシュルンクは、さらに後年、協働者ハオシルトの意見を採用し、切石工法の古代性についても東方の影響を考えるようになった

63

第一部　スペイン初期中世建築研究史

（SCHLUNK, 1980：137）。ユスティニアヌスの半島南東部占領などがその原因として取り沙汰されたが、シュルンク以降、ビザンティン帝国の軍事占領と半島芸術の東方性とは特に関係がないとする考えが定着した[105]。

　シュルンクのこうした主張が、ゴメス・モレーノの「モサラベ」美術史観と並んで広く受け入れられたことは、1963年にカンプス・カソルラの論攷への追補が行なわれた際、その内容にほぼ100パーセント、シュルンクの意見が採用されていることからもわかる[106]。

　古典的学説確立期の最後に登場し、西ゴート時代の考古学に独特の存在感を発揮したのがパロル（P. de PALOL I SALELLAS, 1923‒2005）である。西ゴート期を下限に初期キリスト教・古代末期考古学を専門とするパロルは、ゴート人支配の時代にゲルマン的要素が西ゴート美術形成に一役買ったという考えに強く反対し、その時代の美術を西ゴート（ビシゴード）美術（Arte visigodo）と呼ばずにイスパノ・ビシゴード美術（Arte hispanovisigodo）と呼び、またのちには『西ゴート期のイスパニア芸術（*Arte hispánico de la época visigoda*）』（PALOL, 1968）を世に問うて、初期中世スペインが古代末期よりその半島的個性を育んだこと、西ゴート期の美術の発展に一部の工芸品を除いてほとんど西ゴートの貢献はなく、したがってそれを（西）ゴート美術と呼ぶのは間違っていると主調した[107]。

　パロルは当初、初期キリスト教時代と現存するイスパノ・ビシゴード建築が建てられた時代の間に「移行期」の存在を唱えたが[108]、ゴート族の時代を総括的に語ったリポイとの共著（PALOL & RIPOLL, 1988：129-204）では、「移行期」説を撤回し、初期キリスト教の伝統を根強く残したバシリカ式の教会堂と、代表的作品といわれてきたバニョスからナベへ至る一連のいわゆるイスパノ・ビシゴード建築とが同時に存在した可能性を示唆するなどいくつか修正を加えている[109]。しかし大筋では、1906年のゴメス・モレーノの論文、より厳密にはカンプスの論文（CAMPS, 1940）と同様のイスパノ・ビシゴード芸術観を保った（PALOL, 1956：95；PALOL & RIPOLL, 1988：135-6）。

　パロルはキリスト教化や西ゴート族の寡頭政治体制の確立にもかかわらず、美術の分野では後期ローマ美術がその通常通りの発展を続けたとの意見を維持した[110]。ドッズが指摘するように、こうしたイスパノ・ビシゴード美術史観の背景には、西ゴート族のカトリック改宗を、統合されたネーション・ステートの祖形として見るナショナリズムがあるのは間違いない[111]。

　西ゴート建築研究における古典的学説の頂点にして終焉は、ドイツ考古学ス

クールによる*Hispania Antiqua*シリーズの第1弾『初期キリスト教および西ゴート時代のモニュメント』である。泰斗シュルンクが晩年にハオシルトと共同執筆したもので、ハオシルトはシュルンクに不足していた切石工法に関する知見を補強したと考えられる[112]。これに前後して、ハオシルトによる4世紀から7世紀までのイベリア半島の建築工法の整理、その延長線上にあるアルバイターの言う「切石工法の復権」、キングスリーの切石研究などが出たが、いずれもイスパノ・ビシゴード建築の古典的イメージを強化するものであった（HAUSCHILD, 1972；IDEM, 1982；KINGSLEY, 1980；ARBEITER, 1990；IDEM, 95）。

　ところが、ちょうど*Hispania Antiqua*刊行のころから、徐々にシュルンクやパロルが考えるイスパノ・ビシゴード芸術の像に対する異論が現れてきた。1977－8年の馬蹄形アーチ再考（CABALLERO, 1977）、1980年の学位論文におけるサンタ・マリア・デ・メルケのクロノロジー再考（IDEM, 1980）、1980年のサンタ・ルシア・デル・トランパル（Santa Lucía del Trampal, Alcuéscar）発見後の考古学調査と一連の分析、そして1993－4年以後の、中心的イスパノ・ビシゴード建築全体のクロノロジー再考（IDEM, 1994a）など、20世紀最後の四半世紀以降、イスパノ・ビシゴード建築研究にセンセーションを巻き起こしてきたのがカバリェーロ（Luis CABALLERO ZOREDA）である。また、ロマネスクや10世紀の研究で注目を浴びたが、やがてアストゥリアス王国の建築再考を経て1990年代には西ゴート期についても多くの意見を述べ始めたバンゴ（Isidro Gonzalo BANGO TORVISO）も、アルバイターらドイツ考古学スクールと鋭く対立し、多くの点で解釈を異にする。そのほか、工法やモデュールを根拠に独特の考えを展開したコルソ（Ramón CORZO SÁNCHEZ）、建築彫刻の見直しからカバリェーロと同調するクルス・ビリャロン（María CRUZ VILLALÓN）などが出て、イスパノ・ビシゴードの解釈はあたかも20世紀初頭に戻ったかのように多様である。これらの研究者のいくつかの研究についての詳細は最近の動向を扱った第4章にて述べる。

4）アストゥリアス建築研究史

　すでに述べたように比較的早くから進んでいたアストゥリアス美術建築研究は、西ゴート期と同様、ドイツ考古学研究所の創始者シュルンクの来西と、*Ars Hispaniae*第2巻に書かれたスペイン語による総論「西ゴート美術、アストゥリアス美術」（SCHLUNK, 1947）によって、その方向性が決定されたと言えよう。そ

65

第一部　スペイン初期中世建築研究史

の影響は直系と呼べるドイツのアルバイターやノアックに顕著であるが、事実上20世紀中盤以降のスペイン人を含めた全ての研究者に何らかの刻印を遣している。本節においては、シュルンクのアストゥリアス美術・建築に対する考えとその再生産を中心に、現在までの研究史をまとめておく[113]。

　プッチ・イ・カダファルクによる独特の解釈などを除けば、セルガス以降のアストゥリアス建築に対する最初の学術的なアプローチは、ヘルムート・シュルンクによってなされた（SCHLUNK, 1947；IDEM, 1949；IDEM, 1980；SCHLUNK & BERENGUER, 1957）。シュルンクはイベリア半島の独自性を強調しつつも、ヨーロッパ初期中世考古学というより大きな枠組みのなかで、メロヴィング・カロリング美術、そしてイタリアやビザンティン、北アフリカの美術との比較・参照を重視し、後期ローマとビザンティンの二つの柱を基礎とするスペイン初期中世美術を論じた。アストゥリアス建築内ではアルフォンソ2世の建築にローマの建設技術の強い伝統を見て、同時期のカロリング建築からの影響を限定的なものとし（SCHLUNK, 1947:339；IDEM, 1980:148-156；DODDS, 1990:n.2-52）、他方ラミーロ1世期を前後と断絶した全く特別な時期と考え、東方からの完成された様式の輸入、したがって東方美術からのきわめて明白な影響を指摘した[114]。他方、オビエドのサン・ティルソ教会堂（San Tirso de Oviedo）に残る飾り窓のアルフィスを見てモサラベの影響の可能性を示唆し（SCHLUNK, 1947：337）、10世紀レオンの建築を指して「新しい入植者によって建てられたモサラベ・モニュメント」と述べてアストゥリアスの伝統と対比させる（IDEM：388）など、モサラベたるものとその歴史的位置づけに関してはほぼ完全にゴメス・モレーノの枠組みに依っている。

　シュルンクの重要性を端的に示すものとして、キャリアの初期と末期にあたる2つの大規模なシンポジウムに、美術・建築史分野の代表者として参加していることが指摘できる。1942年のアストゥリアス研究会議では美術・考古学関係からは唯一の参加者として（IDEM, 1949）、晩年の1976年のベアトゥスを巡る有名なシンポジウムでは、ホセ・メネンデス・ピダル（José MENÉNDEZ-PIDAL）のサンティアネス・デ・プラビア発掘報告と共に、ベアトゥス本をテーマとしたシンポジウムの趣旨からはやや逸脱したアストゥリアス建築前期の概括を行っている（SCHLUNK, 1980）。一貫して、ヨーロッパ・地中海美術史の中でアストゥリアス美術、特に彫刻を位置づけようという視点、またラミーロ期の特殊な扱いを除けば、それが源流であるイベリア半島に根を張っていること、従ってカ

第2章　西ゴート、アストゥリアス、モサラベ

ロリング朝ヨーロッパとの間に大きな差があるとする主張が明らかとなる。

　1912年に発見されていたサン・フリアン・デ・ロス・プラドスの壁画や、それに関連してアストゥリアス建築に比較的よい状態で複数保存されている壁画に関しても、シュルンクの果たした役割は決定的であった。彼と協働し、壁画の修復に大きな役割を果たしたのが地元アストゥリアスの画家、ベレンゲール（Magín Berenguer Alonso）である（Schlunk & Berenguer, 1957）。

　アストゥリアス建築は、時期・地域的に容易にまとまって見ることが出来、基本的なデータに根本的疑念をさしはさむ余地がないことも手伝ってか、多くの概説・総覧を生み出してきた分野である。1954年にサンタ・マリア・デ・ベンドネス（Santa María de Bendones）発見の報告をしたマンサナレス（Joaquín Manzanares Rodríguez）は、その3年後に自身が見てきたアストゥリアス建築の要約を出版した[115]。20世紀中盤に活躍した修復建築家ルイス・メネンデス・ピダル（Luis Menéndez-Pidal）は実務[116]と並行して多数の論攷を残した[117]。1963年にはピタ・アンドラーデ（José Manuel Pita Andrade, 1922 – ）の小冊『アストゥリアス美術』が出た（Pita, 1963）。ボネット・コレア（Antonio Bonet Correa）による1967年の『アストゥリアス・プレロマネスク美術』は、その豊富な図版、立派な装丁に、4ヶ国語のテクストによって、そしておそらくはその部数も手伝い、その後の国際的なリファレンスの多さが目を引く（Bonet Correa, 1967）。アストゥリアス美術にロマネスクの萌芽あるいは前段階を見る「プレ」ロマネスク・ヴィジョンは当時の傾向を反映しているといえ、なかなか興味深い。カロリング美術の影響を重視していることも、そうしたヴィジョンと関連していると考えられる[118]。アストゥリアス建築におけるカロリング朝の影響よりもローマ的伝統を重視するのはほぼ定説化していたが、ボネット・コレア、アスカラテ（José María de Azcárate Ristori）、そしてドッズと、その後もカロリング朝とアストゥリアス王国の関係を指摘する学者は少なくない[119]。これに対し、バンゴはユベールを援用し、むしろカロリング朝が半島発の西ゴート時代の文化から影響を受けていたと主張している[120]。1976年にマドリッドで開催されたベアトゥスに関するシンポジウムでは、それまでのコンセンサスを覆したサンティアネス・デ・プラビアの発掘報告がなされた。この報告により、アストゥリアス建築共通・独自の直裁で三分された後陣の初出とされていた8世紀末のバシリカが実は、初期キリスト教建築以来の内外共に半円平面の単アプスを持っていたことが明らかとなり、アストゥリアス建築の始原のイメージが大きな修正

第一部　スペイン初期中世建築研究史

を迫られることとなった。

　70年代後半の民主化後、スペインの各自治州の文化と歴史を扱った大型ヴィジュアル本シリーズ *Tierras de España* が刊行され、当時の気鋭の美術史家が各巻の執筆を担当した。アストゥリアス中世美術を担当したのは、オビエド大学のシッド・プリエゴ（Carlos Cid Priego）である[121]。同著者は1995年にも単行本概説書を刊行したが、内容は目新しいというよりは、慎重に古典説を再検討し、まとめたものとなっている[122]。ニエト・アルカイデは、アストゥリアスにおけるローマ文化の影響が、従来考えられていたよりもずっと大きかったという、当時最新の研究成果を援用し、古代ローマ建築とアストゥリアス建築との連続性を主張した（Nieto Alcaide, 1989a）。アストゥリアス建築の一貫性を強調するあまり、各建築の差異を過小評価した点がシッド・プリエゴに批判されたが、古典であるシュルンク説に対するあけすけな批判や建築的な視点は、他書にはあまり見られない本書のユニークな特徴である。1989年にオビエドで開催されたスペイン中世考古学会では、アルバイターがアルフォンソ2世の建築のモデルが西ゴート期の建築であった可能性を検証し、アルフォンソ2世の建築が断絶によってではなく継続とリバイバルによって成っていることを、先行研究を整理しながら明快に述べた[123]。

　1990年代にも多くの研究書・概説書が出版された。1993年には、80年代から歴史的研究と図面の作成・解析に勤しんできたアリアスが、満を持してモノグラフを出版した（Arias Páramo, 1993）。草創期からの丁寧なヒストリオグラフィー、各モニュメントのほぼ完全なデータを詳述し、その後の図版の引用元を一新することになる美しい図面を備えた本書であるが、史観は基本的にドイツ考古学スクールに多くを依っている。シュルンクの成果を引き継ぐドイツ人考古学者アルバイターとノアックは、1994年に『9世紀アストゥリアス王朝建築』を著し（Arbeiter & Noack, 1994）、1999年には10世紀キリスト教建築と併せてアストゥリアスを論じた *Hispania Antiqua* シリーズの『8–11世紀キリスト教建築』（Arbeiter & Noack, 1999）を刊行した。いずれも、ドイツ考古学スクールの面目躍如たる緻密なデータ収集を元にした浩瀚な研究書である[124]。考古学者ガルシア・デ・カストロは、『アストゥリアス初期中世のキリスト教考古学』（García de Castro, 1995）を初めとする一連の考古学研究で示した新しい視点を、2004年の一般向け概説書『アストゥリアスにおけるプレロマネスク美術』（Idem, 2004）に織り込んだ。前者は、これまでアストゥリアス建築、アス

第2章　西ゴート、アストゥリアス、モサラベ

トゥリアス・プレロマネスク建築として取り上げられてきた対象を「キリスト教考古学」という切り口で再解釈したもので、アストゥリアス建築個々の空間の解釈などで多くの新知見を呈示し、いわゆる美術史や建築史とは異なる体裁とともに、強い独自性を獲得している[125]。ガルシア・デ・カストロは、バルデディオスの装飾ディテールを「アル・アンダルスのレパートリーを手本にはしているが地元で作成されモサラベとは関係がない」として、ゴメス・モレーノの「モサラベ史観」を否定し（IDEM, 2004:92）、ガラエキアにおける古代末期の持続力を強調、また様々な点でシュルンク説にも疑問を投げかけるなど、少なからぬ新説を打ち出した。

　このようにアストゥリアス建築（美術）については、学術論文の数も相当に多いが、とにかく総説・概説書が豊富である[126]。1985年にはUNESCO世界遺産にも登録されるなど、一般的な注目を集めていることも関連していよう。また展覧会、シンポジウムや学会も多い[127]。無数の重要な論文を掲載して絶え間なく刊行された地域研究の学術誌 *Boletin del Instituto de Estudios Asturianos* の存在も重要である。

5）「プレロマネスク」とスペイン建築

　西欧初期中世美術・建築はしばしば「プレロマネスク」と呼ばれる。その名のとおり、終焉側の年限は次の段階にあたるロマネスクによって明確に区切られているが、いつ、どこで古代末期と異なった初期中世の固有性が生じたかについての解釈は多様である。イベリア半島に関して言えば、バンゴが提唱するようなロマネスク以前をすべて「古代末期」と一括りにする単純なモデル（BANGO, 2001）のほか、いくつかのパターンが見受けられる。特に711年イスラーム教徒による半島制圧を契機と見るかどうかが研究者によって大きく異なる。

　イベリア半島初期中世キリスト教建築研究者の間では、アストゥリアス建築に中世性を見、ときにプロト・ロマネスクという呼び名をつけるなど、ロマネスクへの継承、貢献を探る姿勢が当初から散見された[128]。ランペレスはしばしば、「プレロマネスク」を今で言う初期ロマネスク、という意味合いで使用している[129]。しかし最近では「プレロマネスク」という用語はほとんどニュートラルなロマネスクの前、という意味しか持たされていないことが多く、10世紀までの半島が、ロマネスク以前の、しかしロマネスクの準備段階ではない、独自

69

第一部　スペイン初期中世建築研究史

の芸術発揚の場であったとする考え方が、一定のコンセンサスを得ている[130]。1987年には柱頭研究のドミンゲス・ペレーラが「10世紀芸術はロマネスク移植以前の、スペイン的オリジナリティ（originalidad hispánica）の亜流に過ぎない」と述べている[131]。こうしたスタンスは美術史家に多く見受けられる。

　古代末期や西ゴート時代を専門とする考古学者のスタンスはやや異なる。パロルやハオシルトは初期キリスト教建築とイスパノ・ビシゴード建築とを隔てているものに着目して、そこにあるのが進化か革命なのかという問題に落としこんで考えていた（PALOL, 1968；HAUSCHILD, 1982）。コルソは1989年の概説を『西ゴートとプレロマネスク（Visigótico y prerrománico）』と題し、暗に西ゴート時代とそれ以降の線引きをした（CORZO, 1989）。カバリェーロは「いわゆる」イスパノ・ビシゴード建築が「古代末期」なのか、それともそれが何か別のものに変容した「プレロマネスク」なのかという問題提起をし、それを後者だと考える姿勢を維持しながら、変容の原因と時期を読み替えた（CABALLERO, 1994a；IDEM, 2000）。このように、半島初期中世の古代性、中世性の捉え方は、専門家ごとに非常に大きな隔たりがあるが、大まかに言えば、ロマネスク以降を守備範囲に入れているかどうかで、各研究者のスタンスが分かれる。

　一方、ゲルマン主義史観（HAUPT, 1923）が否定されて久しく、古代末期の遺産の重要性が認められるようになった[132]とはいえ、西欧各地のプレロマネスクを何らかの総体として論じられる際には、明らかにロマネスクの準備段階として捉えようという研究が少なくない[133]。だがイベリア半島の「プレロマネスク」は、よほど曲解しない限りはそうした後世の段階を準備したとは言い難く、様式の進化の流れに参与していないように見えるため、外国人にとっては20世紀後半に入っても相変わらず特殊な例外でありつづけた。フォシヨン（Henri FOCILLON）が『至福千年』において、「モサラベ」美術を「イスラームのロマネスク」と呼んで[134]、それをヨーロッパ美術の流れから除外したことは、弟子のグロデッキ（Louis GRODECKI）による『紀元千年のヨーロッパ』にも引き継がれた（グロデッキ, 1976；BANGO, 1974：69）。ユベールは7世紀の建築として、根拠不明の「クロノロジーが確実なものだけ」を取り上げる一方[135]、「蛮族のスペインの期待されるべき7世紀の建築はアラブの征服で唐突に終焉を迎えた」として、その後のキリスト教建築を無視した（IDEM：92）。ベックウィス（John BECKWITH）は反対に、イスラームの影響の伝達経路として以外は、スペインを除外している[136]。コナントは、「モサラベ」建築に関して比較的多くの紙面を割

第2章　西ゴート、アストゥリアス、モサラベ

いているが、彼がモサラベ的というとき、それはムーア的というのとほぼ同義
になる。「優美でエキゾティックなモサラベ絵画はやはり西欧美術の主流から
は外れている」（Stokstad）、「ムーア・スペインからの強い影響がアストゥリア
スのプロト・ロマネスクの息の根を止めた」（Conant）など、スペイン初期中世
キリスト教美術は、イスラームの軍隊か、でなければイスラームからの潮流に
邪魔されてロマネスクに貢献できなかったという点がとりわけ強調されてきた。
他方、フランスのロマネスクにいかに貢献があったかという観点からスペイン
を「プレロマネスクの最も豊かな実験場」とするガイヤール（Georges Gaillard）
や、スペイン・イスラーム建築で発達したリブのロマネスク・ゴシックへの影
響を探るランベール（Élie Lambert）の研究もあるが、ドッズも指摘しているよ
うに、最もロマネスク的に見えるアストゥリアス建築をとっても、ロマネスク
との関連性は大きな疑問である（Conant, 1959:52；Dodds, 1990:56-8, n.Intro-17 &
n.3-51）。

　シュルンクという第一人者が積極的にドイツの学界でもスペイン初期中世芸
術を紹介した成果がうかがえるのが、美術書シリーズ *Propyläen Kunstgeschichte*
第5巻である。テーマが広範なだけにごく簡潔な形で紹介されているだけだが、
古代からロマネスクまでの連続的な進化の過程に無理やり組み込もうとはせず、
オーソドックスな解釈が添えられている（Fillitz et alii, 1969:171-184）。一方、同
じドイツ語圏からのロマネスク研究者クーバッハ（Hans Erich Kubach）は以下の
ように述べる：「カロリング朝時代の洗練された宮廷文化の産物としてのアス
トゥーリアス王国の建築と、カタルーニャ地方の素朴な初期ロマネスク建築と
の間には、ほとんど繋がりはない。両者の間にあるのがいわゆるモサラベ芸術
で、これはイスラーム圏とキリスト教圏との境界地域において、キリスト教の
信仰だけではなく、新しい教会堂の建設もアラブ人から許されていた住民達の
間で、10世紀に開花した芸術である。」（クーバッハ, 1996:88）。アル・アンダ
ルスでは教会の新築は原則として許されていなかったから、現存する「モサラ
ベ」建築の中に、「アラブ人から建設を許された新しい教会堂」があるかどうか
は怪しい。別の部分でクーバッハは、「アラブ人の支配下で作られた教会堂」と
していくつかの「モサラベ」建築を挙げているが、メルケ以外は全てアル・ア
ンダルス外のものであり、その記述は正しくない。また、西ゴートやアストゥ
リアスに関しても記述には根拠が不明確な点も多い。

　コルボは、「プレロマネスク」という呼称を攻撃し、「建築の歴史はつい先頃

71

第一部　スペイン初期中世建築研究史

まで、"初期キリスト教"から"ロマネスク"へ、"ビザンチン"を迂回して移っていた。あたかもヨーロッパでは、5世紀から11世紀にかけて、目ぼしいものは何ひとつ建てられなかったかのようだ」（コルボ、1972：4）と述べ、ニュートラルなタイトルとして初期中世（*Haut Moyen Âge*）を選んだと説明する。もっとも、その中でのスペイン初期中世建築についての解説を見ると、クーバッハなら「プレロマネスク的」と述べる分節や垂直性などを「初期中世的」と述べていることがわかり、純粋に呼称の問題に過ぎないようにも見える。

　プレロマネスクという用語の使用をおそらくは意図的に避けてはいるが、マクレンドン（Charles B. McClendon）による『中世建築の起源』（McClendon, 2005）は、スタートとしての初期キリスト教建築、ゴールとしてのロマネスクが想定された、「ラテン文化西欧における古代末期から中世への建築的変遷に関する研究」である[137]。副題は「ヨーロッパの建造物、西暦600-900年」で、当然本書が主題とする10世紀イベリア半島のキリスト教建築に言及はないが、9世紀の西欧建築中では屈指の傑作と称してよいアストゥリアスの建築群が全く言及されていないのはなぜだろうか。筆者のイベリア半島建築に対する無知（無視？）に加えて[138]、リニアにロマネスクへ発展していく過程として語ろうとする際に、9・10世紀のアストゥリアス＝レオン王国の建築にはそうした方向性が見出せずに、論旨の中で取り上げるのが難しかったということなのであろうか。オットー朝の建築については10世紀のものでも頻繁な言及がなされるし、最終章ではいくつかのロマネスク建築が語られる。

　近年に入り、イベリア半島の専門家が書いたプレロマネスク概説書も多く出ている。スペイン人研究者のバンゴ（Bango, 1992）やバラル（Barral, 1997）による概論、イベリア半島を含む南欧ロマネスクの大家デゥルリア（Marcel Durliat, 1917-2006）の集大成『蛮族から起源1000年まで』（Durliat, 1985）、ヤルサ（Yarza, 2000）がスペインの章を書いたアンソロジー『紀元1000年：ヨーロッパの美術950-1050（*Año mil. El arte en Europa, 950-1050*）』などである。当然ながら、これらの概説書ではイベリア半島がかなり大きな扱いを受けている。とりわけ、各国語版も出て世界的に頒布されたバラルの著作の影響力は大きいと考えられる。

72

第2章　西ゴート、アストゥリアス、モサラベ

まとめ

　本章では、初期中世全体を解釈する古典的学説の確立の過程とその後の有効性、及び西ゴート期とアストゥリアス王国の美術建築研究に関しては一部、近年の傾向について簡単に見てきた。いずれの分野に関しても、ゴメス・モレーノとシュルンクという、*Ars Hispaniae*執筆の二者の影響力が未だに根強いことが明らかとなったが、西ゴート期に関してはその文献的データの少なさから、極端な解釈がいつ生まれてもよい状況であったといえる。そのクロノロジーの不確かさは、シュルンク晩年の1970年代末から登場したカバリェーロの主たるテーマとなり、後述のような大きな論争が噴出するのだが、逆に言えばそれまでの何十年かの間、安定したイスパノ・ビシゴード建築観を提供していた古典的史観の強度の程がうかがわれる。一方、アストゥリアスに関しては、既に述べてきたように、ほとんど年代的な問題がなく、その論争の性質はかなり異なるものであった。本書で一つ一つの論点を詳しく分析することはできないが、特にイスパノ・ビシゴード建築と異なり、パトロンが明確であるアストゥリアス建築の場合、施主の意図やイデオロギーと表象の関係などが、盛んに論じられてきた。

　では、モサラベと呼ばれた10世紀キリスト教建築については、『モサラベ教会堂』以降、どのような研究史が生まれたのだろうか。

73

第3章 「モサラベ教会堂」と10世紀イベリア半島
キリスト教建築

> 我が国の歴史は欧州の歴史とは異なる。その藝術が欧州の
> 藝術と異なるとすれば、それは異なっていて然るべきなの
> である[139]

　ドゥエロ川流域の北側に点在する10世紀教会堂群は、「モサラベ」に帰された他の全てのキリスト教建築と共に、ゴメス・モレーノによってその研究の骨格を定められた。この分野に関して彼ほどのオーソリティーを確立した人物はおらず、大著『モサラベ教会堂』（Gómez-Moreno, 1919）の内容は、自身によって繰り返されただけでなく（Idem, 1951）、20世紀の全ての同分野研究者必携の古典となった。

　ゴメス・モレーノの10世紀スペイン美術観は現在でも最も広く受け入れられた学説で、とりわけ「モサラベ」という大変魅力的な名称のインパクトは大きい。ただし、レオン王国以外のキリスト教圏については「モサラベ」という社会集団の持つイメージとの関連が見出しにくいため、20世紀を通じて「モサラベ」という呼称が避けられることが多くなっていった。そのため、「モサラベ建築」といえば、数が少なく統一性のないアル・アンダルスのキリスト教遺構[140]のほか、レオン王国のキリスト教徒再入植地のものを指し示す傾向がより強まっている。そもそもゴメス・モレーノ自身が、後者の方にむしろモサラベのエッセンスが凝縮していると見ていたから、その解釈が再生産されるのも当然だったのである。

　これに対して、20世紀後半から、少数派が異を唱え始める。その草分けであるカモンが提唱した「再入植（Repoblación）」の建築という呼び名を、弟子のバンゴや、写本研究の第一人者ヤルサが採用し、決して主流ではないが、一定の反響を生んで現在に至っている。スペイン国内では「モサラベ」と「レポブラシオン」の呼称論争は比較的知られているが、本章では改めて、フォンテーヌ（Jacques Fontaine）、レゲラス（Fernando Regueras Grande）、ノアック（Sabine Noack

第3章 「モサラベ教会堂」と10世紀イベリア半島キリスト教建築

[-HALEY]）ら前者を用いる主流派と、ヤルサ（J. YARZA）やバンゴ（I. BANGO）ら
後者を用いる立場とを対比させ、問題の本質を明らかにすることを試みる。

　いずれの立場をとるにせよ、全ての研究者は、最も批判的な者も含めて、ゴ
メス・モレーノに依存している。新発見の遺構の年代を推定したり、彫刻様式
の影響関係を整理したり、アーチの形をより厳密に分析したりという研究は、
ゴメス・モレーノが体系化したもの抜きには不可能であった。

　そこで本章では、学説史に通底する『モサラベ教会堂』の生命力を検討した
い。なお、本書では主として建築を巡る言説を扱い、専門分野としてはほとん
ど別のグループを形成する写本研究史中での「モサラベ」という用語の捉えら
れ方については、ヤルサやマントレなど一部の研究者の考えについて触れるに
とどめる[141]。

1）新たな発見とゴメス・モレーノ史観

　研究史の一端を担うのは、大多数を占める、ゴメス・モレーノによる「モサラ
ベ」の史的解釈を継承する古典学説派で、これをゴメス・モレーノ派と呼ぶこ
とにする。大まかにまとめれば、モサラベとはアラブ化したアル・アンダルス
のキリスト教徒であると定義し、9世紀の迫害のあと北部に移住したモサラベ
修道僧コミュニティが建築を含む再入植地の文化の主体となったと想定し、そ
の結果遺構に見られる特徴は多分にモサラベ的であって、スペイン・イスラー
ム建築からの造形的影響は彼らに帰されると解釈して、そうした再入植地の建
築・美術をモサラベと呼ぶ研究者である。ドッズやアルバイターとノアックが
指摘しているように、ゴメス・モレーノはモサラベの「アラブ化」したことを
必ずしも排他的な要素とはしておらず、場合によってはその保守性（西ゴート
性）に重点を置く、多義的な解釈をしているが、総体としてはモサラベにスペ
イン・イスラーム建築の伝道者を見たのは明らかである（GÓMEZ-MORENO, 1919；
DODDS, 1990：49；ARBEITER & NOACK, 1999：48）。

　世紀半ばまではゴメス・モレーノの史観・解釈が訂正されることはまずな
かった。1922年のアラゴン州ガリェゴ川（Río Gállego）沿いの一連の教会堂、
1925年のボバストロ（Bobastro）城址と推定されたメサス・デ・ビリャベルデ
（Mesas de Villaverde）の教会堂跡、ガリシアやポルトガルでの複数の遺構発見、
サンティアゴ・デ・ペニャルバの壁画の発見、サン・ミシェル・ド・キュクサ

75

第一部　スペイン初期中世建築研究史

(Saint-Michel de Cuxá) など西仏両国にまたがるカタルーニャ地方の初期ロマネスク建築に残る前ロマネスク的特徴の指摘など、1919年の時点では言及されなかった新事実がその後多く現れたが、大半はゴメス・モレーノの考えを裏付けるとされるか（ボバストロ）、ゴメス・モレーノの考えに沿って解釈されていった（ガリェゴ川の建築群）。1924年のキング、29年のカンプス・カソルラ、31年のロソーヤ侯爵、34年のトレス・バルバスら概説書で語られる「モサラベ建築」はこうして『モサラベ教会堂』という文法に新しい語彙を加えたものを使用していった（KING, 1924；CAMPS CAZORLA, 1929；LOZOYA, 1931；TORRES BALBÁS, 1934）。

　1925年に発見報告されたボバストロ城址の岩を掘り込んだ教会堂跡は、サン・ミゲル・デ・エスカラーダと平面構成や馬蹄形アーチの使用などに多くの共通点がある。そのため、これらの特徴がレオンで形成されたのではなく、モサラベ移民たちによってアル・アンダルスから持ち出されたという説の根拠とされた（MERGELINA, 1925：171）。同じ1925年にカスティーリョはセラノーバにほど近いサン・マルティーニョ・デ・パソ（San Martiño de Pazó）の発見と分析の報告をした（CASTILLO, 1925）。遺構は、改変が著しいものの馬蹄形アーチとアルフィスを持つ貴重なものであった。ゴメス・モレーノの手法に範をとったと思われるカスティーリョの報告は、史料分析から寸法をとった図面まで多岐に渡る、資料的価値の非常に高いものであるが、その一方で「モサラベ」というカテゴリーに何が何でもこの遺構を適合させようという解釈が目につく[142]。

　1932年にエルナンデスはサン・ミシェル・ド・キュクサのロマネスク以前の建造部分について、非常に詳しいモノグラフを書いたが、モサラベという社会集団との関連は（見つからないので）脇に置かれ、建築自体が明らかにアル・アンダルスのカリフ国建築の影響を受けている、という点が強調された（HERNÁNDEZ, 1932）。エルナンデスは、切石の積み方とプロポーションからアル・ハカム2世の時代（961‐976年）のものとし、天井が木造であったとする文献からその様子はコルドバの大モスクのようだったであろうとまで言う。しかし、キュクサの石積みは場所によって様々で、切石でない荒石の部分の方がむしろ特徴的であるし、また、小口と長手を交互に積む（a soga y tizón）切石積みはコルドバの後ウマイヤ朝の建築で一般化したが、ローマ時代から半島に存在するものである。もちろん、木造天井をコルドバの影響と言うことは不可能だ。実際には、アル・ハカム2世の治世と同時期の974年に献堂されたという文献か

76

第3章 「モサラベ教会堂」と10世紀イベリア半島キリスト教建築

らの情報に合わせて、建築的特徴を自由に解釈していたものと思われる。同著者はのちの1975年には、サン・ミゲル・デ・エスカラーダの建設にコルドバ人が関わったことは疑いようがないと述べてもいる（Hernández, 1975：149）。

　より不明瞭な「モサラベ」建築観は、1922年にサンチェス・ベントゥーラによって初めて紹介されたサン・ペドロ・デ・ラレデ（San Pedro de Lárrede）などガリェゴ川沿いの一連の小教会堂群の解釈に現れた。この建築群の最初の本格的な分析（Íñiguez & Sánchez, 1933）では、馬蹄形アーチのアルフィスはムワッヒド朝的、楣と隠しアーチはカリフ国建築の要素（Idem：232）といった具合にイスラーム建築の要素が取り出され、ゴメス・モレーノのいう「モサラベ」というカテゴリーに含まれるとされたが、文献史料がないため、美術的・年代的な分類は暫定的なものとされた（Idem：217）。

　それ以前から知られてはいたが（Torres Balbás, 1934：168）、1943年に図面・写真とともに紹介されたエルメデス・デ・セラート（Hérmedes de Cerrato）の小教会堂は、馬蹄形アーチなどの形状からバンバと同時期のものとされた[143]。この教会堂を9世紀終りから10世紀初頭の建造とすること自体は極めて妥当であると思われるが、それを「モサラベ」と呼ぶ根拠として、モサラベ（人的集団）の影響を受けているのか、それとも別のルートでスペイン・イスラーム建築の影響を受けているのかは問題にされなかった。

　同じことが、サンティアゴ・デ・ペニャルバで新たに発見された壁画跡についてのホセ・メネンデス・ピダルの報告書でも起こっている（Menéndez-Pidal, J., 1956）。その内容は、この発見がゴメス・モレーノの考えを証明することになったということでも、否定することになったということでもない。そうではなく、この壁画は、「モサラベ」教会堂で発見されたのだから、当然「モサラベ」様式の絵画である、筆者は単にそう報告するのである。その壁画がモサラベ的であるかどうか、モサラベ的だとすればそれはどういった特徴を持っているのか、という話ではないのである。ちなみに、メネンデス・ピダルによって報告された「モサラベ」壁画のうち、彼がデッサンした最も有名なトライアンファル・アーチの部分（fig.1-9）が、近年の調査で後世のものだと判明している[144]。

　このように、20世紀前半に発見された10世紀キリスト教建築は自動的に「モサラベ」と認定された。やがて「モサラベ」とゴメス・モレーノのいう「モサラベ美術・建築」との齟齬に対する批判がなされるようになったが、一連の初期中世キリスト教建築をモサラベと呼び続ける傾向は、20世紀後半になって

77

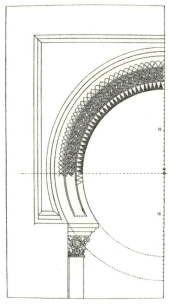

fig.1-9 サンティアゴ・デ・ペニャルバ、トライアンファル・アーチ（J. MENÉNDEZ-PIDAL）

も続いていく。その一つの原因は、「モサラベ建築」の中心地であるレオン地方の建築に関して付加されたデータの少なさである。しかしもっと根源的な理由は、ゴメス・モレーノが深大な考古学・史学・美術史学・文献学的知識を元に作り上げた一つの完成されたストーリーの説得力が、他の追従を許さなかったからであろう。

1951年に出版された Ars Hispaniae シリーズ第3巻は、ゴメス・モレーノによる後ウマイヤ朝美術総説の決定版となった。同書には『モサラベ教会堂』の内容に新発見を加えたダイジェスト「モサラベ美術」の章が収められ、後ウマイヤ朝美術の派生物として10世紀半ばキリスト教美術を捉えるというゴメス・モレーノの考えが改めて明示された（GÓMEZ-MORENO, 1951）。チュエカによる記念碑的著作『スペイン建築史』（CHUECA, 1965）にはこうした史観が反映され、「モサラベ建築」は「コルドバ・カリフ国の直接の成果」であり、カリフ国の芸術を扱わずしてはその意義が語れないとする（IDEM：49）。一方、別の箇所では「モサラベ美術はカリフ宣言以前の後ウマイヤ朝美術を知る手助けになる」（IDEM：136-7）とも述べている。チュエカはゴメス・モレーノの解釈を忠実に継承しながら、空間的オリエンタリズムとでも言うべき、東方的空間構成について持論を展開したが、これは後のスペイン建築史に少なからぬ影響を及ぼした（FERNÁNDEZ ARENAS, 1972；NÚÑEZ, 1994）。

20世紀後半最良のゴメス・モレーノ派の一人は、セビーリャのイシドルス研究の第一人者で文献学者の泰斗フォンテーヌ（Jacques FONTAINE）である。彼の『モサラベ美術』（FONTAINE, 1978b）は、ゴメス・モレーノと「モサラベ」教会堂へのシンパシーに溢れたモサラベ美術讃歌である。エスカラーダの堂内を「イスラームのマクスーラ」と比す（IDEM：52）など、同書は『モサラベ教会堂』をよりナラティヴに、よりバランスよく、より明快

第3章 「モサラベ教会堂」と10世紀イベリア半島キリスト教建築

に、より単純に語りなおしたものである[145]。フォンテーヌは「モサラベ」という一意の存在を前提条件として、アル・アンダルスのモサラベ社会の生活体験が後のレオン王国の建築を規定している、と語る。しかし、第二部で検討するように、10世紀レオン王国はモサラベ社会ではないし、その社会のごく一部分を構成していたであろうモサラベは、トレドで猶子説の論陣を張ったり、コルドバで殉教したり、マラガの山奥で叛乱をおこしたモサラベとは異なっていたことには注意すべきであろう。

1970年代後半ころから、サアグン復興にアル・アンダルスから来た修道院長が関わったと記された公文書が後世の捏造とされ[146]、ベアトゥス本など写本の制作に関してもモサラベとの関係が否定されるなど（YARZA, 1996）、モサラベの移住ストーリーに対する反証が徐々に蓄積されていく。しかし、移住してきたモサラベのグループがレオン王国唯一の芸術家集団であり続け、最初の50年ほどは彫刻家であり、そのあとの半世紀は画家であったという、ゴメス・モレーノ史観を大幅に単純化したものは、繰り返し再生産された[147]。

ドイツの考古学者ノアックは、ドイツ考古学スクールの伝統をよりタイポロジー、彫刻様式に特化した研究で継承した。彼女の細に入った分析の根底に滔々と流れるゴメス・モレーノ史観は、柱頭の細かなモティーフなどに入っていく際の重要な指針となっている。初期のサン・セブリアン・デ・マソーテの柱頭タイポロジー研究では、マソーテの彫刻職人はアンダルシア、おそらくコルドバで養成されたと結論した（NOACK, 1985 : 344）。1987年の研究発表では、アストゥリアス・レオン王国の8世紀から10世紀の彫刻様式は、モサラベによってアル・アンダルスから持ち込まれた「アンダルシア地方様式（*estilo regional andaluz*）」だと主張した（NOACK, 1989 : 588）。ノアックの論文[148]においては、彫刻のディテールから建物全体の性質が規定され、アル・アンダルスからやってきたモサラベの移民たちが石工として実際に建設に携わったイメージが随所で展開されるが、明らかに同一の流派による作品の直接的影響関係や、特殊なイコノグラフィーの伝播を指摘するのはともかく、やや漠然としたアナロジーから装飾的彫刻の作者の社会的・宗教的背景を特定し、「モサラベ」修道僧集団・建築工房と結びつけるのは難しいのではないだろうか。1997年には「モサラベ」という用語を以下のように定義している。

　「モサラベ」はアル・アンダルスのキリスト教徒（イスラーム治下に住み続

第一部　スペイン初期中世建築研究史

けた者も、北部キリスト教徒治下に移住した者も）に見られる独特の文化の存在を意味する。この文化は固有の特徴を持った芸術表現を創造し、（中略）その特質は、アル・アンダルス、しばしばコルドバから直接やってきた人々について文献資料が語っている場所に典型的な形で現れる。以上から「モサラベ」要素について語ることに正当な理由があると我々は考える（NOACK, 1997：169-170）。

1988年のティエリ（Antonio THIERY）の論文では、モサラベとは「9-11世紀のイベリア半島に生きたキリスト教徒」と拡大解釈された（THIERY, 1988：64）。ティエリはゴメス・モレーノ史観を継承しながらその微妙なニュアンス[149]を無視し、7世紀の「プロト・モサラベ（protomozarabici）」写本から（IDEM：36）、10世紀末の「モサラベ」写本、そしてアストゥリアスのバルデディオス（San Salvador de Valdediós）やカタルーニャのサン・ミケル・ダ・タラサ（Sant Miquel de Terrassa）を含めた教会堂まで、全て一緒くたにして「モサラベ」的シンボリズムを語った。1995年に発表された「ドゥエロ川流域の『モサラベ』新発見」（CORTÉS & GARCÍA-ARÁEZ, 1995）でもこうした単純化がおこっている[150]。

ゴメス・モレーノ理論浸透の最大の問題点は、各種ガイドブックなど専門家以外の手に渡ったときにこれが単純化され、印象深い異文化共生の物語に変形してしまうことであろう。アルバイターは、モサラベという呼称のニュアンスは広く浸透し、使っても特に弊害はない、と述べている（ARBEITER & NOACK, 1999：48-9）が、とてもそうは思えない。

2）モサラベ以外の呼称の提唱とリージョナリズム

1919年にゴメス・モレーノが『モサラベ教会堂』の中で「モサラベ」建築の代表として中心的に取り扱った、形態的（またそう言ってよければ様式的）に共通点の多い遺構は、いずれも10世紀初頭から半ばに当時のアストゥリアス＝レオン王国に建設されたものである[151]。これら「モサラベ」建築の代表格から、他の地方を切り離して論じることが、20世紀を通じて少しずつ一般化していった。

時期・地域・史的・様式的に、独立した形で論じられてきたアストゥリアス美術・建築ではこうした変化はおきなかった。「アストゥリアス美術（建築）」とい

80

う名称に、より時期的な明瞭さを出すために「プレロマネスク（Prerrománico）」という修飾語を付加する傾向はあるが、そのスペイン初期中世における独立性は研究史の当初から現在まで一貫している[152]。一方、歴史的に西ゴート王国という半島全体を統治する一つの政体下にあり、わずかな主要遺構のほぼ全体がメセタ北部に集中していて地域ごとのスクールを論じることが不可能だったイスパノ・ビシゴード建築に関しても、各遺構を独立して論じる動きはわずかであった。

　これに対し、アストゥリアス以外の9世紀以降のキリスト教美術は、ゴメス・モレーノによって「モサラベ」として一括りにまとめられたが、諸侯豪族による勢力拡大と再入植の時代が現在の自治州の源流となっていることも関連し、元よりその研究にリージョナリズムが入り込む余地があった。プッチ・イ・カダファルクによるカタルーニャはその先駆けであるが、やがて地域主義の流れは、カスティーリャ、アラゴン、ガリシアにまで伝播していった。こうした動きは、地域主義の強いスペインでは研究史の早い段階から存在していたが、特に1970年代後半の民主化以降に急速に広まっていった。バスク、ラ・リオハ、カンタブリア、といった、当時の地理的区分では位置づけが難しい現在の自治州でも、積極的な地元の歴史的遺産の掘り起こしが進められ、プロパガンダ的に編まれる地域史の中に盛り込まれていった。

カタルーニャ

　最初に「モサラベ」から離脱しようとしたのは、カタルーニャである。その理由としては、歴史事象として、「モサラベ」といってイメージされる社会集団と非常に希薄な接点しかなかったこと[153]、美術建築として、「モサラベ」教会堂の中心地であるレオンのものとの類似性が相対的に低く、また馬蹄形アーチのカーヴ以外にゴメス・モレーノの「モサラベ的であること」の説得力が発揮されにくかったこと、そして最後に、これは研究する側の都合であるが、カタルーニャが19世紀より一貫して自国の独自性を主張する傾向を失わなかったことが挙げられる[154]。プッチは『カタルーニャのロマネスク建築』第1巻で、ゴメス・モレーノの馬蹄形アーチに対する観察を受容しながらも、それらをもつ建築を「モサラベ」と呼称することには慎重で、「馬蹄形アーチの建築」と分類した（Puig et alii, 1909：I, 359-394）。バルセイスが1935年にカタルーニャの9－10世紀を分離してコンダル（バルセロナ伯領）美術（*Arte Condal*）と呼んだの

第一部　スペイン初期中世建築研究史

も、こうした背景からである（Balcells, 1935）。しかし、カタルーニャ独自の初期中世を描く際の用語として最終的に定着したのは、アストゥリアスの場合と同じく「プレロマネスク」であった[155]。

　カタルーニャの初期中世を独自化する傾向は、フランコ時代の終焉と民主化による大幅な自治権限拡大の時代に加速した。1981年当時新進の美術史家であったバラル（Xavier Barral i Altet, 1947-）による『カタルーニャのプレロマネスク美術（9-10世紀）』と、83年に出版された宗教史家の重鎮ジュニェン（Eduard Junyent i Subirà）の遺作『カタルーニャにおけるロマネスク以前の宗教建築』は、カタルーニャの初期中世芸術分類に半島全体に適用された基準を用いることに反対し、その独自性を主張した。バラルは、馬蹄形アーチやいくつかの装飾的形態がカリフ国美術の影響を示す要素であるとしつつも、イスラームやカロリング朝の影響が本質的にローカルな芸術に組み込まれたもので、それを「もはやモサラベと呼称することはない」と述べた[156]。

ガリシア

　ゴメス・モレーノによって「芸術的に貧しい」とされ、代表格であるサン・ミゲル・デ・セラノーバまでも「レオン」章に奪われたガリシアだが、そもそもガリシアの再入植期、特にサン・ミゲル・デ・セラノーバに関してはゴメス・モレーノ以前からバスケス・ヌニェス、ビリャ・アミル・デ・カストロなど地元の研究者が注目をしていた。『モサラベ教会堂』以後は、まずカスティーリョが出た[157]。カスティーリョは当初はゴメス・モレーノ史観の強い影響を受けて「モサラベ」の呼称を好んで用いたが（Castillo, 1925）、同時に『モサラベ教会堂』中でガリシアの建築がレオンの章に組み込まれたことへの強い不満を表明した（Idem:285）。その後ミショスやアンビアといった、レオンを基準としたモサラベ建築史観では簡単に説明できない事例が出てきてからは、「プレロマネスク（iglesias pre-románicas）」というニュートラルな呼称を好むようになった。

　1949年に「ガリシアにおけるモサラベ美術」を著したオサーバ（Basilio Osaba y Ruiz de Erenchun）も「9-10世紀のガリシアでは『ガリシア式（gallego）』美術と呼べるものが存在」し、「最近まで考えられてきたほど、貧しくて哀れではなかった」[158]とゴメス・モレーノによるガリシア観の訂正を促し、その後、ロレンソ・フェルナンデス（Joaquín Lorenzo Fernández）らはガリシアを西ゴート美術とアストゥリアス美術を繋ぐ鍵として強調し（Lorenzo Fernández & García Álvarez,

82

第3章 「モサラベ教会堂」と10世紀イベリア半島キリスト教建築

1950：381)、リバス・フェルナンデス (Juan Carlos Rivas Fernández) は、「いわゆるプレロマネスク美術のために半島で適用された柔軟性のない様式的分類は、地域によっては適切ではなく、ガリシアもその一つである。なぜならその特殊性が徐々に明らかになっているからである」[159]と述べて、やはりガリシアの初期中世美術とモサラベ建築史観の不完全性を訴えた。

ところが、ではそのガリシアのプレロマネスクがどのような美術だっ

fig.1-10　サン・シェス・デ・フランセロス（オウレンセ県）

たかといえば、オサーバは「西ゴート、アストゥリアス、モサラベ美術の混淆」(Osaba, 1949：85) という。リバスはアストゥリアスの影響をかなり否定的に捉えたが、「モサラベ期 (época mozárabe)」、「モサラベの要素 (elementos mozárabes)」という確立した概念から逃れることは出来なかった。結局、作者の意に反して、ガリシアの独自性というよりレオンという中心に対する周縁性が浮き彫りになったという印象は否めない[160]。

このように、ゴメス・モレーノらによる古典的分類とそれに基づく年代決定の手順に従うと、西ゴート、アストゥリアス、モサラベの区分にうまく当てはまらない遺構が発見された場合、この3つの「様式」の配合によってしか評価が出来ない。サン・シェス・デ・フランセロス (San Xes de Francelos) の建築 (fig.1-10) について、年代は再入植期だが、造形的特徴には西ゴート性が強く残るとした論攷も、結果として再入植期のガリシア地方に西ゴート期の建設文化が維持されていたという解釈が導かれており興味深いが、古典的区分法に疑念を呈したかったわけではない (Lorenzo Fernández & García Álvarez, 1950)。ロレンソ・フェルナンデスはこのほかのガリシア初期中世建築についてもモノグラフをいくつか発表し、その様式的（時期的ではなく）「西ゴート」性に脚光を当てている (Lorenzo Fernández, 1965)。

ヌニェス (Manuel Núñez Rodríguez) は1978年の時点ではゴメス・モレーノによる事実関係の解釈に従っていたが (Núñez, 1978：256-273)、その後、ゴメス・

第一部　スペイン初期中世建築研究史

モレーノによって942年とされたサン・ミゲル・デ・セラノーバの建設時期を
遅らせ、ルデシンドゥスとセラノーバ修道院の先進性・折衷性を強調し、レオ
ンやコルドバとの関係からガリシア初期中世建築の読み直しを行なった（IDEM,
1989；IDEM, 1994）。ヌニェスはサン・ミゲル・デ・セラノーバにイスラームか
らの強い影響を認めながらも、それを、セラノーバ修道院に見られたカリフ国
に対する知識や憧憬と関連づけ、モサラベ移民のメンタリティとの距離を強調
した。また、建築シンボリズムやチュエカのスペイン建築空間構成論を援用し、
独特の形而上的建築論を展開した[161]。

カスティーリャ

　カスティーリャの再入植時代の美術を、同時期にカタルーニャで用いられた
のと同じ「（カスティーリャ）伯領美術（*Arte Condal*）」と呼んだのはウイドブ
ロであった（HUIDOBRO, 1928：397-404；REGUERAS, 1990：11-14；BANGO, 1994b：170）。
ウイドブロはこの美術が「西ゴート的に始まり、モサラベへと進化しながらも
固有の特徴を持ち、最終的には建築形態においてモサラベ美術を放棄しながら
ディテールにおいてはそれを保持した」（HUIDOBRO, 1928：399）と考え、それま
でほとんど未発表の彫刻の断片や、ロマネスクに改築された建造物の一部に残
るロマネスク以前のものと考えられるアーチや柱頭などを紹介した[162]。ウイド
ブロの用語「伯領美術」は、アンドレス・オルダクス（Salvador ANDRÉS ORDAX）
によって再登場した（ANDRÉS, 1987）が、後期西ゴート、ネオ西ゴート、モサラ
ベ（モサラベのものとイスラームの影響があるもの）という細分類によって、扱
われた美術の自律性ではなく、結局既存の「西ゴート」「モサラベ」という様式
的なものが浮かび上がっているのは皮肉である。

アラゴン・ナバーラ・バスク

　「モサラベ建築」の文脈で語られたアラゴン地方の建築には、『モサラベ教会
堂』に採録されたサン・フアン・デ・ラ・ペーニャ修道院の馬蹄形アーチのほか、
ガリェゴ川沿いの一連の建築がある（ÍÑIGUEZ & SÁNCHEZ, 1933）。ガリェゴ水系の
建築群を「モサラベ」とする捉えかたは、ドゥラン・グディオル『10・11世紀
の高地アラゴン地方の美術』（DURÁN GUDIOL, 1973）ではまだ認められていたが、
直後にガルティエル・マルティが11世紀説を発表し（GALTIER, 1979；IDEM, 1982）、
現在ではロマネスク導入以後の土着の習慣の残存という文脈で捉えられるよう

になっている（Bango, 2001:222）。隣接するナバーラ地方に関しては、イニゲス
とウランガによる5巻本『ナバーラ中世美術』のうち第1巻がプレロマネスク
にあてられている（Uranga & Íñiguez, 1971）。先史時代の原始社会が長く続いた
バスク地方に関しては、80年代半ば以降A・アスカラテ（Agustín Azkárate）が
精力的に研究している（Azkárate, 1995）。アスカラテは「モサラベ」という用
語を慎重に避けているが、別の著者による1989年の発見報告では、「周縁的モ
サラビズム（Mozarabismo periférico）」という語が用いられている[163]。

　実際のところ、レオン以外にモサラベとされる移民の記録、アラビア語の人
名、その他のアル・アンダルスとの交流を示す状況証拠が揃っている地域はあ
まりない。レオン以外の地域は政治的重要性が低く、史料を残すような社会的
活動が活発化するのも遅れたこともその一因である。一方で、レオンは10世紀
のイベリア半島北部では建築・美術の中心地であったが、その流派が他地域に
伝播し、建築においては特に顕著な各地のローカルな性質を抑えて、明らかな
「レオン様式」を確立したわけでもない。従って上述の流れは、モサラベという
呼称の有効性の否定ではなく、そのユニヴァーサリティーに反発するリージョ
ナリズムからの「一抜けた」宣言なのである。ちなみに、これらの地域建築史が
70年代から続々と出版されたのは時代の流れを濃厚に反映している。1971年
に出たイニゲスとウランガによる『ナバーラ中世美術』（Uranga & Íñiguez, 1971）
やドゥラン・グディオルの『高地アラゴン…』（Durán Gudiol, 1973）は未だフラ
ンコ存命時の出版だが、ガリシア語によるガリシアの『プレロマネスク建築』
（Núñez, 1978）、ガルティエル・マルティ（Galtier, 1982）らによる『アラゴン・
ロマネスクの誕生』、カタルーニャ語によるカタルーニャの『プレロマネスク建
築』（Barral, 1981）は、いずれも民主化による地方自治権の大幅な拡大という
時代背景を持っているからである。

3）レポブラシオン

　そもそもキリスト教勢力下のキリスト教美術を慣習的に「モサラベ」と呼
び続けることへの抵抗を感じる研究者も、20世紀後半以降徐々に増えていっ
た。その代表格は、後述するイスラーム勢力治下の「モサラベ」とキリスト教
勢力治下の「再入植」とにそれまでの「モサラベ」を分割する「レポブラシ

第一部　スペイン初期中世建築研究史

オン美術（*Arte de Repoblación*）」を提唱したバンゴである[164]。一方ピタ・アンドラーデは、ドゥエロ川流域の10世紀再入植地の美術に新たな呼称「国境帯美術（*Arte Fronterizo*）」を提唱した（PITA, 1975）が、この呼称を採用した研究者はその後ほとんど出なかった[165]。唯一、ヴァークマイスター（O. K. WERCKMEISTER）が «frontier monasticism» という用語を大々的に使用しているが、ピタが参照された形跡はない（MET, 1993：121-132）。

　イベリア半島の850‐1030年頃のキリスト教美術を一括して「モサラベ」と呼ぶゴメス・モレーノ説に最初に異論を唱えたのがカモン・アスナールであり、それを修正して、より体系化したのがバンゴである。

　カモンの第一声は1949年の国際会議で放たれ、後の1963年にその主張が再度 *Goya* 誌に掲載された（CAMÓN, 1963）。カモンは、イスラーム治下にない作品をモサラベと呼ぶことを拒否し、特に再入植がその生成に果たした役割を鑑み、これをレポブラシオン美術と名付けた。しかしながら、ゴメス・モレーノの圧倒的な知識と体系化に対して、カモンの反論はずっと簡潔で、あくまでも小さな疑問符をつけたとして簡単に紹介されるだけに終わり、ほぼ完全に忘れ去られていた（YARZA, 1985：24-5）。長い間無視されていたもう一つの理由は、カモンの代替案ではいまひとつ「モサラベ」の醸し出すロマンが感じられなかったかもしれない。

　このカモンの主張に、ひとつひとつ理論的裏づけを与え、そのキャリアを通して体系化していったのがバンゴ（Isidro G. BANGO TORVISO, 1946‐）である。バンゴはまず、カモンに倣い[166]、モサラベ美術をモサラベの美術、つまりイスラーム治下のキリスト教美術に限定し、再入植地の美術と完全に区別した（BANGO, 1974）。この後者、つまりバンゴの言うレポブラシオン美術は、モサラベを含めた全ての再入植者の文化的背景を前提としたもので、その一部の形質をとって呼称するのは不適切だというのが、カモンから継承した基本的なラインであった。次に、再入植の時代のアストゥリアス＝レオン王国の文献史料から、入植者がいかに多くの既存の古い建造物と出会い、それを修理して用いたかを示し、その状況とアストゥリアス年代記などに見られるネオ・西ゴート主義の考えとを結びつけて、10世紀建築の背景にあるのは、モサラベの経験ではなく再入植の経験であり、具体的には入植者の西ゴート時代の伝統に対する敬意と、それに結びついた建築の修理・再利用であると論じた（IDEM, 1979）。こうした考えをもとにした、より叙述的な美術史書に、カスティーリャとレオンの建築と美術

86

第3章 「モサラべ教会堂」と10世紀イベリア半島キリスト教建築

を扱った「レポブラシオン美術」（IDEM, 1994b）、アル・アンダルスのキリスト
教美術を扱った「モサラべ美術」（IDEM, 1996）、あるいはロマネスクを含めた前
期中世の概論（IDEM, 1989）、そして彼の初期中世研究の集大成とも言える『イ
スパノ・プレロマネスク美術』（IDEM, 2001）があるが、「モサラべ」という問題
に限って言えば、ゴメス・モレーノの『モサラべ教会堂』の復刻ファクシミリ
版（2度目）に寄せた前文（IDEM, 1998）に、その姿勢が端的に現れている。

　このファクシミリが出版された1990年代後半のバンゴは、イベリア半島の
10世紀を古代末期の末期と位置づけ、イスパノ・ビシゴード、アストゥリアス
と連続するキリスト教美術の一つの便宜的区分に過ぎないと述べるようになっ
ていた。アル・アンダルスのキリスト教美術（モサラべ美術）の貧しさや、教
会堂の建築も厳しく制限されていた状況などから、モサラべが10世紀再入植
地の建築にゴメス・モレーノの言うような貢献ができたはずがないし、実際の
遺構にもネオ・西ゴート主義が鮮明で、スペイン・イスラーム美術の要素は断
片的なもので、モサラべとは関係なくもたらされたものだと主張している。バ
ンゴの意見は、実際にはモサラべの存在を否定しているわけでも、イスラーム
美術の影響を否定しているわけでもないが、それまでの手放しの肯定に対する
否定が異様に際立っているのも事実である[167]。バンゴの考えは弟子のアバッド
（Concepción ABAD CASTRO）にほぼそのまま継承されている（ABAD, 1991）。

　写本研究の第一人者ヤルサ（Joaquín YARZA LUACES, 1936-）も、「レポブラシオ
ン」という呼称とそのコンセプトに与した少数派の一人である（YARZA, 1979;
IDEM, 1980; IDEM, 1985）。建築に関する描写の多くはゴメス・モレーノによって
おり、エスカラーダの堂内の印象にアストゥリアス建築との断絶やコルドバの
スペイン・イスラーム建築との親近性を認めもする。しかし、レオン王国の10
世紀建築全体を見たときに、それを「モサラべ」と呼ぶことには疑念を呈する。

　　レオン王国の建築はモサラべと呼称されるべきではなかった。なぜなら、
　　それはモサラべによって実現されたわけでもなく、一つの準・様式や継続
　　的なイスラームの影響を定義できるほど一定した特徴を統合しているわけ
　　でもないからだ（中略）その創造を生み出した最大の力は再入植活動と関
　　連しており、したがって「再入植の建築（arquitectura de repoblación）」とい
　　う名称は「モサラべ」よりむしろ適しているように思われる……[168]

第一部　スペイン初期中世建築研究史

　また一方で、アル・アンダルスのキリスト教建築の貧しさを対比させて、「『モサラベ』という用語に包摂されるものより遥かに豊かな現実」が「芸術的にも、歴史的にも」（IDEM, 1985：25）10世紀レオン王国社会に認められるとしてカモンやバンゴの主張に同調した。とはいえ、ヤルサの「モサラベ」に対する態度は建築に関してはバンゴほど明確ではなく、「モサラベ」という呼称が適切ではないことをたびたび述べながら、ある程度妥協して括弧つきで用いることもしばしばで、拒絶感もバンゴほどではない（IDEM, 1985：8, 12 & 29）。

　用語としての「レポブラシオン」はあまり魅力的とは言えないが、「モサラベ」を用いずに10世紀の半島北部キリスト教美術全体を言い表そうとするなら、現状ではそれ以上に適したものはないと思われる。また、バンゴの考えは、ゴメス・モレーノ派のモサラベ史観を相対化する刺激的な意見であり、本書にも彼の意見に従うところは少なくない。ただ、「モサラベ」でないからといって、それ以外のスペイン初期中世建築から10世紀レオン建築を差別化する細かな要素や特徴を類別することを放棄してしまうのは、この建築グループの最も面白い部分を見ずに素通りするかのようである[169]。そこで本書第二部では、「モサラベ」のレオン芸術への社会的貢献の根拠となってきた文献資料を批判的に再読することで、「モサラベ」という呼称の不適切さを浮き彫りにすると同時に、第三部では逆に、バンゴが重要視してこなかった、10世紀レオン王国の建築におけるスペイン・イスラーム建築の真のインパクトを測定することとする。

4）呼称の忌避と慣習としての形容詞「モサラベ」

　近年では、モサラベ、レポブラシオンという呼称に関する論争を避け、なるべくニュートラルな用語を用いようとする研究者が増えている。「10世紀キリスト教建築は、古きイスパニア非都市建築の伝統の継承者でありエピローグ」[170]とする点でバンゴと同調するドミンゲス・ペレーラ（Enrique DOMÍNGUEZ PERELA）は、古代末期からロマネスク前夜までのイベリア半島に存在する柱頭について研究した博士論文の中で、アストゥリアス＝レオンという政治・地理的な呼称、いわば歴史学的分類を用いることでこれを避けている（DOMÍNGUEZ PERELA, 1987：696）。このドミンゲス・ペレーラの1984年の学術会議上での発表に対する質疑の記録には、アイナウ、パロル、ヤルサ、モラレッホ（Serafín MORALEJO）といった名だたる考古学者・美術史家が当時どのような考えを抱い

88

第3章 「モサラベ教会堂」と10世紀イベリア半島キリスト教建築

ていたかがはっきりと示されていて面白い。この場合特に柱頭についてだが、
「モサラベ」という呼称の不適切さについて一致しつつ、ヤルサを含め、誰もそ
れをどう呼び替えるべきか、意見していないのである[171]。マルティネス・デ・
アギーレ（Javier M. Martínez de Aguirre Aldaz）は10世紀芸術の見出しとして「モ
サラベ」を用いず、その呼称と定義の問題に多くの紙面を割いている（Martínez
de Aguirre Aldaz, 1988:439-441）。グアルディア（Milagros Guardia i Pons）も、サ
ンティアゴ・デ・ペニャルバを論じる中で、そのスペイン・イスラーム美術と
の関連を論じながら、非「モサラベ」史観を鮮明にした（Guardia, 2007a）。一方、
マルティネス・テヘーラ（A. Martínez Tejera）は、初期の論文では「レポブラシ
オン」を用いていたが、のちにバンゴの下で学位論文を執筆した際には、呼称
論争について微に入り細を穿つ紹介をし、「モサラベ」を批判し「レポブラシオ
ン」を評価しつつも、自身は「9・10世紀アストゥリアス・レオンのキリスト
教建築」とするニュートラルな呼称を選んでいる（Martínez Tejera, 2004:1-161）。

　だが結局のところ、別の呼称を提案したり、レポブラシオンという呼称を採
用したりする研究者は少数派で、大半の研究者は「モサラベ」と言い続けてい
る。彼らの態度は以下の2つに分けられる。第一は、一貫してモサラベを重大
な触媒とする10世紀美術史観を維持し、モサラベの社会的重要性や呼称の問
題性を論うバンゴらの態度を批判するか、全く無視するもので、すでに「ゴメ
ス・モレーノ派」と題して述べた。第二は、必ずしも100パーセント容認する
わけではないが、モサラベという形容詞を括弧つきで用い続けるもので、バン
ゴやヤルサの指摘を評価し、モサラベという呼称に難点を認めた上で、敢えて
それを使い続ける研究者もいれば、そもそも呼称論争に関心を持たないものま
で様々である。

　第二の立場は、「モサラベ」以上に魅力的で個性的な呼称が出てきたとはいえ
ない現状を反映している。中には、ゴメス・モレーノが「モサラベ」に込めて
いた意味をほとんど全面的に否定した上で、結局その用語を使い続ける研究者
もいる。モサラベという社会的マイノリティーに関するシンポジウムの報告集
『モサラベ：忘れ去られたマイノリティー（Los mozárabes: una minoría olvidada）』
でE・フェルナンデス（Etelvina Fernández González）が書いた「モサラベ美術（El
arte mozárabe）」という章などはまさにそれで、彼女はこの中で、バンゴやヤル
サの批判を大々的に取り上げ、「モサラベ」の呼称をキリスト教治下の美術に用
いるべきでないという彼らの主張をほぼそのまま受け入れつつ、次のパラグラ

89

第一部　スペイン初期中世建築研究史

フからそのキリスト教治下の芸術のみについて語り始めるのである（Fernández González, 1998:118）。これはフェルナンデス本人の責任というよりは、「モサラベ美術」という枠を先に定めたシンポジウムの企画側の問題である[172]。

　実はこの分裂症的傾向は、特に1990年代以降の10世紀キリスト教美術史家の多くに見られる、ごく一般的な症状なのである。呼称論争に関わりたくない研究者は、レオン王国やその他10世紀前後の半島キリスト教勢力下の事物を指して、モサラベ建築（arquitectura mozárabe）、モサラベ美術（arte mozárabe）、モサラベ的であること／モサラベ性（lo mozárabe）と呼ぶには呼ぶが、それとモサラベという社会集団との関係であるとか、アル・アンダルスのスペイン・イスラーム美術からの影響の有無があるかなどの問題とは全く切り離している。特に、雑誌論文やシンポジウムでは、モサラベ、と呼べば即座に時代や地域が連想されるため、利便性が高いのであろう[173]。フランスの写本研究者、マントレ（Mireille Mentré）は、1976年の著作には『初期中世カスティーリャ・イ・レオンのミニアテュールを巡る一研究』と冠したが、1984年の集大成は『モサラベ絵画』と題した[174]。大変興味深いのは、著者の意向というよりは出版社の意向なのかもしれないが、この大著のスペイン語訳が『モサラベ様式』という、より混乱を生じさせる題名になった一方で、英訳は『スペイン中世の彩色写本』という、これまた内容を正確に反映しているとは言えない題名になったことである[175]。

　ティエリと同様にマントレは、「モサラベ絵画」を、「8世紀から11世紀のイベリア半島キリスト教絵画」としている。冒頭でその用語使用の正当性を主張したあとは、その名が体を現しているかどうかという憂慮からは完全に離れ、この絵画を様式史的に位置づけるというよりは、内在的な特徴を言語化することに集中する。しかし、こうも言う。

　　　この（8世紀から11世紀にかけての半島キリスト教文明の）様々な側面が近
　　　年次々と明らかにされてきている。それは、モサラベ方言、詩、歌、アー
　　　バニズム、典礼と聖歌、そしてとりわけモサラベのラテン文学といった分
　　　野における研究の賜物である。この文化のもう一つの要素が、本書が取り
　　　扱うところの絵画である[176]。

さて、ここに挙げられた文化の側面についていくつか検討すると、アーバニ

90

第3章 「モサラベ教会堂」と10世紀イベリア半島キリスト教建築

ズムの研究として引用されているのは、トレス・バルバスによるイスラーム都市におけるモサラベ居住区の分析であり、当然ながら誰一人としてオビエドやレオンの都市を研究して「モサラベ都市の研究」と言ったりはしていないから、ここではあくまでもアル・アンダルスの都市に偏る。モサラベ方言というのも、おそらくは同じ社会集団＝モサラベのものを指しているのだろう。ラテン文学の研究として挙がっているのはヒルのモサラベ文学集成（*Corpus scriptorum muzarabicorum*）で、これもイスラーム治下のキリスト教徒の言説を集めたもの。一方、典礼とはイスパニア典礼のことで、典礼自体は7世紀から存在していたものであり、その後モサラベにもモサラベ以外にも引き継がれた形式である。レオンとカスティーリャを中心とする絵画文化を、こうしたイスラーム治下キリスト教文化の様々な側面と同列に並べることは、結局、美術における「モサラベ」という呼称が、社会集団としての「モサラベ」と混同される危険性から逃れられないことを、端的に示しているのではないか。

5）10世紀研究と前二者との差異

以上、「モサラベ」という用語の意味合いと、10世紀スペインのキリスト教建築との関係を細かく見てきたが、最後にアストゥリアス王国や西ゴート時代の研究史との比較をしたい。

1950-60年代以降、かなりのペースで、しかも高度な専門性も兼ね備えた体系書が出、全く同じテーマの概説書が氾濫するアストゥリアス建築に比べると、レポブラシオン期の半島キリスト教建築と美術については、同様の試みの数が圧倒的に少ない。もちろん、より複雑な社会、より広大な地域、アストゥリアスのような明確な権力の不在、アストゥリアス年代記のような性質の一次史料の不在、建築様式の多様性は、10世紀の建築をアストゥリアスのように語る際の足枷となってきた。研究する側の都合もある。スペインの祖形としてナショナリズムと結びつくアストゥリアスには格別な政治的関心が向かったこと[177]、そしてゴメス・モレーノ史観の説得力があまりにも強かったことも、忘れてはならないだろう。

アストゥリアス建築は普通、クロノロジカルにグループ分けして語られるが、それは建築行為を実施した主体が、特定の地域、非常に限定された期間に途切れることなく連続した一つの王朝であり、その命を受けた建築家・工房であ

91

第一部　スペイン初期中世建築研究史

るからである。極言すればそれは、アルフォンソ2世下で古典的言語が確立し、ラミーロ1世下で頂点をなし、アルフォンソ3世下で末期症状を見せる「様式の生命」によって語ることが可能なのである。他方、レオン王国など再入植地域の建築はより広い範囲にわたり、多様な地方性をとりまとめる決定的な様式言語を欠いており、その遺構の数の少なさからも、クロノロジカルにその進化（または退化）を語ることはあまり意味をなさない。そもそも古典『モサラベ教会堂』からして、時系列ではなく完全に地域ごとに章立てをした、いわば「カタログ」の体裁をとった。

　イスパノ・ビシゴード建築と比較すると、問題の性質は全く異なる。こちらはヴァラエティ豊かな解釈を噴出させる資料の欠乏ゆえに、10世紀よりは遥かに多様で国際的な研究を生み出してきた。その論戦は現在でも続いており、「モサラベ」と呼ぶべきかそうではないか、という話のみが主題になりがちな10世紀とは議論の質が大きく異なっているように思われる。興味深いのは、積極的にイスパノ・ビシゴードの古典的史観を批判するカバリェーロに、ゴメス・モレーノ史観を見直そうという意思がほとんど感じられないことである。

第4章　近年の成果と問題点

あらゆる矛盾を吟味しようとする科学者は、どうもたいし
た仕事はできないものだ（クーン）

　最後に、現在の研究状況を形成する1990年代以降の傾向をまとめたい。

　古典学説に対しては、20世紀を通じて常に批判的修正が加えられて来た。し
かしこうした修正の積み重ねは、必ずしも20世紀中葉に一旦確立した説明モ
デル、つまり西ゴート、アストゥリアス、モサラベで形成されるスペイン初期
中世建築観からの脱却に結びつかなかった。10世紀レオン王国の建築に関し
ては、アストゥリアス建築と異なり、長い間その地方だけに特化した総論がな
かったが、1990年代に入ってからは、レゲラスの単行本（REGUERAS, 1990）や
『カスティーリャ・イ・レオン美術史（*Historia del arte de Castilla y León*）』に収め
られたバンゴの論文（BANGO, 1994b）が出、また2004年にはマルティネス・テ
ヘーラ（Artemio MARTÍNEZ TEJERA）によるエスカラーダとペニャルバについての
綿密な分析が出て（MARTÍNEZ TEJERA, 2004）、それまでのゴメス・モレーノ一辺倒
のレオン10世紀建築研究界に論争の場が再び与えられた感がある。

　それまで行なわれていなかったタイプの調査が新事実を明るみに出し、それ
を基にした秀逸な研究も生まれた。10世紀レオン王国の建築に関していうと、
サン・ミゲル・デ・エスカラーダの発掘調査、サンティアゴ・デ・ペニャルバ
の調査と壁画修復、レオン市内のサン・サルバドール・デ・パラット・デル・
レイ（San Salvador de Palat del Rey）の発掘が重要である。

1）カバリェーロ・ソレーダ

　近年の動向で最もラディカルなのは、カバリェーロとその同志による、1993
年以降の、切石・ヴォールト・一連の建築彫刻を特徴とする「いわゆる」イス
パノ・ビシゴード建築をまるごと、イスラーム以後に移し変えるという説であ

93

る[178]。

　カバリェーロは、ゴメス・モレーノ以来完全に定説化していた馬蹄形アーチのプロポーションの問題を1977年に再度取り上げ、馬蹄形アーチを平面上、構造的、装飾的と3パターンに分け、ゴメス・モレーノの「半円を超える部分の高さが半径の3分の1以下なら西ゴート時代かそれ以前」という法則が絶対でないことを体系的に示した（Caballero, 1977）。引き続き1980年には、この馬蹄形アーチの形も理由の一つとして「モサラベ」に分類されてきたサンタ・マリア・デ・メルケを西ゴート期の建設とする論文を発表する。その考えはバンゴなどの支持を受けたが、ゴメス・モレーノによる「モサラベ」説への支持は根強く、広く受け入れられたわけではなかった（Caballero & Latorre, 1980; Yarza, 1985：26-7 ; Bango, 2001）。

　その後も精力的に「西ゴート」考古学に精を出し、そのパラダイムの細部をよりロジカルな形に整えることに執心していたカバリェーロであるが、転機は1992年に訪れる。自身のメルケ＝西ゴート説に対するサリー・ガレンの批判（Garen, 1992）を受けて、それまで抱えていた疑念を全く別の方程式で解く可能性を探り始めたのである。

　ガレンの論文は、(1) ヒルバット・アル・マフジャル（Khirbat al-Mafjar）に見られるヘレニズムを残したシリア・ウマイヤ朝の建築・美術とサンタ・マリア・デ・メルケとのアナロジーを指摘、(2) アル・アンダルスにおけるキリスト教建築の建造可能性を再評価、(3) メルケと他のイスパノ・ビシゴード建築との異なる点を明示、という3つの論点を持ち、メルケが756-788年の後ウマイヤ朝初期に、土着の工人によってシリアのモデルを元に建設されたと主張するものであった（Idem:305）。ガレンは、「モサラベ的なメルケの教会堂が建設可能だったのはトレドが独立体制だった862-930年しかない」というゴメス・モレーノの考えと、カバリェーロの「メルケのような建築は西ゴート的である」とする考え

fig.1-11　サンタ・マリア・デ・メルケ（トレド県）のスタッコ装飾

の間をとって、8世紀後半建造説を主張した。メルケにはスタッコ装飾（fig.1-11）や、付け円柱状の壁体隅のふくらみといったシリア・ウマイヤ朝建築に特徴的な要素が認められ、それは西ゴート時代には認められず、また750年のアッバース朝成立以降はメソポタミアの影響によって失われる。となると、それが反映されうるのは8世紀後半のこの時期しかない、というのがガレンの主張であった。

　ゴメス・モレーノが言うように叛乱時に建設された教会堂なら、アブダッラフマーン3世による鎮圧時に破壊されたはずだ、というガレンの指摘はもっともであり、カバリェーロによる一連の批評と合わせれば、ゴメス・モレーノ説の有効性が失われているのは疑いようがない。が、西ゴート期クロノロジーの否定についてはどうか。ガレン自身が1993年に、イベリア半島建築においてイスパノ・ビシゴード固有の要素と考えられていたものが、実はササン朝や最初期イスラーム美術との共通点を持っており、7世紀の時点でこれらの美術から影響を受けていた、と主張している（GAREN, 1997）。となると、メルケの年代を8世紀後半とする根拠は十分にあるのか？　という疑問がわいてくる。

　メルケの年代に関する論拠の一つである「ピタゴラス的プロポーション」についてガレンに「あまりにも複雑で、ピタゴラス的というよりはプロクルステス的」[179]と痛烈に揶揄されたカバリェーロがとった反応は、それまでの自説の強化でもガレンの説を受容した修正でもなかった。カバリェーロは、かつて自身がメルケを「西ゴート」と判断した際の材料であった「イスパノ・ビシゴード」建築の特徴である彫刻や切石造などを全て、イスラーム征服以後のものだと主張し始めたのである（CABALLERO, 1994a; IDEM, 2000:209）。つまり、メルケとその他の「イスパノ・ビシゴード」建築との類似性について、「モサラベ」とされたメルケの方を一連の「イスパノ・ビシゴード」建築に組み込むという当初の説明モデルを放棄し、むしろそれまで古典的学説の中で「西ゴート期のもの」とアプリオリに定められていたものこそを再検討すべきだと唱え始めたのである。それまではゴメス・モレーノ、シュルンク、パロル以来のイスパノ・ビシゴード建築観、いわばパラダイムを動かすことなく、観察の結果をそのパラダイムに適合するように調整してきたわけだが、意見転向後の持論がまとまった形で最初に出版された1994年以降は、そのパラダイム自体を放棄する決断をしたわけである。

　カバリェーロが90年代初頭まで、出版の順序で言えば1994年の『カス

第一部　スペイン初期中世建築研究史

ティーリャ・イ・レオン美術史』(IDEM, 1994b) まで「イスパノ・ビシゴード」
と解説してきた一連の建造物は、この転向後、彼自身によってウマイヤ朝美術
の影響を受けた8世紀以降の建築として再解釈されていく。新説の正当性を広
く知らしめるためか、これ以降の論文の数は膨大で、ナベ (CABALLERO & ARCE,
1997)、バニョス (CABALLERO & FEIJOO, 1998)、エル・トランパル (CABALLERO &
SÁEZ, 1999) などキーとなる建築に関しては、図版も刷新し、分析は微に入り細
を穿つ。また各分野の専門家と協働して、年輪年代学 (dendrocronología)、放射
性炭素年代測定、建造物立面の層位分析などの新しい分析技術の導入も積極的
に行うようになった。

　カバリェーロの個々の分析は非常な分量とやや錯綜した内容を伴っており、
膨大な情報から導き出される明快な結論に比べると、その結論あるいは仮説に
結びつくまでのプロセスは決して明快とは言い難い。ガレンがプロクルステス
を持ち出して皮肉ったのもあながち根拠なき批判とは言い切れない。もともと、
パロルが初期キリスト教時代とイスパノ・ビシゴード時代の間に「移行期」を
提唱したように、「いわゆるイスパノ・ビシゴード」の建築や彫刻は、初期キ
リスト教時代からの何かしらの飛躍を持って成立したというのがカバリェー
ロの一貫した考えである[180]。バンゴのように西ゴート時代の建築の技術 (切
石、ヴォールト、彫刻) を古代末期の文脈で捉えるのではなく、何かしらの革
新によって、「プレロマネスク」という新しい文化が出たというのである。こ
の歴史的変化が起きたのが7世紀であれば西ゴート期であるが、転向以降のカ
バリェーロは、それをアブダッラフマーン1世以降だとした (CABALLERO, 2000：
212)。この考えに従うと、アストゥリアス建築、「モサラベ」建築、「イスパノ・
ビシゴード」建築の要素、工法、形態 (の再整備) は全て、シリアの古代末期
建築文化を継承したウマイヤ朝の影響を受けていたことになる (IDEM：216)。

　カバリェーロらの意見は、それまでの無批判な古典説容認の態度を厳しく批
判することで学界に活気を与えているとはいえ、「イスパノ・ビシゴード」建
築の年代を8世紀以降とする説も、それらがシリア・ウマイヤ朝の影響によっ
て建設されたとする意見も、大いに検討の余地を残す。筆者が違和感を感じる
点の一つが、「プレロマネスク」という語に託された、初期キリスト教美術か
ら跳躍した先にある技術革新のニュアンスである[181]。また、ウマイヤ朝のイス
ラーム教徒が半島に到着するや否や、土着のキリスト教徒がシリアの影響下で
教会建築を建て始めたというのは、歴史的に考えて、「イスパノ・ビシゴード」

96

モデル以上に無理があるのではないか。古典分類モデルを大前提としてその中身を整理・修正するという安穏さを敢えて擲って、史観全体の見直しという非常に難しい問題に取り組んでいるのは高く評価できるものの、膨大で複雑な分析作業の末に、711年のイスラーム教徒侵入に伴ってあらわれたシリアの影響という、単一、一方向的な結論となるのもどうだろうか。もしスペイン初期中世の一連の建築がシリア・ウマイヤ朝建築の影響下のものとして説明されうるなら、そもそも複雑な考古学的分析以前に、一見して明白なアナロジーが見受けられるはずではないのか。とにかく、現在のところでは相当の注意を払って今後の展開を見守らねばならないと思われる。

2) アルバイターとノアック

ドイツ考古学派のアルバイターとノアックの旺盛な研究活動については既に触れてきた。彼らの1990年代を中心とした多数の個別研究の集大成が、*Hispania Antiqua*シリーズの『8–11世紀キリスト教建築』（ARBEITER & NOACK, 1999）である。ガルシア・デ・カストロが的確に評しているが、これは、地域・時代ごとにまとめられた全体像に、膨大なビブリオグラフィー、良質の図版と、個別の先行研究がついた遺構ごとのキャプションが与えられた網羅的な（ドイツ的な？）カタログで、その後のイベリア半島の8–11世紀美術研究に大きな助けとなる必携の書である。内容的には、特にモサラベたるものの解釈などに、明らかなゴメス・モレーノとシュルンクの名に代表される古典的パラダイムへの依存を指摘することが出来る[182]。カバリェーロ・ソレーダらによる古典説再考の動きを理解しながらも、アルバイターは2003年にキンタニーリャ・デ・ラス・ビニャスの建設時期を700年前後とする古典説を支持しているし（ARBEITER, 2003：187）、サンタ・ルシア・デル・トランパルについてもイスパノ・ビシゴードとする姿勢を変えていない（IDEM：218）。本書に主として関わる10世紀に関して言えば、モサラベという呼称と始祖ゴメス・モレーノに対する信頼の現われは、「レポブラシオン」などの代替案を槍玉に挙げて、アル・アンダルスとキリスト教治下に「不適切な分割（eine inadäquate Trennung）」を設けているとの批判にも良く現れている（ARBEITER & NOACK, 1999：48-9）。

第一部　スペイン初期中世建築研究史

3）バンゴ

　バンゴの「モサラベ」美術に対する姿勢については既に詳しく述べた。バンゴの独自性あるいは特殊性は、遺構に全く新しい年代を付与したり、誰も予期しなかった作品同士の結びつきを論証したりするのではなく、むしろその全く逆の、それまでの研究史が血眼になってやってきた年代や様式や図像の特定・限定化の作業自体を、無意味とは言わないまでも疑問視したところにある。例えば、馬蹄形アーチのプロポーションと年代の関係について、単に構造的であれば弧の閉じは少なく、装飾的になればなるほど弧がより閉じるという傾向があると指摘し、1906年以来ずっとスペイン初期中世建築の分類基準であったゴメス・モレーノ説を否定した（Bango, 2001:74-5）。同じように、外国あるいは他者（ビザンティン帝国、シリア、アフリカ、カロリング朝、アル・アンダルス、モサラベ）からの影響についても懐疑的で、東ローマ帝国や6世紀以前のアフリカからの影響など一定の評価をしつつも、特定の要素の漠然とした類似によってのみ遠隔地の作品同士の影響関係を論じること自体は詭弁だとする（Bango, 2001：39-52, 236-43 & 331-2）。

　バンゴによればイベリア半島初期中世の芸術は、社会的変化に応じてある程度の形態変化を生んだが、古代末期の緩やかな衰退の中で一括りにできるものである。イスパノ・ビシゴード建築の残滓である地方の小教会堂群の切石や彫刻がローマ文明の伝統にまだ近いのに対して、10世紀の同様の性質の遺構においては、ローマの伝統がまさに消滅する手前まで来ており、よって両者の差異は純粋に同じ古代末期の伝統の中で捉えることが出来るという（Idem：57-9）。アストゥリアス建築も同様に古代末期文化の文脈で捉え（Idem：

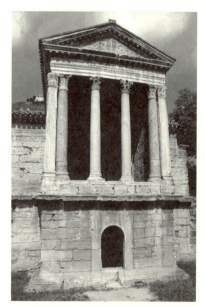

fig.1-12　クリトゥンノ小寺院（ペルージャ県）

229)、カロリング朝からの影響も否定する。最も独創的で、多くの研究者を困惑させてきたラミーロ王による建築も、スポレート近傍のクリトゥンノ小寺院（Tempietto del Clitunno）と比較し（fig.1-12 & 3-15）、「ローマの建築文化の枠組みの中でのみ理解することが出来るビルディング・タイプ」とする（IDEM：243）。スペイン・イスラーム建築の真の発展も9世紀に入ってから徐々に起こったから、コルドバ大モスクの創建部分における建築の語彙と文法は完全にイスパノ・ビシゴードのものであるとも言い切った（IDEM：183-4）。アストゥリアス建築がその前後の半島キリスト教建築と「違う」ように見えるのは、単にアストゥリアスにおいてはローマ性の浸透や表現のあり方が、カンタブリア山脈以南とは異なっていただけだというのが、バンゴの説明であり、シュルンクによるアルフォンソ2世建築のローマ性についての指摘をアストゥリアス全体に拡大したニエトの、さらなる拡大解釈をしていると捉えることも出来るだろう（SCHLUNK, 1947；NIETO-ALCAIDE, 1989a；BANGO, 2001）。

　バンゴの『イスパノ・プレロマネスク美術』は、一見古典的分類に沿った概説書風だが、独自の主張、決して明瞭ではない構成、遺構それぞれについての情報の少なさに戸惑う読者は少なからずいるそうである。シリーズの関係上、註がないので純粋な学術論文として読むのも難しい。ミスプリントも多い。こうした点への指摘を含んだ辛口の書評を書いたのが、同様のテーマで全く性質の異なった本（ARBEITER & NOACK, 1999）を書いていたアルバイターである。整然とした自身の著作への自負もあったかと推察される、難ありのエディションに対する批判や用語に対する指摘を除くと、アルバイターの批判は以下の点にあった。(1)4世紀、つまり初期キリスト教建築の草創期からではなく6世紀からにしたことの中途半端さ、(2) 最近のイスパノ・ビシゴード建築のクロノロジー論争をはじめ、サン・フリアン・デ・ロス・プラドスについてのノアック説などを無視していること、(3) いくつかの重要な建築の見落とし、写本やイコノグラフィーの章が極めて短いこと。また、(4) ドゥエロ川流域にはっきり現れるモサラベの要素（＝ムスリムのスキル）についての検討不足。同じ号にはアルバイターの批判を受けたバンゴによる激しい反論も掲載され、両者の考えを隔てている溝の深さを示している[183]。

第一部　スペイン初期中世建築研究史

4）ドッズ

オレッグ・グラバールやトーマス・グリックの薫陶を受け、アメリカでいくつかの大規模なスペイン初期中世関連展覧会のキュレーションに関わることになるドッズは、1990年に自身の博士論文を元に『スペイン初期中世の建築とイデオロギー』を出した（Dodds, 1990）。(1) 西ゴート期、(2) アストゥリアス王国、とくにアルフォンソ2世、(3) モサラベという社会集団とサン・ミゲル・デ・エスカラーダ、そして (4) その他の「モサラベ」建築及びコルドバの大モスクについての4章で構成された本書は、全体としては、ローマ帝国衰弱から始まって侵入、抵抗、変貌と混交を繰り返すイベリア半島における各文化の表象を、意識的・無意識的なイデオロギー戦略の表出として捉えている。同時にそれぞれの論文は批判的学説史ともなっており、スペイン中世の歴史それ自体が、意識的・無意識的なイデオロギーのフィルターを通して論じられてきたことを示す。

「様式」とその「影響」という名のモティーフ借用の歴史ではなく、異なる文明が衝突・対立する社会的状況から生まれる創造のプロセスを調べたいという命題は大変野心的で、社会心理学的・文化人類学的なアプローチは、旧来の美術史・考古学に新鮮な視点を美術史にもたらしている（Idem:1-4）。10世紀に関しては、コルドバのモサラベという社会的マイノリティーが抱えていた保守的な心理が、サン・ミゲル・デ・エスカラーダにおいて反映されたとする第3章（Idem:47-81）と、そうしたキリスト教徒の態度がその後変容し、イスラームの形態表現をイスラームの文化というシニフィエも含めて受容したことなどが主張される第4章（Idem:83-109）で論じられている[184]。

ドッズの特殊性は「モサラベ」という呼称を用いる研究者の中でも際立っている。彼女の手にかかると、「モサラベ」という呼称に反対する立場、つまりモサラベ移民が伝えたアラブ化した文化ではなくて、ネオ・ゴート主義こそが10世紀の建築の最大の規範であると主張するバンゴの立場と、サン・ミゲル・デ・エスカラーダを「モサラベ」と呼ぶゴメス・モレーノ派の立場とが、にわかに両立可能になるのである。ドッズは、アル・アンダルスにおけるキリスト教徒迫害に端を発した最初期の「モサラベ」移民は、極力アラブ的、イスラーム的なものを避けて西ゴート時代の文化・形象の意識的復興に努めた、と主張

100

する。エウロギウス（Eulogio, *Eulogius*）らコルドバのモサラベ殉教者たちと、サン・ミゲル・デ・エスカラーダの建築主であるモサラベ移民と、その造形表現であるモサラベ教会堂は、同時代のスペイン・イスラーム文化を意識的に排除したネオ・ゴート主義に突き動かされていたというのである（IDEM：81）。

　しかしながら、実際に彼女が「モサラベ」と呼称しているのは、社会集団としては、史料の集中する9世紀コルドバのキリスト教徒、建築としては、サン・ミゲル・デ・エスカラーダにほぼ限定される。これらの極めて特殊な例を、そもそも「モサラベ」と一般化して呼ぶことが果して出来るのだろうか？　逆に言えば、エウロギウスとエスカラーダを、ドッズが主張するような社会心理に裏打ちされた「モサラベ」だとすると、その他の事象がそう呼べなくなってしまうのではないか。エスカラーダにおけるモサラベの関与、及びネオ・ゴート主義はもっともな指摘だが、多くの紙面を割いてエスカラーダの建築を半世紀以上前のコルドバの殉教者たちに代弁させた一方で、それ以外（以後）の代表的「モサラベ」建築（ペニャルバ、マソーテ、セラノーバ、レベーニャ、ベルランガ）は、単にそこからキリスト教建築がイスラーム文化の影響に染まっていくプロセスとして手短に語られるにとどまってしまった（IDEM：85-94）。

　この大変魅力的な研究には、ほかにも難点が少なくない。個々の事実関係の拡大解釈もそうだが、特に、全体として造形芸術史になっていないことは問題であろう。ある意識が社会あるいは建築主にあったという事実と、実際の造形的選択の因果関係が、あまりにも茫漠とし過ぎて、説得力を失ってしまっているのだ。保守的なモサラベが保守的な西ゴート主義で西ゴート風の教会（サン・ミゲル・デ・エスカラーダ）を作った、といった主張には、よくまとめられた観念的前提に比して、建築そのものに対するミクロな分析が欠けているため、最終的な主張が印象論に陥ってしまっているように見うけられる。頻繁に用いられる「無意識（unconscious）」という言葉も、論拠が十分でない部分を飛び越すのに用いられているように見える（IDEM：89）。とはいえ、広大な時期・地域に学際的なアプローチで切り込んだ意欲、ヒストリオグラフィーに対する概して中立的な態度は評価でき、様々な分野でのこれまでの研究を俯瞰するのには非常に有用な著作である。ドッズが注目した、社会でつくられた建築という視点や、逆に建築から社会も見えるという視点は、もっと重要視されてよいのではないだろうか。

第一部　スペイン初期中世建築研究史

5）マルティネス・テヘーラ

　博士論文においてサン・ミゲル・デ・エスカラーダとサンティアゴ・デ・ペニャルバに関する仔細にわたる情報と、多くの示唆的な仮説を呈示したマルティネス・テヘーラは、現時点で両建築について最も詳しい研究者である（Martínez Tejera, 2004；Idem, 2005；Idem, 2010；Idem, 2011）。サン・ミゲル・デ・エスカラーダのポルティコ建設に関しては、ゴメス・モレーノとも、ドミンゲス・ペレーラとも異なった、移築説という新説を提唱することで、従来の柱頭の様式分析から建物のクロノロジーを導き出す手法からの脱却を図っている（Martínez Tejera, 2005：112-147）。その他、多くの貴重なデータが統合されているが、建築的要素よりも、修道院としての機能や、史料と遺構（の建設フェーズ）の照らし合わせに興味の中心があり、文献の一字一句を取り上げて、そのあらゆる側面を検討しているのに対し、工法や意匠に関しては特別なコメントはなされておらず、このような点に関しては更なる分析の余地を残している。例えば、チュエカを引いてサン・ミゲル・デ・エスカラーダを「融合の建築（arquitectura de fusión）」と呼び、「（平面においては）キリスト教イスパニアの伝統に深く根ざしつつ、立面と装飾においては（明らかに東方的な）後ウマイヤ朝の視覚的美学をはっきりと見せる」[185]と述べるが、こうした、「イスラーム以前からの要素」と「イスラーム以後の要素」との組み合わせを全て「融合」と呼んでしまうのではなく、どのような採用がなされているのかを追求することが、本書の一つのテーマである[186]。この点、マルティネス・テヘーラの論文は美術史や建築史というよりは、あくまでも修道院論であるといえよう。「モサラベ」という社会集団と、レオン王国の建築に見られるスペイン・イスラーム建築の影響の関係については、基本的に筆者の考えと近い結論に達していた（Idem, 2004：II, 306-9）が、近年では「アラブ化した（arabizado）」という語を用いて「東方」の影響をより強調している[187]。

6）グアルディア

　10世紀の建築で、近年で最も重要な新知見を生み出したもののひとつがサンティアゴ・デ・ペニャルバである。20世紀中葉に既に壁画の一部が発見さ

102

第4章　近年の成果と問題点

れ、ホセ・メネンデス・ピダルやトレス・バルバスによる簡単な研究がなされたが（MENÉNDEZ-PIDAL, J., 1956；TORRES BALBÁS, 1958）、その本格的な調査・修復は、1996年から始まった。その際、メネンデス・ピダルが描いたトライアンファル・アーチの「モサラベ」絵画（fig.1-9）は、オリジナルと考えられる一番下層のフレスコ画の上に描かれていたことがわかり、実は12世紀初頭（GUARDIA, 2007a：28）または15 - 17世紀（SUÁREZ-INCLÁN & TEJEDOR, 2006：116-9 & 123-4）のものということが判明した。ただし、それ以外の部分、各コンパートメントのヴォールト、中心部分の壁面、窓廻りなどの壁画は、全て一時に、荒石の壁面を石灰モルタルで覆ったフレスコ画の手法で描かれたことも確認され、建設直後の10世紀のものと判断された（SUÁREZ-INCLÁN & TEJEDOR, 2006；GUARDIA, 2007a）。

　古代・中世絵画史を専門とするグアルディアは、2006年のレオンにおける学術会議において、サンティアゴ・デ・ペニャルバとアル・アンダルスの関係を描いた秀逸な論文を発表した[188]。ペニャルバの壁画と穹稜ドーム状ヴォールトについての解釈を、建物のそれ以外の特徴である馬蹄形アーチやアルフィスと同様にアル・アンダルスとの関係でまとめるというのは、トレス・バルバス（TORRES BALBÁS, 1958）をはじめとしてそれまでも主張されてきた考えを、クリアな形で再整理したものであるが、特に装飾的文様についての様式的議論は、ペニャルバにおけるスペイン・イスラーム絵画の影響にほとんど疑問の余地を残さないものである（GUARDIA, 2007a：10-16）。一方、ヴォールトに用いられたレンガ積みを模した天井画についても、イフリーキーヤやアッバース朝からの影響を受けた後ウマイヤ朝の建築を源泉とするという姿勢で一貫しているが、この点に関しては装飾文様に関してほどの説得力を持っていない。例えば、アプス前の区画に穹稜ドーム状ヴォールトを用いて空間のヒエラルキーを作り出すという手法に着目し、カイラワーンやアル・ハカム2世のコルドバのモスクを持ち出して共通点を強調したが、どちらかというとキリスト教会堂がモスクにアプスやアプス前空間の格上げのアイディアを与えたことを考えると、特に論拠となるとは思えない。

　グアルディアはまた、ペニャルバ、マソーテ、セラノーバなどの建設時期を従来よりも遅らせたが、それはバンゴらの反「モサラベ」の態度とは異なったスタンスで非「モサラベ」史観を示した。彼女は10世紀レオン王国の建築におけるコルドバ・後ウマイヤ朝建築の明白な影響を認めたうえで、それを「モサラベ」という人々、あるいはその言葉に帰すのを意識的に避け、10世紀半

103

第一部　スペイン初期中世建築研究史

ばの北部キリスト教徒がアル・アンダルスに持った憧憬や当時の多方面に渡る
接触の重要性を指摘している。特にサン・ミゲル・デ・セラノーバについては、
コルドバに赴いてアブダッラフマーン3世の援助を乞ったサンチョ肥満王やそ
のライバルであるオルドーニョ4世にこそ、こうしたイスラーム建築のキリス
ト教建築のインパクトの経路が見出されるとした（GUARDIA, 2007a：24-6；IDEM,
2007b）。グアルディアによる、サンティアゴ・デ・ペニャルバ全体をスペイン・
イスラーム美術影響下に収めるという解釈には賛同し難い部分もあるが、その
影響の経路がゴメス・モレーノ以来の定説である「モサラベ」とはあまり関係
がないという主張には説得力がある。モサラベが居なかったと言っているわけ
ではないが、モサラベ移民運動として記録されている事象と10世紀の美術現
象はほとんど関係がなく、またモサラベの役割よりも北方キリスト教徒の受容
性が重要であるということである。

7）そのほかの進展と研究動向の総括

　そのほか近年の成果を簡単に述べる[189]。カバリェーロによるイスパノ・ビ
シゴード建築クロノロジー再考とは別に、ポルトガルではサン・フルトゥオー
ゾ・デ・モンテリオスの年代をレコンキスタ期にまで遅らせるという説が常に
存在していたが、近年それがまた再燃しているようだ[190]。同じくカバリェーロ
の1993/4年以降のウマイヤ朝影響説を受け、クルス・ビリャロンはキンタニー
リャ・デ・ラス・ビニャスの彫刻にオリエント性を見出した（CRUZ VILLALÓN,
2004）。新発見による新しいデータの付加としては、レトルティーリョ（Santa
María de Retortillo, Burgos）やサン・マルティン・デ・カスタニェーダ（San Martín
de Castañeda）についての報告（REGUERAS & GRAU, 1992）、ラレン（Hortensia LARRÉN）
によるサン・ミゲル・デ・エスカラーダ発掘報告（LARRÉN, 1986a；IDEM, 1986b；
IDEM, 1990）、パラット・デ・レイ発掘報告（MIGUEL HERNÁNDEZ, 1996）、レコポリス
（Reccopolis, Recópolis）発掘報告（OLMO, 1988）、サンティアゴ・デ・ペニャルバ
発掘報告（CORTÉS, 2005；IDEM, 2011）などが挙げられる。また、カスティーリャ、
ラ・リオハ、バスク地域、エストレマドゥーラについては、詳細が分かってい
なかった重要な建造物群の様相が次々と明るみに出されてきている（AZKÁRATE,
1995；CABALLERO, 2001；ARBEITER & NOACK, 1999；Repertorio Extremadura, 2003）。
　新発見とは別に、データの体系化作業とそれに伴う新しい展望的解釈の登場

第4章　近年の成果と問題点

も見逃せない。近年の中世考古学の発展と積極的な詳細データの公表、特にド
イツ考古学スクールを中心とした網羅的なデータの出版は、定量的な（に見え
る）データで持って、改めてスペイン初期中世全体を俯瞰する比較研究を可能
にした。柱頭研究の分野ではこうした動きは1980年代から加速し、膨大な数
の古代末期・初期中世の柱頭を調べて分類し、10世紀に帰されてきた一連の
「モサラベ」柱頭を全て6世紀ビザンティンの系譜としたドミンゲス・ペレーラ
（Enrique DOMÍNGUEZ PERELA）や、同時期にまさにその柱頭の「モサラベ」性を論
じたノアック、コルドバの大モスクの柱頭を調べ、ノアックとも協働したクレ
シエ（Patrice CRESSIER）の研究が出た[191]。その後2000年代後半にもイタリアの
スポリア研究の流れを受けて円柱・柱頭研究が活性化した（DOMINGO, 2009；IDEM,
2011；IDEM, 2012；PEÑA JURADO, 2009；IDEM, 2010；*Spolia Poder*, 2009）。平面の比較は、
特にカバリェーロやハオシルト、アルバイターらによって随分なされていたが、
モサラベ、アストゥリアス、カタルーニャ、エストレマドゥーラなどの地域や
時期による垣根を取り除き、プエルタス・トリカス（Rafael PUERTAS TRICAS）が
1999年にその全てを平面のタイポロジーのみで分類した（PUERTAS, 1999）。

　ニューヨークのメトロポリタン美術館で1993-4年に行なわれたスペイン前
期中世美術についての展覧会は、建築というよりは絵画や美術工芸品に比重が
置かれていたが、第一線の研究者を揃えたカタログに最新の研究成果を結実
させた（MET, 1993）。10世紀キリスト教美術については中心的な役割を果し
たドッズの考え（DODDS, 1990）が濃厚に反映されているのが見てとれる（IDEM：
121-132）。

　その他、1990年代後半から2000年代前半にかけては「モサラベ」と建築
の関係について一連の考察を発表しているアルセ・サインス（Fernando ARCE
SÁINZ）、ボバストロの要塞の新たな調査結果を元に分析を行なったマルティネ
ス・エナモラード（Virgilio MARTÍNEZ ENAMORADO）、写本を研究対象としているが、
「モサラベ」美術研究史の批評的総括にも一石を投じたマントレラの研究が注
目に値する[192]。

　2000年代末から2010年代にかけても、それまでの論点について引き続き議
論されてきたが、大きな特徴としては、古代末期・西ゴート時代の考古学にお
ける著しい進展が挙げられ、激しい論争も起こっている[193]。また、歴史学・美
術史学・考古学それぞれの枠組みを横断する学際的な試みが増加しており、こ
うした初期中世建築研究における学際化の様子が如実に表れているのが、学会

105

第一部　スペイン初期中世建築研究史

やシンポジウム、記念論文集等においてである[194]。2010年はレオン王国成立
1100周年、2011年はイスラーム勢力によるイベリア半島征服開始1300周年、
2013年はサン・ミゲル・デ・エスカラーダ聖別1100周年で、こうした機会に催
された大小の学会・シンポジウム・展覧会の場で活発な意見交換が行われ、論
文集が刊行された[195]。

　最後に、日本におけるスペイン初期中世建築研究についても少し触れておく
と、筆者の知る限り1970年代から80年代にかけて幾人かの建築史研究者がこ
の分野に関わったようだが、その成果は限定的であった[196]。1976年からの前口
良治氏の一連の考察が、重要な二次資料に当たり、この中では最も真摯なもの
だが、先行研究紹介にとどまっている[197]。

　本章で長々と振り返ってきた研究史は、様々な期待と先入観が客観的な分析
と体系化を妨げてきた歴史でもある。大まかに言えば、建築史研究の動機は当
初、国家「スペイン」を期待するナショナリズムであったのが、近年では様々
な価値観や文化が共存する土地としての「スペイン」を描写することが望まれ
ているようだ[198]。かつての「スペインらしさとは何か」という問いから歴史学
が解放されたことは大いに歓迎できるが、複数の文化の接触を、単なる幸福な
融合や共存で片づけることは、時に、ナショナリズムに勝るとも劣らない誤謬
と単純化を生むことを、肝に銘じるべきであろう。

106

注

1 純粋な文献目録としては、アルバイターとノアックによる1999年の大著（ARBEITER & NOACK, 1999）の一覧が最も網羅的だが、玉石混淆でそこから研究史を展望することはできない。

2 «España no ha tenido un estilo propio en Arquitectura, porque no la han dejado tiempo para ello.»（LAMPÉREZ, 1908a：25）.

3 フランス19世紀考古学から深い影響を受けたランペレスはその『中世建築史』（1908）序論で、取り扱う建築の分類方法を説明しながら、生物学者を引き合いに出してその「科学」的性質を強調している（LAMPÉREZ, 1908a：19）。ちなみにダーウィンの『種の起源』は1859年に出版されている。

4 «...the following chapters... have been designed primarily with the view to putting the general reader in possession of such knowledge as is indispensable for the appreciation and enjoyment of the great masterpieces of Gothic architecture»,（PORTER, 1909：V）.

5 サイード『オリエンタリズム』（上）平凡社, 1993（Trans. of SAID, E. W., Orientalism, New York, 1978）, p.123.

6 Marquis de VOGÜÉ, Syrie Centrale. Architecture civile et religieuse du I-VIIe siècle, 6 vols., Paris, 1865-77.

7 ストルツィゴウスキおよびそれに対するリヴォイラの反発、そして1940年代の学界におけるロマニズムとオリエンタリズムの諸相については、WARD-PERKINS, J. B., «The Italian Element in Late Roman and Early Medieval Architecture», Proceedings of theBritish Academy, XXXIII, 1947（reprinted in The Garland Library of the History of Art, vol.4, Medieval Architecture, 1976, pp.1-40）.

8 BRUTAILS, J. A., L'archéologie du moyen âge et ses méthodes, Paris, 1900.

9 （ARRECHEA, 1992：16-7；IDEM, 1993；GALLEGO FERNÁNDEZ, 1992：39-40, 44；RIVERA BLANCO, 1997：59-60）.

10 Monumentos arquitectónicos de España, Madrid, 1856-82.

11 レオンに関しては、Recuerdos y bellezas de España, Asturias y León, Madrid, 1855.

12 ロソーヤ侯爵は20世紀初頭までのスペイン美術史が、先行する諸外国の後塵を拝していたことを認めつつ、諸外国の研究が持っていたスペイン美術への偏見を嘆いている。（LOZOYA, 1931：VII-VIII）.

13 «...the Spaniards loved art [...(but)...] nature seems to have denied to the Spaniard the inventive faculty necessary to enable him to supply himself with the productions so indispensable to his intellectual nature».（FERGUSSON, 1874：vol.2, 243）

14 IRVING, W., Tales of the Alhambra, 1832.

15 DOZY, R. P. A., Histoire des Musulmans d'Espagne, Leiden, 1861.

16 CAVEDA Y NAVA, J., Ensayo histórico sobre los diversos géneros de arquitectura empleados en España desde la dominación romana hasta nuestros días, Madrid, 1848.

17 AMADOR DE LOS RÍOS, J., Monumentos arquitectónicos de España, Asturias y León, Madrid, 1877.

第一部　スペイン初期中世建築研究史

18　MIGUEL VIGIL, C., *Asturias monumental, epigráfica y diplomática. Datos para la historia de la provincia*, 2 vols., Oviedo, 1887.

19　1993年以降、スペイン古代末期考古学者カバリェーロらによって、これら馬蹄形アーチの存在や彫刻のスタイルによって西ゴート期に帰されてきた建築・彫刻群をすべてイスラーム侵入以後（主として8世紀）に帰すという説が出ている。これは決して無視できない主張であるが、従来の西ゴート説を覆すまでには至っていないと筆者は考えるので、これらを西ゴート期の建築、イスパノ・ビシゴード建築（Arquitectura hispanovisigoda）に分類する。詳しくは第4章で論じる。

20　LLAGUNO Y AMIROLA, E., *Noticias de los arquitectos y Arquitectura de España desde su restauración*, Madrid, 1829.

21　セアンが挙げたのは以下の建築：San Millán de la Cogolla de Suso, la iglesia de San Salvador de Leyre, las ruinas de Santa Leocadia de Toledo, San Román de Hornija, San Juan de Baños y la iglesia de Vamba. (LAMPÉREZ, 1908a：15). ちなみにセアンの建築史ではアストゥリアス建築は独立して取り上げられるが、そのあとはロマネスクを飛び越えて「ゴシックあるいはドイツ式の建築」、ルネサンス…と続いていく。

22　カベーダとマドラッソの論旨の比較は、いかに同じ建築的特徴が、背後にある様式観によって正反対の解釈を産むかを示していて興味深い。«...la estructura de la fábrica, la forma de las columnas y capiteles, y más que todo, los arcos árabes en forma de herradura... harto demuestran que no puede ser anterior á la segunda mitad del siglo IX» (CAVEDA Y NAVA, 1848)；«evidentemente por artista visigodo (rusticidad, columnas y basas, el empleo de las arcadas ultrasemicirculares ó de herradura, -práctica que los visigodos importaron de Oriente antes que los árabes del califato de Córdoba la adoptasen...» (MADRAZO, 1886). (LAMPÉREZ, 1907：247-9).

23　1858年、Guarrazar村の近くで14の王冠そのほかの宝物が発見された。その後分解されたりパリのクリュニー美術館に売却されたり盗難されたりもしたが、Recesvinto、Suintilaら西ゴート歴代の王の冠が現存する。(LOZOYA, 1931：195-6；CAMPS CAZORLA, 1940：499).

24　AMADOR DE LOS RÍOS, J., *El Arte latino-bizantino en España y las Coronas visigodas de Guarrazar*, Madrid, 1861. (AGAPITO, 1906c；LAMPÉREZ, 1908a：125；CAMPS CAZORLA, 1940：499；BANGO, 2001：159；GALLEGO FERNÁNDEZ, 2001b：56).

25　FLÓREZ, H., *España sagrada*, t.XVI, Madrid, 1762 (facs. 1905).

26　(GÓMEZ-MORENO, 1909). 1884年にクラウゼ哲学者ヒネール・デ・ロス・リオス (Francisco GINER DE LOS RÍOS) によって簡潔に紹介され、1908年にはランペレスの『キリスト教中世建築史』(LAMPÉREZ, 1908a) に取りあげられている。

27　VAN PELT, J. V., *MASTERPIECES OF SPANISH ARCHITECTURE, ROMANESQUE & ALLIED STYLES, 100 Plates from Monumentos Arquitectónicos de España*, New York, 1925.

28　第2回国際キリスト教考古学会において、Tomás RODRÍGUEZ師とF. SIMÓN Y NIETO

が発表。1904年に出版された。(LAMPÉREZ, 1908a：185-6；ARRECHEA, 1999：16).

29 (LOZOYA, 1931：VIII). 引用元が記されていないためどこにどのように書かれていたか確認はとれなかった。

30 追悼記事（1923年）では代表作として挙げられた開発省の「擬古典主義」が「今日ではあまり洗練されているようには見えない」と批判されている。«Don Ricardo Velázquez Bosco», *Arquitectura*, año V, núm.53, Madrid, 1923, pp.281-3. (BALDELLOU, 1990；GALLEGO FERNÁNDEZ, 2001a).

31 本書第四部第2章を参照。

32 カタルーニャでルジェンがリポイ修道院教会堂（Santa Maria de Ripoll）の再建を1865年に命じられ、同じ期間の空白を経て1886年に取り掛かり始めたこと（NAVASCUÉS, 1987：304-7）と、年代的にまったく符合している。

33 コルドバ大モスク修復に果たしたベラスケス・ボスコの役割については以下を参照。HERRERO ROMERO, S., *Teoría y práctica de la restauración de la Mezquita-Catedral de Córdoba durante el siglo XX*, Tesis doctoral, E. T. S. Arquitectura (UPM), 2015.

34 GARCÍA-GUTIÉRREZ MOSTEIRO, J., «La obra arquitectónica de Juan Bautista Lázaro», *Boletín de la Real Academia de Bellas Artes de San Fernando*, núm.74, 1992, pp.450-1；(RIVERA BLANCO, 1997：62-5).

35 (URIOSTE, 1897；LÁZARO, 1903；NAVASCUÉS, 1987：314；GALLEGO FERNÁNDEZ, 2001a：58；IDEM, 2001b：60-1). URIOSTEの建築家としてのキャリアについては、madridhistorico.comを参照（閲覧日2008/3/1）。

36 コバドンガ（Covadonga）はキリスト教徒軍が最初にイスラーム教徒軍を撃退したとされるアストゥリアス王国発祥の地。サン・フアン・デ・ラ・ペーニャ（San Juan de la Peña）はアラゴン王族ゆかりの由緒ある修道院で、巨岩と一体化したロマネスクの教会堂と回廊が有名。

37 DOMÈNECH I MONTANER, L., «En busca de una arquitectura nacional», *La Renaixença*, 1878 (Trans. in *Cuadernos de Arquitectura y Urbanismo*, nº.52-53 (1963), pp.9-11). 伊藤喜彦「ドゥメナク・イ・ムンタネー──初期作品の展開とバルセロナ万博」『スペイン・ラテンアメリカ美術史研究』第17号, 2016, pp.53-69.

38 TORRES CAMPOS, R., *La iglesia de Santa María de Lebeña (Santander)*, Madrid, 1885. (GALLEGO FERNÁNDEZ, 2001b：58-9).

39 セラノーバは直後にムルギア（Manuel MURGUÍA）によって12世紀のものとされ、やがてマドラッソやバスケス・ヌニェス（Arturo VÁZQUEZ NÚÑEZ）によって10世紀のラテン・ビザンティン建築の枠内へと収められる一方で、ビリャアミル（José VILLA-AMIL Y CASTRO）は1904年に「明らかなイスラーム建築」とする判断を支持した（VÁZQUEZ NÚÑEZ, 1894:22-7；VILLA-AMIL, 1904:13）。MURGUÍA, M., Galicia, *España, sus monumentos y artes, su naturaleza e historia*, Barcelona, 1888, pp.1006-15. (NÚÑEZ, 1989：130).

40 (VELÁZQUEZ BOSCO, 1894：25；URIOSTE, 1897：16；LAMPÉREZ, 1907：248-9；IDEM, 1908：125；PUIG et alii, 1909：I, 365；LARRÉN, 1986a：107；BANGO, 2001：159). ク

109

第一部　スペイン初期中世建築研究史

アドラードの文章とは *Recuerdos y bellezas...* における記述であると思われる
（GÓMEZ-MORENO, 1906a:4）。アガピートはマドラッソが1854年にサン・フアン・
デ・バニョスのアーチから馬蹄形アーチを西ゴートのものと指摘していたと述
べている（AGAPITO, 1902:26）が、マドラッソ自身の1893年の文章を考えると、
一般化がされたのはやはり1880年代半ばかと思われる。

41　この愛好会の目的は、「自国を学び、見知り、その固有性を『確認する』、伝統
を回復する、廃墟化したモニュメントを再建する、考古学的任務、芸術・科学
的出版、博物館の創設」であったという（SÁNCHEZ GARCÍA, J. L., «Preliminar de
la segunda edición»», in SIMÓN Y NIETO, F., *Los antiguos Campos Góticos*, (1871), 2nd
edition, Palencia, 1998, pp.VII-IX.）。会員 «excursionistas» たちの愉快で文化的な
旅の報告の例は、（ÁLVAREZ DE LA BRAÑA, 1903）や（AGAPITO, 1906b）に見ること
が出来る。

42　アガピートによるラテン・ビザンティン建築の定義：«comprende desde los
tiempos visigodos hasta el siglo XI [en que] se ven las pruebas de la cultura española
... , de las formas de nuestras construcciones, que si tienen por guías las romanas y
las orientales, logran adquirir un carácter especial, un sello típico que manifiesta bien
claramente la iglesia de San Cebrián ...» (AGAPITO, 1902:7). その後も（IDEM, 1906a;
IDEM, 1906c）などに続く。

43　しかし1906年には、サンタ・マリア・デ・バンバ（Santa María de Wamba）で
馬蹄形アーチを計測したら、アーチの半円を超える部分には半径の3分の1
以上の高さがあり、西ゴート期建築ではなく10世紀だと思う、と述べている
（IDEM, 1906b）。これは明らかにゴメス・モレーノの影響である。

44　San Miguel de Escaladaについての1885年の定義は以下。«En conclusión, la obra
sería de estilo latino-bizantino, dentro del período visigodo, hecha por mozárabes.»
（LARRÉN, 1986a:107）。

45　アストゥリアスのセルガス、カスティーリャのアガピート（バリャドリッド
県）やシモン・イ・ニエト（Francisco SIMÓN Y NIETO）（パレンシア県）、ガリシ
アのバスケス・ヌニェス（オウレンセ県）、フェルナンデス・アロンソ（Benito
FERNÁNDEZ ALONSO）（オウレンセ県）、ビリャアミル・イ・カストロなど。（SELGAS,
1908; AGAPITO, 1902; SIMÓN Y NIETO, 1998; VÁZQUEZ NÚÑEZ, 1894; VILLA-AMIL,
1904）。

46　Contestación de Juan de Diós de la RADA Y DELGADO, in（VELÁZQUEZ BOSCO, 1894:69）。

47　ヴィオレ=ル=デュク、キシュラ、ラステイリー、ショワジーらの影響が指摘
されている。（NAVASCUÉS, 1987:316; ARRECHEA, 1993:566-8; IDEM, 1999）。

48　ANÍBAL ÁLVAREZ, M. & MÉLIDA, J. R., «Un monumento desconocido: La ermita de San
Baudelio en término de Casillas de Berlanga (Soria)», *BSEE*, t.XV, 1907, pp.144-155.

49　Conde de CEDILLO, «Un monumento desconocido: Santa María de Melque (Provincia de
Toledo)», *Cultura Española*, t.VII, 1907, p.815.

50　«Don Vicente Lampérez y Romea», *Arquitectura*, año V, núm.45, Madrid, 1923, pp.1-
4;（NAVASCUÉS, 1987:316-7）。

注

51 本書第四部第3章を参照。

52 ファクシミリ版の序文を書いたアレチェアは、本書のインスピレーションとして、セルー・ダジャンクール（SEROUX D'AGINCOURT）、コモン、キシュラ、サン・ポール、ブリュタイユらの名を挙げている（ARRECHEA, 1999：11）。もっともロマネスク以前に関してはこれらの名前はほとんど登場しない。

53 «...agrupó, clasificó y sintetizó toda la gran balumba arquitectónica de los monumentos cristianos españoles. Eso es también historia.» AGAPITO Y REVILLA, J., «Lampérez, académico, y la iglesia de San Cebrián de Mazote», *BSCE*, t.VII（1915-6）, año XIV, núm.167, 1916, p.483.

54 «Don Vicente Lampérez y Romea», *Arquitectura*, año V, núm.45, Madrid, 1923, p.3；（ARRECHEA, 1999：15）. プロローグの先行研究史はよくまとまっており、ランペレスの考え方もわかり非常に興味深い。（LAMPÉREZ, 1908a：14-7）.

55 これにときに、粗雑さ、幻想性、アジア風味という漠然とした「蛮族の要素」も加えられる。（LAMPÉREZ, 1908a：23）.

56 いわく、こんな平面は10世紀にはない（そう言えるほど7世紀や10世紀の一般的傾向は見出せない）、石積みはモサラベの方が丁寧（その後一般化する根拠と正反対の意見）、アーチの形が違う（しかし自身によってレベーニャのアーチ形状が西ゴートのものと一致することを認めている）、といった具合である（IDEM：190）.

57 「アストゥリアス建築」という呼称についてランペレスは、ホベリャノスに倣ったと説明している（IDEM：261）。

58 『建築史』を体系付けられた近代的方法論の嚆矢と高く評価したバンゴも、その分類ミスを大きな瑕として指摘している（BANGO, 2001：160）。

59 「この危機は一応は民族主義的意思の力によって克服されたと考えられるが、不思議なことにそれはメネンデス・ピダールとゴメス・モレーノを中心に集まった大学生の場合を除けば歴史とは結び付きを持たない出来事であった。ウナムーノやオルテーガにしても歴史との触れ合いを求めることはしなかった。」ビーベス『スペイン：歴史的省察』岩波書店、1975, p.xxiii.

60 ローマックスは1898-1936の歴史学の傾向が、「薄いベールをかぶせた反カトリック主義と狭隘なカスティーリャ民族主義とを結合させる独特の考えかたを反映」していたと述べている。（ローマックス, 1996：5）.

61 ゴメス・モレーノのキャリアについては、以下引用された諸文献のほか、バンゴによる *Iglesias mozárabes* の1998年ファクシミリ版序文を参考とした。（BANGO, 1998）.

62 前半に関しては、テクシエ、ショワジー、デュラフォワといった主としてフランス系の東方研究、そして間接的に当時最新のストルツィゴウスキの研究に拠っていたことがわかる。

63 （IDEM, 1919：93）. «Se ha dicho que el arte gallego de los siglos IX y X "fué pobre y anodino" ... sustrayendo a la arquitectura de nuestro antiguo reino, las iglesias de Villanueva de las Infantas y San Miguel de Celanova, a título de pertenecer a una

111

第一部　スペイン初期中世建築研究史

escuela leonesa ... en una obra en que sus capítulos se ajustan a un criterio puramente geográfico». (CASTILLO, 1925 : 285).

64　«Nuestra historia no es europea. Nuestro arte, si no resulta como el de Europa, es porque no debe serlo.» (GÓMEZ-MORENO, 1913 : 116).

65　«con depuración de formas y sutilezas, que es deplorable no se consolidaran como arte definitivo en nuestro país.» (GÓMEZ-MORENO, 1919 : 247-8).

66　こうした学際性の背景には、ヒネールによって始められた学問の近代化があるとされる。(BANGO, 1998 : XIV)

67　多岐に渡るゴメス・モレーノの専門的知識の一つであるアラビア語の素養は、他でもないシモネットに師事し、身につけられたものである。彼がシモネットの著作 (SIMONET, 1897) の監修を頼まれたのもこの縁によるが、師との関係はあまり良好ではなかったようだ。(BANGO, 1998 : XVII-XVIII). これに先だってレオン王国のモサラベ移民を論じたものに以下の論文がある。 DÍAZ-JIMÉNEZ, J. E., «Inmigración mozárabe en el reino de León. El monasterio del Abellar o de los Santos mártires Cosme y Damián», BRAH, t.XX, pp.123-161, 1892.

68　«no hay uniformidad, no hay repeticiones, no hay tipos» (GÓMEZ-MORENO, 1919 : XVIII).

69　アレチェアは、建築家フェラント (Alejandro FERRANT VÁZQUEZ, 1897 - 1976) が移築・修復の際にオリジナルの切石とは一目見て異質と分かるレンガを用いたことは、ウリオステのレベーニャやラサロのエスカラーダによって形成された、近代的な歴史的建造物修復が適用された結果だと評価しているが、復元を伴う修復に批判的姿勢を崩さないナバスクエスは修復の過剰さを嘆いている (NAVASCUÉS, 1987 : 314 ; ARRECHEA, 1992 : 19-21)。

70　より詳しくは本書第四部第3章を参照のこと。

71　クーン『科学革命の構造』みすず書房, 1971 (Trans. of KUHN, T. S., The Structure of Scientific Revolutions, The University of Chicago, 1962, 1970), p.V.

72　«...lo que tenemos en el caso de Sevilla es una reconstrucción de otra reconstrucción, y por este camino la historia íntima de la arquitectura se hace cada vez más difícil al plantear problemas muy serios a la hora de nuestra intervención, pues en cada uno de estos episodios algo se sacrifica, algo se altera y en definitiva la imagen del edificio va modificándose.» (NAVASCUÉS, 1987 : 289-290).

73　本書では、ヴィオレ=ル=デュクのRestauration などに表明されるスタンスを反映するため、英語のRestoration、フランス語のRestauration、スペイン語のRestauración の日本語訳として多くの場合「復原」を用いる。この語には「修復（修理＋復原）よりさらに一歩『戻す』ニュアンスが強い」（顀原, 2007 : 4-6）。こうしたあり方も含めた広義の方法論を指す場合には「修復」を用いる（「修復史」と言う場合など）。また、消失した建物や部位を写真・絵画や類例を元に演繹して作り直すことは、同じく（IDEM : 4-6）に倣い「復元」と呼ぶこととする。

74　羽生（羽生修二「ヴィオレ=ル=デュクの修復理論について」『日本建築学会計画系論文報告集』第366号, 1986.08, pp.124-131）が指摘するように、『事典』

の「修復」(Restauration) の項目を最後まで読むと、そこにはもっとも有名な
フレーズ、«Restaurer un édifice, ce n'est pas l'entretenir, le réparer ou le refaire, c'est
le rétablir dans un état complet qui peut n'avoir jamais existé à un moment donné» (「ひ
とつの建物を修復するとは、それを維持するとか、修繕するとか、再建すると
かいうことではなく、かつてある特定の時点に実在しなかったかも知
れない、ひとつの完全な状態にその建物を確固と置きなおすことである」(羽生,
前掲論文, p.125)) に集約される理想主義者としての側面以外の、より現実的
な修復の実際に対するヴィオレ=ル=デュクの意見がにじみ出ているのは確か
である。ただし考古学者があげつらって彼を批判したのもこのフレーズだった
が、彼の信奉者たちを鼓舞したのもこのフレーズだったことは想像に難くない。
また実践が理論どおりでなかったのは、同世代のイギリスにおけるG・G・ス
コット (1811-78) や、ヴィオレ=ル=デュクの影響色濃いスペインにおける
ランペレスにもあてはまるだろう。スコットについては (頴原, 2007：28-33)
を参照のこと。

75　1933-5-13, artículo 19：«Se prohíbe todo intento de reconstitución de los monumentos,
procurándose por todos los medios de la técnica su conservación y consolidación,
limitándose a restaurar lo que fuere absolutamente indispensable y dejando siempre
reconocibles las adiciones». (Navascués, 1987：295). 1931年のアテネ会議での発
表を加筆してまとめた (Torres Balbás, 1933) にもこうした立場が鮮明に現れ
ており、アテネ国際会議とその憲章も大きな役割を果したと考えてよいだろう。

76　(Street, 1865：106；Navascués, 1987：301).

77　これに加え、Summa Artisシリーズが美術史のコーパス的役割として重要である
が、初期中世に関して (『蛮族の芸術とプレ・ロマネスク』) は特に目新しい枠
組みや視点を提供することもなく、研究手法も二次史料に拠ったもので、研究
史における重要性は低い (Pijoan, 1942)。著者はSumma Artis初期刊行分ほとん
ど全ての執筆を担当した博学ピジュアン (Josep Pijoan, 1879-1963) である。

78　サンティアゴ・デ・ペニャルバの模型写真は本書第四部に示した。

79　ウイドブロ (Luciano Huidobro Serna, 1874-1958)、シュルンク、ポーター、ホ
ワイトヒル (Walter Muir Whitehill, 1905-1978)、クラパム (A. W. Clapham)、
ペレス・デ・ウルベル (Justo Pérez de Urbel, 1895-1979)、ベヴァン (Bernard
Bevan)、カモン・アスナール (José Camón Aznar, 1898-1979) らが10世紀説
を唱えた。(Huidobro, 1927；Whitehill & Clapham, 1937). Whitehill は触れて
いないが、Huidobro は直後に西ゴート期という説を採用し (Huidobro, 1928：
364)、1943年には «célebre iglesia visigótica destruida por los moros» と紹介して
いる。Huidobro Serna, L., «Fernán González, protector de las artes y de la cultura»,
BCMBurgos, año XXII, nº 84-5, 1943, p.259. 西ゴート派はオルエタ (R. de
Orueta)、ゴメス・モレーノ、カンプス・カソルラ、パロル (P. de Palol) ら。

80　Veinte años de restauración monumental de España, Ministerio de educación nacional,
catálogo de exposición, 1958.

81　(Haupt, 1923；Frischauer, 1930).

第一部　スペイン初期中世建築研究史

82　*1954-2004. 50 años del Instituto Arqueológico Alemán de Madrid – 1954-2004. 50 Jahre Deutsches Archäologisches Institut Madrid*, Madrid, 2004.

83　伝記的事実は主として*El País*誌（www.elpais.com）の追悼記事（1982年11月17日）に拠った。また、以下の論文も参照のこと。Marín Valdés, F. A., «Helmut Schlunk y el arte asturiano», *Historiografía del arte en los siglos XIX y XX*, VII Jornadas de Arte, CSIC, Madrid, 1995, pp.33-42.

84　工法やモティーフというよりは、プランや建物のヴォリューム構成をシリア的、オリエント的、と述べてゆく彼女に大きなインスピレーションを与えたのが、バトラーやベルの著作で、アストゥリアス建築が「先入観なき観察者には、ビザンティン様式を思い起こさせる」（King, 1923：87）と書いた筆者がいかに、オリエンタリズムで中世建築を見るという先入観に浸っていたかがうかがわれる。

85　«the mind was wrapped in dream and mystery – this is what the Iberian, under Visigothic and Reconquest and Mozarabic life equally, sought in his own way...» （King, 1924：188-9). 西ゴート建築の項目にサンタ・マリア・デ・メルケ、フランスのジェルミニー・デ・プレ（Germigny-des-Prés）を組み込む、アストゥリアス建築をレコンキスタ建築と呼ぶ（Reconquest Architecture. 以後英語圏ではしばしば見られる呼称に）なども、特徴的だといえる。

86　Whitehill, W. M., «Liturgical Influence on Pre-Romanesque Apses in Spain», *Art Studies*, Harvard University Press, 1927, pp.151-6. 10年後、スペイン内戦真っ只中の1937年にクラパムと連名でキンタニーリャ・デ・ラス・ビニャスの10世紀説を支持する論文を発表（Whitehill & Clapham, 1937）、その後、Puig i Cadafalchなどスペイン国内の研究蓄積に多くを拠りながらも、明快でよくまとまったスペイン・ロマネスク建築史を書き（1941年）、名高い『サンティアゴ巡礼案内』を含む聖ヤコブの書の編纂（1944年）をすることになる。

87　*History of Spanish Architecture*. 本論文ではChuecaによるスペイン語版を参照した（Bevan, 1950）。

88　CSICの設立と並行し、それまでの『スペイン美術・考古学アーカイヴ』は『美術アーカイヴ』（Archivo Español de Arte：AEArte）と『考古学アーカイヴ』（Archivo Español de Arqueología：AEArq）に分かれた。

89　1929年の概説では、発見のボバストロをモサラベに、キンタニーリャ・デ・ラス・ビニャスを西ゴート末期に組み込んでゴメス・モレーノの枠組みを継承した。（Camps Cazorla, 1929）.

90　イニゲスは、サン・セブリアン・デ・マソーテなどの修復事業にも関わる一方、主としてカスティーリャ、アラゴンを舞台とし、キンタニーリャ・デ・ラス・ビニャス、サラゴサのアルハフェリア宮殿（Palacio de Aljafería）、そして無数の小教会堂群についての実地的な歴史建築分析や、典礼空間の考察、建築空間とその表象の関係などにも興味を発揮した（Íñiguez, 1955；Íñiguez & Sánchez, 1933）。

91　この時期のもっとも示唆的な概説書の一つが1931年に出版された『イスパニ

ア美術史』（Lozoya, 1931）である。初期キリスト教美術と西ゴート美術をまとめた章の次にスペイン・イスラーム美術が3章に分けて述べられ、続いて「イスラーム優位の時代のキリスト教美術」として、アストゥリアス建築、イスラーム国家のモサラベ建築、レコンキスタの地のモサラベ建築とが一つの章に括られる。解釈の大半は古典的であるが、西ゴート美術としては、宝飾品を除き、ゴート性よりもキリスト教、オリエント、そして大衆性を強調して説明する。著者ロソーヤ侯爵（Juan de Contreras y López de Ayala: Marqués de Lozoya, 1893‐1978）はその序文で自ら、「何もオリジナルなものはない一般向けの概説書だ」（Lozoya, 1931：II-III）と述べるが、著者自身や当時の考え方、先行研究の紹介や図版の充実ぶりも含めると単なる概説書として素通りできない文献である。

92 バルセロナ発のスペイン史の一部であるバルセイスの文章「アストゥリアス美術、モサラベ美術、コンダル美術」（Balcells, 1935）は、カタルーニャ地方の9世紀を地域固有の「（バルセロナ）伯領の」（condal）美術として差別化していることを除けば、区分や様式観は当時の一般的な説に従う。

93 （Huidobro, 1928）. 8世紀初頭までの「西ゴート」はある時期のイベリア半島全体をカバーし、9世紀を中心とする「アストゥリアス」は特定の時期の特定の小国家を指す用語であったが、「モサラベ」にはそうした政体や領土のニュアンスが不足していた。カタルーニャの10世紀建築を差別化する動きがもっとも早く、他の地域もそれに続いた。

94 Castillo López, A. del, *Inventario de la riqueza monumental y artística de Galicia*, A Coruña, 1921, etc.；Pessanha, J., *Arquitectura pre-românica em Portugal*, Coimbra, 1927. また、この後20世紀中葉のポルトガルで初期中世美術研究の中核を担ったのがFernando de Almeidaであった。Almeida, F. de, *Arte visigótica em Portugal*, O Arqueólogo Português, série IX, 1962, pp.5-278. 未見。

95 西ゴート期美術はオリエント＋民衆の組み合わせで、アストゥリアス建築は、ゴメス・モレーノのようにヨーロッパ性（反スペイン性）で区別するのではなく、西ゴート時代の東方性の影響を免れた古代的側面が反映されたものと見る（Torres Balbás, 1934）。

96 （Chueca, 1965；Caamaño, 1986；Fontaine, 1978a；Idem, 1978b；Olaguer-Feliú, 1989）；Palol, P. de & Hirmer, M., *Early Medieval Art in Spain*, New York, c.1968. García Romoの1958年論文についても同様なことがいえる。García Romo, F., «Lo pre-musulmán (visigodo), lo hispano-musulmán y lo mozárabe en el arte», *Príncipe de Viana*, 86-7, 1958 (separata, 1962)。

97 10世紀の建築に用いられた一連の柱頭を再入植期以前のものの再利用材とする点で一致するDomínguez Perelaは、Corzoがこれらの柱頭を7世紀に帰した点などを批判し、ユスティニアヌス帝期ビザンティンの影響とする自身の主張と比較した。（Domínguez Perela, 1991）。

98 チュエッカ, F.『スペイン建築の特質』鹿島出版会, 1991, pp.253-4（訳者あとがき）によればプッチは1942年以降フランコ政権から実務停止を命じられて

115

第一部　スペイン初期中世建築研究史

いたが、実際それ以前から設計からは離れつつあったことがわかる。

99　Santa María de Quintanilla de las Viñas, Santa Comba de Bande など。CAMPS CAZORLA、SCHULUNK、PALOL によって西ゴート期のものとして解決済みのものとなっていた。

100　イスパノ・ビシゴード（hispanovisigodo）は「西ゴート期イスパニアの」というニュアンスの合成語で、西ゴート王国の建築や美術に西ゴート族由来の要素よりも土着の伝統を見出す姿勢を示す際に用いられる。

101　(HUIDOBRO, 1927；ORUETA：1928；WHITEHILL & CLAPHAM, 1937；CAMPS, 1940：635-659；SCHLUNK, 1947：299-306；ÍÑIGUEZ, 1955：79-83；PALOL, 1956：102-3；PUIG, 1961：133-6；SCHLUNK & HAUSCHILD, 1978：141-152)。

102　ヒストリオグラフィーの詳細に関しては：(KINGSLEY, 1980：55-75；CABALLERO, 2000；ALMEIDA, 2001：22-7)。

103　ラモン・メネンデス・ピダル監修『スペインの歴史』第3巻内のカンプス・カソルラ「イスパノ・ビシゴード美術」（CAMPS CAZORLA, 1940）と、1947年の *Ars Hispaniae* 第2巻内、シュルンク「西ゴート美術」（SCHLUNK, 1947）である。

104　シュルンクが、半島外の古代末期・初期中世の事例、特にビザンティン、イタリア、北アフリカや、半島内の先行する美術や遺物から、盛期西ゴート美術（6-7世紀）に見られる要素それぞれの源泉や萌芽を見出し、やや強引なほど理路整然とした様式進化論を編み出したのに対し、カンプスは半島外の事例についての知識は乏しく、イスパノ・ビシゴード芸術という下の句に一対一対応する上の句を発見することにそれほど興味があったようには思えない。ショワジーを援用してアルメニアの集中式建築とサンタ・コンバ・デ・バンデ（のプラン）が似ていることをただ一行で述べているあたりにもこうしたスタンスはあらわされている（CAMPS CAZORLA, 1940：513）。

105　SCHLUNK, H., «Relaciones entre la Península Ibérica y Bizancio durante la época visigoda», *AEArq*, 18, pp.177-204. パロルは、最初はアフリカを経由したシリア、やがてラヴェンナなどから伝わった芸術的潮流は、8世紀まで地中海世界全体が受容したものに過ぎず、例え占領が起きなかったとしても同じように「ビザンティニズム」が見られただろうとする考えを主張した（PALOL, 1956：86-7 & 125)。

106　LÓPEZ SERRANO, M., «Arte visigodo», adiciones a la segunda edición de *HE-MP*, *III*, Madrid, 1963.

107　«El arte hispanovisigodo tiene sus raíces en el arte provincial romano y en las ideas y valores que en el mismo injerta el Cristianismo. Su mundo y sus medios –también– están dentro de la propia sociedad hispánica, no germánica.» (PALOL, 1968：32). パロルが最初に西ゴート美術をローマ性、ゲルマン性という切り口から論じたのが1955年のスポレートの国際会議、*Settimana di Studio* においてであった（PALOL, 1956)。

　　もっとも、ゴート統治時代の芸術をゴート族の芸術とする考えはもとからそれほど受け入れられてきた考えとはいえまい。ドッズ（DODDS, 1990：8-11 & n.1-20）が言うようにハウプト（A. HAUPT）ら、20世紀初頭までには西ゴート

注

時代の芸術のゲルマン性を強調する学者もいないことはなかったが、少なくともスペイン国内の主流派には一度もならなかった。グアラサールの王冠の発見のあと、アマドール・デ・ロス・リオスがわざわざ「ラテン・ビザンティン芸術」と述べたことは第1章で述べた。ベラスケス・ボスコは前述のアカデミー入会演説において、ゲルマン気質というものが中世キリスト教建築の発展に与えた役割に言及していたし、ランペレスもゲルマン民族の貢献に一定の評価を与えてはいたが、西ゴート期美術・建築に関していえば、2人ともゴート族の建築であるなどとは述べていなかった。むしろそのローマ帝国以降の土着性を重視している（VELÁZQUEZ BOSCO, 1894；LAMPÉREZ, 1908a）。ロソーヤ侯爵も、ゲルマン人が来なかったとしても、まずなによりもポスト・ローマであった帝国崩壊後のイベリア半島は同様の進化を遂げただろうと述べ、キリスト教化とオリエントとの接触、民衆的要素の方がより重要だったと述べる（LOZOYA, 1931：171）。カンプス・カソルラも自身の総括を「イスパノ・ビシゴード美術」として、特に建築における主体を被支配層のもともとの住人であるイスパノ・ローマ人とし、「蛮族の影響」を装飾的好みなどわずかな部分に限定されるとしていた（CAMPS CAZORLA, 1940）。ゴメス・モレーノは、1964年の国際会議での講演で6-7世紀はゴート族の時代であり、その建築をゴート建築と呼び、過去と断絶した新しい芸術であると主張していたが、それはバンゴの指摘するようなゲルマン性を言うためにというよりは、老研究者がそれまで自身一貫して用いてきた用語でそのヴィジョンを再度語ったと考えるべきだと思われる（GÓMEZ-MORENO, 1966；BANGO, 2001：162）。

108　PALOL I SALELLAS, P. de, *Arqueología cristiana de la España romana. Siglos IV-VI*, Madrid, 1967, pp.69-70.

109　カバリェーロは、パロルの後期の論文に見られる、キャリア初期の自説を明確な形で修正せず、年代や影響関係を断定しない態度（とりわけ、カバリェーロの史観を受け入れようとしていない点）を強く批判した（CABALLERO, 1992：114-5）。

110　1994年にはこう述べている「はっきりさせておかないとならないのは（中略）厳密に見て、西ゴート統治時代は基本的に、先行するローマ世界の真っ当なる延長だと考えられることだ。必然的な慣習の変化は通常の範囲を超えるものではなかった。この現象はイスパニアにおいてだけでなく、地中海西部全体に言えることである」（PALOL, 1994：106）．SCHLUNK, FONTAINE, CAMPS CAZORLA らにも同様の考えが見られる。BANGO はこの論争の発生を、西ゴート王国の事情より研究者の世界の事情に帰している。（DODDS, 1990：11；BANGO, 2001：40 & 162）．

111　（DODDS, 1990：7-26）．ただ、実際にはドイツ人のシュルンクもカタルーニャ人のパロルも同じようにゲルマン的性格を否定しており、それら全てをナショナリズムの文脈で語るのは少し無理があるように思われる。

112　（SCHLUNK & HAUSCHILD, 1978）．この大著の以前から HAUSCHILD の考えに様々な示唆を受けるようになっていた SCHLUNK が、1961年に発見された São Gião de Nazaré から派生するイスパニア典礼と建築空間の問題に関して行なった1970年

117

第一部　スペイン初期中世建築研究史

の発表もまた重要。(Schlunk, 1971).

113　研究史の主要な部分については (Bango, 2001：303-9；伊藤, 2005) にまとめら
れている。

114　«El estilo "ramirense" llegó a Asturias completamente formado, traído por un artista
que debió venir de lejos y alque eran familiares sistemas constructivos y decorativos
orientales». (Schlunk, 1947：374-6).

115　Manzanares Rodriguez Mir, J., «Santa María de Bendones, iglesia prerrománica de
Oviedo», AEArte, XXVIII, núm.107, pp.262-4；(Manzanares, 1957). これはシュル
ンク説をベースとした、どちらかというと非歴史的な研究であるが、建物自体
をよく見知った著者ならではの、特にベンドネス再発見から帰納されうる新た
な視点は見逃せない。

116　半島北西部の初期中世建築の修復史に彼の足跡は大きく影を落としており、彼
の復原事業に対する批判的評価研究も少なくない。 García Cuetos, M. P., «La
restauración de la Arquitectura Asturiana anterior al Románico. Las restauraciones del
arquitecto Luis Menéndez Pidal», QCT4, 1992, pp.87-94.

117　歴史編纂に向けた興味は、例えば1961年に複数の雑誌に掲載された論文など
に見られる (Menéndez-Pidal, L., 1961)。

118　同シリーズのフェルナンデス・アレナスによる『モサラベ建築』(Fernández
Arenas, 1972) ほどではないものの、初期中世を専門としない研究者による同
書の内容は、情報・解釈共にやや二次的であるという印象は否めない。

119　(Torres Balbás, 1934；Schlunk, 1947；Bonet Correa, 1967；Azcárate, 1988：
15-29；Dodds, 1990). Azcárate Ristori, J. M.ª, «Einige aspekte zum Germanisch-
deutschen Einfluß auf die Kunst des Hochmittelalters in Spanien», Gesammelte Aufsätze
zur Kulturgeschichte Spaniens 30, 1982, pp.1-17. バラルもその西欧初期中世概説書
において、「アストゥリアス建築の第3のフェーズはロマネスク期に進化する新
しい公式を準備した」と述べている。(Barral, 1997：210).

120　(Hubert et alii, 1968：91；Bango, 1988a；Idem, 1988b；Idem, 1989：13-4). Bango
のアストゥリアス建築論は1985年の «L'Ordo Gothorum et sa survivance dans
l'Espagne du Haut Moyen Âge», Revue de l'Art, 70, pp.9-20や、1984−5年発表の
(1988a；1988b) で明白となった。(1988a) は同じ場で発表されたAzcárateの
考えを根本的に否定する。1988年の発表である (Bango, 1994a) では、後に結
実する西ゴート期からロマネスク前夜までの初期中世全体に対するバンゴの一
貫した姿勢が一望される。

121　(Cid, 1978). アストゥリアス建築黎明の鍵を握るサンティアネス・デ・プラビ
ア (Santianes de Pravia) について20世紀初頭のセルガス以来の説を繰り返すの
は、それまでとは全く異なる調査結果を出すことになった発掘直前であるから
仕方ないとしても、多くの点で、それまでに比較的よく知られた描写・解釈が
散見されるのは、研究者の関心がとりわけ装飾芸術に集中しているからだけで
なく、それまでの同類書の多さとペースによるのかもしれない。

122　(Cid, 1995). ニエト・アルカイデの継続主義に疑問を投げかけている部分が異

注

彩を放っている（IDEM, 1995：166-7)。

123 ARBEITER, A., «Sobre los precedentes de la arquitectura eclesiástica asturiana en la época de Alfonso II», *CAME, III (Oviedo, 1989)*, Oviedo, 1992, pp.161-73.

124 初期キリスト教から西ゴート時代までの考古学を中心に論じるアルバイターと、主としてスペイン初期中世の彫刻様式を分析するノアックは、主題こそ違え、その歴史観の多くをシュルンクに依っている。のちにもう少し詳しく取り上げたい。

125 後者は比較的コンパクトなカタログであるが、建築装飾の断片などについても触れ、必要最低限のビブリオグラフィーをそなえ、サン・サルバドール・デ・バルデディオス（San Salvador de Valdediós）の建設年代を870年代とするなど前者では態度を保留したいくつかの新説をよりはっきりと主張している（IDEM, 1995：433；IDEM, 2004：87)。

126 このほかには、カラントニャ、ベレンゲールらが執筆した1981年のアストゥリアス百科事典第4巻、また、1996年に出版された『アストゥリアス建築全史』中にも、アストゥリアス建築は簡潔に、そして古典説どおりに紹介されている。*Enciclopedia Temática de Asturias*, t.4, "Arte asturiano", ed. S.Cañada, Gijón, 1981, pp.145-88；ALONSO PEREIRA, J. R., *Historia general de la arquitectura en Asturias*, Bilbao, 1996, pp.57-76. これに近年特に顕著な修復、特に強い影響力を持っていたルイス・メネンデス・ピダルについてや発掘調査そのものへの関心を加えると、その数は10世紀のそれとは比較にならない。

127 1942年のアルフォンソ2世没後1100周年シンポジウム、1961年のオビエド創設1200周年を記念したアストゥリアス初期中世文化についてのシンポジウム、1984年と1985年の「アストゥリアスのプレロマネスクとロマネスク研究会議」、オビエドで開催された1989年第3回スペイン中世考古学会、1995－6年の修復・調査にポイントを絞ったセミナー等。

128 «...bajo el primer Ramiro, un arte nuevo, original y avanzadísimo, verdadero prerrománico, al que sería temerario, pero lógico, atribuir paternidad francesa ó bien paternidad asturiana á lo francés.» (GÓMEZ-MORENO, 1906a：25).

«...las iglesias asturianas del siglo IX son el alborear de la arquitectura medieval, perdido ya el gusto antiguo...» (GÓMEZ-MORENO, 1906b：367).

«...lo asturiano tiene soluciones y espíritu completamente prerrománico, medieval.» (PALOL, 1956：126).

129 «...la arquitectura mozárabe importada se esfuma y desvanece hasta desaparecer envuelta en la pre-románica del siglo XI.» (LAMPEREZ, 1908：198).

130 «...Bajo la designación de prerrománico se señala de esta suerte una etapa artística (no un «estilo histórico») que sucede al hundimiento de Roma y se extiende hasta la aparición del románico, al que precede en el tiempo, hecho que justifica por sí solo tal designación.» (CAAMAÑO, 1986：107).

131 «...el arte del siglo X... no sería más que el epígono de la originalidad hispánica previa a la implantación del Románico, propio de una sociedad que, en lo cultural, se caracteriza

119

第一部　スペイン初期中世建築研究史

por el intento de recuperación de la tradición cristiana preislámica, desde unas coordenadas eminentemente rurales...», (Domínguez Perela, 1987 : 696).

132　«...On sait aujourd'hui que cet art eut de longues survivances dans beaucoup de pays chrétiens.» (Hubert, 1964 : 477-8).

133　「プリロマネスク美術全般、とくにプリロマネスク建築がもつ多くの様相は、世界美術史という広い視点からみるとき、地中海域に栄えた古代末期美術の最後の表現と見なすことができる。しかし筆者にはそれよりも、ロマネスク美術に至る漸進的な発展という見方のほうがもっと重要だと思われる。」（クーバッハ, 1996 : 10).

　　バラルの以下の言説は、プレロマネスクを独立した時代として評価しようという意気込みと、結局その評価が古代と中世の繋ぎ役である点に収斂しているという点で示唆的といえる。«We shall consider this period not as intermediary but as having a well-defined character and marked originality of its own; it transmitted the heritage of classical architecture to the main epochs of medieval architecture, the Romanesque and the Gothic.» (Barral, 1997 : 7).

134　「……実験によって不思議な美しさを有する雑種文化（中略）すなわちイスラームのロマネスク芸術たるモサラベ芸術とイスラーム化したゴシック芸術たるムデハール芸術……」（フォシヨン, 1971 : 22）「この芸術は、イスラーム文化と西欧文化との間に成立した最初の一致であり、融合である。」(Idem, 1970 : 213-4)。フォシヨンは、概してロマネスク以前のイベリア半島についてプッチ・イ・カダファルク経由の情報をわずかに持っていただけだった。

135　San Juan de Baños、San Pedro de la Nave、Santa María de Quintanilla de las Viñasを挙げそのプロポーションを褒めているが、後二者は研究史当初からクロノロジーが不確実であった。本部第2章を参照。(Hubert et alii, 1968 : 84-5)。アストゥリアス建築については、ヨーロッパで唯一、古代の完璧さがある程度保たれた場所であり、7世紀のイスパニア建築を継承したと評価している。

136　Beckwith, J., *Early Medieval Art*, Thames and Hudson, 1969.

137　«This study concerns the architectural transition from late antiquity to the Middle Ages in the Latin West», (McClendon, 2005 : 1).

138　唯一語られている西ゴート期建築に関する知識がほぼ完全にスペイン語以外の言語から得られていることからもこれは明白であろう。

139　«Nuestra historia no es europea. Nuestro arte, si no resulta como el de Europa, es porque no debe serlo.» (Gómez-Moreno, 1913 : 116).

140　未完の岩窟教会堂Bobastro（マラガ県）、謎の多いSanta María de Melque（トレド県）、Santa Lucía del Trampal（カセレス県）など。

141　10世紀美術ヒストリオグラフィーの概要は（Bango, 2001 : 221-3）に整理されており、絵画史におけるゴメス・モレーノの「モサラベ」提唱のインパクトやその後の研究の発展については、(Yarza, 1996 ; Mentré, 1996 : 15-41) に詳しい。

142　例えば、身廊長13mを「ビラノーバのモサラベ教会堂の15mに近い」と述べたり (Castillo, 1925 : 278)、控え壁を持たないのを「ほとんど全部のモサラベ建

120

注

築と同様」と述べたりしている（IDEM：279）が、前者は何の根拠にも反証にもならず、後者はペニャルバ、セラノーバ、バンバという代表的「モサラベ」建築の事例と反する。

143 （ESCUDERO-RUIZ, 1943）. おそらくは正確に計測したのではないが馬蹄形アーチの延長部分高さが半径の1/2長であり、これも根拠とは言い難いがアルフィスらしきものが描かれていること、それに波割形の形が928年以前に建造されたと考えられるサンタ・マリア・デ・バンバの教会堂のものと類似していることが指摘された。

144 グアルディアは、San Baudelio de BerlangaやSanta María de Wambaのものと共にこれを12世紀初頭のものでないかと述べている（GUARDIA, 2007a）。一方、（SUÁREZ-INCLÁN & TEJEDOR, 2006）によれば15世紀以降のもの。本書第三部第2章を参照。

145 フォンテーヌは一貫して「モサラベ」という呼称を修飾的に使用し（«construcción mozárabe», «artistas mozárabes», «arquitectura mozárabe»）、同時に「モサラベ」の人的介在を各所に見た（«los mozárabes en Liébana»）。カタルーニャなどレオン王国以外の地域を包括したのも、ゴメス・モレーノ史観に依っている。

146 本書第二部第2章参照。

147 カタログおよび概説書としては、（AZCÁRATE, 1954；FERNÁNDEZ ARENAS, 1972；CAAMAÑO, 1986；CORZO, 1989；ROLLÁN, 1983；OLAGUER-FELIÚ, 1989）等。レオンとカスティーリャの「モサラベ建築」についてのモノグラフを著したレゲラスも、一貫してゴメス・モレーノの意見を支持している（REGUERAS, 1990；IDEM, 1993）。後に述べるように、「国境帯美術」という呼称を提唱したピタも、ゴメス・モレーノに多くを追従していた（PITA, 1975）。

148 ノアックはその後も一貫してゴメス・モレーノを支持した論文を発表し続けている（NOACK, 1996；IDEM, 1997；ARBEITER & NOACK, 1999）。

149 ゴメス・モレーノの定義を思い出して欲しい。彼は『モサラベ教会堂』というタイトルの下、確かに9-11世紀のイベリア半島のキリスト教美術を取り上げたが、モサラベという社会的集団自体をキリスト教徒全体だとする本末転倒は行なっていない。だからこそ、レオンにおけるモサラベ移民などの歴史的妥当性を論じる必要があったのだ。

150 新たに見出された柱頭と文様彫刻の報告であり、既出の「モサラベ教会堂」に見られる一連の柱頭群との形態的アナロジーから、「モサラベ」と呼ばれている。ドミンゲス・ペレーラはこれら一連の「ビザンティン式」柱頭を一括して6世紀に帰している。（DOMÍNGUEZ PERELA, 1987）.

151 San Miguel de Escalada, Santiago de Peñalba, San Cebrián de Mazote, San Miguel de Celanova, Santa María de Lebeña など。

152 （MANZANARES, 1957；MENÉNDEZ-PIDAL, L., 1961；BONET CORREA, 1967；CID, 1978；IDEM, 1995；AZCÁRATE, 1988；NIETO ALICAIDE, 1989a；ARIAS PÁRAMO, 1993；GARCÍA DE CASTRO, 2004）. ヤルサが指摘しているように（YARZA, 1985：9-10）、レコンキスタ＝近代的キリスト教国家スペインの始原としてのアストゥリアスでは、ナ

121

第一部　スペイン初期中世建築研究史

ショナリズムとリージョナリズムの思惑が一致していたことも関係しているか
もしれない。

153 «...the conditions of the Marca Hispanica were so unlike those elsewhere in Spain as to
demand a fresh start», (KING, 1924：194).

154 カタルーニャは、バスクと並んで最初の近代的地域ナショナリズムが発達した
地域である。早くから工業化し資本主義経済社会に適合していたスペイン側の
地域に対し、フランス側のバスク、カタルーニャ地方ではナショナリズムはあ
まり発展しなかったことは興味深い。立石博高・関哲行・中川功・中塚次郎（編
者）『スペインの歴史』昭和堂、1998, pp.216-7.

155 (BARRAL, 1981). アイナウ（Juan AINAUD DE LASARTE）もゴメス・モレーノやエ
ルナンデスの研究（HERNÁNDEZ, 1932）を尊重しつつ、カタルーニャ・プレロ
マネスク全体を「モサラベ」と呼ぶのはあまりに不適切、と批判している。
«Intencionadamente renuncio a dar a estos templos el apelativo global de *mozárabes* ya
que lo considero totalmente inadecuado.» (AINAUD, 1948：313).

156 «Contactes doncs amb el món islàmic o amb el món carolingi però dins d'un art marcat
essencialment per la tradició local, que hom ja no qualificarà de mossàrab.» (BARRAL,
1981：146)；«El terme més adequat per a definir l'art de l'alta Edat Mitjana a Catalunya
és el d'art pre-romànic.» (IDEM：9).

157 Santa Eufemia de Ambía, Santa María de Mixós, San Martiño de Pazó などを論じた。

158 «en Galicia existió durante las centurias novena y décima un arte que podríamos llamar
gallego, ... no fue tan pobre y mísero como hasta hace poco tiempo se supuso...» (OSABA,
1949：85-6).

159 «La rígida clasificación estilística adoptada en la Península para el llamado arte
prerrománico no es desde luego apropiada en algunas de sus regiones, entre las que
debemos incluir la gallega, ya que cada vez se hacen más patentes sus peculiaridades...»
(RIVAS FERNÁNDEZ, 1971：61).

160 ガリシアを何かしらの既存の建築グループに従属したものと捉える視点は、
SORALUCE BLOND, J. R., «La arquitectura prerrománica asturiana en Galicia», *Cota Cero*,
t.III, 1986, pp.89-102 にも顕著である。

161 ヌニェス以降では、1997年の論文集『サンティアゴ―アル・アンダルス』
（*Santiago – Al-Andalus*）にノアック、バンゴらによる多様な見解が集められて
いる（BANGO, 1997；NOACK, 1997）。

162 10世紀に設定された年代が現在は否定されているものが多い。

163 GARCÍA CAMINO, I., GONZÁLEZ CEMBELLÍN, J. M. & SANTANA EZQUERRA, A., «El
mozarabismo periférico», *Actas del I Curso de Cultura Medieval (Aguilar de Campoo,
1989)*, 1991, pp.115-129. バスク地方で発見された初期中世のものと見られる窓
枠についての報告書。

164 「再入植の」という用語は、10世紀レオン王国社会を指す半分固有名詞的な語
として定着をしていた（SÁNCHEZ-ALBORNOZ, 1966）。

165 「モサラベ」という呼称とコンセプトも用い続け、「レポブラシオン」で

122

もある、という玉虫色の結論を出している。«Las iglesias mozárabes son el mejor exponente del arte fronterizo, que funde las experiencias habidas en los reinos cristianos del Norte... y las procedentes del mundo musulmán. ... El arte del siglo X es, fundamentalmente, el de la repoblación.»（PITA, 1975：105）. 無人化・再入植の有効性についての疑念を別にすれば、「東洋と西洋のバランス」（IDEM：112）、北方民族と南方のモサラベの協働から生まれた美術、という描写は、漠然としたイスラーム教徒とキリスト教徒の共存という構図をそのまま受け取っただけで、そのような社会から生まれる文化は共生から生まれるハイブリッドな文化であるに違いない、という確信に頼っているだけのように見え、具体的な造形モードと呼称との相関はあまり追及されなかった。

166 同じ雑誌に同じようなタイトル、そして扉絵にSanta María de Melqueの全く同じ写真を用いた。

167 ヨーロッパのプレロマネスクを扱った概説書（BANGO TORVISO, I. G., *El prerro-mánico en Europa. De Carlomagno a los Otones*, Madrid, 1992）内では、イスラームやスペイン・イスラーム美術の影響に関する記述が一切除外されている。

168 «...la arquitectura del reino de León no debía llamarse mozárabe, porque ni consta realizada por estas gentes ni reúne características fijas que permitan definir un subestilo o unas continuas influencias musulmanas ... su impulso creador más fuerte está en relación con la repoblación, por tanto la denominación de arquitectura de repoblación parece incluso más apropiada que la de mozárabe».（YARZA, 1979：105）.

169 筆者はバンゴの指導を受けながら書いたDEA請求論文（ITO, 2005a）とその一部を抽出して加筆・修正した論文（ITO, 2005b）、さらにより工法的部分に特化し日本語で書いた論文（伊藤, 2006）などで、バンゴの枠組みを参考にしながらも、サンティアゴ・デ・ペニャルバにおける馬蹄形アーチの特質とスペイン・イスラーム建築との関連などに注目してきた。

170 «la arquitectura cristiana del siglo X daría continuidad y epílogo a la vieja corriente hispana de aruqitectura rural»,（DOMÍNGUEZ PERELA, 1984：46）.

171 «Estoy absolutamente convencido también, del no arabismo de este grupo de capiteles...»（J. AINAUD）；«...el no arabismo o califalismo de este mundo de los capiteles me parece clarísimo ... ya es hora de que los investigadores pongamos las cosas en su sitio y que llamemos al arte alto medieval español: pre-románico, etc., con otras denominaciones que no sean mozárabes; con el término echábamos dentro de un saco una cantidad de cosas que muchas veces no tienen nada que ver con el mundo mozárabe.»（P. de PALOL）；«...yo soy ... completamente partidario de que la palabra mozárabe, es muy poco apropiada para nombrar este arte alto-medieval español...»（J. YARZA）.（DOMÍNGUEZ PERELA, 1986：77-85）.

172 同様にアル・アンダルスのキリスト教徒（モサラベ）を扱った論集において、バンゴやヤルサは、ごく僅かしか現存しないアル・アンダルスのキリスト教美術のみを紹介し、レオン王国の美術には一切触れなかった（BANGO, 1996；YARZA, 1996）。フェルナンデスはそれでは不足と考えたのだろう。

123

第一部　スペイン初期中世建築研究史

173　例えば以下。（Larrén, 1986a；Galtier, 1987；García de Cástro, 2004：92）；«Sobre la ya antigua polémica de la denominación de esta arquitectura como de Repoblación, de Frontera o Mozárabe, ... entendemos no ser este el momento para el análisis en profundidad del tema...», （Mata, 1992：123）；«...the label （"Mozarabic"）can be misleading.» （Williams, J. in MET, 1993：22）；«The meaning of "Mozarabic" came to be widened into a general designation of Christian culture in early medieval Spain», （Werckmeister, O. K. in Idem：121）．

174　«Le mot, comme le concept, de "mozarabe" posent des problèmes à la recherche actuelle. Mais il nous paru, malgré tout, préférable de la garder, pour des raisons, tout d'abord de commodité, et par ailleurs pour des motifs, en quelque sorte, symboliques, afin de rendre hommage, en particulier, à celui qui découvrit la specificité de cet art, Manuel Gómez Moreno.» Mentré, *La peinture mozarabe*, Yale University Press, 1984 via （Yarza, 1985：25；Idem, 1996：56）．«Although the word and concept appear problematic to some scholars, archaeologists in particular, in the view of the present writer it is preferable to retain the term. This is primarily because of its convenience, but also for more symbolic reasons: in acknowledgement of the contribution made to the understanding of this art by Manuel Gómez Moreno, who coined the term. Until a better or more appropriate word has been agreed, it seems best to retain one established by long usage, referring economically to a distinctive artistic phenomenon.» （Mentré, 1996：12）．日本では久米（2012）がクオーテーションつきで用いている（"モサラベ美術"からロマネスク美術へ）．

175　*Contribución al estudio de la miniatura en León y Castilla en la Alta Media*, León, 1976；*La Peinture mozarabe*, Paris, 1984；*El estilo mozárabe*, Madrid, 1994；*The Illuminated Manuscripts of Medieval Spain*, London, 1996.

176　«Various aspects of this （civilization）are now increasingly well known, thanks to research in disciplines such as Mozarabic dialects, poetry and song, urbanism, liturgy and sacred music, and Mozarabic Latin literature in particular. Another element of this culture, painting, will be discussed in the present volume.» （Mentré, 1996：12）．

177　1961年のSymposium sobre cultura asturiana de la alta edad mediaの名誉委員には、フランコ将軍が選出されている。

178　カバリェーロ・ソレーダは1970年代のキャリア最初期から数多くの大部の論文でCSIC考古学部門とその機関誌*Archivo Español de Arqueología*を牽引してきた。特に1990年代以降、カバリェーロは非常に多くの論文を発表しており、どれもきわめて重要であるが、本論との関係なども考慮し、以下の成果を挙げておく。カバリェーロ自身のその他の著作に関しても下記の論文のビブリオグラフィーに詳しい。（Caballero, 1977；Caballero & Latorre, 1980；Caballero, 1991；Idem, 1992；Idem, 1994a；Idem, 1994b；Caballero & Arce, 1997；Caballero & Feijoo, 1998；Caballero & Sáez, 1999；Caballero, 2000；Idem, 2001；Idem, 2003；Caballero, Mateos & García de Castro, 2012）．また、Caballero Zoreda, L., *La Iglesia de San Pedro de la Nave (Zamora)*, Zamora, 2004；Caballero Zoreda,

124

注

L. & Utrero Agudo, M.ª A., «Una aproximación a las técnicas constructivas de la Alta Edad Media en la Península Ibérica: entre visigodos y omeyas», *Arqueología de la arquitectura*, n°4, 2005, pp.169-192；Caballero Zoreda, L., Utrero Agudo, M.ª A., Arce Sáinz, F. & Murillo Fragero, J. I., *La iglesia de San Miguel de Lillo (Asturias). Lectura de paramentos, Territorio, Sociedad y Poder: Revista de Estudios Medievales*, Anejos, 1, Universidad de Oviedo, 2006；Caballero Zoreda, L., «Un conjunto constructivo altomedieval: Quintanilla de Las Viñas y las iglesias con cúpulas sobre pechinas de piedra toba de las provincias de Álava, La Rioja y Burgos», *Arqueología de la arquitectura*, N°.12, 2015, e028（online, 39pp）；Caballero Zoreda, L. & Moreno Martín, F. J., «Sobre la dimensión epistemológica e histórica de una propuesta historiográfica. El modelo explicativo mozarabista», in（*Cruce de culturas*, 2016）, pp.299-329. カバリェーロ一門の継承者であるウトレーロも2000年代以降、主として9世紀頃までの建築を対象として精力的に研究を発表している。(Utrero, 2000；Idem, 2006；Idem, 2007；Idem, 2009；Idem, 2010；Idem, 2016). Idem, «Producción arquitectónica y decorativa cristiana en la Península Ibérica, siglos VI-X. Cambio tecnológico y canales de transmisión», in（*Cruce de culturas*, 2016）, pp.275-298.

179 «so complex as to appear Procrustean rather than Pythagorean», (Garen, 1992：295).

180 «Tampoco es posible que, del grupo（castellano-riojano）, unas iglesias sean de época visigoda y otras posteriores, ya que ello obligaría a aceptar el mantenimiento de las técnicas constructivas, tipos arquitectónicos y soluciones estructurales en dos momentos distintos, sin variaciones significativas, y a través de una etapa de al menos cien años de crisis económica y productiva y de desorganización social.» (Caballero, 2001：227).

181 «...las semejanzas（de las iglesias altomedievales españolas）son propias de un grupo novedoso, prerrománico, que, con sus variantes regionales, se extiende entre los siglos IX y el XI.» (Caballero & Arce, 1997：270).

182 García de Castro Valdés, C., «（Reseña）Arbeiter y Noack-Haley, *Hispania Antiqua...*, 1999», *Arqueología y territorio medieval*, 7, Universidad de Jaén, 2000, pp.233-5.

183 Arbeiter, A., «A propósito de Arte prerrománico hispano de I.G. Bango Torviso»；Bango Torviso, I. G., «A propósito de la crítica de A. Arbeiter. Para hacer crítica es necesario ser sabio, veraz, objetivo y carecer de intereses en el contenido de lo analizado», *Pyrenae*, vol.2, núm.35, Departament de Prehistòria, Història Antiga i Arqueologia, Universitat de Barcelona, 2004, pp.81-116 & 117-129. バンゴによるイベリア半島初期中世建築全般にまつわる論文としては以下も参照。Bango Torviso, I. G., «Un gravísimo error en la historiografía española, el empleo equivocado del término mozárabe», Valdés Fernández, M. (coord.), *El legado de Al-Andalus. El arte andalusí en los reinos de Léon y Castilla durante la Edad Media, Simposio Internacional*, Fundación del Patrimonio Histórico de Castilla y León, Valladolid, 2007, pp.73-88；Idem, «Du romain au roman: problèmes de périodisation et de nomenclature en Espagne», *Perspective, La revue de l'INHA*, 2008/4, pp.639-652.

125

第一部　スペイン初期中世建築研究史

184　第1章では、「異端」の異民族である支配階級の西ゴート族と接触し、政治的・イデオロギー的対立を体験する中でイスパノ・ローマ人が生んだ美術は、「西ゴート下にあって生まれた」という状況を心理的に反映しているという点で、西ゴート的モティーフを持っていなくても西ゴートの影響を受けているといえると主張（IDEM：7-26）。第2章では、アストゥリアス王国のアルフォンソ2世の時代においては、西ゴート主義が取り沙汰されるが、むしろトレドとの対抗意識という心理的状況を反映し、ヨーロッパに近接したことが、その建築にも反映されていると述べられている（IDEM：27-46）。

185　«profundamente cristiana e hispana（planta）pero con una evidente estética visual emiral y califal（obviamente oriental）en su alzado y ornamentación», (MARTÍNEZ TEJERA, 2005：224).

186　本書第三部参照。

187　(MARTÍNEZ TEJERA, 2011)；IDEM, «La "orientalización ornamental" de la mal llamada «Arquitectura Mozárabe» en el reino astur-leonés（siglos VIII-X）：¿inercial o inducida?», in (711, 2012), pp.221-235.

188　(GUARDIA, 2007a). ほぼ同様の内容で、2004年イタリアのパルマでの国際会議でも発表が成されている。(GUARDIA, 2007c).

189　「モサラベ」たるものを巡る論争は既に述べたので前節を参照のこと。また、10世紀建築の諸問題に直接影響を及ぼさない新説（例えば、アルフォンソ2世の建築とラミーロ1世の建築の関係など）についても既にまとめた。

190　(ALMEIDA, 2001：22-7)；ALMEIDA, F. de, Arte visigótica em Portugal, Lisboa, 1962；REAL, M. L., «Inovação e resistência: dados recentes sobre a antiguidade cristã no ocidente peninsular», IV Reunião de Arqueologia Crista Hispanica (Lisboa, 1992), Barcelona, 1995, pp.17-68.

191　(DOMÍNGUEZ PERELA, 1984；IDEM, 1986；IDEM, 1987；IDEM, 1991；IDEM, 1992；Noack, 1985；IDEM, 1989；IDEM, 1991；CRESSIER, 1984；IDEM, 1991；Coloquio Capiteles, 1990)；CRESSIER, P. & NOACK-HALEY, S., «La sculpture de chapiteaux dans la péninsule ibérique du VIIe au IXe siècle: ruptures et continuités», Coloquio: El siglo VIII. Islam y Occidente, un primer encuentro, Alcalá de Henares, 1993.

192　(MENTRÉ, 1996；CABALLERO & ARCE, 1997；ARCE SÁINZ, 2000；IDEM, 2001；CABALLERO, ARCE & UTRERO, 2003；MARTÍNEZ ENAMORADO, 2004).

193　大きな意見の相違が見られるのは、カバリェーロ一門と西ゴート期を専門とするその他の考古学者や歴史学者との間である。2016年現在、トレド県ロス・イトス（Los Hitos）の西ゴート期の遺構が、アストゥリアスのサンタ・マリア・デル・ナランコと酷似した建築であったという仮説が提唱されており、こうした西ゴート建築文化を否定するカバリェーロ一門との間で大きな論争となっている。CABALLERO, L. & MATEOS, P. (eds.), Escultura decorativa tardorromana y altomedieval en la Península Ibérica, Anejos de AEArq. XLI, Madrid, 2007；RIPOLL, G. & CARRERO, E., «Art wisigoth en Hispania: enquête d'une révision nécessaire», Perspective, La revue de l'INHA, 2009/2, pp.256-276；CRUZ VILLALÓN,

126

M., «El paso de la Antigüedad a la Edad Media. La incierta identidad del arte visigodo», Lacarra Ducay, M. C. (dir.), *Arte de épocas inciertas. De la Edad Media a la Edad Contemporánea,* Institución Fernando el Católico, Zaragoza, 2009, pp.7-45；*El siglo VII frente al siglo VII. Arquitectura, Anejos de AEArq,* LI, Madrid, 2009；(Moreno Martín, 2011)；González Ferrín, E., «El año 711：consecuencias tomadas como causas», *Anales de Historia del Arte,* vol.22, 2012, pp.171-195；(Uscatescu & Ruiz Souza, 2014; *Los Hitos,* 2014).

194 *Rudesindus. O legado do Santo,* Xunta de Galicia, 2007；(*Cien años,* 2009；*Cruce de culturas,* 2016).

195 (*711 DOS MUNDOS,* 2011; *711,* 2012; *Escalada 913-2013,* 2014). 711年関連では他に以下の催しが行われた。 «Jornada conmemorativa del 1300 aniversario del año 711. Choque, síntesis y diálogo de las culturas cristiana e islámica en la España medieval. El surgimiento del Al-Andalus», Universidad Internacional Menéndez Pelayo；«El 711 y otras conquistas: historiografía y representaciones», Universidad de Alcalá de Henares；«Al-Andalus y el mundo árabe (711-2011)：visiones desde el arabismo», Sociedad Española de Estudios Árabes, Granada.

196 山崎弘「スペイン建築に関する研究 1. コルドバ大モスクの建築的考察」『日本建築学会大会学術講演梗概集』1971.11, pp.957-8；Idem「スペイン建築に関する研究 2. モサラベ建築について」前掲書, 1972.10, pp.1395-6；藤本康雄 & 竹内次男「サン・フリアン・デ・ロス・プラドス教会堂の平面構成と尺度」前掲書, 1983.09, pp.2763-4；藤本康雄 & 竹内次男「サン・ミゲル・デ・エスカラーダ教会堂の平面構成と尺度：十六目方眼法と正三角形法の対応」『日本建築学会近畿支部研究報告集計画系』1984.6, p.661f；藤本康雄「サン・ミゲル・デ・エスカラーダ聖堂尺度梯子線刻図再考」『日本建築学会大会学術講演梗概集』2002.08, pp.15-6.

197 イスパノ・ビシゴード建築それぞれの遺構についての問題点を整理した前口良治氏の「初期中世建築の研究」は、『日本建築学会大会学術講演梗概集』の1976年から1983年などに発表された。『日本建築学会大会学術講演梗概集』1976.10, pp.1653-4；同1977.10, pp.1777-8；同1979.09, pp.1833-4；同1980.09, pp.1915-6；同1981.09, pp.2127-8；同1983.09, pp.2761-2.

198 一例を挙げると、*Al-Andalus* というヴィジュアル本がある。初版（1987）では副題が単に「スペインにおけるイスラーム（*El Islam en España*）」であったのが、2002年版では「共存の文化（*Culturas de convivencia*）」に替わっている。*Al-Andalus, Culturas de convivencia*, Lunwerg, Barcelona – Madrid, 2002.

第二部　レオン王国とモサラベ移民

はじめに

　第二部の目的は、イベリア半島北西部で10世紀に興隆したレオン王国の歴史的背景を概観し、その建築が、社会的にどのような状況の中で生まれてきたかを明らかにすることである。ただし、建築史を超えたこの時期の制度・社会・文化史そのものを対象に、その全実体を突き詰めることは本書の範疇を超えてしまうので、以下の点に絞って検討を行うこととする。

　まず、10世紀レオンという時代・場所を歴史的に位置づけることから始めたい。この時代にレオン地方で起こった出来事と大きな流れだけでなく、比較対象や前提条件としての、過去（西ゴート時代）、同時代の他の地域や国家（アル・アンダルス諸地域や半島北東部）、そして11世紀までの歴史を整理する。これは古代から中世への移行という大きな現象の中で、10世紀の建築を位置づけるために欠かすことの出来ない作業である。政治史・軍事史の上での極端に明快な亀裂や断絶は、制度や文化の上では必ずしも顕現しない。建築における計画上、造形上、工法上の特異点にしても同様で、偶発的な要素もあるが、新しい建築が突然あらわれることはまずなく、脈々とした社会的変動の蓄積を前提としていたというのは、10世紀レオンの建築にも当てはまる。

　全体的な流れを整理したところで、次に、10世紀レオン王国の建築に間接的影響を及ぼしうる様々な社会的ファクターについて、より綿密な検討を行なう。建築のプロジェクトには、風土、技術、生産、流通の様相、施主・資財・土地・権力のあり方が大きく関わるし、その形態と表現には、蓄積された経験の維持・発展と、外的要因を含めた新奇性とがせめぎあい、時にそうした表現を通じて政治的な意思表示ともなる。ところで建築を支えているのがこうした社会基盤や経済構造を維持した人的集団だと考えた場合、本書の対象地域は、ある事象によって決定づけられている。その事象こそ、無人化と再入植である。入植地は、完全なる移民社会だったのか。それとも残留した定住民がいたのか。彼らはどこから来て、どのような慣習や伝統を導入したのか。建築を

第二部　レオン王国とモサラベ移民

建てることを命じたのは、建設にかかわったのは、どんな背景・思想・技術を持った人間であったのかを考えるため、まずはこの点について先行研究を整理しつつ、考察する。

　続いて、「モサラベ」という呼称および社会的集団について、またレオン地方におけるアラビア語名の人々について考察を行なう。第一部で触れたように、ゴメス・モレーノが10世紀のスペイン・キリスト教建築を「モサラベ」建築と呼んだ根拠は、これらの建築がアラブ風であることと、これらが建てられたレオンにモサラベがいたことにあった。造形的要素の検討は第三部に譲り、本部では後者の、レオンにモサラベの移民が来て、彼らが建築活動の主体であったという点について、批判的分析を行なう。

　無人化と再入植、そこに関わったモサラベの存在を相対化したところで、本部の最後では、10世紀レオン王国の社会構造、生活、文化、芸術、建設に関わる諸要素、また権力者とそのイデオロギーがどのような姿を見せていたかを整理する。

　政治社会史が語られる多くの場合、芸術や建築は、その中心部分の論理から外されて、本題を説明し終えたところで最後にとってつけたように別扱いされることがしばしばある。そこには、そのような社会でこそ、このような建築が生まれた、という視点もなければ、逆に、文字史料を補完するある種の考古学的史料として建築を、歴史的に再構成された社会像に投影する意図もない。一方、史学のマイノリティーである美術史においては、しばしばそのバックグラウンドを無視して形態類型進化論に終始したり、図像的解釈と結びつけたシンボリズムにより、かなり恣意的な社会像の単純化を行なう傾向があることも事実である。建築の有り様と、その他の表象の有り様（例えばこの時期の、封建制度の萌芽）とは必ずしも直接的因果関係にあるとは言えず、社会史の中での建築の位置づけを正確に記述するのは難しいが、コルドバの大モスクやアストゥリアス時代の一部の建築のように、遺構と史料により、建築と文化、政治と思想が、王権という共通項を介して補完し合う様子が説明されうる場合もある。本部は、こうした省察を踏まえ、建築と社会をできるだけ接近させて見ることを試みるものである。

第1章　イベリア半島の初期中世

> ローマ世界は惰性的に生き延びたのである。しかし、これ
> に取って代るものはなかったし、これに反抗するものも現
> れなかった[1]。

1) ローマ時代のイベリア半島

　イベリア半島全域を決定的に支配した最初の古代文明は、共和政から初期帝
政にむかうローマのそれであった[2]。それ以前の、ギリシアやカルタゴの支配
が、地中海沿岸部を中心とした植民都市への点的な影響にとどまったのに対し、
ローマ文明が、イベリア半島の政治、経済、軍事、技術、言語、美術、そして
建築に渡って極めて重大な刻印を残したことは、その政治的瓦解から数百年を
隔てた10世紀を考えるにあたっても、まず念頭におかれるべき事実である。な
ぜなら、イベリア半島初期中世最大の文明であった後ウマイヤ朝がその礎とし
たのは半島のもっともローマ化した地域であったし、逆にローマ化の度合いが
低いアストゥリアス王国のキリスト教徒勢力が意図的に示したのは、ローマ・
西ゴート時代の遺産に対する極めて保守的な姿勢であったからである。ガリア
と同様に、イベリア半島においても、ローマ性および古代性が真に変容し始め
るのはゲルマン民族侵入時ではなく、イスラーム教徒侵入以降であったが、イ
スラーム帝国のMare Nostrumとなった地中海は、イベリア半島とアフリカ、近
東、コンスタンティノープルなどとの関係を絶つどころか緊密にしたから、イ
ベリア半島はカロリング朝と違い、ローマ時代以来の地中海との密接な関係を
維持するという経緯を辿った。

　最初にごく簡単に、半島のローマ化の過程を整理したい。2度のポエニ戦役
を制し、飛ぶ鳥を落とす勢いのローマが最南部の港湾植民都市カディス（Cádiz,
Gades）を皮切りに半島制圧に乗り出したのが紀元前3世紀末、すでに幾重も
の地中海文明の波に洗われていた南部と東部は、その直後、前197年に制圧さ

133

第二部　レオン王国とモサラベ移民

れ、それぞれイスパニア[3]・ウルテリオール（*Hispania Ulterior*）、イスパニア・キテリオール（*Hispania Citerior*）としてローマの属州となった[4]。ところが、最後の抵抗勢力が残ったカンタブリア海沿岸の制圧の日付は前19年、すなわち半島全体が「完全に」ローマ支配下に入るまで、実に2世紀という長い期間がかかるのである。ガリアがカエサルによって8年で制圧されたこととと比較すると、これは半島の地理的かつ社会的分割構造を反映しているといえる。その間、ずっと戦争状態だったわけではないが、前133年に小スキピオとの苛烈な攻城戦に破れ、凄惨な最後を迎えたヌマンシア（Numancia, *Numantia*）のような、先住民のケルト・イベリア人やルシタニア（Lusitania）人による強い抵抗がしばしばあった。そして、バルベーロ（A. BARBERO）とビヒル（M. VIGIL）が明らかにしたように、カンタブリア山脈を中心とした半島北部・北西部の、カンタブリア人、バスコニア人、アストゥール人は結局、ローマ帝国が実効性を保っていた間、一度もその完全なるコントロール下に入ったことはなかったのである（BARBERO & VIGIL, 1974）。

　ローマ・スペインは帝国の隆盛を享受したが、その瓦解もまた共有する。ゲルマン民族によって息の根を止められる以前から、求心力を失った都市の衰退、農民の反乱、青銅貨がもたらしたインフレーション、権力争いの激化が、すでにその体制の耐久力を奪っていた。2世紀ごろから、農業から手工業までを自給でき、自衛のための私兵も備えた、大土地所有者が経営する農村集落的なウィッラ（villa）が発達し、大地主と彼らに依存するひとびとが共に都市を離れていく。傭兵による軍隊は異民族の侵入を止められず、3世紀末から西ローマ帝国の滅亡まで、エブロ川周辺ではバガウダ（bagauda）と呼ばれる下層民（一説にはバスコニア人）の暴動が相次ぎ、時にはその鎮圧に西ゴート族が雇われた。4世紀に帝国全体が一旦持ち直したとき、都市は城壁で囲い込まれ、ストラボンが称えたオリーブオイルの輸出は激減しており、公共建築から個人邸宅へと権力者の関心は移っていた。しかし、迫害を乗り越えてキリスト教化しはじめていた半島に、国教化とともに新たなローマ文化の旗手となったカトリック教会組織が浸透していくのはまさにこの時期で、民衆が言葉や習慣の点でローマ化していた度合いも考慮すれば、ローマ衰退時に半島のローマ化は成熟期にあったのである。制度上のローマと社会全体のローマ化にタイムラグがあることはしばしば指摘されている。ローマ末期のカタストロフィーを描写した史書は大土地所有者のローマ貴族や高位聖職者の立場を代弁しているにすぎず、

134

ローマ文明は縮小再生産を迫られながら存続していたのであり、ゲルマン民族はその存続をむしろ助けたのである[5]。

　全盛期のローマ・スペインは、他の帝国植民地と同様に、都市にその文明を集中させた。半島のローマ化によって、イタリアを初めとする帝国下各地から移民が増加し、また新たにバレンシア（Valencia, *Valentia Edetanorum*）、サラゴサ（Zaragoza, *Caesar Augusta*）、イタリカ（Itálica, *Ithalica*）、メリダ（Mérida, *Emerita Augusta*）、タラゴーナ（Tarragona, *Tarraco*）、ブラーガ（Braga, *Bracara Augusta*）などが建設され、ローマ都市にはお決まりのグリッド状街区、神殿、公共施設、水道設備が配された。背景に奴隷労働を前提とした灌漑農業、鉱業等の発達があり、僅かなパーセンテージを占める都市の住民が、大多数の農民の生産力に頼っていたという構図は、他の植民地都市の姿とかわりない（PICARD, 1966: 10）。特にグアダルキビル川沿いの現在のアンダルシア地方については、ストラボンがその地誌の中で、豊かな収穫、地の利を生かした穀物・酒・オリーブオイルなどの輸出、造船業、漁業、鉱業などを挙げて褒めちぎっている（ストラボン：248-252）。

　ローマ都市（あるいはローマ時代に引き続き栄えた都市）のあるものは古代末期に衰え、あるものは中世を通じて重要性を保ち続けた。セビーリャ郊外の退役軍人のための植民都市イタリカは、ローマと栄枯を共にした典型例である。最もローマ化していた部分は、西ゴート期に衰えながらもその文明をとどめ、イスラーム諸勢力によって引き継がれ、セビーリャ（Sevilla, *Hispalis*）、コルドバ（Córdoba, *Corduba*）、トレド（Toledo, *Toletum*）、メリダ、サラゴサといった都市がイスラーム都市としてその重要性を保ち続けた。が、イベリア半島北西部における、ローマによって設立されたレオン（León, *Legio VII Gemina* または *Legio VI Victrix*）、アストルガ（Astorga, *Asturica Augusta*）、ルゴ（Lugo, *Lucus Augusti*）といった元軍事拠点や行政的中心は、9‐10世紀の再入植時に軍事的占拠・政治的再統合の対象となっており、これらローマ都市が、西ゴート期から後ウマイヤ朝期のある時点において政治的に実質放棄され、経済的に衰退していたことが読み取れる。また、クルニア（*Clunia*）のように、軍事的拠点として再度歴史の表舞台にあらわれても、結局再び都市として復興することはなかった拠点もある[6]。

　都市がその活力を失ったあとも、ローマ帝国によって構築された都市と都市を結ぶ道路体系は、中世を通じてその有効性を失うことはなかった。中世末期

第二部　レオン王国とモサラベ移民

に至っても、軍隊の移動にはローマ道が用いられていたことからは、初期中世における主要な陸上の人的・物的移動が、いかにローマ道に依存していたかが推し量られる。アウグストゥス街道はカディスからローマへ至り、セビーリャはアストルガからいわゆる「銀の道」で結ばれていた。「銀の道」の歴史は古く、ローマ介入以前に、北西スペインで産出する銀をカディスから船に積むために作られたものである。初期中世の戦争や入植が、特にこの銀の道と、東西方向のレオン—サラゴサ間の動脈によっていかに規定されていたかは、繰り返し言われてきた事実であるが、例えばイスラーム教徒軍の征服ルートは明らかにローマ道に沿って展開された[7]（fig.2-6参照）。

　ラテン語化は急速に進み、他の点でのローマ化と同様に、早くから南部、東部では唯一の言語となった。ガリアでは通訳が必要だったカエサルも、コルドバやセビーリャでは不要だったといい、また文法学者アルテミドルス（Artemidorus Ephesius）やストラボンは、バエティス川（Baetis）流域の住民の生活様式は「完全にローマ風」のものへと変わり、「自分たちの話し言葉ももはや記憶して」おらず、「全員がローマ人だといってもほとんど差支えないくらい」だとコメントしている[8]。帝政初期には、コルドバが輩出したセネカ（Seneca）父子を初めとする文人、中期には五賢帝のうちの2人、母方がスペイン系とされるイタリカ出身のトラヤヌス（Trajano, Traianus, 53‐117）、両親がやはりイタリカ出身のハドリアヌス（Adriano, Hadrianus, 76‐138）、末期にはキリスト教を国教化したテオドシウス1世（Teodosio, Theodosius I, 347‐395）や、古代文化の教養を身につけたキリスト教詩人プルデンティウス（Prudencio, Prudentius, 348‐c.410）、ゲルマン民族侵入の時代を伝える史家ヒダティウス（Hidacio (Idacio), Hydatius, c.400‐c.469）、オロシウス（Paulo Orosio, Paulus Orosius, c.385‐c.420）などがイスパニアから出た。

　一方、ストラボンが「山岳民」と呼んだ、カンタブリア山脈周辺の民は、男も髪を伸ばし、どんぐりを食べ、ワインの代わりにビールを飲み、オリーブオイルの代わりにバターを使う、気性が荒い民で、盗賊行為を行なっていたと記録されている（ストラボン：265-7）。この記述からは、ストラボンが生きた帝政初期における、ローマと非（前）ローマ、文明と非文明、都市と田舎という二項対立が鮮明になるが、そうした文化的差異は、その後アストゥリアス王国黎明期の8世紀初頭まで部分的に存続したと考えられている（Barbero & Vigil, 1974; Mínguez, 1989：124-7）。

136

第1章　イベリア半島の初期中世

帝政時代の都市公共建築や神殿などの公的芸術は、メリダ、タラゴーナ、コルドバ、イタリカなどローマ化の最も進んでいた地域に多く見ることが出来る（fig.2-1）。これらは基本的にローマ帝国全体に共通の造形言語に従っていたが、古代末

fig.2-1　メリダ、ローマ劇場

期にそれが崩れたときに現れたのがより大衆的で土着的な形態であった。タラゴーナの円形闘技場内に作られた教会堂跡に見られるように、初期キリスト教時代にはローマ時代の大規模な建築活動を支えていた公権力が弱体化し、既存の建造物の転用や再利用が主となっていった。その後の破壊やスポリアによって、ローマの支配体制が崩れる古代末期の建築で現存しているものはわずかで、サンセイャス（Centcelles）のウィッラは例外的な存在である[9]。

半島のローマ化は、西ローマ帝国滅亡から500年の時を隔てた10世紀を考える際にも大きな意味を持つと考えるべきである。政治・軍事史から見れば、その間、「ローマ」は2度息の根を止められている。最初にゲルマン民族によって、そしてイスラーム教徒によって。しかし、ローマ時代に定着した言語や法、宗教はその後も保たれた。短い期間でも文化的な背景が整えば、セビーリャの聖イシドルスのような奇跡的な輝きが生まれた。奴隷と貿易に支えられた消費都市の貨幣経済は、仮死状態からイスラーム下で息を吹き返した。芸術・建築も、才能と権力と富の余剰とが幸運なる邂逅を果たすたびに復活し、各時代・地域毎に全く孤立しているように見える作品を生み出してきたのである。イスラーム建築は特にアブダッラフマーン2世期から徐々にその独自性を開花させていったが、半島内で最もローマ化した地域に根ざしていたこともあり、決定的なオリエントの影響を反映した10世紀以前にはむしろ保守的な古典性が勝っていた。

一方、のちにキリスト教徒勢力の牙城となった北西部はどうであろうか。大西洋岸まで届いたウルテリオール州は、ローマ共和国による半島征服時代の末期、新たにメリダを州都とするルシタニアと、コルドバを州都とするバエティ

137

第二部　レオン王国とモサラベ移民

カに分割されたが、キテリオールの方は、北東沿岸部のタラゴーナを州都とし
たまま、タラコネンシス（*Hispania Citerior Tarraconensis*）という、現在のカタ
ルーニャからガリシアまで含んだ大きな行政区分のまま維持された。ディオク
レティアヌス（*Diocletianus*, 284–316在位）の治世になって初めて、北西部の下
部区分であったガラエキア（Gallaecia, *Callaecia*）がタラコネンシスから分割さ
れることになった。区分の順序や大雑把さでも明らかなように、ここは比較的
ローマ化の度合いが低かった場所で、カンタブリアの民はローマから西ゴート
時代にかけて野蛮人と捉えられていた。またガラエキアには、ローマ以前のケ
ルト民族の足跡が、その地に無数に残るカストルム（castrum）と呼ばれる居住・
防衛拠点によって、半島の他の地域よりも多く残されており、こうした拠点は、
初期中世に入っても活用されている（SAYAS & GARCÍA MORENO, 1981:76；ドミンゲ
ス・オルティス, 2006:3）。のちにスエヴィ族の統治も経験するこの地域は、半島
のそれ以外の部分とは異なって、こうしたローマ時代以前の文化が根強く残っ
ていたようである。一方、ローカルなものに適応した、ローマ性というよりは
むしろ古代性とでもいうべきものが、古代末期から初期中世にかけての社会的
衰微の危機を越えて、10世紀ころまで継続していたことは、近年多くの中世研
究者によって指摘されている。

2）西ゴート時代

　ローマ帝国が東西に分裂し、その西半分が内乱で疲弊しきっていた時代、
409年以降イベリア半島に侵入し、そこで単なる略奪行為を超えた一定の定
住・支配行動を起こしたのが、ヴァンダル、スエヴィ、アラン、西ゴートのゲル
マン諸部族であった。このうち西ゴート族の移住は5世紀末から本格化し、507
年春にポワティエ近郊のヴイエ[10]（Vouillé）の戦いでフランク族に敗れてガリア
での基盤を失った後、メセタ中北部に本格的に居を構えることとなる。6世紀
後半には中興の祖レオヴィギルド（Leovigildo, *Leovigild*, 568–86在位）があらわ
れ、その息子レカレド（Recaredo, *Reccared*, 586–601在位）とともに、イベリア半
島をその明確な領域となす初の統一国家、西ゴート王国の礎を築き、7世紀前
半はその最盛期となった。トレドを首都と定めたこの時期、現在のガリシアに
あたる北西部に陣取ったスエヴィ族を滅ぼし（585年）、南部を占領していたビ
ザンティン軍を破って領地を奪回し（628年）、古代末期あるいは最初期中世の

138

第1章　イベリア半島の初期中世

1. Pamplona; 2. Tanñe (Soria); 3. Suellacabras (Soria); 4. Deza (Soria); 5. Villel de Mesa (Guadalajara); 6. Palazuelos (Guadalajara); 7. Alarilla (Guadalajara); 8. Daganzo de Arriba (Madrid); 9. Madrid; 10. Madrona (Segovia); 11. Torrelaguna (Madrid); 12. Sebulcor (Segovia); 13. San Miguel de Noguera (Segovia); 14. Espirdo (Segovia); 15. Ventosilla y Tejadilla (Segovia); 16. Duratón (Segovia); 17. Siguero (Segovia); 18. Castiltierra (Segovia); 20. Osma (Soria); 21. Hinojar del Rey (Burgos); 22. Ortigosa de Cameros (Logroño); 23. Albelda de Iregua (Logroño); 24. Avellanosa del Páramo (Burgos); 25. Herrera de Pisuerga (Palencia); 26. Padilla de Arriba (Burgos); 27. Villajimena (Palencia); 27 bis. Amusquillo de Esgueva (Valladolid); 28. Piña de Esgueva (Valladolid); 29. Castillo Tejeriego (Valladolid); 30. Sacramenia (Segovia); 31. Zarza de Granadilla (Cáceres); 32. Diego Alvaro (Avila); 33. Santa María de la Cabeza (Avila); 34. El Carpio de Tajo (Toledo); 35. Azurán (Cáceres); 36. Tierra de Barros (Badajoz); 37. Cerro Muriano (Córdoba); La Guardia (Jaén); 39. Brácana (Granada); 40. Marugán (Granada); 41. Jávea (Alicante); 42. Coscojuela de Fontova, Montecillas (Huesca); 43. Ampurias (Gerona); 44. Estagel (Rosellón, Francia); 45. Alburquerque (Badajoz).

fig.2-2　西ゴート時代のネクロポリス分布図

　西ヨーロッパで最も確実な国家体制を築き上げた[11]。西ゴート王国の政治体制は、建前上、半島全体に及んだが、ゴート族の民衆は主としてカスティーリャのメセタ地域を拠点としていたらしく、ゴート系のネクロポリスをプロットした地図（fig.2-2）からは、セゴビア周辺を中心としてパレンシア―トレド―カラタユッドを頂点とする逆三角形型の集住の分布をはっきりと見ることが出来る（PALOL & RIPOLL, 1988:237-8）。また、人名・地名などからもゴート系が多いことが明らかとなっている（ORLANDIS, 1988:194）。注目したいのは、その周辺がサンチェス・アルボルノス（C. SÁNCHEZ-ALBORNOZ）の言う「無人化」地域東部にあたり、再入植の時代には「ゴートの平野（Campi Gothorum）」と呼ばれたことである[12]。こうした記憶がアストゥリアス王国時代まで継承され、西ゴート「復興」というイデオロギーと結びついていく。ただこの地域もゴート族の排他的居住地であったわけではなく、またそのほかの地域では基本的には分散して居住し、先住民と同化していったとされる（Las Españas Medievales, 2001:12）。

139

第二部　レオン王国とモサラベ移民

絶え間なきクーデターの嵐に象徴され、不安定な寡頭体制の支配者交代システム。破綻した古代の政治経済システム。民族的紛争と領土侵犯が絶えないこの時期の王朝として、西ゴート王国が多くの不安要素を抱えていたのは周知の事実である[13]。が、同時に、セビーリャの聖イシドルスを筆頭に、ローマ帝国崩壊以後カロリング朝以前の西欧で最も重要な文芸活動が展開されたことや、そもそもこうした少数の支配者層が、多様な民族を抱え地理的に細分化された広範なイベリア半島において、実質300年近い間王朝政治を取り仕切ったことは、他の欧州諸地域でのゲルマン王朝の状況と比較して評価されるべきであろう[14]。

西ゴートの遺産として最も重要なのが、民族にかかわらず王国に在住する臣民全て[15]に適用される属地法の出現である。王国内の法律は、それまで支配層の西ゴート族に適用されるゲルマン法と被支配層のイスパノ・ローマ人の為のローマ法とに分かれていたが、654（652?）年にレケスウィント（Recesvinto, *Recceswinth*, 653‑672在位）によって発布された「西ゴート法典（Liber Iudiciorum / Lex Wisigothorum）」はこれを統合した。その後もこの法は、イスラーム下に残ったキリスト教徒の間で効力を失わなかった。イスラーム教徒はイスラーム法で裁かれたから、アル・アンダルスでは同じ法が属人法に戻ったということになる。また、北方キリスト教諸国では公式に復興・採用され、のちのカスティーリャのフエロ・フスゴ（Fuero Juzgo）やカタルーニャのイブラ・ダルス・ジュッジャス（Llibre dels jutges）に発展していった（*Las Españas Medievales*, 2001：39）。

レオヴィギルド王は、東ローマの帝王の表徴を大々的に採用し、王冠、玉座、特別な衣裳を使用し、息子の名を取ってレコポリス（Recópolis, *Reccopolis*）という都市を新造し、初めて自らの肖像と名を刻銘した貨幣を鋳造するなど、その権力の視覚化に努めた。その息子レカレドはカトリックに自ら改宗し、第3回トレド公会議（589年）においてカトリックを国教とすることで半島の少なくとも建前上の融合を実現し、ここにトレドを政治・宗教上の中心とする、半島の独自性が開花していくことになる。教会組織はこの名高いトレド公会議の回を重ねるにつれ、徐々にローマとの関係よりも半島内ヒエラルキーを重視するようになる。のちにモサラベ典礼という誤解を招く呼称で通るようになるイスパニア典礼が発達したのもこうした環境下であった。司教座の分布を見ると（fig.2-13参照）、のちにアストゥリアス王国が形成される地域が教会組織の真空地帯であるのに対し、西ゴートよりも早くカトリック化した旧スエヴィ王国のガラエキア西半分に、ブラーガを中心に多くの司教座が集中しているのが

140

見てとれる。ガラエキアはマルティヌス（Martín de Braga）やフルクトゥオスス（Fructuoso de Braga）、ウァレリウス（Valerio del Bierzo）などの聖人を輩出し、修道院の発達においても半島で随一であった（Torres López, 1963：295-6 & 323-4；Orlandis, 1988：323-5；Palol & Ripoll, 1988：108）。このことと、ガリシアの「無人化」の度合いがサンチェス・アルボルノスが考えていたよりも遥かに低かったという近年の研究成果（López Quiroga, 2004）は、再入植期の社会に果したガリシア地方の役割について、再認識を迫るものである。

　西ゴート期の経済的状況に対する評価は様々であるが、ローマ時代に比較すれば確実に衰退していた半島西ゴート王国の最盛期である7世紀の貨幣経済、交易、都市のどの状況も、他の西欧諸国と比べれば遥かにローマ時代の余力を保っていたと考えて間違いがないと思われる。基幹産業はローマ時代と同様に農業で、労働は古代以来の奴隷制に支えられながら、封建制の萌芽と見なされるような小作民と領主の関係もあった。

　商業が衰退の一途を辿っていたことは疑いようのない事実であるが、7世紀に明らかな衰えを見せるまでは他の地中海地域、特に北アフリカとの交易が盛んで、メロヴィング朝とのやりとりも西ゴート貨幣の流通やコルドバの革製品についての言及などから証明されている。主な輸出品はローマ時代と同様に穀物、金属、塩、ワイン、酢、蜂蜜、オリーブオイルで、輸入品は絹や宝石などの高級品で、これを支えていたのは権勢を誇るカトリック教会であった。しかしビザンティン、ヴァンダル、アラブ・イスラーム帝国の台頭などによって打撃を受けた海上交通の衰微は、年を追うごとに顕在化した。ブラウンによれば、地中海の端から端までの輸送コストは75マイルの陸上輸送のコストと同程度だという。貿易を遮断された地中海世界の各地域がそれぞれの自律性を強めていくのは当然の成り行きであったといえよう（Torres López, 1963：170-1；Orlandis, 1987：183-9；ローマックス, 1996：16；ブラウン, 2002：5-6；スペイン史1, 2008：66）。

　貨幣は、コンスタンティヌス帝の定めたソリドゥス金貨（Solidus）を基本単位としていたが、実際に西ゴート王国政府自らが鋳造したのはその3分の1の価値を持つトレミシス（Tremissis）で、これも東ローマに倣ったものであった。それ以外の銀貨や青銅貨はローマのものを使用した。貨幣の流通量はわずかなものであったが、西ゴート法典と、後のレコンキスタの時代の文書を比較すると明らかなように、前者ではソリドゥスによる価格を現物で支払うといくらにな

141

第二部　レオン王国とモサラベ移民

るかというレートが書かれておらず、貨幣の流通を強制するような記述もあることから、古代末期の貨幣制度がかろうじて息を継いでいた状態であると考えられる。鋳造は全国60ヶ所の造幣所で行なわれ、特に北西部ガラエキアに集中していたが、これは金の産出地であったことと関係しており、必ずしも経済的活動のバロメータにはならないようだ（fig.2-12参照）。また、北部山岳部族に対する拠点となった一連の防衛拠点に貨幣鋳造所が位置していたのは、軍閥が税の取立てを代行していた証拠で、封建化が始まっていたことを示しているという意見もある。7世紀に18K程度だった金位が末期には低下し始め、ウィティザ治下では10K以下にまで落ち込んだという[16]。

　法典と並ぶ西ゴート時代のもう一つの成果は、首都トレドを中心に花ひらいた文芸復興運動である。トゥールのグレゴリウス（*Gregorius Turonensis*, -594）、教皇グレゴリウス1世（*Gregorius Magnus*, -604）らが没し、ベーダ（*Beda Venerabilis*, -735）が登場するまでの西欧の7世紀は、文化・文学的に不毛の時代であったとされるが、その中で燦然と輝くのが、古代的知識の中世への橋渡し役であるセビーリャの聖イシドルス（Isidoro de Sevilla, *Isidorus hispalensis*, c.560-636）である。イシドルスは、彼の弟子たちと共に、西ゴート王国の絶頂期において、古代末期の文化的潜在能力がいかにイベリア半島に持続していたかを示している[17]。599年に兄レアンデル（Leandro, *Leander*）をついでセビーリャ司教となったイシドルスが、カトリック国教化を達成した589年の第3回トレド公会議や、西ゴート族政体とイスパニア教会組織の連携が決定的となった633年の第4回などに見せる積極的な政治性や、『ゴートの歴史（*Historia gothorum*）』序文のイスパニア賛歌（*De Laude Hispaniae*）にほとばしる愛国主義なども興味深いが、ローマ古典文学への傾倒や、とりわけ『語源誌（Etimologías, *Etymologiarum*)』に見られる古代の知識への拘泥こそが、その混乱気味の内容も含めて西欧文化史上きわめて重要である[18]。

　数多くの宗教書、歴史書と並んでイシドルスが書いた全20巻からなる百科事典『語源誌』は、後にラバヌス・マウルス（*Rabanus Maurus*）が模倣した事実が明らかにするように、半島内にとどまらず西欧中世文化の形成に多大な影響を及ぼした「古代最後にして中世初の大百科事典」（VELÁZQUEZ, 2004:233）である。失われた古代文化を記した書物からの文字情報や、変容した社会の現実に合わせたイシドルスの新しい解釈が混じり合ったこの作品には、イシドルスの興味の幅、あるいは偏りの様相を感じとることができる。イシドルスが体現

142

する古代末期的文化は初期中世の暗黒時代のイメージとはおよそかけはなれているが、彼の作品の内容やコンセプトが多くの点で後世に継承され、10世紀になっても、レオン王国の文化のある部分が、イシドルスの『語源誌』の内容と照合可能であることも指摘しておきたい。イシドルスの建築解釈などその他の注目すべき点は、第三部第5章でも検討の対象としたい。

　文筆家としてのイシドルスに対する評価は概して低く、創造性の欠如や、その役割があくまでも古代の遺産の編纂と伝達にとどまったことが指摘されてきた。イシドルスはアウグスティヌスを「利用し、崇拝し、模倣」し（Díaz y Díaz, 1976：148）、自身がローマ文化の中にあることを夢想していた。弟子のブラウリウス（Braulio, *Braulius*）が彼を称揚して「まさに古代から来たようだ」と述べたのも、当時の文化人のレトロスペクティヴな態度をよくあらわしている（Menéndez Pidal, R, 1940：xxxvii）。しかし、理想化された古代文化の夢とイシドルスの生きた現実とのギャップは否応なく広がっていた（Díaz y Díaz, 1976：149；ブラウン2002：172；ドミンゲス・オルティス, 2006：29 & 82）。

西ゴート時代の評価

　こうした西ゴート時代の社会・文化レベルをどのようにとらえるかによって、711年以降のイベリア半島の文化と社会への後世の評価は大きく変わってくる。この評価の格差は実際、驚嘆に値するものである。西ゴート時代に対する批判は、ローマ時代とイスラーム時代の前後両方からなされる。ローマの確立した体制に乗っかって何ら革新に寄与せず、イスラーム統治時代のような、社会・文化を決定的に変容させる影響を何も残さなかった、と評されるのである。アラブの征服が地中海の役割を活性化し、西ゴート時代までに衰退した社会を復興させたという考えは、アル・アンダルスの社会的活況を鑑みれば当然の解釈である（ドミンゲス・オルティス, 2006：36-7）。

　こうした見方の根拠の一つとして、西ゴート王国が、711年にウマイヤ朝正規軍のジブラルタル上陸を許し、短期間であっけなく滅び去ったことが挙げられる。この歴史的事件を、敗北者側であるキリスト教徒年代記記者たちは、罪悪に対する罰と解釈し、その原因を王族の一部のモラルの低下やユダヤ人の裏切りなどに帰した。一方イスラームの歴史家たちは、イスラーム帝国の軍事的成果の素晴しさに対する敗者の軟弱さを強調した。現在、その崩壊に寄与したとされる西ゴート王国が抱えていた内部的要因は、政治的不安定、反ユダヤ政

143

第二部　レオン王国とモサラベ移民

策に結びついた経済危機、疫病、不作と飢饉、奴隷の逃亡による耕地放棄と治
安低下等、枚挙に暇なく、そのほか末期的症状のバロメータとして、自殺増加、
貨幣の質の低下、聖職者のモラル低下等が語られる[19]。ただしこうした政体末
期の惨めな様子が必ずしもその統治期全体を現しているとは言えず、ローマッ
クス（D. W. LOMAX）が指摘しているように、滅亡の様子をこれほど詳細に著し
た史料すら残っていない他の西欧諸国が、西ゴート王国より健全な国家体制を
保っていたと考えるべきではないだろう（ローマックス, 1996：21-2）。

　部のスペイン・イスラーム文化の研究者によれば、西ゴート王国はそもそ
も独自の文明というものをほとんど持ち得なかった、文化的に貧しい時代であ
り、その文化はアル・アンダルス社会の形成にほとんど貢献し得なかったとい
うことになる（LÉVI-PROVENÇAL, 1950：3-6；TORRES BALBÁS, 1957：333；ワット, 1980：
211）。これはある程度真実ではあるのだが、アラビア文化研究者とヨーロッパ
中世史家の用いる史料の違いによるところも大きい。グリック（Th. GLICK）は
719年のアル・アンダルスにおける橋の修復エピソードを取り上げて、西ゴー
ト時代は橋も直せなかったと一般化したが、コリンズ（R. COLLINS）は同じ史料
内で712年にその橋を渡っていると書かれていることを示した上で、グアディ
アーナ川（Guadiana）にかかる橋が西ゴート時代に直されたエピソードは「ロー
マ人が橋一つ直せなかったことを意味するだろうか」と皮肉交じりに反論して
いる（GLICK, 1979：31；COLLINS, 1989：185）。またコリンズは8世紀史に関して泰
斗レヴィ・プロヴァンサル（Evariste LÉVI-PROVENÇAL, 1894-1956）がラテン語史料
を1つしか用いなかったことを批判し、年代的には大きく遅れるアラビア語年
代記の情報に対する取り扱いに慎重な態度を要求している（COLLINS, 1989：1-8）。

　こうした評価がある一方で、西ゴート時代の研究者はもちろん、8世紀以降
の北部キリスト教王国、またイスラーム治下のキリスト教徒であるモサラベを
含めた、中世ラテン語文化圏の史家、文献学者が口をそろえて主張するのは、
西ゴート時代の文明とその持続的な影響力の重要性である。内輪もめをして非
常に不安定だった王権と、その支え手である寡頭のゲルマン民族の人類学的寄
与という点から見れば、確かに西ゴート族による半島への新しい外部的影響は、
ローマ時代、イスラーム時代よりもかなり小さいと言ってよい[20]。しかしなが
ら、この時代の意義は、単なるゲルマン民族のもたらしたゲルマン民族的要素
というよりは、ローマの遺産を受け継ぎ、特にイシドルス・ルネサンスと呼ば
れるほどの知の復興を、カロリング朝に1世紀から2世紀も先立って成し遂げ

144

たことにあるのである。つまりそれは、支配者層である西ゴート族のエスニックな影響とは殆ど無縁の、イベリア半島におけるローマ＝キリスト教文明の残滓と言うべきものである。ビザンティン帝国を除く旧ローマ帝国内が急速にその文化遺産の継承能力を失っていく中、イベリア半島では、教会組織が中心となってその文化性を脈々と引き継いでいたのである[21]。また一部の研究者は後期帝政時代からの連続性を強調する一方で、西ゴート社会に原始封建制を見出している（SAYAS & GARCÍA MORENO, 1981：279-281；MANZANO MORENO, 2010：78-84）。

3）711年

西ゴート王国は、わずか3年でイスラーム勢力の手中に落ちる以前から、天災、飢饉、疫病、都市・貨幣・商業の衰退、法の効力や軍隊の士気の低下など、完全に末期症状に陥っていた。それはゴート人貴族の権力抗争の様子からも、ユダヤ人や逃亡奴隷に対する措置などを記した教会会議議事録からも、後世の年代記からも、そして3年で陥落したという事実それ自体からも、うかがい知ることが出来る。

710年にウィティザ（Witiza, *Wittiza*）王が没し、ロデリック（Rodrigo, *Roderic*）王がついた。西ゴート王国の内紛は急速に深刻化しており、ロデリックがバスコニア人鎮圧のためパンプローナ方面へ遠征していた711年（ヒジュラ92年）、イフリーキーヤ[22]（Ifrīqiya）総督ムーサー（*Mūsā b. Nusayr*）麾下の、ターリク（*Tāriq b. Ziyād*）率いるベルベル人を主体とするイスラーム教徒の軍団がタンジェより半島に上陸したことにより、歴史は決定的局面を迎えた。西ゴート王ロデリックは半島南部における緒戦で完敗し、歴史から姿を消す[23]。712年にはムーサー自らが半島に入り、セビーリャ、メリダを攻略する。分裂状態になっていた西ゴート王国各地の各勢力を、ときに武力によって、ときに協定によって服従させていく征服軍の動きは迅速で、713年にムーサーによってトレドも制圧、エギカ王（*Egica*）の息子でウィティザの弟オッパ（*Oppa*）に与していた貴族たちが処断されると、直後にターリクとムーサーはダマスクスへと帰途へ付き、第一次征服活動はわずか3年で終わった。ここに、西欧におけるイスラーム教国の代名詞、アル・アンダルスが誕生し、王朝の分裂・交替を繰り返しながらも800年近くの長きに渡るその歴史の幕を開いたのである[24]。

711年という年を境に、イベリア半島は、政治・軍事的には、イスラーム帝

145

第二部　レオン王国とモサラベ移民

国の北アフリカ属州イフリーキーヤの一部に組み込まれる。しかし実際に、こうした政治的な断絶・変化が、社会に大きなインパクトを残し始めるのは、コリンズが観察したように、8世紀の中葉であった（COLLINS, 1989：Preface）。文化的にも、ディアス・イ・ディアスが指摘しているように、征服直後には何も変わるものはなかった（DíAZ Y DíAZ, 1976：205）。

　ヨーロッパ方面でのイスラーム帝国拡大にブレーキをかけたのは、732年ポワティエの戦いのカール・マルテル（Karl Martell）に対する敗北であった。これを契機にウマイヤ帝国がすでに征服した地域の統治に目を向け始めたのである。740年にはベルベル人の大規模な叛乱がイフリーキーヤでいっせいに勃発、その宗派的な連帯に加え、アラブ人により独占された富と権力に不満を抱いていた半島のベルベル人も呼応し、内乱状態になる。鎮圧のためにシリアから正規軍が送り込まれ、鎮圧後今度はスペイン総督を殺害して半島に居座った彼らはシリア人（al-Šāmiyūn）と呼ばれ、先着のアラブ勢力（al-Baladiyūn, 土地者）と軋轢を引き起こす。また彼らは、ウマイヤ朝の生き残り、アブダッラフマーン1世（'Abd al-Rahmān ibn Mu'āwiya al-Dājil）がのちに半島に政権を樹立する布石ともなった。一方、メセタ北部では、内乱の傷も癒えないうちに折悪しく飢饉に見舞われ、さらにアルフォンソ1世らによる略奪行為に遭って、遂にはそこに住みついていた多くのベルベル人がいっせいにそこを引き払うという結果となった。ドゥエロ川流域無人化の要因の一つとされる事件である（ローマックス, 1996：24-5；安達, 1997：43-44；Edad Media, 2005：72）。

　しかし何といっても8世紀中葉最大の事件は、750年にアッバース朝のクーデターによってダマスクスのウマイヤ朝が滅亡したこと、それに伴って、ベルベル人の母を持つウマイヤ家の王子アブダッラフマーンが、北アフリカを経由して755年に内部対立で混迷する半島入りし、翌756年コルドバに後ウマイヤ朝政権樹立、26歳で初代アミール[25]となったことであろう。763年には貨幣の鋳造を始め、764年にはトレドをコントロール下に置き、8年後にはセビーリャを掌握した。アミール宣言は半島内の敵対勢力鎮圧の終結ではなく始まりを告げているのであり、これ以降アミールは、メリダ、メセタ中央部、エブロ川流域、ピレネー方面を少しずつ鎮圧して行く[26]。彼の治世前半は反乱分子の鎮静化に追われたが、政体が安定すると、税制を強化し、アフリカなどで徴用した傭兵で構成した軍備を整えてその覇権を確立した。現在残るコルドバの大モスクの最初の建設が行なわれたのは、治世も末期になった785年ごろのことであ

る。以下、10世紀までのアル・アンダルスの状況と、後ウマイヤ朝の動向について概要を述べる[27]。

4）アル・アンダルス

　アル・アンダルス（Al-Andalus）とは、中世イベリア半島において、イスラーム勢力下にあった地域を示す。現在のアンダルシア地方（Andalucía）の語源となった地名であるが、アラブ人たちにアル・アンダルスとそもそも呼ばれるようになった由来については、ヴァンダル族に由来するなどとする諸説はあるもはっきりしない。716年に鋳造された貨幣はラテン語、アラビア語のバイリンガルで、ラテン語でイスパニア、アラビア語でアル・アンダルス国とその領土を呼んでいる[28]。

　後ウマイヤ朝創始者のアブダッラフマーン1世（756-788在位）以降は、その曾孫で同名のアブダッラフマーン2世（822-852在位）、同3世（912-961在位）、そしてその息子アル・ハカム2世（Al-Hakam II, 961-976）の治世における繁栄が重要であるが、出来事だけを追えば、その大半は反乱と裏切り、それに対する遠征と討伐に明け暮れており、脆さや不安定さが目につく。一方で、その社会の有様に注目すると、封建制による軍事国家を形成していく北方のキリスト教諸国との抗争の傍ら、当初の部族的な政治体制から、アッバース朝がペルシアから受け継いだような専制的な性格を徐々に発達させた（ワット、1980：21）。また、詩やイスラーム学、天文学や医学、灌漑技術、海運、工芸品とその交易などのあらゆる面で、非常に高度な、キリスト教国とは大きく異なった文明を形成していったことがあきらかとなる。

　アブダッラフマーン1世没後、トレドにおいては797年の「掘割の変」（Jornada del Foso）、コルドバでは818年のアラバル（郊外）の乱（Jornada del Arrabal）などのモサラベとの軋轢があり（Lévi-Provençal, 1950：103-4；Fontaine, 1978：17-8；ワット、1980：41-2；Edad Media, 2005：82-3）、またフランク王国軍によるバルセロナ征服（801年）、そして諸侯の謀反などでコルドバ・後ウマイヤ朝政権の力が弱まるも、アブダッラフマーン2世からその息子のムハンマド1世（Muhammad I, 852-886在位）の時代には持ち直し、メリダの反乱を制圧して835年にアルカサーバ（Alcazaba de Mérida）を建造して監視を強化、ノルマン人の襲来（844年）や、コルドバのモサラベ殉教運動（850年代）などの危機に対

147

第二部　レオン王国とモサラベ移民

して比較的有効な対処をすることが出来た時期である。827年にはシチリア島の占領に成功しており、またビザンティン帝国やカロリング帝国と使節の交換を行なっていたことから、アブダッラフマーン2世の積極的な政策が垣間見える[29]。イブン・イザーリー（*Ibn'Idhārī*）によると、アブダッラフマーン2世は、

> 詩人にして文学者、高き理想を掲げ、敵国にて名高い勝利を得た。このお方こそ、大行列、儀式・儀礼に関してカリフの伝統をはじめて採り入れられたのだ。豪華な礼服を用い、王宮を華やかに装い、水道を引き込まれた。石畳の道を、ポルティコ（azaquifas）や水路と共に敷設し、全スペインにモスクを作り、刺繍工房を作ってその仕事を組織した。造幣局をコルドバに設け、一言で言えばこの国を大きく発展させられた。そうして、スペインにバグダードなどから持ち運ばれた素晴らしいタペストリーやあらゆる高級品が流入した（後略）（GÓMEZ-MORENO, 1951：45）。

　実際、東方のモードが本格的に流入し始めるのがこの時期で、特にアッバース朝から到来した音楽家・占星術師ジリヤーブ（*Ziryāb*, 789 - 852）は、イラクの音楽や食器や食卓のルール、服飾、キリスト教勢力下でも大流行となるチェスから、アスパラガス、歯列矯正に至るまで、さまざまな文化をコルドバにもたらしてその流行を一新したという[30]。

　ムハンマド1世期にはアブダッラフマーン時代に始まっていたコルドバ大モスクの増築が終わり、その後の同様のファサードの模範となるサン・エステバン門（*Bāb al-Wuzāra'*）に竣工の銘文が刻まれた。

　しかしその間、諸都市の叛乱、モサラベとの軋轢、ノルマン人の襲来といった困難は続き、特に諸都市のコルドバ政権に対する造反はあっという間に無視できない規模に拡大した。9世紀最後の四半世紀から920年代までは、トレドの独立体制、868年のメリダを皮切りにした北ポルトガル出身のムラディー系の「ガラエキア人」イブン・マルワーン（*Ibn Marwān al-Ğillīqi*）の謀反、慢性化した上辺境領（Marca Superior）のバヌー・カシー家（*Banū Qasī*）の反旗、そしてアンダルシア南部のボバストロ（Bobastro）を拠点とするウマル・イブン・ハフスーン（*'Umar ibn Hafsūn*）の蜂起、アストゥリアス王国のアルフォンソ3世の南進などコルドバ体制の軍事的・政治的弱体化が進む（VERNET, 1993：67；*Las Españas Medievales*, 2001：75；*Edad Media*, 2005：95-6；スペイン史1, 2008：84-87）。

148

第1章　イベリア半島の初期中世

　こうした状況に終止符を打ったのがのちにカリフを僭称するアブダッラフマーン3世であった[31]。バイベ（J. Vallvé Bermejo）に倣いアブダッラフマーン3世の治世を3期にわけると、第1期はトレド制圧の932年までの内乱収拾の時代、第2期はレオン王国のラミーロ2世（Ramiro II, 931–951在位）と対峙した一進一退の時代、そして晩年の第3期は混乱に陥ったキリスト教諸勢力に対して常に優位に立っていた時代となる（Vallvé, 2003：225）。優勢に立った時代にも、北方キリスト教勢力との国境線は動かなかったことは注目に値する。祖先のアブダッラフマーン1世にはシリア侵攻計画まであったとされるが、それに対してカリフ即位を宣言したこと自体、後ウマイヤ朝のピークを形成した3世がむしろ現状の領土に甘んじる、現実的で保守的な姿勢に転じていたことを示しているのである（Collins, 1989：129）。北アフリカの一部を占領したのは、領土拡大というよりはアル・アンダルスの国力強化を目的としていたと考えられる。

　アブダッラフマーン3世は全てのアル・アンダルス内の叛乱を鎮圧してサラゴサ、トレド、メリダ、マラガなどの地域を再び支配下に置き、アストゥリアス＝レオン王国を略奪してパンプローナを攻撃し、また北アフリカのフェズ（Fez, Fès）を攻略した。939年にシマンカス（Simancas）でレオン王ラミーロ2世、カスティーリャ公フェルナン・ゴンサレス（Fernán González, 931–970在位）、ナバーラ王ガルシア・サンチェス1世（García Sánchez I）の連合軍に歴史的敗北を喫して以来、自身が戦場に立つことはなくなるが、その後も軍事的優位は保ち、造船所、要塞を建設して海陸軍を強化した。また、コルドバ近郊に豪奢な宮廷都市マディーナ・アッザフラー（Madīnat al-Zahrā'）を建設し、そこに後ウマイヤ朝宮廷文化の栄華を結集し、半島諸勢力やビザンティン帝国、オットー朝からの使節との外交の舞台とした。10世紀第3四半世紀はコルドバが政治的にも経済的にも他の半島諸勢力を圧倒していた時期で、アブダッラフマーン3世の跡を継いだアル・ハカム2世はコルドバ大モスク礼拝堂の2度目の増築に空前絶後の粋と贅を尽くし、膨大な蔵書の図書館を設立するなど文化的活動に勤しんだが、その没後は、ハージブ[32]（hāgib）の座に着いたアルマンソール（Almanzor, Al-Mansūr）が実験を握り、こうした文化的成熟と政治・軍事的均衡の時代は終りを告げた。アルマンソールはサカーリバ[33]（Saqāliba(t)）を主体とする軍隊を率い、毎夏、遠征を繰り返した。破壊と略奪はこの間のキリスト教諸国の生産活動を実質的に麻痺させただけでなく、後ウマイヤ朝社会の体力も奪い去ることになり、その滅亡を準備したのであった。

149

第二部　レオン王国とモサラベ移民

自給自足の地域経済とともに中世社会の換称である封建制を確立しつつあった西欧に片足を突っ込んでいながら、イベリア半島の南側3分の2は、特に9世紀半ば以降、北側のキリスト教徒領とは大きく異なった社会に発展していった。イスラーム諸国家の領土が最大版図を確立したこの時代に、スーダンの金が流入して貨幣はふたたびさかんに鋳造されるようになり、地中海はもちろんインド、中国までを舞台とした通商と、消費都市とそれを支える灌漑農業生産と輸送システムとが連動して、ヨーロッパ諸国とは異なった貨幣経済社会を作り上げていたのである。アブダッラフマーン2世はバグダードのアッバース朝を手本に政治改革を敢行し、またノルマン人襲来に懲りて以後海軍を充実させ、ビザンティン帝国やヨーロッパに対して使節のやりとりをするなど国家体制の充実を図った。ただし9世紀まではその文化も知的活動もテクノロジーも、受容の体勢であった。アブダッラフマーン3世とアル・ハカム2世らによるカリフ体制下、思想面でも物質面でもさらに東方イスラーム社会からの影響が強くなり、ビザンティン帝国との文化交流も充実する一方、独自の発展を進め、北方キリスト教国に対しても、軍事・戦略面にとどまらず影響を強めた。カリフ国崩壊までは交易、消費、天文学、医学、文学、芸術はコルドバおよびマディーナ・アッザフラーに一極集中しており、他都市にわずかに現存する遺構からはコルドバの建築様式の強い影響が見受けられる[34]。

5）アストゥリアス王国

一方のキリスト教徒はアル・アンダルスとは対極にあるといってよい社会を形成していた。アル・アンダルス混迷の時代であった8世紀、北部では反イスラーム勢力が徐々に力を蓄えていた。特に、のちにレコンキスタ（Reconquista, 再征服）として正当化されるキリスト教勢力南進の原点となったのは、北西部のアストゥリアス王国であった[35]。

アストゥリアス王国は、カンタブリア山脈北側の、現在のカンタブリア、アストゥリアス両州にまたがる地域で生まれたようである。その後、特に西方に勢力を広げ、9世紀にはオビエドを首都と定めて現在のアストゥリアス自治州（Principado de Asturias）の原型を形作るのだが、元々の抵抗勢力の中心はもっとカンタブリア州に寄っていた。714年に、イスラーム史家が「ガラエキア」（Ǧillīqiyya）、「ガラエキア人の国」（balad al-ǧillīqiyyīn）と呼ぶこの地域の住民は

150

第1章　イベリア半島の初期中世

イスラーム軍に降伏し、租税を納めることで合意するのだが、西暦718年また
は722年に反旗を翻し、独立に成功する。おそらくは現在のヒホン（Gijón）に
あったらしいイスラーム帝国の地方政府は崩壊し、生き残りは山脈を越えて南
部へ逃れたという。現在では、この事件と後の「レコンキスタ」との連続性は
疑問視されているが、ここからキリスト教勢力反撃の狼煙が上がったことは事
実である。そもそも当時のイスラーム勢力はガリアへの領土拡大に邁進してお
り、山がちな北西部の安定化は重視されていなかった。8世紀のアストゥリア
スが生きながらえたのは、後ウマイア朝にとって行き止まりである半島北西部
が価値のない地域と判断されたことも大きい（COLLINS, 1989：156；ローマックス,
1996：39）。

　アストゥリアス王国の8世紀についてはわずかにいくつかの史書・書簡が残
るのみである。そもそも西ゴート時代には司教座もなく、地図で見ると（fig.2-
13参照）、直近のアストルガ司教座さえもが孤立して、不必要なまでに司教座が
ひしめくガリシアと対象的である。ヒホンにはローマ遺跡も残されており、ア
ラブ人の統治者も置かれたことからこの地域の中心的集落であったと思われる
が、アストゥリアス王国の主たる史料であるアストゥリアス年代記からは言及
が消えてしまう。海岸沿いの居留地が軒並み衰退した理由の一つは、直後に活
発化するノルマン人の襲来が関係していると考えられる。同じようにノルマン
人の攻撃に晒されたアル・アンダルスの場合、対抗する海軍力を整備する地力
も、張り合うメリットもあったが、アストゥリアス王国にはその余裕も、守る
べき海洋貿易もなかった。

　世紀中葉のベルベル人の大蜂起や旱魃のどさくさに便乗する形で、アルフォ
ンソ1世（Alfonso I, 739－757在位）とその弟（？）フルエラ（Fruela）は一気に
カンタブリア山脈を越えてドゥエロ川流域各地の襲撃・略奪を敢行し、これを
成功させた（Crónicas asturianas：131-3；MÍNGUEZ, 1989：140；COLLINS, 1991：316-7）。
これは広大で平坦なドゥエロ北岸の征服を意図したのではなく、イスラーム勢
力を牽制すると共に、残存キリスト教徒を自身の勢力下であるカンタブリア山
脈の裏側へと連れ帰るためだったとされている。その上で8世紀後半を通じて
この集団は、その比重を徐々に西側、現在のアストゥリアス地方の方に傾けな
がら、現在のガリシア地方からバスク地方までの海岸線に沿った帯状の地域を
勢力下においていった。

　こうした状況の中、8世紀末に一度王位についてから廃位されるなど内部抗

151

第二部　レオン王国とモサラベ移民

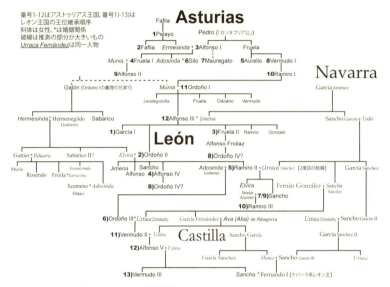

fig.2-3　アストゥリアス＝レオン王朝系図

争に翻弄されつつも、アストゥリアス王国の王国と呼べる国家体制を整えたのが、アストゥリアスの歴代の王で最初に「大王（MAGNUS）」の称号を受けたアルフォンソ2世（Alfonso II, 791-842）である。ところで、すでにサンチェス・アルボルノスや、バルベーロとビヒルらは、アストゥリアス王国初期の特異な継承システムについて指摘している（fig.2-3）。男性の首領から、その姉妹の息子（甥）や女婿に家督が継承されていく最初期のシステムは、部族社会の習慣の名残と解釈される（MÍNGUEZ, 1989: 122; *Edad Media*, 2005: 58-9）。ではいつ、王位継承システムに明確な変化が起こったかというと、アルフォンソ2世の直後からであることがわかる。つまり、アルフォンソ2世は歴代の王から伝説の偉大な王として扱われながら、血統としてはその後のアストゥリアス＝レオン王国主流とはかなり遠縁になっており、部族的継承システムが有効であった時代最後の首領だったのである。

年代記によれば、アルフォンソ2世はオビエドにカテドラルや宮廷を建設して、西ゴート王国首都のトレドの再現を目論んだという[36]。現在、アルフォンソ2世の建造物としてはわずかにサン・フリアン・デ・ロス・プラドスなどが残されているだけだが、その姿はドゥエロ川流域の「イスパノ・ビシゴード」

第1章　イベリア半島の初期中世

建築とは異なった性質の古代性を表わしている。9世紀前半、それまで歴史に
名を表わすことのなかった辺境の地で突如、ローカルとはいえその野心を固め
つつある権力が発生したことで、こうした建築が結晶したのだといえる。こ
れらの建築の技術はアストゥリアスに潜んでいたのか（BANGO, 2001：227-243）、
あるいは王権の呼びかけでアストゥリアスへ移住した人間がもたらしたのか
（SCHLUNK, 1980：138-9；ドミンゲス・オルティス, 2006：65）、研究者の間で意見は
分かれる。オビエドは、アルベルダ年代記で一度呼ばれたほかは、都市（civitas）
と呼ばれることはなく、首都というより王宮とその付属施設に過ぎなかったと
考えられている（*Edad Media*, 2005：101-6）。

　8世紀末から9世紀初頭にかけてはカール大帝の干渉が本格化する時期で、
リエバナのベアトゥス（Beato de Liébana, *Beatus*）とトレド大司教エリパンドゥ
ス（Elipando, *Elipandus*, c.754 – c.800）のキリスト猶子説論争などヨーロッパ規
模での神学論争も巻き起こるが、アストゥリアス年代記はカロリング朝との関
係について一言も語らない。カロリング朝の史書には、猶子説を糾弾した794
年のフランクフルト公会議にはガラエキアからの司教も参加したとか、798年
のアルフォンソ2世からカール大帝への使節がリスボンからの略奪品を献上
し、カール大帝への臣従を示した、などの記述も見受けられるが、アストゥリ
アスの史書はそうしたやり取り自体を意図的に無視しているのだと考えられる
（MORETA, 1989：32；COLLINS, 1991：320；*Edad Media*, 2005：116-7）。猶子説論争の際
の、エリパンドゥス、ベアトゥス、ウルジェイのフェリックス（Félix de Urgel）、
アルクイン（Alcuino, *Alcuin*）、教皇ハドリアヌスの積極的な書簡のやりとりが示
唆するのは、800年ごろのヨーロッパにおいて、少なくとも知的・宗教的活動
は、かなりスムーズに行なわれていたことである。こうした交通は、大半の活
動（産業・経済）の基盤であったそれぞれの比較的狭い政治・軍事的領域を超
えて展開していたのである。

　ロマネスク以前の西欧初期中世全体でも屈指の傑作サンタ・マリア・デル・
ナランコ（fig.3-15）を残したラミーロ1世は、歴史的にはその治世の短さもあ
り、取り立てて重要な活動を行なっていない。歴史的事象としてはむしろ、ラ
ミーロを次いだオルドーニョ1世（Ordoño I, 850 – 66在位）から始まる南進運動
が重要である。

　（レコンキスタは）ゆっくりした着実な漸進的過程ではなかった。（中略）

153

第二部　レオン王国とモサラベ移民

　　　ドゥエロ川、ターホ川、グアダルキビール川、南部海岸へと跳躍したので
　　　あり、跳躍した後は何世紀かの間、立場が固まるのを待ち、その後で次の
　　　跳躍を行なったのである。レコンキスタは、漸進的というよりはむしろ断
　　　続的であった（ローマックス, 1996：238）。

　レコンキスタ研究の第一人者がこう述べるように、カンタブリア山脈の裏側
で停留していたアストゥリアス王国がやがて南進を始めたとき、その拡大は非
常なスピードで行なわれた。ドゥエロ北岸の再入植活動はオルドーニョ1世の
時代から始まり、アル・アンダルス軍との衝突も一気に激しくなった。都市攻
略の際には、「戦闘員は殲滅し、女子供は競り売りにした」と年代記も勇まし
い[37]。859年にはエブロ川流域上辺境領の権勢を誇ったムラディーの豪族、バ
ヌー・カシー家を破り、レオンやアストルガといったローマ都市に入城した。
この勢いはアルフォンソ3世（Alfonso III, 866‐910在位）にも続き、サモーラ
(Zamora)をはじめ盛んに入植活動を奨励した。年代記の記述からは、略奪の対
象がドゥエロ川を大きく越えて、西はポルトガルから東はソリア（Soria）やグ
アダラハーラ（Guadalajara）に及んでいたことがわかる[38]。10世紀の初頭までに
確立された、このドゥエロ川を前線とする勢力図は、一進一退はあっても、大
きく見れば10世紀を通じて保持された。
　一方、カンタブリア山脈に守られた地の果てのようなアストゥリアスから、
その覇権を平野であるメセタへと拡大することは、まさに戦場に飛び込むこと
を意味していた。883年には再入植地の戦略拠点としても重要であったサアグ
ンが完膚なきまでに破壊された[39]。アブダッラフマーン3世がアル・アンダル
スをまとめ直してのちには、920年にバルデフンケラ（Valdejunquera）の戦い
で大敗北を喫した。後ウマイヤ朝軍の夏季遠征は恒常化するが、これに対して
キリスト教徒連合軍は939年、シマンカス（Simancas）の戦いで勝利するなど、
10世紀中頃には一進一退の状態となった。
　ここではピレネー諸国、およびイスパニア辺境領と呼ばれたカタルーニャに
ついても簡単に触れておく[40]。半島北東部は、イスラーム帝国からもカロリン
グ帝国からも放置されていたアストゥリアス王国とはやや事情が異なり、そ
の8世紀末はカロリング王朝の覇権と一致する。カール大帝は778年、後に吟
遊詩人に詠われるロンスヴォー（Roncevaux, スペイン語ではロンセスバリェス：
Roncesvalles）で伝説的敗北を喫するが、半島への野心を失わずに785年にジ

154

ローナ（Girona）攻略、801年にはバルセロナを征服してイスパニア辺境領を
設置した。こうしたカロリング朝との密接な関係に加え、半島北西部と異なり
イスラーム教徒による征服で社会構造が断絶しなかったのもこの地域の特徴的
である。サラゴサやバルセロナ、タラゴーナなどの比較的活力を維持していた
ローマ都市はそのままイスラーム教徒に受け継がれ、キリスト教徒社会では西
ゴート法典が継続した。アル・アンダルスの重要な拠点サラゴサを中心とする
エブロ川中流域のいわゆる上辺境領は、ピレネー方面のウエスカ（Huesca）、ロ
アーレ城（Castillo de Loarre）や、バルセロナ方面のトルトーサ（Tortosa）など
の防衛が頑丈で、バルセロナがキリスト教徒に陥落して以降は戦線がほとんど
動かぬままカリフ国の崩壊を迎えることとなった。海岸は略奪の対象となりや
すく防御しにくかったので、バルセロナやジローナでも10世紀中葉まで人口
の大半は山地に集中しがちであった。9世紀後半のビフレード多毛伯（Wifredo
el velloso）からバルセロナ伯が徐々に優位となり、周辺諸地域を傘下に治めて
いくと共に、カロリング朝への臣従が名目化していった。のちのナバーラ王国
の首都となるパンプローナ（Pamplona）やトゥデーラ（Tudela）周辺はバヌー・
カシー家、バスク人、コルドバ・後ウマイヤ朝首長国（emirato）、フランク王
の各勢力がせめぎあう地域であったが、9世紀には地元のバヌー・カシー家と
バスク人が結託して遠方のオーソリティーを牽制した。905年にはパンプロー
ナでサンチョ・ガルセスが即位し939年のシマンカスの戦いに参加するなど台
頭したが、軍事行動以外に国家として何らかの文化・経済活動ができるよう
になるのは10世紀終りになってからである。同様にハカ（Jaca）、リバゴルサ
（Ribagorza）、ソバルベ（Sobarbe）に誕生した後のアラゴン王国も歴史的重要性
を高めるのは11世紀以降である。

6）各時代の史料的差異について

　以上、10世紀のイベリア半島が引き継ぐこととなる西ゴート王国、アル・ア
ンダルス、アストゥリアス王国の歴史を概観した。また半島北東部の概況を示
した。このようにしてみると、本書で扱う10世紀の北西部スペインと、ローマ
時代、西ゴート王国時代との直接的結びつきを見出すのは難しい。その要因の
一つはアストゥリアス王国と、それ以前の半島社会との結びつきの希薄さにあ
るが、ドゥエロ川流域のいわゆる無人化・再入植という現象との関わりも深い。

155

第二部　レオン王国とモサラベ移民

一方で、各時代の歴史が、全く連続しない、性質を異にする史料から再構築されていることも忘れてはならないだろう。西ゴート王国の歴史は、西ゴート法典、著名な公会議議録シリーズ、複数の年代記、セビーリャのイシドルスらの著作、貨幣などから再現される。ローカルな法的事項は石板に記されていたためほとんど消失している。また、近年まで発掘による成果は考古学的データに乏しく、ローマ時代末期との区別が困難であった[41]。このため、社会活動の停滞・田園化が指摘される（ドミンゲス・オルティス、2006:23-5）。10世紀までのアル・アンダルスの歴史は、9世紀までは少なくとも生き残ったラテン語の著作や、時代は下るが多くの、そして遥かに饒舌なアラビア語年代記やそれをさらに後世になって編纂したもの、いくらかの文学的・科学的著作物、貨幣に加え、特に10世紀以降の豊かな産業と交易を反映する多数の物的史料によって再現される。コルドバの大モスクも重要な歴史資料と捉えることが出来よう。アストゥリアス王国の歴史は、特異ながら非常に簡潔なその年代記を除くと、わずかな公文書、ほとんどベアトゥスのもの以外にめぼしいもののない著作物、ほんの一握りの、しかし王国の規模や時期を考えると十分評価されて良い美術工芸品と建造物遺構によって再現される。

　これらに対して、10世紀のアストゥリアス＝レオン王国の歴史に関しては、もっとも基本的な情報源である年代記が簡潔の極みに達し（*Crónica de Sampiro*）、また執筆時期も10世紀末から11世紀初頭と、世紀初頭に関しては同時代性にやや乏しい。考古学的データも未だ精度に欠く（GARCÍA DE CORTÁZAR, 2001:260）。その代りに歴史家たちは、特に20世紀半ば以降、この時代に端を発する大聖堂や大修道院のアーカイヴに残された公文書を活用して、歴史を再構築してきたのである。当然、そこに現れている情報からは、直前期のアストゥリアス王国も同時代のアル・アンダルスも持っていない社会像や歴史像、例えば土地を巡る係争や修道院の拡大の様相、様々な地名や人名、言葉の使われ方が浮かび上がってくる。史料の差異が、それを生んだ社会の差異を反映しているということはあろうが、たとえば「スペイン」「初期中世」を語る歴史書が、きわめて不均一な証拠を用いながら、これらをまとまったナラティヴとして提示してきたのもまた事実である。ドゥエロ川流域においては、どんな農民がどんなものを遺産として残していたかはよくわかるが、同時期のアル・アンダルスでのそうした問題の実践はまったくもってわからないし、マディーナ・アッザフラーにおける宮廷生活は詳らかになるけれども、レオンやアストゥリアスの宮廷の具

体的な様子はよくわからない。中世考古学はこうした研究的断絶を統一するクライテリアを提供しつつあるが、その情報量には限界があり、また先史時代や古代のような鮮やかな効果を得ることはそもそも期待できない。10世紀レオン王国の有り様に関しては第3章で改めて触れたい。

7）10世紀から11世紀へ

本書が問題とするレオン王国の修道院建築の建設は10世紀前半に集中している。しかしながら、10世紀前半の社会が持っていたある方向性が、その後どのように変化・瓦解していくかを見ること、すなわち、8世紀中葉から10世紀末までの半島史と比べて格段に大きな変化がおこった10世紀末から11世紀にいたる社会の観察は、その直前期を理解するために必要なことである[42]。美術・建築においては、ロマネスクの到来、教会史においては、ローマ典礼とクリュニー修道会の導入、政治的にもコルドバの後ウマイヤ朝が瓦解し、新興のナバーラ、カスティーリャが台頭してくる、というように、11世紀の状況は、本書が扱う環境とは明瞭に切り離されているように見える。10世紀社会はどのように作り変えられたのだろうか。

10世紀は、スペインにおけるロマネスク以前の建築の掉尾を飾る建造物群を生んだ。この後、西欧最初の強力で超地域的な造形的規範であるロマネスクが到来するのであるが、カタルーニャにおいては10世紀後半から11世紀前半にかけて重要な遺構が見られるものの、北西部スペインにおいては、その最初の顕示は11世紀半ばを待たなければならない。その原因としては、10世紀末の、後ウマイヤ朝宰相アルマンソールによる度重なる遠征・略奪・破壊活動が、北方キリスト教諸国において社会的仮死状態をつくり出したこと、その後に続く復興の時期に、領土の拡張と再編の中で、教会勢力のヨーロッパ指向（ローマ典礼、クリュニーによる修道院システム）が導入されたことが挙げられる。新しい造形表現（ロマネスク）の半島における顕現はこうして、新しい絵の具がタブラ・ラサに塗りこめられていく過程として描かれる。つまり、前段階（プレロマネスク）からのラディカルな跳躍、アルカイックでローカルな表現から、インターナショナルなノームの採用への明快な移行とされるわけである。

しかしこの移行は、一体どのような様相で、どのような順序で行なわれたのだろうか。

第二部　レオン王国とモサラベ移民

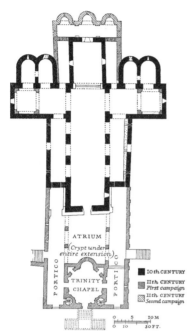

fig.2-4　サン・ミシェル・ド・キュクサ修道院教会堂平面図

　10世紀後半のイベリア半島における重要な芸術・建築作品（群）としては、以下の3つが挙げられる。10世紀イベリア半島建築史上、最も重要な出来事は、961年からアル・ハカム2世が行なったコルドバ大モスク拡張であり、それ以前から進められていたマディーナ・アッザフラーとともに、アルハンブラ宮殿までのスペイン・イスラーム建築の源流を生んだ。コルドバの芸術はカリフ国崩壊によって各地へと拡散したが、その様態は基本的に維持されたので、10世紀から11世紀にかけてアル・アンダルスでは政体は断絶したが、建築の造形においては大きな断絶はなかったと言うことが出来る。西方イスラーム建築史において決定的な年代であるこの961年が、10世紀前半のレオン王国の建築年代に先行しないということも、重要な事実である。

　一方、この時期は、カタルーニャ地方で急速な勢いで第一（初期）ロマネスク芸術が席巻を始め、独自の様相を呈するに至る革新的時代にあたる。サン・ミシェル・ド・キュクサ修道院教会堂（Saint-Michel de Cuxá, Sant Miquel de Cuixà）のように、10世紀から11世紀にかけての改築部分が一つの建造物に見られるものもあり、そこでは細部、工法、また平面計画のいずれにおいても、大きな変容が起こっていた様子が示される（fig.2-4）。

　3つ目の芸術的成果は、絵画において表れる。一連のベアトゥス黙示録註解写本に代表される、ミニアチュールこそがそれである。その中心地はレオン王国各地で一世代前に建造された修道院のスクリプトリウムである。とりわけ注目されるのが、レオン王国から分離独立を目論むカスティーリャ伯領およびその東側周縁部、現在のラ・リオハ地方にあたるナバーラ王国との国境地帯である。第3章においてその意義について改めて検討するが、建築芸術と、数十

第1章　イベリア半島の初期中世

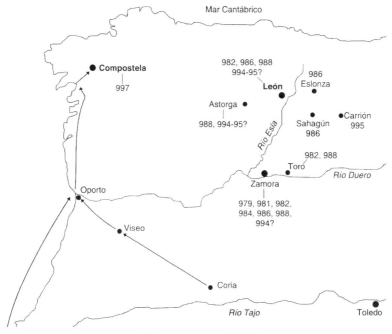

fig.2-5　アルマンソール遠征行程

年後にその建築を舞台に創作された絵画芸術とは、特定の創作上の主体から生み出されたと考えるべきではなく、況や「モサラベ」と一括りにされるべきではない。とはいえ両者が変化しながらも連続する社会的・文化的背景を共にしていたのは確かで、ベアトゥス写本に繁茂する馬蹄形アーチなどは、芸術が生産された背景を理解する鍵を与えてくれる。これらスクリプトリウムの伝統は、後ウマイヤ朝末期の戦乱と共に危機に瀕し、ロマネスクの潮流が到来したときこれに呑み込まれていった[43]。

　レオン王国を疲弊させた原因には、王位継承にまつわる諸侯の対立や、968年のヴァイキングのガリシア上陸、飢饉と疫病などがあったが、最大の要因は、アルマンソールの遠征である（fig.2-5）。国境線こそほとんど変わらなかったが、10世紀後半は後ウマイヤ朝絶対優位の時代であり、度重なる略奪遠征によってキリスト教勢力の入植活動は停滞を余儀なくされた。アルマンソールの遠征は979年のセプルベダ（Sepúlveda）から始まり、以後毎年夏から秋にかけて繰り返される。基本的にはレオン王国への攻撃が主だが、コンデイシャ（Condeixa）、

159

第二部　レオン王国とモサラベ移民

アルバ（Alba）、サラマンカ（Salamanca）、サモーラ、コインブラ（Coimbra）、ポルティーリョ（Portillo）、トロ（Toro）、アストルガ（Astorga）と広範囲に攻め立てた985年には、バルセロナも攻撃している。988年は首都レオンを襲撃し、近傍のサアグン修道院を完膚なきまでに破壊、989年以降はそれまであまり攻撃対象としていなかったカスティーリャ方面を攻め、サン・エステバン・デ・ゴルマス（San Esteban de Gormaz）、オスマ（Osma）、アラバ（Álava）、クルニア、アルランサ（Arlanza）などが襲われた。997年にはガリシア方面を攻めてサンティアゴ・デ・コンポステーラに達し、その教会堂を灰燼に帰し、1002年にサン・ミリャン・デ・ラ・コゴーリャ修道院などを略奪したあと、メディナセーリ城で死亡した[44]。

　アルマンソールの死と同時期に後ウマイヤ朝の政治体制は末期状態に陥るが、レオンやカスティーリャもこの機会を利用する地力を失っていた。この期にカスティーリャやレオンに介入し、それらを併呑したのがナバーラ王国のサンチョ大王（Sancho el Mayor, 1004-35）であった。サンチョ大王はまた、ヨーロッパからサンティアゴ・デ・コンポステーラへ向かう巡礼路を整備するなどした。同じ頃、初期ロマネスク教会堂の大建設時代のカタルーニャではベレンゲール・ラモン1世（Berenguer Ramón I, 1017-35）が出た。この時期バルセロナ伯領では、アル・アンダルスで働いたキリスト教徒の傭兵の給料や、弱体化したアル・アンダルス諸勢力からの朝貢としてイスラーム圏の金貨ディナールが流入し、やがて貨幣の自家鋳造が可能となる。このことには1000年ごろの鉄工の発展が関係しており、その後のバルセロナ伯領隆盛の一因となったとされる（SARASA, 1989：258, *Las Españas Medievales*, 2001：169-172）。

　11世紀に入ると、後ウマイヤ朝が瓦解し、イスラーム・スペインは沢山の小国が勃興、併合、反乱、消滅するタイファ（taifa, *tā'ifa*）の時代に入る。分裂はそれ以前から始まっていたが、1031年11月30日をもってカリフ国が完全に滅亡すると、サカーリバ、ベルベル、アラブ、ムラディーの各民族が各地で独立し、一挙に群雄割拠の時代となった。軍事的には1054年アラゴンのラミーロ1世によるロアーレ城攻略、1064年に初めて多くのヨーロッパ人が「レコンキスタ」に参加し、その略奪の成果が評判になったバルバストロ包囲戦が、半島北東部の情勢を一変した。ローマックス曰く、「キリスト教徒側に今や初めて外国の遠征隊や聖戦概念ではなく、十字軍、すなわち宗教的動機のために開始され、教会から許可され、フランス人、イギリス人、スペイン人を問わず参加

160

者に特別な法的地位を授ける聖戦の理念が登場した」のである（ローマックス、1996：80-1）。逆に言えば、10世紀のアストゥリアス＝レオン王国における南進と入植活動は、ネオ・ゴート主義というイデオロギーを日増しに確立していったとはいえ、こうした聖戦としての「レコンキスタ」とはまったく異なる性質のものだったのである。

タイファの時代は政治・軍事的には弱体化し、キリスト教徒の反攻を許したのでアラブ史家には悪く書かれがちだが、文化的には黄金時代で、コルドバに集中していた権力が各地に分散して優雅な宮廷文化が花開いた（MORETA, 1989：95-7；ローマックス、1996：71；*Las Españas Medievales*, 2001：105-10）。

イスラーム勢力とキリスト教勢力の立場は逆転した。キリスト教勢力にとって決定的な勝利となったのが、1085年5月25日のトレド陥落である。軍事的な意味合いはもちろんのこと、旧西ゴート王国の首都陥落は、レコンキスタというイデオロギーにとって非常に重みのある勝利であったし、その後のトレド学派の活躍に見られる文化的な伸展（キリスト教ヨーロッパにとっての）をも意味していた。しかしこうした流れの変化がおきるのは、ドゥエロ北岸が入植の舞台として政治経済的な重要性を持っていた時代からはだいぶ後のことである。

10世紀からカタルーニャ入りしていたクリュニー修道会は、11世紀末までにスペインの司教座に次々と修道士を送り込み、その教会組織を塗り替え、政治的にも決定的な影響を与えた。サンチョ大王はクリュニーのオディロン修道院長と結託して1025年にサン・フアン・デ・ラ・ペーニャにクリュニー会の院長を据えた。レオン王国のフェルナンド1世とは蜜月関係（mutuus amor）（MORETA, 1989：135）となり、イデオロギー的にも経済的にもレコンキスタに重要なかかわりを持った。アルフォンソ6世は朝貢の金貨2000枚を毎年クリュニーに送ったとされ、またコンクはスペインの各領主から多くの不動産を譲渡されたという（MORETA, 1989：135；ローマックス、1996：79-80）。ローマ教会もアレクサンデル2世（1061-73）、グレゴリウス7世（1073-85）のころから、対イスラーム戦に半ば公的な支援を表明するようになる。こうした動きは、典礼のヨーロッパ標準化にとどまらず、キリスト教スペインとヨーロッパ大陸との全方向的な関係強化につながったのである。

10世紀から早々とローマ典礼を採用していたカタルーニャに対し、それ以外の半島キリスト教諸国での移行は遅れた。1071年、アラゴン王国の菩提寺院サン・フアン・デ・ラ・ペニャでローマ典礼によるミサがとりしきられ、1080年

161

第二部　レオン王国とモサラベ移民

のブルゴス公会議でイスパニア典礼の放棄が決議された（Moreta, 1989：131-4）。こうした動きに対する抵抗は、直接的な抗議の記録のほか、1073年にサン・ミリャン・デ・ラ・コゴーリャで制作されたイスパニア典礼本 *Liber Commicus* の内容や保守的な装飾様式にもあらわれている[45]が、クリュニー会などフランスからの潮流に押され、やがて消滅していった。キリスト教徒軍が1085年にトレドに入城した際に発見した、モサラベたちが維持していた典礼は、北方キリスト教徒らがもともと執り行っていた典礼と同根のものであったにも関わらず、特殊な「モサラベ」典礼としてかろうじてその存続を許されることになる。

第2章　ドゥエロ川北岸の無人化と再入植活動

うち捨てられていた古えの町々を、一部は自らの民で、一
部はイスパニアから到来した民で満たした[46]

1）無人化の現実と社会的断絶

　第一部で述べたように、レオン王国とその周辺の10世紀建築群は、1919年
以来、多くの研究者と、それ以上に大多数の非専門家によって「モサラベ」建
築と呼ばれている。その根拠は大きく分けて2点ある。第一に、大きくカーヴ
した馬蹄形アーチとしばしばその上部に描かれるアルフィス（alfiz）、円形を連
ねた断面を持つ軒持ち送り（modillón de rollos）等の建築的要素が、様式的にイ
スラーム建築から影響を受けていると思われることである。第二は、レオン地
方に比較的多く現れるアラビア語の人名が、南部からの移民、イスラーム支配
下に生活しアラブ化していたキリスト教徒すなわちモサラベの、この地方への
大規模な入植を反映していると思われていること、である[47]。
　10世紀の北西部スペインのキリスト教美術が、モサラベと彼らが持ち込んだ
文化によって規定されるとする説に異を唱える、バンゴら一部の研究者も、こ
の社会が、半島南部からの人々を含めた移民で構成されていたことは認めてお
り、カモン・アスナールの唱えた「レポブラシオン」（Repoblación, 再入植）とい
う呼称を、完全ではないけれども、ある意味、最も誤解がない呼称として使用
している（CAMÓN, 1963；BANGO, 1974；YARZA, 1979）。
　現在までに、入植地の人的分布や地理的再構成の様相を研究する多くの歴史
家によって、具体的な地域差や時代差といったものが明らかにされてきたが、ア
ストゥリアス王国の拡大に伴う人口希薄な土地への再入植というのはレオン王
国形成の歴史的事実として動かし難い。西ゴート期末期からイスラーム征服直
後にかけてドゥエロ川流域の広大な地域が政治的空白地帯となり、8世紀末頃

163

第二部 レオン王国とモサラベ移民

にキリスト教徒による入植活動が始まった時には、せいぜい自給自足の農民が散見されるのみであったろうと、多くの研究者が考えている。そういう社会においては、ある程度高度な文化や技術は継続し得ないのではないか。つまり、本論が問題にしたい建築的伝統といったものは、南部（モサラベ）か北部（アストゥリアス）から移民が伝えるしかなかったのではないか、というのが当然導き出される結論である。

　しかし、ガリシア、レオン、カスティーリャに渡る「再」入植地域が、単に継続的に居住されてきたのみならず、程度の差はあれ、文明的要素も維持してきたことは、考古学的研究や公文書が示す一連の事実のみならず、建築の地域的特性の持続からも帰納される。長期にわたって、ほとんど文明や文化的社会を証明するような文字史料を残していなかったにもかかわらず、9世紀後半以降、突然、豊富な一連の公文書を史家に提供することになるこれらの地域では、無人化していたはずの地域への「再」入植の際に既存の住民の存在がほのめかされる。当初のアストゥリアス王国の外部であるガリシアに大貴族が存在していたこと、カスティーリャ最初期プレスーラ[48]（presura）において、驚くほど広範囲の地理的統制がなされていたことが示される。こうした事実は、強力な政治的・制度的インパクトを持っていた再入植活動が、弱体化してはいたが消滅はしていなかった、既存の土着といってよいシステムの上部に配されたに過ぎないことを表わしている。それに加え、再入植期の建築における技術的・物質的な特性が、アストゥリアス王国時代の建築が移植されたものとも、モサラベ移民によってイスラーム建築が移植されたものともいえず、それらの混淆としても説明できない理由の一つは、各地域の土着の性質が根強く残っており、それによって外部の影響が変質したからだというのが筆者の意見である。

　同様に、アストゥリアス王国の建築の忽然とした現れ方は、旧約聖書で最初の被造物であると記された人間が、いつの間にかエデンの外部で他の人間と混じって生活していることが描写されたとき、その齟齬について特に解説がされなかったことを想起させる。カンタブリア山脈の北側は、野蛮な異民族の地として古代末期に言及されて以来、特に文明が定着したという文献を一つも残さずに9世紀を迎えたが、そこで全く青天の霹靂のように現れた芸術は、彼の地にそれを準備する勢いが伏流していたと考えることでずっとよく理解できる。ポンペイのそれと比される壁画や、ビザンティン帝国領から類似例を持ち出される彫刻が、粗末といっていい地元の石材と、もっと注目されてもいいローマ

164

式のレンガで造られたアーチの建築を装飾していたことと、ヒホンにローマ時代のカンポ・バルデス浴場跡（Termas de Campo Valdés）が存在することは、細いけれども確実な糸で結ばれているのである[49]。

本章では、前半で無人化と再入植全般について、次章ではモサラベ移民の存在についての史料と先行研究を整理し、その批判的検討を行なうこととする。南部からモサラベがやってきて、皆アラビア語で読み書きし、学んできたイスラーム建築の建て方を、そのまま入植地に反映させた、というほど単純な像は、もはやほとんど聞かれることはなくなったが、実際のところ、入植それ自体と、入植者の文明や社会構造は、どのようなインパクトをもたらしたのであろうか。

2）無人化・再入植研究史

アストゥリアス・レオン王国のレコンキスタ初期と、それに伴う再入植に関する研究史をまとめるならば、以下の様になるだろう[50]。

キリスト教徒による中世の入植活動に関する最初の統合的な研究は、1947年の学術会議をまとめた1951年の『スペイン再征服と再入植運動』と題された論文集で、ペレス・デ・ウルベル（Justo PÉREZ DE URBEL, 1895‒1979）によるカスティーリャ・イ・レオン地方の9‒10世紀に関する論文などによって、王や大貴族の役割、無人化、プレスーラといった基本的な再入植活動のイメージが明確にされた[51]（PÉREZ DE URBEL, 1951）。

こうした骨組みに血なり肉なりを与えたのは、フランコ政権を離れてブエノス・アイレスに居を構えていた、スペイン中世制度史の泰斗サンチェス・アルボルノス（Claudio SÁNCHEZ-ALBORNOZ, 1893‒1984）である（1956：II, 16-44）。この大制度史家は、年代記と公文書の綿密な読み込みから、以下のように考えた。カンタブリア山脈とドゥエロ川間は、もともと人口が少なかったが、8世紀中頃にはイスラーム勢力のベルベル人が撤退し、また飢饉にも襲われ、アストゥリアス王国およびウマイヤ朝軍の両者によって略奪され、敵対する両者の緩衝地帯として戦略的に無人化され、文字通り誰もいなくなった。アルフォンソ1世がドゥエロ川流域からアストゥリアスに連れ帰った人々は失われた西ゴート王国の記憶を新しい王朝に移植する。9世紀中頃から徐々に勢力を拡大し始めたアストゥリアス王国が一度無人化した地域に入植を促進し、現在のスペインの原点が作られた。このように、いわゆるレコンキスタによって始まったスペ

165

第二部　レオン王国とモサラベ移民

インの中世は、古い社会構造が断絶した地域に、しがらみのない新しい息吹が
伝わることによって作られたのである。このように書くと、ローマ時代からの
スペイン人の精神的連続性を指摘してカストロ（Américo CASTRO, 1885-1972）
と大論争を巻き起こしたサンチェス・アルボルノスの史観を誤って記している
ようだが、ミンゲスらによって指摘されているように、彼はドゥエロ川全域の
全面的無人化、そして再入植社会における多数の自由農民の存在を、ローマか
ら初期中世への連続性という主張と矛盾するとは考えてはいなかったようなの
である（MÍNGUEZ, 1989:116-8）。スペインという国家の記憶を、アストゥリアス
の山の裏へ一度避難させることで、その連続性は保たれたというわけだ。

　1960年、ロマンス語・スペイン語研究者であり中世カスティーリャ史の権威
でもあるラモン・メネンデス・ピダル（Ramón MENÉNDEZ PIDAL, 1869-1968）は、
サンチェス・アルボルノスが無人化・入植の根拠とした用語（*civitates desertas,
populare*, etc.）の用法自体を疑問視し、地名の分析、各地の方言の分析など、文
献史料が語る内容を取り扱う制度史家であるサンチェス・アルボルノスとはか
なり異なった方法論で、これに反駁した[52]（MENÉNDEZ PIDAL, R., 1960）。その考
えは、ドゥエロ川流域において、イスラーム侵入とそれに伴う8世紀の混乱期
に起こった現象は、無人化ではなく、単なる軍事的・政治的制度の瓦解であ
り、人的には（そして彼らが話し続けていた言語的には）、むしろ連続性が認め
られるというものであった。このメネンデス・ピダルの意見に対してサンチェ
ス・アルボルノスは6年後、『ドゥエロ川流域の無人化と再入植（*Despoblación
y repoblación del valle del Duero*）』を発表、ありとあらゆる史料を物的証拠とし
て挙げ、膨大な脚注にほとんど一点一点の史料検討を含み、徹底的な無人化
と、これまた根本的な再入植運動がいかに自明であるかを論証した（SÁNCHEZ-
ALBORNOZ, 1966）。

　サンチェス・アルボルノスの流れを受け継ぎ、無人化と再入植による社会
形成を支持する研究者には、モクソ（Salvador de MOXÓ, 1921-1980）、リナッヘ
（Antonio LINAGE CONDE, 1931-）、アルバレス・パレンスエラ（Vicente Ángel ÁLVAREZ
PALENZUELA）、マルティネス・ディエス（Gonzalo MARTÍNEZ DÍEZ）らがいる（PEÑA
BOCOS, 1993:249）。モクソはサンチェス・アルボルノスの基本的考えかたを踏
襲しつつも、ドゥエロ川流域を、ドゥエロ川南側、ガリシア・ポルトガル、レ
オン、カスティーリャに分け、この順で無人化の度合いが強くなると主張した
（MOXÓ, 1979:27-45；GARCÍA DE CORTÁZAR, 1991:22）。リナッヘは、無人化の実情

166

第2章　ドゥエロ川北岸の無人化と再入植活動

がどの程度のものであれ、再入植活動が他の西欧諸国より早期から、長期にわたって重大な役割を果した事実を重視した[53]（Linage Conde, 1973：345）。アルバレス・パレンスエラはその他の意見に対して一定の評価をしつつも、ほぼサンチェス・アルボルノスの意見をそのまま踏襲している（HGEA, III：310-3）。

　しかしサンチェス・アルボルノスをピークに、以降はドゥエロ北岸の無人化・入植の度合いを低く見積もっていく論説が増えていく。現在では、完全な無人化は普通に考えてあり得ない、サンチェス・アルボルノスが全体として論じた地域の東西に非常な格差がある、という慎重意見が主流である[54]。ガルシア・デ・コルタサル（José Ángel García de Cortázar y Ruiz de Aguirre）は歴史的現象としての「再入植」というテーマがその有効性を失ってきていることを指摘し、その理由として、概念上のゆらぎ（本当に起こったのか？）、方法の変化（研究が地域ごとに分割されてきた）、そしてそれに伴って研究自体が少なくなっていることを挙げている（García de Cortázar, 1991：19）。そして、「再入植」をその他の歴史的事象と分けて考えるのではなく、8世紀から14世紀の間にビスケー湾とドゥエロ川の間で起こっていた封建化のプロセスの中で捉えるべきであると主張した。

　1965年初出の『「レコンキスタ」の社会的源流について（Sobre los orígenes sociales de la Reconquista）』という論文以来、古代から初期中世にかけての地理・民族的社会構造の連続性を明らかにしてきたバルベーロとビヒルも、1978年の『イベリア半島における封建制度の形成（La formación del feudalismo en la Península Ibérica）』において、無人化説に異を唱え（Barbero & Vigil, 1978：216-228）、入植活動の存在は認めるも、その中でも北部社会の影響力を重視した。また再入植の対象として西ゴート時代の拠点が年代記に登場するのは、年代記執筆時のゴート主義が反映されているからだと主張した。ガルシア・モレーノ（Luis Alonso García Moreno）はバルベーロとビヒルの部族社会継続論をのちに激しく批判した[55]が、無人化という考えに慎重な姿勢を示した点は共有し、ドゥエロ川流域の情勢に関しては基本的にメネンデス・ピダルに始まった姿勢に連なる（Sayas & García Moreno, 1981：409-410）。

　エステッパ（Carlos Estepa Díez, 1949-）は無人化に関しては多くの点でバルベーロとビヒルを支持した（Estepa, 1985：36-44）。ミンゲス（José Mª. Mínguez Fernández）は、それ以前の社会システム（西ゴート時代の古代的奴隷制度の残滓）との断絶は明言するものの（Mínguez, 1989）、サンチェス・アルボルノスの「戦

167

第二部　レオン王国とモサラベ移民

略的」「完全」無人化を批判する立場から、ドゥエロ川流域社会の非無人化を強調し、公文書の読み直しで多くの新知見を示した（IDEM, 1995；IDEM, 2007）。ミンゲスは、レオン王国の社会組織は9世紀以降の再入植活動に伴う組織化のダイナミズムにこそ源流が辿れるとし、西ゴート王国の奴隷制の継続を主張したサンチェス・アルボルノスだけでなく、西ゴート王国で既に封建化が始まっていたというバルベーロとビヒルによる主張にも批判を及ぼした。

　再入植地におけるゴート主義と西ゴート時代の廃墟の再建を問題にし、レポブラシオン美術という用語の擁護者でもあるバンゴは、再入植という事象の重要性を強調するため、ドゥエロ川流域における社会構造的な断絶を重視する（BANGO, 1979：333；IDEM, 2001：325）。これは同じ美術史の分野で「再入植」という語を避けたピタ（J. M. PITA ANDRADE）が「西ゴート美術からレコンキスタ初期までの連続を見れば、工法や様式が存続したのは疑いようがない」（PITA, 1975：104）と述べたのとは対照的であるが、結果的には両者とも建築的伝統の維持を（それがモサラベを経由したのかどうかは別として）問題にした。

　ドゥエロ流域が文字通り「無人化」したとは考えられないとし、複雑で多方向的な人の流れを指摘するガルシア・デ・コルタサル（GARCÍA DE CORTÁZAR, 1991；IDEM, 1995；IDEM, 2001）や、上述のミンゲス、エステッパの主張は、対象地域、無人化程度の解釈や専門的関心の差はあれ、多くの研究者によって様々な角度から支持されている[56]。こうした非無人化説の浸透と平行して、従来「無人化地帯」と考えられてきたドゥエロ川両岸にいた人々の有り様や帰属も問題となる。9−10世紀のアラブ・イスラーム系地誌で中央山地[57]（Sistema Central）の北側を領内と考えているものが一つもないことは、サンチェス・アルボルノスにとっては無人化を支持する根拠の一つであったが、マイリョ（F. MAÍLLO SALGADO）にとっては、ドゥエロ川ではなくその南部に位置するこの山地こそが、8世紀中頃からのキリスト教・イスラーム両勢力間の国境線であり、西ゴート時代から再入植時代までほとんど変わらない低密度の居住が続けられた根拠となる（MAÍLLO, 1993：18-20）。

　一方、無人化と再入植の強度の点で、サンチェス・アルボルノスの考え方をおおむね支持する傾向は、特にオフィシャルな歴史とその信憑性に重きを置く研究者に多いようである[58]。年代記では流動的な10世紀の国境線近くは、軍隊の移動と勝敗に応じて取ったり取られたりする戦略的拠点しかない地域であるかのように描かれる。両勢力の年代記を研究したカリエド（M. CARRIEDO TEJEDO）

168

によれば、キリスト教徒から見て国境線であるドゥエロ川の向こう、つまり
ドゥエロ南岸 *Extremadura* は、イスラーム年代記でも拠点として登場しないの
で、キリスト教徒側の入植行為が成功するまでは、国家間の拠点取り争いの真
空地帯であったということになる（CARRIEDO, 2002）。しかしバリオスの研究は、
まさにカリエドが歴史的空白を指摘したドゥエロ川以南の地域において、レコ
ンキスタ、再入植を迎えるまでずっと居住がなされていたことを指摘している
（BARRIOS, 1982）。

　近年の研究の最大の特徴は、その主張の内容というよりは、サンチェス・ア
ルボルノスのような自信たっぷりの決定論が影を潜め、ガルシア・デ・コルタ
サルの論の進め方に見られるような、懐疑的で慎重な姿勢が一般化している点
にこそ、見出されるのかもしれない。

3）史料

　アストゥリアス王国に関する最も重要な文献資料である、アルフォンソ3
世年代記の2つの版（Crónica de Alfonso III：Rotense & «A Sebastián»；*Adefonsi Tertii
Chronica: Rotensis & Ad Sebastianum*）とアルベルダ年代記（Crónica albeldense,
Chronica albeldensia）に関して、サンチェス・アルボルノスは、「戦略的無人化」
直後の8世紀後半に書かれた共通のオリジナルが存在するとし、従ってアス
トゥリアス王国初期の歴史を知る信頼性に足る史料とした（SÁNCHEZ-ALBORNOZ,
1966：10）。しかし近年は、「アルフォンソ3世の政治的プログラムに従属」
（BARBERO & VIGIL, 1978：218）した「イデオロギーの正当化」（COLLINS, 1989：142）
として、史実というよりはその理想化に注意を喚起する言説が増えている。そ
うした理想化された史実のうちにはもちろん、アストゥリアス王国黎明期に
アルフォンソ1世がカンタブリア山脈とドゥエロ川に挟まれた地域を駆け巡り、
そこにいたムスリムを皆殺しにし、キリスト教徒を全員王国内へ連れ帰ったと
いう戦略的な無人化（despoblación）と、それから1世紀を経てオルドーニョ1世
やアルフォンソ3世らが、南北からキリスト教徒を召集し、無人地帯（tierra de
nadie）を再入植（repoblación）したという記述も含まれる。

　アストゥリアス年代記の史料性に対する批判的検討の前に、その他の史料の
存在にも言及しておきたい。まず、9世紀以後、数が増大する公文書（法的書類）
がある。そのほとんどが、不動産や農業生産に必要な資産・権利の売買、譲渡

169

に関するもので、また、それに関わるトラブルに対する裁決もあり、また遺言
状や出家時の財産贈与などの寄進文も多い。現在では教会組織のアーカイヴに
残っているものがほとんど全てであり、従って何らかの形で聖職者、特に修道
院の活動と関わりのあるものにかたよっている。一方、この時期のアストゥリ
アス＝レオン王国には書簡や文学的作品はほとんど残っておらず、あっても8
世紀末から9世紀初頭にかけてのキリスト猶子説をめぐる一連の作品など、神
学的な主題に終始する。そのほか、アラビア語の史料にも、間接的ではあるが、
キリスト教徒の動静、ドゥエロ川流域の地勢がうかがわれるものがいくつか
残っている[59]。また、ローマ時代の地勢と中世の地勢を比較したり、地名の研
究でローマ時代のものが残っているかどうかを検討したりすることで、社会的
な断絶・継続を推し量る手法は、サンチェス・アルボルノス派も、その反論者
も行なってきた。最後に中世考古学はというと、近年続々と発展を遂げて入る
ものの、特に際立って区別されうる物質文明が不在であったアストゥリアス＝
レオン王国を、ネクロポリスやその埋蔵品から前後の時代と識別するのは非常
に困難で、未だ中世史学の描く像を大きく塗り替えるような成果は出していな
いようである[60]。

　年代順に史実や史料上の記述を検討してみよう。本来ならローマ時代末期か
らドゥエロ川流域が非常に人口密度の低い地域であったということから始めな
ければならないが、これについては研究者のほぼ全員が認めていることである
から省略する。また、ウマイヤ朝軍の半島制圧に関する史料も半島北西部の状
況や人口の変化について何も語らないので省く。

4）8世紀中葉の混乱

　イスラーム軍による半島制圧以後、半島北西部の過疎化をさらに推し進めた
と考えられるのは、740-1年のベルベル人の叛乱と750年頃の旱魃と飢饉であ
る[61]。もともと半島征服の進軍経路を見れば（fig.2-6）北西部が全く重視され
ていなかったことがわかるが、この地をあてがわれたのはアラブ人から差別
されていたベルベル人であった。11世紀の年代記、アフバール・マジュムーア[62]
（Akhbār maǧmūʻa）や、それぞれ9世紀、14世紀の史家、イブン・アブダル・ハカ
ム[63]（Ibn ʻAbd al-Hakam）やイブン・アル・ハティーブ[64]（Lisān al-dīn Ibn al-Khaṭīb）
の記述によれば、940年に北アフリカのタンジェ（Tangiers）でベルベル人が蜂

第2章　ドゥエロ川北岸の無人化と再入植活動

fig.2-6　ウマイヤ朝軍によるイスパニア征服ルート

起すると、翌年、半島のベルベル人も同胞に呼応してアラブ人に反旗を翻した。シリアから後ウマイヤ朝軍（7000-10000の騎兵）が投入され、エブロ流域以外の半島北部から撤退したアル・アンダルス軍と合流してこれを鎮圧、しかしその後、新参のシリア人と1世代前から半島に入っていた既存のイスラーム勢力の間で軋轢が生じ、再び内乱状態となった。アフバール・マジュムーアにはさらに、ヒジュラ132年（西暦749-50年）にアル・アンダルス全体で大飢饉と旱魃が起こったこと、「ガリシア人たち」が叛乱をおこし、ペラーヨという名のキリスト教徒の力が増大し、山から出てきてアストゥリアス地方の統領となったこと、ヒジュラ133年にムスリムは敗れてガリシアから完全に追い出され、信仰が定かでなかったものは全てキリスト教徒に戻り、納税をやめてしまったこと、あるものは山を越えてアストルガへと逃げていったが、ヒジュラ136年さらに飢饉が広まったとき、そこからも追われてコリアやメリダへと逃れていったこと、その後も飢饉が続き、食糧を求めてマグリブへ渡った者もいたことなどが記されている（Lévi-Provençal, 1950: 33; Maíllo, 1993: 18）。この記述や、アラブ系地誌学者たちが中央山地より北側をアル・アンダルスの領土としていな

171

第二部　レオン王国とモサラベ移民

いことを根拠に、アラブ・ベルベル人の残留者はドゥエロ川流域に残っていなかったとされており、この意見はサンチェス・アルボルノスに限らず近年の再検討においても支持されている（MAÍLLO, 1993；CARRIEDO, 2002）。

5）アルフォンソ1世の戦略的無人化

　アフバール・マジュムーアでは、ペラーヨの蜂起と、飢饉のおきた世紀中葉のキリスト教徒の攻撃を一つの事象として扱うが、後者はアストゥリアス年代記におけるアルフォンソ1世の遠征と同じものを指しているようだ。アルベルダの年代記に拠れば、アルフォンソ1世はレオン、アストルガ、そしてゴート人の平野を侵略してドゥエロ川まで達した[65]。概して何事も大げさに語る傾向があるアルフォンソ3世の年代記になると、アルフォンソ1世が攻略した「都市（civitates）」が30列挙され、サラセン人を皆殺しにし、キリスト教徒を皆自国につれて帰ったと語られる[66]。イブン・アル・アシール[67]（Ibn al-Athīr）によれば、サラマンカやセゴビアも含む地域をフルエラという首領の時代にキリスト教徒が制圧した、とされる[68]。

　実際に、アストゥリアスの首領がドゥエロ川流域の主要な集住地に残留していた支配者層とそれに仕える人々を連れ帰り、西はガリシアの、そして東は現在のカンタブリア、カスティーリャ、バスク地方にまたがる原カスティーリャ（Bardulia）の入植活動に参与させたというのは大いに考えうる。人材を確保し、軍事的防衛に適したカンタブリア山脈の裏側で体制をまず整えたわけである。これらの人材が、ローマ化の程度の低かったアストゥリアスに穀物の生産、所有、王権、キリスト教などの概念をもたらしたというのも充分考えられるだろう[69]。ただ、ほとんど全ての研究者が指摘するように、アルフォンソ3世の年代記の記述は現実的ではなく、慎重な史料批判が必要である。

　ラテン語、アラビア語で書かれた年代記は、王権の都合で書かれたそのまま字句どおりに受け取る読み方はできないオフィシャルな記録である。サンチェス・アルボルノスはこの弱点を補足するために、法的文書に見られる、無人の場所、破壊された場所に入植したという記述を一点一点抜き出していった。それらをここで改めて一つ一つ検討することはしないが、以下の指摘が出来よう。断片的なものにすぎない文献史料からある傾向（この場合は無人化）を指摘するためにどんなに多くの事例を示しても、それが「完全」であるという仮説は、

172

量的に少ない例外の登場でいとも簡単に崩れ去ってしまう。サンチェス・アルボルノスの注意力と労力の凄まじさは疑うべくもないが、結局、北西スペインの広大な領域が1世紀間無人であったことを、人が書いて意図的に残した公文書から証明する不可能性が際立ってしまう。公文書の具体例を見る前に、年代記における再入植を記した内容について検討しよう。

6) 年代記の語る再入植

　アルフォンソ2世の治世までにアストゥリアス王国は東西に勢力を拡大していた。この領土拡大を再入植と呼ぶべきかどうかの判断は難しいが、本書の内容とはそれほど関係がないので省略する。問題は9世紀中葉以降の南進である。
　9世紀末から10世紀初頭に書かれたアルフォンソ3世年代記ローダ版（*Rotensis*）の、オルドーニョ1世の節には、以下のような記述がある[70]。

　　放棄されていた古代都市、すなわちレオン、アストルガ、トゥイ、アマーヤ・パトリシア（Amaya Patricia）（を占領し）、高い門をつけ、一部は自国民、一部はイスパニアからやってきた人々で満たした。

　レオンは856年[71]、アストルガは853年ごろにエル・ビエルソのガトン伯（conde Gatón）によって[72]、アマーヤは860年にロドリーゴ伯（conde Rodrigo）によって入植されたとされる[73]。
　このように、9世紀半ば、アストゥリアス王国がカンタブリア山脈を越えて拡大する様が公式記録として描かれるわけであるが、その後の記述に明らかなように、名目上は北部キリスト教勢力の元に入ったこの地域は、その後150年間に渡って、南部イスラーム勢力の略奪の舞台、常に危険に晒された前線地帯となる。オルドーニョは王国東側の前線ではアルベルダでバヌー・カシー家を破り、またアストルガ入植の立役者とされるガトン伯はトレドのモサラベ叛乱に呼応して派兵するなど、アストゥリアス王朝は後ウマイヤ朝の混乱を利用して積極的に攻撃に出た。
　オルドーニョ1世の子アルフォンソ3世は、父親の成果を引き継いでドゥエロ川にまで達する[74]。ただし、アルフォンソ3世の治世にあたる9世紀後半の60の公文書のうち40％が北ガリシア、アストゥリアス、リエバナの案件に言

第二部　レオン王国とモサラベ移民

及しており、ドゥエロ川流域では東側カスティーリャに関する記述が特に少ない（GARCÍA DE CORTÁZAR, 1991：29）。ガルシア・デ・コルタサルはアルフォンソ3世の重点がこうした北部地域に集中した理由をいくつか想定しているが、いずれにせよ、アストゥリアス王権に組み込まれた地域が、年代記に書かれた拠点をつなぐ線で作られる国境線の北側全体であったわけではないことを示しているといえよう。アルフォンソ3世の時代、まず西部ガリシア・ポルトガル方面では、868年にビマーラ伯がポルトを、オドアリウス（Odoarius）司教がシャヴェス（Chaves, Aquae Flaviae）を、878年にヘルメネギルドゥス（Hermenegildus）伯がコインブラ、モンデーゴを制した。一方、地形的にも位置的にもイスラーム勢力の攻撃を受けやすいレオン、カスティーリャ方面では883年のサアグン修道院略奪などの憂き目にも遭うが、中部では後述するように893年サモーラを取り、899、900年にそれぞれシマンカス、トロを勢力下においた。東部では、882年ムニオまたはヌーニョ（Munio Muñiz, Nuño Núñez）がカストロヘリス（Castrojeriz）を占有し、この一家は後の912年にドゥエロ河岸のロア（Roa）へ達した。882または884年にはディエゴ（Diego Porceles）がブルゴスを創設した。ララ伯ゴンサロ・フェルナンデスはクルニア、サン・エステバン・デ・ゴルマス、アサを領し、オスマはゴンサロ・テリェス（Gonzalo Téllez）が占拠して、912年にはドゥエロ川に沿った拠点をレオン・カスティーリャ勢力が押さえることとなった。この時期はウマル・イブン・ハフスーンのボバストロの叛乱など、後ウマイヤ朝が極めて難しい状況に立たされていた時期であり、北方勢力はそれをうまく利用したのである。

　11世紀に活躍したアル・アンダルス最大の史家イブン・ハイヤーン[75]（Ibn Hayyān）は、10世紀のイーサー・アッラーズィー[76]（'Īsā b. Ahmad al-Rāzī）の記述として、893年にアルフォンソ3世がトレドのキリスト教徒をしてサモーラに入植さしめる様子を、かなり事細かに描いている。

　　そしてこの年（ヒジュラ暦280年＝西暦893年）、「ガリシア」の王たるオルドーニョの息子アルフォンソは住人の絶えたサモーラ城へ向かい、町を建設し、防備を施し、キリスト教徒をして入植さしめ、その城壁を修復した。建設にあたったのはトレドの民であり、防備は彼らの中の1人のキリスト教徒の費用でまかなわれた。それ以来、サモーラは繁栄をし、集落は徐々に結集し、国境付近の人々はそこに移住していった[77]。

アストゥリアス年代記から1世紀の沈黙を破って書かれたサンピーロ年代記では、アルフォンソ3世のセアなどへの入植（populauit ... Ceiam ciuitatem mirificam）のほか、王国がその11世紀以前における最大版図を得た、ラミーロ2世のトルメス川に達した入植活動について記述している。それによれば王は、サラマンカほか「無人化した町々（ciuitates desertas）」とさまざまな城砦に人を住まわせた（populauit）とされている（*Sampiro*：276 & 327）。また同じ頃フェルナン・ゴンサレスはセプルベダに達したとされる（Estepa, 1985：26）。ラミーロとフェルナン・ゴンサレスのドゥエロ南岸でのこうした果敢な入植の背景には、後ウマイヤ朝カリフ、アブダッラフマーン3世を打ち破った939年のシマンカスの戦いがあった。

7）公文書の語る無人化と再入植

法的文書の中に占める再入植活動への言及の重要性も、無人化・再入植理論の要の一つである。ガルシア・デ・コルタサルによれば、910年以前のカスティーリャ関係26文書中16が再入植関係で、うち13がアルフォンソ3世以前のものである（*Edad Media*, 2005：100-1）。また同時期のレオン関係34の公文書中では、10が再入植関係だとされる[78]（Moxó, 1979：55）。ミンゲスによれば950年までのレオン中央部関係の文書は400近くあり、そのうちプレスーラに言及しているのは24文書ある[79]（Mínguez, 1995：60-1）。

サンチェス・アルボルノスは再入植の地に創設された新しい教会を列挙し、それらのうちで、それ以前からの実践の継続を示しているものは一つもないと主張した（Sánchez-Albornoz, 1966：199-211）。そして、9世紀以降の寄進文などで、「放置されていた土地を回復し、無人となった町や村に人を住まわせ……」といった記述を抜き出して、レコンキスタに伴った再入植のエネルギーを描写したのである[80]。

要は無人の土地を開墾して後にその権利を主張するプレスーラで得た土地の所有権の、追認を求める無数の法的書類の存在が、サンチェス・アルボルノスにとってはすべて、無人化・再入植の根拠としなったわけだが、同じ文書が、後述するようにその逆の説の根拠となる場合も見られる。とはいえ、先祖代々の土地を綿々と守っていたらそのような話はあまり出てこないはずで、農地などを求めて拡大する植民社会のダイナミズムがうかがえるのは事実である。また、

第二部　レオン王国とモサラベ移民

再入植の記述に見られる建造物の修復や再建は、バンゴによってつぶさに分析された（BANGO, 1979）。

　サンチェス・アルボルノスが利用したもう一つの根拠は地名であった。様々な出自を持った人々が村落を形成したことが反映されるほか、ローマ時代の遺物があるのにローマ時代の地名が失われているものが多いことが指摘された（SÁNCHEZ-ALBORNOZ, 1966:191）。最も典型的なのは、villa＋人名、すなわち「誰々村」という名称である。また初期の入植活動の舞台となったのは古代の城砦があった場所で、修道院はこうした高台の軍事拠点に近接して創設されたことが、公文書内でも頻繁に言及される。こうした要塞化集落が、Castro de Gundisalvo ibn Muza や Castro Mutarraf といったアラビア語系の地名や、Castro Ardón や Castro Froila といった西ゴート系の地名を持っていることから、古代からの地名が一旦失われ、アラビア語名や西ゴート系の名を持った人々が初期中世に入植して村落を形成したことを示しているというわけである（CAVERO, 2001:243; *Edad Media*, 2005:130-1）。傾向としてはカスティーリャにはカンタブリア人、バスコン人が多く、ガリシア、ポルトガルにはアストゥール人、ガリシア人が多かったとされる。これに対し、レオン地方（レオン王国中部）ではアラビア語の地名や「トレド人村」「コルドバ人村」といった地名が比較して多いことから、モサラベが多かったとされるのだが、この問題については次章で再度検討する。

8）無人化説への反論

　これらの史料を受けて、サンチェス・アルボルノスによる無人化・再入植説が成り立ってきたのだが、それらに対する批判は、以下のようなものである。

　考古学は、ドゥエロ川流域における西ゴート時代からポスト・西ゴート時代における居住が、特に谷や平野では居住が一旦途絶えている場合でも、山がちな地域では連続していたことをいくつかの発掘現場で示してきた。近年では例えば、馬蹄形アーチの断片が残るカスティリェッハ（Castilleja）について、「ローマ時代のウィッラ上に位置し……ケルト・イベリア文化や中世の遺物が発見されるなど、全データが居住の連続性が断絶していなかったことを示している」と指摘された[81]。また、考古学者ロペス・キローガはガラエキア南部における「古代の終焉」は8世紀から11世紀まで遅らせられると結論している（LÓPEZ QUIROGA, 2004:289）。グティエレス・ゴンサレス（José Avelino GUTIÉRREZ GONZÁLEZ）

176

第2章　ドゥエロ川北岸の無人化と再入植活動

も居住の一定の連続性を認める（GUTIÉRREZ GONZÁLEZ, 1992：171）。しかし残念ながら、連続していた居住の質について明らかになることは多くない。

　アストゥリアス王朝の年代記に見られる政治性と虚構は、特にバルベーロとビヒルによって批判を受けた（BARBERO & VIGIL, 1978：262-275）。またサンチェス・アルボルノスが全面的に擁護した用語に対する批判としては、植民する（*populare*）という語のあいまいさをメネンデス・ピダル以下が批判してきた。例えばこの言葉は、アストゥリアス王国がガリシアやバスコン人の土地へ入った際も用いられたが、しかしこれらの土地が無人化したことはないし、むしろその後頻繁に起こるアストゥリアス王朝に対する叛乱の温床であった[82]。われわれは、語り部たちが事態をドラマティックに語りたい傾向があることを知っている。サンピーロはアルマンソールがその遠征で「全土を無人化した（Deuastauit quIDEM ciuitates, castella, omnemque terram depopulauit...）」と述べているが、それがレトリックに過ぎないのは言うまでもない。6世紀中期にイタリアもまた「無人」とみなされたことがあったようだ（マンゴー , 1999:96）。しかし誰もイタリア半島から住民が絶えたとは考えないだろう。ドゥエロ川流域が完全に無人化していなかったことは、こうした他の類似例からも推察される。むしろアルフォンソ3世の年代記の長大な地名のリストは、執筆時である9世紀末から10世紀初頭にかけてのアストゥリアス＝レオン王国に点在する拠点のリストなのだと解釈すべきではないだろうか（BARBERO & VIGIL, 1978：218-220）。

　公文書の批判的分析については、9世紀のカスティーリャ方面の「再入植」について研究したペーニャ・ボコス（PEÑA BOCOS, 1993）が、無人地帯に入植が進んで行った基準とされたプレスーラ（および*scalido*）を再検討して、①他の住人の存在、および獲得された土地が既に開拓され、教会を中心としたコミュニティーが既に存在していたであろうこと、②公的記録である年代記に基づいた国境からは、はるかに隔たった土地の権利を主張していること、③プレスーラを実行している人間はその土地を熟知しているらしいことを指摘した。

　①に関しては、廃墟（つまり、無人化して建物が放棄されていた証左）が明言されるのは2つの著名な公文書、すなわち800年Taranco修道院長Vituloのと804年のバルプエスタ（Valpuesta）司教ヨハネス（Juan）の文書だけで、結局、11の新設教会に対して50の教会が文書中に現れていることを指摘している（IDEM：257）。また②および③に関しては、各々のケースが所有を宣言している土地の分布（fig.2-7）を見ると、カスティーリャ全域に広がる所有地の有様は少人数の

177

第二部　レオン王国とモサラベ移民

農民が無人地帯となった土地へ初めて乗り込んでゆくという姿とはおよそかけ
離れており、トビーリャス (Tovillas) 獲得の際には、そこから70kmも離れた土
地の所有権が主張されている (IDEM:252-4)。むしろこれは一時の戦乱で混乱し
た、既存の不動産（教会堂、農地……）に対する既得権を主張していると考える
べきであろう。

　アストルガに入植したガトン伯のケースも興味深い (CCAstorga：no.5；SÁEZ,
1948:37-46)。ペレス・デ・ウルベルは、オルドーニョ1世の姻戚[83]とされるこの
首領をアストゥリアス人としているが (PÉREZ DE URBEL, 1956:72)、エル・ビエル
ソの豪族がアストゥリアス人で、アストルガに入植するという状況自体、アス
トゥリアス王国の南進という一方向的な無人化・再入植史観での説明を破綻さ
せてしまう。エル・ビエルソは、西ゴート時代にフルクトゥオススやウァレリ
ウスが庵を結んだ隠修士のメッカであった。それ以来ガトン伯の登場まで、そ
こには居住が連続していたと考えるべきで、ガトン伯のエピソードは、エル・
ビエルソという山間の地を拠点としていた豪族が、この時期にアストゥリアス
王権と友好関係を結び、近接するローマ時代の都市であるアストルガ周辺へ展
開したと解釈できるだろう。サエス (Emilio SÁEZ) は、おそらくは「無人化」説
の絶対性に引きずられて、ガトンがオルドーニョ1世の命を受けてまずエル・
ビエルソに入植し、そこから多くの人を引き連れてアストルガに入植したとし
ているが (SÁEZ, 1948:41)、「エル・ビエルソの民（populus de Bergido）」とわざわ
ざ述べているのだから、アストゥリアスから一時的にエル・ビエルソに留まっ
た人々とは考えにくい。アストルガに入植したガトン伯が何を行なったのかと
いえば、「葡萄畑を作り、家を建て、住まいを定め、土地を耕し、種を蒔き、家
畜の群れを集めた」(IDEM：72) のであり、古代の行政の中心であった都市機構
を再生させたわけではなかった。

　一方、9世紀末ごろには、のちにアストルガ司教となるゲナディウスがフル
クトゥオススゆかりのサン・ペドロ・デ・モンテス修道院などを復興し、今度
はエル・ビエルソが入植・開発の舞台となる。どちらの入植・開発のエピソー
ドも、無人化した土地にアストゥリアス王権の旗印のもと進出していくキリス
ト教徒、というヴィジョンには収まりきらない、社会発展の様相を示している。

　ブルゴス県シエロのサンタス・セントーラ・イ・エレナ教会堂（Santas
Centola y Elena de Siero）アプスには、馬蹄型の小さな窓があるが、そこには
FREDENANDVS ET GVTINA ERA DCCCXX（またはDCCCXXX）との銘が刻ま

178

第2章　ドゥエロ川北岸の無人化と再入植活動

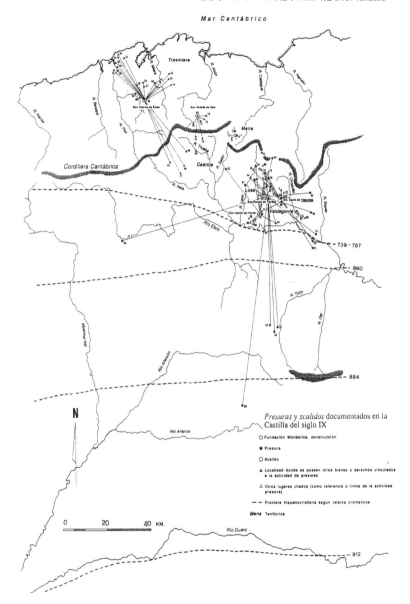

fig.2-7　プレスーラの及ぶ範囲（9世紀カスティーリャ）（E. Peña Bocos）

179

第二部　レオン王国とモサラベ移民

れている[84]。この銘は単廊に矩形のアプスがひらくシンプルな教会堂本体と同時期か、または再利用されたものと考えられるが、レゲラスによればこの2人の人物はフェルナン・ゴンサレスの祖父母とされ、イスパニア歴820年（西暦782年）に、同じ場所に何らかの重要性を持った教会堂が建設されたことは間違いない。仮に決定的無人化が740-50年ごろに行なわれたとすると、はやくもその30年後の782年以前には教会堂が建設するためにゲルマン系の名前を持つキリスト教徒が移住してきていたということである。これは、ブルゴス創設の100年前である。

　ミンゲスは、強調されてきたプレスーラの数が相対的に多くはないこと、無人の土地とされた場所がイスラーム軍の略奪を受けていることに加え、サンチェス・アルボルノスによる公文書解釈の多くの点を具体的に批判した。特に、サアグン修道院所蔵の909年の証書（*CMSahagún*：no.9）の分析には、ミンゲスの鋭い批判のエッセンスが詰まっているとおもわれる。この証書の概要は、Sarracinus、Falcon、Dulquitus が、アストゥリアス王アルフォンソ3世から Alkamin という *villa* を下賜され、かわりに彼らが占拠していた別の *villa* を献上するというものである。まず、以下の記述について：

　　...villa nostra propria... eadem villa cum sua ecclesia que ibIDEM est fundata <u>ab antiquis relictam</u> quam vocitan Sanctorum Iusti et Pastoris cum suis dextris vel prestacionibus vel quamtumcumque <u>in ipsa villa</u> per ordinacione dominica de squalido apprehendimus...

　この、長期間放棄されていた（ab antiquis relictam）ところへ新たにやってきて実質占拠した（de squalido apprehendimus）という記述をもって、この文書の当事者3人が、「無人化」地帯への「再入植」を、これ以前に行っていたとする論拠とされてきた。これに対するミンゲスの批判は2点に集約される。すなわち、長期間放棄されていたのは *villa* ではなく *ecclesia* であること、そして、*squalido* による入植は、既存の *villa* にされたことである（MÍNGUEZ, 1995：63）。したがって、3人の進出は無人化を前提とする必要がないというわけだ。

　この *villa* と *ecclesia* を献上する代わりに3人が与えられたのが、Alkamin という名の *villa* であった。

180

damus atque commutamus vobis villa quam dicunt Alkamin qui est in ripa de flumine Durio de termino de Autero de Sellas usque in valle de Cannas secundum nos illut de squalido de gente barbarica manu propria cum pueris nostris adprehendimus, tam cultum quam et incultum ab integro tibi omnia concedimus...

　Alkaminはアラブ・ベルベル系の固有名詞であるが、無人化・再入植説に従うなら、これはモサラベ移民に由来するはずである。しかしながら、内容を読むと、«gente barbarica»と関連づけられていることがわかる。ラテン語の古典的用法に従うならば、barbaricusとは（ギリシアでもローマでもない）蛮族の、未開の、異邦の、という意味であるから、歴史的事実と照らし合わせれば、これはベルベル人居留の名残と考えるのが最も自然ということになる[85]。無人の土地への進出と関連づけられてきたscalidareも、無人化を前提とはしていなかったのである。

　ミンゲスはさらに、同一人物（夫婦）による、連続した土地購入の様態を分析し、隣人の細切れの土地を少しずつ購入していく有様を見て、無人化していたところを占領した歴史の浅い村で、そのようなパッチワーク的な土地所有形態があるのは不自然だと結論した（IDEM：75）。

　地名に関しては、アストゥリアス王国成立以降のものが無数に存在することは疑いようがない。しかし、それ自体が、先史・ローマ時代の主要な地名（レオン、アストルガ、セア、サルダーニャなど）が存続していることや、ヌーニョ（ムニオ）・ヌニェス伯に「再入植」されたはずのCastrojeriz（Castrum Sigerizi）に、入植者とは別の人物の名前がついていることが意味する継続性を否定することは出来ない（MÍNGUEZ, 1995：66）。

　カバリェーロはこうしたアンチ無人化説を自身の「いわゆるイスパノ・ビシゴード建築」のクロノロジー再考に援用している（CABALLERO, 2000：234-5）。無人化していなかったのだからムスリム侵入以後「再入植」以前にそれらの建築が建てられた可能性が十分にあるというのだ[86]。しかし、最も無人化を支持しない研究者（例えばバルベーロとビヒル）の描く「再入植」活動以前のドゥエロ川流域は、西ゴート期末期からの無変化を問題としているのであるから、カバリェーロの、8世紀の間にウマイヤの建築文化が及んだという仮説は、援用された社会史から見れば到底考え難い解釈となっている。

　このほか、無人化の有無を云々する議論はさまざまあるが、基本的にどれ

第二部　レオン王国とモサラベ移民

も解釈の取り方が難しい。ドゥエロ南岸のサラマンカ司教が830、876、880、898、900、921、960年と連続して存在していたことは、メネンデス・ピダルによって指摘されたが、サンチェス・アルボルノスは用いられた史料のオーセンティシティーを完全に否定した（MENÉNDEZ PIDAL, R., 1960：XXXVIII；SÁNCHEZ-ALBORNOZ, 1966：172-3）。いずれにせよ、もし真正の史料が存在していても、この時期、司教が名誉職的に任命されることは少なくなかったから、これをもってサラマンカ司教区が存在し続けたと言い切れるかは断言が難しい。オルドーニョ1世によるレオン入植以前の846年にイスラーム軍の遠征でレオンが攻撃されていることも、研究者によっては、アストゥリアス王権公認の入植活動より前に、ドゥエロ川流域に居残っていた住民の存在を示唆しているとされるが、その実像はよくわからない[87]。メネンデス・ピダルはさらに、カスティーリャが西部のように移民の出身を示す地名を持たないことから、レオンもアストゥリアスも移民を必要としてたのに、カスティーリャはむしろ輩出したのだとした。移民の出身を示す地名の頻度を定性的な地域の移民依存度のバロメータとするこの解釈もまたしかし、そのバロメータ自体の精度に疑念の余地を残すといえる（MENÉNDEZ PIDAL, R., 1960：XLVI）。

　一方、無人化・大規模再入植を支持する意見として、ウビエトは、コルドバ軍がアストゥリアスを攻撃する際に、最短距離である銀の道を通らずに迂回してまずナヘラ（Nájera）に寄っているのは、食糧を現地補給していた軍隊がドゥエロ川流域でそれを実行できなかったからである、としている（UBIETO, 1997：46）。ここからも、銀の道に沿ったアストルガ、サモーラ、サラマンカがコルドバ軍に物資を補給していなかったであろうことは推測できるが、それ以上のことを導き出すのは難しい。

まとめ

　以上をまとめると、ドゥエロ川中流及びミニョ川とカンタブリア山脈に挟まれたメセタ北部において、8世紀に戦略的で完全な形での無人化はおこらなかったと結論してよいだろう。その根拠としては、①無人化、無人であった、という記述が、史料の性格を考えると、入植者の寄与を強調するレトリックとして捉えなおせること、②発掘調査により、無人とされていた地域で居住の連続性が明らかとなってきていること、③最初期の入植者とされる人々がす

でに、入植地のみならず広範囲に分散した土地について把握していることが公文書の再読から判明すること、④無人化した土地を占拠して開墾するという行為（*presura*, etc.）を示す文書の量がそれほど多くはないこと、⑤放棄されていたのが*villa*全体ではなく*ecclesia*のケースなども無人化の事例とされてきたこと、⑥そもそも*villa*に入植するという記述が、既存の*villa*の存在を認めていること、⑦無人のはずのレオンやアストルガが、イスラーム軍の攻撃対象となっていること、⑧ベルベル系の居住地の存在が認められること、⑨ガトン伯など、「戦略的無人化」以降「再入植」運動以前のアストゥリアス王国の外部に、地方豪族が存在していたと考えられること、などが挙げられる。無人化と考えられたものは、実際にはすでに古代末期からそれほど人口の多い地域でなかったドゥエロ川流域において、徐々に起こっておいた非都市化・田園化現象であったと考えられる。初期アストゥリアス王が主導した遠征の成果は、750年代にはすでに非常に減少していたと考えられるベルベル駐屯部隊を（ほぼ）殲滅させるほか、ドゥエロ北岸に残留していた、ある程度広域的な統制力を持った土着支配層一族を、古代都市やウィッラから一時的にカンタブリア山脈北部に召集する意味を持っていたと考えられる。その遂行は完全ではなく、さらにアストゥリアスへ一度は入った人々の一部は、実はそれほど時間も経たないうちに、再び山脈南側の地域の人々と何かしらの連携をしていた可能性がある。

　やがてアストゥリアス王国の領土が拡大し、9世紀中葉からドゥエロ流域にその勢力を展開すると、そこは人的資源が外部から流入する植民地的世界となったが、それはサンチェス・アルボルノスが考えたようには完全なる入植者の世界ではなかった。再入植が起こり、再入植者が状況を押してドゥエロ川流域にとどまったのは、そもそも元の地域が人口過剰になっていたからで、新規入植を示す地名、開墾、水のわけあい、非農業活動への言及が見られるのは9世紀以降の西欧共通の現象であるという（Moreta, 1989：103-4）。

　とはいえ、確実なことは、この地域がこの時代に、東西南北からの移民の流入を受け入れたと同時に、カンタブリア山脈の向こうにあった、より強固な権力体制（アストゥリアス王国の王侯）の拡大を許し、キリスト教教会によるネットワークの組織化（司教座と修道院）を引き入れ、商業活動・紛争・土地所有といった社会活動を突然記録に残し始めたことである。このとき権力の主体である王権と教会が掲げた、レコンキスタという名の拡大政策に伴う地理的人的な掌握過程は、組織化された社会のネットワークの回復を含んだ再組織化活動

183

第二部　レオン王国とモサラベ移民

であったので、広い意味では再入植活動と考えてよいだろう。サバテ（Flocel SABATÉ）はこれを「キリスト教徒勢力のテリトリー・モデルの勝利」と呼び、漠然とした国境のままにして放置していたイスラーム教徒勢力のモデルよりも戦略的に成功していたことを指摘している（*Edad Media*, 2005：237-8）。

　レオン王国の建築は、そこにまとわりつく「再」入植という政治的意味も含めて、この社会情勢を舞台に建てられたのであるが、こうした再入植が見せた様相が、実にアンビヴァレントであったことを忘れてはならない。一方に、サモーラのように、トレドという比較的遠隔地、しかも敵地から人を呼び込んだ、という、サンチェス・アルボルノスの明快な図式から非常に説明しやすい話もあれば、他方に、アストルガとエル・ビエルソのように、人的移動の流れが一方向でない複雑な構図もある。結局、北のアストゥリアスから南の国境線ドゥエロ川までという流れだけでなく、防衛に適した山中などの拠点から、農業生産に適した平野への流れが、9-10世紀レオン王国の「再入植」社会を形作っていたと言えよう。

184

第3章 モサラベとレオン王国に見られるアラビア語の残滓

しかし、モサラベはどこにいるのか？[88]

　レオン王国にモサラベ文化が存在すると考えられるようになった最大の要因は、公的書類の上ではラテン語社会であったこの地域に散見される、明らかにアラビア語を起源とする人名、地名である。ゴメス・モレーノの『モサラベ教会堂』においても、レオン地方に割かれた章は、延々と羅列されるこうした人名・地名で肥大化する（GÓMEZ-MORENO, 1919：108-121）。

　近年になって固有名詞研究者がより綿密な分析を始めるまで、ドゥエロ川流域北側全体の9世紀から11世紀に見られるこれらアラビア語名の存在と、アル・アンダルスからの移民へのいくつかの言及は、両文化の架け橋としてのモサラベという概念的な社会集団と関連づけられ、モサラベは移民社会において大きな比重を占め、重大な役割を果たしていたと考えられていた。アラビア語名の割合や、そういった名前を持つ人間たちの活動にどのような傾向があったかは特に重視されなかったし、何よりも決定的に看過されてきたのは、彼らが本当に「モサラベ」であるかどうかであった。サンチェス・アルボルノスは8世紀にはドゥエロ川流域が無人化していたのだから、これらのアラビア語の固有名詞は全てその後モサラベ移民がもたらしたものとした（SÁNCHEZ-ALBORNOZ, 1966：265）。

　近年、固有名詞研究の分野では、ロドリゲス・メディアーノ（Fernando RODRÍGUEZ MEDIANO）、アギラール・セバスティアン（Victoria AGUILAR SEBASTIÁN）、マルティネス・ソペーナといった研究者によってすでに、一つの非常に重要な傾向が指摘されている。それは、アル・アンダルスからの移住が活発だった時期（アルフォンソ3世治下の9世紀後半から10世紀初頭）と、アラビア語名の頻度が増大する時期（10世紀から11世紀初頭）に無視できないズレがあるということである（CAVERO, 2001）。筆者もかつて、ゴメス・モレーノによるモサラベ化し

185

第二部　レオン王国とモサラベ移民

たレオンに関する著述を分析する中で、アル・アンダルスから来たと言及される聖職者がごく僅かな例外を除いてラテン・ゲルマン・キリスト教系の名前を持っていたこと、そして彼らと、アラビア語を含む名前を持つ人びととの間に、殆どの場合、直接的な相関関係を見出すことが出来ないことを指摘した（ITO, 2005a：9-15）。

　現存するレオン王国の建築の大半は、モサラベ移民への言及が減ってくると同時にアラビア語の人名が増え始める910年代以降に建造されたと考えられる。おおよその建設時期がわかっている4つの教会堂、サン・ミゲル・デ・エスカラーダ（913年聖別）、サンタ・マリア・デ・レベーニャ（920年代）、サンティアゴ・デ・ペニャルバ（930年代以降）、サン・ミゲル・デ・セラノーバ（940年代以降）、これらの建造は、アルフォンソ3世の庇護を受け、アル・アンダルスから聖職者コミュニティーが移住したとされる9世紀後期ではなく、そのあとコミュニティーが拡大する10世紀になってから[89]はじまったのである。

　本章では、レオン王国におけるモサラベの存在について批判的検討を加える。「イスラーム国家に残り、アラビア語を操りながらキリスト教を保持した人びと」という広義の「モサラベ」さえ、今やその呼称の正当性を疑問視されてしまうこともある中、この呼称をもってレオン王国の文化を語ることの妥当性はどのようなものなのだろうか[90]。結論を先に言えば、アル・アンダルス社会におけるキリスト教徒の経験が、レオン王国の芸術や文化に反映されているとは考え難い。しかし、ゴメス・モレーノやフォンテーヌによってアル・アンダルスのキリスト教徒（＝「モサラベ」）とレオン王国の芸術（＝「モサラベ」）が関連づけられてきた状況を鑑み、「モサラベ」という呼称やコンセプト自体の検討に続いてアル・アンダルスのキリスト教徒社会について触れ、そのあとレオン王国における「モサラベ」移民とアラビア語の残滓について論を進めたい。建築・美術史の文脈では、「モサラベ」芸術史観に否定的な研究者でさえも、モサラベの根拠の一つとなったゴメス・モレーノによる史料読解の批判を十分にしてこなかった。ここに初めてその分析を試み、結果的に、「モサラベ建築」の歴史的背景とされたものがかなり偏った史実を反映していたことが示されるであろう。

1）「モサラベ」という呼称

　まず、名称に関する検討から始めたい。広義のモサラベという用語は、社会

第3章　モサラベとレオン王国に見られるアラビア語の残滓

集団、典礼、美術、言語等の分野にわたり、地理的にはイベリア半島の南側大半、時間的には8世紀から少なくとも12-13世紀までをカバーするが、時に恣意的に一元化されて用いられてきた。社会集団を指す名詞の「モサラベ（スペイン語ではmozárabe(s)、英語ではMozarab(s)）」という語の、現代におけるもっとも一般的な定義は「イスラーム治下でキリスト教信仰を維持した土着民」である。したがってその生命は711年に始まり1492年に終わる、ということになる。これは「モサラベ」研究者の草分けシモネットの定義によっていて、以後近代以降の研究者に広く受け入れられてきた[91]。「モサラベの（スペイン語では同じmozárabe、英語ではMozarabic）」という形容詞はどうであろうか。美術・建築の分野では、せいぜい1085年のトレド奪還までが有効な範囲だろう。典礼（ただしこれはモサラベというより西ゴート以来のイベリア半島固有の典礼）に関しても、11世紀以降はローマ典礼の全面採用によって放棄され、トレドという特殊な都市においてのみ、細々と生き残ったに過ぎない。

　語の由来を紐解けば、その大元はアラビア語の「アラブ化した」という分詞（*musta'riba, musta'rab*）であるとされる。アラビア語源ながらラテン語史料にのみ現れ、アラビア語史料に皆無であることから、もとはキリスト教国に組み込まれた、「モサラベ」という人々の自称であった特殊な語であったと考えるのが妥当であろう[92]。イスラーム治下のキリスト教徒に対する決まった呼び名は特になく、イスラーム教徒からは「外国人（非アラブ人）」（*'ağam*）、「キリスト教徒」（*nasārā*）、「ローマ人」（*rūm*）、「契約者」（*mu'āhid*）、「多神教者」、「協力者」、そしてユダヤ人と共に「啓典の民」（*ahl al-kitāb*）、「クライアント（庇護者）」（*dhimmī*）などと呼ばれ、北部のキリスト教徒からは「スペイン人」（*Spani, Hispani*）などと呼ばれていた[93]。

　そもそも「モサラベ」という用語の原型となった呼称が最初に用いられたのは1024年のアルフォンソ5世期のレオン王国の文書においてである。この史料では3人の織物職人が、「王に仕えるモサラベ」と名乗りあるいは呼ばれている[94]。続いて、11世紀末（1097）に2番目の言及（mozarb）、おそらく同時期のものにもう一度言及（muccaraui）がある[95]。この3つの言及は全てレオン大聖堂アーカイヴに所蔵されている公文書に見出される。「モサラベ」という語がもう少し一般性を確立するのは、1085年トレドを攻略したアルフォンソ6世や、1118年にサラゴサを攻略したアラゴン王アルフォンソ戦闘王（Alfonso I el Batallador）の時代を待たなければならない。その頃にはこの用語は、アル・ア

187

第二部　レオン王国とモサラベ移民

ンダルス出身のキリスト教徒を指し示し、彼らに対する特別法（fuero）の条文を記す中で使用されていた[96]。レオン地方には、レオン大聖堂所蔵のものを含めて1000年以前の約1500の公文書が残っているが、そこで一度もこの「モサラベ」という語が用いられたことはないのは特筆に値する（CAVERO, 2001：239）。モサラベという語は結局、レオン王アルフォンソ5世のレオン、カスティーリャ＝レオン王アルフォンソ6世のトレド、アラゴン王アルフォンソ1世のサラゴサ等11–12世紀の特定の環境にわずかに散見される用語なのだ。

　この「モサラベ」の初出が呈示するイメージに固執したのがヒッチコックである（HITCHCOCK, 1978）。ヒッチコックは、モサラベという語とその近代以降の意味内容の齟齬に対して、通常と逆の解決法を提案した。「モサラベ」の語源をその後の語の慣用的な意味に優先したのである。つまり、シモネット以来の用法こそが間違いであり、アル・アンダルスに住んでいたキリスト教徒のことはそのまま「アル・アンダルスに住んでいたキリスト教徒」と呼ぶべきである。そして、「モサラベ」とは、北部スペインの非ムスリム地域に住んだアル・アンダルスから到来した人々を指すべきで、モサラビズムとはこうした人々によってもたらされたアラブ要素なのであるとして、例としてキリスト教国の芸術、建築、用語などを挙げたのである。ヒッチコックの提案は、建築や美術についてはやや表面的な解釈のため、その後無視されるか、批判されるかしてしまったが、実際にはある根本的な問題を顕にしている。それは、北方キリスト教諸国におけるアラビックな要素が一括して（ヒッチコックがいみじくもそう述べたように）「モサラベ」という語に収斂し、その「モサラベ」が「アル・アンダルスのキリスト教徒」と同義とされてきたということである。

　1024年の公文書に戻って、このモサラベたちが一体どういう人々であったかを検討してみると、①「ティラズ（tiraz）」と呼ばれる、イスラーム世界で広く製作され、キリスト教世界にも流入していた高級織物の職人であり、②「王のモサラベ（muzaraues de rex）」と称し、③住居を与えられて、そこで製作を行なっていた。さらに言うと、この文書はある土地の所有を巡る裁判記録なのであるが、④3人のモサラベのうち2人はラテン＝キリスト教名（Vincente, Ioannes）で、もう1人がアラビア語系の名（Abiahia）であり、⑤モサラベたちが所有権を主張した土地は、一世代前に被告側の修道院の前院長Hilalによって購入されていると判断され、⑥裁決執行吏の名はAbolkazemeと記されている。

　これらの「モサラベ」たちが、「アル・アンダルスからキリスト教王国へ移

188

第3章　モサラベとレオン王国に見られるアラビア語の残滓

住した、イスラーム世界特有の文化（tirazの製作技術、おそらくは言語も）に精通した人々」であることに疑念の余地はないであろう（Cavero, 2001：241）。これは「モサラベ」と聞いて、われわれが通常すぐさま思い浮かべる、イスラーム文化のキリスト教世界への影響の触媒としてのインターカルチュラルな存在、「モサラベ」そのものである。

　しかしながら、なぜ彼らは「モサラベ」と呼ばれたのに、被告側となったHilalというアラビア語由来の名で呼ばれた修道院長側の人間は「モサラベ」と呼ばれなかったのか？　そもそも、なぜ1024年になって初めてこの語を用いてアル・アンダルスからの移民を区別する必要があったのか？　この公文書を取り巻く人々は少なくともアラビア語に近い者も少なくない世代に当たると思われ、それを鑑みると、王に従属していた、あるいは庇護されていたアル・アンダルスからの技術を持った人々が、わざわざ「モサラベ」として他の人間（アラビア語名の者を含む）から区別されうる特殊性を持っていたことがわかる。また、その公文書への登場回数の少なさからは、そもそもそういった特殊な集団の絶対数の少なさがうかがえるし、トレド陥落の時代になって「モサラベ」に対する特例法が発布されたりして用語の一般性が高まることは、11世紀後半以降にキリスト教国に組み込まれた都市の住民が、既に征服者側と大きく異なった特徴を備えていたことを示しているのである。繰り返しになるが、11世紀においてそういった特殊性をもった人々はレオン王国において3回登場したのみで、10世紀にはただの一度も登場しないし、別の用語で旧アル・アンダルス住人を呼称することも一度もない。換言するならば、10世紀キリスト教王国に、差別化を要する「アラブ化した」人間というものはいなかった、あるいは、「アラブ化した」人間の差別化が必要とされることはなかったのである。

　このように、「モサラベ」という呼称が11世紀に持っていた意味は、現在のものとは大きく異なっていたと思われる。そうした不正確さを嫌って、10世紀レオン王国の建築について学位論文を執筆したマルティネス・テヘーラも、その使用を極力避けている[97]。とはいえ、歴史家の間ではこの語は広く使用されており、モサラベ文献大全の編者ヒルをして「ほかの呼称案に比べればまだまし」[98]と言わしめる。そこで、本書においても、「ムスリム治下イベリア半島（アル・アンダルス）のキリスト教徒」を指す用語として便宜的かつ限定的に「モサラベ」を用いることにしたい。つまりこの語は711年直後の半島全住民から、12-3世紀に北方キリスト教勢力下に組み込まれたアル・アンダルスのキリス

189

第二部　レオン王国とモサラベ移民

ト教コミュニティーまでを含む。逆に、本書では「キリスト教文化に流入した
アラブ要素」を「モサラベ」と呼ぶことはせず、従ってゴメス・モレーノのよ
うな語義の読み替え・初期中世芸術一般への敷衍や、ヒッチコックのような語
義の入れ替えには追従しないこととする。

2)「モサラベ」典礼

　近代以降、社会集団を指すようになる以前に、モサラベという語は典礼の呼
称として一般化した。ローマ典礼以前の半島で行なわれた典礼をモサラベと呼
び習わすのは、15世紀トレドの枢機卿シスネロス（el cardenal Francisco Ximénez
de Cisneros）の旧典礼復興に伴ってはじまった（SIMONET, 1897：I, XVIII）が、こ
れは『スペイン教会史辞典』によれば、「考えうる最もふさわしくない呼称」で
あり、現在ではイスパニア典礼と呼ぶのが通例である[99]。同じ典礼はまた、西
ゴート典礼、トレド典礼、イシドルス典礼とも呼ばれてきた[100]。ガリア典礼
と同起源と考えられるが、西ゴート期にセビーリャのイシドルス、トレド大司
教のエウゲニウス（Eugenio, *Eugenius*, 在位649 – 657）、同じくイルデフォンスス
（Ildefonso, *Ildephonsus*, 在位657 – 667）、同じくユリアヌス（Julián, *Iulianus*, 在位
680 – 690）らが典礼に用いるテクストを作成・編纂し、トレドやブラーガの公
会議決議内容を取り入れるなど、独自の発展を遂げた（TORRES LÓPEZ, 1963：329-
330；*Catholic Encyclopedia*：«Mozarabic Liturgy»）。したがってこれはモサラベだけで
なくローマ典礼導入以前の半島全体で採用されていた典礼である[101]。

3) モサラベ研究史

　イベリア半島におけるイスラーム治下のキリスト教徒の総称としてのモサ
ラベに歴史的位置づけを与えることを初めて試みたのはシモネット（Francisco
Javier SIMONET, 1829-1897）『スペイン・モサラベ史（*Historia de los mozárabes de
España*）』である（SIMONET, 1897）。シモネットの定義によれば、モサラベとは、

　　ムーア支配下に甘んじながらも、信仰と、国家精神と、ローマ・西ゴート
　　時代の古きキリスト教スペインの文化を保持し、その助力と知識によって
　　新しきスペインの復興と進歩に貢献したスペイン人[102]

190

第3章　モサラベとレオン王国に見られるアラビア語の残滓

である。この緒言が、全4巻に及ぶモサラベに対する彼のスタンス、すなわち、ほとばしる愛国精神とカトリック至上主義を端的に表わしている。かなりの偏見に満ちたその論調は、イスラーム・アラブ国家の成立によって生じた言語・宗教上の変化にもかかわらず、基本的にイスパニア的なるものが持続されたとする点で一貫しており、解釈には主観が満ち満ちてはいるものの、フォンテーヌや安達が述べるように、現在のモサラベ研究の基幹を成す重要な古典である。

　注目したいのは、第1部が711–756年の45年間、第2部が756–870年の114年間、第3部が870–1085年の215年間、そして第4部が1085–1492年の407年間と、年が下るにつれてカバーする年数が2倍になり、すなわち語られる内容の密度が半分ずつになっていくということである。実際、トレドの陥落以降を含む第4部の時代、「ムーア支配下で、ローマ・西ゴート時代の古きキリスト教スペイン文化を保持」したキリスト教徒コミュニティーはほぼ皆無であったと考えてよく、レコンキスタの逸話として登場する征服地のキリスト教コミュニティーは、文化的・社会的になんら外的インパクトを持っていなかった。

　シモネットの著書は1866年に脱稿し1867年には王立歴史アカデミーから表彰されていたが、「イデオロギー的問題」で出版が没後になった[103]。そのため、同じ「モサラベ」という用語を用いた論攷としては、ディアス・ヒメネスによる「レオン王国におけるモサラベ移民」が先に出版されている（Díaz-Jiménez, 1892）。これは、シモネットのように、モサラベを一般化した厳密な定義に落とし込むことを目的としていたわけではなく、レオンにイスラーム支配下から移住してきたキリスト教徒のコミュニティーがあったということを、職業、写本の存在、地名のほか、特にアラビア語源の人名を根拠として論じたものであった。この論文は、アル・アンダルス外におけるモサラベの問題を取り扱う嚆矢となる。作者であるディアス・ヒメネスは、南部からの移民が基本的に古き良き、より高度な文化と、西ゴート主義、政治的精神をレオン地方にもたらしたと述べており、おおよそシモネットが描いていたモサラベの姿を、レオンへの移民に絞って解釈したものといえよう。

　アル・アンダルス内のキリスト教徒の研究は、当然ながら、8世紀トレド、9世紀コルドバなど、キリスト教徒の活動が文献に記されている時期を中心に発展した[104]。いくつか重要なものを挙げるなら、まず、シモネットの延長上にカヒガス（Isidro de las Cagigas）による社会的マイノリティーとしてのモサラベ論（Cagigas, 1947）がある。レヴィ・プロヴァンサルもその名著『イスラーム・ス

191

第二部　レオン王国とモサラベ移民

ペインの歴史』中でモサラベについてまとめている（Lévi-Provençal, 1957：118-126）。社会集団としてのモサラベ像については、近年ペニャロッハ（Leopoldo Peñarroja Torrejón）がバレンシア周辺についてかなり保守的なスタンスで書き[105]（Peñarroja, 1993）、日本でも、安達かおり氏の研究（安達, 1997）が出た。

　コルドバ9世紀中葉の自主殉教運動に関しては、国外からとりわけ注視を集めてきた。ウマル・イブン・ハフスーンとボバストロの要塞についても多くが書かれてきたが、特に近年のアシエン（Manuel Acién Almansa）やマルティネス・エナモラード（Virgilio Martínez Enamorado）の貢献が注目される。ボバストロについては、その他のモサラベの建設活動に関連しても研究を発表しているアルセ・サインス（Fernando Arce Sáinz）の研究もあるが、実り多いとは言い難い（Acién, 1994；Arce Sáinz, 2000；Idem, 2001；Martínez Enamorado, 1996；Idem, 2004）。文学や文化的側面については、フォンテーヌは、『モサラベ美術』（Fontaine, 1978）内で、ゴメス・モレーノ史観の「モサラベ」美術概論の前奏として、コルドバの殉教運動時代の二大文人、エウロギウスとアルバルスなどについて書いているほか、複数の論攷を発表しており、ディアス・イ・ディアス（Manuel Cecilio Díaz y Díaz）もトレドとコルドバのシンポジウムでの研究発表を含め多くの論文を書いている[106]。

　モサラベ研究の全容を俯瞰するには、文学、美術、典礼、社会史などの研究者が一堂に会した1975年のトレドにおける「モサラベ」をテーマとしたシンポジウムの報告集（*Arte y cultura mozárabe*, 1979）、1995年のコルドバにおける類例（*Congreso Mozárabe*, 1996）、同じく1997年のセビーリャのもの（*Los mozárabes*, 1998）が有用である[107]。最後に、モサラベ＝アル・アンダルスのキリスト教徒研究の基礎資料としては、1973年に編まれた全テクストのコーパス*Corpus scriptorum muzarabicorum*の出版（Gil, 1973）は極めて重要である[108]。

　これらはいずれもイスラーム治下キリスト教徒の研究である。社会史の領域では、このようにイスラーム治下のキリスト教徒の姿を正確に描くことを目的として研究が続けられてきたが、そこで、ある程度便宜的ながら、モサラベという用語が一貫して用いられてきた。すなわち、ゴメス・モレーノ以来、美術史・考古学分野に普及した形容詞としての「モサラベ」と、制度史・社会史分野における「モサラベ」との意味と乖離は著しく、美術史分野で史学の近年の成果はほとんど顧みられていない[109]。

　ディアス・ヒメネス以降の「モサラベの北部移出」と「イスラーム治外に存

192

第3章　モサラベとレオン王国に見られるアラビア語の残滓

在するアラビア語名のキリスト教徒」の問題は、シモネットの著作監修を担当した（Viguera, 1993:212）ゴメス・モレーノによってその方向が決定付けられた。考古学者・美術史家として、スペイン中世史にその名を刻むグラナダ出身のこの碩学が、1919年、『モサラベ教会堂』と銘打った大著を発表し、以後、美術史・建築史における「モサラベ」ヴィジョンは、完全にゴメス・モレーノのそれとなったことはすでに第一部で述べた。『モサラベ教会堂』は近代的な地理区分によって章立てされ、そこに現存する遺構、断片、史料上の「モサラベ」への言及をピックアップするカタログ的な体裁をとっている。しかし10世紀スペインキリスト教建築の全体像を客観的に見せるという、本全体の表面上の意図とは裏腹に、遺構の多さと、史料上の「モサラベ移民」の多さとがシンクロされてとりわけ強調されたのがレオン地方であった。モサラベとレオンとの歴史的結びつきの証明をこの大史家がいかに重視したかは、以下の数値にあらわれていよう。レオンの章で、ゴメス・モレーノは人名について12頁（pp.107-119）、地名について3頁（pp.119-121）、アラビア語起源の用語について9頁（pp.121-130）、南部から持ち込まれた写本について3頁（pp.130-132）、社会構造について8頁（pp.132-140）と、サン・ミゲル・デ・エスカラーダ（22頁）から始まる建築以外の分析に非常に多くの紙面（導入部を入れて36頁）を割いている。ちなみに、ボバストロ発見以前に書かれた本書には、モサラベの大半が居住していたアンダルシアについてわずか8頁しか書かれておらず、もう一つの拠点、トレドについては5頁と、背景の説明に割かれた分量に非常に大きな格差がある。ゴメス・モレーノは全地域全時代のモサラベ（アル・アンダルスのキリスト教徒）の芸術を研究したのではなく、その周縁にある必ずしも「モサラベの芸術」とは言い難いものも含めた、ある地域ある時代の芸術を研究したのである。

　アル・アンダルス外の「モサラベ」（という社会集団）の存在についての研究はその後も途絶えることはないが、ゴメス・モレーノの考えはその重要なベースとなっている。メネンデス・ピダルはスペイン語の起源を研究する中で、レオン10世紀の書き言葉の特徴は、モサラベの書記のものと考察した[110]。サンチェス・アルボルノスの研究においても、モサラベ移民の重要性に関してゴメス・モレーノが援用されたが、サンチェス・アルボルノスはこれらの南部移民の大半は農民だったと考えた（Sánchez-Albornoz, 1966：228 & 264-5）。モサラベの移民が場所によってはかなりの量であったという意見は一般的で、レオン中世史のエステッパ（Estepa, 1985：39）などキリスト教国史の専門家だけでなく、

193

第二部　レオン王国とモサラベ移民

アル・アンダルス研究者のビゲーラも同調している（VIGUERA, 1993）。同じくア
ル・アンダルス研究のベルネット（Juan VERNET）もモサラベの大規模再入植とい
う考えを支持していて、828年にメリダのモサラベ・コミュニティーがルート
ヴィヒ1世（ルイ敬虔王）に向けて異教徒下に住む不満を述べたというエピソー
ドや、キリスト教国に見られるアラビア語の人名、ベアトゥス彩色写本の絵師
マギウスなど全て一元化して捉えている（VERNET, 1993：61-2）。レオンの960年
聖書（*Codex Visigothicus Legionensis*）におけるアラビア語のメモ書きを分析した
ロペス・ロペスは、アラビア語を母語とする北部在住のキリスト教修道僧とい
う像を描きながら、彼がそこにいる状況を、ボバストロの乱の鎮圧、「モサラ
べ」教会堂、アラビア語の人名地名、といった慣習的なモサラベ移民コミュニ
ティー史観で捉えていく（LÓPEZ LÓPEZ, 1999）。同じく伝統的な解釈でモサラベ
の移住現象を一意のものとして捉えたルイス・アセンシオ（J. M. RUIZ ASENCIO）
の意見はこうした傾向の最たるものである。曰く、「（モサラベの移民は）ユダヤ
の民の出エジプトによく似ていた」[111]。

　このようなモサラベの移民自体が疑問視されることはほとんどなかったが、
移住したモサラベがどのような人々で、アストゥリアス＝レオン王国において
どんな役割を果たしたかについてはその後様々な議論がされた。カヒガスはレオ
ンにいたモサラベが「国家の理想」を伝達したとしてシモネットやディアス・
ヒメネスのラインを継承している（CAGIGAS, 1947：I, 267-271）。グラソッティ
（Hilda GRASSOTTI）も、モサラベ移民の保守性やゴート主義に特に注目し、その
プレ・イスラーム性を重視した（GRASSOTTI, 1961）。バンゴの一連の論文、例え
ば（BANGO, 1998）でも、モサラベをイスラーム、アラブ、アル・アンダルス文
化の受け渡し役として捉える解釈が攻撃されている。ドッズ（DODDS, 1990：47-
81）も、そもそものモサラベ移民には同じように反イスラームの姿勢を見た[112]。

　これに対して、北方に伝えられたアル・アンダルスのイスラーム・アラブ社
会の要素を重視するのが、ゴメス・モレーノ（GÓMEZ-MORENO, 1919）、フォンテー
ヌ（FONTAINE, 1978）、グリック（GLICK, 1979）、ビゲーラ（VIGUERA, 1993）、リオス・
カマーチョ（RÍOS CAMACHO, 2009）らであり、美術史における一連のゴメス・モ
レーノ派もそこに含まれる[113]。モサラベ移民が存在した根拠として、コリンズ
は建造物と写本を挙げており、因果関係が完全に逆転してしまっている[114]。こ
れに関連した動きとして、モサラビズムとは北方キリスト教国におけるアラブ
要素を指して用いられるべきで、アル・アンダルス下のキリスト教徒をモサラ

194

べと呼ぶべきではないという逆転の発想もあらわれた（HITCHCOCK, 1978）。この論によって、「モサラベ」というエキゾティックな呼称には、北方キリスト教国におけるアル・アンダルスの要素と、アル・アンダルスにおけるキリスト教的要素という2つの異なる事物が混在していることが浮き彫りとなった。提案自体はモサラベという用語の慣用を無視し、事態を単純化したものと批判を免れないが、一つの考え方としては無視できない。

　以上のような発展を遂げてきたモサラベ研究、モサラベ移民研究であるが、アル・アンダルスのキリスト教徒（モサラベ）研究と、レオン王国のアル・アンダルス由来の要素（固有名詞、文化、制度、芸術など）が混同される傾向があったことは否定できない。管見では、この2つの問題は分けて考察されるべきであった。固有名詞に関しては、公文書の活字化が進んだ1990年代に入り体系的な研究が盛んになり、その成果を受けた先行研究の批判的再検討が行なわれた[115]。セラノーバ修道院アーカイヴのアラビア語系人名を研究したヒッチコックは、従来の「モサラベ移民」イメージとは必ずしも符合しない事例を示唆した（HITCHCOCK, 1990）。これらの成果を踏まえ、以下にまずアル・アンダルスのモサラベの実態を概観し、続いてレオン王国におけるモサラベの存在の問題に入りたい。

4）アル・アンダルスのキリスト教社会

　711年に始まったイスラーム軍の侵入からわずか3年で、すでに政治機能が麻痺し、求心力を失っていた西ゴート王国は崩壊した。この際、ローマや北部キリスト教勢力下へ逃れた司教や貴族はいたが、多くの半島住民はそのまま自分たちの住む町や村にとどまったと考えられる。これが「モサラベ」、キリスト教を信奉しながらイスラーム治下にとどまった旧住民コミュニティー誕生の瞬間である[116]。8世紀は飢餓や戦禍が続き、頻繁に支配層が転覆し、国境線が流動化した混乱の世紀であったため、内部に不和を抱えていたムスリムが非ムスリムに干渉するどころではなかったという説もあるが、支配者層となったアラブ人とその協力者は、コーランの教えに則り、さしあたって「啓典の民」である土着のキリスト教徒、ユダヤ教徒には寛容な態度を取った。イスラーム法により、キリスト教徒は建前上、ムスリムより劣位とされながら信仰は尊重された。彼らは基本的にジズヤ（*Gizya(t)*）と呼ばれる人頭税を納め、イスラームを

第二部　レオン王国とモサラベ移民

批判しなければ、殆どの場合ムスリムと同じように扱われ、旧来の法体系である西ゴート法典での自治も許された。そもそも7-8世紀のイスラームの急速な拡がりは、改宗者や異教徒、その社会システムをまるごと受容する手法と切り離して考えることは出来ない。ムスリムはザカート（法定喜捨）のみで納税の義務はなかったため、異教徒の存在はイスラーム世界では財政均衡に不可欠だったという。

　非ムスリムに対する宗教上の制限事項は多い。キリスト教徒がムスリムになるのはもちろん許されるが、逆は死刑に値する。キリスト教への入信を勧誘したり、イスラームへの入信を止めたりしてはならない。イスラーム批判は処刑の対象で、教会の新築は基本的に認められない。公衆の前でのイスラーム以外の宗教儀式は禁止されていた（屋外で礼拝してはならない、鐘を鳴らしてはならない、宗教行列をしてはならない）。また、ムスリムのような服の着用が禁止され、武器の所持や馬に乗ることにも制限があった。ムスリムの所有下にあった奴隷を譲り受けることも禁止されていた。しかし比較的寛容な時代には、建前上の制限がだいぶ緩むこともあったようで、鐘を鳴らす、大声で祈祷する、町を行列する、十字架を運ぶ、蝋燭に火をともすといった儀式が行われたこともあり、1000年頃のコルドバでも、丁子の小枝に覆われた教会の床、聖職者の豪華な法衣、子供達、聖歌、大蝋燭、鐘といった要素を含んだスペクタクルが深夜に行われていたことが記録されている。クリスマスと並び、聖ヨハネの祭（6月24日）にムスリムが参加することすらあったという。オットー朝使節団の一員としてコルドバを訪れた修道僧ヨハネスはキリスト教徒とムスリムの親密さに驚いている[117]。

　イスラーム征服以前と同様、8世紀の半島各地の様相は多様であったし、そこに住まうキリスト教徒のスタンスも多様であった。既存のヒエラルキーは、その不均質さ、不安定さ、あいまいさを含めて維持され、ムルシアのテオドミーロ（Teodomiro, Tudmir）、上辺境領のバヌー・カシー家など一部の貴族層は、イスラーム庇護下での地方自治体制を積極的に受け入れた[118]。

　司教座も維持された。ナルボンヌ（Narbonne, フランク王国による再征服まで）、タラゴーナ（Tarragona, 718年に破壊され、以後はナルボンヌの下に入る）、トレド、セビーリャ、メリダの各大司教座がアル・アンダルスにあっても保持されていた。タラゴーナの下にあったカタルーニャ地方のバルセロナ、ジローナ、ウルジェイや、ナバーラ地方のパンプローナ（Pamplona）は短期間でキリスト教勢力

196

第3章　モサラベとレオン王国に見られるアラビア語の残滓

下に再編されたが、アラゴン地方のサラゴサ、後ウマイヤ朝の首都コルドバといった中心的都市が、少なくとも9世紀ごろまでは司教座としての機能を十分に果していた。9世紀中葉にエウロギウスはサラゴサやシグエンサ（Sigüenza）に言及している（安達, 1997：85）。

　一連の抵抗運動や叛乱が一段落し、アブダッラフマーンがカリフを名乗った10世紀には、モサラベへの言及は極端に減るが、アル・ハカム2世時代の961年には、エルビーラ（Elvira）司教のレケムンドゥス、アラブ名ラビー・イブン・ザイド（Recemundo, *Recemundus, Rabī' ibn Zayd*）と、アリーブ・イブン・サイード（*'Arīb ibn Sa'īd*）によって、ラテン語・アラビア語の2ヶ国語で書かれたいわゆる『コルドバ・カレンダー（Calendario de Córdoba）』が作成された。これは、各季節の農作業や田舎の生活、キリスト教徒の祝祭のことなどを綴った農文化暦で、文化的な関心の高かったアル・ハカム2世に献上されるために書かれた。レケムンドゥスはアブダッラフマーン3世時代には、ビザンティン帝国やオットー朝への外交使節として派遣されており、エルビーラ司教というのも、実はその際に、キリスト教国の元首に対する使節としてふさわしい官職をということで冠された名誉職であった。共著者のアリーブは改宗ムスリムを父に持つムラディーであったと考えられている[119]。

　このように書いていくと、モサラベ、すなわちアル・アンダルスのキリスト教徒の歴史は、シモネットがそう願ったように、新しい環境の中で独自性を保って維持されていく伝統文化の歴史のようにも見え、カストロ（Américo Castro）が主張したように、イスラーム、ユダヤ、キリスト教の三宗教三文化共生のモデルのようにも見える。しかしもちろんそうではない。それは以下に大要を述べるように、ある社会集団の、ときに穏便で、ときに暴力的な、マイノリティー化と衰退の歴史なのである。

　アル・アンダルスの政治体制は、アラブ系ムスリムによる王朝が、建前上はイスラームに帰依した各地方の土着勢力を権力体制に組み込み、ベルベル人と半島先住民を支配するという構造になっていたが、土着住民のバイリンガル化、アラビア語化と共に、改宗も時を追うにつれて加速していった。キリスト教信仰を守ったモサラベに対し、改宗者はレネガード（renegado, 背教者）、あるいはムラディー（muladí, *mowalad, mūwalladūn*）と呼ばれ区別される[120]。先住民がキリスト教徒でラテン語（ロマンス語）を話す社会から、大多数がムスリムでアラビア語を主言語とする社会へ。そのバランスが後者へ急速に傾きだすのが、10

197

第二部　レオン王国とモサラベ移民

世紀からと考えられている[121]。

　しかし、モサラベの文化的・社会的衰退と変容の徴候は、8世紀末にすでにあらわれていた。モサラベ社会への最初の打撃は、キリスト猶子説であった。これは、784年のセビーリャ公会議でトレド大司教エリパンドゥスによって唱えられた、子なる神は、その聖性に関しては父なる神の実子であるが、人間性から見れば養子である、という考えで、三位一体を否定するイスラーム神学に対する反駁という意味合いもあったと考えられている。このキリスト猶子説（養子説、アダプショニズム）に対して嚙みついた人物こそ、730年頃に生まれ、アストゥリアスの山奥、リエバナはサン・マルティン修道院に暮らし、798年に死んだ修道僧ベアトゥスである。エリパンドゥスとの非難合戦が過熱する中、786年の初頭にベアトゥスはエテリウス（Eterio, *Etherius*）と連名で『護教論（El Apologético, *Apologeticum adversus Elipandum*）』を著し、エリパンドゥスに対する批判をちりばめながら、キリスト教の教義を説いた。やがて論争は国外に波及し、フランク王国内の複数の公会議上で猶子説は糾弾され、794年フランクフルト公会議でエリパンドゥスは破門された。エリパンドゥスが死ぬと猶子説は力を失い、同時にトレド大司教座は周辺への影響力を失ってしまった。猶子説を巡る確執からは、エリパンドゥスが、トレド大司教の権威に寒村の一修道僧が楯突くとは何事か、と恫喝すれば、ベアトゥスが猶子説論者は「反キリストの睾丸」（！）であると罵るなど、人々の感情が見えづらいこの時期では非常に珍しく剝き出しの人間が垣間見える。また、西欧の覇者カール大帝とその右腕である碩学アルクイン、教皇ハドリアヌスも論争に参戦するという、国際的様相を呈したのも稀有である[122]。

　モサラベにとっての次の大事件は、9世紀半ばにコルドバで起きた自主殉教運動である。これは、瓦解しつつあるモサラベ社会の苦悩に対する社会学関心を呼び覚ます一方、例外的なラテン語テクストによっても、注目を集めてきた[123]。ドッズのように、10世紀レオン王国の建築とこの殉教運動とを関連づける見方（Dodds, 1990：47-81）が適切かどうかはともかく、コルドバの殉教運動は「モサラベ」の代表的な事象であるから、ある程度詳しく述べておきたい。運動の記録者であり中心的人物が、世俗の教養人で詩人のパウルス・アルバルス（Álvaro de Córdoba, *Paulus Alvarus*）と、修道士でトレド大司教に指名された聖エウロギウス（San Eulogio, *Eulogius*）である[124]。アルバルスによれば、当時、宮廷に使えているキリスト教徒には、教義から遠ざかって、アラブ人のように着

飾り、アラブの香水をつけ、金儲けに没頭しているものがいた（Fontaine, 1978: 18）。こうしたモサラベに対し、信仰を取り戻し、異教徒のまねをするな、と説いた854年の著作『光の書（*Indiculus Luminosus*）』中、アルバルスは以下のように嘆く。

> キリスト教徒たちは、アラブ人の詩や物語を読むのが好きです。またかれらは、アラブの神学者、哲学者を研究していますが、それもかれらを論破しようという魂胆ではなく、正ししかも優雅なアラビア語を書くためであります。今では聖書に関するラテン語の解説を読み、福音書や予言の書や使徒を研究している俗人がどこかで見出せるのでしょうか。悲しいかな！　全ての有能な若いキリスト教徒は、熱心にアラブの書物を読み、研究に励んでいる始末です。彼らは大変なお金をかけて、膨大な図書を集め、キリスト教の文献など一顧だにせず、軽蔑しています。かれらは、自分たちの言葉を忘れてしまいました。友人にラテン語で手紙を書きうる人ひとりに対し、優雅なアラビア語で思うままに書きあらわし、アラブ人自身よりも素晴らしい詩をアラビア語で書くことが出来る人が1000人もいる始末です[125]。

　こうした状況の中、851年、1人の司祭が処刑されたことで自主殉教ブームに火がつく。859年のエウロギウスまで約50人のモサラベが殉教したといわれるこの運動の基本的な手法は、統治者の虚を突き、モスクの前で、中で、公衆の面前で、ムハンマドやアラーを侮辱し、進んで処刑されるというものであった[126]。殉教は連鎖反応的に飛び火し、そのやり口に気付いた政府は、なんとかこの悪循環を断ち切ろうと処刑を公にしない様にしたり、キリスト教高位聖職者に圧力をかけたりした。851年にアブダッラフマーン2世自らが召集したコルドバのキリスト教徒公会議の時点で、既にこうした過激な行為は疑問視されており、セビーリャ大司教らも宮廷からの圧力を受けて殉教を批判したが、こうした慎重論に対する反発を生んでしまうなど逆効果となり、エウロギウスやコルドバ司教がむしろ殉教を煽り立てて投獄されるなど事態は急速に悪化していった。アブダッラフマーン2世を継いだムハンマド1世（852-866）はモサラベを弾圧したことで知られているが、エウロギウスに恩赦を与える一方、過激派を孤立させていくなど、様々な手を尽くした。その効果か、それとも自己破

第二部 レオン王国とモサラベ移民

壊活動の限界なのか、859年3月11日、エウロギウスが殉教し、10年間続いた一連のブームは沈静化した[127]。

この自主殉教者達が、キリスト教に対する信仰の篤さだけから自殺をしていたとは考えられない。客観的に見れば、一般社会から突出した異常者と考えるべきで、したがって彼らのマニフェストもある程度眉に唾をつけて拝聴せねばなるまい[128]。彼らが殉教を選ぶまでに過激化した背景には、大多数のキリスト教徒がイスラーム化していく状況への反発、厳しい信仰生活への憧れがあったとされる。過去の殉教者の受難物語講読や、東方の僧から伝え聞く聖地での闘争、北部からの焚きつけも思想の過激化を助長した[129]。しかしながら、集団ヒステリー的側面が感じられるこうした過激派に対し、大多数の常識的な人間は妥協し、イスラーム社会に参加しつつキリスト教徒共同体に貢献する道を模索した（安達, 1997：80-7）。

エウロギウスやアルバルスの知識レベルに関しては意見が完全に二分する。コルドバの高い文化レベルを享受し、キリスト教学を修得していただけでなく、敵を知るためにイスラームに関しても研究を怠らなかったという説がある一方、孤立し、ラテン世界の学問成果を全く無視していた上、イスラーム下にいながら宗教としてのイスラームについて何も知らなかったという説もある。モサラベ研究者の多数派である前者によれば、840年代にエウロギウスがナバーラから古文書を持ちかえったのは、キリスト教世界全体で失われていた貴重な書物を発見し熱心に研究するためで、彼の知識レベルの高さを表しているのだが（安達, 1997：95-6）、後者によれば同じエピソードは、北方キリスト教国ではごく当たり前に見ることが出来た書物を、コルドバでは手に入れることができなかったことを象徴している。後者の立場をとるサザーンによれば、エウロギウスがナバーラで入手したとされるラテン語のムハンマド伝は東ローマ起源とされ、大部分がキリストの生涯のパロディであり、ムハンマドはスペイン暦666年に死亡した、と書かれていたという（周知のように、この666とはヨハネの黙示録の野獣あるいは反キリストを象徴する不吉な数である）。エウロギウスはコーランやムスリムによるムハンマド記より、怪しげなラテン語の偽伝記を選んでいたのである（サザーン, 1980：31-7）。

エウロギウスが本当にイスラーム教について知らなかったかと言えば、拒絶していたにしても知る機会はあった筈だし、少なくとも周りには知っている人間がいたと考えるのが妥当であろう。エウロギウスが引用したムハンマド伝が

不正確なものだったとすれば、それは意図的なものだと考えられる。アルバルスの著作にも、この意図的歪曲を感じ取ることが出来る[130]。彼らの終末観は、883年に書かれ、アストゥリアス年代記に組み込まれた予言的年代記（Crónica profética）と呼ばれるテクストにも反映された。

　コルドバを離れると文字史料が減るため、モサラベの実情を推測するのには非常な困難が伴う。948年にイベリア半島を見聞したアラブの地誌学者イブン・ハウカル（Ibn Hawqal）は、非都市部には「都市生活とは無縁の何千という農民がおり、彼らはヨーロッパ人でキリスト教徒であった」と述べた（CABRERA, 1996: 18）。こうしたアラブ・イスラーム支配体制中のマイノリティーが、後ウマイヤ朝時代最大の内戦であるボバストロの叛乱を支えていたと考えられる。

　ボバストロの叛乱とは、ウマル・イブン・ハフスーンというムラディーが、マラガ山中ボバストロを拠点としてコルドバに叛旗を翻した事件で、年代記記者イブン・ハイヤーンによる詳述と、1923年に発見されたマラガ山中の大規模な要塞都市址の存在によって、コルドバ以外のアル・アンダルス社会の一面を知らしめてくれる貴重な事例である[131]。要塞址は、一度は文献中のボバストロではない、と否定されたものの、近年の新発見によって全容が明らかとなりつつあり、マルティネス・エナモラードの指摘どおり、ボバストロと同定してよいであろう。もっとも、「モサラベ」の一例とされるウマル自身は、899年にキリスト教に再改宗してはいるが、改宗後にアフリカのファーティマ朝と接触したり、その子供たちにはキリスト教徒とムスリムが混在していたりと、宗教的姿勢は非常に曖昧である。また、実質的に独立体制下にあったボバストロの半岩窟教会堂

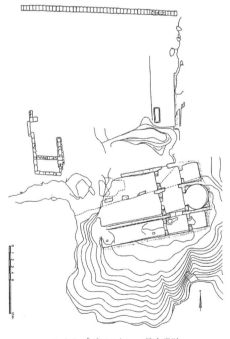

fig.2-8 「ボバストロ」教会堂跡

第二部　レオン王国とモサラベ移民

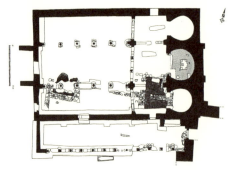

fig.2-9　サン・ミゲル・デ・エスカラーダ平面図

(fig.2-8) を、イスラーム治下キリスト教徒の建築一般と同列に並べるのは、適切な分類とは言い難い。ボバストロの叛乱が示しているのは、半島南部の土着勢力が完全にアラブ・イスラーム社会に押さえ込まれる直前の最後の抵抗であり、その遺構は、建造物の防衛的で暫定的な性格以上の特徴を今に伝えてはいない。唯一注目される点として、平面形と馬蹄形アーチといったサン・ミゲル・デ・エスカラーダ (fig.2-9) との構想上の類似が挙げられるが、それとてボバストロとエスカラーダとに共通するモデルがあった点を暗示しているにとどまる。マルティネス・エナモラードがいみじくも指摘したように、こうした「擬古的な平面の教会堂」は「明らかな（西ゴート時代を参照する）政治的意図」[132]を示しているのである。

　モサラベが置かれた状況は、このように、場所によっても、時期によっても、階級によっても変化しえたが、少なくとも9世紀の時点では、矛盾を抱えた多様な社会集団でありながら、保守的な傾向を持つという点ではほぼ一致していたと考えるべきであろう。アラビア語を話すキリスト教徒全員が全員、キリスト教以外のあらゆる点でイスラーム文化を受容したのでもないし、かといって思考の中核をなす言語の変化が彼らのメンタリティーに影響を与えなかったはずはない。アラビア語を争って習得し、ラテン語の知識に乏しいキリスト教徒に対する苦言が書かれたアルバルスの「嘆き」は、マイノリティー化する社会集団の危機感を如実に示している。ボバストロの叛乱は、アラブ＝イスラームのシステムに何らかの形で影響を受けつつあった土着の民衆が、社会的・経済的差別から逃れるために仕掛けたものであり、その中核であるウマル・イブン・ハフスーン一族の曖昧かつ日和見的な態度を見れば、アラブ＝イスラームに対する土着＝キリスト教という二項対立ではないことが判るであろう。

　イスラーム法によって禁じられていた教会堂の新築や、実際のモサラベの建設活動がどの程度制限されていたかどうかについても、さまざまな解釈がなされてきた。教会堂新築の禁令のためにアル・アンダルスに遺構を残せなかった

モサラベが、移住先の新天地において建築を通じ自己主張したというのがゴメ
ス・モレーノ史観の一つの軸であった（GÓMEZ-MORENO, 1919）。一方、モサラベが
確固たる建設文化を維持していたというヴィジョンに批判的な研究者は、「モ
サラベの建築的伝統の完全なる欠落」[133]、「北方建築を創作・示唆する能力を持
たない、非常な貧しさ」[134]を強調する。サンタ・マリア・デ・メルケについて
のカバリェーロとガレンの論争も、イスラーム治下で教会が新築されるかどう
かと関連していた（CABALLERO & LATORRE, 1980；GAREN, 1992）。アルセ・サイン
スは、モサラベの「建設」事例をまとめ直して従来の建設不毛説に一石を投じ
た[135]。しかし、実際、建設時期について解釈の分かれるサンタ・マリア・デ・
メルケやサンタ・ルシア・デル・トランパルなどを除き、モサラベ（アル・アン
ダルスのキリスト教徒）の建築というものはほとんど残っておらず、アルセ・サ
インスの論文からも、結局、モサラベが置かれた建設文化の貧しさばかりが伝
わってくる。現時点では、コルドバの輝けるイスラーム建築に反比例するかの
ように、キリスト教徒の建設活動は最低限のものであったと想像するしかない
だろう。バンゴが強調しているように、そもそもキリスト教徒が減じていく中
で、教会堂を新築する必要性自体があったとは思えず、ボバストロの叛乱時や、
コルドバ自主殉教運動時のように、極めて例外的な場合にのみそれを見ること
が出来る。そして、その際にできたものについて、建物としての用を足す以上
の芸術的考慮がされたとは思われない。ボバストロのように岩を掘り込んだも
のだったり、エウロギウスが伝えるように、急場で作られた粗野なもの（rudi
formatione）であったであろう（BANGO, 2001：190-3）。

　モサラベのその他の美術はBiblia hispalenseを代表とする写本がごくわずか
に残り、青銅の鐘などがいくつか見つかっているのみである（YARZA, 1996；
BANGO, 1996）。

5) アル・アンダルスからアストゥリアス＝レオン王国への移民

　前述したように、アルフォンソ3世年代記（ローダ版）には、オルドーニョ1
世（850-866）によるレオンなどの放棄されていた都市への入植が、一部イス
パニア、つまりアル・アンダルスの民（partim ex Spania aduenientibus）をもって
なされたと書かれている[136]。
　アストゥリアス王国が9世紀半ばに南進を始めたときに、呼応する形で南方

203

第二部　レオン王国とモサラベ移民

からも人口移動があったことについては、否定することはできない。前章で述べたように、サンチェス・アルボルノスの膨大で綿密な史料分析を筆頭とする先行研究からは、再入植のダイナミズムの中で、ドゥエロ北岸地域への南方からの移民が、一定の役割を果たしていたことが示されたのだ。しかしもちろん彼らは、北方の軍事・政治権力体たるアストゥリアス王国と共に南進した他の多くの植民者たちを補足するかたちで登場するのであり、大多数であったわけでもなく、アル・アンダルスで成熟しつつあったイスラーム文化を北方に早速導入したわけでもなかった。

　モサラベ移民がいたことの証明のされ方は様々であるが、大きく分ければ2つの柱がある。まず、年代記や銘文などにおける南部からやってきた人々への言及を挙げていくという、直接的なやり方がある。それから、アラビア語の人名、地名、用語などの登場を根拠とする、アラビア語を媒介とした間接的な証明のされ方がある。その他には、南部由来の写本や、写本に書かれたアラビア語のメモの存在なども指摘されてきた。

　シモネットやゴメス・モレーノなどの初期の研究では、レオンのモサラベ移民の存在についてのこの2つの論拠がそれほど区別はされていなかった[137]。しかし、移民への直接的言及と同列に扱われることで、アラビア語の存在が示唆する現実がやや歪曲化されてしまったのは否定できない。そこで本論では、より厳密な史的判断のために、再度この2つの論拠に光を当ててみたいと思う。まず、アル・アンダルスから来た人間への言及について検討し、次に、アラビア語（風）の固有名詞の中でも人名に絞って詳しく検討する。特に、後に問題とするように、10世紀後半との差異が明らかな9世紀から10世紀前半にかけては、一部の例外を除いて、この2つの基準ははっきりと区別される。すなわち、ラテン・ゲルマン・キリスト教名を持ったアル・アンダルス出身の人間がおり、アラビア語名を持った出自不明の人間がいるのである。彼らはモサラベ移民という一意の文化的集団であったのだろうか。ゴメス・モレーノやサンチェス・アルボルノスを受けて、彼らを一括りにする際には、常に9世紀半ばのコルドバ殉教運動やアル・アンダルスにおけるキリスト教徒に対する一連の締め付けがその源泉とされてきたが、それは本当に、一部の研究者が言うような北方スペインに文化的影響を与えうるものだったのだろうか[138]。

　まずは、南方からやってきたキリスト教徒についての第一の根拠、文献上に明示された個人の例について考えてみたい。アストゥリアス＝レオン王国にお

204

第3章　モサラベとレオン王国に見られるアラビア語の残滓

表2-A　アストゥリアス＝レオン王国へのモサラベの到来

	王	日付[139]	目的地	出身	名前	系[140]	身分
1.	Fruela I	c.757	Samos	Toledo	Argericus	G	修道院長[141]
					Sarra	L	（姉妹）
2.	Ramiro I	c.850	Samos	al-Andalus	Fatalis (Fatalix)	L	司教[142]
3.	Ordoño I	852	Samos	Córdoba	Audofredus	G	僧[143]
4.	Ordoño I	862	Samos	Córdoba	Ofilon (Offilon)	?	修道院長[144]
					Vincentius	L	司祭
					Maria	L	尼僧
5.	(?	785?	S. Vicente	al-Andalus	Egila	G	—[145]　）
6.	Alfonso III	a.883	Oviedo?	Toledo	Dulcidius	L	司祭[146]
7.	（Alfonso III	904	Sahagún	Córdoba	Adefonsus	G	修道院長[147]）
8.	Alfonso III	a.910	Escalada	Córdoba	Adefonsus	G	修道院長[148]
9.	Alfonso III	a.910	Ourense	Ercávica	Sebastian	L	司教[149]
10.	Ordoño II	a.921	Castañeda	Córdoba	Iohannes	L	修道院長[150]
11.	Ordoño II?	a.931	Samos	Bobastro?	Iulianus	L	司教[151]
12.	Ramiro II	a.932	Compostela	al-Andalus?	Iulius	L	司教[152]
13.	Ramiro II	a.937	Astorga?	Sevilla?	Julianus	L	司教[153]
14.	Ramiro II	941	León	al-Andalus	'Abbās b. al-Mundir	A	大司教[154]
					Ya'qūb b. Mahrān	A	司教
					'Abdalmalik b. Hassān	A	司教
15.	Ramiro II	?	El Bierzo?	Córdoba	Martinus	L	修道院長[155]
16.	Sancho I	a.964	?	Córdoba	Hakan	A	—[156]
17.	?	?	?	Sanabria	Palmaria	L	—[157]
18.	Ramiro III?	?	Lorbán	Córdoba	Zacarias	L	技術者[158]
19.	Alfonso V	a.1003	Sahagún	Córdoba	Zacbascorta?	A	—[159]

　けるアル・アンダルスからの移民について、はっきりとその出自を言い表した
ものはそれほど多くはない。それらをおおよその年代順にまとめると、表2-A
のようになる。

　特に注目すべき事例について、考察を述べたい。

　サモス修道院（San Julián de Samos）は西ゴート期の創設で、フルエラ1世時
代がムスリムによる半島制圧以降初の「復興」言及である。アル・アンダルス
からの人材の到来（1.～4.）からあきらかになることは、同じ場所に幾度もア
ル・アンダルスからの移民が来ていたこと、彼らが聖職者であり、非アラビア
語の名前を持っていたことである。8世紀の時点から、アストゥリアス王権に
サポートされた南部の聖職者の指定修道院といった様相を呈しており、アス

205

第二部　レオン王国とモサラベ移民

トゥリアス王朝が徐々に新ゴート主義で理論武装していく過程に関わったという説は、かなり真実味がある。同時に、度重なる復興の記事は、南部からの聖職者が経営する修道院が、人的・経済的な耐久力を欠いていたことを示している。またそれが再度、オルドーニョ2世によってテコ入れされ、10世紀も半ばになってようやく安定した軌道に乗ったとき、そのコントロールを担ったのが南部移民ではなく、ガリシア地方で半ば大領主的な権勢を誇ったセラノーバ修道院であり、その実質上の経営者である聖ルデシンドゥスとその一族であったことは、極めて興味深い事実である。カリエドの解釈によれば、931年に署名をしているユリアヌスという Vivester の司教（11.）は、ボバストロから逃れてきたモサラベということだが、仮にそうであったとしても、サモス修道院がようやく軌道に乗ったとき、国境線ははるか南、ドゥエロ川にまで下っていたのである（Cavero, 2001：246；ローマックス, 1996：41-2）。

　司祭ドゥルキディウス（Dulcidio, *Dulcidius*）のケースは随分意味合いが違う（6.）。アルベルダ年代記において、アルフォンソ3世の大使として883年にコルドバに赴いたと記されている彼を、そもそも他のモサラベ「移民」と一緒くたにしてよいのかは大いに疑問である。ドゥルキディウスは確実にアラビア語・ラテン語の両方を解する知識人であり、それゆえにアルフォンソ3世の特使として協定締結のためにコルドバへ赴いた。アラビア語世界との架け橋となったという点では、北方キリスト教徒のアラブ世界との最高位の接点であった。だが、そもそも彼がオビエドに赴いた背景はあまりはっきりしない。使節の責任者となるため、特別な招聘に応じただけだったのだろうか。それとも既に何らかの理由でオビエドに駐留していたのだろうか。いずれにせよ、家財道具や農具を携えて国境地帯に入植したわけではなさそうである。同じように、アラブ年代記に名前が記録されている941年にアル・アンダルスからレオンに到来していた3人の高位聖職者（14.）は、両国の交渉の橋渡し役を担ったと思われる外交使節団の一員として一時的に滞在していた人々である。

　サアグン修道院の文書（7.）は、再入植社会に対する南方キリスト教徒のインパクトをもっとはっきりと感じさせる。史料に従うなら、アルフォンソ（Alfonso, *Adefonsus*）院長以下コルドバから到来した僧たちが、おそらく883年のイスラーム軍の略奪にあって以来廃墟化していた聖ファクンドゥス＆プリミティウス（Santos Facundo y Primitivo）寺院の復興に関わった[160]。サアグン（Sahagún）という地名のもととなった修道院である。後にクリュニー修道院傘

第3章　モサラベとレオン王国に見られるアラビア語の残滓

下で大きく発展するこの修道院の建築は残念ながら現存しないが、いくつかの柱頭が遺されており、アル・アンダルスから追われ、アルフォンソ3世下の再入植活動に貢献したキリスト教徒コミュニティーという古典的な像が描ける数少ない事例といえ、ゴメス・モレーノやサンチェス・アルボルノスによって取り上げられてきた。ところが、ミンゲス（*CMSahagún*:134-6）はこの文書のほか、同じように創設の歴史が語られる中で «sub manus abbati Adefonso qui cum sociis de Ispania advenerat» と記される980年の文書（*CMSahagún*：369-371）を、同じ改竄者による偽書と断定する。偽書とする理由はアルフォンソ院長のエピソード自体にはなく、またアルフォンソという名の院長が904年に存在していたことは確実だが、もしこのエピソードも同じ者の手によるとすると、ゴメス・モレーノやサンチェス・アルボルノスが高らかに喧伝してきた、名高い「モサラベ」移民証明の一つが後世の捏造に過ぎなかったことになる。

　こうした「モサラベ」移民イメージを体現するのが、913年献堂のサン・ミゲル・デ・エスカラーダ（8.）で、モサラベ移民への言及が存在し、実際の遺構が現存する唯一の例であるという点で、サアグン以上に極めて重要な事例であるといえる（GÓMEZ-MORENO, 1919：141；補遺1）。そこではアルフォンソ院長が同志と共に祖国コルドバからやってきて、廃墟を再建した（«Adefonsus abba cum sociis adveniens a Corduvensi patria edis ruinam erexit»）ことが高らかに宣言されるが、この消失した銘文のほかには、エスカラーダがモサラベ、しかもコルドバからのモサラベによって復興されたという証書等はなに一つ残っておらず、アストゥリアス王のアルフォンソ3世がどの程度この招聘に関わったかも不明である。コルドバから来たということ自体、修道院の格を高める効果があったと考えられ、研究者によってはこれは年代記における王朝賛美の延長に過ぎないと切って捨てるむきもある（CAVERO, 2001：237-8 & 248）。

　921年の日付が刻まれたサン・マルティン・デ・カスタニェーダ（San Martín de Castañeda）の銘文（10.）は、さらに慎重な検討を要する（補遺3；GÓMEZ-MORENO, 1919：169）。その銘文は明らかに前述のサン・ミゲル・デ・エスカラーダのものか、両者に共通する銘文のコピーで、またその比較など含めて注目すべき点があるが、ここでは移民の事実関係にだけ注目したい。

　銘文によれば、ヨハネス（フアン）院長がコルドバからやってきて、廃墟と化していた古来の聖マルティヌスの寺院を再建することにした（«diu mansit dirutus donec Iohannes abba a Cordoba venit et hic templum litavit»）、とされる。ところでこの

第二部　レオン王国とモサラベ移民

カスタニェーダの聖マルティヌス修道院は、漁場を巡って周辺住民と長きに亘る係争を巻き起こし、またそれによって比較的豊富な文献が残されているわけであるが、そのうちのひとつ、952年の某修道院のロマヌス院長との争いを記した文書では、彼らサン・マルティン修道院のコミュニティーがいかに他の住民に先行してカスタニェーダの地を占有してきたかが修道院創設の由来とともにまことしやかに語られる。それによれば、彼らはカスタニェーダにやってくる前に、マルティヌス院長とともに*Mouzoute*の地にいた、という[161]。

　ゴメス・モレーノの解釈は以下のようになる。彼らはコルドバから（銘文）、サン・セブリアン・デ・マソーテ（San Cebrián de Mazote）を経由して（952年証書）、カスタニェーダに到達したのである。ゴメス・モレーノはまた、952年の証書に出てくる修道院長マルティヌスと、アベリャール修道院である日現れた「コルドバの」マルティヌス修道院長（表2-A-15）を、特に批判的検討なく同一視をしている（GÓMEZ-MORENO, 1919：173f）。

　モサラベ移民がモサラベ社会を作り上げてモサラベ建築（マソーテ）をつくったとするこの解釈はしかし、カスタニェーダの上記2つ（銘文と952年の公文書）のように、修道院側の都合に合わせた歴史解釈が直接的に反映されていると考えられる史料の取り扱い方に関して、あまりにも無批判である。カベーロが、「952年の時点でヨハネス院長のことはすっかり忘れてしまっているのか」と指摘したように（CAVERO, 2001：247）、カスタニェーダについてもマソーテについても、周辺的状況を含めて極めて批判的に史料が読まれるべきであろう。921年にほんとうに碑文が刻まれ、それが事実であったなら、教会の扉口かアプス入口か、飾られていたのを修道僧たちは毎日飽きるほど見ていたはずで、どうして「コルドバからヨハネスが来た」が「*Mouzoute*からマルティヌスが来た」となってしまったのだろうか。ゴメス・モレーノは*Mouzoute* ＝ Mazoteを経由地とすることで解釈を試みたが、たとえそれを容認するとしても、統率者の齟齬は解決できない。952年に語った修道院の由来もあまり鵜呑みにできないが、921年の銘文の内容は、全くでたらめでないにせよ、過分にプロパガンダ的要素を孕んでいると考えた方がよいだろう。また、あまりにもありふれた名前同士ということを鑑みると、別文書のコルドバ出身のマルティヌスを、カスタニェーダに*Mouzoute*から移住したマルティヌスと同一人物とするのも慎重を期すべきである。

　アラビア語文献や11世紀の事例を除くと、ラテン語文献中で例外的に出自

208

第3章　モサラベとレオン王国に見られるアラビア語の残滓

のアル・アンダルスに明言し、かつアラビア語名を持っているのが、Hakanの例である（16.）。とはいえこれは、後に挙げるような、元奴隷や改宗者として捉えてもまったく違和感はない。

　さて、上記リストに示したような個人名は言及されないものの、奇妙にもアラブ系史料においてその守りの堅さが賞賛されているサモーラの再入植に関する記述にも、アル・アンダルスのキリスト教徒がかかわったことが述べられている。アルフォンソ3世の果敢な南進にともない、ドゥエロ川沿岸の拠点として893年に入植されたサモーラは、ドゥエロ北岸の修道院建設などに比べ、より軍事色が強くなる。キリスト教勢力の前哨基地として国境的性格も強く、この地が南部のトレド人によって入植され、その有力者の出資によって防備を固めたというのはあながち誇張された話でもないのだろう[162]。

　上に挙げたリストには、西ゴート王国が滅亡してから50年、まだコルドバで大モスクが建てられてもいない時期の事例であるアルゲリクス（Argericus）（事例1.）や、10世紀末から11世紀にあらわれたコインブラのザカリアス（Zacarias）（事例18.）が含められているが、もちろん、この2つの事例が、アストゥリアス＝レオン王国において同じ文化的・社会的意味を持ったとは考えられない。ザカリアスの例は、モサラベの建設行為として取り上げられたりするが、目的地がコインブラ近辺（ポルトガル）であり、時代も下り、さらに史料自体は11世紀中頃のものであるため、それ以前の建設行為との関わりを言うのは難しいし、建築家というよりはむしろ水車・橋梁の建設技術者と考えられる。

　その間、9世紀、特にアルフォンソ3世下の9世紀後半に確実に重要な役割を持ったモサラベ移民も、言及されている数は決して多くない。もちろん、南部からやって来てドゥエロ川流域に定住した人々は言及された以上にいたはずだが、彼らの多くは、特に言及される必要がないほど、他の地域からの移民や既存の散在する農村社会に同化したのであろう。それからもう一つ明らかな点は、言及されているアル・アンダルス系移民の多くが聖職者で、10世紀初頭まではすべてラテン名、ラテン語化したキリスト教名、ゲルマン名を所持していたことである。つまりわざわざコルドバの、イスパニアの、と断りを入れなければわれわれが今公文書を見ても他のキリスト教徒と区別ができないということである[163]。

　修道院と大聖堂のアーカイヴにほぼ限定されている史料的限界を鑑みても、上記の現象は9世紀にピークを迎える修道院コミュニティーの単発的避難で

209

第二部　レオン王国とモサラベ移民

あった。改竄を被っていないと仮定すると、完全最大のモサラベ・コミュニティーが存在したと考えうるサアグン修道院においても、また建築との接点が見出されるために極めて重要なサン・ミゲル・デ・エスカラーダにおいても、創設時の南部移民は、8世紀から続いていた伝統的な西ゴート的宗教コミュニティーの存続という役割を果たした。すなわち、彼ら9世紀までの移民は、セビーリャのイシドルスに代表される伝統文化を守り、それを伝える役割を果たしたという点で評価されるのであり、11世紀のティラズ製作者のように、アル・アンダルスで発達した豊かなイスラームの物質文明を伝達したわけではないのである。また、サモーラはこうした移民政策の特にモサラベ色が強い例であるが、やはり9世紀末に、アストゥリアス王国版図がついにドゥエロ川に達したころの、モサラベ移民が果たした上記の役割を体現している。つまり、彼らは9世紀に独自性をあらわし始めた半島アラブ・イスラーム文化をいち早く吸収して早速キリスト教徒側への伝道師を買って出たのではなく、9世紀のトレドにおける蜂起と関連し、形成されつつあるアル・アンダルス文化を拒絶してそこを去ったと考えるべきであろう[164]。

さて、モサラベ移民は概してどの程度建設活動、あるいは現存する建造物に携わっただろうか？　サン・ミゲル・デ・エスカラーダでアルフォンソ院長が建て直した寺院は、手狭になって壊されたので、そのあと建て直されて913年に聖別されたものが残るのみ。ロマネスクの教会堂で溢れる現在のサモーラに、再入植当時に建てられたものは一切残っていない。10世紀に入ってからのその他の建設と、こうした移民とを直接結びつける脈絡はなく、年代も一世代以上隔たれる。

時期的に言うと、9世紀のアル・アンダルスからの移民との関係を検討しなければならないのは、10世紀レオンの建築よりも、893年に聖別さ

fig.2-10　サン・サルバドール・デ・バルデディオス、
　　　　　ポルティコの窓格子

210

れたサン・サルバドール・デ・バルデディオス（San Salvador de Valdediós）に見られるいくつかの装飾ディテールであろう（fig.2-10）。しかしながら、これらの造形をアル・アンダルスの職人によるものと解釈していたゴメス・モレーノ、シュルンクらの説は、近年ガルシア・デ・カストロによって否定された。ガルシア・デ・カストロの考えでは、それらはスペイン・イスラームのレパートリーを基にした地元の工房による制作である（GARCÍA DE CASTRO, 2004：92）。

　10世紀に入りしばらくすると、コルドバではアブダッラフマーン3世（912‒961）がアミールの座、そしてカリフ位につき、その政治的軍事的影響力が、戦争、外交を通じてキリスト教国にも如実に感じられるようになる。こうした影響は、文化的、特に物質的な豊かさの面でも、キリスト教勢力にじわじわと及んでいったと考えられ、戦利品・進物として、また通商を通じてぜいたく品が流入した。美術・建築におけるカリフ国の影響も、政治・経済における影響と比べればより限定的で間接的でありながら、10世紀第2四半世紀ごろからレオン王国で散見されるようになった。これはモサラベ移民、少なくとも上記に書き出したような有名なモサラベ移民が持ち込んだというよりは、流動的な国境付近での人的移動によって、また北部人がカリフ国との接触をより頻繁にしていく中で、繁栄を極めるカリフ国の美学の模倣が流行したと考えるべきであろう。

　以上のように、アル・アンダルスから来た僧たちの存在は、たしかに遅くは10世紀に入ってからのものもあるが、その世紀のイベリア半島を象徴する文化であるアブダッラフマーン3世以降の後ウマイヤ朝の繁栄と連動していたわけではない。むしろアル・アンダルスのキリスト教住民はそれ以前からずっと、アストゥリアス王国へ単発的な人的提供を行なっていたと考えられる。8世紀から9世紀にかけて、彼らは、7世紀イシドルス・ルネサンスの中心地である半島南部の文化的残滓と、西ゴート王国という政体へのアイデンティフィケーションを継承するという比較的重要な役割を持っていたのだが、それは10世紀にはほとんど意味を持たなくなっていたのである。したがってキリスト教スペインは、上記の移民からコルドバの洗練されたアラブ・イスラーム文化を受け取ることなく、10世紀を迎えたのである。

211

第二部　レオン王国とモサラベ移民

6）レオン王国公文書中のアラビア語由来の固有名詞

　アルフォンソ3世（−910）の息子たちの世代以後のレオン社会において、新たにコルドバやトレドから移民としてやってくるモサラベが言及されることはほとんどなくなる。その代わりに現れてくるのが、アラビア語源の人名地名である。ラテン語文献中のアラビア語名の存在は、モサラベ移民という社会集団の存在を意味すると考えられていた。そしてゴメス・モレーノ以降の美術史の言説では、彼らモサラベは、アラブの物質文化を取り入れたのちに北部キリスト教国に移住したのだという考えが支配的であった。また、著名な2人（?）のアルフォンソ院長（サアグン修道院およびエスカラーダ修道院）がこれらの人々と関連づけられてきた。

　しかしながら、全般的な無人化と再入植を想定する歴史観が否定された今、出自に対する明言がほとんどないアラビア語名の人々の社会的位置づけは、ゴメス・モレーノが考えたような単純なものではなかったことが明らかになりつつある。こうした流れを受け、筆者は、アラビア語名の出現傾向について詳細な分析を行なうことで、ゴメス・モレーノの「モサラベ」建築史観の重要な根拠の一つを再検討することにした。

　アラビア語名の出現は人名、地名に見てとれるが、地名については年代的な傾向を探るのがより困難であるため、本書では特に分析の対象としては取り扱わないこととする。たとえばToldanosという地名が、トレド人（*Toletanos*）の集住地であったというのは、ほかにバスク人、ガリシア人という地名があるのと同じように確からしいことであろうが、単純にそういった事例の数量的関係からは、多様な移民社会において南部からの移民が一角を占めた、ということ以上のことはわかりえない。したがって、ディアス・ヒメネスのように、それらを「その人数の多さを端的に示す事実」と考えることは難しいのではないか[165]。

　これらの地名をアラブ・ベルベル人支配の残滓に帰したドズィは、シモネット、ディアス・ヒメネス、ゴメス・モレーノに反駁された（Dozy, 1861；Simonet, 1897；Díaz-Jiménez, 1892；Gómez-Moreno, 1919）。そしてサンチェス・アルボルノスを軸とする戦略的無人化説が主流の時代になると、歴史家はほとんど全員一致で、アラビア語の地名をモサラベ移民と関連づけるようになった（Sánchez-Albornoz, 1966）。異論を唱えた学者は、ロペス・サントス（L. López Santos）など

212

わずかであった（Mínguez, 1995：67；Cavero, 1999：41）が、ミンゲスが指摘するように、イスラームによる征服以降、再入植活動以前（すなわちサンチェス・アルボルノスが無人であったと考えた時期）からの継続的居住者に由来すると考えたほうが自然な事例もある（Mínguez, 1995：64）。メリーノ（Waldo Merino Rubio）は、レオン県における「モサラベの地名」を4枚の地図にプロットし、集中しているのは東部、特に南東部、と述べたが、確立された「モサラベ移民」観に対してかなり無批判で、「モサラベ」との判定基準も単純化されすぎており、有用性は高いとはいえない（Merino, 1978）[166]。

人名研究の発達

アラビア語の人名がほぼ全て南部からのキリスト教移民のものであると主張したシモネットに、ゴメス・モレーノも同調したが、後者がそこにアル・アンダルス文化の伝達者という意味合いを強く見たのに対し、前者はスペイン・キリスト教文化の保持を強調した（Simonet, 1897：620）。だがどちらにしても、こうしたアラビア語の名前を「モサラベ」のものとする点は一致していて、イスラームからの改宗者は多くないというコンセンサスが築かれていた。その数少ない改宗者として、コルドバ殉教者の一人フェリックスの名がしばしば挙がる[167]。しかしながら、今回筆者が行なった作業からは、「改宗者（conversus）」の登場は決して少なくなく、またヒッチコックが含めたconfessusも加えると、無視できない数に上ることが明らかとなった[168]。

シモネットが指摘した、モサラベがラテン（ゴート、バスク…）語の名のほかにアラビア語の名前を使い分けている例[169]、アラビア語と非アラビア語の名を混合させている例[170]は、ゴメス・モレーノによるレオン王国の研究で更に細かい分析に発展した。ゴメス・モレーノはレオン王国公文書から抽出したアラビア語人名・地名・用語の長大なリストを作り、自身の史観を証明するのに用いた（Gómez-Moreno, 1919：107-118）。

874年、レオン司教による寄進に証人として。878年にアストルガで10人が。898年にも、とある公文書に3名が。このように列挙されていくアラビア語の人名は、10世紀になるとその分量を増す。ゴメス・モレーノは10世紀の証書内に18の修道院長、10の判事、5人の執行官（alguacil）などを見つけている[171]。こうした事例からこの歴史家は、「これらの人々の多数が、レオンとカスティーリャの教養あるブルジョア層、牧畜業者、自作農民の中に見出せる」と結論した。

第二部　レオン王国とモサラベ移民

アラビア語の人名を探していて、しかも教会関係の現存史料に頼っていたゴメス・モレーノが達したのが、単にアラビア語系の名前を持つ修道院長が何名いた、というニュートラルな結論ではなく、多数のモサラベがレオン王国の社会で中心的な役割を果していた、というものだったことは決して不思議ではないが、これらの人名の相対的な量を正確に位置づけることは必要であり、それについてはこの後検討する。まずは、次のことに注目したい。多くの場合、アル・アンダルスのラテン語・キリスト教・ゴート（他）系の名前とアラビア語の名前は、別々に用いられていた。すなわち、アラビア語のテクストにはキリスト教徒がアラビア語名で現れたが、ラテン語のテクストではラテン語名あるいはラテン語化したゴート系などの名前が用いられていた。従って、ラテン語テクストに書かれたアラビア語の名前のキリスト教徒が、その半生を「イスラーム治下で、キリスト教徒として」過ごしてきたモサラベであるという保証はない。実際、アル・アンダルスからの移住が明言される人々は多くの場合、ラテン語のテクスト内では Adephonsus、Iohannes、Zacarias といった非アラブ系の名を用いていたからである。

　ゴメス・モレーノもこの傾向に気づいていた。彼によれば、

・名前Aと通称Bがある場合、頻繁に起きるのが、それらを並べて以下のように記述することである：A *cognomento* B
・通常、Aがラテン語系で、Bがアラビア語系だが、例外もある
・片方だけの名前を用いる場合もあり、その際の選択のしかたはかなり大雑把である。例えば：Recemirus cognomento Abolfeta（902）、Abolfeta iben December（904）、Recemirus iben December（905）[172]
・しばしば、*filius / iben, eben* の後に父の名を書く
・通称や父子関係の明記は社会的地位の比較的高い人物に限られ、重要性の低い人物は名前を一つだけ（アラビア語系またはキリスト教徒系）書くことが多い

　また、ゴメス・モレーノは、964年にサアグン近傍で、Froila という名の司祭が自身の名を Hakam cordobense と記述している例（前節の表2-A-16）、953年に自身で購入した土地に作った修道院・集落をカスタニェーダ修道院の属領とする契約を取り交わした Zuleiman の例などを挙げている（GOMEZ-MORENO, 1919:

214

171-2）。セラノーバ修道院のアーカイヴを調べたヒッチコックは、ゴメス・モレーノが挙げた 18 人の修道院長の幾人かは怪しいとしながら、これに加え、Hazme abba（Celanova, 879 年 [173]）、Alia abba（Celanova, 932 年、Sahagún, 950 年）、Alfidius abbas の名を付け加えている（HITCHCOCK, 1990:115-7）。2 言語の名前の使用については、ベルネットによれば 7 世紀のゴート人もゲルマン系の名に加えてそのラテン語訳の名前を用いたり、フランク王国の属領となったイスパニア辺境領（Marca Hispánica）で、イスパノ・ローマ人やゴート人がフランク系の名前を併用していた例があるという（VERNET, 1993:14）。筆者が行なった分析では、cognomento の使用はアラビア語名の有無に関わらずしばしば見られ、同じ文書内でも複数の名称を自由に使い分けており、アラビア語の人物が、アラビア語を解さない人々のために非アラビア語の通称を用いている、という状況とは全く異なっている。

　とまれ、ゴメス・モレーノの、当時としては極めてシステマティックな分析結果は、何十年もの間ほとんど検討もされずに受け入れられてきた。サンチェス・アルボルノスですら、かなり限られた史料の範囲で研究を行なっていたといえる。しかしここ最近になって、根拠となった文書が保存されている各所公文書アーカイヴのテクストが次々と批判的分析によって洗われ、年代ごとに並べられ、活字化されたことで、状況は変わった。1990 年のヒッチコックによるセラノーバ研究はセラノーバ修道院アーカイヴ集成が発刊される以前のものであったが、それ以外の体系的で（歴史学の範囲では）統計的な研究は、こうした厳密なエディションが初めて可能にしたものである。

　ヒッチコックは、ガリシアのセラノーバ修道院のアーカイヴを参照し、そこからアラブ系と思われる名前を抽出し、元となったアラブ名の候補を挙げた（HITCHCOCK, 1990）。彼はそれらの名前が、アル・アンダルスにおいて用いられた日常的なアラブ名であり、ラテン語・キリスト教の人名をアラビア語風にしたものではないことを指摘し、またそうしたアラビア語名の人々が通常、自らの名前を隠さずに署名していることから、それらを南部からの宗教的避難者、つまりゴメス・モレーノ以来のモサラベ入植者と考えるのが最も一般的としつつ、しかし言語的に「アラブ化」した人間の宗教が「イスラーム化」していなかったとは言えないと口を濁している（IDEM：112）。また、アラビア語の名前のシステムで、「……の子」という意味の ibn を用いる代わりに、父親の名前の最後に -iz をつける形を紹介して（Iohannis Marvaniz）、「アラブ記名法の消失」と解釈し

第二部　レオン王国とモサラベ移民

ている。けれども、そもそもセラノーバの公文書の中ではibnを用いた名前が
非常に少なく、経年の変化を示しているとは思えない。もっと後の時代になる
と、アラビア語名＋ラテン語系の父（祖先）の名＋iz/ezというかたちが散見さ
れるのは（Mahamuti Alvarizなど）、むしろ後述するように、この時期この地域の
辺境的で流動的な性質を如実に示していると解釈すべきであるように思われる。

　1994年には、レオン大聖堂、サアグン修道院、カリッソ（Carrizo）修道院の
3つのアーカイヴから、アラビア語系と考えられる人名が網羅的に抽出、羅列
され（Aguilar & Rodríguez, 1994）、極めて興味深い分析を生んだ。

　ロドリゲス・メディアーノは、同じ家族内のアラビア語系と非アラビア語系
名称の混在に注目し、家族毎にまとまった移民社会を想定する従来の説に疑念
を提示した。アラビア語化した名前の持ち主たちが既存の定住者であった可能
性を示唆する同著者は、「モサラベ」という呼称で大括りにすることに反対し、
その辺境的性質を強調した（Rodríguez Mediano, 1994）。ただ、レオン王国で散
見される、「アラブ化した」モサラベ入植者がラテン語化・キリスト教化して
いくプロセスで説明できないケースは、「アラブ化していた」既存住民を想定
しても説明できないことにかわりはない。非アラビア語系の名を持つ両親の子
がアラビア語系の名で呼ばれるパターンが1082年まで44例挙げられているが、
946年より前にはわずか3例しかないことも指摘しておきたい。一方アギラー
ルはアラビア語系固有名詞の頻度をグラフ化し、その最盛期を、サンチョ1世
（Sancho I）時代、アブダッラフマーン3世の治世末期にあたる950-60年代だと
指摘した（Aguilar, 1994）。ただし、非アラビア語系人名との比率が考慮に入っ
ていないため、あとで述べるように文書の母数自体が増えていることを考える
と、不十分といえる。

　マルティネス・ソペーナはカルバッホとの共同研究で、935-6年ごろのVilla
de Beraに登場する101の人名のうち、25がアラビア語系であったと指摘して
いる[174]。およそ4人に1人で、後述する筆者の分析結果の平均値より高い。カ
ルバッホはそのあとAbellar修道院関係の文書を研究し、土地占拠者（presor）の
22%がアラビア語系の名前を持ち、第2、第3世代になるとその割合が増える
とした[175]。一方、マルティネス・ソペーナ（Martínez Sopena, 1995）は、876-
1200年のレオン大聖堂公文書アーカイヴ所蔵の、写しでなくオリジナル史料
のみからのサンプルに限定して分析を行った[176]。それによれば、①アラビア語
名の明確な最盛期をアギラールのようにサンチョ1世期とは認識せず、②地域

216

的には首都レオンをアラビア語名登場の最北端とし、③男性の名の15%、女性の名の6%がアラブ・ベルベル起源であり、結局これらの人々は、定住者、8世紀の入植者、9-10世紀の入植者の3種を含むとした。また、名前の頻度分析（IDEM:177, cuadro V）からは、初期中世レオン地方におけるアラビア語系名の頻度がかなり低く（876-1200年の統計で最高位は10位のVelliteで次が14位のCiti）、それらの名前の登場の突出したピークが1001-1050年であることがわかるが、同名の別表記がどの程度考慮されているのかなど、方法に疑問も残る。

「アラビア語の固有名詞中、モサラベのものが多勢だとは考え難い」（CAVERO, 2001:252）とするカベーロは、アラビア語人名の登場頻度の地理的傾向をまとめ（IDEM:234-6）、

A．SS Cosme y Damián（Abellar）、Esla、Porma、Torío y Bernesga川周辺[177]
B．Ardón周辺[178]
C．Cea, Valderaduey水系[179]
D．Orbigo y Tuerto流域、Tera川（Zamora）、Astorga capital周辺

といった地域に特に多いとした。また時期的には他の研究者の結論と同様に10世紀全体と11世紀にかけて多いとし、アストルガに関して言えば、10世紀中葉から急減することを指摘した。社会的地位の人物については、聖職者が多く、奴隷と召使が少ないと述べているが、法的文書、しかも教会アーカイヴのものということを考えれば当然であろう。

アラビア語名の割合に関する統計的分析

以上の先行研究を参考にしつつ、筆者は、アラビア語名の固有名詞に関して以下の分析を行なった。目的は建築の背景を明らかにすることであるから、人名それ自体の経年変化を細かく追うことはしないけれども、「モサラベ」建築史観の片翼であるモサラベ移民とアラビア語名と10世紀レオン建築とが一体化されてきた事実を、感覚的でなくシステマティックに批判する作業はやはり極めて重要であろうと思われる。そこで、ここまでの議論で浮かび上がってくる主たる仮定を証明するため、独自に分析を行なうことを試みた。

修道僧グループなどの組織化されたキリスト教徒が迫害を逃れてイスラーム治外の北部へ向かったとされる9世紀後半は、当時の再入植地に現存する教会

217

第二部　レオン王国とモサラベ移民

堂が建てられた年代である10世紀前半から中葉という時代より一・二世代遡る。これら「モサラベ」移民たちが10世紀レオン王国の建築の形成に直接的貢献をすることは、時期的に考えても難しいことは既に述べた。では、アラビア語系の名前を名乗る人々の数が増える時期との関係はどうだろうか。

また、下に示されるように、これらのアラビア語名の人々の数は相対的には非アラビア語名の人間よりもだいぶ少なかったが、その中でアラビア語名の人的集団が社会的に大きな比重を持っていた場所と時期はいつだろうか。

こうした疑問に答えるために、以下の作業を行った。史料として、9‐10世紀の史料が豊富にそろう、レオン大聖堂、サアグン修道院、セラノーバ修道院、アストルガ大聖堂のアーカイヴを対象とする。これらはその量だけでなく、サン・ミゲル・デ・エスカラーダ、サンティアゴ・デ・ペニャルバ、サン・ミゲル・デ・セラノーバなどの建築と場所的にも一致または近接する。史料は活字化され出版されたものを用いた[180]。

まず、公文書の数自体が時代に応じてどのようなバラつきがあるかを示すため、それぞれのアーカイヴが提供する、史料数の経年変化を調べ、グラフにした（グラフ2-A）。史料数としてはその全容がわかる上記コーパスから抽出したが、その中で以下のような基準で選定を行なった[181]。

1. 主要な内容と、証人を含む人物について、改竄・捏造されていないもの。少なくとも編者がそう確信しているもの。

2. 基本的に、証書が語る裁判・寄進・売買等の中心となる人物以外に、証人か書記が少なくとも1人以上記されているもの。ただし変則的なフォーマットの場合でも、人名のサンプル数が十分考証に値すると判断した場合は含める。

3. 時期が完全に特定できない証書の場合は、日付の幅が、編者によって多くとも10年の誤差に収められているもの。この史料数はあくまでも目安であり、これ以上に厳密な数値が重要なわけではないので、年代に幅があっても真正と認められている文書については、最も早い年と最も遅い年を平均した年のものとしてカウントを行なった。そうしなかった場合はその理由を記した[182]。

4. あくまでも10世紀レオン王国の芸術を生んだ社会が問題であるので、対象とする年限をアルマンソール没年の1002年とした。

第3章　モサラベとレオン王国に見られるアラビア語の残滓

　次に、各文書に何回、また、各年にのべ何回、アラビア語系の名称が現れるか
を調べた。この際、サンプルを絞り込み、基準を一定にするため、以下のルー
ルを設けた。

1.　検討の対象としたのは、上記条件を満たしているものの中で、本書で
取り扱うレオン王国10世紀の主要な建築のうち年代が最も遅いと思
われるサン・ミゲル・デ・セラノーバの建設が開始していたと考えら
れる、951年までの全文書、および960‐1年、974‐5年、1001‐2年
の文書である。951年は、レオン王国の命運が上り調子だった時代を
治めたラミーロ2世の没年であり、そのあとの10世紀後半は、後ウマ
イヤ朝のピークであり、レオン王国衰退期だったことも念頭において
いる。またその後のサンプルの選定は、連続する2年間のうちに条件
を満たす文書がどのアーカイヴにも少なくとも一通あり、十分なサン
プル数のあるものとした。

2.　修道院が受益者（大抵は土地を購入したり寄付されたりする側）の場合、
その院長名を含まない。アーカイヴの性質上、特定の修道院長を受益
者とする証書に偏っているためである。過度に頻出する院長とそうで
ない院長がいるが、全ての修道院長を除外する[183]。ただし、売却者や
贈与者、第三者（証人）として登場する場合は含む。これに対し、修
道院でなく特定の個人が受益者として頻出する場合については、これ
を含めた（例：Melic presbiter）。

3.　サンプル収集は、当事者（例えば土地の売買であれば売却者と購入者）、
名前が言及される当事者の存命の家族、証書の署名欄に登場する証人
と書記の人名に限って行ない、それ以外の隣人名、言及される過去の
人物の名（例：先祖の名）、地名に冠された人名は基本的に含まない。
ただし係争などで状況が複雑な場合、署名欄にサインがなくても案件
に直接的に関わったと読み取れる人物は含めた。土地の売買や寄進に
関する証書が大半なので、入植地を描写するのに所有者である誰々の
土地、という表現は頻出するし、また特徴的なアラビア語系の名称を
含んでいることも多いので不完全な調査と言えなくもないが、そこに
含まれる固有名詞がコンテンポラリーであることが証明できないのと、
フォーマットが不規則であるので、線引きが明確にできるように、こ

219

第二部　レオン王国とモサラベ移民

のような基準を設けた。

4. 同一人物と思われる人名が同じ年の複数の文書に表れる場合も、各署名を1として数えた。ただし同一証書内であきらかに同一の人物が異なる名称を用いている場合は一回のみカウントした。つまり、これは（いずれにせよそんなことは不可能だが）各年に存在していた人数を数えているのではなく、署名欄に現れるアラビア語名ののべ数を数えているわけである。史料数や非アラビア語名に対する割合も鑑みれば、各地域におけるアラビア語名の出現頻度が年を追ってどう変化したかがわかり、そのピークがいつかがわかると考えた。

5. アラビア語の固有名詞を数えているので、ラテン語化している上、アル・アンダルスとの関連が不明なSarracenus（サラセン人）、Maurus（ムーア人）といった名称は数には入れなかった。アラビア語系との判断は、基本的に（AGUILAR & RODRÍGUEZ, 1994）と（HITCHCOCK, 1990）がピックアップしたものに従う。ただし、（HITCHCOCK, 1990）がカウントしている、セム語系の名称（ソロモン、ザカリアスなど）は、（AGUILAR & RODRÍGUEZ, 1994）が採用している一部の例外（Iuzefなど）を除いて、ユダヤ教徒やキリスト教徒の名称としても捉えられ、アラビア語化しているとは必ずしも言えないので除外した。ただし単にibnといったアラビア語名特有の氏族表記だけが入っているものもカウントし、ロドリゲス・メディアーノとアギラールが除外しているCitiなども、アラビア語化現象として数に数えた。その他、リストから漏れているが独断でアラビア語系と考えたものは、巻末表Xにまとめた。

これと平行して、非アラビア語名を含む人物全体の分量を数え、その中でのアラビア語名の割合を測った。この際、上記ルールのほか、さらに、以下の条件を加える。王、王族として明記されているものは一切数に含めず、王弟や王子などで、称号がない場合でも、状況から特定が出来る、あるいは編者によって指摘されている場合はやはり含めない。また、レオンほか各地司教（episcopus）、comesなど称号を明記した貴族も、これを数に含めない。セラノーバ関係の公文書に関してはルデシンドゥスとその両親、兄弟は数に数えない。これらの人物は代表者として過度に出現するからである。ただし司教や伯爵と推察される人物でも、称号を明記していない場合は一律含める。これらレオン王国の社会

220

的階層最上位に位置する人間にアラビア語の名前を持ったものがほとんど出なかったことも付け加えておく[184]。

　以上の作業により、文書毎のアラビア語名の数や、大まかに人名全体のなかでのアラビア語名の割合がどのように経年変化するか、検討し、必要に応じて平均値を出した。

　また、これに加え、こうした公文書の中から、1）アラビア語名が登場する初期のもの、2）現存する建築に関わっているもの、あるいは関わっていた人物に関わっているもの、3）多くの証人が登場する案件、4）アラビア語系の名称数が突出しているもの、といった基準でいくつかの公文書をピックアップし、それぞれの文書のなかのアラビア語名の割合を比較した。

史料数とサンプル数

　グラフ2-Aおよび巻末表Yに見られるように、4アーカイヴ全体で見ると、1002年までで年ごとの史料数が最も多いのは961年である。910年以前のもので現存しているものは僅かで、オーセンティシティーに問題も多い。その後の傾向は、各年で非常に大きなばらつきはあるが、およそ910年代から960年代まで史料数は徐々に増加したあと、970年代から10世紀末まではやや少なくなる。960年代がアラビア語数のピークというアギラールによる分析は、こうした絶対数の増加を考慮していないため、社会全体に占めるアラビア語名の割合を考えるデータにはなり難いということが確認された。カウントした文書数は951年まで436通、1002年までで1180通（中身の統計を取っていない年のものを含める）で、特に951年までではレオン大聖堂アーカイヴの214通が量的に最大の比重を占めている[185]。

　おそらくはこうした史料数自体のばらつきにも影響を受けていると思われるが、1年ごとにとった統計（巻末表Y；グラフ2-D）では、アラビア語名の数、文書ごとのアラビア語名の平均数、非アラビア語名も含む人名全体の中に占めるアラビア語名の割合のどれも、急激な増減を示し、明確な傾向を掴み取ることができなかった。そこで、850－899年、900年代、910年代、920年代、930年代、940年代、950－1年、960－1年、974－5年、1001－2年という区分でも統計を取り（表2-B）、グラフ（グラフ2-C、2-E）にした。

第二部　レオン王国とモサラベ移民

表2-B　アラビア語系人名の割合の長期的傾向

年代	サアグン修道院					セラノーバ修道院					レオン	
	文書数	人名数	アラビア語人名数	文書ごとのアラビア語人名の登場回数	全体に占めるアラビア語人名の割合	文書数	のべ人名数	のべアラビア語人名数	文書ごとのアラビア語人名の登場回数	全体に占めるアラビア語人名の割合	文書数	のべ人名数
850 – 899	4	26	0	0.0	0.0%	6	69	0	0.0	0.0%	12	15.
900s	3	25	0	0.0	0.0%	3	41	5	1.7	12.2%	5	5
910s	6	58	6	1.0	10.3%	4	33	2	0.5	6.1%	22	28
920s	13	131	18	1.4	13.7%	15	150	2	0.1	1.3%	26	35
930s	35	350	27	0.8	7.7%	25	345	8	0.3	2.3%	48	57
940s	42	591	65	1.5	11.0%	21	319	5	0.2	1.6%	69	91
950 – 1	14	152	24	1.7	15.8%	9	116	5	0.6	4.3%	32	39
960 – 1	24	258	33	1.4	12.8%	18	195	6	0.3	3.1%	26	31
974 – 5	6	59	7	1.2	11.9%	4	39	0	0.0	0.0%	13	14
1001 – 2	6	51	6	1.0	11.8%	12	135	3	0.3	2.2%	26	31
合計	153	1701	186	1.2	10.9%	117	1442	36	0.3	2.5%	279	349

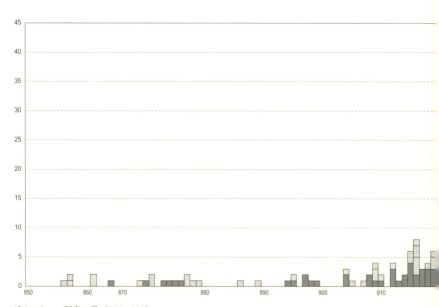

グラフ2-A　証書の数（850-1002）

222

第3章　モサラベとレオン王国に見られるアラビア語の残滓

大聖堂ののべアラビア語人名数	文書ごとのアラビア語人名の登場回数	全体に占めるアラビア語人名の割合	アストルガ大聖堂 文書数	のべ人名数	のべアラビア語人名数	文書ごとのアラビア語人名の登場回数	全体に占めるアラビア語人名の割合	全体 文書数	のべ人名数	のべアラビア語人名数	文書ごとのアラビア語人名の登場回数	全体に占めるアラビア語人名の割合
2	0.2	1.3%	5	108	13	2.6	12.0%	27	356	15	0.6	4.2%
0	0.0	0.0%	0	0	0	0.0	0.0%	10	111	5	0.5	4.5%
54	2.5	18.7%	4	78	3	0.8	3.8%	36	458	65	1.8	14.2%
65	2.5	18.1%	7	131	18	2.6	13.7%	61	771	103	1.7	13.4%
78	1.6	13.5%	4	136	20	5.0	14.7%	112	1410	133	1.2	9.4%
129	1.9	14.2%	2	38	1	0.5	2.6%	134	1858	200	1.5	10.8%
62	1.9	15.9%	0	0	0	0.0	0.0%	55	659	91	1.7	13.8%
49	1.9	15.8%	1	22	3	3.0	13.6%	69	785	91	1.3	11.6%
22	1.7	15.7%	2	30	1	0.5	3.3%	41	459	45	1.1	9.8%
42	1.6	13.5%	1	15	1	1.0	6.7%	45	513	52	1.2	10.1%
503	1.8	14.4%	26	558	60	2.3	10.8%	590	7380	800	1.4	10.8%

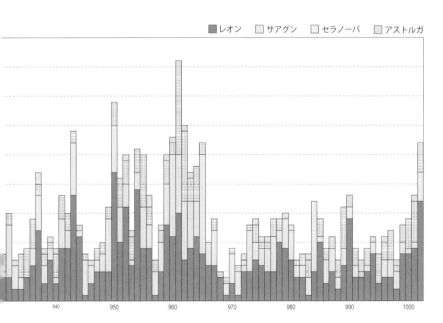

223

第二部　レオン王国とモサラベ移民

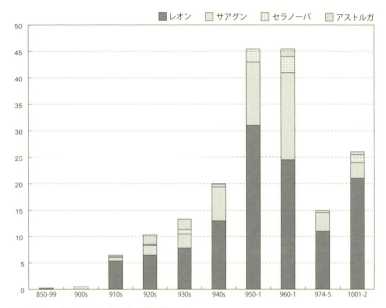

グラフ2-B　年あたりのアラビア語登場回数

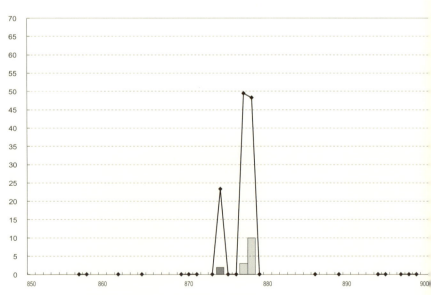

グラフ2-D　年毎のアラビア語名の数とその全体に占める割合

第3章　モサラベとレオン王国に見られるアラビア語の残滓

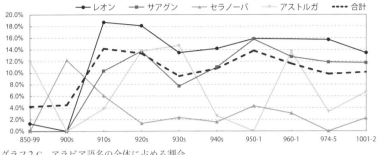

グラフ2-C　アラビア語名の全体に占める割合

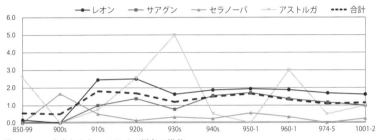

グラフ2-E　文書あたりのアラビア語名の推移

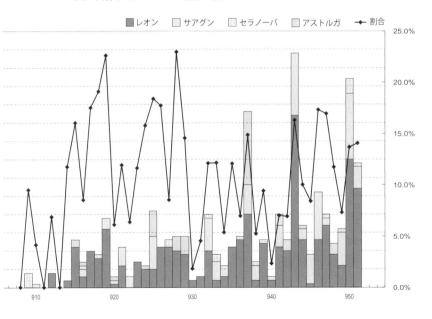

225

第二部　レオン王国とモサラベ移民

アラビア語名の登場時期・消滅時期

　今回取り上げた文書の人名と年代を真正のものとすると、最初にアラビア語名が文書に登場するのは870年代である。その中でも878年のアストルガの文書が特筆に値し、58人中に10のアラビア語名が含まれている。しかしそのあとは、905、909年のセラノーバまで一切登場しないため、878年のアストルガ文書の異様さは際立つ。

　アラビア語名は、最も稀なセラノーバにおいても、11世紀まで消滅しなかった。したがって、こうした人名が登場し、徐々に増え、そして徐々に減っていくというような経年変化は10世紀の間では辿れなかった。

アラビア語の人名が増える（減る）時期、多い場所、相対的比重

　856年のセラノーバ修道院の文書を皮切りとするこれら4アーカイヴの9世紀後半以降951年までののべ5633の人名のうち、アラビア語名は612回登場し、10.9％を占める。960-1、974-5、1001-2年のものを加えると、のべ7380名のうち、アラビア語名は800回出てきて、割合は10.8％と同様である。したがって、セラノーバ、アストルガ、レオン、サアグン周辺でおよそ10人に1人がアラビア語の名前を持っていたというわけである。サンプルをとったものの中では、2年ごとの平均で950-1年と960-1年がともに一年あたり平均45.5回と最多であるが（グラフ2-B）、既に述べたように母数も増加しているため、全体中の割合でいうと、910年代から920年代とほとんど変わらない（グラフ2-C）。930年代に9.4％とやや落ち込む原因ははっきりしないが、基本的に10世紀を通してほとんど増加も減少もしなかったことがわかる。

　アラビア語名の割合が最も多いのはレオン大聖堂アーカイヴで、平均すると全体の14.4％が名前の少なくとも一部にアラビア語を持った人物で占められ、また910年代以降、安定して最多のアラビア語名の割合を保っている（グラフ2-C）。つまりレオン大聖堂アーカイヴが扱っている地域では、およそ7人に1人がアラビア語の名前を持っていたことになり、王国内で最密の場所であった。経年で明確な増減傾向を示さないのは、全体のデータの場合と同じである。これを多いとするか、少ないとするかは、主観によって左右されるであろうが、レオン大聖堂アーカイヴの910年代以降の13～19％の間を推移する数値は、キリスト教国のラテン語文書にアラビア語名が散見されるインパクトが過

226

大評価を誘発しがちであったことを鑑みれば、予想以上に少なかったといえるのではないだろうか。

アラビア語名の絶対数も割合も最も少ないのがセラノーバ修道院アーカイヴで、他のアーカイヴとは全く異なって900年代に最大値を記録したあとは、1－6％程度を推移している。とはいえ、1001－2年になってもアラビア語名がなくなるわけではなく、ヒッチコックが挙げたように11世紀にも散見されるので、当初のアラビア語コミュニティーが年を追うごとに減少し、やがて完全にラテン語・ロマンス語化した、というモデルは成立しない。ちなみに900年代の文書のオーセンティシティーに疑問がないわけではない。

アストルガとサアグンは前二者の中間に位置している。ただアストルガはサンプルの数が少なく、傾向を断定するのには最大限の慎重さが必要であろう。アストルガの最大の特徴は877、878年にかなりの割合でアラビア語名が登場することであるが、年代に誤りがなく、改竄がないとすればという条件がつく。その点が十分に批判的検討されていない可能性はある。サアグンに関して言うと、レオン大聖堂アーカイヴよりはやや少ないけれども、全体として示している経年の傾向などは同様である。平均では10人に1人くらいがアラビア語名を持っていたようである。

全体のデータを単年ごとにみると（巻末表Y）、アラビア語名ののべ数が多い順に、943年（64回）、950年（57回）、937年（48回）、960年（46回）、961年（45回）である。少なくとも5通ある年を対象として、文書ごとのアラビア語名の単年ごとの平均数を見ると、946年（3.7回）、919年（3.2回）、925年（2.6回）が多い。少なくとものべ50以上の人名がカウントされた年を対象としてアラビア語名の割合で見ると、順に、928年（23.0％）、919年（22.6％）、925年（18.4％）、926年（17.7％）、917年（17.5％）が多い。917－926年は一つの山を持っていると見ることができるだろう。

建築遺構の建設時期との関連性を考えてみると、レオンとサアグン周辺のアラビア語の割合が比較的高い地域・時期にサン・ミゲル・デ・エスカラーダが聖別されており、またこのあと述べるようにサンティアゴ・デ・ペニャルバの建造に関わる文書でもアラビア語の割合が高い。ところが、セラノーバのアーカイヴに保管されている文書の中でも、創建（942年）以前の900年代の文書の方がむしろアラビア語の割合が高く、アラビア語名の多さと建築における「アラブ要素」との直接的な因果関係はないに等しい。セラノーバとレオン・サアグ

227

第二部　レオン王国とモサラベ移民

ンのアラビア語名の割合の明確な差異は、おそらくは各々の社会の持つアル・アンダルスとの直接的接触の度合いの差異をある程度反映しているのであろう。つまり、いわゆる「モサラベ」かどうかは別として、アラビア語の名前を持った人々がレオン王国で最初に定着した場所が、首都レオン近辺であったということであろう。このデータから、レオン王国全体におけるアラビア語の名前と建築との直接的関連を単純に敷衍することはできないが、アル・アンダルスからの人的流入がさしあたってまずレオン中央部へ向かっていたことを示しているのは確かである。

　アラビア語圏出身の人間とその子孫の割合は、実際には上述の統計よりやや多くなると思われる。たとえば、本人もその父も非アラビア語名だが、ibn を用いてフルネームとしている人間が、別の場所では filius を用いるときなどはカウントしなかったし（例：Sisebuto iben Petr(i)[186]/ Sisebutus, filius Petri[187]）、通称を使い分けている人物の場合、非アラビア語要素のみで署名をしている場合は数えなかったからだ（Reccemirus, filius December[188] は Abolfeta iben December[189] と同一人物であろうが、前者の形で署名をしている際は、アラビア語の要素がないのでカウントしなかった）。ただ、もちろん、レオン王国で生まれ育ったアル・アンダルス出身者の子がアラビア語を含む名前を与えられている可能性もある。

アラビア語名がとりわけ多い文書

　914-24年ごろ（919年としてカウント）の、オルドーニョ2世の奴隷 Abaiub eben Thebit が登場する文書（CCLeón：no.65）では、カウントした13人のうち9人がアラビア語名を持つ。移住してきたアル・アンダルスのキリスト教徒ではなく、何らかの形で権力者の庇護下に入ったおそらくは（元）ムスリムのアル・アンダルス人が登場する際に、アラビア語名の割合が高くなることの証左といえる。961年の11人中6人がアラビア語名の文書（CCLeón：no.341）でも、Rademundus が改宗者であると明言されている。ただ、こうした明言がないものももちろん多く、レオンでは915年（CCLeón：no.34）の10人、932年（CCLeón：no.93）の9人、937年（CCLeón：no.119）の9人、943年（CCLeón：no.163）の10人などがある。アストルガは878年の10人（CCAstorga：no.5）のほか937年（CCAstorga：no.48）のサロモンの文書における19人が出色。サアグンでは943年（CMSahagún：no.87）に40人中11人、946年（CMSahagún：no.364）に47人中10人というのが目を引く。セラノーバは909年と推定される文書（CMCelanova：

228

第3章　モサラベとレオン王国に見られるアラビア語の残滓

no.10）の19人中4人が最高である。文書ごとに見ても、アストルガ関連のバラつきの著しさ、セラノーバ関連におけるアラビア語名の少なさ、レオンにおける多さという既に述べた傾向が追認される。

多くの証人が登場する文書

　多くの証人が登場する、したがって一定の重要性を持った案件を扱っている場合、アラビア語名の傾向に変化はあるだろうか。、王族や司教などを除いて、30人以上の人物が登場する文書に着目すると、調べた中ではサアグンで937年（*CMSahagún*：no.61）、941年（*CMSahagún*：no.79）、943年（*CMSahagún*：no.87）、945年（*CMSahagún*：no.101）、946年（*CMSahagún*：no.364）、949年（*CMSahagún*：no.114）がある。937－949年の間に6通固まっているが、既に述べた943、946年ではアラビア語名が多く、それ以外は全くないかごくわずかである。レオンでは、919年（*CCLeón*：no.48）、944年（*CCLeón*：no.184）、946年（*CCLeón*：no.192）、960年（*CCLeón*：no.333）、974年（*CCLeón*：no.432）が一文書で30人以上登場するが、0－19%とアラビア語の数はばらつく。

　唯一、何らかの相関を見出せるとすればアストルガで、何度か言及している878年（*CCAstorga*：no.5）と937年（*CCAstorga*：no.48）の文書にそれぞれ58人、80人の人物が登場し、うち10人、19人がアラビア語を持つなど、案件の重大さとアラビア語名の多さにやや相関があるようにも思われる。首都レオンから来た人物が増え、結果としてアラビア語の割合が増えたとも考えられるが、繰り返し述べてきたようにアストルガ関係の文書の真正性の判断は他のものより慎重にならざるを得ない。

現存する建築に関わっている文書

　現存する建築とその関係者に関わっているものとしては、サンティアゴ・デ・ペニャルバの創設者ゲナディウスや、その弟子であるフォルティスやサロモン関係と、セラノーバ修道院創設関係の文書ということになる。

　サンティアゴ・デ・ペニャルバへのサロモンの寄進を記した937年の文書を検討してみよう[190]。この文書には多くのアラビア語名が登場している：Zuar Iben Mohaiscar、Addaulfus Ibendavi、Zuleiman Ibenapelia、Alvaro Ibenzalem などである。多くの実力者の署名が並ぶ末尾の一部分、ルデシンドゥスの弟フロイラの名も見えるが、おそらく非聖職者の名が並んでいる項の39人中、3分の1以上

229

第二部　レオン王国とモサラベ移民

に非ラテン・ゲルマン語系の人名が含まれている。また、925年に当時のアストルガ司教フォルティス（Fortis）によってなされた寄進文書にも、上記のZuarと同一人物のものと考えられるCiuar Ibemmascar Dei Ibenfale（Ziuar Ibenmascar）や、Arfe Ibem Asmar（Apze（Abze）Ibenaumar）；Ducila Ibenade Castroというアラビア語名が見受けられる（FLÓREZ, 1905：XVI, 432-3；*CCAstorga*：no.28）。こうした点をゴメス・モレーノは観察して、フォルティス、サロモンの両司教は「アラビア語名の俗人、聖職者に囲まれていた」と述べた（GÓMEZ-MORENO, 1919：226）。

　これに対し、942年のセラノーバ修道院教会堂聖別式にはアラビア語系人名が見当たらないことは注目に値する。王族、ルデシンドゥス関係、司教が列席し、それ以外に30の人間が署名をしているが、そのなかに一度もアラビア語が登場しないのである（*CMCelanova*：no.72）。同様に、アラビア語の用語で描写される多くの奢侈品を寄進した938年のイルドゥアラの文書（*CMCelanova*：no.57）にもアラビア語の人物は見当たらない。これに対して、写字生によって署名欄が不正確に写されているけれども、977年ルデシンドゥスのセラノーバ修道院への「遺言」には、Aiub primiclerusとCitoni abbasという2人のアラビア語名の人物が現れる（*CMCelanova*：no.185）。したがってセラノーバ周辺ではアラビア語名の人間がほとんどおらず、創設時期に突如増えたりもしていなかったというわけだ。ちなみに同じルデシンドゥスが登場する、サアグン修道院アーカイヴのラミーロ2世関係の文書では、後述するラミーロ2世の側近奴隷Abaiube iben Tepiteや、サアグン関係に頻出するRecemirus iben Decemberなど13人中3人のアラビア語名の人物が登場している。

　フォルティス、サロモンと異なり、エスカラーダで「モサラベ」の教会堂の聖別をしたはずのゲナディウス関連の文書では、909年のサアグンの2つの文書で皆無（*CMSahagún*：no.9 & 10）、915年に29人中2人（*CCAstorga*：no.11）、同じ915年ごろのものと考えられる自身の遺言では1人もおらず、916年には20人中1人（*CCAstorga*：no.13）、晩年の920年には25人中1人（*CCAstorga*：no.19）と、実はアラビア語名の人間がかなり少ない。この点からも、エスカラーダの銘文が呈示する「モサラベ」と、アラビア語名の人々との関係が直接的でないことがあきらかとなる。そしてどちらかといえば、建築におけるスペイン・イスラーム的要素はフォルティスやサロモンの世代と関わりがあるように思われるが、セラノーバのケースで明らかなように、一対一対応するものでは決してないことがわかる。

230

第3章　モサラベとレオン王国に見られるアラビア語の残滓

表2-C　conversus（conversa）の登場リスト（－c.951）

年	名前	出典
920	Valdemarius, Citon, Daniel, Apicius, Recimirus	*CCAstorga*：no.19
924	Cilone (conversa), Servinus	*CCAstorga*：no.27
925	Propicius conuersus, Romanus, Ivlivs	*CCLeón*：no.67
927	Flavinus	*CCAstorga*：no.32
929	Flaginus	*CCAstorga*：no.35
940	Sisnandi (scripsit)	*CCAstorga*：no.55
941	Guntinus	*CMCelanova*：no.66
948	Quintilani, Froilani, Manilla, Fredamundus	*CMCelanova*：no.83
949	Leouegildus (presbiter conuersus), Senior, Aloitus, Ariulfus (diaconus et conuersus), Receufindus	*CMCelanova*：no.84

奴隷・捕囚・改宗者

　奴隷・捕囚・改宗者の存在は、ゴメス・モレーノのモサラベ移民史観の中では重要視されてこず、近年になってマルティネス・テヘーラがややランダムな形でピックアップした（Martínez Tejera, 2004）以外は、美術建築史の分野でこの問題に取り組んだ研究者は見当たらない。しかし、その数は少なくない。

　まず、改宗者であるが、表2-Cに、951年までのconversusの記録をまとめた。conversusはアストルガで最も頻出し、セラノーバがこれに次ぐ。サアグンでは身分に関する記述が一般的に少なく、951年までにはconversusという記述は発見できなかったが、972年には改宗者の修道僧が2人現れ（frater Dicentiu conversi, frater Iusti conversus）、そのほか3人のアラビア語名の人物が登場している（*CMSahagún*：no.266）。レオン大聖堂の文書も同様の傾向を持っており、conversusの登場は951年まででは925年のものが唯一であるが、改宗ユダヤ教徒についての記録などがある[191]。

　上記4つのアーカイヴと同様の比較分析の対象にはしなかったが、サン・ペドロ・デ・モンテスのアーカイヴTumbo Viejoにも、いくつか興味深いデータがある。930年7月1日付には2つの証書の写し（no.11 & 12）が残っているが、うち一つにはAlporce、Pronicius、Romanusの3人のconversusがいる。キンターナによれば、この改宗者Alporceは直後にサンティアゴ・デ・ペニャルバの院長となる人物である（Quintana, 1971:96）。二つ目には、息子が異教徒であったというアラビア語由来の名（Cidiz）の父が登場するが、この場合、父のみが改宗したのだろうか？　それとも息子が「異教徒」になったのだろうか[192]？

231

第二部　レオン王国とモサラベ移民

　ゴメス・モレーノも観察していないわけではなかったが、改宗者を含めた「モサラベ」以外のアル・アンダルスの人的要素にとりわけ着目したのが、セラノーバ修道院アーカイヴを調べたヒッチコックで、奴隷としては、11世紀末、ソブラード修道院（Santa María de Sobrado）での奴隷（技術者）を連れて来て洗礼し、新しい名前を与えた例、Gali が Thomas に、Ali Muogu が Laurentius に改宗・改名した例、ルデシンドゥスの父の遺産に含まれるムーア人奴隷（servos de origine maurorum）、ルデシンドゥスを名付け親としたと推測される（Salvador Rudesindiz fuit maurus）、1029年の男女のムスリム奴隷（mancipios et mancipellas quoe fuerunt ex gentes mahelitarum（sic）et agareni）を挙げている（GÓMEZ-MORENO, 1919：119, 239, 242 & 250；HITCHCOCK, 1990：112-5）。これ以外にも、926年に夫から妻へ贈与された男女10人の奴隷には、Muza、Ceti、Amira という名前が見られる（CMCelanova：no.24）。改宗者の事例としては、confessus も同意として、Aiub confessus（1010）、Fafila confessus（952）、Alvanus confessus（950）、Tekiloni confessa Sarracina（1055）を挙げる（HITCHCOCK, 1990：122）。身分として confessus と名乗る証人の数はセラノーバ修道院文書にかなり多く、それらを全て改宗者とすると、相当の数になると思われるが、これは一般に認められた意見とは言い難い。947年には洗礼を受けて Sendinus から Serenianus となった司祭がおり（Sendinus qui de babtismo Serenianus dicor）、必ずしもこれはイスラームとキリスト教の問題ではなく、イスラームとアラビア語名、キリスト教とラテン語名・ゲルマン名が、一対一対応していないことがわかる（CMCelanova：II, no.81）。解放奴隷の事例でとりわけ注目を浴びてきたのが、943年にルデシンドゥスが気前良く贈与をした Muzalha（«tibi liberte mee Muzalha...»）というアラビア語名の女性である（CMCelanova：no.76；GÓMEZ-MORENO, 1919：242-3；HITCHCOCK, 1990：116）。

　セラノーバ以外では、914-24年のオルドーニョ2世治下のもので、王から派遣された奴隷として名が挙げられた Abaiub eben Thebit が登場し、署名する文書（CCLeón：no.65）では、13人の関係者のうち、9人がアラビア語の名前を持っている。条件を満たしていなかったため定量的分析には加えなかったが、918年にも登場していて[193]、941年には、ラミーロ2世つきの奴隷（puer）として登場し、そのほかにも4人、アラビア語の人名が見られる（CCLeón：no.144）。これは、王の近辺で執務を代行する Abaiub が重要な存在であったことを示すだけでなく、それ以外のアラビア語名の人物も Abaiub と同じ境遇であった可能性をも示唆しており、アラビア語名＝モサラベ自由移民とする説に重大な疑義を差

第3章　モサラベとレオン王国に見られるアラビア語の残滓

し挟む。917年にはレオン司教フルニミウスの3人の奴隷（seruus）、Sarracinus、Daude、Hecaleが登場する[194]。同じように何かしら従属的な立場にあるIaha Iuzef（seruo de Lazaro Tello）への売却のケースでも、11人中6人がアラビア語の名前を持っている（*CCLeón*：no.71）。ムスリムの奴隷は珍しくなかったはずで、上記のほか、920年（？）の「回教徒の土地からつれてきた」奴隷[195]、950年ごろのOuecco司教によって沢山の道具や宗教書と共に寄付された2人の「ムーア人」と3人目の身代金[196]など興味深い例が散見される。サアグンでは974年にAmores anzillasが寄進者として登場をしている（*CMSahagún*：no.275）。また、Sarracinus、Maurusは今回の調査でカウントしなかったが、その数は少なくなく、全てではなくとも、字義どおりの（元）ムスリムも一定量含まれているのではないだろうか。結局、パーセンテージを高めているのは、（元）奴隷などが関わっているケースが多いのではないかとも思えてくる。ガルシア・デ・コルタサルによれば、アルフォンソ3世統治期の文書の10%に奴隷を意味する語（mancipia、servi、ancillae、pueri...）が含まれ、計11回の言及のうち、確実なもの5回に加え、場所不明の2回はおそらくガリシア、3回はポルトガル、2回がレオンの案件であるという（GARCÍA DE CORTÁZAR, 1994：48）。

　この中に、8世紀中葉の内戦と飢饉のあと、ドゥエロ川流域に残ったベルベル人、同じく残留してイスラーム化していた土着民もいたとは考えられる。比較的最近ではサンチェス・バディオラ（Juan José SÁNCHEZ BADIOLA）が、アルドン川（el Ardón）流域のアラビア語人名は土着民のもので、アル・アンダルスからの入植者のものではないとした。入植の際についたと解釈されてきたValle de Mahomateなどの地名も、先史時代のカストロ（Castro de Ardón）が古代と中世の間に放棄されたとの発掘結果も、分散した農民それぞれの遺産が外部からきた大修道院などの政治・経済力に統合されていく過程で説明できるとしたのである（SÁNCHEZ BADIOLA, 2001）。しかしながら、アル・アンダルス内でさえ非都市部の農民が10世紀にまだ「ヨーロッパ人でキリスト教徒（*Ibn Hayyān*）」（CABRERA, 1996：18-9）であったのに、ベルベル人の残留部隊ならともかく、土着の残留住民がアラビア語化していたという根拠があまり明確ではない。また、レオン王国では10世紀にアラビア語の割合が高くなり、中葉にかけて増えこそすれ減りはしなかったのだから、やはり何らかの流入があったと考えるべきであろう。一方、ミンゲスが挙げた909年のAlkaminの例は、組織的な「再入植」以前に残留していたアラブ・ベルベル系の固有名詞と考えることが出来、10世紀になっ

233

第二部　レオン王国とモサラベ移民

て初めて登場するアラビア語の人名地名にも、8世紀にその起源が求められる
ものが存在していることは、その割合はともかく、確実といえよう（MÍNGUEZ,
1995：64）。Alkaminの事例と似ているのが、924年、アストルガ司教Fortisに
より、ある山中に不法に居住しているのが糾弾されたGalbon ibn Leprinという
なにやらアラビア語交じりの名前を持つ男の例である（CAVERO, 2001：244）。10
世紀を通じて、レオン王国の歴史は、権威の行き届かない場所が少しずつコン
トロールされていき、社会が階層化し、こうした辺境的性格の住民がヒエラル
キーに組み込まれていく過程であった（IDEM：248）。地域住民がローカルな修道
院にまとめられ、さらにそれらの無数の修道院がサアグンなど大修道院の傘下
におさめられていく様子は、一連の公文書に如実に示されている。

　さて、キリスト教王の招きに応じてコルドバから熱狂的信仰を携えた修道僧
が移住をしたのは、主としてアルフォンソ3世の治世（866–910年）までだっ
たと考えられる。彼らはアストゥリアス年代記に現れるレコンキスタのイデオ
ロギーとある程度関連していただろうが、10世紀の第2四半世紀ごろ以降の建
築や、同世紀中葉以降の写本との関連は疑問である。10世紀以降、アストゥリ
アス＝レオン王朝の軍事的ヘゲモニーが強まり、安全性が相当に向上したドゥ
エロ川流域に、国境地帯の牧畜民や農民が、宗教的というよりは経済的・治安
上の利点から定住し、やがて王国の体制に組み込まれた可能性は高い。また、
ムスリムが捕囚として、また奴隷として買われて、やってきたということも十
分にあり得る。ラミーロ1世に仕えるアラビア語の名前を持った宮廷付奴隷が
複数の証書に証人として署名し、またこうした人物が登場する証書で、アラビ
ア語人名の割合が高くなることは上に示した。アルフォンソ3世の息子ガルシ
アが遠征に成功し、多くの捕虜を連れて戻ったという記録もある[197]。もちろん、
逆に、後ウマイヤ朝軍の勝利の際は、必ず戦利品、家畜、そして捕虜が奪われ
た（*Edad Media*, 2005：149）。以上を踏まえると、10世紀レオン王国にアラビア語
人名をもった人々が居住している背景はもっと複雑だったのではないだろうか。

　モサラベの移住というモデルだけで10世紀レオン王国におけるアラビア語
文化の存在を説明することが不可能であることが明らかになった今、アラビア
語名をもつ移住者がキリスト教信仰を先祖代々守り、自身もキリスト教徒で
あったかどうかは問題ではない。アル・アンダルスのモサラベに関するアラビ
ア語のできる・できないは、ムスリム・キリスト教徒間の差でなく、教養ある
ものと無学なものの間にある差という指摘（ローマックス, 1996：32）や、ウマ

第3章　モサラベとレオン王国に見られるアラビア語の残滓

ル・イブン・ハフスーンの息子にはムスリムとキリスト教徒とが混在していた
という状況（Cabrera, 1996:15）は示唆的である。アミールに叛旗を翻したメリ
ダのマフムードが、7年間もの間アルフォンソ2世の下に亡命していたことも
忘れてはならないだろう（*Crónicas asturianas*：141）。

　960年にバレラニカ修道院でフロレンティウスとサンティウスによって作成
された、いわゆるサン・イシドロ・デ・レオンの聖書の余白に書き込まれたア
ラビア語のメモに関しても、同様のことが言えよう。ロペス・ロペスはメモの
作者をアラビア語を母語とする若い北方キリスト教国の修道僧すなわちモサラ
べ移民修道僧とすることを疑っていない（López López, 1999）。しかし、960年
代以降のレオン王国中部で、意欲的にラテン語でキリスト教文化を学ぶ、アラ
ビア語を母語とする若い修道僧というのは、存在していて然るべきだけれども、
事実はそれ以上でも以下でもない。彼を、レオン王国に捕囚・奴隷として連れ
て来られた見込みある若いムスリムの子弟と考えることもできよう[198]。

　ロドリゲス・メディアーノ（Rodríguez Mediano, 1994）が注目したようなア
ラビア語名と非アラビア語名の混在や交互の登場は、アラビア語かどうかと
いうことに対する当時の人々の無関心を示しており、かつ、命名においては
別の論理のほうがより重要だったことを示唆している。例えば、上辺境領の
ムラディーの豪族バヌー・カシー家の Muhammad ben Lope の息子は Lope ben
Muhammad であり、祖父の名を戴くということ論理が何よりも重要だったこと
がわかる。前述したように、Sisebuto filius Petri は時に Sisebutus iben Petri と署
名し、Abulpheta iben December は Abolfeta とも Recemirus filius December とも署
名した。Gundisalvus、Abolcacem、Manel、Humar、Bera、Mercatarius という名
前の兄弟がおり（CCLeón：no.106）、Maria の子が、Abizellus、Zonius、Todredus、
Monnio、Antonius、Eldo であった（*CMSahagún*：no.46）。Guntilo の子供の1人が
Mohepi とアラビア語名で、もう1人が Froislo であった（*CMSahagún*:no.69）。960
年に、Abolcacem が息子の Belasco、filius Abolkacem と登場するのは、アラビア
語化していたモサラベ移民が徐々に北部キリスト教徒の慣習に従ってラテン・
ゲルマン系の名前を採用していく過程を示しているように見えるが、実は同じ
文書に、Egila というゲルマン系の名前の人物の2人の息子、Mutaraf（アラビア
語系）と Fredenandi（ゲルマン語系）が見出され、ことがそう単純でないことを
示している（*CCLeón*:no.351）。

　筆者による統計に基づけば、レオン王国におけるアラビア語人名の量的な割

235

第二部　レオン王国とモサラベ移民

合は10世紀前半で全体のおよそ11％で、ラテン語・ロマンス語圏の値としては高いとしてよいと思われる。とはいえ、後ウマイヤ朝が10世紀にその成熟期に入ったとき、つまりイベリア半島の住民の大半がアラブ・イスラーム化していたとき、アル・アンダルスとは軍事的にはほぼ拮抗するようになっていたキリスト教諸国の盟主、レオン王国のお膝元に見られるアラビア語の人名の割合としては、十分妥当な数字ではないだろうか。従って、この数値に信仰篤いモサラベのグループ移住者が占める割合は、皆無でないにせよ相対的に低いと考えられてしかるべきであろう。一般にこれらのアラビア語名を持った高位聖職者は少なく（ゴメス・モレーノをもってして全部で18の修道院長が挙げられたのみである）、たいていの場合、ラテン語・ゲルマン系の名前を冠した人々のあとに署名していることが多いから、政治・宗教上の階級上位の人間が少なかったこともうかがわれる。

　910年代のサンティアゴ・デ・ペニャルバ創設者ゲナディウス関係の文書には、920－30年代のフォルティス、937年のサロモンの文書ほどアラビア語人名が含まれない。ゲナディウスが聖別に参加することになるサン・ミゲル・デ・エスカラーダが最初に復興されたのはアルフォンソ3世の治世（866－910年）で、銘文に誇張や誤りがなくばコルドバのアルフォンソ院長以下修道僧たちがその主役であった。アルフォンソ院長とサン・ミゲル・デ・エスカラーダは、文献上に明言された「モサラベ」と「モサラベ建築」を唯一結びつけるリンクであるが、本当にそこに原因と結果が反映されているのだろうか。また、サン・セブリアン・デ・マソーテの身廊アーケードの一部に刻まれたとされる人物名の一つ、Zaddon[199]。このアラビア語系の人名をもって、全員をアル・アンダルスから移住してきたモサラベ修道僧集団とし、さらにその造形と関連づけるべきなのだろうか。

　レオン王国のキリスト教建築におけるイスラーム建築への参照がより明白になるのがアルフォンソ3世の後継者の時代、とりわけラミーロ2世の時代（931－951年）であることを考えると、ムスリムとの共存を拒否して移住したモサラベは、いわゆる「モサラベ建築」と直接的な関係を持っていたとは思えず、アラビア語の名前を持った元イスラーム教徒、奴隷などと、より関連があったと考えた方が良さそうである。そして結局は、そうした嗜好を推し進めたのは、イスラームの圧政に耐えきれず移住したモサラベではなくて、北方キリスト教国の権力者たちであったのではないか。

236

ガルシア・デ・コルタサルが述べるように、10世紀初期は、「突然、あちら
こちらで、文書の数が倍増する」時期（GARCÍA DE CORTÁZAR, 1991：33）で、この
時期にサモス、セラノーバ、サン・ペドロ・デ・モンテス、サアグン、サン・
ペドロ・デ・カルデーニャ（San Pedro de Cardeña）、サン・ペドロ・デ・アルラ
ンサ（San Pedro de Arlanza）、エスロンサ（Eslonza）、サン・ミリャン・デ・ラ・
コゴーリャなどの修道院が再入植地の管理センターとして台頭する。そこには、
おそらく土着の住民も含め、モサラベだけでなく様々な出自の人間が入植し
た。10世紀レオン王国にアラビア語名のキリスト教聖職者が存在したのは事実
だが、彼らは過半数に至ることはなかった。例外的に重要な役職を占めている
ケースでも、もともとアル・アンダルスにおいて高位を占めていた者が移住し
てきたのか、それとも彼らが改宗者でありながら、身分、経済力、知性のいず
れかが原因で抜擢されたのか、証明することは出来ない。

まとめ

アラビア語人名の増加は10世紀第2四半世紀以降明白になるものの、一定
の割合を越えることはなかった。ペレス・デ・ウルベルはレオン王国の宮廷自
体が深くアラブ化していたと考えたが（PÉREZ DE URBEL, 1951：158-9）、レオン王
朝関連の文書でアラブ名が多くなるのは、実は側近奴隷が登場する場合が多い
ことが確認された。サンチェス・アルボルノスは、レオンにおける都市経済の
発達や貨幣の登場、工芸の発達はモサラベによってもたらされたアル・アンダ
ルス文化と考えた（SÁNCHEZ-ALBORNOZ, 1971：446-7；CAVERO, 1999：42）が、10世
紀までのレオン王国における都市や貨幣経済や工芸は、アル・アンダルスのそ
れらと比べて全く問題にならないほど未発達であり、モサラベ移民と関連づけ
るのは適切とは思えない。ノアックは、コルドバから柱頭の新しいトレンドを
取り入れるモサラベの移動工房が存在したと主張するが、その説得力は乏しい
（MET, 1993：134）。サンチェス・アルボルノス自身、別の場所で、モサラベの
移民グループの大半は農民であったとし、「都市生活について何も知らな」かっ
たという、イスラーム地理学者が描いた非都市部のキリスト教徒の姿を引用し
ている[200]。

直接的な言及から浮かび上がる「モサラベ」移民の姿は、シモネットが述べ
たように、土地や血縁の縛りのない修道僧である[201]。このことは、必ずしもシ

第二部　レオン王国とモサラベ移民

モネットが言うような愛国心を反映しているのではなく、移住先により大きな
メリットを見つけうる者が率先して移住したという当然の事実を示しているに
過ぎない。信仰のための利便性を、残留することによるそれ以外の利便性に優
先した（ITO, 2005 : 15）これらのモサラベ移民の僧侶は、グラソッティが述べる
ように、保守性、反イスラーム性を特徴としているのである。もっとも、大聖
堂と修道院の公文書しか残っていない現状で、修道僧が多かったかどうかを相
対的に検討する術はない。こうした修道僧や農民のグループがコルドバに結実
するイスラーム都市文化を北部に伝えたかどうか、そもそも考察する必要があ
るだろうか？　北部にもたらされた断片的なアル・アンダルスの文化の伝達経
路が、別に探されるべきであるのは疑いようがない。そしてアル・アンダルス
とレオン王国の文化的格差を見れば、その経路がいかに弱々しいものであった
かが判明するだろう。

　かつてシモネットの時代には、カトリシズムがナショナリズムであり（今で
も多少その傾向はあるが）、レコンキスタの聖戦としての側面が強調され、モサ
ラベは異教徒の圧政に耐えるスペイン人＝キリスト教徒として描かれた。現在、
モサラベが「西洋とイスラームの架け橋」（VIGUERA, 1993 : 221）と呼ばれること
の背景にあるのは、結局そうしたスペイン人にとっての「政治的に適正」な形
でのナショナリズムの現在形であり、西洋諸国がロマン主義以降スペインに感
じてきた異国趣味の現在形なのではないだろうか。しかしモサラベがユダヤ教
徒ほど実際に架け橋になったとは思えない。文化的交通はスペイン中世のあり
とあらゆる場面で生じたが、モサラベはそこでわずかな役割を担ったに過ぎな
いのだ。

　むしろ、一貫したモサラベ＝聖職者＝コルドバから＝移民というよりは、もっ
と多岐に渡ったアル・アンダルスから人的供給があり、アル・アンダルスとの
社会的接触があったのではないだろうか。そして結局のところ、レオン王国 10
世紀の文化遺産は、モサラベの、ではなくてレオン王国の社会から生み出され
たという当たり前のことを再認識する必要があるのではないだろうか。モサラ
ベはイスラームは否定したがその美術は否定しなかったとしたフォンテーヌも、
それを批判してモサラベのイスラームに対する反発がサン・ミゲル・デ・エ
スカラーダを生んだとしたドッズも、等しくこの点を看過していた（FONTAINE,
1978 : 12 ; DODDS, 1990 : 52）。次章では 10 世紀レオン王国の社会を、アル・アン
ダルスとの関係、アル・アンダルスとの比較を縦糸として読み解いていく。

238

第4章　10世紀レオン王国　建築の背景としての社会

> 新しい形式と新しい精神とは、たがいにしっくりと重なり
> あってはいない。(ホイジンガ)

　前章の検討を通じて、新天地を求めてアル・アンダルスからレオン王国に
やって来たモサラべ修道僧団、そういった明確なイデオロギーと結び付けられ
ないアラビア語の名前を持つ人々、そして10世紀レオン王国の建築活動の主
体とを、全て一体と見なすことは難しいことが明らかとなった。この考えはい
くつかの重要な反対意見にもかかわらず1世紀もの間支持されてきたわけだが、
実際のところ、レオン王国の建築は、コルドバのモサラべ社会との結び付きか
ら考察されるよりは、当然だが、レオン王国自体のダイナミズムの中で捉えら
れるべきなのである。そこで本章では、10世紀前半のレオン王国建築が建て
られた社会を検討していく。その中で建築がどう位置づけられるか、建築自体
の分析から導き出される諸相については第三部で取り上げるので、本章ではレ
オン王国の風土、技術と生産、交易と流通、権力と資財の集中、土地占有の手
順、政治的な意思表示などと建築生産の様相の因果関係を、アル・アンダルス
などレオン王国外部との差異、関連性を念頭に置きながら考察する。また、当
時の代表的なパトロン、ディヴェロッパーであった修道院とその統治者につい
ては、その経済的余剰と権力のあり方や、世俗権力との結びつきを、建設活動
との関係を踏まえながら述べる。続いて、広い意味での文化性と文化的産物と
しての建築以外の芸術生産の特徴を分析し、その背後にあった建築との共通点
や、時期や性質の違いを整理する。最後にレオン王国の伝統性と新規性につい
てこれまでの議論をまとめ、外的要因を含めた新しい要素を、蓄積された経験
の維持・発展の中に位置づけることを試みる。

239

第二部　レオン王国とモサラベ移民

1）レオン王国の10世紀

地理・前史

アストゥリアス＝レオン王国が領有していたイベリア半島北西部は、後期ローマ時代のガラエキア州、タラコネンシス州西端、そしてカルタギネンシス州の北端部を含む（fig.2-11及び巻末地図を参照）。この地域がある意味で「イスパノ・ローマ化」してくるのはローマ帝国崩壊前夜で、その文化も、都市とそれを支える奴隷と大農園の経済、大土木・建築事業でイメージされる帝政ローマのそれではなく、いくつかのウィッラや、城壁に取り囲まれた都市の残滓の周辺で展開される、キリスト教文化であった。

レオン王国を更に西・中央・東という3つのブロックにわけると、首都レオンを含む中央のブロックがアストゥリアス＝レオン王朝勢力の中心にあたり、ローマ時代のガラエキアの東側半分にあたる。4世紀初頭に開かれたイリベリス公会議には、バエティカ中心のメンバーの中に、レオン代表の名もあらわれる（ドミンゲス・オルティス、2006：20-1）。ローマ時代のウィッラ跡（例：Navatejera）や、初期キリスト教時代の重要な遺構マリアルバ（Marialba）があり、レオンにもアストルガにもローマ時代後期の城壁が残っているが、古代から9世紀再入植の時代までに経済・文化活動の中心となっていた痕跡はわずかである。西ゴート時代については、9-10世紀の入植者が「ゴート人の平野」と呼んだ現在のパレンシア県に位置するサン・フアン・デ・バニョス（San Juan de Baños）や、ドゥエロ川本流沿いのバリャドリッド、サモーラ周辺にそれぞれ位置するサン・ロマン・デ・オルニッハ（San Román de Hornija）やサン・ペドロ・デ・ラ・ナベ（San Pedro de la Nave）など、その当時のものと思われる遺構や建築彫刻の断片が残るが、メリダ、トレド、コルドバなどとはもちろん、ガラエキア西部と比べても、西ゴート王国内での相対的な活性度は低かったように見受けられる。

レオン王国の西側のブロックは、ガラエキア西半分、現在のガリシア自治州とポルトガル北部に一致する。政治支配としては、まず8世紀後半にアストゥリアス王国の拡大に伴ってその領土に取り込まれた後、王権とともに南へと拡大した地域で、アストゥリアス＝レオン王家のお家騒動には必ずと言っていいほど関わっていた複数の大貴族の拠点がある。後期帝政時代のシャヴェス司教

240

第4章　10世紀レオン王国　建築の背景としての社会

fig.2-11　ローマ時代後期のイベリア半島

　ヒダティウス、異端視されたプリスキリアヌスの活動や、それに対するオロシウスの反駁の舞台は全てガラエキア中・西部で展開され、その後のスエヴィ支配の時代に聖マルティヌスがやってきたのも現在の北部ポルトガル大西洋岸よりのブラーガ大司教座で、トレド以前にはここが半島におけるカトリック公会議のメイン・ステージであった。西ゴート時代の政治的・経済的活動を示す地図（fig.2-12 & 2-13）を見ても、後のアストゥリアス＝レオン王国の領土内で、一定の文化的活動の記録がローマ時代から連続して見られるのは、主としてガラエキア西部である。後に枯渇するが鉱山が集中し、鉱山近傍に造幣所が設けられたのもこの地域であった。ブラーガ司教であった聖フルクトゥオススは、この地に拠点を持ち、そこからやや東へ入って、現在のガリシア地方をレオン中心部とへだてているエル・ビエルソ（El Bierzo）の山中に分け入り、隠修士生活を展開した。エル・ビエルソは隠修士のメッカとなり、フルクトゥオススの伝記を書いたウァレリウスという西ゴート期の特異な文士を生んだ。
　ガリシア・北ポルトガルの特質はまた、いくつかの建造物にも結実している。保存状態良好なルゴの城壁はローマ時代後期の3世紀に建造された（fig.3-59参

241

第二部　レオン王国とモサラベ移民

fig.2-12　西ゴート時代の造幣所の分布

fig.2-13　西ゴート時代の司教座の分布

照）。ルゴの城壁は、いわゆるローマ建築といってイメージされる整然たる仕上げとは異なった、地方化したローマの建造術の姿を示している。同じくローマ時代末期にニュンファエウムとして作られ、キリスト教会堂として改修されたサンタ・エウラリア・デ・ボベダ（Santa Eulalia de Bóveda）は、イベリア半島に現存する最古の構造的馬蹄形アーチを持つ[202]。クロノロジーに関する論争が続いてはいるが、伝統的に西ゴート期に帰されてきたのが、ブラーガ近郊のサン・フルトゥオーゾ・デ・モンテリオスと、オウレンセ県のサンタ・コンバ・デ・バンデである。共に十字型の集中式平面を基本とし、切石造の壁体にレンガ造ヴォールトを架け、馬蹄形アーチを用いた小規模ながら古代末期の伝統を残した「イスパノ・ビシゴード建築」の代表作である。

　一方6世紀に聖アエミリアヌスがその隠遁生活の舞台として選んだのは後のカスティーリャ伯領とナバーラ王国の国境地帯、現在のラ・リオハに位置するサン・ミリャン・デ・ラ・コゴーリャ（San Millán de la Cogolla）である。カスティーリャ伯領は、ナバーラ王国、サラゴサを中心とする後ウマイヤ朝の上辺境領、トレド（後にはメディナセーリ（Medinaceli））を都とする中辺境領（Marca Media）とも国境を接する「城塞（*castellum*, pl:*castella*）の地」であり、古代以来、カンタブリア人、バスコン人対策で作られた城塞があったとされる（ESTEPA, 1985：17；MORETA, 1989：37-40）。中心都市となるブルゴス（Burgos）は884年にディエゴ・ロドリゲスという豪族によって建設され、10世紀にそのブルゴスと近傍のララ（Lara）を拠点とするフェルナン・ゴンサレスの元で、カスティーリャは政治・軍事的領域として初めてまとまる。名目上はレオン王に臣従しながら徐々にその独立性を強めていったフェルナン・ゴンサレスの元でカスティーリャは発展し、11世紀のナバーラ王サンチョ大王の手による諸王朝再編で支配層は交替するが、のちには半島中・西部の覇者としてレオンとの立場を逆転させることとなる。

　以上3つの地域に分けることが出来る10世紀レオン王国だが、ガリシア・北ポルトガルは比較的人口も多く、ローマ・西ゴート世界からの制度的連続性が認められるのに対し、おおまかにいって西のガリシアから東のカスティーリャへ進むに連れ、社会構造の安定性・継続性が下がり、より原始的かつ流動的な様相を呈するとされる。司教座は圧倒的に西部に偏っており、旧ガラエキアのイスラーム征服以前の時代の構造がそのまま保たれたと考えられよう。カスティーリャ伯領にはバルプエスタ（Valpuesta）が新設されたが、あとは統治

243

第二部　レオン王国とモサラベ移民

外ぎりぎりのアラバとオスマにしか司教座がなかったのに対し、ガリシア・北ポルトガルにはルゴ、オウレンセ、イリア・コンポステーラ、ブラーガなどが比較的狭い範囲に密集していた（García de Cortázar, 2001：262；*Edad Media,* 2005：109）。また公文書の内容やスタイルを見ても、ガリシアの文書の方がカスティーリャの文書より文体が比較的凝っており、高い文化レベルを反映している。また、家族の系譜、土地の所在地と由緒についても正確で詳しく述べられている（*CMCelanova*：II, 6；García de Cortázar, 2001：262-4）。

　この3つの地域のうち、本章では、レオン、アストルガ、エル・ビエルソ、セラノーバといった検討の中心となる建築が建てられた中部・西部を想定し、カスティーリャ以東にあるサン・ミリャン・デ・ラ・コゴーリャやサン・バウデリオ・デ・ベルランガ、カンタブリア山脈の北側については副次的扱いにとどめた。ただし、史料を欠き、レオン王国の地勢全体で明らかに孤立した国境地帯に立つマソーテについては、その建設を取り巻く状況を読み解くことは難しい。

10世紀レオン王国の盛衰

　一部繰り返しになるが、10世紀のレオン王国の出来事を簡単にまとめたい。910年にアルフォンソ3世を継いだ息子のガルシア1世（García I, 910-4）が首都をオビエドからレオンに移した。レオン王国の誕生である[203]。レオン王国となってから、前世紀にオルドーニョ1世（850-866在位）とアルフォンソ3世（866-910在位）の治下で急激な勢いで南下していた国境線はほぼドゥエロ川で留まり、以後1世紀間、拡張は停滞する。ちなみに10世紀にはナバーラ王国が拡張期に入っていた。920年、バルデフンケラの戦いで後ウマイヤ朝軍に大敗北を喫したレオン軍であるが、ラミーロ2世（931-951在位）下で安定し、他のキリスト教国と連合して939年、シマンカスの戦いでアブダッラフマーン3世自ら率いる後ウマイヤ朝軍に大勝利して地歩を固め、シマンカス、サラマンカ、セプルベダなどに入植した。しかしラミーロ2世が没しオルドーニョ3世（951-6在位）治下になると王朝はあっという間に政治的求心力を失い、953-5年、958-60年、982-4年と10世紀後半に3回も王位継承戦争を経験する。こうした内乱には半独立状態となっていたガリシアやカスティーリャの諸侯だけでなく、成熟した宮廷文化の頂点に達していた後ウマイヤ朝コルドバ・カリフ国がたびたび介入した。この時期を象徴する存在が、肥満王と揶揄されたサ

244

第4章　10世紀レオン王国　建築の背景としての社会

ンチョ1世（Sancho el Craso, 956-8 & 960-5在位）である。

　馬にも乗れないほど太っていたサンチョ「肥満王」は、オルドーニョ3世の存命中から、祖母であるナバーラの王太后トダ、カスティーリャ伯フェルナン・ゴンサレス、ガリシア諸侯と画策して叛旗を翻していた。956年にオルドーニョが死ぬと王位についたが、958年に今度は自身が諸侯の叛乱に遭ってナバーラ王国へ避難する。カリフは、アブダッラフマーン3世の伯母でもあるトダに援助を求められると、稀代の名医ユースフ・ハスダーイ・イブン・シャプルート（*Yūsuf Hasdāy ibn Šaprūt*）を派遣し、サンチョの肥満を治療させた。同年、サンチョは祖母のトダ、伯父のガルシア・サンチェスに伴われてコルドバへ招聘され、そこでカリフ、アブダッラフマーンと謁見し、王位奪回の暁には10の城砦を明け渡すことを確約して援軍を引き出す。サンチョはコルドバの掩護を受けてサモーラを奪回するとレオンに入城し、960年に再度王位についたが、カリフとの協約を無視した。962年、今度はサンチョに王位を追われたオルドーニョ4世がマディーナ・アッザフラーへ赴き、アル・ハカム2世に臣従を誓って、サンチョに対抗するため、後ウマイヤ朝軍の協力を要請した。城砦を明け渡すという約束を反古にしていたサンチョはこれに慌て、コルドバへ使節を派遣して約束を守ることを誓ったが、結局、直後にオルドーニョ4世が死んだので再度この約束を反古にしてコルドバに反抗した[204]。こうした逸話には、弱体化したレオン王権を傀儡化する諸侯やナバーラ王の台頭、そしてキリスト教諸国の領土を完全な支配下に置く意図を持っていないイスラーム教勢力の絶対的な優位という構図が浮き彫りとなる。

　カスティーリャ伯の動向についても簡単に触れておく。ラミーロ2世のライバルとして台頭したカスティーリャのフェルナン・ゴンサレス伯爵は、おそらくララの地を拠点としたゴンサロ・フェルナンデスの息子であったであろうと考えられている。中世後期に伝説化し、多くの叙事詩に歌われた人物である。929年ごろララの領主となり、後にブルゴス、アラバなど近隣伯領を次々と併合し、ナバーラ、レオンに対抗した。その勢力範囲は現在のブルゴス県にソリア、セゴビア、カンタブリアの一部を加えたあたりであり、建前上はレオン王を立てつつも、実質独立していた。939年にシマンカスでキリスト教国連合軍がカリフ国軍に勝つと、ラミーロ2世がサラマンカを取ったようにフェルナン・ゴンサレスもドゥエロ川対岸のセプルベダに入植した。もっともこれはアルマンソール時代に奪取されてしまう。944年にはラミーロ2世に謀反を企

245

第二部　レオン王国とモサラベ移民

てて幽閉されるが、翌945年には許されて復帰し、ラミーロ2世没後も長生し
てますます影響力を高めた。カスティーリャはその後スペインの中核を担う国
家として成長するが、フェルナン・ゴンサレスの系譜自体は、彼の没後、アル
マンソールの時代になって、骨肉の争いに沈んだ。

　976年にアル・ハカム2世が死ぬと実権を掌握したアルマンソールがレオン
王朝のパワーゲームに積極的に介入した。966年に5歳で王位を継いだサン
チョ肥満王の息子ラミーロ3世が死ぬと、アルマンソールはガリシア諸侯と結
託してベルムード2世（984-999在位）を担ぎ上げ、王位につけた。989年に
アルマンソールは、今度はカスティーリャ諸侯と組んでベルムードを追い払い、
ベルムードは支持母体のあるガリシアへ一時避難した。ベルムード2世の後は
まだ幼少であったアルフォンソ5世（999-1028在位）が継ぐも、その後はナ
バーラのサンチョ大王の介入を招き、アストゥリアス時代から続いたアストゥ
リアス＝レオン王朝はここに途絶えたのである。

　以上の流れの中で、イスラーム勢力が内憂外患で疲弊していた10世紀初頭
のレオン王国の拡張期にはまだそれほど南北の文化的接触はなく、そのあと、
領土拡大も一段落したラミーロ2世期（931-951年）が、アブダッラフマーン3
世のカリフ国と軍事的に拮抗し、その文化的影響が強くなりはじめた時期とい
える。そして、10世紀後半は、後ウマイヤ朝の絶頂期にあたり、キリスト教国
の間で眩いばかりのアル・アンダルスの文化への憧憬が育まれることになる。

社会と建築、建築と社会

　10世紀のレオン王国は、「防衛は困難、境界は不明瞭、軍備は脆弱な、（中
略）物理的のみならず人的にも流動的な辺境空間」（Cavero, 2001: 231）であっ
た。このレオン王国の状況で、直接・間接に建築と関わるであろう要素を、ア
ル・アンダルスなど他の領域・制度との差異を念頭に置きながら検討する。

アストゥリアス王国の建設プログラム

王朝の支配体制がカンタブリア山脈裏
側のアストゥリアスに収まっていた時代、
お膝元のオビエドとその近辺では王権によるシステマティックといってよい建
設プログラムが存在した。そのときに建てられた建築の一部が、現在世界遺産
ともなっている一連のアストゥリアス建築なのであり、地域的、時期的なまと
まりと、一貫したパトロネージは、実際の遺構に見られるまとまりにそのまま
反映されていると言ってよい。しかし、アストゥリアス王権の影響力は、政治

246

第4章　10世紀レオン王国　建築の背景としての社会

的には支配下にあったガリシアやカンタブリア・バスク方面に入ると弱まり、内乱の際にはこれらの周縁部が、オビエドの勢力に対抗する拠点となるのを見ることが出来る。中興の祖であるアルフォンソ2世は、アルフォンソ1世の婚外子マウレガート（Mauregato, *Mauricatus*）にオビエドを追われ、母の故郷であるバスク地方へ避難している[205]。こうしたアストゥリアス王国中央の影響力の漸次的低下は芸術表現にも見ることが出来る。ガリシアは、アストゥリアス地方の建築に匹敵する遺構を同時期に持っていない。オビエドやバルデディオスなどアストゥリアス王国建築の系譜で捉えることができる二連・三連アーチの飾り窓や、サン・シェス・デ・フランセロス（San Xes de Francelos）のような、一部の彫刻的モティーフが共通する例を見ることが出来る程度である。アストゥリアス時代の重要な建設と考えられるサモス修道院は復興に何度も失敗した上、現在残された遺構は単純で質素なものにすぎない。唯一の例外は、アルフォンソ3世時代のサンティアゴ・デ・コンポステーラ教会堂の再建（«miro opere；columnas ... deportatas；quadros et calcem...»）であるが、アルマンソールの破壊に遭って現存せず、しかもその状況から考えれば、アストゥリアス地方の建築との共通点も持ちつつも、具体的には近接する事例のない特殊な建築であったと推察される（*Sampiro*：481-484；Núñez, 1978：140-9）。カンタブリア地方方面には10世紀前半のサンタ・マリア・デ・レベーニャや、年代の特定が難しいサン・ロマン・デ・モロッソといった遺構があるが、前者に認められるサン・ミゲル・デ・リーリョとのヴォールト架構上の共通点を除けば、アストゥリアス建築が及ぼした影響は限定的である。

　アストゥリアス地方の古代末期から12世紀までの切石・割石工法を分析したフェルナンデス・ミエル（M. Fernández Mier）とキロス（J. A. Quirós Castillo）は、ハオシルトやカバリェーロら古代末期建築を専門とする考古学者の成果を援用し、テクノロジーとしての切石工法から社会的状況を演繹した。いわく、ローマの切石工法が失われて久しい初期中世アストゥリアスにおいては、サンタ・マリア・デ・ナランコなどに見られるように割石の生産・使用が行なわれていたが、アルフォンソ3世治下に到来したモサラベによって、サン・サルバドール・デ・バルデディオスへのポルティコのように切石が使用されるようになったというのである（Fernández Mier & Quirós, 2001：372-8）。しかしながら、あたかも「モサラベ」というイスラーム建築技術の伝道師によって、切石という技術がアストゥリアスの建造技術に大変革をもたらしたかのような議論は、き

第二部　レオン王国とモサラベ移民

わめて恣意的に選択された切石の建造物を挙げることによって成り立っている
にすぎない。バルデディオスのポルティコやオビエドのフォンカラーダの祠は
切石の建造物であるが、それがアストゥリアスの建設技術に変化をもたらした
なら、なぜバルデディオス教会堂の本体の壁体の少なからぬ部分や、サント・
アドリアーノ・デ・トゥニョン（Santo Adriano de Tuñón）のような、アルフォン
ソ3世創設の他の建築が相も変わらず荒石造で造られているのだろうか？　ま
た、「モサラベ」と切石が結びつくなら、なぜサン・ミゲル・デ・エスカラーダ、
サンティアゴ・デ・ペニャルバ、サンタ・マリア・デ・レベーニャといった建
造物は、壁体の大半を荒石で作っているのだろうか？　管見では、先史時代な
らともかく、ローマ帝国以後中世に向かう建築技術の発展史を、現存する遺構
だけで一方向的に描こうとする前提そのものに無理があるのである。

レオン王国時代　　　　　　アストゥリアス建築が、アストゥリアス地方の外のガリシ
　　　　　　　　　　ア北部などで限定的な影響力しか持てなかったのだから、そ
の数倍に膨れ上がったアストゥリアス＝レオン王国の時代に、こうした規範が
さらに希薄になったのは特に驚くべきことではない。しかも、レオン時代には
各地の有力貴族が台頭し、大修道院長や司教も彼らの親族の中から選ばれるこ
とがままあった。アストゥリアス時代には王権が計画的な建築活動を主導した
が、レオン時代には複数の中クラスの権力者が各地でそれぞれその役割を担っ
たのである。相対的に、王権の役割は小さくなった。

　レオン王国において、一定規模の建築を必要とし、またそれを建設できるだ
けの権力と財力を持ち合わせていた貴族・高位聖職者はどのような人々で、建
築とのかかわりはどのようであったか。その事例のいくつかは個別の検討を要
するが、ここでは一つ一つの権力が小規模化し、分散していたことだけ確認し
ておく。

　ガルシア・デ・コルタサルによれば、自給自足の農村経済であったレオン
王国には、起源は様々な小規模の居住地が無数に存在しており、移民の流入
だけでなく農地の拡大にもよって、人口は徐々に増加していった（Garcíade
Cortázar, 1995:20；Idem, 2001:265）。ただ、こうした人口の増加が村落という居
住モデルを発達させつつあった一方、レオン王国に都市というべき都市は皆無
であった[206]。

　レオンに「遷都」した際、王族は当初宮廷として、ローマの浴場跡を用いてい
た[207]。853年にアストルガに入植したガトン伯は、そこに「葡萄畑を作り、家を

248

第4章　10世紀レオン王国　建築の背景としての社会

建て、住まいを定め、土地を耕し、種を蒔き、家畜の群れを集めた」(*CCAstorga*:
no.5；PÉREZ DE URBEL, 1956：72)。civitas、urbs と名前だけは古典ラテン語で言う
「都市」を指し示していても、それは現実とは乖離していたのである。モレッタ
によれば、レオンで毎週開かれる市場がはじめて言及されたのは、997年のこ
とである。レオン周辺には、職能名がついた村々、Tornarios、Nava de Ollarios、
Rotarios、Macellarios、Grullarios...が散見されるとはいえ、貨幣が流通していな
いため、不定期の物々交換が主体となった (MORETA, 1989：54-7)。エステッパは
1100年ごろでも、レオンの人口は1500人以下と見積もっている (ESTEPA, 1985：
66)。これに対し、イブン・イザーリーによればコルドバには中・下層民が11
万3077戸、上層民が6万300戸存在していたとされる。都市面積からこの数値
は疑わしいとされるが、少なくとも10–20万人が居住していたようだ。キリス
ト教勢力の「都市」との差異は歴然である (LÉVI-PROVENÇAL, 1957：195-255；*Las
Españas Medievales*, 2001：97；*Edad Media*, 2005：190-1)。

　都市の不在と関連して、貨幣が鋳造されなかったのは注目すべき点である
と思われる (SÁNCHEZ-ALBORNOZ, 1980：89；ESTEPA, 1985：62-3；MORETA, 1989：56-7；
COLLINS, 1989：163)。レオン王国に貨幣鋳造が初めて言及されるのは10世紀末
で、現存するものは王朝交代後のフェルナンド1世期 (1037–65年) のものが
最初である (UBIETO, 1997：71)。アストゥリアスでは、仮想の貨幣への言及すら
消失していた。理論上の貨幣は古代末期に定着した金貨ソリドゥスおよびその
3分の1のトレミシスで、実際の支払いには土地、家畜、農作物、時に奢侈品な
どが用いられた。アル・アンダルスのディナールは存在していたが、ミンゲス
によれば通貨としてではなく、宝物として、あるいは高級品購入、戦費のため
に用いられたとされる (MÍNGUEZ, 1989：250)。10世紀から銀貨も徐々に流通し
始めた。これに対し、イスパニア辺境領では、カロリング朝の元で銀貨を鋳造
していたがそのうち自前のものを造るようになり、またアル・アンダルスの金
貨にインスパイアされ、意味をなさないアラビア文字を刻印した金貨も鋳造し
た[208]。

　貨幣がほとんど流通せず、富の余剰が主として戦争に費やされ、大きな経済
力とマンパワーを駆使できる権力が存在しなかったという社会的状況は、必然
的に、建設活動の規模を限定し、突出した芸術の発信地というものを作らず、
それぞれの活動の連携 (例えば、プロフェッショナルな巡回工房の各地での活躍)
を制限したと考えられる。貨幣経済が停滞していても、古代末期のウィッラで

249

第二部　レオン王国とモサラベ移民

は、裕福な地主が相当数の奴隷を労働力として用いることが出来た。また、聖アエミリアヌス伝には、賃金を受け取って木製の梁を製作した大工が記録されており、西ゴート時代に入っても、奴隷に加え、建設に従事した自由民がいたとされる（ORLANDIS, 1987：182）。が、10世紀レオン王国では奴隷も賃金労働者も共に制限されていたことになる。職人に対する報酬のあり方などは推測の域を出ないが、給料として貨幣を支払えるケースも、戦利品などで一定の富が蓄積される一部の貴族以外では、ほぼ皆無であったであろうから、結局労働力や材料といったものが極端にローカルなものとなっていたことは想像に難くない。唯一、それなりの距離を飛び交えるものがあったとすればそれは、建築主の描くイメージ上のプロジェクトであった。

　こうした状況は新技術の伝播にとっても妨げとなったと考えられる。レオン王国は軍事国家で農業国家であり、アル・アンダルスのような多岐に渡る文明を発達させなかったから、テクノロジーと産業は戦争と農業生産に必要なものに限られた。建設に関わる部分では、住宅を除けば、既存の地形や先史・古代の遺跡を利用した要塞、水路や水車の建設が文献中に度々言及される。残念ながら、教会堂以外の建造物で、現在までに当時の建設技術を伝えるものはほとんど残っていないが、城塞の遺構からはその建設技術が一般に粗雑なものであったことが報告されている（GUTIÉRREZ GONZÁLEZ, 1992：181）。10世紀後半に入ると石の高い塔をキリスト教徒が造り始める。ガルティエル・マルティによれば、こうしたキリスト教徒による要塞建築の構造や施工法などはイスラーム建築とよく似ていたという（GALTIER, 1987：284-7)。グリック（GLICK, 1979）はキリスト教国へのアル・アンダルスからの文明・テクノロジーの伝播を強調しているが、10世紀前半まででいうと、建築分野を含め、アル・アンダルスに初めて到来・誕生し、それからキリスト教勢力に広まった革命的技術や産業というものはほとんどない。プロダクトの流入は始まっていたが、プロダクションの流入までには至っていなかったのである。その中では、需要の大きい防衛技術において、比較的早くに技術の伝播が起こったと考えてよいであろう。

　植民と社会の組織化が急速に進行している状況は、建築プロジェクトにどのような性質を付加しただろうか。レオン王国の形成は、王権やその下部に整然と配された諸侯が土地を軍事的に占領し、その地域に、民が入植する、という過程ではなく、まず民が入植した（あるいは持っていた）土地の所有権を、アポステリオリに権力が承認するという過程を辿った。こうした社会拡張のダイナ

250

第4章　10世紀レオン王国　建築の背景としての社会

ミズムが建造物が建てられるプロセスにも影響を及ぼしていたことは、今まであまり触れられてこなかった。バンゴによる修復を通じた西ゴート主義建築論が、占拠、修復、再建のプロセスの詳細に着目したほぼ唯一の研究ということになろうが（BANGO, 1979）、こうした点は、社会のあり方と建設活動のあり方を結びつける事実であり、もっと掘り下げられてよい。

　サンティアゴ・デ・コンポステーラの聖ヤコブの墓が「発見」されると、まず、アルフォンソ2世が石と泥でできた小さな祠（«ex petra et luto, opere parvo»）を建て、その数十年後にアルフォンソ3世が戦利品の大理石やモノリスの円柱を用いた立派な建物を再建した（補遺8）。サン・ミゲル・デ・エスカラーダは、コルドバから来たアルフォンソ院長が小さな古い遺跡を建て直して再利用していたが（«brevi opere instructus ... ruinam erexit»）、やがて人数が増えてきて手狭になり、基礎から再建して（«hoc templum decorum miro opere a fundamine exundique amplificatum erigitur»）913年に聖別式を行なった（補遺1）。サン・ペドロ・デ・モンテスも、ゲナディウスによって同じようなプロセスで復興、拡張された（«Ecclesiam Sancti Petri, quam dudum restauraveram, miris reaedificationibus revolvens ampliavi et in melius ut potui erexi»；補遺2）。バンゴは、廃墟を再建して再利用する事例を多く抜き出している（BANGO, 1979；IDEM, 1989：48-58）が、その他にも公文書中には無数の同様の事例を見つけ出すことが出来る。

　必ずしも再建ではなくとも、こうした仮の建設と、そのあとの本格的な再建は、プレスーラによる再入植のシステムと平行した手続きであったのは明らかである[209]。サン・ミゲル・デ・エスカラーダの場合も、あたかもアルフォンソ3世の招聘に応じてコルドバから馳せ参じたアルフォンソ院長が、エスカラーダの地を拝領したように解釈される場合があるが、そうではなくて、他のプレスーラの事例と同じように、まず、コルドバからかもしれないがそうでないかもしれないグループがエスカラーダを占拠し、そのあとになって、王権にその権利を主張し、その際に、由緒としてコルドバの名を挙げているのだと解釈すべきである。のちに列聖されるゲナディウスがサン・ペドロ・デ・モンテスにて行なった入植とて、とられた手続きは同様であろう。サンティアゴ・デ・コンポステーラのケースはこうした動きと全く同じではないが、やはり王権のコントロール外に発生した所有実態を、事後的に王権に認めさせた点は共通する。このような点からは、王によるモサラベ移民の招きいれという何か計画的なものを想定するのは難しい。めいめいが勝手に占拠した土地が結果的にアストゥ

251

第二部　レオン王国とモサラベ移民

リアス＝レオン王権の組織に組み込まれたのだから、そのめいめいの移民同士の配置や連繋に計画性があったと考えるのはおかしい。

　建設の2つのフェーズはそれぞれ、再入植という火急の要請へ応えるものと、その後、土地経営が軌道に乗ることによって発生した余剰を元手にした、より大規模な建造物とに対応している。ちなみに11世紀にクリュニー修道会とローマ典礼が到来すると、ほとんどの教会堂が、新しい機能と新しい上部組織を表す形式の要請に応え、新築されることになる。

　10世紀キリスト教スペインの入植・組織化の主役は修道院であった（MORETA, 1989：83-4）が、芸術の主体も、宮廷から修道院へと移っていた（YARZA, 1979：62）。各所アーカイヴの公文書を見ていくと、レオン王国に発生した無数の「修道院」には、ほとんど村落的なコミュニティーに毛が生えたようなものから、広い範囲でいくつもの小修道院を属領に持つサアグンのような巨大修道院まで様々である。修道院文化のメッカであったエル・ビエルソには西ゴート時代のものの再興から新たに創設されたものまで含め25の修道院が機能していた（RODRÍGUEZ GONZÁLEZ & DURANY, 1994：158）。家族制修道院というものもあり、当然のように父から子への遺産相続が行われていた。また、男女が、それぞれのコミュニティーに分かれながらも同じ修道院に属するという二重修道院制も当時はよく見られた（MORETA, 1989:84-5）。修道僧個人が積極的に土地を購入する例も散見され、クリュニー以降に半島でも広まっていくベネディクト会系、例えばシトー会などの空間・組織ともに整然とした体制とはかなり異なったものであったことがわかる（LINAGE CONDE, 1973）。

　ある程度の権力・影響力・財力を発揮した修道院としては、レオン平野部では、レオン市内のサン・ペラーヨ（のちのサン・イシドロ・デ・レオン）のほか、サアグン、サン・ペドロ・デ・エスロンサ（San Pedro de Eslonza）、アベリャール（Abeliar, Abellar）、アルドン（Ardón）、ボニャール（Boñar）、サン・ミゲル・デ・エスカラーダがあり、エル・ビエルソ及び現在のサモーラ県を含むレオン山系ではサン・ペドロ・デ・モンテス、サン・マルティン・デ・カスタニェーダ、カラセード（Carracedo）があり、ガリシアではセラノーバ、サモス、ソブラード（Sobrado）、ロレンサーナ（Lorenzana）があり、パレンシアではバルカバード（Valcavado）、ドゥエニャス（Dueñas）、カスティーリャおよびラ・リオハ方面ではバレラニカ（Valeránica）、コバルビアス（Covarrubias）、アルランサ、サン・ペドロ・デ・カルデーニャ、シロス、サン・ミリャン・デ・ラ・コゴー

252

第4章　10世紀レオン王国　建築の背景としての社会

リャ、アルベルダの名が挙がる。モンテス、サアグン、エスカラーダ、サン・ミリャン・デ・ラ・コゴーリャなどは既存の修道院の復興であることが強調される。

　このうち、9‒10世紀の建設活動を現在まで伝える遺構はわずかであるが、以下の修道院建築が注目される。聖ゲナディウスと関わりの深いモンテスや、聖ルデシンドゥス創設のセラノーバの修道院教会堂は共に現存しないが、ゲナディウスがモンテスに附属させる形で創設し、その後、ゲナディウス自身やその後継者たちやラミーロ2世などからの寄進を受けて重要性を増したサンティアゴ・デ・ペニャルバと、セラノーバ修道院に建設された個人礼拝堂サン・ミゲル・デ・セラノーバは現存する。消失した銘文の写しが残っているのみであり、建築主であるアルフォンソ院長については何もわからないが、サン・ミゲル・デ・エスカラーダは、再入植、モサラベ、ゲナディウスとの関係など、その建設を取り巻くさまざまな状況を教えてくれる。これらの建築については第四部において検討を行なう。

　この頃の修道院は、俗世と遮断された世界を形成していたわけではなく、むしろ入植地の組織化の一つの手段であったので、ゲナディウスやルデシンドゥスのような司教が密接な関係を持っている。更に言えばこれらの司教や大修道院の院長は、アストゥリアス＝レオン王朝としばしば姻戚関係にあった貴族の出身であった。その代表格が、ラミーロ2世と親しい関係にあったルデシンドゥスである。サン・ミゲル・デ・セラノーバにおけるイスラーム建築の影響を改めて強調したヌニェスは、「聖ルデシンドゥスとモサラベ修道僧との共通点はほとんどない（中略）その活動は非常に異なった状況下で行なわれていた（中略）彼は抵抗と抑圧の世界から来たのではないし、流民でもなかった」と述べている[210]。また、サン・ミゲル・デ・エスカラーダ、サン・ペドロ・デ・モンテス、サン・マルティン・デ・カスタニェーダ、サン・ペドロ・デ・フォルセリャス（San Pedro de Forcellas）など多くの修道院の形成に関与したゲナディウスも、10世紀レオン王国の建築発展の立役者として注目される（Bango, 1989:64）。このほか、ソブラード（Sobrado）、アルランサ（Arlanza）、ピアスカ（Piasca）、レベーニャ（Lebeña）が、豪族の財産継承のためのシステムと密接な関係を持っていた[211]。

　10世紀レオンの建築表現になにかしら、これら施主の意図や社会のイデオロギー、あるいはツァイトガイストは反映されているのだろうか。特に、失われ

253

第二部　レオン王国とモサラベ移民

た「スペイン」の「回復」（Salus Hispaniae）、すなわち「レコンキスタ」のイデオロギーは、建築とどう関与したのだろうか。

レコンキスタ（Reconquista）は、スペイン中世の神髄とまではいかなくとも、クロノロジカルにはまさにそのものであり、歴史的な転換点となる大きな政治的・軍事的事件の背景であり、操作・捏造された部分も含めてキリスト教スペインの人々の考え方に大きな位置を占めたことは疑いようがない。異教イスラームを敵視し、イスラーム以前の西ゴート王国との妄想的自己同一化を行ない（新ゴート主義）、その後継者として君臨することを自身の必定とし、その手段として「再」征服という旗印のもとに国家を拡大させることをよしとする、この概念、現象、または行為は、盛期中世には完全に確立しており、その起源をアストゥリアス王国の黎明に帰していた。アストゥリアス起源は後世のでっちあげだとする研究者もいる。しかし、たしかに、8世紀初頭の反乱者たちが、すでにこうした理想を掲げていたと考えるのは妥当とは言えないが、9世紀前半にはアルフォンソ2世がそのラフを描き、同じ世紀の後半にはアルフォンソ3世がその後何百年と続くレコンキスタの原型を描いていたことは、レコンキスタの実現可能性をはじめて公に問うたアストゥリアス年代記をはじめとする同時代史料から疑いようのないことである（ローマックス，1996：8, 235, etc.；Moreta, 1989：23-6；*Edad Media*, 2005：123-131）。

では、レコンキスタのイデオロギーは、10世紀の建築と何か関係を持っていたのだろうか？　すぐさま気づくことは、711年から1492年の間にキリスト教建築の「様式」はプレロマネスクからロマネスク、ゴシックを経ており、パトロンの趣味や工房のバックグラウンドによって、イスラームの建築言語を導入したいわゆる「ムデハル」にもなった。つまりある不変の、たとえば「レコンキスタ」という基本的アイディアがこの7世紀間に一貫して造形的な決定要因になることはなかった。

もう少し限定的な瞬間に注目するとどうだろうか。ロマネスクのイベリア半島における伝播は、それまでと異なった理念を体現していた。スペインに広まったロマネスクはローマ典礼やクリュニー修道会の旗印だったのである。

ロマネスク以前の初期中世キリスト教建築に関しては、これほど明確な事例を見つけるのは難しい。ドッズは『スペイン初期中世の建築とイデオロギー』で6-7世紀「西ゴート」建築、9世紀アストゥリアスのサン・フリアン・デ・ロス・プラドス、10世紀レオンのサン・ミゲル・デ・エスカラーダの建築空間

第4章　10世紀レオン王国　建築の背景としての社会

的特徴を、ロマネスク＝クリュニーというのに似た論理で、イデオロギー的に説明しようと試みたが（DODDS, 1990）、私見では、10世紀レオン王国の建築に関して言えば、イデオロギーは主要な造形的理由にならなかったと言い切ってよいのではないだろうか。少なくとも、レオン王、カスティーリャ伯、ルデシンドゥス、ゲナディウス、そのほかの有力者が、明確な政治的イデオロギーに基づいてその建築的造形を決定させていたとは考えられない。そもそも、最大の特徴である馬蹄形アーチが両義的である。それがイスラーム建築への連想とも、バンゴが言う「新ゴート主義」の旗印ともなるからである（BANGO, 1979）。従って、10世紀レオン王国建築の空間やディテールが、何をどのような理由で模倣し、あるいは創造することによって生まれたのか、それぞれ詳しく検討する必要がある。これについては第三部で取り扱うこととする。

　10世紀レオン王国は、9世紀ほどではないにせよ、人的資源が流入する社会であった。また、境界としては拡張が一段落していたが、9世紀にはまだ混乱し、穴だらけであった点と線の軍事・政治・経済的強者による権力のネットワークが、徐々に面的で封建的なシステムを築き、領土の生産性をコントロールしていく過程にあった。ここでいう強者とは、アストゥリアス＝レオン王権をはじめ、体面上その下位に従属していた教会組織（司教座と大修道院）や諸侯であった。このような社会全体が成長過程にあり、また権力が集中していく過程に、無数の公文書が繰り返し述べるように、集落、修道院、住宅、教会堂、道路、水路が建設され、農地が開墾され、山が開発され、防衛拠点が築かれる需要があったのは当然である。

　一方、アル・アンダルスでも新しい都市が建設されたり、城塞が築かれたり、モスクが増築されたりしたが、それは当然ながら需要が発生していたからである。一方、数を減らしつつあるキリスト教徒が、新たに新しい類型や様式の教会堂を建てる必要はほとんど無かった。もし、コルドバのモスクに代表されるスペイン・イスラーム建築のエッセンスがアル・アンダルス外に再現されていたとすれば、それはどちらかといえばモサラベの建築ではなく、ムスリムの建築として捉えられるべきだろう。

　10世紀レオンの社会構造は、9世紀アストゥリアスのような、小規模の領土に絶対的と言ってよい王権が独占的に主要な活動（建設を含む）を展開するというモデルから離脱したことが一つの特徴である。庶民が王侯・教会権力によるヒエラルキーへの服従を誓い、彼らを直接コントロールする各地域の管理者

255

第二部　レオン王国とモサラベ移民

（多くの場合修道院）が、ある安定した領域を維持し、上部システムの円滑な運用を支えるといった、満場一致の「レコンキスタ」とはほど遠く、明確な司法がなく、争いが絶えず、オーソリティーが不明瞭で、バラバラな各フラグメント（家族、同郷、村落……）を束ねる安定した上部構造を持たない社会であった。やってきた入植者は、先史時代から西ゴート期まで用いられていたものを活用しつつ、臨機応変の対応を迫られたのである。

モノと社会

　レオン王国の社会が遺した物品、特にある程度の高級品を同時期のアル・アンダルスと比べてみると、その貧しさは一目瞭然である（MET, 1992；IDEM, 1993）。これは都市や商業の貧しさからも予測はつくものであるが、工芸生産の未発達ぶり、あるいは権力がその経済的余剰を美術・建築的生産に向けるための基盤の不在は、コルドバを頂点とするアル・アンダルス文化の対極と位置づけてよかろう。

　西ゴート時代の工芸品といえば、現存するものは少ないが、特徴的なベルトのバックルなどの埋葬宝飾品や、グアラサールの王冠などの奉納王冠（coronas votivas）、奉納十字架（cruces votivas）の類に、当時の権力と富が結集した芸術の精髄を見ることが出来る。アストゥリアス時代に本格的な芸術プログラムがスタートしたのはアルフォンソ2世期だが、工芸品の分野では、わずかに808年に奉納した「天使の十字架（Cruz de los Ángeles）」がその代表作として挙げられるのみで、西ゴート時代のものに比べて簡素だという印象は否めない。ロンバルディアの同時期のものとの共通点から、イタリアの職人によるものとも推定されるが、初期中世芸術全般でイスパニアの伝統を強調するバンゴは、「天使の十字架」も西ゴート美術の伝統の延長線上にあると捉えている（BANGO, 1989: 34；IDEM, 2001：296-7；MET, 1993：19；CID, 1995：142-158）。トゥールに帝冠を買い求めたアルフォンソ3世はガウソン城（castillo de Gauzón）に工房を設置したとされ、908年制作の「勝利の十字架」（Cruz de la Victoria）は「天使の十字架」以降のアストゥリアス王国の工芸技術の進歩を示している（YARZA, 1979：53 & 64-5；IDEM, 1980：36-7；CID, 1995：305-315；BANGO, 2001：297-9）。その他数点の櫃の類も含め、アストゥリアス王国の工芸に、技術的、プログラム的に、西ゴート時代から継続する伝統があったのか、北イタリアやフランク王国からの影響が見られたのかは意見の一致を見ないが、他の芸術の場合と同様、それを牽引

256

第4章　10世紀レオン王国　建築の背景としての社会

していた唯一の権力が王権だったということは確かといえる。

　アル・アンダルスでは、明白にキリスト教徒（モサラベ）に関連した工芸品は青銅製の鐘や燭台など数点がわずかに残っているに過ぎず、西ゴート時代から後ウマイヤ朝成立・成熟を経て、土着の伝統がどのように変容したかを辿ることはできない（Bango, 1996：46-7）。もっとも奉納王冠など奢侈品の多くは王権と密接に結びついていたから、注文主を失って廃れてしまったであろうことは想像に難くない。一方、ムスリムの間には、特にアブダッラフマーン2世期以降、ジリヤーブの到来などに伴って洗練されたアッバース朝からの文化が流入した。食事の仕方の変化は食器の、装いの変化は布や服飾品や香水の輸入や製造を刺激し、音楽は楽器を、娯楽の発展はチェスの道具一式など、物質文化のあらゆる側面に結びついていた。カリフ国時代（929-）、とりわけ10世紀中葉以降に大きく発展した工芸・工業は武器、衣服、アクセサリー、香水、医薬品、食品、楽器、テキスタイル、染色、製陶、象牙細工、ガラスなどの広い範囲に及び、スペイン語に残るこれらのアラビア語源やアラビア語経由の用語の多さ（alfar, marfil, alfayate, zapato, algodón, azabache, guadamecí…）もそれを物語っている。アラビア語の語彙はそのほか、商業活動や建築における特殊な装飾形態、そして灌漑や軍事用語に見られ、こうした分野でキリスト教徒が受容者であったことをうかがわせる[212]。

　高価な美術工芸品、特に象牙細工は非常な洗練をみせた。ハーレムの女性に対する贈答品として制作された宝石・香水入れのいくつかは、後にキリスト教徒の手に渡り、大聖堂の宝物殿などに保管されていた（Yarza, 1979：85-90; Idem, 1980：52-4; MET, 1993）。964年制作のサモーラ大聖堂の円筒形の箱、1005年制作のナバーラ博物館所蔵の聖遺物箱（fig.2-14）など、主要な発展はアル・ハカム2世以降にあったようである。こうしたアル・アンダルスの物品の持っていた名声を物語るのが、

fig.2-14　1004/5年制作の象牙の箱、ナバーラ博物館（パンプローナ）

257

第二部　レオン王国とモサラベ移民

後世のアラビア語風だが意味をなしていない文字の羅列を刻んだ工芸品である（MET, 1993：cat.124）。面白いのは、アル・アンダルスには「バグダード製」というアラビア文字を織り込んだアル・アンダルス製のテキスタイルがあることで（IDEM, 1993：76-7 & Cat.60；PÉREZ HIGUERA, 1997：329）、工芸品のブランド序列はこうした事例に明らかであろう。

　さて、こうしたコルドバ・カリフ国の物品の豊かさに接していたレオン王国であるが、高位聖職者や貴族がテキストに記したぜいたく品には、このあと述べるように、アル・アンダルスのものか、アル・アンダルスを経由して輸入されたと思われるオリエント、ビザンティンのものが溢れている。「フランス製（«...de illo fazistergulo francisco...»；«...fialas argenteas franciscas...»）」という記述もないわけではないが、量的にはアル・アンダルスのものや、アル・アンダルス経由のものの方が目立つ。半島キリスト教諸国で、あるいはその注文で制作されたロマネスク以前の工芸品の代表的なものは、レオン王国の中心部ではなくカスティーリャ、ラ・リオハから出ており、時代も下る。その一つ、馬蹄形アーチのモティーフが印象的なシロス修道院の聖杯（fig.2-15）は1040-73年の作とされる。現在ではフランスのルーヴル美術館とマドリッド国立考古学博物館に断片が所蔵されている、かつてサン・ミリャン・デ・ラ・コゴーリャにあった象牙製の十字架は、後ウマイヤ朝末期以降の政治的流動化と、サン・ミリャン修道院の台頭を背景に、象牙細工の先進地であったコルドバの技術が伝播したという文脈で捉えられるべきで、10世紀レオン王国の文化の範疇外にある。これまで描写してきた社会の状況を念頭に置けば、レオン王国では、高価で凝った工芸品を用いる文化のマーケットが非常に狭く、アル・アンダルスの影響がある場合、限られた階層における富の表現としてのみ存在したと考えられる。

　ゴメス・モレーノや、それを踏襲したフォンテーヌは、建築だけでなく工芸品についても、キリスト教徒のために作られたり（例えば十字架）、あるいは単に

fig.2-15　シロス修道院の聖杯

ラテン語の銘があるもので、何かしらイスラーム芸術の影響が見受けられれば「モサラベ」と呼んだ。が、カリフ国の技術者がキリスト教徒のために制作した十字架もモサラベなら、馬蹄形アーチが描かれた聖遺物箱もモサラベとされるため、結局、アル・アンダルスのキリスト教徒が、北部キリスト教諸国のキリスト教徒とも、アル・アンダルスのムスリムとも異なった芸術文化を生んだかどうかはうやむやになってしまっている[213]。

キリスト教徒とムスリムの接触と交流

コルドバ・ウマイヤ朝と北部キリスト教勢力との関係は、当初からその不均一性を特徴としていた（Martínez Enamorado, 2001：315）。10世紀のムスリムは北部キリスト教徒の不潔さ（*al-Bakrī*）、アル・アンダルスの農村地帯のキリスト教徒の非文明的生活（*Ibn Hayyān*）、コルドバを訪れる使節のみすぼらしさを報告している（Lévi-Provençal, 1950：380；Cabrera, 1996：18-9；Martínez Enamorado, 2001：316-7）。そうした中、10世紀レオン社会にアル・アンダルスのイスラーム社会からもたらされたものはそう多くはない。建築においては、いくつかの装飾的処理、絵画においては、いくつかの図像（座法、紅白アーチ、騎兵、煉獄）などがある（Yarza, 1980：67）。

影響が比較的濃厚なのが、既に触れたように、アル・アンダルスのぜいたく品である。公文書中で、アラビア語の名称をそのまま用いたエキゾティックな服飾やテーブルウェアなど膨大な数の嗜好品が、時に色、質、スタイル、製造法など細部まで描写され、遺産として列挙されるのを見るとき、そうしたぜいたく品に関してアル・アンダルスが及ぼした影響と、完全なる受容者であったレオン王国の姿が浮かび上がる（Glick, 1979：132）。最もよく言及されるのがアル・アンダルスを経由して東方から輸入されていたと考えられる織物で、ペルシア、ギリシアなどその出自を示す語と共に頻繁に現れる（Estepa, 1985：64）。

917年、*Iquilani*修道院長から改宗者（conversa）の*Felicia*に与えられた物品のリストには、「モサラベ」という呼称の起源と関わりの深い*tiraz*を始めとし、*almuzallas*、*alhagara*、*almenara*といったアラビア語起源の名称が散見される[214]。ルデシンドゥスやその母イルドゥアーラ（Ilduara Eriz）による黎明期のセラノーバ修道院への寄進（それぞれ942、938年）の中にも、たくさんの土地、家畜、塩山、漁場などに加えて多くの物品が含まれるが、ゴメス・モレーノも指摘しているように、その裕福さを示す舶来の品々の中に、アラビア語起源の名称（品

第二部　レオン王国とモサラベ移民

名、素材）は多い（almafil、alchaz、alliphaphes（allihaffe）、almuzalla（almozallas）、mataraffe、tyrace …）[215]。

　アル・アンダルスの高度な技術と高価な材料で作られたぜいたく品のキリスト教勢力側への流入は、後ウマイヤ朝が崩壊しパワー・バランスが傾くと加速した。大聖堂や大修道院で聖遺物を収めるために用いられた、象牙の細密な彫刻で飾られ豪奢な絹布で包まれた大小の櫃などのイスラーム工芸品はそれを物語っている（Glick, 1979：222；Yarza, 1979：85-90；Martínez Enamorado, 2001：318-9）。

　アラビア語の人名地名は、10世紀のレオン王国において、ある程度の比重を占めていた[216]。特に割合が高かった首都レオン近辺では、10世紀前半におよそ10-15％の割合でアラビア語の人名が観察されたが、彼らがどういった宗教的履歴を持っていたか、どのような経緯でレオン王国に到達したかというのは、一意に「モサラベ」「修道僧」と括れるほど単純な事象ではない。家族の中にアラビア語、非アラビア語の名前が混在したり、同じ人物がアラビア語、非アラビア語の名前を完全に無作為に使い分けたり、親子三代でその使用が前後したりと、その流動的な性質が注目される。

　こうした人々が、アラビア語に親しんだ人々であったとするのは疑いようがないものの、それ以外のアル・アンダルスのイスラーム文化をどの程度伝達したのかどうかについては、極めて慎重な判断が求められるだろう。なぜなら、仮に10世紀レオン王国の5人に1人がアル・アンダルスから来た元モサラベや元ムスリムだったとしても、果たしてアル・アンダルスの商業の、科学の、都市と貨幣経済の、5分の1でもレオン王国に反映されていただろうか？　アル・アンダルスの文化が直接的に輸入される場合、その主導権を握っていたのはこうしたアラビア語名の人物ではなく、王や貴族とその家臣であった。

　外交上の関係はどのようなものだっただろうか。

　すでにアストゥリアス時代から、シロの母がアル・アンダルスの人であったとも、マウレガートの王位簒奪にはアル・アンダルスの軍事的掩護があったともいわれるが、特にアルフォンソ2世時代にメリダで叛乱をおこしてアストゥリアス王国に保護され、その後再びウマイヤ側へ翻ったベルベル人（？）首領マフムード・イブン・アブダル・ジャッバール（Mahmūd b. ʿAbd al-Ğabbār）の事例が注目される[217]。

　アルベルダ年代記の追記分には、二つの重要な出来事が記されている。ひと

260

第4章　10世紀レオン王国　建築の背景としての社会

つは、アルフォンソ3世が息子のオルドーニョ（2世）を、バヌー・カシー家の
宮廷で教育を受けさせたというエピソードで、882年に断交するまでアストゥ
リアス王朝とバヌー・カシー家との間に保たれていた友好関係を象徴する[218]。
そのアルフォンソ3世はトレド出身の司祭ドゥルキディウスをコルドバに送り、
休戦交渉に当たらせる傍ら、聖エウロギウスとレオクリティアの聖遺物を持ち
帰らせた[219]。

　後ウマイヤ朝絶頂期に入った950-960年代には、サンチョ1世も、そのライ
バルであったオルドーニョ4世も、共に援助を求めてコルドバへ出向いている。
コルドバとの接触はアル・ハカム2世の時代にさらに加速し、バルセロナ伯ブ
レイ2世（conde Borrell II）、ナバーラ王サンチョ2世、レオン王ラミーロ3世に
加え、カスティーリャ、モンソン、サルダーニャ、ガリシアの諸侯が個別にコ
ルドバを訪問するようになる（*Sampiro*：335；Carriedo, 1984：192；Moreta, 1989：
36-7；Cavero, 2001：238-9）。

　逆に、レオンをコルドバ・カリフ国の使節団が訪れたのは、カリエドによれ
ば9回ある[220]。最初に訪れたのは935年のラミーロ2世の時代で、同王在位の
間にシマンカスの戦いがあったこともあり、4度も到来している。とりわけ注
目されるのは、のちにサンチョの肥満を治すことになる医師・哲学者・高級官
僚で、アラブ史家イブン・ハイヤーンによって「文化、能力、繊細さにおいて当
時並ぶものなし」と誉めたたえられたユダヤ人ハスダーイ・イブン・シャプー
トで、941年にレオンに大使として赴いており、その際には7ヶ月に渡る交渉
の末、目的であった人質の解放を達成している（Carriedo, 1984：198）。通常時の
滞在期間はそれよりは短く、およそ40-80日間であったとされる（Idem：193）。

　レオン王国においてアル・アンダルスの物質文化全体への興味を誘発した最
大の要因は、カリフ国成立以降のアル・アンダルスとの直接的接触がレオンの
貧相な宮廷に巻き起こしたセンセーションだったのではないか（Núñez, 1989；
Idem, 1994；Ito, 2005；Guardia, 2007a；Idem, 2007b）。レオン王朝の霊廟であったサ
ン・サルバドール・デ・パラット・デル・レイ（San Salvador de Palat del Rey）に注
目し、パトロンであったラミーロ2世こそがレオン王国へイスラーム建築要素
を導入した張本人だとしたグアルディアの主張（Guardia, 2007a；Idem, 2007c）は、
社会的側面から見ても十分ありうる説である。9世紀に後ウマイヤ朝支配に異
議を唱えた伝統主義者のモサラベ聖職者の移住と、ラミーロ2世とアブダッラ
フマーン3世の関係。どちらがレオンの美術・建築により大きなイスラーム文

261

第二部　レオン王国とモサラベ移民

化のインパクトを伝えたか。

　さらに、こうした上流階級の交通に加え、第3章で触れたように、戦争、あるいは交易や外交的手段により捕囚・奴隷が、アル・アンダルスからレオン王国に流入していたことも考慮すべきであろう。囚われたり売買された人間の中にはその後、王の側近として登場する者も現れ、奴隷身分から解放されて高位聖職者に重用され財産を与えられる者もいた。こうした人々が技術者として芸術に寄与していた可能性は十分ある。度重なる略奪遠征にも関わらず、10世紀にキリスト教勢力・イスラーム勢力の国境はほとんど動かなかったが、その背景として、こうした戦争の重大な目的は、家畜・戦利品とともに人間の拿捕であったことは念頭に置かれるべきである（*Abderramán III*, 1991 : 36）。

　ここまで、10世紀レオン王国を、特にアル・アンダルスとの相違と、アル・アンダルスとの関係から見てきた。外交、交易、移住、捕囚など、制限を伴ってはいるが多方面に渡る接触の結果、キリスト教社会に反映された隣国の要素を、「モサラベ」と呼ぶことが果たしてできるだろうか。社会的にレオンを「モサラベ」と呼ぶことも、その芸術を「モサラベ」と呼ぶことも、見当違いであろう。

2）文学、絵画、芸術

　カロリング朝の影響が見られた半島北東部と異なり、10世紀レオン王国では西ゴート時代のキリスト教文化の墨守が顕著であった。ガリシアからラ・リオハまで、西ゴート時代と同じ本を読み、同じ文字を用い、同じ典礼を行い、同じ西ゴート法と同じ教会法が有効であった（Díaz y Díaz, 2001 : 197）。

　ラテン語文学は、7世紀末トレドのユリアヌス大司教という当時としては傑出した人物以降、イスラーム軍侵入の影響で下り坂となる。とはいえ、8世紀トレドにはエリパンドゥスがおり、リエバナのベアトゥスが示すようにアストゥリアスにも文学的気風は存在していた。しかし9世紀に入ると、コルドバ殉教運動時代のアルバルスやエウロギウスによる精力的な文筆活動を例外として、半島全体のラテン語文字文化は衰退をあからさまにする。9世紀末から10世紀初頭にかけて書かれたアストゥリアス年代記は、史料的価値はきわめて高いものの、ラテン語文学としては評価の対象外であろう。王朝の史書としてはそのあと11世紀初頭のサンピーロ年代記まで空くが、そのサンピーロ年代記の簡

262

第4章　10世紀レオン王国　建築の背景としての社会

素さたるや、とても文学とは呼べまい。10世紀の文献資料としては公文書が
比較的豊富に残るが、そもそも文学的性格ではないことを鑑みても、冗長な定
型句の使い回し以外に特筆すべきところはない（Díaz y Díaz, 1989；Ruiz Asencio,
1999）。この時代にむしろ重要であったのは、文学的創作よりは危機に瀕した
イスパニア伝統のキリスト教文化の保持であった。西ゴート王国時代の輝かし
い教父たちによって著された、あるいは編纂された聖書、典礼書、公会議録、修
道会則、その他神学的なテーマの書物、歴史書や文法書といったものが、いく
つかの修道院で写し書きされた。ものによってはふんだんに挿絵が施され、美
術史上に燦然と輝く実に興味深い絵画を生み出したのであるが、その背景に横
たわる文字文化は極めて保守的なものであったというのは興味深いといえよう。
絵師としてその名を歴史に残すフロレンティウスはまた写字生としても傑出し
ていた（Díaz y Díaz, 1999）。

　書籍類（写本）は極めて貴重であったと思われる。書籍の存在やその質・量
に関しては、高位聖職者の遺言的寄進文にしばしば登場するリストが教えてく
れる。ほとんどがキリスト教関係で、神学的性格のものと、イスパニア典礼の
ミサに必要な典礼書が中心で、ごくたまにセビーリャのイシドルスの『語源
誌』が言及される（Díaz y Díaz, 1976：175-182）。その中で最も興味を引かれる
のは、聖ゲナディウスの遺言的寄進文（Testamento de Genadio）である（補遺9）。
ゲナディウスは、エル・ビエルソに自身が再興または創設した4つの修道院の
修道僧たちに遺す蔵書をそれぞれリストアップしたあと、これらの書物を臨機
応変に貸し借りしあうようにと、巡回図書館のようなシステムを提唱している。
このエピソードは、ゲナディウスの構築した知的再生産の環境を示すだけでな
く、当時こうした写本がどんなに貴重なものであったかを物語っているといえ
る。時期的にはほぼ半世紀後になるが、知的関心の高かったコルドバのカリフ、
アル・ハカム2世の蔵書は、40万部を数えたという（Lévi-Provençal, 1957：319；
ワット, 1980：101-2；Edad Media, 2005：210-2）。アラブ系年代記の大げさな性質を
差し引いても、アストルガ司教ゲナディウスの蔵書と、全く桁が違うものだっ
たに違いないが、そのゲナディウスは、おそらくレオン王国内で最も知的関心
が高い人物の一人であったのである。

　このように、文学的環境としてはかなり落ち込んでいたと言ってよいレオン
王国の芸術生産は、どのような様相を呈していただろうか。建築以外の芸術を
彫刻と絵画にわけて考えたい。工芸品についてはすでに触れた。

263

第二部　レオン王国とモサラベ移民

fig.2-16　柱頭、レオン博物館（レオン）

fig.2-17　柱頭（マディーナ・アッザフラー）

fig.2-18　柱礎（サン・ミゲル・デ・リーリョ）

ドゥエロ川流域では、7世紀末から8世紀初頭（研究者によって8世紀後半や9世紀）に帰される「いわゆるイスパノ・ビシゴード建築」の建築彫刻、特にサン・ペドロ・デ・ラ・ナベやサンタ・マリア・デ・キンタニーリャ・デ・ラス・ビニャスに、きわめて興味深い具象表現や、美麗な装飾表現を見ることが出来る（fig.3-10）。10世紀の建築彫刻はこれに比べるとやや貧相で、その大部分は柱頭である。また、そのうち、筆者は不適切な呼称と考えるが「ビザンティン柱頭（capitel bizantino）」と呼ばれる最も洗練されている一連の柱頭シリーズ（fig.2-16）を、6世紀のものの再利用と考えた研究者もいる（DOMÍNGUEZ PERELA, 1987）。石の彫刻は、西ゴート期から10世紀にかけて、緩やかな技芸的停滞にあったようだ。後ウマイヤ朝においても、クラシシズムへの回帰を経た独自性の開花は、他の装飾芸術の極端な発展と比較すると、特に重視された分野とは言い難い。コルドバの建築美術が10世紀に圧倒的な成熟を見せるとき、穿孔技術を駆使した彫刻（fig.2-17）はそこに見事に華を添えて

264

第4章　10世紀レオン王国　建築の背景としての社会

はいたが、大理石、モザイク、技巧を凝らした化粧漆喰、そして建築空間そのものの中で、省略されることすらあった。アカンサスを極端に簡易化した柱頭を多用したのもその表れではないか。また、アストゥリアスでも、サン・ミゲル・デ・リーリョの彫刻の重要性は、その美や技巧よりはその貴重さにこそあると考えられる（fig.2-18）。10世紀レオンの彫刻は、アストゥリアス以上に限定的であった。最も重要な彫刻群はサン・ミゲル・デ・エスカラーダとサン・セブリアン・デ・マソーテのもので、前者には柱頭と軒持ち送りという、このグループに典型的な建築彫刻のジャンルに加え、堂内を区分する衝立の断片などが残されているが、その年代や由来についての研究者の意見は分かれる[221]。

絵画

　これに対し、絵画には同様の位置づけは当てはまらない。特に、彩色写本の分野が注目される[222]。10世紀レオンの芸術的熱意は、まず建築に表れたが、10世紀後半はプリミティヴでありながら斬新でドラマティックなミニアテュールの時代となったのである。とりわけ、ベアトゥスの『ヨハネ黙示録註解』のテクストに挿絵を加えた一連の彩色写本、いわゆる「ベアトゥス本（Los Beatos）」は、絵画としての純粋な芸術的価値もさりながら、幻想的な内容を苦心して表現するそれぞれの作者の想像力の有り様や、模倣されながら創意が加えられていく各々のモティーフの変容が多くの研究者を魅了してきた[223]。

　現存するものの中では、レオン王国における写本の発達は920年のいわゆる「レオン大聖堂の聖書（Biblia de la Catedral de León）」に始まる。デフォルメされた図形的な人物像を線描で描くその様式は、やがて940年代からフロレンティウスとマギウスという2人のマエストロの時代に大きな進化を遂げる。フロレンティウスは大グレゴリウスのヨブ記註解の945年の写本（Moralia in Iob）や960年の「サン・イシドーロ教会の聖書（Biblia de San Isidoro de León）」（毛塚, 2017）を著し、マギウスは962年ごろ、モーガン・ベアトゥスと呼ばれる、ベアトゥス本の最も魅力ある流派の祖となる写本を描いた。強烈な色彩、アイルランドやカロリング朝の写本の影響を受けた大きく目立つイニシャル、人物の仕草や服飾などに見られるイスラーム社会・美術の知識などは、この2人の絵師の時代に確立されたが、特にフロレンティウスの945年と960年の作品を比較すると、後期にカロリング写本の影響が強まったことがわかる。ウィリアムズは、トゥールとの接触こそが彩色写本のコンセプトに革命を起こした要因であると

265

第二部　レオン王国とモサラベ移民

fig.2-19　ベアトゥス、ジローナ写本（fol.242）

している（MET, 1993:20）。976年には、マギウス派の写本中ではとりわけ創意工夫が加えられているものの一つである、ベアトゥスのジローナ写本が完成している[224]（fig.2-19）。

10世紀レオンの写本を「モサラベ」と呼ぶことについては、建築と同様に近年では否定的な意見が増えてきている[225]。イスラーム下のキリスト教徒をモサラベと呼ぶという原理原則をここでも崩さないことにすると、「モサラベの絵画」、すなわちイスラーム下のキリスト教徒による絵画は、北方キリスト教国のスクリプトリウムで制作されたものと比較にならないほど貧しく、また、マギウスやフロレンティウスに代表されるレオン・カスティーリャの写本と様式的にも因果関係を見出すことは出来ない。サン・イシドーロ教会の960年の聖書の余白に書かれたアラビア文字も、ヤルサが述べるように（YARZA, 1979:112）、アラビア語に親しんでいた聖職者がいて、その写本を用いたことがある、という状況を表しているに過ぎない。ヤルサはさらに、現存するアル・アンダルスのキリスト教写本美術をレオン王国のものと比較し、モサラベがレオン・カスティーリャにおける写本革命を準備したと論証できないばかりか、むしろそれに取り残されていたと主張し、象牙製の箱などに描かれたアル・アンダルスの図像借用については、美的理由で共通のモデルを採用したに過ぎず、モサラベに帰す必要はないと喝破した（YARZA, 1996；BANGO, 2001:198）。さらに、イスパニア写本、との呼称を提唱して、イスラームの要素が「影響云々というより、南部（アル・アンダルス）の芸術についての知識と、そちらからやってくるものは全て悪にまみれているという考えに基づき、都合に応じて利用」されたのだと述べた[226]。

写字生も絵師も限られた聖職者であったこともあり、写本芸術を建築と同様

第4章　10世紀レオン王国　建築の背景としての社会

の状況で捉えることは難しい（YARZA, 1980:67）。しかし、敢えて、修道院建築と、聖職者の聖職者による聖職者のための芸術である彩色写本を比較すると、以下の点を指摘することが出来る。まず、既に述べたように、10世紀後半に建設需要が一段落し、クリュニーのような改革・再編成のニーズもなく、そのための建築言語もなかったため、芸術行為はよりパーソナルで限定的なものへと移行し、既存のシステムを充足させる行為へシフトしていった。興味深いのは、ガリシアでは、セラノーバにもサンティアゴ・デ・コンポステーラにも重要なスクリプトリウムは存在せず、写本芸術の中心地はマギウスと弟子たちが活躍したレオン中央部と、フロレンティウスが活躍したカスティーリャとなり、さらに10世紀末にはサン・ミリャン・デ・ラ・コゴーリャやアルベルダというカスティーリャのさらに東側へと移っていったことである（YARZA, 2001）。

　芸術の保守性・革新性・外部的影響の強度やその主たる源という点に着目して、写本と建築を比べると、カロリング朝からコルドバ・カリフ国までの多様な影響を受けつつ、革新的で独創的な成果を生んだ写本に対し、伝統的と言ってよい空間構成・技術を大きく変えることなく、馬蹄形アーチの用い方など特に装飾的・ヴィジュアルな側面に集中して新味を導入した建築の方が、よりアルカイックな性質が強いといえるかもしれない。その一方で、キャリアを積む中で様式・図像共に進化させて行ったフロレンティウスと、フロレンティウスとはかなり異なった画風を持っていた同時代のマギウスで、様式的方向性が必ずしも一貫していないのは、時期的に先行する建築作品の間でも見られた光景である。後世への影響力が強かったマギウス派でさえ、1人、2人の弟子が点を線でつなぐように細々とその職人技を継承していったのであり、ある強大な一派が各地に展開し、一貫性のある一時代の芸術を作ったのではなかった[227]。ヤルサはスペインの当時の修道院とカロリング・オットー朝のそれとを比較し、写本制作においても、前者が王権に対する自立性を保ち、限定された経済力に基づいていた事実が反映されていると指摘している（YARZA, 1979:108）。コルドバの大モスクやサンティアゴ・デ・コンポステーラのロマネスク聖堂がもっていたような、多面的で層の厚い様式的影響力は、全体を束ねるシステムが不在であったレオン王国では建築・絵画ともに見られなかった。その背景には、芸術生産を支える軸となる権力・富の集中が起こりにくい社会的環境があったのである。

3）社会的（非）断絶

　古代と中世の境目や、断絶か連続かという問題は、長い間西欧史学が好んで論争してきた題目である。ピレンヌ（Henri PIRENNE）は、ゲルマン民族侵入によって西欧は何も変わらず、「言語、貨幣、文字を書くこと（パピルス）、度量衡、食料品、社会的諸階級、宗教、美術、法律、行政機構、租税、経済組織」が維持されたと述べ（ピレンヌ，1960：197）、逆にイスラーム帝国による地中海世界の制圧によってローマは息絶え、ヨーロッパが始まったと述べた（IDEM:203-410）。しかし、「敵」としてのイスラーム（IDEM:232）によって地中海が失われ、ギリシアが海軍で踏ん張って「ヨーロッパを救い、キリスト教を救った」（IDEM:246）という主張は、あくまでもキリスト教徒、それもガリアのキリスト教徒にとっての古代ローマ世界との決別を意味するに過ぎない。そこで、最後に、10世紀レオンの社会が、他の地域やそれ以前の時代と何を共有し、どういった点で断絶していたかを、古代末期から初期中世のイベリア半島という枠組みで捉えなおしたい。

　まず、社会的な生産システムと階層構造に関して。無人化については、字義通りに捉えるべきではないことが明らかだが、8世紀にドゥエロ川流域が権力的空白となっていたという点は、大筋で正しい[228]。これにより、西ゴート時代末期の奴隷制崩壊プロセスは場所によっては決定的になったと考えられる。ただし、ガリシア地方には、イスラーム侵入後にも、それ以前の社会システムがかなりの割合で維持されていたと考えられ、古代的な階層構造もある程度維持されていたのではないかと考えられる。

　都市は、ローマ時代にもそれほど発達しておらず、すでに古代末期に衰退しており、10世紀になってもその復興の兆しはない。この点に関して、8世紀に断絶があったかどうかを議論する意味はないだろう。北西部スペインに、貨幣を媒介とする交易と消費活動の舞台である中規模以上の都市は、盛期中世まで存在しなかった。

　貨幣は少なくとも西ゴート時代中期まで製造されており、ガラエキアには無数の鋳造所が存在していた（fig.2-12）。ところが、西ゴート体制崩壊後11世紀まで、アストゥリアス＝レオン王国では貨幣が鋳造されることはなかった。貨幣システムは古代末期から西ゴート期に受け継がれたものが10世紀にも用い

第4章　10世紀レオン王国　建築の背景としての社会

られていたものの、実際にはそうした貨幣はほとんど理論上のもので、土地と農産物などが物々交換がなされていた。鋳造されないため貨幣は戦利品となるなど、量的にごく限られていた。穀物などが貨幣的価値を持っていた可能性は否定できないものの、賃金を受け取って職務を果す職人や傭兵といった職能が発達しえなかったのは間違いなく、また外交的な取引を除けば、商人が交易によって利潤をもたらす状態であったとも思えない。同様の条件が、建築のプロジェクトや建設に携わった人々についても当てはまろう。非貨幣経済は、9世紀アストゥリアスから10世紀レオンまで連続しており、アル・アンダルスとは正反対である。また、衰退しつつあったと考えられるにせよ、未だ貨幣経済を維持していた西ゴート時代とも異なった様相を呈していたはずである。したがって、プロフェッショナルな技能集団としての石工の移動工房が存在したとしても、彼らが活躍できる可能性はきわめて低い社会であったといえる。一定の重要性を持つ建築の場合でも、携わる人間がかなり限定された地域での活動を行なっていたため、計画案より建設の部分でローカルな特質が明白となった。

　建設のローカリティーに関して述べれば、ゴメス・モレーノは、サンティアゴ・デ・ペニャルバとサン・ミゲル・デ・セラノーバの構成の類似性に注目して、同じ職人によるものと推定したが、スレートを中心とした荒石で作られた72cm厚の高い壁体にヴォールトをかけたサンティアゴ・デ・ペニャルバと、大きな切石で不必要なまでに分厚い壁体を作ったミニチュア建築サン・ミゲル・デ・セラノーバに、同じ職人によって作られたと推定されうる部分を見つけることはできない。ところで、937年のサンティアゴ・デ・ペニャルバへの寄進式には、セラノーバの施主ルデシンドゥスや弟フロイラが参加している（補遺14）。ペニャルバはアストルガ司教区の管轄だが、アストルガとセラノーバの関係は、ルデシンドゥスの父グティエル・メネンデス（*CCAstorga*：no.10）の時代、あるいは祖父でアストルガに「再入植」したガトン伯（SÁEZ, 1948：37-46）の時代から続いていたと思われ、939年にはフロイラ・グティエレスがアストルガ近傍に所有していた粉引き場をサン・ディクティーノ修道院に寄進している（*CCAstorga*：no.53）。逆に938年や942年には、アストルガ司教サロモンがセラノーバに登場している（*CMCelanova*：no.57 & 72）。サンティアゴ・デ・ペニャルバとサン・ミゲル・デ・セラノーバの類似は、ルデシンドゥスが前者を見知っていたという単純な事実で完璧に説明でき、その相違は、それぞれの地域における建築的伝統の相違をそのまま反映していたと解釈できる。

269

第二部　レオン王国とモサラベ移民

　カバリェーロは、カスティーリャ伯領であった地域周辺に建つ初期中世建築
を全て9世紀ごろの建造で、ウマイヤ朝シリアの影響を受けたものと断定して
いるが、その根拠の一つはこの地域の社会的断絶である。いわく、これらの教
会堂建築は共通点も多く、すべてイスラーム以前か、すべてイスラーム以後と
しか考えられない；一部の建築が再入植期の建設であることは確実である；ウ
マイヤ朝の影響が見られる……（CABALLERO, 2001）。しかしながら、8世紀中葉
に大きな混乱があったが同世紀末には経済活動復興が見られるカスティーリャ
で、ローマ時代から建築文化が継続していたというのがありえないのなら、8
世紀初頭のシリアの建築術が、100年後（?）、3,600km（ダマスクスとブルゴス
の直線距離）離れた、まだ戦況もおぼつかないキリスト教徒の軍閥が支配する
辺境地域カスティーリャ伯領に見出せるというのはもっとありえないのではな
いか。レオン王国の建築諸要素の源泉として、アストゥリアスやアル・アンダ
ルスからもたらされたものだけでなく、10世紀レオン社会そのものや、ドゥエ
ロ川流域における古代の残滓というものが無視できないように思われる。とり
わけ、建築文化ということに関して言えば、エル・ビエルソやガリシアといっ
た王国の西部で一定の伝統が残っていたと考えたほうが、サン・ミゲル・デ・
セラノーバやサンティアゴ・デ・ペニャルバの建築をよりうまく説明できるの
ではないだろうか。

注

1 （ピレンヌ, 1960：46）.

2 ローマ時代、その文明の特徴や衰退について主として参照したのは以下。
（Torres López, 1963：31；井上, 1972：219-222；ビーベス, 1975, 19-29；Barbero & Vigil, 1974；Mangas Manjarrés, 1986；*HGEA*, II；Orlandis, 1987：9 & 36-40；Idem, 1988：39；スペイン・ポルトガル史, 2000：38-41；*Edad Media*, 2005：4-7；ドミンゲス・オルティス, 2006：8-26；スペイン史1, 2008：7-25).

3 Hispaniaは本来ならヒスパニアと表記されるべきであるが、本書では頻繁にイスパノ・ビシゴード（hispanovisigodo）、イスパノ・モレスク（hispano-mauresque）といった、スペイン語、フランス語化した形で出てくるので、イスパニアと表記することで統一した。

4 *Hispania Ulterior*は現在のAndalucíaとRegión de Murcia、*Citerior*は現在のComunidad ValencianaとCataluñaを含む地域。

5 （Torres López, 1963：13；Arias Vilas, 1972：99；Sayas & García Moreno, 1981：23-241；Montenegro & Blázquez, 1986：247-291 & 525-607；Orlandis, 1987：51；ブラウン, 2002：28-38；ドミンゲス・オルティス, 2006：19-23；Manzano Moreno, 2010：1-16).

6 アストルガ、レオンはローマ軍駐屯地から発達した。レオンは古代も後期になってからの建設とされていたが、カンタブリア戦役の時に造られたという説もある。（Balil, 1994：73). 帝政黎明期に生きたストラボンは、のちにイスラーム治下で繁栄するコルドバやセビーリャの豊かさや文化を称揚しているが、半島北西部に関しては、原住民たちの野蛮さや異なった風習を挙げるばかりで都市については語っていない。（ストラボン：244-5).

7 （Moreta, 1989：16-9；ローマックス, 1996：130-1；García de Cortázar, F. & González Vesga, 2004：68-81, 675 (map)).

8 （ストラボン：259；Montenegro, Blázquez & Solana, 1986：576；Plácido, 1988：289). *Baetis*は現在のグアダルキビル川（el Guadalquivir）のことで、ローマ属州の呼称*Baetica*の語源となった。

9 （Schlunk & Hauschild, 1978：109-127；Palol, 1996：59-64). Hauschild, Th. & Arbeiter, A., *La villa romana de Centcelles*, Barcelona, 1993；Arce, J. (ed.), *Centcelles. El monumento tardorromano, iconografía y arquitectura.* Roma, 2002；Martín Vielba, O., «Centcelles, unes termes romanes», *Butlleti Arqueològic,* no.34-35, 2012-2013, pp.173-224.

10 «in campo Vogladensi». ヴイエではないという史家もいるが、いずれにせよポワティエ近郊。（Torres López, 1963：84).

11 西ゴートの歴史を述べた書籍・論文のうち、主に参照したものは以下。
（Menéndez Pidal, R., 1940；Torres López, 1963；Thompson, 1971；Barbero & Vigil, 1974；ビーベス, 1975：30-8；Sayas & García Moreno, 1981；*HGEA*, II；Orlandis, 1987；Idem, 1988；Palol & Ripoll, 1988；García Moreno, 1989；スペインの歴史,

271

第二部　レオン王国とモサラベ移民

1998：15-21；*Las Españas Medievales*, 2001：9-48；*Edad Media*, 2005：3-57；ドミ
ンゲス・オルティス, 2006：25-8；Manzano Moreno, 2010：25-91）.

12　アルベルダ年代記：«... Campos quem dicunt Goticos usque ad flumen Dorium
eremauit...».（*Crónicas asturianas*：173）. サアグン修道院の920年の公文書：«villa
nostra propria qui est in Campos Gotorum nominata Sancti Michaelis...».（*CMSahagún*：
no.19）.

13　被支配層のイスパノ・ローマ人と西ゴート族との人口差については、数百万に
対してせいぜい20万（Palol & Ripoll（1988）によれば900万に対して10万）
というのが通説で、比率は2-3%とされている。また西ゴート族内には1500
人程度の貴族が存在し、その随員を含めて西ゴート全体の10%程度が支配者
層を形成していたようである。（Torres López, 1963：155；Palol & Ripoll, 1988：
90；スペイン・ポルトガル史, 2000：47；Bango, 2001：39；ドミンゲス・オルティ
ス, 2006：27）.

14　«The most striking features of it (the Visigothic period) in an early medieval context are
the degree to which an area with poor communications and enormous geographical and
cultural diversity was able to maintain not just the aspiration but also something of the
reality of political unity.»（Collins, 1989：8-9）.

15　ゴート人（gothi）、ローマ人（romani）という区別が取り払われ、臣民はスペイ
ン人（hispani）という名の下に呼ばれた。（*Edad Media*, 2005：49）.

16　（Torres López, 1963：173-5；Barbero & Vigil, 1974：122；Orlandis, 1987：185-9；
Palol & Ripoll, 1988：117；*Edad Media*, 2005：55；Manzano Moreno, 2010：44-
45）.

17　セビーリャの聖イシドルスについての研究は枚挙に暇ないが、古典的研究とし
てはFontaine, J., *Isidore de Séville et la culture classique dans l'Espagne wisigothique*,
reed., Paris, 1983.（Díaz y Díaz, 1976；Codoñer, 1991；Fontaine et alii, 1992；
Etymologiae）.

18　（Menéndez Pidal, R, 1940：xxxvi-xxxviii；Pérez de Urbel, 1963：452-7；Orlandis,
1987：189-193；スペイン歴史50章：40-43）.

19　«El estado visigótico murió... de muerte natural, no víctima de una traición.»（Torres
López, 1963：139）. 滅亡要因は、上述の他の西ゴート王国研究でも繰り返し指
摘されている。

20　この点に興味を集中させたのがトンプソンで、西ゴート期のスペイン、では
なく、スペインのゴート族（*The Goths in Spain*）こそが彼の研究対象となった。
（Thompson, 1971）.

21　（Torres López, 1963：13, 359；ビーベス, 1975：34-5；Orlandis, 1987：51；Collins,
1989：9-10；*Las Españas Medievales*, 2001：12, 47-8）.

22　ローマ時代のアフリカ属州を受け継いだ、現在のチュニジアとその周辺地方。
「アフリカ」がなまって「イフリーキーヤ」となった。

23　*Ibn al-Qūtīya*によればWitizaの息子たちが裏切ったから、「754年のモサラベ年
代記」によれば、そもそもRodrigoは王位簒奪者であり、味方からも弾劾され

注

ていたから、という。«Spania uastaretur et nimium non solum hostili, uerum etiam in testino furore confligeretur». (安達, 1997：24-25).

24 西ゴート体制末期からイスラーム教徒による半島征服については、(Lévi-Provençal, 1950：6-22；Torres López, 1963：131-7；ワット, 1980：5-19；*HGEA*, III；Orlandis, 1987：266-71；Palol & Ripoll, 1988：119-120；Moreta, 1989：16-9；Collins, 1989；Idem, 1991；Maíllo, 1993：17；Vernet, 1993：57；Chalmeta, 1994；ローマックス, 1996：17-20；安達, 1997：21-5；*Edad Media*, 2005：63-4；Manzano Moreno, 2010：85-107). 北東部はWitizaの息子Akhilaが717年ごろまで掌握していたとも考えられている。(Palol & Ripoll, 1988：120).

25 アミール (*amīr*) とは、司令官、総督を意味し、756-929年のアル・アンダルス支配者の号となる。

26 コリンズは '*Abd al-Rahmān*の軍事活動をLeovigildoのそれと比している。(Collins, 1989：180-1).

27 アル・アンダルスの8世紀および、後ウマイア朝のアル・アンダルスの歴史を語った研究書中、特に以下のものを参照した。(Lévi-Provençal, 1950；Idem, 1957；ワット, 1980：20-48；Arié, 1982：13-27；Chalmeta, 1994；Collins, 1989；Ubieto, 1997；*Las Españas Medievales*, 2001, 49-125；*Edad Media*, 2005, 59-215；スペイン史1, 2008：70-87；Collins, 2013).

28 «Feritus solidus in Spania anno XCVII »；«*dūriba hādhā l-dīnār bi-l-Andalus Sana(t) thaman wa-tis 'īn*»（Lévi-Provençal, 1950：45；Collins, 1989：47；*Edad Media*, 2005：60).

29 アル・アンダルスに初めてビザンティン帝国の使節が訪れたのは839/840年のことである。(Lévi-Provençal, 1950：129-181；ローマックス, 1996：24-5；MOMPLET, 2003：149；*Edad Media*, 2005：83-90).

30 (Lévi-Provençal, 1950：169-173；MET, 1993：76-7；Vernet, 1993：65；Ubieto, 1997：52；デュフルク, 1997：133-141). ただしワットは知的・宗教的側面に関してより重要なのはジリヤーブの9世紀ではなく、アル・ハカム2世時代の10世紀だとしている。(ワット, 1980：210).

31 (Lévi-Provençal, 1957：261-368；*Abderramán* III, 1991；Vernet, 1993：67-70；Vallvé, 2003；*Edad Media*, 2005：149-153；スペイン史1, 2008：87-90；Collins, 2013：285-315).

32 イスラーム帝国におけるハージブとは元々宮廷侍従の役職であったが、後ウマイヤ朝では徐々にその重要性を増し、10世紀では宰相として国の最高権力を掌握する地位となっていた。(Arié, 1982：60).

33 「スラヴ人」を意味する語で、主として東ヨーロッパ系だがその他のヨーロッパからの人間をも構成員とする奴隷。傭兵部隊として、また宮廷の召使として用いられた。(ワット, 1980：71；Collins, 2013：311-5).

34 後ウマイヤ朝の建築については第三部において再度触れる。

35 アストゥリアス王国の歴史については、サンチェス・アルボルノスの複数の論文をまとめた (Sánchez-Albornoz, 1980) や、アストゥリアス年代記所収の

273

第二部　レオン王国とモサラベ移民

(*Crónicas asturianas*) のほか、(Barbero & Vigil, 1974；Sayas & García Moreno, 1981：403-505；Mínguez, 1989；Collins, 1989：141-167；Idem, 1991；Chalmeta, 1994；ローマックス, 1996；Ubieto, 1997；Ruiz de la Peña：2001）等を参照した。

36　«Omnemque Gotorum ordinem, sicuti Toleto fuerat, tam in eclesia quam palatio in Ouetao cuncta statuit.» (*Crónicas asturianas*：174).

37　«Bellatores eorum omnes interfecit, reliquum uero uulgus cum uxores et filiis sub corona uendidit.» (*Crónicas asturianas*：149).

38　(*Crónicas asturianas*：250-1).

39　«...domumque sanctorum Facundi et Primitiui usque ad fundamenta diruerunt.» (*Crónicas asturianas*：180).

40　(Sayas & García Moreno, 1981：414-7 & 434-8；Sarasa, 1989；Mínguez, 1989；Ubieto, 1997；*Las Españas Medievales*, 2001：162-227). 阿部俊大『レコンキスタと国家形成』九州大学出版会, 2016, pp.39-64.

41　第三部注5, p.458参照

42　(Sarasa, 1989；Moreta, 1989；ローマックス, 1996；Ubieto, 1997；*Las Españas Medievales*, 2001；García de Cortázar, 2001：271-3).

43　(ファクンドゥス写本, 1998；久米, 2012；毛塚, 2017).

44　(Estepa, 1985：30；*HGEA*, III：210-1；Mínguez, 1989：221；ローマックス, 1996：65；*Edad Media*, 2005：178-182).

45　久米順子「サン・ミリャン・デ・ラ・コゴーリャ修道院の〈リベル・コミクス〉(1073年) に関する一考察」『スペイン・ラテンアメリカ美術史研究』7, 2006, pp.29-37.

46　«Ciuitates ab antiquitus desertas, ... populo partim ex suis, partim ex Spania aduenientibus impleuit.» (*Crónicas asturianas*：144).

47　拙論第一部、特に第3章を参照のこと。

48　9－10世紀のドゥエロ川流域において、所有者不在の土地を占拠し、そこを開墾することで権利を主張して上部権力にそれを認めさせるやり方で行なわれた入植活動の形態。もう一つの用語は*scalido*で、これも占拠した土地を開発・経営することを意味していたとされる。半島北東部では*aprisio*という語が同意で用いられた。(Mínguez, 1989：150；Peña Bocos, 1993：250).

49　(Bonet Correa, 1967：68；Nieto-Alcaide, 1989a：47；*Astures*, 1995；Fernández Ochoa & Zarzalejos, 1996；Bango, 2001：236-8).

50　(Sánchez-Albornoz, 1966；Moxó, 1979：21-7；Estepa, 1985：36-8；García de Cortázar, 1991：nota 1；Idem, 1994：38-41；Idem, 2001；Martínez Sopena, 1993：57-8；Peña Bocos, 1993：249；Reglero, 1994：127；Valdeón, 1995).

51　ただし、これ以前の1936年にSánchez-Albornozが «La repoblación del reino astur-leonés» という題で大論文を発表している (*Revista de Humanidades*, XXV, pp.581-790). また、Sánchez-Albornoz によればドゥエロ川流域の戦略的無人化に関するアイディアはHerculano, A., *Historia de Portugal*, 1875-8, p.183において初めて現れた。

注

52 R. Menéndez Pidal と前後して M. A. García Guinea、W. Reinhart らも同様の意見を述べており、またポルトガル史学界では非無人化説が主流であった。ポルトガルの研究者が無人化を否定するのは自国の源流を「再征服」以前にまで遡りたいというナショナリズムが指摘されている。(Moxó, 1979:27-8).

53 Sánchez-Albornoz 自身によっても主張は繰り返された。(1971:236-459).

54 もっとも、ガリシアに関しては、Sánchez-Albornoz も継続性を認めていた。(Portela, 1994:94)

55 «Las Españas de los siglos V-X:invasiones, religiones, reinos y estabilidad familiar», *VII Semana de estudios medievales (Nájera 1996)*, 1997, pp.217-234.

56 村落構造を研究するパストール (Reyna Pastor de Togneri)、レオン中心部を分析したレグレーロ (Carlos Manuel Reglero de la Fuente)、レオン・パレンシアを専門領域とするマルティネス・ソペーナ (Pascual Martínez Sopena)、レオン平野部とガリシアの間に位置するエル・ビエルソを論じたドゥラニ (Mercedes Durany Castrillo)、ガリシア (あるいはガラエキア) を論じたバリニャス (C. Baliñas Pérez)、ポルテーラ (Ermelindo Portela)、パリャレス (Mª Carmen Pallarés)、ロペス・キローガ (Jorge López Quiroga)、ドゥエロ川南側における居住の連続を提唱したバリオス (Ángel Barrios)、カスティーリャのプレスーラに対する批判的検討を行なったペーニャ・ボコス (Esther Peña Bocos)、711年以前に都市は放棄されていたから8世紀以降それが「無人化」するのはおかしいと考えたゴティエ・ダルシュ (Jean Gautier Dalche)、レコンキスタ研究のローマックス (Derek W. Lomax)、イスラーム・スペイン史家ビゲーラ (María Jesús Viguera Molins)、ポルトガル史家マットーゾ (José Mattoso) ら。(Glick, 1979:45;Barrios, 1982;Estepa, 1985:36-8;García de Cortázar, 1991;López Quiroga & Rodríguez Lovelle, 1991:3;Peña Bocos, 1993;Martínez Sopena, 1993;Portela, 1994;Reglero, 1994;Rodríguez González & Durany, 1994;ローマックス、1996:37-8;Pallarés & Portela, 1997;Viguera, 1999:55;López Quiroga, 2004;Minguez, 2007). 旱魃が原因の人口減少に過ぎないとしたグリックもこの中に数えられるだろう。

57 現在のCastilla y León州の南端を走る、Duero と Tajo の分水嶺。Duero川を含む Soria県および Duero川南部に位置する (10世紀におけるいわゆる*Extremadura*である)Segovia、Ávila、Salamanca各県を、Madrid州、Castilla la Mancha州と (現在の) Extremadura州から分かつ。添付の半島地図参照のこと。

58 Molina Molina はドゥエロ川流域がアルフォンソ1世よって無人化され、そこへ *pressura*、*scalido* によって入植がされ、小規模の自由民によって構成された社会が出来たという、Sánchez-Albornoz ほぼそのままの意見を採用している。(*Edad Media*, 2005:130-1).

59 *Ahmad al-Rāzī, Akhbār maǧmū'a, Ibn Hayyān, Ibn'Idhārī, Ibn al-Athīr, Ibn al-Qūtīya, Fath al-Andalus* など。

60 (Domínguez Perela, 1987:710-1;García de Cortázar, 2001:260);Riu Riu, M., «Aportación de la arqueología medieval a la historia de España», *XXV Semana de*

275

第二部　レオン王国とモサラベ移民

Estudios Medievales, Estella, 14-18 de julio de 1998, Pamplona, 1999.

61　(Lévi-Provençal, 1950：26-32；ワット, 1980：33-6；Collins, 1989：109；Chalmeta, 1989：43-51；Maíllo, 1993：17；ローマックス, 1996：24-5；*Edad Media*, 2005：72).

62　伝承集成。11世紀のカリフ国滅亡のみぎりに書かれたと考えられる雑多な覚書的な史書。作者不詳。(Arié, 1982：368-9). Sánchez-Albornoz は 800年以前の断簡が含まれるとし、無人化に関する重要な同時代史料と考えていた。(Sánchez-Albornoz, 1966：123).

63　871年没のエジプトの文人。北アフリカ、スペインの征服記を著した。(Arié, 1982：368；Collins, 1989：109).

64　14世紀グラナダの政治家、詩人、哲人、医者、歴史家。5つの史書を著したがここでは *Kitāb A'māl al-a'lām* の第2巻を指すと考えられる。(Arié, 1982：374-7；*Edad Media*, 2005, 72).

65　«Hurbes quoque legionem atque Asturicam ab inimicis possessas uictor inuasit. Campos quem dicunt Goticos usque ad flumen Dorium eremauit, et Xpistianorum regnum extendit.» (*Crónicas asturianas*：173).

66　オビエド版（«Ad Sebastianum»）では以下：«...simul cum fratre suo Froilane multa aduersus Sarracenos prelia gessit atque plurimas ciuitates ab eis olim oppressas cepit, id est, Lucum, Tudem, Portucalem, Bracaram metropolitanam, Uiseo, Flauias, Agata, Letesma, Salamantica, Zamora, Abela, Secobia, Astorica, Legione, Saldania, Mabe, Amaia, Septemanca, Auca, Uelegia Alabense, Miranda, Reuendeca, Carbonaria, Abeica, Brunes, Cinisaria, Alesanco, Oxoma, Clunia, Argantia, Septempublica et cunctis castris cum uillis et uiculis suis；omnes quoque Arabes occupatores supra dictarum ciuitatum interficiens Xpianos secum ad patriam duxit.» (*Crónicas asturianas*：131-3). (Maíllo, 1993：18).

67　モスル（イラン北部）のひと（1160-1234）。著書のイスラーム史 *Kāmil fi't Tarīkh* はアル・アンダルスについても詳しい。(ローマックス, 1996：11).

68　Fruela という人物は、Alfonso I の弟と息子2人がおり、イスラーム年代記はこれを Alfonso I の息子である Fruela I（757-768在位）と考えていた。(Sánchez-Albornoz, 1966：123-4；Maíllo, 1993：18).

69　(Sánchez-Albornoz, 1972：II, 257-275；Collins, 1989：153-4；Moreta, 1989：26-8 & 41-2；Maíllo, 1993：19；García de Cortázar, 1994：41).

70　«Ciuitates ab antiquitus desertas, id est, Legionem, Astoricam, Tudem et Amagiam Patriciam muris circumdedit, portas in altitudinem posuit, populo partim ex suis, partim ex Spania aduenientibus impleuit.» (Gómez-Moreno, 1932：619-20；Sánchez-Albornoz, 1966：215；*Crónicas asturianas*：144).

71　«In era DCCCLXLIIII populauit domnus Ordonius Legione», *Anales Castellanos Primeros*, via (Reglero, 1994：128).

72　878年の係争に関する部分で以下の表現が見える。«Quando populus de Bergido cum illorum comite Gaton exierunt pro Astorica populare.» (*CCAstorga*：no.5；Sáez,

276

注

1948：41；Menéndez Pidal, R., 1960：LXIV）.

73 （Gómez-Moreno, 1919：106；Pérez de Urbel, 1951：154-5；Idem, 1956：72；Moxó, 1979：57；Estepa, 1985：19-20；Moreta, 1989：27 & 33；Mínguez, 1989：146-9）.

74 （Moxó, 1979：46-71；Estepa, 1985：21-4, etc.；Moreta, 1989：33；Mínguez, 1989：149-152；*Edad Media*, 2005：127-131）.

75 コルドバ出身の11世紀の歴史家（987（988）-1076）。「イスラーム、キリスト教問わずスペイン中世最良の歴史家」（Arié, 1982：369）とされる。5世紀から11世紀までの60巻の歴史書*al-Matīn*を書いたがこれは現存せず、既存の歴史書を編纂したアル・アンダルス史10巻*Kitāb al-Muqtabis fī tarīj riŷāl al-Andalus*のうち、第3巻（アブダッラーフ888-912年）と第6巻の断片（971-5年、239頁）が残存してたが、Chalmetaが第5巻に当たる部分（912-42年）を発見、それら断簡が残る。（Lévi-Provençal, 1957：323；Rubiera, 1981：168；Arié, 1982：369-70；ローマックス, 1996：11；Carriedo, 2002：65-6）.

76 アフマド・アッラーズィー（*Ahmad al-Rāzī*, -955）はペルシア商人の父と共にイベリア半島に到来した「イスラーム・スペインの最初の偉大な歴史家」（ローマックス, 1996：11）。その子イーサーはアル・ハカム2世の宮廷公認の歴史家としてアフマドの成果を引き継いだ。（Lévi-Provençal, 1957：321；Arié, 1982：368）.

77 （Gómez-Moreno, 1919：107）にあるスペイン語訳より拙訳。ちなみにサモーラは直後の901年にマフディーと自称する人物に率いられたベルベル人の攻撃を受けている。（ワット, 1980：56）.

78 共にFloriano, A., *Diplomática española del período astur : estudio de las fuentes documentales del Reino de Asturias (718-910)*, Oviedo, 1949-51からの史料を分析したものと推測される。

79 875年7月10日のAlfonso IIIの文書は重複して数えられているので、他に漏れがなければ23文書であろう。

80 オビエド大聖堂への908年の文書：«...ismaelitica bella depopulauerunt, qui nunc pertuam sufficienciam de squalido renouauimus et non paucarum ciuitatum atque uillarum deserte inhabitare, te adiuuante fecimus...», （Sánchez-Albornoz, 1966：259）. レオンのカテドラル所蔵の904年の文書：«ecclesia...dirupta a paganis et ego...restauraui eam, siue et kasas quas iblDEM construxi...», （*CCLeón*：no.17）.

81 Regueras, F. & Grau Lobo, L. A., «Castilleja, Retortillo y Castañeda：Nuevas evidencias sobre tres viejas iglesias mozárabes», *Boletín de Arqueología Medieval*, 6, 1992, p.104.

82 *Rotensis*によれば、«Eo tempore populantur 'Asturias', Primorias, Liueria, Transmera, Subporta, Carrantia, Bardulies qui nunc vocitatur Castella et pars maritimam Gallecie ...» （*Crónicas asturianas*：132；Mínguez, 1989：139）.

83 919年のオルドーニョ2世の文書：«quod restauravit avus noster Gaton». （Barrau-Dihigo, 1921：172；Sáez, 1948：44）. Sáez (1948：38）は、14世紀初頭の*Ibn 'Idhārī*による、「トレド叛乱の際にオルドーニョが兄弟を援軍に送った」との記述に

277

第二部　レオン王国とモサラベ移民

対し、ガトンがアストゥリアス王の妻の兄弟であった可能性が高いと指摘している。

84　(Huidobro, 1916：432 & 446；Idem, 1928：394-6；Andrés, 1987：14-6；Regueras, 1990：94；Bango, 1994：206-7)。

85　Mínguez（1995：64, no.28）は、Sánchez-Albornozがこの文書を援用しながら（1966：272)、都合の悪いgente barbaricaの部分を省略していたことを弾劾している。

86　第一部第4章参照。

87　Ibn'Idhārīには、846年に時のアミール'Abd al-Rahmānの息子Muhammad I率いるコルドバ軍がレオンを攻撃して家屋に火を放ち、入植者は逃亡したが、城壁の厚さが17-8キュビトもあったため完全に破壊はできなかった、とある。Pérez de Urbelらはこれをレオン再入植の最初の試みとしたが、Estepaはそれ以前からの残留住民ではなかったかと述べている。（Pérez de Urbel, 1951：153；Estepa, 1985：19；Reglero, 1994：130)。

88　(Fernández Conde, 2009：64)。

89　«Monachorum numero crescente demum hoc templum decorum miro opere a fundamine exundique amplificatum erigitur.»補遺1参照。

90　Gilは、「モサラベ」という呼称を「これまで提案されてきた呼称の中で一番マシ」と述べているが、Epalza、Cabrera、Lapiedraらはその大雑把さを批判している。Hitchcockはモサラベの用語とその意味するところの齟齬について、その意味のほうを11世紀の初出時に合わせて変更し、イスラーム治下のキリスト教徒ではなくキリスト教国にアラブ文化を伝えた人々のことをそう呼ぶべきと述べた。（Hitchcock, 1978；Gil, 1996：93；Cabrera, 1998：16；Cavero, 2001：234-6)。

91　(Simonet, 1897：I, prólogo；Cagigas, 1947；Gil, 1973；Fontaine, 1978；Arte y cultura mozárabe, 1979；Peñarroja, 1993；Congreso Mozárabe, 1996；安達, 1997；Los mozárabes, 1998；Arce Sáinz, 2001；Bango, 2001：223-4)。

92　Cantarinoはもともと保守的キリスト教徒がアラブ化した同胞をそう呼んだという説を支持している（Cantarino, 1978：108)。

93　このうち、'aǧamがもっとも広く用いられたようで、イブン・ハイヤーンらイスラームの著述家にも、『コルドバ・カレンダー』の共同作成者であるモサラベのRecemundusも使用している。また、これに対してラテン語の«mixti arabes»、すなわち「アラブ混合」を語源とする説（アラブ人と一緒に住んでいて混ざってしまった）もあり、12世紀のトレドでは用いられていたようだが、現在では語源としてこれを支持する研究者はほとんどいない。（Simonet, 1897：I, VIII-IX；Lévi-Provençal, 1950：46-8；Arié, 1982：186；Peñarroja, 1993：chap.III；安達, 1997：11 & 15-6；Cabrera, 1996：12；Cavero, 2001：232；Edad Media, 2005：73-6；Bango, 2007：78)。

94　«muzaraues de rex tiraceros».　それぞれ名前はVincente、Abiahia、Ioannesで、Abiahiaだけがアラビア語系の名称。ゴメス・モレーノは1022年、（Cavero,

1999）は1026年 と 記述。（*CCLeón*：III, 399-400, no.806；Díaz-Jiménez, 1892：127-8；Gómez-Moreno, 1919：116-7；Cabrera, 1996：12；Cavero, 1999：39；Idem, 2001：239-241）.

95　（*CCLeón*：IV, no.1218；Cavero, 2001：242）.

96　1130年（または1126年）のフエロでは、アラゴン王が、自らのイニシアティヴでキリスト教国へと連れてきた「モサラベ」という人々について以下のように述べる（Cavero, 2001：241, n.54）：«facio hanc cartam donationis, confirmationis et ingenuitatis ad vos totos christianos mozarabes de Mallen, que ego traxi cum Dei adjutorio de potestate paganorum, et aduxi vos intra christianorum». 1101年 の アルフォンソ6世の名によるトレドのキリスト教徒住民へのフエロにも «muztarabes» という表記があり、1118年のアルフォンソ7世のフエロにも «muzarabes» と記述がある。（Simonet, 1897：I, VII-XV；Cabrera, 1996：12；安達, 1997：16）.

97　«...aquellos cristianos que conocemos bajo la exótica pero poco conveniente denominación de "mozárabes"...», （Martínez Tejera, 2005：219）.

98　«...es el menos malo de todos los propuestos», （Gil, 1996：93）.

99　«el menos propio que podría dársele» （*Diccionario de Historia Eclesiástica de España*, Madrid, vol.II, «LITURGIA»）；«The name is not a good one.» （*Catholic Encyclopedia*：«Mozarabic Liturgy»）. cf. （Torres López, 1963：329-330；Bango, 2007：80-2）.

100　Fontaine （1978：35-45）は「モサラベ」についての本の中で典礼について触れ、これらの呼称を紹介した上で、本の内容に合わせて「モサラベ典礼」と題している。

101　イスパニア典礼そのものと建築の平面、空間、装飾的要素その他との関係については多くが書かれてきたので本書では詳しい分析を行なわないが、第三部第1章において簡単にその一部を紹介する。（Íñiguez, 1961；Rodríguez G. de Ceballos, 1965；Puertas, 1975；Godoy, 1995；Bango, 1997；Idem, 2001：447-564；Martínez Tejera, 2004）.

102　«aquellos españoles que, subyugados por la morisma, ...conservaron...la religión, el espíritu nacional y la cultura de la antigua España romano-visigótica y cristiana...contribuyendo con su ayuda y su saber a la restauración y progreso de la nueva España..». （Simonet, 1897：I, Prólogo, I）.

103　（Viguera, 1993：212）. 一方Merino （1978：43）によれば、この遅れはSimonetが論文を改訂していたからだという。

104　トレドに関しては、（*Arte y cultura mozárabe*, 1979）のほか、R. Pastor de Togneri、F. J. Hernández Sánchez、J. A. Aparicio Bastardoらの研究がある。

105　Peñarrojaの研究は、M. Epalzaによって、Simonetのヴィジョンを未だに墨守する古色蒼然たる論文だと批判されている（*Al-Qantara*, 1994に所収）。ところで、Simonetのモサラベ史の再版もそうだが、なぜかこうした「モサラベ本」の表紙絵には、かつて「モサラベ様式」と呼ばれていた、初期中世のキリスト教彩色写本の一葉が用いられることが多いが、バレンシアとは何ら関係がない。

106　ディアス・イ・ディアスのものでは例えば論文集（Díaz y Díaz, 1976）。また、

第二部　レオン王国とモサラベ移民

単著ではヒッチコックの通史（HITCHCOCK：2008）がある。そのほか、アル・アンダルス全体の研究に含まれるものを除けばイスラーム治下のキリスト教徒については G. LEVI DELLA VIDA、D. URVOY、R. CASTEJÓN CALDERÓN、D. MILLET-GÉRARD、P. P. HERRERA ROLDÁN らが論じている。

107　2000年以降では、主にモサラベの文学的側面とアイデンティティを扱った2003年のシンポジウム（AILLET, C., PENELAS, M. & ROISSE, Ph. (eds.), *¿Existe una identidad mozárabe? Historia, lengua y cultura de los cristianos de al-Andalus (siglos ix-xii),* Casa de Velázquez, Madrid, 2008）や、モサラベ学を巡る多様な意見と方法論を俎上に載せた2008年のセミナー（*Studia Historica,* 2009）が同様の試みを継承している。

108　モサラベ年代記については註解つき新訳が近年刊行された。LÓPEZ PEREIRA, J. E., *Crónica mozárabe de 754 = Continuatio isidoriana hispana: estudio, edición crítica y traducción,* León, 2009.

109　逆に、史学から見た美術史学も遠い。Cavero（2001：238）は、そのモサラベ研究史の中で、「芸術（Arte）」に関してはわずか3分の1ページで3つの論文しか言及せず、しかも『モサラベ教会堂』の発行年を1925年と誤記している（ただし1998年の再版に際したBANGOの批判的序文を紹介している）。安達（1997：16）は、モサラベという呼称の使用について、「彼らが『アラブ化』と呼ばれたのは、レコンキスタ後のキリスト教スペインに『モサラベ様式』と呼ばれる独特の美術・建築様式を伝えたからである」と述べている。

110　MENÉNDEZ PIDAL, R., *Orígenes del Español,* Madrid, 1926. via（MERINO, 1978：45）.

111　«Esta emigración se asemeja bastante a la salida de Egipto del pueblo judío, incluido el permiso del emir para que buena parte de la población todavía cristiana abandonase al-Andalus»,（RUIZ ASENCIO, 1999：26）.

112　こうした反イスラーム思想とモサラベ移民を結びつける論調には、他に（CANTARINO, 1978）が挙げられる。MARTÍNES DÍEZ（2011）もモサラベの保守性を重視する。

113　第一部第3章参照。

114　（モサラベ移民は）«is best documented by the spread of the distinctive style of building and of manuscripts illumination, much influenced by contemporary developments in Islamic art, that the refugees took with them»,（COLLINS, 1991：313）.

115　（AGUILAR & RODRÍGUEZ, 1994；AGUILAR, 1994；RODRÍGUEZ MEDIANO, 1994；MARTÍNEZ SOPENA；1995；CAVERO, 2001；SÁNCHEZ BADIOLA, 2001；MÍNGUEZ, 2007；FERNÁNDEZ CONDE, 2009；REGLERO, 2010）.

116　モサラベについては、（SIMONET, 1897；LÉVI-PROVENÇAL, 1950：46-50；IDEM, 1957：118-126；FONTAINE, 1978；PEÑARROJA, 1993；*Congreso Mozárabe*, 1996；安達, 1997：9-10 & 29-30；デュフルク, 1997：45-66 & 87-116；CABRERA, 1998；BANGO, 2001：185-198；*Edad Media,* 2005：74-6 & 198；HITCHCOCK, 2008；*Studia Historica*, 2009；*Mozárabes Identidad*, 2011）を参照。

117　（SIMONET, 1897：III, 608-9 & 618；FONTAINE, 1978：45；*Abderramán* III, 1991：44；デュ

280

フルク, 1997：92-3).

118 (Lévi-Provençal, 1950：20-1 & 101-2；Chalmeta, 1989：22；Cabrera, 1996：16-8；デュフルク, 1997：56-7；Bango, 2001：187).

119 (Simonet, 1897：III, 606-617；Lévi-Provençal, 1957：123 & 134-5；Glick, 1979：172；Arié, 1982：188-9；*Abderramán* III, 1991：44；Vernet, 1993：69；Cabrera, 1996：22；*Las Españas Medievales*, 2001：98；*Edad Media*, 2005：198-200).

120 改宗者そのものは*musālima*（新ムスリム）、その子孫を muladí とも（*Edad Media*, 2005：74). この語の元となったのは *mawlā*、パトロン・庇護者という言葉である。アラブ民族以外の改宗者は、イスラームの建前上の平等主義にも関わらず、アラブの庇護下に入らなければならなかったのである。(安達, 1997：11, n.3).

121 多くの研究者が採用するのがR・ブリエット（Bulliet, R. W., *Conversion to Islam in the Medieval Period. An Essay in Quantitative History*, Cambridge, Mass., & London, 1979) の説で、それによれば、アル・アンダルスでは10世紀中葉から非ムスリムが少数派になったと考えられるという。しかしギシャールらは9世紀の時点ですでに南アンダルシア山岳部に例外的に残存していたに過ぎないとしている。カブレーラは635年以来のイスラーム地域であるシリアで現在でも14%がキリスト教徒であることを指摘し、一定の宗教的コミュニティーの持続性を推定している。(Moreta, 1989：21；Cabrera, 1996：13；Cabrera, 1998：15；*Las Españas Medievales*, 2001：77-8；ドミンゲス・オルティス, 2006：48).

122 (*Catholic Encyclopedia*；Sayas & García Moreno, 1981) によれば、エリパンドゥスを支持したフェリックスが博学を活かし、ユダヤ人やムスリムに三位一体を納得させるため、聖典から adoptio、homo adoptatus 等の関連用語を抜き出した。ただしこれはキリストの人性を指して用いられたのではないという。(*Catholic Encyclopedia*：«Adoptionism»；Fontaine, 1978：26-8；Sayas & García Moreno, 1981：413；Moreta, 1989：83；Dodds, 1990：27-46；Vernet, 1993：58-9；ファクンドゥス写本, 1998：26-32；*Edad Media*, 2005：98).

123 F. R. Franke、E. P. Colbert、J. Waltz、K. B. Wolf、J. A. Coope などがその研究史を作ってきた。(安達, 1997) にそれぞれの簡単な紹介がある。また、(Cabrera, 1996) はR. Jiménez Pedrajas の研究を高く評価している。

124 エウロギウスは、*Memoriale Sanctorum*、*Liber Apologeticus Martyrum* を、アルバルスは *Iudiculus Luminocus, Vita Eulogii* を著わした。アリエによれば、アルバルスは裕福なブルジョアであったが、祖先はユダヤ人であったという。(Arié, 1982：187).

125 (サザーン, 1980：30-1). (Gil, 1973：314；Fontaine, 1978：29；ワット, 1980：70). このフレーズがあまりにも有名なため、モサラベ全体に一般化して語られることが多いが、これは9世紀中葉の首都コルドバの一部のキリスト教徒に対するバイアスのかかった観察であるという点は忘れるべきではない。

126 殉教の一例：富裕なモサラベ貴族で政府に勤めていたイサックはある時殉教を決意して辞職、修道院入りした。そしてコルドバ知事に、ムスリムに改宗する

第二部　レオン王国とモサラベ移民

つもりだと嘘をつき、儀式の際に一転、大衆の面前でいきなりムハンマドを「偽りの預言者」と非難し、死刑に処された。（デュフルク, 1997:274-5）.

127　アルバルスによるエウロギウス伝 *Vita Eulogii* がこの殉教運動を語る主史料になっており、そのためエウロギウス以降は途絶えたという形になっている。他方、アラビア語の史料はこの事件については沈黙している。抗議・自己主張の自死そのものは、このあとも散発的に行われていた。925年のガリシア人ペラージョ（Pelagio）の殉教については、ドイツの尼僧Hrotsvithaがその受難を詩にしている。（FONTAINE, 1978:20）.

128　イスラームと西洋の関係について研究するダニエルは、エウロギウスとアルバルスを «... those two quirky individuals...»、殉教運動を «an infectious hysteria» と呼んでいる。DANIEL, N., «Spanish christian sources of information about islam (ninth-thirteenth centuries)», *Al-Qantara*, vol. XV, fasc. 2, 1994, pp.369-373.

129　例えばルートヴィヒ1世がメリダのモサラベへ書簡を送っている。（FONTAINE, 1978:19）.

130　イスラームによる統治は反キリスト出現の前段階であるとするアルバルスが根拠として提示する旧約聖書ダニエル書の強引だが面白い解釈については、（サザーン, 1980:33-4）参照。

131　«una clara intencionalidad política de plantas de iglesias arcaizantes», （MARTÍNEZ ENAMORADO, 2004:510）.

132　（SIMONET, 1897:515；MERGELINA, 1925；VALLVÉ, 1965；ACIÉN, 1994；ARCE SÁINZ, 2001；MARTÍNEZ ENAMORADO, 2004）. VALLVÉ BERMEJO, J., *Omar ben Hafsun, rey de Marmuyas,* Madrid, 2004.

133　la «carencia absoluta de tradición arquitectónica de los mozárabes», （BANGO, 1974:71）.

134　«una enorme pobreza, incapaz de generar o sugerir la arquitectura del norte», （YARZA, 1985:28）.

135　ARCE SÁINZ, F., «Los monasterios cordobeses de Tábanos y Penamelaria a la luz de los textos y su entorno histórico», *Boletín de Arqueología Medieval*, 6, 1992, pp.157-170；（ARCE SÁINZ, 2000）.

136　（GÓMEZ-MORENO, 1932:619-620；Crónicas asturianas:144）. 同じ出来事に関してアルベルダ年代記には、「（オルドーニョは）レオン、アストルガ、トゥイ、アマーヤに入植し、他の拠点に防備を施した（Legionem atque Asturicam simul cum Tude et Amagia populauit multaque et alia castra muniuit.）」とあり、入植者の出自に関する記述はない。ローダ版の改訂版と考えられるad Sebastianum版にも、入植者の出自に関するコメントは特にない。（*Crónicas asturianas*:175）.

137　近年でも両者を区別しない傾向は散見される。（RIOS CAMACHO, 2009；REGLERO, 2010）.

138　たとえばMORETA（1989:43）はモサラベの移住活動がアブダッラフマーン2世の迫害と連動して起こったことを語った後、（GLICK, 1979）を援用してモサラベの影響で北方にオリーブオイルへの嗜好と地中海農業が導入されたと述べて

注

いる。

139 到来の日付。明言されている場合は年のみ（例：1000）。おおよその時期が推測される場合はc.をつけた（例：c.1000）。日付がわからないが、確実にある日付以前の場合はa.をつけた（例：a.1000）。

140 L...ラテン名、またはラテン語化したキリスト教名、ギリシア名;G...ゲルマン名;A...アラビア語を語源とすると考えてよい名前。

141 853年7月13日（Núñez）にOrdoño Iが修道院に対して与えた文書の中で言及。Fruela Iの治世（757-768年）当初とされる。また、このあと902年に、Teodemundo司祭によってSamos修道院に与えられた寄進文の中で、アル・アンダルスからの移民が建てたVilla Adiloniの教会、という言及がある。Argericusは妹のSara（Sarra）とやってきたとされる。（Gómez-Moreno, 1919：93；Núñez, 1978：227-9；Arbeiter & Noack, 1999：228；Ríos Camacho, 2009：425）. 文書の日付等に齟齬があるが、Simonetも言及している。（Díaz-Jiménez, 1892：124；Simonet, 1897：II, 242；Cotarelo, 1933：158；Cagigas, 1947：268）. 902年文書に関しては、（Sánchez-Albornoz, 1966：204）.

142 853年（Cotareloによれば854年、Díaz-Jiménezによれば861年、Caveroによれば857年）の文書において、Ordoño IからSamos修道院下賜を追認されている。«sicut concesit genitor noster Ranemirus cum de ipsa Spania in regione ista iugressus fuisti», （Díaz-Jiménez, 1892：n.4）. （Díaz-Jiménez, 1892：124；Simonet, 1897：II, 440；Gómez-Moreno, 1919：93；Cotarelo, 1933：160；Cagigas, 1947：268；Núñez, 1978：227-9；Arbeiter & Noack, 1999：228；Cavero, 2001：246）.

143 コルドバから来た«advenae Cordubenses»何人かの1人。（Simonet, 1897：II, 440；Gómez-Moreno, 1919：93；Cagigas, 1947：267）.

144 862年5月20日（Simonet）。この時点で修道院は放棄され廃墟となっていた。872年にOfilonはコルドバから持って来たいくつかの書物や、Ordoño王から拝受した財産と、その修道院への寄付に言及している。興味深いことにこの際の「復興」も功を奏さず、わずかのあとにはまたしても「復興」プロジェクトが、今度はもっと大きなヒエラルキーに組み込まれる形で行なわれることとなる。主導権を取ったのは、Rudesindus率いるセラノーバ修道院であった。Tumbo del monasterio de Samos, no. 3 & 5. （Díaz-Jiménez, 1892：124；Simonet, 1897：II, 499-500；Cotarelo, 1933：160-1；Cagigas, 1947：268；Núñez, 1978：227-8；Cavero, 2001：246）.

145 Díaz-JiménezによればSan Esteban y San Martínにおいて910年の文書において言及。（Díaz-Jiménez, 1892：125）. CagigasによればSamos近傍のSan Vicenteで952年に、Spania出身のEgilaの息子Adilanoにより785年に創設されたと言及。（Cagigas, 1947：268）.

146 «...et rex noster legatum nomine Dulcidium Toletane urbis presuiterum cum epistolas ad Cordouensem regem direxit Septembrio mense...», （Crónicas asturianas：181）. （Cagigas, 1947：270）.

147 945年にRamiro IIが修道院に行なった寄進文書（Mínguezによれば偽造）の中

283

第二部　レオン王国とモサラベ移民

での言及：«...sub manus Abbati Adefonso qui cum sociis de Spania advenerant huic regioni abitantes ad construendum ibIDEM monasterium.»（*CMSahagún*：130-2 & 134-6, no.98）。（DÍAZ-JIMENEZ, 1892：n.1；SIMONET, 1897：II, 501；GÓMEZ-MORENO, 1919：107 & 202；CAGIGAS, 1947：268-9；PÉREZ DE URBEL, 1951：159；SÁNCHEZ-ALBORNOZ, 1966：206；*Crónicas asturianas*：180）。

148　913年の銘文において言及。Sahagúnの Adefonsus（Alfonso）と同一人物と考えられることも多い（DÍAZ-JIMÉNEZ）。（DÍAZ-JIMÉNEZ, 1892：124；SIMONET, 1897：II, 500-1；GÓMEZ-MORENO, 1919：141-3；CAGIGAS, 1947：268；GARCÍA LOBO, 1982；ANEDDA：2004；MARTÍNEZ TEJERA, 2004：II, 48-148；IDEM, 2005：61-112；BANGO, 2008；IDEM, 2014；CAVERO, 2014）。銘文自体は紛失したが、RISCO（1980：311）によって転記されていた。銘文の詳しい先行研究は（MARTÍNEZ TEJERA, 2005）参照のこと。補遺1.

149　Ercávica は Cuenca 県 Cañaveruelas にあるローマ遺跡。（GÓMEZ-MORENO, 1919：107）からだが、出典不明。

150　Escalada のものと非常によく似た銘文において言及。（GÓMEZ-MORENO, 1919：167-70；CAVERO, 2001：246-7）。CAVERO は926と記しているが、その年にはOrdoño は退位しており、誤りと思われる。REGUERAS GRANDE, F. & GRAU LOBO, L. A., «Nuevas evidencias sobre una vieja iglesia mozárabe：San Martin de Castañeda», *Brigecio* núm.3, 1993, pp.83-113；RÍOS CAMACHO, X.-C., «El monasterio de San Martín de Castañeda / San Martiño de Castañeira. Un enclave del Noroeste mozarabizado», García Leal, A., Gutiérrez González, R. & Prieto Entrialgo, C. E. (eds.), *MC aniversario de la muerte de Alfonso III y de la tripartición del territorio del Reino de Asturias,* Oviedo, 2010, tomo I, pp.221-262. 補遺3。

151　931年の文書に Iulianus Dei gratia episcopus de Vivester とある。*Tumbo de San Julián de Samos (siglos VIII-XII)*, Santiago de Compostela, 1986, doc.34, pp.123-5（CARRIEDO, 2002：92, n.135）。CARRIEDO は Vivester を Bobastro と同一視している。

152　«Iulius episcopus de Badaliaucu», *La documentación del Tumbo A de la Catedral de Santiago de Compostela*, León, 1997, doc.39, p.131 y ss.（CARRIEDO, 2002：92, n.135）。Badaliaucu が何を指すのか CARRIEDO は特に明示していない。

153　«Julianus hispalensis episcopus», QUINTANA PRIETO, A., *El obispado de Astorga en los siglos IX y X, Astorga*, 1968, pp.331-4（CARRIEDO, 2002：93, n.135）。

154　*Ibn Hayyān* によって記録された、941年の後ウマイヤ朝の外交使節団に含まれていた3人のモサラベ。それぞれ、セビーリャ大司教、ペチーナ司教、エルビーラ司教。（CARRIEDO, 2002：92, n.135）。

155　Abellar 修道院において、証人の1人として Martinus abba cordovensis とある。Tumbo de la catedral de León f.388v.（*CCLeón*：II, no. 276）。（DÍAZ-JIMÉNEZ, 1892：131；GÓMEZ-MORENO, 1919：107；CAVERO, 2001：249）。GÓMEZ-MORENO はこの文書を921以前の Ordoño の治世とし、DÍAZ-JIMÉNEZ は937-9年としているが、（*CCLeón*）では原告の登場する他の証書から推算し、937-954年と幅をもたせている。この時期、Martinus という修道院長が何度か登場しており、同

284

注

一人物の可能性がある。940年には聖アンデレという名前も出しており、おそらくはゲナディウスがサン・ペドロ・デ・モンテスやサンティアゴ・デ・ペニャルバとともに創設したものかと推察される。«Martinus abba sancti Andreae»,（*CCAstorga*：no.55）.

156　«cordubense», (*CMSahagún*：no. 221). (GÓMEZ-MORENO, 1919：110 & 117)：«Hakam cordobense». (CAVERO, 2001：249).

157　(FLÓREZ, 1905：XVII, 161). 原本は消失、(GÓMEZ-MORENO, 1919：107；PÉREZ DE URBEL, 1951：159；CAMÓN, 1963：208).

158　コインブラでいくつかの橋と「Formaの粉ひき場（los molinos de Forma）」を建設した、と11世紀の文書に登場する。(SIMONET, 1897：III, 632-4).

159　«in presentia qui ibi fuit Zacbascorta Eben Bacri quando uenit de Cordoba pro pace confirmare ad Romanos in Domnos Sanctos», (*CMSahagún*：no.380；CARRIEDO, 2002：93, n.135).

160　SIMONET と CAGIGAS は、創設を872年（聖別式874年）とし、アルフォンソ院長は883年の略奪を脱し、その後復興に関わったとしたが、アルフォンソ院長は904年に初出。(*CMSahagún*：27-8).

161　«fratres de Castinaria qui fuimos habitantes in Mozoute». Becerro de San Martín de Castañeda, BN, ms. 18382, f.39. (GÓMEZ-MORENO, 1919：173-4；CAVERO, 2001：247). San Martín de Castañeda が漁場云々を問題とするのは、湖に近接していたからである。

162　前章において述べたとおり。*Ibn Hayyān, al-Muqtabis* の断簡より。(GÓMEZ-MORENO, 1919：107；CAGIGAS, 1947：270-1；LÉVI-PROVENÇAL, 1950：242；SÁNCHEZ-ALBORNOZ, 1966：273-4).

163　数には含まなかったが、アフリカから到来したとされるオドアリウスは、ルゴの入植に役割を果たしたとされる。オドアリウスの一行もゴート系の名前を持っていた。(MERINO, 1978：50).

164　BANGO の一連の著作のほか、(DÍAZ-JIMÉNEZ, 1892：125-6；CAMÓN, 1963；CAVERO, 2001：252). GRASSOTTI (1961：336) は彼らがムスリムの影響に対してもっとも反抗的姿勢を示し «aquéllos más rebeldes al contagio»、イスラーム以前の生活形態を墨守した «esos mozárabes inmigrantes vivían... según los módulos preislámicos» ことを強調した。«... es muy lógico pensar que esas gentes no pudieron transmitir a los españoles del Norte estilos de vida o de pensamiento que les eran ajenos si huían en salvaguardia de los propios... Llevaron, sí, algunos nombres personales, algunos vocablos árabes que designaban objetos y oficios del vivir cotidiano, algunas costumbres y algunas técnicas o saberes... pero esencialmente llevaron la gran cultura representada por San Agustín, Paulo Orosio y San Isidoro de la que eran directos herederos.»
CABRERA (1996：14 & 24-5) や BARBERO & VIGIL (1978：276-7) もモサラベ移民が北方に西ゴート主義イデオロギーを持ち込んだと考えている。また CAMÓN (1963：208) も9世紀から10世紀初頭の移民に言及し、時期的にモサラベが建築に貢献しうる可能性の低さについて述べている。«... es difícil que estos monjes

285

第二部　レオン王国とモサラベ移民

llevasen consigo hábitos constructivos que contradijeran a la tradición, mucho más rica, de los países cristianos».

165　(Díaz-Jiménez, 1892：127). ちなみにゴメス・モレーノ以来取り上げられてきた地名としては、Almunia、Almazcara、Alcopa、Almanza、Almanara、Villela de Abiub、Villa Mudarra、Castro Mozaref、Villa Mozaref、Villa Nazar、San Esteban de Mazules、Pobladura de Vanizatis、Villa de Juniz、Val de Mahamude、Castro Abaiub、Castro de Melgar、Castro de Gundisalvo ibn Muza、Castro Abduzi、Castro Marzaref、Castro Mutarraf、Castro Hevoz、Castro Aldeireite、Villa zopequeなどがある（Gómez-Moreno, 1919：119-121；Pérez de Urbel, 1951：159；Sánchez-Albornoz, 1966：270-1；Estepa, 1985：81；Cavero, 2001：243；Martínez Díez, 2011：106）。

166　同じことはフェルナンデス・マルコスの研究にも言える（Fernández Marcos, 1993）。

167　Felixはアストゥリアスで改宗してコルドバへ戻り、そこで殉教した。（Gómez-Moreno, 1919：118). Eulogiusはこのエピソードを語る際に、北部キリスト教国の宗教・修道生活を高く評価している。（Linage Conde, 1973：449). «cum quo et Felix monachus, ex oppido Complutensi progenitus, natione Getulus, et quadam occasione in Asturias deuolutus, ubi et fIDEM catholicam et religionem monasticam didicit, eodem die hac professione decisus affigitur», (Gil, 1973：445).

168　アラビア語名についての統計的分析に続き、この点についても触れる。

169　例として、トレド大司教Obaidala (Abdala) ben Cásim. (Simonet, 1897：622).

170　Ibn García、Ibn Martínなど。(Simonet, 1897：I, XLVI, n.6).

171　修道院長の名で10世紀前半のものとして挙がったのが、Domno Mélic (929以前）；Abeiza (926)；Zanom (937)；Abogalebh, presbiter (c.940)；Domno Vellite de Valdevimen (951)。また、2人の女性修道院長、2人の修道院副長（prepósito）を挙げ、さらに修道僧として、Frater Abdela (917)；Mutarraf (941)；Frater Montakem (952)；Habze monago (958) に言及。(Gómez-Moreno, 1919：107-9).

172　これらは全て同一人物と考えられるが、Recemirusという人物は930‐40年代に登場する人物で、ミンゲスによれば10世紀初頭に帰されるこれらの文書は全て後世の捏造で、他の文書から人名を借用したもの。(CMSahagún：36). したがって、905年の大きな寄進の際に、Recemiro ben Decemberに加えて、Abita Rapinatiz と Rapinato ben Conancio という別のアラビア語名の人物が登場するのは、全て後世の人名の借用と考えられる。

173　(CMCelanova：no.10) では、この文書を909年のものとしており、そちらのほうが妥当と思われる。

174　Martínez Sopena, P. & Carbajo Serrano, M.ª J., «Notas sobre la colonización de Tierra de Campos en el siglo X：Villobera», El pasado histórico de Castilla y León, Burgos, 1983, vol. I, pp.113-125. (Mínguez, 1995：70) より。ミンゲスはVilla de Beraのアラビア語名の人々は必ずしもモサラベとはいえず、残留者とも考えられると指摘している。

注

175 Carbajo Serrano, M.ª J., *El monasterio de los Santos Cosme y Damián de Abellar. Monacato y sociedad en la época asturleonesa*, León, 1987, pp.174-5.（Cavero, 1999：43）より。

176 こうしたアーカイヴでは後世に写しが作られることがままあったが、その中で原本に限定し、時期がはっきりしており、（改竄の対象となりやすい）宮廷関係でなく、レオンから離れた地域に関係するものを含まない、という条件で選んだサンプルの、さらに3つに1つを対象にしたという。«...utilizando diplomas cuya cronología abarca desde el año 876 al 1200. Se aproximan a 1800 los documentos conservados en el archivo catedralicio leonés para antes del siglo XIII. ... una selección de acuerdo con ciertos criterios. En primer lugar, el de trabajar sólo con documentos originales ... por otro lado, el de prescindir de los diplomas que reflejaban el ambiente cortesano, de los de fecha incierta, y de los que se referían a espacios relativamente distintos o alejados del atribuido a la diócesis leonesa –como el Bierzo, Galicia y Asturias–. Aun ... uno de cada tres documentos ... Como resultado, 202 diplomas... (del Archivo de la Catedral)»,（Martínez Sopena, 1995：155）。

177 Toldanos, Villafalé, Villacete, Valdesogo, Marialba, Villaturiel, Mansilla de las Mulas, Valle de Mansilla, Villa de Soto, Vega de Infanzones...

178 Villanueva del Árbol, Villar de Mazarife, Valencia de Don Juan y Santas Martas, la ciudad de León, Trobajo...

179 Villavelasco, Villamol, Villapeceñil, Grajal, Gordaliza, Becilla, Villavicencio, Castroverde, Barcial. Melgar de Forakasas...

180 レオンに関しては、Colección «Fuentes y estudios de Historia leonesa» に収められた、*CCLeón*（*Colección documental del Archivo de la Catedral de León (775-1230)*：Emilio Sáez, ed., I（775-952）；Emilio Sáez & Carlos Sáez, ed., II（953-985）；José Manuel Ruiz Asencio, ed., III（986-1031））；サアグンは、*CMSahagún*（*Colección diplomática del monasterio de Sahagún*：José María Mínguez Fernández, ed., I（siglos IX y X）；Marta Herrero de la Fuente, ed., II（1000-1073））；セラノーバは、*CMCelanova*（*Colección diplomática del monasterio de Celanova (842-1230)*：Emilio Sáez & Carlos Sáez, ed., I（842-942）；Idem, II, ed.,（943-988）；Idem, III, ed.,（989-1006））；アストルガは *CCAstorga*（*Colección documental de la Catedral de Astorga*：Gregoria Cavero Domínguez & Encarnación Martín López, ed., I（646-1126））をその主たる典拠とした。

181 この中で保存状態が最も悪いのがアストルガ大聖堂の公文書集成で、オリジナルの数も少なく写本も正確さに欠く。それに加え、現存する写本の真正性や日付の誤りなどについて、エディションの際に基本的に判断を保留しているため、その他のレオン、サアグン、セラノーバのものと比べると統計的な利用が難しく、疑わしいものは全て除いた。結果的に、アストルガの文書は他のアーカイヴのものの補足として用いざるを得なかった。

182 公文書はオリジナルと写本が混在しており、特にコピーの場合は日付と内容の齟齬がある場合も多い。また捏造された偽の文書もあるが、ごく一部だけ改竄

287

第二部　レオン王国とモサラベ移民

されているものもあり、その判別は筆者の能力では不可能である。従って、基本的には史料集の編纂者たる文献学者の意見を採用した。ただし筆者独自の判断でこうした意見に反する判断をした場合はその旨を記した。ちなみにE・サエスによって挙げられたレオン大聖堂公文書アーカイヴ内の952年までの258の文書で捏造されたものは12通、これに第2巻にC・サエスによって追加された一通を加えても5％にしかならず、偽造文書の宝庫であるオビエドなどに比べ、オーセンティシティーの極めて高い史料集成となっているといえよう。(*CCLeón*：I, p.XXX).

183　このようなルールを設けたが、実際には受益者の修道院長にアラビア語の名前を持っているケースはUellite abba (*CCLeón*：no.231) などごくわずかしか発見できなかった。

184　ところで本書の分析対象とはならなかったが、10世紀レオン王国にはAbolmondar Telliz、Beni Gómez、Beni Meriel といった有力者が存在していたのも事実である。(ESTEPA, 1985：23；GARCÍA DE CORTÁZAR, 1994：44；RUIZ ASENCIO, 1999：26).

185　文書ごとのアラビア語名のリストとその割合は、拙著『スペイン十世紀レオン王国の建築と社会』東京大学大学院工学系研究科建築学専攻学位論文、2008年に収めた表2-2-Sa, 2-2-Ce, 2-2-Le, 2-2-Asを参照のこと。

186　(*CCLeón*：I, no.43).

187　(*CCLeón*：I, no.46).

188　(*CCLeón*：I, no.102).

189　(*CCLeón*：I, no.27/ no.46).

190　補遺14. 問題はテキストがどの程度オーセンティシティーを保っているかという判断である。というのは、写本の写され方が非常に悪かったようだからだ。(*CCAstorga*：no.48；FLÓREZ, 1905：XVI, 152 & 432-3).

191　«Habaz；Neyret, qui de baptismo Rademundus», (DÍAZ-JIMÉNEZ, 1892：134；CAVERO, 2001：244). (*CCLeón*：no.341) に Heyret presbiter, qui de babtismo Rademundus とあるがこのことか。また、1002年にAbraham ebreo, (*CCLeón*：no.614).

192　«pro remedio anime meae et pro uno meo filio que obiit pagano...», (QUINTANA, 1971：no.12；CAVERO, 2001：249).

193　«... secundum illum uobis designauit et determinauit pueri nostro, Abaiub iben Teuite...», (*CCLeón*：no.45).

194　100頭の牛と100頭の羊を飼っていたという。«...ipsos pueros Sarrazinus et Daude et Hecale...», (*CCLeón*：no.43). AYALA (1993：231) によれば、レオンの文書に登場するseruusとは、有力者に対する何らかの従属性を指し示しつつも、所有権その他の権利を持っている場合もあり、必ずしも古代的な奴隷を意味していないという。同様の例は、864年Ausonius (*CCLeón*：no.3), 870年Flacianus (*CCLeón*：no.4), 926年Iaha Iuzef (*CCLeón*：no.71) などに見られる。

195　«...adduximus ex terra sarracionorum ex tribu hismaelitarum...», (*CCAstorga*：no.20；CAVERO, 2001：251).

注

196 «...Mauros II et redemptio de tertio...», (*CCLeón*：no.220).

197 «...predauit, vstulauit, et multa mancipia secum adtraxit.» (*Sampiro*：309；*Edad Media*, 2005：133)

198 LÓPEZ LÓPEZ は、Santa María del Retortillo や象牙細工の箱を挙げ、熟練したモサラベの職人が洗練された技術を持ち込んだ、と述べている。Retortillo を「洗練された」と呼ぶのは正確な評価とはいえないし、象牙細工の箱はキリスト教徒が後に弱体化したイスラーム教国から戦利品として奪ったものがほとんどである。両者とも、「モサラベ」文化とほとんど接点はない。«muchos experimentados artesanos que trajeron consigo la depurada técnica de sus oficios artísticos y que nos han dejado obras en las que es posible adivinar la influencia de los modelos andalusíes», (LÓPEZ LÓPEZ, 1999：304).

199 (GÓMEZ-MORENO, 1951：371). 以下のように刻まれていたとされる：«Lupo dcs – Arias Forti fecit – Zaddon fet – Endura diagono – Ivanes Kelrici – Monio memoria – Petrus ... filio de Iovanes – Ermanvald sum – frtr Agila presbiter...». (CAMÓN, 1963：209；YARZA, 1979：99). なおこの銘は現在確認できない。(PUENTE, 2002：n.18).

200 «... nada saben de la vida urbana y son de religión cristiana». (SÁNCHEZ-ALBORNOZ, 1966：228, 264-5).

201 «... sobre todo los monjes y otros fieles, a quienes no retenía el amor de bienes e intereses terrenales». (SIMONET, 1897：II, 499).

202 第三部第4章を参照。

203 レオン王国とカスティーリャ伯領の10世紀の歴史については、主として (*Sampiro*；PÉREZ DE URBEL, 1956：109-271；RODRÍGUEZ FERNÁNDEZ, 1973；SÁNCHEZ-ALBORNOZ, 1980；SAYAS & GARCÍA MORENO, 1981；*HGEA*, III；MÍNGUEZ, 1989：152-221；ESTEPA, 1985；MORETA, 1989：33-40；ローマックス, 1996：59-62；ÁLVAREZ & TORRES, 1999；*Edad Media*, 2005：161；*Reino de León*, 2010；COLLINS, 2013：241-283）を参照した。

204 (*Sampiro*：332-9 & 415-420；LÉVI-PROVENÇAL, 1950：293-300 & 378-382；ARIÉ, 1982：163；CARRIEDO, 1984：192；*Abderramán III*, 1991：43).

205 «Quo fugiens Adefonsus Alabam petiit propinquisque matris sue se contulit.» (*Crónicas asturianas*：138).

206 首都レオンを「都市」として語ったのが SÁNCHEZ-ALBORNOZ, C., *Una ciudad de la España cristiana hace mil años, estampas de la vida en León*, Madrid, 1965 (reed. 1989, Rialp, Madrid).

207 «...intus municione muri erant tres domos, que terme fuerant paganorum, et in tempore christianitatis facte sunt aula regalis.» (*Sampiro*：311).

208 (*Edad Media*, 2005：415)；*Guía arte románico*, Museu Nacional d'Art de Catalunya, 1998, p.31.

209 プレスーラ、再入植については本部第2章を参照のこと。

210 «...San Rosendo posee pocas cosas en común con los monjes mozárabes... Su actividad, ...descansa en unas circunstancias muy diferentes, ... Él no procedía de un mundo de

289

第二部　レオン王国とモサラベ移民

resistencia y presión, ni era tampoco un desplazado.»（NÚÑEZ, 1994：58）.

211　（GARCÍA DE CORTÁZAR, 1994：36-7）. 初期中世イベリア半島の修道院については近年無数の論文集が編まれており、たとえば以下。GARCÍA DE CORTÁZAR, J. A. & TEJA, R.（coords.）, *Monjes y monasterios hispanos en la Alta Edad Media,* Fundación Santa María la Real, Aguilar de Campoo, 2006; IGLESIA DUARTE, J. I. de la（coord.）, *Monasterios, espacio y sociedad en la España cristiana medieval,* XX Semana de Estudios Medievales（Nájera, 2009）, Instituto de Estudios Riojanos, 2010.

212　（ワット, 1980：64；VERNET, 1993：65；UBIETO, 1997：52 & 70-1；デュフルク, 1997：133-141；*Edad Media,* 2005：205-9）. ただし、こうした用語がいつどこでラテン語・ロマンス語圏に導入されたかという点は検討する必要がある。10世紀の時点で感じ取れる技術的影響は限定的である。

213　（GÓMEZ-MORENO, 1919：355-396；FONTAINE, 1978：385-395；YARZA, 1979：121-2；IDEM, 1980：71；BANGO, 2001：389-90 & 431-2）.

214　«... lectos palleos, almuzallas, plumazos palleos, aquamaniles, concos, mortario, cogma, ganzas, capsa, cruce, incensarios, kasullas（una pallea et alia tiraz）, alhagara, candelabro, ciriales, almenara, scalas, copo ...»,（CCLeón：no.42）. ちなみにこの文書には3人のアラビア語名の人物が証人としてサインをしている（Maruanus、Abzuleyman、Hanne）。GÓMEZ-MORENO によれば *alhagaras* や *almuzallas* は絹製の布の一種。（GÓMEZ-MORENO, 1919：334 & 345）.

215　Rudesindus の寄進：«cruces argenteas IIas, ex quibus unam fusilem auro et gemis hornatam；candelabros argenteos IIos et tertio eneo；coronas argenteas IIIes, ex quibus unam gemis et auro comtam；lucerna I turabulorum ex auro cum sua offerturia；capsas argenteas exauratas IIas, ex quibus una maior uidetur；diptagos argenteos immaginatos et deauratos；calices argenteos exauratos IIIes, ex quibus unum franciscum et eorum pateris, et quartus auratus subminore, quintum de almafil cum sua patena；signos cum agisos IIos et tertium ministrandissimum；unum gematum；alias lineas X；casullas silineas X；alias casullas XIII：V de alchaz, VI feyrach cardena, septima barragan, VIIIa cardena marayce, VIIIIa uermelia exageg, XIa linea cardenea, et duas planetas uitiones；orales VIIII, ex quibus cum auro et argento compositos IIIIor. ... Addicimus etiam stragmina lectulorum；gagnapes palleas antreinu（*sic*）VII, subminores XIIII；plumatios digniores palleos X, alios subminores XIII；alliphaphes uulturinos V；almozallas morgomes VI；fateles palleos IIos. Concedimus etiam fialas argenteas franciscas IIas；soparia exaurata；coppas exauratas cum copertoriis IIas；litones IIas；scalas exauratas VI；litones XIIm；moiolos exauratos III；calice exauro et gemato uno；dente eleuantino et soparias bubalinas IIas；seruitio mense argenteo integro；vasa enea；ydrias IIIIor et Vo ceruo；concos immaginatos VII；castizales IIos；uasa uitrea；concas aeyraclis IIas；arrodomas sic aeyraclis VIIII et nauicella bizath；mutas de mensa antromnu（*sic*）XX. ...».（CMCelanova：no.72, I, 155-6）.
Ilduara の寄進：«Addicimus etiam stragmina lectulorum, galnabbes pallias IIII；allihaffes uulturinas II ambas pallias antemanum, tapetes III, almuzalla morgom I,

290

注

plumazos pallios III et quarto tramisirco, culcitra addani I, linolas VIII, galnabbes Ianeas
XVIII, plumazos sic laneos XI, scaleas argenteas III ex ipsis una exaurata de XXX
solidos, que fuit de domno et uiro meo ut memoria eius sit in ea；vasa enea, concum
immaginatum cum sua ytria. Inter sauanos et manteles parea XLa, ex eis litteratos parea
VII, fazistergias tramisiricas II, casullas de sirico II, una mezki et alia alba pintella,
alias mataraffes, alias lineas V；albas de sirico III exageges, una amarella, alia suruz et
tercia alba. Item albas de lino IIII et quinta tunica, amictos VI, orales brosetos de auro
et argento fresatos III, frontales IIII, duos inde mataraffes, uno uermiculo cum cruce de
argento filo et alio amarello；et alios pallios II, pallas VIII, una alba de illo fazistergulo
francisco et alia de aluexi, terzaria exaurata kaskerxi, quarta tyrace uermelia, quinta
grecisca, sexta alba similitudinem de illis dalmaticis, septima cardena similem de
gricisca et octaua almagana cardena exaurata；velos pallios principales II. Libros
Psalterio I et Goticum I.» (*CMCelanova*：no.57, I, 132-3；Gómez-Moreno, 1919：
243-4).

216　前章参照。

217　«...adueniens quidam uir nomine Mahmut, fugitiuus a facie regis Cordubensis
Abderrahman, cui rebellionem diuturnam ingecerat ciues quondam Emeritensis,
susceptus est clementia regia in Gallicia ibique per septem annos moratus est.»(*Crónicas
asturianas*：141；Sánchez-Albornoz, 1972：II, 697-711；Martínez Enamorado,
2001：313).

218　«Tunc Ababdella, ipse qui Mahomat iben Lup, qui semper noster fuerat amicus sicut
et pater eius, ob inuidiam de suos tios, cui rex filium suum Ordonium ad creandum
dederat...», (*Crónicas asturianas*：178).*Crónicas asturianas*ではオルドーニョ（1世）
がその息子を預けたと訳されている（Idem：252）。そのように訳した理由があ
るのかもしれないがそれは記されておらず、この文だけからそう解釈するのは
難しい。Vallvé（2003, 209）、Valdeón（1994：21）、Guardia（2007c：10 & 22）
のように王が息子オルドーニョを送ったと素直に読むのが普通だろう。

219　«...et rex noster legatum nomine Dulcidium Toletane urbis presuiterum cum epistolas
ad Cordouensem regem direxit Septembrio mense...», (*Crónicas asturianas*：181；
Sánchez-Albornoz, 1972：III, 729-740；Cavero, 2001：238). アルベルダ年代記は
往路までしか記録していない。コルドバからエウロギウスとレオクリティアの
聖遺物をもって帰還したのは884年1月9日であるという。«Dispositis negotiis,
Dulcidius Adephonsum de sacris reliquiis certiorem fecit, qui cum Hermenegildo
Episcopo ovetensi et clero, solemni processione ordinata, illis extra urbem Ovetum
obviam fuit». Risco, *España Sagrada*, t.XXXVII, p.226, via（Sánchez-Albornoz,
1972：III, 730, n.7).

220　935、940、941、942、956、971、973、1003、1004年。(Carriedo, 1984).

221　(Noack, 1985；Idem, 1989；Idem, 1991；Idem, 1996；Domínguez Perela, 1987；Idem,
1991；Idem, 1992；*Coloquio capiteles,* 1990；Domingo, 2009；Idem, 2011；Idem,
2012). また、Untermann, M., «Las relaciones de la escultura mozárabe con modelos

291

第二部　レオン王国とモサラベ移民

antiguos, árabes y francos: ¿recuerdo o renacimiento?», García Lobo, V. & Cavero Domínguez, G. (coord.), *San Miguel de Escalada: (913-2013),* León, 2014, pp.123-141.

222　Santiago de Peñalbaの壁画については（Guardia, 2007a）を参照。

223　ベアトゥス研究の動向については、(*SimpBeato*；Yarza, 1996；Mentré, 1996；ファクンドゥス写本, 1998）などを参照。代表的なコーパスとして名が挙がるのは、Williams, J., *The illustrated Beatus: A Corpus of the illustrations of the Commentary on the Apocalypse*, London, 1994-. また、Pérez, Maurilio (coord.), *Seis estudios sobre Beatos medievales,* Universidad de León, 2010；Valdés Fernández, M., «De Armentario a Magio: algunas cuestiones sobre la miniatura leonesa del siglo X», García Lobo, V. & Cavero Domínguez, G. (coord.), *San Miguel de Escalada: (913-2013),* León, 2014, pp.155-195；Fernández Flórez, J. A., «Beato y los Beatos. El Beato de Escalada y su familia», *Idem,* 2014, pp.239-272.

224　(*SimpBeato*；Fontaine, 1978：321-383；Yarza, 1979：108-121；Idem, 1980：66-70；Idem, 1985：35-6；Idem, 1996：67-8；Idem, 2000：221-4；Bango, 2001：382-9）.

225　一方、「モサラベ」という呼称の支持を表明したのがM. Mentréである。第一部第3章を参照。これらの写本における「イスラーム的形態」に関する第一人者はO. K. Werckmeisterであるが、彼によって挙げられたイスラーム的要素（Werckmeister, O. K., «Islamische Formen in spanischen Miniaturen des 10. Jahr. und das Problem der mozarabischen Buchmalerei», *SetSpoleto*, 1964, 1965, pp.933-967）に対し、それぞれの研究者が都合に合わせて「これしかない」「こんなにある」と正反対の解釈を述べているのは興味深い。（Werckmeister, 1993；Yarza, 1996：67-8；Bango, 1998：XXII；López López, 1999：303）.

226　«...no se debe hablar de influencia, sino de conocimiento del arte del sur y uso conveniente de acuerdo con la idea de que todo lo que procede de allí está impregnado de mal.-（Yarza, 1996：69）.

227　«El aprendizaje debía hacerse directamente de discípulo a maestro, sin que quepa pensar en escuelas o talleres de aprendizaje.»（Yarza, 1979：111）.

228　第2章参照。

第三部　スペイン初期中世建築の特質

はじめに

　第一部で見たように、ゴール地点としてのゴシック、つづいてロマネスクとと時代を遡った西欧中世建築研究が最後に辿り着いたのが「プレロマネスク」であった。初期中世を国家の原点とする西欧諸国にとって、それはナショナリズムと深い関わりを持っていた。イベリア半島の初期中世建築に関しても、スペイン人研究者がスペイン性（lo hispano；Spanishness）を論じて半島外との差異を強調する傾向があった。こうした半島と半島外との差異や関係という問題と並んで、古代末期から初期中世にかけて建てられた建造物の古代性・中世性が重要な問題として取り沙汰されてきた。

　第三部では、半島初期中世建築、とくに10世紀レオン王国の建築の建築的語彙と文法を再検討し、その背景、外部的影響、西欧・地中海の初期中世建築の中での位置づけについて考察する。第二部では、アル・アンダルスからのキリスト教徒移民が果たした役割を批判的に再検討し、モサラベという呼称の不適切さを示し、一般に10世紀レオン王国の建築の背景とされてきた歴史的状況を修正した。これに続き第三部では、10世紀レオン王国の建築に占めるスペイン・イスラーム建築の造形的・様式的インパクトを相対化し、レオン王国の建築が後ウマイヤ朝建築の亜流（«hijuela del cordobés», GÓMEZ-MORENO, 1919：xiv）とは捉え難いことを示すこととする。

　とはいえ、10世紀レオンの建築には、コルドバ・後ウマイヤ朝で発達した建築言語が確実に反映されている。その反映のされ方はどのようなものであったか？　これまでの研究史は、キリスト教建築＋イスラーム建築＝スペイン建築というような弁証法的な解釈と、それに対する反発で形成されてきて、どのような形でキリスト教建築にイスラーム建築の要素が受け入れられたのか、十分に検証されてきたとはいえない。両要素の存在を見出す研究者は融合や折衷というコンセプトで満足し、イスラーム建築の要素を意図的に軽視した研究者は、イスラーム建築の言語がどう採用され、どう変質したかについて、わざわざ紙

第三部　スペイン初期中世建築の特質

面を割くことはなかった。しかし、この点は掘り下げる価値がある。第二部で
筆者は、レオン王国におけるアル・アンダルスに対する関心は、モサラベ移民
によってというよりは、外交・商業など様々な経路で呼び覚まされていた可能
性を指摘した。アラビア語名の登場も、9世紀のモサラベ移民とはあまり関係
がなく、アル・アンダルスに対して開かれた一種の窓口であった首都レオンの
状況を示していると考える。「モサラベ」に拘らなければ、建築自体のあり方も、
もっと異なった形で見えてくるのではないだろうか。

　第三部ではまず第1章でスペイン初期中世建築の流れ（あるいは跳躍）を説明
し、10世紀レオン建築に関わる諸様相を横断的に考察する。10世紀レオンに
あらわれるいくつかの建築的語彙と文法に着目し、古代から中世にかけてのイ
ベリア半島、あるいはより広くヨーロッパと地中海世界の中でそういった語彙
がどのような文法で用いられてきたかを整理して分類することにより、より広
い範囲の建築史の中に、10世紀レオン王国建築を位置づけることを試みる。形
態的類似性から直接的相関関係を導き出す（例：アルメニアの7世紀建築に似た要
素がある→アルメニア人がやってきた）ことが目的なのではない。しかし古代地
中海世界で共有されていた要素、共有はされていなかったが特定の事例や地域
に存在していた要素、古代末期以降に地中海世界や西欧に流入した要素が、10
世紀スペインでどのように用いられたかを考察することは必要な作業であろう。
ユベールは、19世紀の研究者がフランスとシリアの初期キリスト教芸術の類似
性を「緊密な芸術的交流の存在」に帰したことを批判し、5世紀以前のキリス
ト教建築の「驚くべき統一性」は単に古代末期ローマ芸術という共通の起源に
拠るものだと主張した（HUBERT, 1964：447-8）。同様のスタンスをスペイン初期
中世の最も広い範囲に敷衍したのがバンゴである。本書では、彼らの姿勢、す
なわち何らかの形態的・技術的類似を直接的因果関係に安易に結びつけること
への批判精神を受け継ぎ、10世紀レオン王国の建築の古代性と中世性、半島の
伝統と外部の影響、イスラーム建築との関係、地域的固有性と普遍性などにつ
いて考察を行なう。

　具体的な命題としては、まず第2章でサンティアゴ・デ・ペニャルバの交差
部ヴォールトを取り上げ、建造術、美意識、モデル、ローカリティーの問題に
ついて解釈を展開する。第3章ではサン・ミゲル・デ・エスカラーダにおける
円柱の用いられ方を取り上げる。エスカラーダの円柱は「スポリア」研究や柱
頭彫刻の研究の中で扱われてきたが、建築要素としての円柱が建築全体の中で

296

はじめに

どんな役割を果たしているかに着目することで、「円柱の建築」としての10世紀レオン王国の建築の特質を論じる。続いて第4章で、一連の建築の最大の特徴である馬蹄形アーチとその処理について、技術と美意識に着目しながら、何がアル・アンダルスとレオン王国の建築を繋ぎ、あるいは隔てていたのかを考察する。最後に第5章では、9世紀末から11世紀初頭までのラテン語圏イベリア半島における建築・建設にまつわる言説をリストアップし、何が語られ、何が語られなかったかを整理しつつ、半島外の言説、アラビア語圏の言説との比較を行ない、その特性を明らかにする。

第1章　スペイン初期中世建築の特徴と諸問題

技術的進歩も様式的進化も、そこにあらかじめ決まった
法則がないという点では同様である[1]

　イベリア半島は、蛮族侵入の暗黒時代であったとされる初期中世西ヨーロッパにおいて、規模は大きくないが様々な個性を持つ大変魅力的な建造物を遺した[2]。いくつかの個別の命題についての検討に入る前に、本章ではまずイベリア半島初期中世建築史の流れを、その特異な点に注目しながら整理したい[3]。

　筆者は、イスパノ・ビシゴード建築をイスラーム勢力による半島制圧以前から直後にかけての建設とする従来の説を大筋で認め、イスパノ・ビシゴード建築、アストゥリアス建築、レポブラシオン建築（いわゆる「モサラベ」建築）というロマネスク以前の半島キリスト教建築の区分を受け入れる。が、第一部で既に述べたように、イスパノ・ビシゴード建築グループのクロノロジーが研究者によって最大で200年ほどずれることを鑑み、概説書に見られるような、3つのフェーズそれぞれを個別に扱うというやり方に必ずしも従わず、代わりに、いくつかの構造的・工法的・構成的な特徴で共通するグループを扱っていく。もちろん、建築の特徴から分類することによって、必然的に西ゴート期、アストゥリアス期、再入植期の差異は反映されるだろう。遺構の選択は必ずしも網羅的ではなく、代表的なものと、それに関連したいくつかの遺構を挙げるにとどめる。

1）切石造のキリスト教建築と工法的進化の問題

　イベリア半島に現存する古代末期・初期キリスト教時代の建築はごくわずかで、ほとんどが発掘によって明らかとなった壁体下部を残すのみであり、したがって平面構成や壁体の材料といったごく基本的な考古学的データだけが判明している状況である。ローマやラヴェンナなどイタリア半島の主要都市、廃墟ではあっても比較的質の良い遺構が見られる北アフリカと比べると、イベリア

298

第1章　スペイン初期中世建築の特徴と諸問題

半島の古代末期が建築的にはやや不毛の時代であるかのように感じられるのは事実である。スペイン美術史で初期キリスト教時代の美術として紹介されるのはほとんどが石棺であるし、サンセイャス（Centcelles）などを例外として、建造物としては基礎部分のみ残された遺構ばかりである。10世紀キリスト教建築との関連が最も深いカスティーリャ・イ・レオン地方に関して言えば、ローマ以降6世紀までの建築遺構で現存するのはマリアルバの教会堂のみで、残念ながら完全な廃墟である[4]（fig.3-1）。西ゴート族が半島支配を確立したあとも7世紀に入るまでは状況は大きく変わらない。18世紀後半に発見、発掘され、1790年代ごろの図面（fig. 3-2）が残るカベッサ・デ・グリエゴ（Cabeza de Griego）のバシリカは、6世紀頃の大バシリカの様子を今

fig.3-1　マリアルバ（レオン県）

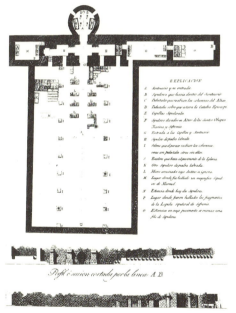

fig.3-2　カベッサ・デ・クリエゴのバシリカ（クエンカ県）

に伝えるものであるが、現在ではその正確な様子を知ることは出来ない[5]。ルシタニアやバレアレス諸島などに、興味深いプランの教会堂跡は多く残されているが、メリダやトレドなど、西ゴート時代の重要な都市では、建築装飾の断片を残して当時の建築は跡形もなく失われてしまった[6]。

　このようにクロノロジーを追っていくと、アプス上部に661年（または652年）レケスウィントによる建立との銘文を掲げ、現存するイスパノ・ビシゴー

299

第三部 スペイン初期中世建築の特質

ド建築で唯一、年代をはっきりと記した遺構であるサン・フアン・デ・バニョスは、イベリア半島建築史上においてやや唐突に現れることがよくわかる。この建築を起点に50年ほど続くイスパノ・ビシゴード建築の発達が、イスラームによる半島征服によって突如終わりを告げる、というのが従来の説である。

サン・ペドロ・デ・ラ・ナベやサンタ・マリア・デ・キンタニーリャ・デ・ラス・ビニャスの見事な切石は、そこに彫り込まれた美麗なレリーフや、ロマネスクのようにストーリー性を与えられた柱頭、そしてヴォールトの技術と並んで、考古学者の関心を呼んできた。「蛮族」時代の西ヨーロッパでイスパノ・ビシゴード建築の切石積に比肩するのは、ラヴェンナのテオドリック王のマウソレウム以外には見当たらない（MET, 1993：15）。第一部で見たように、パロルらは、初期キリスト教建築がそのレベルに到達する過程を追おうとし（PALOL & RIPOLL, 1988）、カバリェーロは、切石で建造する技術を含めた「イスパノ・ビシゴード」建築の飛躍は、外部からの優れた建築文化の介入なくしてはあり得ないと考え、後ウマイヤ朝の到来によって、シリアの古代末期石造建築術のエッセンスがイベリア半島にもたらされ、良質な建築が復興したと主張した（CABALLERO, 2000）。切石に特化した研究論文も多く書かれきた（HAUSCHILD, 1972；IDEM, 1982；ARBEITER, 1995；CORZO, 1986；IDEM, 1989；KINGSLEY, 1980）。

fig.3-3　ムシャッターの壁面装飾

立派な切石に浅く刻まれたレリーフというと、ビザンティン帝国時代の一連の建造物群や、ウマイヤ朝時代と考えられる大規模な宮殿跡など、大シリアに多数の遺構がある[7]（fig.3-3）。シリアとスペインの建築に共通点を見出して直接的な因果関係を論じるのは、集中式プランを全てビザンティンと呼ぶのと同様で、研究史はじまって以来の一つの観点であった[8]。ただ、古代末期に繁栄したシリアの地において初期イスラーム帝国が受けた直接的インパクトと、シリアが地中海全域に及ぼしえた影響力とは、別種のものである。シリアに

第1章　スペイン初期中世建築の特徴と諸問題

入ったイスラーム教徒は、シリアの既存の建築文化に非常に大きなインパクト
を受け、逆に、シリア建築はイスラームという新要素の影響をほとんど受けな
かった（マンゴー, 1999:91-2）。一方、イベリア半島を始めとする西地中海世界
におけるシリアの影響は微々たるものである。

　一部の研究者は、切石造の質を建築の質と同一視し、石造建築が単純進化す
る先に良質の切石造が位置するという考え方から、初期キリスト教建築の荒石
造からイスパノ・ビシゴードの切石造への発展を描き、切石造の質や、切石・割
石・野石の積み方によって年代を推定しようとしてきた。が、結局、完全に一
致するモデュールで完全に同じ積み方で積まれた建物は存在せず、先史時代な
らともかく、ローマ帝国の一部を継承した西ゴート王国の建築が切石文化なの
か野石積みの文化なのかという問いに答えるのはそもそも不可能である。キン
グスリーは9世紀末以降の建築に見られる切石造は、イスラーム治下で西ゴー
トの伝統を守ってモスクを作っていたモサラベが北部へ移住した結果だと言う
（KINGSLEY, 1980:167-182）。しかしながら、地方性が非常に強く、装飾的特徴の
ように容易な影響を受けづらいこうした建設技術を、存在したかも分からない
モサラベの影響に帰さざるを得ないというのは、考古学や工法分析の弱点では
ないだろうか（CABALLERO & LATORRE, 1980；CABALLERO, 1991a；IDEM, 2000）。

イスパノ・ビシゴード建築

　バプテスマのヨハネに奉献され、近傍にある泉と関連づけられていることか
ら、ローマ時代には薬泉として開発されていたとも考えられるサン・フアン・
デ・バニョス[9]（San Juan de Baños）は、トライアンファル・アーチ上にレケス
ウィント王（649-672）による創建の碑が埋め込まれており、一連のイスパノ・
ビシゴード建築で唯一、明確に年代を記しているという点で重要である。カバ
リェーロらは碑銘の再利用を示唆しているが、筆者は652/661年の建立という
従来の見方を支持したい。第一部第1章で触れたように、この銘の存在に突き
動かされたナショナリズムによって、19世紀に本格化する研究史の当初から注
目され、いち早く修復の対象となった建物である。屋根がかけ直され、西ファ
サードに開くエントランス上部に破風鐘楼が根拠なく付け加えられたのもこの
時である（fig.3-4）。中世以降、度重なる改変を蒙っており、中央祭室と隣接す
る場所に新たにゴシックのヴォールトを持つ室が作られているが、当初のプラ
ンに関しては様々な意見が述べられてきた。バニョスの原プランとして長い間

301

第三部　スペイン初期中世建築の特質

a：修復前の様子（19世紀）
b：エントランス

fig.3-4　サン・フアン・デ・バニョス（パレンシア県）

流布していた後陣の各室を隣接させず間にスペースを設ける手法は、1980年のサンタ・ルシア・デル・トランパルの発見によって、バニョスだけに用いられたのではないことが判明したが、近年バニョスのプランにはこうした様子は描かれない（fig.3-5a）。後陣、身廊アーケードと上部の大壁、外壁など大部分に切石が用いられている。大きさはまちまちで、高さはそろっておらず、部位によって質も様々である（fig.3-5b）。サン・フアン・デ・バニョスは、カベッサ・デ・グリエゴのような消失したものを除けば、イスパノ・ビシゴード建築で現存唯一の円柱バシリカ式教会堂である。

サンタ・コンバ・デ・バンデ（Santa Comba de Bande）は、イスパノ・ビシゴード建築と位置づけられた建造物群の中で、その年代的根拠を疑問視されることが多かった[10]。カバリェーロは、上部全体を含め、大部分が再入植期に改修されたが、下部は西ゴート時代の構造をとどめているとする定説を当初は支持していたが、その後建設はいちどきで、8世紀後半に行なわれたと意見を修正している（CABALLERO, ARCE & UTRERO, 2003）。バンゴは上部も含め全て7世紀ではないかと述べている（BANGO, 2001：106）。小規模の十字型集中式にいくつかの附属室を加えた構成で（fig.3-6）、ローマ建築の伝統に従ったレンガ造ヴォールトや馬蹄形アーチなどの特徴が見逃せないほか、アストゥリアス建築に見られる装飾彫刻のディテールなど、考慮すべき問題は多い。切石はバニョス以上に

第1章　スペイン初期中世建築の特徴と諸問題

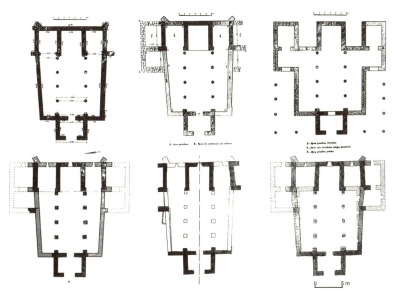

a：平面図。上段がA. Álvarez. 下段が左からHauschild, Cervera, Caballero & Feijooによる

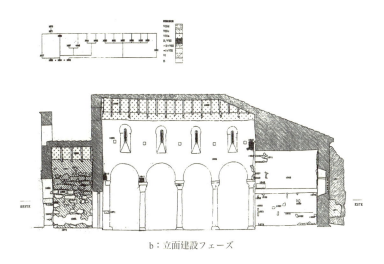

b：立面建設フェーズ

fig.3-5　サン・フアン・デ・バニョス

303

第三部　スペイン初期中世建築の特質

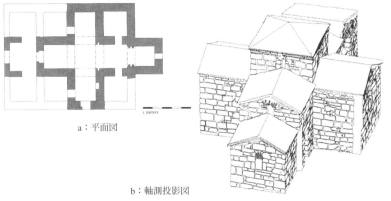

a：平面図

b：軸測投影図

fig.3-6　サンタ・コンバ・デ・バンデ（オウレンセ県）

a：修復時の様子

b：修復後

fig.3-7　サン・フルトゥオーゾ・デ・モンテリオス（ポルトガル、ブラーガ近郊）

イレギュラーで、キングスリーによれば壁面に見える切石は、幅が36cmから135cmまで、高さが16cmから35cmまでのものがある（KINGSLEY, 1980：pl.208）。

サンタ・コンバ・デ・バンデから南西へ90kmほどのところ、ポルトガル北部ブラーガ郊外のサン・フルトゥオーゾ・デ・モンテリオス（São Frutuoso de Montélios）は、切石、馬蹄形アーチ、レンガ造ヴォールト、ギリシア十字型集中式平面、そしてクロノロジーについての疑問など、バンデと問題点の多くを

第1章　スペイン初期中世建築の特徴と諸問題

共有する。近代以前にかなりの損傷を受けており、プラン以外に原型を留めていたのはほとんど西翼部だけであった。さらに、1930年代から本格化した、適切とは言い難いラディカルな復元が、問題を更に複雑にした（figs.3-7 & 3-45）。

　その後も再建・改築論議はつきないが、サン・フルトゥオーゾ創建の由来は、7世紀の聖フルクトゥオスス（–655年）の墓廟であるとされる[11]。西ゴート貴族の出身で王権とも緊密な関係にあり、ブラーガ司教として西ゴート期ガラエキアのキリスト教社会の頂点にあったフルクトゥオススは、隠修的な修道院の規律を編纂して自らもエル・ビエルソの山へ分け入り、ベネディクトゥス会則が浸透する以前のイベリア半島の修道生活に多大な影響を及ぼした。

　破壊と復元によって当初の姿ははっきりしないが、ブラーガのフルクトゥオススの霊廟とされる遺構では、ギリシア十字型の4つの翼部のうち1つがエントランスとして用いられ、残り3つの翼部は外壁を矩形に仕上げた超半円形の内部平面を持っていた。切石はサンタ・コンバ・デ・バンデのものより均質で正確にカットされたもので、サン・ペドロ・デ・ラ・ナベやサンタ・マリア・デ・キンタニーリャ・デ・ラス・ビニャスのものを髣髴とさせる。外壁上部を巡っていたアーチ型と破風型を交互に連ねた装飾は、5世紀から11世紀までの様々なクロノロジーの根拠となってきた。不均質なスポリアを無造作に用いることが一般的だった時期に、モンテリオスの均質さは柱頭やインポストの彫刻にもあらわれており、建設プロジェクトが十分な労力と資財を背景に行なわれたことをうかがわせる。

　サン・ペドロ・デ・ラ・ナベ（San Pedro de la Nave）はゴメス・モレーノの慧眼によって一躍表舞台に登場し、イスパノ・ビシゴード建築の完成形とまでされた遺構である[12]。創建時の文献資料がなく、さらにダム建設に伴って移築されたために考古学的発掘もされることがなかったサン・ペドロ・デ・ラ・ナベの建設時期やその影響関係は、ただその石一つ一つとその配置だけから解釈されなければならなかった[13]。ギリシア十字とバシリカ式を組み合わせたかのような、と形容されてきた空間構成、一見しただけで厳格なモジュールとプロポーションの存在がうかがえる平面（fig.3-8）、装飾的なものとナラティヴで具象的なものにわけられる豊かな建築彫刻、美麗な乾式切石工法など、それぞれの高い完成度からすれば、これを一連のイベリア半島初期中世キリスト教建築の一つの頂点と見なすというのは十分に根拠ある主張と言える（fig.3-9）。西ヨーロッパ全体を論じた概説書においても、頻繁に取り上げられてきた遺構である[14]。

305

第三部　スペイン初期中世建築の特質

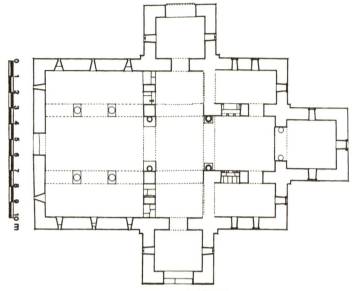

a：R. Corzoによる復元図

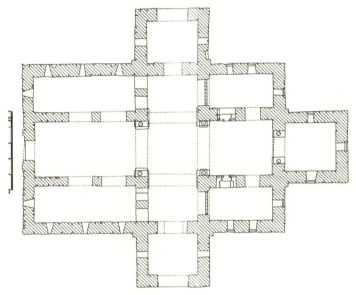

b：L. Caballero & F. Arceによる現状図

fig.3-8　サン・ペドロ・デ・ラ・ナベ（サモーラ県）平面図

第1章　スペイン初期中世建築の特徴と諸問題

b：石積み

a：柱頭、インポスト

fig.3-9　サン・ペドロ・デ・ラ・ナベ

a：石積みとレリーフ　　　　　　　　　　　b：レリーフ

fig.3-10　サンタ・マリア・デ・キンタニーリャ・デ・ラス・ビニャス（ブルゴス県）

　こうした建築的質の高さと、それを裏付ける歴史的背景の沈黙とのギャップは、923年の寄進文と謎を呼ぶモノグラムのレリーフ以外に文字史料を持たないサンタ・マリア・デ・キンタニーリャ・デ・ラス・ビニャス（Santa María de Quintanilla de las Viñas）にも通じる[15]。現在東部しか残されていないが、そこに技術・様式的特質が凝集している。浅く彫られた精巧なフリーズ装飾、インポスト柱頭などに見られる、うって変わって具象的で大胆だが技術的にはより稚拙なレリーフなどの対比的な彫刻の存在、精確を極めた美しい切石積み、馬蹄形アーチ、ヴォールトの残滓などに、サン・ペドロ・デ・ラ・ナベとも通底する主要な特徴が示されている（fig.3-10）。第一部第2章で述べたように、クロノロ

307

第三部　スペイン初期中世建築の特質

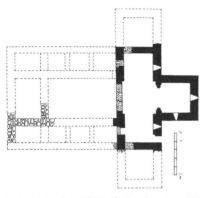

fig.3-11　サンタ・マリア・デ・キンターニャ・デ・ラス・ビニャス平面図

fig.3-12　サン・ペドロ・デ・バルセマン（ポルトガル、ラメーゴ近郊）

fig.3-13　サンタ・マリア・デ・ルテ（ベンタス・ブランカス、ラ・リオハ県）

ジーがイスラーム侵入以前と以後との間を揺れ動く運命をも、ナベと共有してきた。発掘によって身廊部の構成が明らかとなり（fig.3-11）、基礎からはバシリカ式が読み取られてきたが、西端部の構成と機能、側廊にあたる部分とアプス前ベイのコルス（chorus：内陣）との間がほとんど行き来不可能なほどの狭さであることの意味についても、様々な仮説を生んできた。

切石が特徴的な、従来「イスパノ・ビシゴード」建築とされることが多かった遺構としては、ポルトガルのサン・ペドロ・デ・バルセマン[16]（São Pedro de Balsemão；fig.3-12）、同じくポルトガルのヴェラ・クルズ・デ・マルメラール[17]（Vera Cruz de Marmelar）、同じくイダーニャ・ア・ヴェーリャ[18]（Idanha-a-Velha）、トレドのサン・ペドロ・デ・ラ・マタ[19]（San Pedro de la Mata）、ラ・リオハ県ベンタス・ブランカスの廃墟サンタ・マリア・デ・ルテ[20]（Santa María de Rute, Ventas Blancas；fig.3-13）、再利用材とされるがバダホスのサン・ミゲル・デ・フレスノス[21]（San Miguel de Fresnos）、トンネルヴォールトなどに切石を用いたカセレスのポルテーラ[22]（Portera）などがある。カバリェーロにとってはこれら全

308

てがウマイヤ朝シリアの建築の影響でできた8世紀末以降の建築となることは既に何度も述べてきた。

モサラベまたはプレ・モサラベ：サンタ・マリア・デ・メルケ

ゴメス・モレーノ『モサラベ教会堂』において唯一アル・アンダルスにおける遺構としてとりあげられたサンタ・マリア・デ・メルケ（Santa María de Melque）も、アルカイックな雰囲気を漂わせる大型切石造の建築である[23]。ギリシア十字に附属室がついた形はサンタ・コンバ・デ・バンデを想起させるが、バンデに比べるとかなり規模が大きく、石材一つ一つも大型で、壁はより分厚い。馬蹄形アーチのより発達したカーヴ、装飾彫刻の不在などが、メルケをモサラベ建築とする主たる根拠であったが、その他にも外壁の丸く面取りされたコーナー、交差部の付け円柱のような丸く突出した隅部や、切石でつくられた擬ペンデン

a：内観

b：石積み
fig.3-14　サンタ・マリア・デ・メルケ（トレド県）

ティヴ・ヴォールト、スタッコ装飾の存在などが、メルケの特異性を示す要素である。サン・ペドロ・デ・ラ・ナベやキンタニーリャ・デ・ラス・ビニャスの教会堂とは切石の様子もかなり異なる（figs.3-14 & 3-46）。

アストゥリアス王国における切石の使用

アストゥリアス建築は前後から断絶した特殊なグループのように語られがち

309

第三部　スペイン初期中世建築の特質

fig.3-15　サンタ・マリア・デル・ナランコ（オビエド）

であり、さらにその100年ほどの歴史が3つのフェーズに分割されるのが通常であるが、それは地域的特性や一貫したパトロネージ、その一貫した王権の中での差異の付けられ方と関係している。それぞれの建築のあり方をつぶさに分析するにはこうした状況を考察する作業は避けて通れないが、本章ではあくまでも、スペイン初期中世の建築をおおまかに捉えることを目的とし、前後の建造物群と同じ切り口で論じることにする[24]。

　9世紀アストゥリアス王国建築において用いられた石材は、隅部を除いて小ぶりの割石か整形されていない野石が多かったが、一部の建築にはもっと広範囲に大型の切石も用いられている。保存状態も含め、最高傑作であるといってよいサンタ・マリア・デル・ナランコ（Santa María de Naranco）では隅部以外にもある程度大型の切石も見ることが出来る（fig.3-144）。これは、ラミーロ1世の宮殿コンプレックスの一部で、後に教会堂として用いられていたのが幸いして今日まで伝わった、貴重な非宗教建築の遺構である。軽量の火山岩で出来たトンネルヴォールトを架けた上階は両端がギャラリーとして外部に開け、ベルヴェデーレとして機能していたと考えられる。内部の壁面分節やそれに対応している（ように見える）外部の控え壁、壁面を活気づける彫刻的細部、三連アーチと上部の三連窓を重ねた軽快なファサード（fig.3-15）などは、多くの点でイスパノ・ビシゴード建築の壁面処理と異なる。

　893年9月16日付けの奉献碑文が残る、アルフォンソ3世所縁の修道院教会堂サン・サルバドール・デ・バルデディオス（San Salvador de Valdediós）は、完全ヴォールト造のバシリカ式の構成を持ち、会堂東部や角部、ピアなどに切石が用いられているが、壁体の大部分は荒石でできている。これに対し、教会堂本体が建設された直後に造られたと考えられる南側のポルティコでは、切り際も積み方も見事な大型の切石積みが徹底されている（figs.3-16 & 3-151）。バル

第1章　スペイン初期中世建築の特徴と諸問題

デディオスのいくつかの装飾的ディテールにはスペイン・イスラーム建築の特徴が見られることから、この切石造の技術も、コルドバ大モスクに見られるようなイスラーム建築の影響とされる場合もある (Kingsley, 1980：158；Fernández Mier & Quirós, 2001：374)。しかし、イスラーム建築の切石積に見られる、壁体を貫通し

fig.3-16　サン・サルバドール・デ・バルデディオス（アストゥリアス）

て小口を見せる切石と、長手を見せるものとを交互に積む手法（a soga y tizón）が、ここでは徹底されていない。ゴメス・モレーノ史観の支持者は、ローマ建築にも見られた «a soga y tizón» 截石法を見出すたびにイスラームの影響を取り沙汰したが、結局 «a soga y tizón» が用いられていてもいなくても、イスラームの影響を見出そうと思えば見出せるわけであり、ポスト・ローマ世界の切石術を何らかの技術伝播のバロメータとするには、より慎重な姿勢が求められるのではないだろうか。

　私見では、アストゥリアス王国では、小規模の建築には切石を持ちいる習慣が比較的早い段階からあったのではないかと思われる。バルデディオスでは、構造的にはポルティコよりもむしろ本体の側壁などにもっと切石を用いた方がよいと思われるが、そうしなかったのは、単に規模が大きくなると、経済的にも野石をモルタルで固めたほうが楽だったからなのではないか。同じように小規模の建造物で切石を全面的に用いたのが、オビエド市内に残る泉に建てられた小さな廟フォンカラーダ（Foncalada）である（fig.3-152）。碑銘の特徴からアルフォンソ3世の主導か、または10世紀のものと考えられる。

再入植期の切石造

　再入植期の建築は、王権と密接にかかわりを持ったアストゥリアスの代表的建築と比べ、より非都市的性質が強まる。さらに、急速に組織化し、刻々と状況の変わっていくフロンティアであった地域に建てられたものであるから、短い工期と限られた資源による、基本的に質素で、条件によって質にかなりのば

311

第三部　スペイン初期中世建築の特質

fig.3-17　「ボバストロ」の岩窟教会（マラガ県）

らつきのある一連の建造物群が生まれた。

イベリア半島10世紀のキリスト教建築は、イスラーム治下とキリスト教治下のものに分けられる。

まず、「モサラベ建築」。これは、ボバストロの半岩窟教会（fig.3-17）のような、一時的にキリスト教寺院の建設が可能になったケースを含めた、イスラーム治下のキリスト教徒、モサラベのための建造物であるが、年代の確実な遺構がほぼ無いので、切石積技術の存続状況を量るのは難しい。サンタ・マリア・デ・メルケをモサラベのための建造物としてよいかは判断が難しいが、ガレンやカバリェーロが主張するシリアのウマイヤ朝建築の直接的影響の有無は置くとしても、8世紀の建造という年代設定を認めるなら、モサラベ建築と呼んでも差し支えはないかもしれない。

半島北部はキリスト教徒の支配下であったが、この地域は、レオン王国とその影響力の及んだガリシアやカスティーリャ、ピレネー山脈西部のナバーラ王国周辺、そして現在のカタルーニャの祖形となったイスパニア辺境領の諸伯領にわけられる。このうち、ナバーラ王国の建築的遺産は初期ロマネスク時代までほとんどなく、アラゴン王国はこれに更に遅れる。カタルーニャは、10世紀最末期に急速に発展する社会のニーズにあわせて登場した第一（初期）ロマネスク建築（primer art romànic）も含めて、概してローカルな建材による、比較的単純な構造の、しばしばクロノロジーの明確でない小教会堂群を生んだ。これらの建築にはヴォールトは少なくないが、切石の使用は極めて稀である。

10世紀にキリスト教徒勢力中で最も力を持っていたレオン王国では、建設活動もおそらく他のどの地域よりも盛んであった。レオン王国の建築の周縁的状況として、西のガリシアと北ポルトガル、東のカスティーリャおよびラ・リオハの建築も含めることができるだろう。

切石を用いた建築は、レオン王国西側（ガラエキア西部・ルシタニア北西部）

第1章　スペイン初期中世建築の特徴と諸問題

にとりわけ多い。

　現在のポルトガルにはサン・ペドロ・デ・ロウローザ（São Pedro de Lourosa）が建つ[25]（fig.3-18）。扉口に刻まれた«ERA DCCCCL»から、通常、912年（イスパニア暦950年）ごろの建設とされるこの建築は、度重なる改修を蒙ってきた。地域、時期からゴメス・モレーノの位置づける「モサラベ」と合致するはずなのに代表的な「モサラベ」建築の特徴が見られず、馬蹄形アーチも控えめなプロポーションで、切石も「西ゴート」的であったことから、モサラベ史観の提唱者ゴメス・モレーノですらこの建築を語る際にはその保守性を強調していた。一方、キングスリーは、

fig.3-18 サン・ペドロ・デ・ロウローザ（ポルトガル、コインブラ県）

ロウローザの切石は、円柱とともに再利用材であるとし、史観転換以前のカバリェーロは「とても西ゴート的」と述べ（CABALLERO, 1992：120）、対してロウローザを典型的なモサラベ建築と見るアルメイダは、柱やルスティカ仕上げにした切石も、再利用ではなく全て建設時のもので、とても「モサラベ」的だとする。筆者にしてみればこの建築は、レオン王国西部における建築的伝統の存続の証左である。この地域は一度はイスラーム治下に入ったから、その建築をモサラベと呼ぼうと思えば呼べなくはないが、むしろレオン王国に組み込まれることによるキリスト教建築の再活性化という現象がその誕生の決定的要因である以上、どちらかといえばやはり「再入植(レポブラシオン)」の建築である。

　ガリシアはサン・シェス・デ・フランセロス（San Xes de Francelos）、サンタ・マリア・デ・ミショス（Santa María de Mixós）、サン・マルティーニョ・デ・パソ（San Martiño de Pazó）、サンタ・エウフェミア・デ・アンビア（Santa Eufemia de Ambía）、サン・ミゲル・デ・セラノーバ（San Miguel de Celanova）と、切石を用いた建築には事欠かない。フランセロス[26]（fig.3-19）も、馬蹄形アーチ、柱頭、レリーフなどが「モサラベ」の概念には必ずしも入らないために、「西ゴート＋ローカル」（RIVAS）、「西ゴート修道院のモサラベ（期）再建」（OSABA）、「モ

313

第三部　スペイン初期中世建築の特質

fig.3-19　サン・シェス・デ・フランセロス（オウレンセ県）

サラビスムに影響を受けた後期アストゥリアス芸術、しかしガラエキアの伝統に忠実」(Fontaine)、「西ゴート伝統強いがイスラーム建築の影響あり」(Noack) などと定義されてきた。ミショスやアンビアも、再入植時代を背景にしながら、明らかに地方的伝統を引きずっている[27]。ルデシンドゥスとその一族のてこ入れで繁栄したセラノーバ修道院の名残を今に伝えるサン・ミゲル小礼拝堂は、スペイン・イスラーム建築風の馬蹄形アーチの意匠を積極的に取り入れたアプスなど、極端に小さな空間に当時としては過剰な意匠操作を盛り込んだ、極めて特異な建築である[28] (figs.3-118 & 3-149)。壁体は立派な切石で造られ、不必要に厚い壁の最も必要のない場所にとってつけたような貧弱な控え壁を備える。サン・マルティーニョ・デ・パソの教会堂はセラノーバ修道院に従属関係にあった無数の修道院の一つであったと考えられ、アルフィスを用いた扉口は、コルドバの建築言語が間接的にではあるがガリシアに届いたケースである[29]。ノアックは（おそらくこの教会堂の「モサラベ」性を強調するために）石積みの特徴にスペイン・イスラーム建築が多用した «a soga y tizón» を見出しているが、かなり不規則なパソの石積みから規則的な截石（＝イスラーム建築の工法）を導き出そうというのは恣意的に思える。

　ガリシアと並び、切石の遺構が比較的多いのがブルゴスで、「イスパノ・ビシゴード」として前述したベンタス・ブランカスも含め、これらの切石造建築の年代についての意見は流動的であるが、バルバディーリョ・デル・メルカード（ermita de San Juan, Barbadillo del Mercado）、サン・フェリセス・デ・オカ（San Felices de Oca）、サン・ペドロ・デ・アルランサ（San Pedro de Arlanza）、サン・ビセンテ・デル・バリェ（Nuestra Señora de la Asunción de San Vicente del Valle）、時代はやや下り、改修もかなり受けていると推測されるが、コバルビアスの「ドニャ・ウラーカの塔」（Torre "de Doña Urraca", Covarrubias；fig.3-20）などがある[30]。

314

第1章　スペイン初期中世建築の特徴と諸問題

fig.3-21　サン・ロマン・デ・モロッソ（カンタブリア）

fig.3-20　「ドニャ・ウラーカの塔」（ブルゴス県コバルビアス）

　また、さらに東へいくとラ・リオハのサンタ・コロマ（Santa Coloma）やアルコス・デ・トリシオ（Arcos de Tricio）の教会堂にも切石が用いられている（CABALLERO, 2001）。他の建築とは地理的にかなり隔絶されているが、カンタブリアのサン・ロマン・デ・モロッソ（San Román de Moroso）では、コーナーに巨大な切石を配し、それ以外の壁面にもやや小ぶりだが長手のかなり長い切石を組み合わせ、石積みの横列の高さをそろえる意識が働いているのが見てとれる[31]（fig.3-21）。

　以上より、ガラエキアやルシタニアには古代末期以来再入植期まで一貫した切石工法の技術が存在したと推察される。この技術は、モサラベやアストゥリアス人によって導入されたというわけではなく、建設活動の活発化に伴って顕在化したに過ぎないのではないだろうか。一方、東部のカスティーリャやラ・リオハでは、アエミリアヌスに代表される活発な隠修士文化の伝統があり、キンタニーリャ・デ・ラス・ビニャスという「イスパノ・ビシゴード」建築があったにせよ、レオン王国成立以前にはガリシアなどに比べて社会基盤が十分に確立していたとはいえない。カバリェーロのようにその起源をシリアとするにはより慎重な検討が必要であるが、これまでに判明した事実からすると、レオン王国の東部では「イスパノ・ビシゴード」から再入植期へ技術的地盤が受け継がれたのではなく、入植者によって切石技術が復興されたとみなすべきであろう。

315

第三部　スペイン初期中世建築の特質

2）教会堂の構成上の特徴：コルスの存在とアプスの形状

　古代末期から10世紀レオン王国まで、ロマネスク以前の半島キリスト教建築の平面構成・空間分節・機能・典礼の問題については実に多くの研究がなされてきた。大きく分けてそれらは2つの系譜にわけることができる。一つは、主祭室両脇の室、西アプス、トリビューン、コルス（*chorus*, coro）と呼ばれるアプス前の空間、悔悛のための空間など、半島プレロマネスク教会堂の空間と機能との関連の問題であり、もう一つは、バシリカ式に対する集中式（ギリシア十字平面）や、矩形の外壁の中で弧を描くアプスの形などの、モーフォロジーの問題である。

　初期キリスト教時代からのイスパニア典礼の発展と、その典礼が8世紀以降それぞれやや隔絶したレコンキスタ期の各地域において11世紀まで有効性を保ったという事実を鑑みると、10世紀レオンの限定的な問題を扱うにしても、必然的に初期キリスト教時代のテクストや、イベリア半島全体、あるいはそれを超えた広い範囲の地域・時期の遺構についての知識が必要となる。これらの問題については既に、多くの研究者によって極めて詳細な分析がなされてきた[32]。本節ではあくまでも概括の範囲内で、機能的構成上もっとも重要だと思われるコルスのあり方と、10世紀キリスト教建築を特徴付ける、矩形の外壁によって内包された超半円形の内部平面について整理するにとどめたい。

コルスとその表現

　ミサの際に歌い手が置かれる場所だったコルス（chorus）は、同時に限られた聖職者だけが入れる場所であり、祭室（アプス）に順ずる聖なる空間と考えられていた。建築的にはトランセプトの形式をとることもあるが、そうでないケースもあるので、ここではコルスと呼んでおく。この用語はイスパニアの文献によく用いられており、プルデンティウスがサンタ・エウラリア・デ・メリダを詠む際に用いられているほか、セビーリャのイシドルスが主催した633年の第4回トレド公会議には、司祭は第1コルス、助祭は第2コルスという区分を守るべきという指示など、コルスがどう用いられるべきかという記述がある（PUERTAS, 1975：181；GODOY, 1995：55-65；BANGO, 1997：96-105；IDEM, 2001：486-9）。バンゴは、コルスの大きさの多様性について、一般信徒が大多数の教区教会堂

316

第1章　スペイン初期中世建築の特徴と諸問題

などでは小さく、僧ばかりで構成される修道院教会堂では大きくとられたのではないかと述べており、宮廷礼拝堂であるサン・フリアン・デ・ロス・プラドスであれだけ巨大なコルスが設けられた理由を、純潔王と呼ばれ修道僧のようなメンタリティーを持っていたアルフォンソ2世のイニシアティヴに関連づけた (BANGO, 1988)。コルスとそれ以外の空間との区分や、コルス内の区分が、建て付けの仕切りで明示されていない場合、サン・ミゲル・デ・エスカラーダに残っているような衝立（cancel）やカーテンだけで分割が行なわれたようだ。

身廊部、コルス、アプスがはっきりと区別されている例は、イスパノ・ビシゴード建築、アストゥリアス建築、そしてレポブラシオン建築を通じて散見される。マウソレウム、マルティリウム、洗礼堂などの特別な用途を持つ場合は、空間的なシンメトリーが優先されるためか、単に不要だからか、この空間が置かれない場合もあるが（サン・フルトゥオーゾ・デ・モンテリオス）、実際ほとんどの事例にはコルスがある。

サン・フアン・デ・バニョスは中央身廊がいきなり中央アプスに接続しているが、イスパノ・ビシゴード建築では、サン・ペドロ・デ・ラ・ナベ、サンタ・マリア・デ・キンタニーリャ・デ・ラス・ビニャス、サンタ・コンバ・デ・バンデ、サン・ジャン・デ・ナザレなどの現存する遺構、レコポリスの発掘された基礎、また18世紀の図版が正確なら、大規模なバシリカのカベッサ・デ・グリエゴにも、アプスと身廊部を隔てる空間が設けられている（fig.3-2）。平面で見る限りは、エストレマドゥーラの古代末期・初期中世の遺構にもこうした区分が明らかなものが多い[33]。これはサンタ・マリア・デ・メルケ、サンタ・ルシア・デル・トランパル (fig.3-22)、ボバストロのようなモサラベあるいはプレ・モサラベ建築にもあるし、サン・フリアン・デ・ロス・プラドス、サンタ・クリスティーナ・デ・レナ、サン・サルバドール・デ・バルデディオス、平面図から推測できるサンタ・マリア・デ・

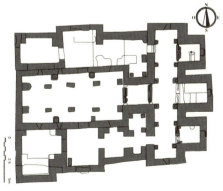

fig.3-22　サンタ・ルシア・デル・トランパル（カセレス県）　平面図

第三部　スペイン初期中世建築の特質

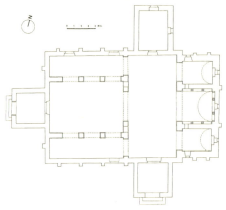

fig.3-23　サン・フリアン・デ・ロス・プラドス（オビエド）平面図

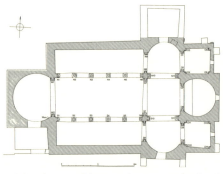

fig.3-24　サン・セブリアン・デ・マソーテ（バリャドリッド県）平面図

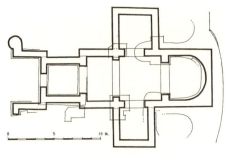

fig.3-25　サン・サルバドール・デ・レイレ（I）（ナバーラ県）発掘平面図

オビエドといったアストゥリアス建築にも存在する（fig.3-23）。レオン王国の建築では、サン・ミゲル・デ・エスカラーダ、サンティアゴ・デ・ペニャルバ、サン・セブリアン・デ・マソーテらに明白で、ミニチュア建築のサン・ミゲル・デ・セラノーバにもこうした三分構成（身廊部・コルス・祭室）は引き継がれている（figs.3-24 & 3-41b）。サン・サルバドール・デ・レイレの前身建物の平面はサンティアゴ・デ・ペニャルバのそれに酷似する（fig.3-25）。逆に、カタルーニャの教会堂群の多くや、サント・トマス・デ・ラス・オリャス、シロス（発掘）の教会堂にはコルスが明らかではなく、サンタ・マリア・デ・レベーニャやサンタ・マリア・デ・バンバでは、その位置は明らかだが、建築的な差異化が行なわれていないことがわかる。

　コルスの建築的表現は、それぞれのフェーズの特徴のように語られてきた。イスパノ・ビシゴード建築における「ビザンティン」性（集中式交差部の表現）や、アストゥリ

第1章　スペイン初期中世建築の特徴と諸問題

fig.3-26　サンタ・クリスティーナ・デ・レナ（アストゥリアス）　アーケード状スクリーン

fig.3-27　ベアトゥス、ジローナ写本（fol.89v）

アス建築における「カロリング」性（貫通交差廊）、そして「モサラベ」建築の「分節」表現などなどである。だがそれは、イベリア半島初期中世に一貫した機能・典礼上の要請が、それに応答する多様な造形によって表現されていただけであろう。例えば、身廊部より高い「貫通」交差廊を横断方向に配してコルスとするサン・フリアン・デ・ロス・プラドスと同様の建築的解決は、身廊部分を抜いてそれを再現したようなサンタ・マリア・デ・ベンドネスを除くと他のアストゥリアス建築にないから、その手法はアストゥリアス的という性質のものではない。一方、円柱・馬蹄形アーチ・エクセドラの使用など、意匠のヴォキャブラリーは異なるが、身廊部と祭室からアーチで隔てられたコルスに堂内で最大の高さを持たせる構成は、サン・セブリアン・デ・マソーテにも見られる。教会堂全体の規模、プロポーション、その他空間構成など、両者に共通点は多い。同じ構成で身廊部を単廊式にしたものがサンティアゴ・デ・ペニャルバである。その他コルス分割の建築的表現が特徴的なのは、イコノスタシスと誤った名前で呼ばれるサン・ミゲル・デ・エスカラーダやサンタ・クリスティーナ・デ・レナのアーケード状スクリーンであろう（fig.3-26）。コルスは、ミサの際には適宜カーテンで遮断され、内陣部分で行われる聖餐式などが一般信徒から見えないようになっていたようだ（fig.3-27）。サンタ・ルシア・デル・トランパルの内陣部分は、隣接しない主副の矩形祭室を突出させている点でサン・フアン・デ・バニョスとの関連で論じられてきたが、貫通交差廊という点ではサ

319

第三部　スペイン初期中世建築の特質

ン・フリアン・デ・ロス・プラドスとも通じている。このようにコルスは、10
世紀レオン王国の建築の特徴的な部位ではあるが、少なくとも西ゴート王国時
代から多様な造形で半島のキリスト教建築に一般化していたのである。

矩形外壁内の円形アプス

　サン・ミゲル・デ・エスカラーダ、サン・セブリアン・デ・マソーテ、サン
ティアゴ・デ・ペニャルバ、サン・ミゲル・デ・セラノーバの平面には、共通し
て特徴的な形が観察できる。内側が半円を超える弧を描き、外側が矩形に作ら
れたアプスである（fig.3-24 & 3-41）。エクセドラを除くサン・セブリアン・デ・
マソーテの東西のアプス形状は再建されたものなので除くとしても、他の事例
からはこの特徴的形状が10世紀レオン王国で一定の汎用性を得ていたのがわ
かる。この点、ボバストロとエスカラーダやマソーテの平面上の類似は示唆的
である（figs.2-8 & 2-9；MERGELINA, 1925；PUERTAS TRICAS, 1991；IDEM, 1999；ITO, 2005a）。
半岩窟教会堂であるボバストロでわざわざ石が繰り抜かれて馬蹄形アーチが表
現されたのは、何らかのプロトタイプあるいはモデルの再現と見るべきで、ボ
バストロがサン・ミゲル・デ・エスカラーダに影響を与えたと短絡的に考える
べきではないが、少なくともモデルが共通しているのは明らかで、プロポー
ションもそっくりである。

　平面形だけに注目すると、こうしたアプス形状の前例の一つとしてサン・フ
ルトゥオーゾ・デ・モンテリオスがある（fig.3-45）。一般に西ゴート時代に帰
される建築としてはそのほかに発掘調査で平面が明らかになったエストレマ
ドゥーラのエル・ガティーリョ（El Gatillo；*Repertorio Extremadura*, 2003:33-7）や
サン・ミゲル・デ・フレスノス（IDEM：49-52）、長方形の角を45ºの角度で切り
取って多角形としたバルセロナのサン・クガット・ダル・バイェス（Sant Cugat
del Vallès；DODDS, 1990：123, n.1-47；PUERTAS, 1999：fig.5-2）やタラッサのサンタ・
マリア（Santa Maria de Terrassa；PUERTAS, 1999：fig.6-3）がある。また、弧を描く内
部平面が直線的な外壁に収まるのは、レコポリス（Recópolis）、ソン・ボウ（Son
Bou）のようにイスパニア各地に先例があり（figs.3-28 & 3-29）、また、馬蹄形
アーチ平面としては、その形状をそのまま外部に表していたが、レオン地方の
初期キリスト教建築で、再入植時代の活動についても文献にしばしば登場する
マリアルバ（fig.3-30）がある。この形状のイメージ・ソースとしてはコルドバ大
モスクのミフラーブが取り沙汰されてきたが、ミフラーブ自体がキリスト教会

320

第1章　スペイン初期中世建築の特徴と諸問題

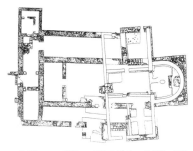

fig.3-28　レコポリス（グアダラハラ県）の教会　平面図

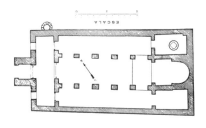

fig.3-29　ソン・ボウ（メノルカ）　平面図

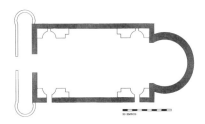

fig.3-30　マリアルバの教会　平面図

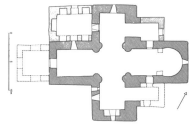

fig.3-31　サンタ・マリア・デ・メルケ　平面図

堂のアプスをヒントとしているとも考えられ、また、コルドバ大モスクの現存するミフラーブは960年代に作られたものなので、ほとんどのキリスト教建築に直接的な影響を与えることはなかった。サンタ・マリア・デ・メルケのアプス形状も、こうした慣習に基づいて作られたものだと考えてよかろう（fig.3-31）。

3）後ウマイヤ朝の建築

ここまで、後ウマイヤ朝の建築について述べてこなかった。空間構成の問題など、教会堂とモスクは同列に扱うことのできない点が多いが、10世紀キリスト教建築の前例および同時代的状況として、コルドバ大モスクを中心にスペイン・イスラーム建築の10世紀までの特徴をまとめておく必要があるだろう。

コルドバの大モスク：誕生からカリフ国での様式化まで

後ウマイヤ朝の最高傑作であり、実質的に唯一の基本構造が現存する建造物が、首都コルドバの大モスクである[34]（fig.3-32）。よく知られているように、こ

321

第三部　スペイン初期中世建築の特質

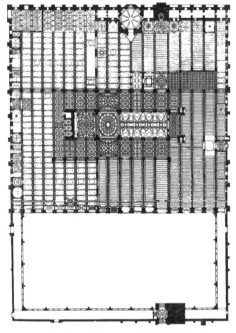

fig.3-32　コルドバ大モスク　現状平面図

の大モスクはダマスクスのウマイヤ朝の生き残りで後ウマイヤ朝の創始者であるアブダッラフマーン1世（'Abd al-Rahmān I）によって785-6年（ヒジュラ169年）に建設が開始され、786-7年に完成したとされる[35]。こうした記録は、10世紀の年代記記述を引用するイブン・ハイヤーン（Ibn Hayyān）などによって伝えられているものだが、この11世紀の大歴史家や彼に引用された10世紀後半のアフマド・アッラーズィー（Ahmad al-Rāzī）、イブン・アンナッザーム（Ibn an-Nazzām）によれば、創建モスクは九廊で、そのあと833年から848年の間にアブダッラフマーン2世が東西に一廊ずつ付け足した上で、南方向へ8スパン伸張したとされる。しかしこれを支持するレヴィ・プロヴァンサル、ランベールらの考え（LAMBERT, 1935）は、近年パボンに再評価される（PAVÓN, 2001）までは受け入れられておらず、考古学的調査などにより現在定説となっているのは、創建モスクが当初から十一廊で建設され、アブダッラフマーン2世はそれをそのまま南へ伸ばし、ファサードなどの改修を行なったというものである[36]。

　コルドバ大モスク固有の問題一つ一つを検討することは本書の主旨を外れるが、この九廊／十一廊問題は、8世紀の時点でどんな建築的語彙が存在し、9世紀中葉にそれがどのような発展を遂げたかに関わる重要な問題であるのは確かである。建国以来30年に渡って後に内憂外患の処理に追われたアブダッラフマーン1世が、たった1年間で完成させた建築の規模と、833年から848年にかけてアブダッラフマーン2世が増築し、その息子ムハンマド1世の時代にようやく完成した部分の規模とを比較すると、前者の建設スピードは確かに異様で

322

第1章　スペイン初期中世建築の特徴と諸問題

ある。パボンはランベールの説を再評価して、創建モスクがこのようなスピードで建設されたのは、九廊しかなかっただけでなく、二段アーチの上部も創建時には存在しなかったからだと主張し（Pavón, 2001:605）、さらにレンガと石の紅白も9世紀に導入された可能性を示唆し、西ゴート時代の先例は認めるものの、馬蹄形アーチも必ずしも創建時から採用されたのではないという説を主張するが、これはパボン本人のそれまでの意見と必ずしも一致しない（Idem:605）。

いずれにせよその草創期から10世紀まで、スペイン・イスラーム建築の焦点は首都コルドバにあり、マディーナ・アッザフラーを除けば、その時々の最高の贅と粋が尽くされたのは、大モスクにおいてであった。

一般に認められている創建モスクの姿は、控え壁を突出させる外壁含めてほぼ正方形（76.7m×75.73m）の敷地を南北半分に分け、北側を戸外、南側に屋根をかけて礼拝堂とし、この屋内空間に南のキブラ壁に向かって11の廊を垂直に並べたものである。各廊間には、再利用材の柱身と柱頭の上に載せた切石積み柱を二段重ねのアーチで繋いだものが走り、上段アーチ上の小壁が連続M型屋根の谷樋部分を支える（fig.3-33）。これはメリダのローマ水道橋にインスパイアされたともされる。上に何も載らない下段の馬蹄形アーチは柱と柱を連結するが、各柱同士を繋ぎ固めるならカイラワーン大モスクのように木材を用いた方が安定したはずで、構造的安定より美観が重視されたものと考えられる。実際、このアーチ列の応力によってパティオ側ファサードが外側に大きく傾いたので、アブダッラフマーン3世が時代に補強工事をすることになる。アーチは迫石に石とレンガを交互に用い、紅白の色彩が堂内全体に規則正しく隅々まで施されていた。レンガと石の色彩を交替させるのは、南仏のフレジュ（Fréjus）にある洗礼堂や、アーヘンやボーヴェーでも見られ、古代から既に存在していた手法だが、この時点からコルドバでは後ウマイヤ朝の権威を連想させる記号となる。

切石造の壁体、柱頭を備えたモノ

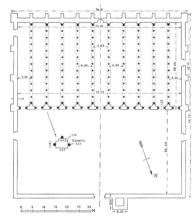

fig.3-33 コルドバ大モスク　創建時の推定平面図

323

第三部　スペイン初期中世建築の特質

リスの円柱の使用という古代末期的特質の存続も、コルドバ大モスクの特徴である。キブラ壁に垂直な柱列はしばしばエルサレムのアル・アクサー・モスクの影響だと言われるが、もし平行だったらダマスクスの大モスクの影響と言われたであろうから、ほとんど無意味な議論である。多くのスペイン人研究者が強調してきたように、創建モスクにおいて新しく「オリエント」からもたらされた要素というのは胸壁の形状くらいだった（VALDÉS, 1997：276-7）。ローマ建築から受け継いだ特徴を、スペイン・イスラーム建築は時に盲目的に墨守していくが、それ以外の点では驚くほど自由に改変を加えていく。

アブダッラフマーン2世が833年から848年にかけて改修・拡幅した大モスクに最後の仕上げが施されたのは息子のムハンマド1世がアミール位についてからで、その後の馬蹄形アーチ様式化の流れを作ったサン・エステバン門のアーチとアルフィス[37]は、修復を受けているが9世紀当時のオリジナルが現存していると判断されてきた。

次に大きな変更が加えられたのは10世紀に入ってからである。マディーナ・アッザフラーの建設に精力を注ぎ込んだアブダッラフマーン3世だが、コルドバ大モスクにおいてもアーケードのアーチの応力で歪んだ中庭側ファサードの補強、中庭の拡張と新しいミナレットの建設を行なった[38]。現在ミナレット上部はレコンキスタ後の付加物が取り付けられているが、その部分を除いても22mまでの高さが残されており、当時は47mの高さがあったとされる（fig.3-34）。キリスト教徒によるカテドラル「交差部」が当初の礼拝堂屋根を突き破る以前は、水平方向に広がる低層の礼拝堂の脇で、このミナレットは圧倒的な迫力で聳え立っていたはずである[39]。イベリア半島の初期中世キリスト教建築には楼閣や鐘塔などが残されていないが、高さとしては最も高い部類のサン・フリアン・デ・ロス・プラドス、サンタ・マリア・デ・メルケ、サンティアゴ・デ・ペニャルバの内部の

fig.3-34　コルドバ大モスク　ミナレット復元図（F. Hernández）

324

最高点が11-12m程度であるから、10世紀中葉のイベリア半島の建造物でこのミナレットに比肩するものはなかったと想像できる。

アブダッラフマーン3世が死ぬと、その翌日の961年10年16日に後継者である息子のアル・ハカム2世はコルドバ大モスク礼拝堂拡張を命じた。実際の工事は962年7月に起工し、971年に装飾が完成したとされる（MOMPLET, 2003:150）。アル・ハカム2世の増築こそがコルドバ大モスクを建築史上に燦然と輝かしめる成果であるが、本書で扱われるキリスト教建築の大

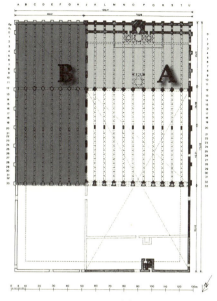

fig.3-35 アル・ハカム2世（A）とアルマンソール（B）による増築

半がこれに先行し、またほとんどの点で造形的にはむしろ遠ざかっているので、ここで詳しくは扱わない。ヴォールト、馬蹄形アーチなどの個別の点に関しては次章以降適宜述べていくこととする。

アルマンソールによる最後にして最大の拡張の工期は、年代記によって記述がバラバラだが、990年代に数年間かけて行なわれた（MOMPLET, 2003:155）。内容は、それまでの堂の作りをまるきりコピーするもので、アーケードや扉口だけでなく、過去の拡幅時に残された外壁の跡までコピーされた（fig.3-35）。すでにアル・ハカム2世の時代から始まっていたが、レンガを用いる代わりに石で造ってその上を赤い漆喰で塗ることで創建モスクの色彩計画を再現するという「手抜き」行為が行なわれたのは興味深い。

そのほかの10世紀末までの遺構

残念ながら、コルドバ大モスクを除く後ウマイヤ朝建築で、現存するものはほとんどない。その中では、度重なる略奪に遭い、残骸ともいうべき状態ながら、936年にアブダッラフマーン3世が建設を命じたコルドバ郊外にある宮廷

第三部　スペイン初期中世建築の特質

a：現在の様子　　　　　　　　　　b：サロン・リコの彫刻群
fig.3-36　マディーナ・アッザフラー（コルドバ近郊）

都市マディーナ・アッザフラーが最も重要である（fig.3-36）。1,530m×700mという規模の宮廷都市の機能やアーバニズムについて多くの示唆を与えてくれるだけでなく、10世紀第2四半世紀以降、コルドバの後ウマイヤ朝の建築がどのように発展し、アル・ハカム2世のもとでどのように極点に達したかのヒントを与えてくれる極めて重要な遺構である[40]。

　マディーナ・アッザフラー以外では情報は限られる。アラビア語文献での言及、発掘調査の結果も建築的な情報は最低限しか与えてくれない（*HGEA*, III: 608-611）。メリダのアルカサーバ（alcazaba：砦）や、コルドバに残る幾つかのミナレット、各地の橋梁、対キリスト教勢力戦線に建てられたゴルマス（Gormaz）などの要塞、後ウマイヤ朝により創設されたバダホス（Badajoz）やペチーナ（Pechina）などの都市、そして柱頭などの装飾的部材に、断片的な姿を見出すことが出来るのみである。トレドのバーブ・アル・マルドゥーム（*Bāb al-Mardūm*）脇のモスク、のちのクリスト・デ・ラ・ルス教会堂（Cristo de la Luz）が数少ない例外だが、999年聖別とかなり時代は下る。

キリスト教建築に見られるスペイン・イスラーム建築の要素

　11世紀以前のキリスト教建築に見られるスペイン・イスラーム建築の要素としては、馬蹄形アーチ、それを囲むアルフィス、円形を連ねた断面の軒持ち送り（modillón de rollo）、段状の胸壁などが挙げられてきた。ただ、アルフィスや軒持ち送りのように、イスラーム建築とキリスト教建築とが最も近接するよ

第1章　スペイン初期中世建築の特徴と諸問題

a：コルドバ大モスク　中庭ファサード

b：サンティアゴ・デ・ペニャルバ（レオン県）

c：サン・ミゲル・デ・エスカラーダ（レオン県）

d：サン・ミゲル・デ・セラノーバ（オウレンセ県）

e：サン・ミリャン・デ・ラ・コゴーリャ（ラ・リオハ県）

f：サンタ・マリア・デ・レトルティーリョ（ブルゴス県）

fig.3-37　スペイン初期中世建築の持ち送り

うな細部表現をとっても、実際には両者が完全に一致しているわけではない[41]（fig.3-37）。馬蹄形アーチ、アルフィス、ヴォールト形状に関しては次章以降詳しく検討する。

327

第2章　サンティアゴ・デ・ペニャルバの
レンガ積みトロンプルイユ

建築とは、飾りのついた装飾的な建造物をつくる技芸
で、それ以上でも以下でもない[42]

　10世紀レオン王国の建築の特徴的な要素の一つとして、穹稜ドーム状ヴォー
ルト[43]（bóveda gallonada）の多用を挙げることができる（fig.3-38）。とりわけ、サ
ンティアゴ・デ・ペニャルバの「交差部[44]」（アプス前ベイ）のものは、いくつ
かの既存の構成要素を組み合わせ、全体としては西洋中世建築史上に類を見な
い、軽快で合理的な解決を生んでいる（Gómez-Moreno, 1909:199-200；Idem, 1919:
149）。このヴォールトについては、ゴメス・モレーノによって20世紀初頭に提
唱された「ビザンティン」形式という解説が未だ繰り返されている状況である。
ヴォールトを「ビザンティン」と呼ぶことは、ビザンティン帝国の建築からの
直接的な影響を想起させるが、歴史的状況からも、以下に述べていくような様
式的比較からも、的確な表現とは言い難い。また、近年、サンティアゴ・デ・
ペニャルバの建築・壁画におけるカリフ国芸術の影響が再評価されたが、その
論中でこの穹稜ドーム状ヴォールトの源泉をスペイン・イスラーム建築に求め
た部分は、他の部分と比較して必ずしも論証に成功しているようには見えない
（Guardia, 2007a：121-5；Utrero, 2009：226-7）。一方バンゴは、こうしたヴォール
トの形式を「遠くローマに遡る」としているが、最終的に遠くローマに遡れる
ことは間違いないにせよ、再植民によって形成されたレオン王国にどのような
経緯で現れるに至ったのか、検証する余地はあるだろう（Bango, 2001：333）。
　では、レオン王国10世紀の、より具体的にはサンティアゴ・デ・ペニャル
バのドーム状ヴォールトの建築史上の位置づけについて、そして、そのような
解決が10世紀レオン王国にあらわれたことの意味について、どういった検証
ができるだろうか。もしこのヴォールトの問題を、複数の凹曲面と凸稜線で構
成された、半球ドームと交差ヴォールトを組み合わせたようなその幾何学的形
態そのものや、構造的・工法的なモデル、あるいはヴォールト部分と壁面との

328

第2章　サンティアゴ・デ・ペニャルバのレンガ積みトロンプルイユ

取り合いの解決方法といった要素に分解してしまうと、結局ゴメス・モレーノが100年前に述べた事実以上の話は全く出来なくなってしまう。すなわち、形態としてはローマ時代から存在し、コンスタンティノープルのハギオス・セルギオス・カイ・バッコス教会堂に代表される初期ビザンティン建築で大々的に取り上げられ、それがカイラワーン（al-Qayrawān）の大モスクに代表されるイフリーキーヤの初期イスラーム建築に取り上げられたこと。あるいは、10世紀レオン王国で祭室のヴォールトの解決として典型的なものとなったこと。10世紀後半のアル・ハカム2世によるコルドバ大モスク増築部分に類例が見られること。サンティアゴ・デ・ペニャルバの交差部では正方形平面にドーム状のヴォールトを架けるために、ラヴェンナの通称ガッラ・プラチディア霊廟（Mausoleo di Galla Placidia）と

a：サンティアゴ・デ・ペニャルバ　アプス

b：サン・ミゲル・デ・エスカラーダ　アプス

c：サン・ミゲル・デ・セラノーバ　アプス

fig.3-38　レオン王国の穹稜ドーム状ヴォールト

同様の手法を採用した結果、類例のない貴重な組み合わせが実現したこと。これらはゴメス・モレーノが述べたとおりであり、その後こうした観察を無効化するような発見はなされていないのである。しかし、既存の要素や技術が、10世紀レオン王国において、なぜ、どのようにとりあげられたかについては十分

329

第三部　スペイン初期中世建築の特質

fig.3-39　サンティアゴ・デ・ペニャルバ天井画を紹介する新聞記事

に検討されてこなかったのではないか。この点こそ問題としなければならないであろう。

　さて、サンティアゴ・デ・ペニャルバの交差部ヴォールトについて考察しようとするとき、避けて通ることが出来ないのが、そこに描かれた天井画の解釈である (fig.3-39)。他のヴォールトや壁面にも絵が描かれているが、交差部に描

第2章　サンティアゴ・デ・ペニャルバのレンガ積みトロンプルイユ

かれたのはレンガ造ドームを模したものである。レンガ積みを模した天井画に
隠されたサンティアゴ・デ・ペニャルバ交差部ヴォールトの実際の材料は、壁
体のものよりはやや小ぶりの野石を石灰モルタルの助けを得て積み上げたもの
で、その石積みは塗装の石積みと一切相関がない[45]。つまりこれは、レンガ積
み仕上げを持つドームのモデルが存在し、その意匠を継承する意思が存在した
こと、またそのための材料や技術が不足していたことを暗示している。その意
義を理解するために、まず、スペインの古代末期から初期中世にかけての建築
において、レンガとヴォールトがどのように取り扱われていたのかを把握する
必要があるだろう。その上で、天井画とヴォールトのこの組み合わせがどのよ
うに、そして更に仮説へと踏み込むならば、なぜ、実現されていたかを考察す
ることによって初めて、「建築する」意図、「建築された」状況を、より正しく
映し出すことができるのではないだろうか[46]。

1）スペイン初期中世建築におけるヴォールトの特徴

10世紀レオン王国建築のヴォールトの位置づけ

　イベリア半島は、ローマ以後ロマネスク以前のヴォールト遺構が、他の西欧
諸国と比較して多く残されている地域である。19世紀にフランスで中世建築考
古学が発展して以来行なわれてきた、ヴォールトの使用を建築の判定に用いる
という構造合理主義的方法は、ローマが衰えてローマのヴォールトが衰え、衰
え切ってから、ゴシックに向けて石積みの妙とヴォールトの大スパン化、複雑
化が進んでいく、という考え方に基づいて、遺構の年代・レベルを分類し、そ
の整然とした進化の歴史を説明するのに用いられてきた。しかしこの考えをロ
マネスク以前のイベリア半島に適用するのは難しい。小規模のヴォールトはほ
とんど全ての遺構に存在していたし、年代順に並べても、石造天井建造術の進
歩が明らかになるどころか、ヴォールトの形式すらまちまちだからだ。した
がって、一般論としては、プレロマネスクの時代の西欧では、ヴォールト建造
技術が衰退あるいは停滞していたと考えてよいだろうが、ことイベリア半島初
期中世に関しては、古代末期の建造術の存続を考えなければ、その正しい姿を
描くのは難しい。また、カバーする面積が広く、大きな木材が入手可能なとき
は、ヴォールトをかけるより木造の方が適している場合が多いから、狭いアプ
スは石造、広い身廊部は木造と、単に使い分けていたと考えるのが自然であり、

331

第三部　スペイン初期中世建築の特質

それは必ずしも技術的な衰えを意味しない[47]。

　いわゆるイスパノ・ビシゴード建築で現存するものでは、サンタ・コンバ・デ・バンデやサン・フルトゥオーゾ・デ・モンテリオスなど小規模の集中式教会堂が全体にヴォールトを用いた事例としてある[48]。アストゥリアス建築は、アプスのようなごく小規模の空間だけでなく、身廊部のような比較的大きな空間に石造天井を架ける技術を持っていた。サン・サルバドール・デ・バルデディオスでは、狭いスパンながら三廊バシリカ式建築全体を縦方向のトンネル・ヴォールトで覆っているし、サンタ・マリア・デル・ナランコでは、必ずしも構造的困難を解決しているわけではないが、石造ヴォールトに壁付アーケード、バットレス、横断アーチを組み合わせて、メリハリのある空間を実現しており、サン・ミゲル・デ・リーリョでは、身廊のトンネルヴォールトと側廊の横断方向のトンネルヴォールトの複雑な組み合わせを実現している。また、サンタ・マリア・デ・メルケは、交差ヴォールト状の下部と半球状の上部とを組み合わせた交差部と、トンネルヴォールトのアームとを、分厚い壁の上に切石を用いて架けており、半島初期中世における、卓越したというよりはかなり異様な形で保持されていた、ある意味でアルカイックな石造天井の技術の存在を知らしめている[49]。

　10世紀レオン王国のバシリカ建築で、バルデディオスのような全体が石造天井のものはなく、エスカラーダのスレンダーな円柱と繊細な馬蹄形アーチ・アーケードが支える木造天井の印象が強い。これは、ロマネスクの合理的な石の構造と意匠の先駆であったアストゥリアス建築が、「モサラベ」建築でオリエンタルな影響に包まれて、構造的な創意に興味を失ったと解釈すべきなのだろうか？　しかし、サンタ・マリア・デ・レベーニャは、高さの問題を除けばサン・ミゲル・デ・リーリョのトンネルヴォールトを直交させるシステムを継承しているし、小規模なセラノーバはもちろん、部分存のバンバなどもおそらくは全面的にヴォールトを使用しており、サン・サルバドール・デ・パラット・デル・レイ交差部やサント・トマス・デ・ラス・オリャスのアプスなどに見られる穹稜ドーム状ヴォールトのオリジナリティーあふれる亜種は、石造天井に関する技術が衰退したりそれに対する関心が薄れたのではないことを如実に示している。その中でも、とりわけヴォールト工法の安定した使用を見せているのが、サンティアゴ・デ・ペニャルバである。

　ペニャルバの壁厚は大部分で一定で、約72cmであるが、主部横断方向のス

332

第2章　サンティアゴ・デ・ペニャルバのレンガ積みトロンプルイユ

表3-A　スペイン初期中世建築いくつかのヴォールト・スパン、ヴォールト高、壁厚（単位：m）

名称	部位	スパン	壁厚	高さ	
Santiago de Peñalba	「交差部」	5.0	0.72	12.2	
Santa María de Lebeña	身廊	3.5	0.6	9.8	
Santa María de Melque	交差部	4.5	1.47	11.5	
Santa María del Naranco	身廊	4.0	1.13 / 1.38	6.5	壁付アーチ厚含
San Salvador de Valdediós	身廊	2.9	0.48	8.7	
Santa Comba de Bande	交差部	2.6	0.95	7.3	

(※筆者実測値ではないため、各データの精度は必ずしも同じではない)

パンは約5mで、スパン対壁厚はおよそ7：1である。同じくスペイン初期中世の代表的なヴォールト建築と比べてみると、アストゥリアス建築の代表作サンタ・マリア・デル・ナランコが約4：1、ペニャルバに2倍する壁厚を持ち、スパンでやや劣るサンタ・マリア・デ・メルケは、3：1程度である。したがって、各ベイ下部の開口を最小限のものとし、隔壁で取り囲んで奥行きを短くしているという構造的単純さを加味しても、ペニャルバの7：1は評価できる数値である。72cmという壁厚は、ヴォールトを架ける建築としては小さいが、木造天井のバシリカであるエスカラーダの56cm、サン・フリアン・デ・ロス・プラドスの64cmより大きく、木造天井の建物との差異は考慮されていたということは理解できよう。参考までに、表3-Aおよびfig.3-40にスペイン初期中世ヴォールト建造物いくつかの比較を示す[50]。ペニャルバは高さ、スパンともにすぐれていることがわかる。バルデディオスやレベーニャの壁厚が小さいのは、側廊のヴォールトが横力を支えているからで、外周の壁厚は、共に70cm程度である。ペニャルバの場合、左右の室は交差部天井の高さに全く届いていなく、控え壁としての役割を果していないため、バルデディオスやレベーニャの外周壁と同様の厚みが必要であったと考えられる。

　サンティアゴ・デ・ペニャルバの両アプスを覆っている穹稜ドーム状ヴォールトは、サン・ミゲル・デ・エスカラーダ、サン・ミゲル・デ・セラノーバ、サント・トマス・デ・ラス・オリャスなど、同時期近傍の建築にも似た形で比較的多く見られ、弧を描く内壁面を外部に反映しないそのプランと共に、10世紀レオン王国の建築に特徴的な形式である[51]。現在残る遺構のみから判断すれば、これはスペイン・キリスト教建築に初出の要素であり、ミフラーブの影響などが言われてきたが、半島イスラーム建築の遺構にもレオンに先立つ事例は残さ

333

第三部　スペイン初期中世建築の特質

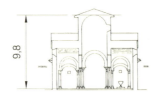

a：サンタ・マリア・デ・レベーニャ

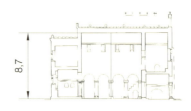

b：サン・サルバドール・デ・バルデディオス

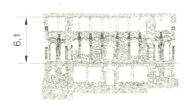

c：サンタ・マリア・デル・ナランコ

d：サンタ・コンバ・デ・バンデ

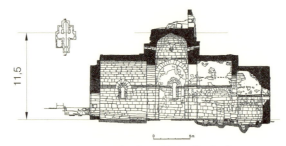

e：サンタ・マリア・デ・メルケ

f：サンティアゴ・デ・ペニャルバ

1:500

fig.3-40　スペイン初期中世ヴォールト造建築の断面図比較

334

れておらず、その構成方法も異なる。レオン王国は、同時期の半島のほかのど
の部分にも残されていないこうしたヴォールト・タイプが普及した場所であり、
したがってもっとも発達していた場所であったと推測される。サン・ミゲル・
デ・エスカラーダのアプス（主・副）では4つ、サン・ミゲル・デ・セラノー
バのアプスでは、後に述べるように張りぼてだが8つ、ペニャルバの東・西ア
プスでは入口側の大きな区画を含めて8つのヴォールト区画に分けられ、サン
ト・トマス・デ・ラス・オリャスでは11分割されている（fig.3-41）。

　ペニャルバの交差部ヴォールトの解決は、アプスと同じように、複数の放射
状穹稜と、その間の扇形状凹曲面の組み合わせで、球面を近似したヴォールト
を構成するというアイディアながら、正方形平面に架けるための工夫がなされ
ており、より独特である（fig.3-42）。開口が一方向にしかないアプスでは、平面
の弧を描く輪郭に沿った筒形の内壁上に水平に迫元がまわり、そこがヴォール
トの穹稜間の凹凸との接続部となっているが（fig.3-43）、交差部では、こうし
たリング状の迫元でも、トロンプやペンデンティヴでもなく、直接4つの壁付
アーチ上からヴォールトが立ち上がる。8つの凹曲面のうち4つが各辺の中央
から、残り4つが隅部から立ち上がり、後者は隅の凹面を反映して前者よりも
曲率が大きくなっている。

　ゴメス・モレーノは、正方形平面上に壁付アーチを介してドーム状ヴォール
トに繋げる手法に関してラヴェンナのガッラ・プラチディア霊廟を引き合いに、
また、穹稜によって多面に分割されるドーム状ヴォールトの形状に関しては、
コンスタンティノープルのハギオス・セルギオス・カイ・バッコス教会を引き
合いに、この交差部ヴォールトの起源をビザンティン建築に求めた。一方、こ
の時期のスペイン美術についてビザンティン帝国の影響を云々することにそも
そも慎重な意見を述べているバンゴは、単に「遠くローマに遡る」とだけ述べ
ている（GÓMEZ-MORENO, 1909：199-200；IDEM, 1919：149；BANGO, 2001：333）。

正方形平面上のドーム

　通称ガッラ・プラチディア霊廟と呼ばれるラヴェンナの小さな十字平面の建
物は、5世紀前半に建てられたと考えられる霊廟・小礼拝堂である[52]。短いト
ンネルヴォールトの翼部の中心部を覆っているのは、廟の平面を形成する正方
形の対角線を直径とする半球が、同じ正方形を底面とする角柱によって四方向
の裾部を切り取られた形の半球ドーム状ヴォールト（bóveda baida）で、球面と

335

第三部　スペイン初期中世建築の特質

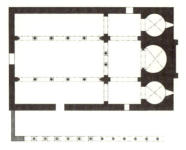
a：サン・ミゲル・デ・エスカラーダ

b：サン・ミゲル・デ・セラノーバ

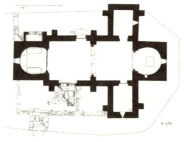
c：サンティアゴ・デ・ペニャルバ

d：サント・トマス・デ・ラス・オリャス
　　（レオン県）

fig.3-41　レオン王国の建築の平面図

fig.3-42　サンティアゴ・デ・ペニャルバ
　　　　　「交差部」

fig.3-43　同アプス

336

角柱側面の交線が壁面上部に壁付アーチとなって現れる(fig.3-44)。これと同じように、ペニャルバの交差部ヴォールトも壁付アーチから発しているが、1つの球面をベースとしたラヴェンナの場合とは違い、複曲面でできている。正方形の室を、縦横のない集中式のヴォールトで覆うという点では同じだが、複曲面で構成するという点に関しては、4つの稜線を持つ交差ヴォールトと、半球状ヴォールトの間に位置する、両義的なコンセプトが見え隠れする。

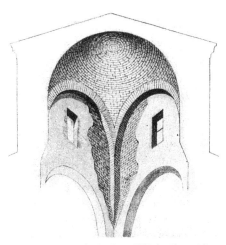

fig.3-44 ガッラ・プラキディア霊廟(ラヴェンナ) ヴォールト軸測図

円形や多角形のドームやヴォールトを正方形平面上に載せるという帝政ローマ時代から存在していた発想は、初期ビザンティン時代において、ペンデンティヴ・ヴォールトの普及と連動してさらに発達した。ウォード・パーキンズは、ドーム状ヴォールトは3世紀に地中海世界で一般化し、西方ではコンクリート(オプス・カエメンティキウム)で、東ではレンガで造られることが多かったと指摘している(WARD-PERKINS, 1947:179)。ペンデンティヴの使用自体は4世紀にローマ帝国東部地方で始まったが、必ずしも東ローマのみで用いられたのではなく、それが5世紀初頭には初期キリスト教世界の他の部分にも普及していたことは、マウソレウムなどの作例に見ることができる(WARD-PERKINS, 1981:338; KRAUTHEIMER, 2000:280-1)。ガッラ・プラチディア霊廟は、西欧に良好な状態で現存する最初期の例として極めて重要ではあるが、正方形平面上のドーム(状ヴォールト)という解決方法自体は、サン・フルトゥオーゾ・デ・モンテリオス(fig.3-45)やサンタ・マリア・デ・メルケ(fig.3-46)など、その後イベリア半島においても実現しており、サンティアゴ・デ・ペニャルバに、1世紀から2世紀以上遡ることができる。ラ・リオハのサンタ・コロマ(Santa Coloma, La Rioja)の変わった半球ドーム状ヴォールトや、サン・フェリセス・デ・オカ(San Felices de Oca, Burgos)のペンデンティヴ・ヴォールトも忘れてはならな

第三部　スペイン初期中世建築の特質

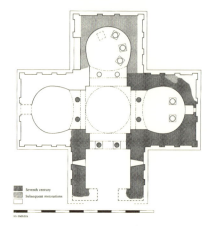

fig.3-45　サン・フルトゥオーゾ・デ・モンテリオス　平面図

fig.3-46　サンタ・マリア・デ・メルケ　交差部

いだろう（HUIDOBRO, 1928：367-8；ARBEITER & NOACK, 1999：343-4 & 354；UTRERO, 2000：1100）。それぞれの間には様々な形態的・工法的差異が存在するが、正方形平面に球ベースのドームを載せるという解決方法自体は、「ビザンティン」というよりは「後期ローマ」の時点で初めて西地中海世界にもたらされたあと、集中式建築の一つの石造天井のタイプとして、少なくともイベリア半島ではかなり一般化していたと見てよいのではないだろうか[53]。マンゴーは、ガッラ・プラチディア霊廟はイタリアの建築そのものであり、まさかそれを「ビザンティンと呼ぶ者はないと思う」（マンゴー, 1999:78）と述べている。

穹稜ドーム状ヴォールト

サンティアゴ・デ・ペニャルバ交差部ヴォールトの形態をユニークなものにしているもう一つの特徴は、ドーム状ヴォールトを突出する稜線で区切られた複数の凹曲面で形成することである。このタイプのヴォールトの代表的なものは、後に言及するグルノーブルのサン・ローラン教会堂「クリプト」を除けば、ユスティニアヌス期のビザンティン帝国に求められ、ハギオス・セルギオス・カイ・バッコス教会（536年以前）や、ル・ケフのDar el Kous（Le Kef, Tunisia）

第2章　サンティアゴ・デ・ペニャルバのレンガ積みトロンプルイユ

教会堂のアプスなどに見られる（figs.3-47 & 3-48）。

ユスティニアヌス期　　ハギオス・セルギオス・カイ・バッコスの身廊ヴォールトは、八角形空間の上部に、辺と頂点にそれぞれ対応する合計16の曲面三角形を組み合わせたもので、頂点に対応する部分はその角度にそのまま対応して深く湾曲しているのに対し、辺に対応する部分の底辺はほとんど直線となっている（マンゴー, 1999：61-6 & 82-5；KRAUTHEIMER, 2000：259-268）。また、当初の装飾スキームは不明だが、各三角形間の穹稜がリブ状に太くとられ、存在感を示す。コンスタンティノープルでは、帝権と連動してハギア・ソフィアをはじめ大きな建築プロジェクトが続々と実行に移されていたが、ビザンティン帝国治下にあった6世紀の北アフリカの教会堂でも、しばしばアプスに穹稜つき半ドーム状ヴォールトが用いられた。ル・ケフのDar el Kousの教会堂がその一例である（TORRES BALBÁS, 1946：242；KRAUTHEIMER, 2000：320）。コンスタンティノープルの例に比べると、穹稜はさらに突出してリブ化し、穹稜自体を強調する力強い印象を増しているのがうかがえる。

コンスタンティノープルの教会堂内陣とチュニジアの教会堂のアプスという、規模も平面形式も異なる空間のヴォールトに共通しているこうした太い穹稜は、レオン王国の建築では見ることが出来ない。レオン王国の穹稜は、

fig.3-47　ハギオス・セルギオス・カイ・バッコス（イスタンブル）　交差部ヴォールト

fig.3-48　Dar el Kous（ル・ケフ、チュニジア）

第三部　スペイン初期中世建築の特質

基本的には幾何学的に発現した稜線そのままで、それを強調しようとはしていないのである。6世紀のコンスタンティノープルとチュニジアの建築間の比較からは影響関係が推し量れるのに対し、それらと10世紀スペインのものとの比較は、その歴史的距離に見合った形態的差異を際立たせるばかりである。さらに、後期ローマ建築と分類されることもあるユスティニアヌス期の建築以降、ビザンティン建築は固有の様式を発達させ、10世紀には西欧の建築との距離をさらに広げていた。ペニャルバと、同時期のビザンティン建築とを比較すると、6世紀ユスティニアヌス期のビザンティン建築と比べたときより更に形状的差異が拡大しており、伝播の経路とはまず考えられない。したがって、サンティアゴ・デ・ペニャルバのヴォールトをビザンティン的ヴォールトと呼ぶ根拠を、ビザンティン建築からの直接的な影響や関連性に求めるのは難しい。ペニャルバの交差部に関して言えば、それは半球ドーム状ヴォールトと穹稜ドーム状ヴォールトという「ビザンティン」建築の2つの要素の単純加算とはいえないのである。

イスラーム建築　これは、北アフリカの初期イスラーム建築の事例からも明らかとなる[54]。カイラワーン (836年) やチュニス (864年) の大モスクのミフラーブ手前のベイでは、レオンの事例とは異なって、Dar el Kousのように突出した帯状の太い稜線を見ることができる (fig.3-49)。カイラ

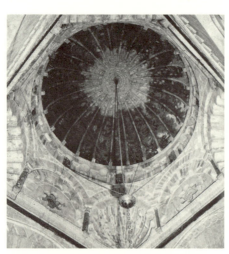

fig.3-49　カイラワーン大モスク　ミフラーブ前ベイの穹稜ドーム

ワーンのドームでは、頂部に到達しない24の矩形断面の穹稜が強調される。建材は石で、波打つ形態は外部にも表出し、まさにパラシュートかカボチャのような姿となる (fig.3-50)。このように、北アフリカの初期イスラーム建築は、同じ場所ですでに実現していた初期ビザンティン系の穹稜ドーム状ヴォールトの工法を継承したと考えられる。この傾向はその後も維持されたと考えられ、モナスティー

第2章　サンティアゴ・デ・ペニャルバのレンガ積みトロンプルイユ

ルの小モスクにその一例がある（Hill & Golvin, 1976：pl.148）。

　一方、先行するカイラワーンの手法は、コルドバの大モスクにも一定の影響を及ぼしたと考えられるが、アル・ハカム2世によって増築されたミフラーブ前ベイでは、ヴォールト起拱部の八角形の頂点にそれぞれ対応する8つの凹曲面を隔てている凸稜線が、さらに切り込まれて、ギザギザの花弁のような複雑な断面を形作る。しかもこのヴォールトが、8本の互いに交差する平行リブによって支えられている（ように見える）という、非常に装飾的な形へと様式化が進んでいる（fig.3-51；Gómez-Moreno, 1951：110-125；Torres-Balbás, 1957：498-528；*HGEA*, III：584-6）。穹稜ドーム状ヴォールトがこのあと西方イスラーム建築で用いられる際には、コルドバ様式の少なくとも一部分を写すことが目指されたのは、コルドバ様式の圧倒的な手の込みようを考えれば、自然な成り行きであるといえる。アルメリアの大モスクのミフラーブ

fig.3-50　カイラワーン大モスク　ミフラーブ前ベイの穹稜ドーム外観

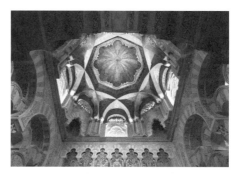

fig.3-51　コルドバ大モスク　ミフラーブ前ベイの穹稜ドーム

fig.3-52　アルメリア大モスク　ミフラーブのドーム

341

第三部　スペイン初期中世建築の特質

fig.3-53　コルドバ大モスク　ミフラーブのヴォールト

(fig.3-52；TORRES BALBÁS, 1953；EWERT, 1972) や、12世紀マラケシュのクッバ・バルディーインにその事例を見ることができる (SOURDEL & SPULER, 1973：Taf.xxxiii；ホーグ、2001：68-70)。

　一方、同じアル・ハカム2世増築のコルドバ大モスク、スタッコで模られたミフラーブ内ヴォールトでは、稜線は貝殻の凹凸面を反転させたような形を描き、もともと持っていた構造的形態から完全に放たれたロココ装飾のような効果を担っている (fig.3-53；GÓMEZ-MORENO, 1951：139；TORRES BALBÁS, 1957：537)。カイラワーンのミフラーブ内ヴォールトはまだル・ケフの系譜に位置していたといえるから、10世紀後半のコルドバで、いかに構造的要素が純粋に表面的・視覚的なエフェクトと見なされ、実際の構造から切り離される操作が進行していたかがうかがえる。このような操作によってコルドバの大モスクが得た突出して個性的な形態の背景に、カイラワーンの大モスクが初期キリスト教建築から継承した穹稜ドーム状ヴォールトがあったことは確実と言ってよいだろう。仮にカイラワーンからコルドバへと発展し、様式化・装飾化する流れを想定すると、レオン王国の穹稜 (半) ドーム状ヴォールトが含まれる余地はない。もともとのル・ケフからカイラワーンへと繋がる系譜と一定の距離があった上、急激に発達し、あっという間に装飾化したコルドバとの違いが著しいからだ。すなわち、アル・ハカム2世による10世紀後半のイノベーションの直前の段階から派生したというよりは、それ以前から既に異なった形態を持っていた穹稜ドーム状ヴォールトが、そのままとり残されたものに見えるのである。

　ミフラーブに用いられた穹稜つき半ドーム状ヴォールトでは、時代が下るがサラゴサのアルハフェリア宮殿 (Aljafería, Zaragoza, 1047-81) のモスクのものがある[55] (fig.3-54)。これをレオン王国の建築遺構と比較すると、とりわけサン・

第2章　サンティアゴ・デ・ペニャルバのレンガ積みトロンプルイユ

ミゲル・デ・セラノーバのアプスと共通点がある（fig.3-38c）。セラノーバが持つ窓とそこから差す光の効果、ヴォールトの凹面の曲率の違い、平面形（セラノーバは円弧ベース）、入口のインポストなど、いくつか重要な差異はあるが、全体としての印象は似ている。アルハフェリアが1世紀先行するセラノーバに影響を与えることは出来ないし、セラノーバの形態がアルハフェリアに伝播したと考えるのも難しいので、両者に共通したモデル・解決法があったとするべきだろう。そのプロトタイプの一

fig.3-54 サラゴサ、アルハフェリア宮モスクミフラーブ

つに、後ウマイヤ朝建築のミフラーブがあった可能性は高い。サン・ミゲル・デ・セラノーバのアプスヴォールトの8つのパネル（gallón）が実は穹稜のない四半球ヴォールト上にスタッコで擬装されたものだという点も、コルドバのミフラーブと共通する（Arbeiter & Noack, 1999:304; Guardia, 2007b:5）。しかし、以下の点には注意が必要である。アルハフェリアでは、コルドバの大モスクにおいて実現し、各地に伝播していった様式的な操作の多くを観察することが出来、ミフラーブも平面形などはコルドバの写しと言えるが（*HGEA*, III:608）、ことヴォールトに関しては、むしろそうしたコルドバのマニエリスムを敢えて参照せず、既存のより単純なヴォールト・タイプで満足しているということである。この既存のヴォールト形式は、必ずしもイフリーキーヤからコルドバを通ってサラゴサへ、イスラーム圏の文化交通に拠って到達していたとは限らない。なぜなら、穹稜（半）ドーム状ヴォールトは、ユスティニアヌス期に初めて地中海世界に現れたのではなく、ゴメス・モレーノやトレス・バルバスも指摘しているように、帝政ローマ期から存在していたからである（Gómez-Moreno, 1919: 231; Torres Balbás, 1946）。

帝政ローマ期　　穹稜ドーム状ヴォールトは、イタリア半島に残るハドリアヌス期の建築、皇帝のウィッラやいくつかの浴場（Baiae, Otricoliなど）において確認できる。八角形平面の室に、オプス・カエメンティキウム

343

第三部　スペイン初期中世建築の特質

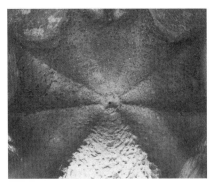

fig.3-55 バイア（イタリア）　ローマ時代のヴォールト

fig.3-56 グルノーブル、サン・ローラン教会堂「クリプト」のアプス

で建設され、部分的にレンガ積みで仕上げられたヴォールトは、表層を操作して意匠を複雑化しようとしていないという点で、ハギオス・セルギオス・カイ・バッコスのものよりもずっと10世紀レオン王国の形に近い[56]（fig.3-55）。ユスティニアヌスの建築の時期的先行によって、こうしたヴォールトをビザンティン式と呼ぶことを正当化できるならば、これをローマ式ヴォールトと呼ぶことも可能だということになろう。

グルノーブル、サン・ローラン教会堂の「クリプト」との比較　このタイプのヴォールト遺構で最も興味深いのは、グルノーブルのサン・ローラン教会堂「クリプト」である（Saint-Laurent, Grenoble, fig.3-56）。ロマネスクの教会堂の下部に位置する、後期ローマからメロヴィング時代のマウソレウムを改築したこの小さな教会堂は、8世紀末から9世紀初頭にかけて最後の改変を蒙ったとされるが、東側アプスの壁付アーケード上の半ドーム状の穹稜ヴォールト建設は、このときのものと考えられる[57]。墳墓を起源としている点は興味深く、初期キリスト教時代に大きなバシリカと並行して存在した、石造天井の小規模な霊廟建築の根強い伝統を垣間見ることができる。

　グルノーブルにおける壁付アーチと穹稜・凹曲面パーツの組み合わせ方は、ペニャルバのものよりも単純で、各アーチは各内壁面に、各ヴォールト曲面は各アーチに一致し、したがって、各稜線は各アーチの交点から生じている。レ

第2章　サンティアゴ・デ・ペニャルバのレンガ積みトロンプルイユ

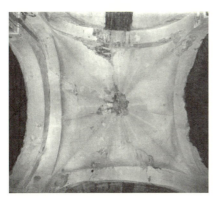

fig.3-57　サン・サルバドール・デ・パラット・デル・レイ（レオン）　交差部

fig.3-58　サント・トマス・デ・ラス・オリャス（レオン県）

オンの建築では、サン・サルバドール・デ・パラット・デル・レイ（San Salvador del Palat del Rey, León）交差部がこれに近く、交差ヴォールトの要領で12本のうち4本の稜線がコーナーから生じ、その間に位置する各辺2本ずつの稜線は副次的な性質にとどまっている（fig.3-57；MIGUEL HERNÁNDEZ, 1996）。サント・トマス・デ・ラス・オリャスのものは、アーチと穹稜の関係で言うと、サンティアゴ・デ・ペニャルバに近いが、アプスに穹稜ドーム状ヴォールトとアーチ列を組み合わせると言う点では、グルノーブルと同じ発想を持つ（fig.3-58）。一方、前述のようにペニャルバでは、稜線と室の隅部とが一致せず、グルノーブルのシンプルな解決とは一定の距離がある。したがってそこに直接的な相関を見出すことはできないが、ガリアとイスパニアに共通する建築文化の伝統が下地にあることを見てとることは十分可能である。また、ローマ帝国滅亡以降も、イスパニアの地でヴォールト建設技術が失われることがなかったことは、時期的にユスティニアヌス期直後に位置する西ゴート王国時代の建築、そしてアストゥリアス建築がその証左であるから、形態的特殊性を差し置けば、ペニャルバの交差部ヴォールトが実現された背景には、ローマ以来のイスパニアの石造天井技術・指向があったことは無視できないであろう[58]。

アルカイックな性質

さて、このように、サンティアゴ・デ・ペニャルバのドーム状ヴォールト工法のそれぞれの要素は、西地中海世界に広く用いられていたが、イフリーキー

第三部　スペイン初期中世建築の特質

fig.3-59　ルゴ城壁

ヤとアル・アンダルスを舞台としたヴォールトの発展・様式化の成果となると、キリスト教スペインでは十分に享受されていなかったことが明らかとなった。9世紀のカイラワーンから10世紀後半のコルドバにかけての稜線の強調や装飾的な処理が、グルノーブルや10世紀レオン王国では見ることが出来ず、イスラーム建築からの影響説も、この点に関しては十分な説得力を持っていないように思われる（GUARDIA, 2007a；IDEM, 2007b：5）。レオン王国10世紀の穹稜ドーム状ヴォールトは、工法とその取り扱い方のいずれについてもアル・アンダルスでの様式化から取り残された、古代的な性質のものなのである。

　もう一つ、注意すべき点がある。それは、ヴォールトの実際の材料である。サンティアゴ・デ・ペニャルバでは、ヴォールトも壁体も、スレートと石灰岩を主とした野石積みであるが、これについては近傍に明らかな先行例が存在する。不ぞろいのスレート板と花崗岩ブロックで建設された、ローマ末期のルゴの城壁である[59]（fig.3-59）。イスパニアにおけるローマ期最後の城壁であるこの巨大構築物の石積みをペニャルバのものと見比べれば、地域的な材料を用いた実用的で経済的なこの工法が、ローマ崩壊後数世紀を経てもその有効性を失わずにいたことがうかがえる。つまり、サンティアゴ・デ・ペニャルバのヴォールト建造に、技術的な新規性というものは特になかったのである。

　では、10世紀レオン王国に現れた穹稜ドーム状ヴォールトが、イスラーム建築の直接的な技術の伝播、例えば、キリスト教徒がアル・アンダルスにおいてイスラーム教徒がもたらした新しい建築技法を学んだ後、レオン王国に移住してその技術を伝えたのでないとすると、そこに登場した背景をどう考えたらよいだろうか。ここで考えなければならないのは、ペニャルバやマソーテのこうしたヴォールトにレンガ積みを模した天井画が描かれていたことである。実際にこれらの建造物に用いられていなかったレンガを、建築の中心的空間に描いたという点から、その特質を探ることが出来るのではないか。

第2章　サンティアゴ・デ・ペニャルバのレンガ積みトロンプルイユ

2）焼成レンガの使用：
オプス・テスタケウムからイスラーム建築まで

建設材料としてのレンガ

描かれたレンガを考える前に、まずは実際のレンガの使用についてまとめておきたい。ローマ建築で大きな役割を果たしたレンガは、その後イスラーム・スペインにおいても、アストゥリアスにおいても、それぞれのスタンスで用いられた。そのレンガ、特に、ローマ後のイベリア半島

fig.3-60　サン・ミゲル・デ・エスカラーダ　外壁面詳細

で広く普及していたレンガ造アーチが、サンティアゴ・デ・ペニャルバをはじめレオン地方の建築において、重要視されていないことは興味深い。例えばサン・ミゲル・デ・エスカラーダでは身廊大壁の上部及びコーニス装飾にレンガが用いられているが、これらの少なくとも一部はローマの遺構から再利用されたものであった[60]（fig.3-60）。ルシタニアでは、エル・トランパルの教会堂に例外的に見られ、それ以前はエル・ガティーリョのアプス・ヴォールトまで遡らないと見当たらない（CABALLERO, 2001：225）。

レンガは古くから知られた安価な建設材料であるが、必ずしも全ての地域で均質的に用いられていたわけではないので、その生産と建設活動への導入は、一種の文化摂取を意味していた。とりわけ、先史時代から各地に広まっていた日干しレンガ[61]に対して、焼成レンガ[62]は、その生産と流通がある程度安定した需要・供給のシステムに組み込まれている必要があるから、比較的はっきりとした形で、文明が伝播する様子を示すこととなった[63]。

オリエントからローマへ　　旧約聖書創世記には、以下のような会話が記されている。

彼らは互に言った、「さあ、れんがを造って、よく焼こう」。こうして彼ら

第三部　スペイン初期中世建築の特質

は石の代りに、れんがを得、しっくいの代りに、アスファルトを得た。彼
らはまた言った、「さあ、町と塔とを建てて、その頂を天に届かせよう。そ
してわれわれは名を上げて、全地のおもてに散るのを免れよう」[64]。

同じ箇所は、ウルガタ版（Biblia vulgata）によると、

Dixitque alter ad proximum suum: Venite, faciamus lateres, et coquamus eos igni.
Habueruntque lateres pro saxis, et bitumen pro caemento: et dexerunt: Venite,
faciamus nobis civitatem et turrim, cuius culmen pertingat ad caelum et celebremus
nomen nostrum antequam dividamur in universas terras.[65]

となる。

　有名なバベルの塔のエピソードを記した箇所であるが、バベルの塔のアイ
ディアに憑りつかれた人々が、石（saxum）とセメント（caementum）[66]を捨て、
（日干し）レンガ（later）とアスファルト（またはタール、bitumen）を選ぶという
のが印象的である。日干しレンガと石というのはこの時代から対照的な建設材
料として見られていたわけで、しかも、それまで用いられていた、ある意味で
正統派の石材に対して、日干しレンガは、新しくもたらされたテクノロジーと
して、バベルの塔の建設に結びついた、どこかしら邪悪なニュアンスを与えら
れているのが興味深い。

　ウィトルウィウス（Vitruvius）が建設材料を語った『建築書』第2書には、later
のみが解説されている。解説の内容も、日干しレンガについてであり、より規
格化された工業製品である焼成レンガの広まりに対して無知であったことが
うかがえる（De Architectura：88-95）。ローマ建築やその後の中世建築の発展に
おけるオリエンタリズムを攻撃し、イタリアの重要性を重視したリヴォイラ
（Giovanni T. Rivoira）は、レンガが東方からもたらされた新要素であったこと
を否定し、ウィトルウィウスも焼成レンガの知識を持ち合わせていたと主張し
たが、一般的には、焼成レンガはローマ建築をギリシア建築から隔てることに
なったもう一つの進歩であるヴォールトと並んで、オリエントから共和政後期
のローマにもたらされ、そこで発展したテクノロジーの一つであるといえるし、
ウィトルウィウスがそれらの重要性を認識していなかったのは間違いないこと
であろう（Rivoira, 1925：2；Picard, 1966：97）。lateres cocti という表現もあり、グ

348

第2章　サンティアゴ・デ・ペニャルバのレンガ積みトロンプルイユ

ランジャー（F. Granger）が言うような、lateres は日干し（Sun-dried bricks）、testae は窯焼き（kilnbaked bricks）という明確な使い分けが当初から存在していたかは不明だが、7世紀のセビーリャのイシドルスが、レンガ、陶器、瓦などを testa と呼ぶ（*Etymologiae*：1337）一方、later については、「Lateres とは焼いていない（レンガである）」[67]と述べており、一定の区別があったとしてよいだろう。

　このように、ローマ建築に新たに導入された焼成レンガ（Adam, 1996:61）は、帝政時代に入ってから壁面やアーチに全面的に使用されるようになり（ウォード・パーキンズ, 1996：107-9；Adam, 1996：157-163）、オプス・カエメンティキウム（opus caementicium）の捨て型枠となるヴォールトの骨組みとしても一般化した（Lugli, 1957:529-630；Adam, 1996:192-209）。トラヤヌスのマーケット、パンテオン、ドムス・アウグスタナ、ハドリアヌス帝のウィッラ、オスティアなど首都ローマ近辺の代表的な建築を見れば、レンガで仕上げられた壁面オプス・テスタケウムがどれだけ普及したかが一目瞭然であろう。レンガアーチの用法はネロ期（54 – 68年）に確立し、トラヤヌスを経てハドリアヌスの下で黄金期を迎えた（Rivoira, 1925：93）。

　これに対して、ウマイヤ朝が拠点としたシリアでは、古代末期から初期イスラームまで、一貫して石材を伝統的建材としていた。カスル・イブン・ワルダーン（*Qasr ibn Wardān*）におけるレンガ使用はビザンティン時代のシリアにとっては例外的で、6世紀コンスタンティノープルからの影響を受けたと考えられている。一方、カスル・アル・ハイル（*Qasr al-Hayr*）におけるレンガの用い方、すなわちビザンティンのものより小さくて厚いレンガを、より薄いモルタル層に並べるという工法は、メソポタミアからもたらされたものであった（Creswell, 1958：122-3；Ettinghausen & Grabar, O., 1987：47；マンゴー, 1999：88）。

イベリア半島におけるレンガ　　イベリア半島では、イタリア半島に比較してどのような傾向が見られたのだろうか。レンガという材料は、スペイン建築の通奏低音として、代表的な建築作品や様式で重要な役割を果しており、現在でも構造材、仕上げ材として広く用いられている。そうしたイメージは特に、アラベスクを描く化粧レンガや、いわゆるムデハル建築に見られる石の建築言語のレンガへの翻訳によるところが大きく、レンガの建築とイスラーム・スペインのイメージとは切っても切り離せない関係がある。しかし、レンガが全面的に用いられた事例は、後ウマイヤ朝瓦解以前のイベリア半島には思ったほど残されていない。

349

第三部　スペイン初期中世建築の特質

　イベリア半島に焼成レンガの使用をもたらしたのはローマである。ただしその普及時期は遅く、オプス・テスタケウムが首都ローマのように一般化することもなかった。バエティカで唯一オプス・テスタケウムの広範な使用が観察される代表的なローマ都市イタリカにおいても、当初の都市の建設ではなく、その後の拡幅や改修の際から見られるようになっていた。この理由としてロルダン（Lourdes ROLDÁN GÓMEZ）は、当時、建設材料が25 − 30km以上の距離を輸送されることがあまりなく、石が入手できないというのがオプス・テスタケウム使用の一因となったトゥールーズなどと比べ、ブリタニア、北アフリカなど石材が豊富でそれを用いる習慣のある地域と同様、バエティカでも石材が優先して用いられたからではないかと指摘する（ROLDÁN, 1999：180-1）。ロルダンによれば、ローマ・スペインを代表する植民都市イタリカの住宅建設において、ローマの建材は紀元前1世紀まで登場せず、それまでは土壁や日干しレンガで出来た壁体に石灰を塗るなど、土着の工法が変わらず用いられていた。紀元前1世紀から、ローマ式陶器の普及と共に瓦（tegulae）やオプス・カエメンティキウムなど、ローマ式工法が広まっていくが、焼成レンガが現れるのはこれにさらに遅れ、最初に登場するのがフラウィウス朝の頃だという。全般的に用いられるようになった紀元2世紀の遺構では、レンガはオプス・カエメンティキウムの表面に仕上げ材として用いられることもあったが、多くの場合は壁体自体として用いられた。首都ローマを始めとし、各地でローマ建築に新しい美観を与えていったレンガの普及が、イベリア半島で最もローマ化していた都市のひとつイタリカにおいて遅れたのは、石材の方がレンガよりも入手が容易だったという事情を反映しているという。レンガは公共建築にまず用いられ、住宅では表側や安定性が求められる部分に使用が優先されており、比較的高価で希少だったと考えられる（IDEM, 1988）。イタリカでレンガが使用された主要な公共建築は、新市街 *nova urbs* の建造物群と、オプス・テスタケウムが初めて大々的に用いられたトラヤヌスの浴場であった（IDEM, 1999：185）。同じく典型的なローマ植民都市であったメリダ（*Emerita Augusta*）でも、石がレンガよりも多く用いられていた（DURÁN CABELLO, 1999：205-6）。

　イタリカやメリダ以外のローマ都市でも、レンガは、とりわけ浴場のインフラ部分で多く用いられ、*Carteia* や *Baelo Claudia* といった、レンガがほとんど用いられていないバエティカ南部のローマ都市では、浴場部分のみに使用されていた（ROLDÁN, 1999：185-7 & 197）。ドゥエロ川以北でも、ヒホンのカンポ・

第2章　サンティアゴ・デ・ペニャルバのレンガ積みトロンプルイユ

バルデスの浴場で大々的に用いられている[68]し、ルゴ、アストルガ（García Marcos, 1994）、レオンの浴場跡からも見つかっている[69]。パレンシア県のラ・オルメーダのウィッラ（La Olmeda, Pedrosa de la Vega, Palencia）で大量のレンガが発掘されたことからも（HGEA, II:

fig.3-61　「奇跡」の水道橋（メリダ）

367）、レンガという建材がメセタ北部やガラエキアでも一定の浸透を見せていたのは疑いようがない。

　しかし、ローマ時代のイベリア半島におけるレンガは、部分的に使用される場合の方が多かった。例えば、コルドバの大モスクの内観にインスピレーションを与えたと考えられているメリダの「奇跡の」水道橋（Acueducto de los Milagros, fig. 3-61）は、橋脚にレンガ層をはさみ、アーチはレンガで作っているが、あくまでも主体の切石との組み合わせを前提としている。ローマ期メリダのレンガ使用を研究したドゥラン（R. M. Durán Cabello）は、その普及の遅さと限定的な性質を指摘している（Durán Cabello, 1999: 218-9）。

　古代末期では、4世紀初期の建造とされるポルトガル南部ミウレウ（Milreu-Estói, Algarve）の神殿（ニュンファエウム？）跡が、4世紀から7世紀までに半島で建てられた建造物で壁面全体にレンガを用いている唯一の遺構である（Schlunk & Hauschild, 1978: 111-2; Hauschild, 1982: 82; Trillmich et alii, 1993: 233-5; Martínez Tejera, 2006: 122）。サンセイヤスでも、サンタ・エウラリア・デ・ボベダ（Santa Eulalia de Bóveda, Lugo）でも、レンガはアーチに限定されており、ラ・アルベルカのマルティリウム（La Alberca, Murcia）はヴォールトはレンガ造であったようだが壁体にはレンガは用いられず、マリアルバの「バシリカ」（Marialba, León）は野石積みにレンガ積の層を組み込んだ壁体を持ち、スケールからすると、上部構造は木造であったようだ[70]。

　その後も10世紀までは、イベリア半島でレンガが全面的に使用されることは非常に稀であった（Ito, 2012: 14）。レンガを意匠材として効果的に、そして全面的に用いたイスラーム建築としては、999年建設との銘を持つトレドの通称

351

第三部　スペイン初期中世建築の特質

a：外観　　　　　　　　　　　b：内観
fig.3-62　トレド、バーブ・アル・マルドゥームのモスク

バーブ・アル・マルドゥーム[71]（*Bāb al-Mardūm*）のモスク（クリスト・デ・ラ・ルス教会堂：Cristo de la luz）を待たねばならない（fig.3-62）。ゴメス・モレーノは、バーブ・アル・マルドゥームのモスクに見られるレンガの使用法が、オリエントから新規にもたらされたことを指摘し、そのサイズ（26×17×4cm）も、メソポタミアからもたらされた技術を反映していると述べた（GÓMEZ-MORENO, 1951:201-2）。一方、小規模の個人礼拝堂であるバーブ・アル・マルドゥームのモスク以前の遺構が残っていないことを鑑みると、それ以前からイスラーム治下のトレドではレンガの全面的使用が一般化していた可能性は十分にある。パボン（Basilio PAVÓN MALDONADO）は、トレド、バダホス、マラガがイスラーム以前からのレンガ使用地域であったと述べ、バルデス・フェルナンデス（Fernando VALDÉS FERNÁNDEZ）も同様の指摘をしている。が、建材としてのレンガというよりはその用いられ方、つまりスペイン・イスラーム建築がこれ以降用いていくレンガ建築の言語というのは、イスパノ・ローマ時代以来の伝統的なあり方からではなく、ゴメス・モレーノの言うように他のイスラーム世界から伝播したレンガの用法から発展したと考えられる。いずれにせよ、バーブ・アル・マルドゥームのような形でレンガが大々的に用いられ始める時期は、10世紀中葉以降である[72]。このほかには、アルモナステール・ラ・レアル（Almonaster la Real, Huelva）のモスクが、レンガを多用したアミール期末からカリフ国成立直後の事例と推定されるが、建設時期を遅らせるべきと考える研究者もいて、そ

352

第2章　サンティアゴ・デ・ペニャルバのレンガ積みトロンプルイユ

の扱いには慎重にならざるを得ない（MOMPLET, 2004:61）。レンガは古代と同様、イスラーム・スペインでも特に浴場に用いられる材であった（PAVÓN, 1994a:304; ARAGUAS, 2003:128; NAVARRO PALAZÓN & JIMÉNEZ CASTILLO, 2011:89-90）。

アーチの中で石材と効果的に組み合わされたレンガに目

fig.3-63　コルドバ大モスク　二重アーチ・アーケード

が奪われるけれども、コルドバの大モスクにおいても、実はメリダの水道橋と同様、建設材料としてのレンガは石材ほどの一般性は得ていなかった。8世紀末にアブダッラフマーンによって建てられた大モスク（GÓMEZ-MORENO, 1951:19-44; TORRES-BALBÁS, 1957:342-369; EWERT et alii, 1997:70-1; 伊藤、2014:21-5）は、小口と長手を交互に積んだ切石造（a soga y tizón）で壁体がつくられ、ローマや西ゴート時代のものを再利用した大理石や花崗岩の円柱が並べられ、木造の天井が架けられていた。どこにレンガが用いられたのかといえば、二重にかかるアーチに4枚ずつのレンガの束がそれぞれ8組用いられるほか、上側のアーチの外輪飾りとして使われたに過ぎない（fig.3-63）。アルマンソールは石を赤く塗って創建モスクの由緒を表面上踏襲した。後ウマイヤ朝コルドバは石材に比べてレンガ嗜好を持たず、ローマと同じレンガのサイズを援用し、土着の用法を継承していたのである（PAVÓN, 1994a:303-4; ALMAGRO, 2001b:190）。このように、イベリア半島で軀体またはその表面にレンガを全面的に採用したケースとしては、ミウレウからバーブ・アル・マルドゥームのモスクまでの間に大きな溝がある。レンガはあくまでも壁体の一部として（opus mixtum）、あるいはアーチ、ヴォールトの材料として、部分的に用いられてきたのである（表3-B）。

半島北西部では、レンガが用いられた後期古代最重要の事例として、馬蹄形レンガ造アーチを持つサンタ・エウラリア・デ・ボベダ、下部構造しか残されていないが、多くの点で考古学的重要性の高いレオンのマリアルバの壁体がある。一方、年代的にはその後にあたる、主としてドゥエロ川北岸に点在するいわゆるイスパノ・ビシゴード建築群では、壁体にレンガが用いられることはなく、サン・フアン・デ・バニョス、サン・ペドロ・デ・ラ・ナベ、サンタ・マ

353

第三部　スペイン初期中世建築の特質

表3-B　後期古代・初期中世のレンガとレンガ造ヴォールト

	年代	地域	名称（地名）	brick	brick V	備考
イベリア半島初期中世建築						
1	asturias	Asturias	Oviedo, Foncalada	×		切石造の壁体とヴォールト
2	asturias	Asturias	Oviedo, Santa María de Naranco	×		石造。レンガの隠しアーチも使用せず
3	asturias	Asturias	Oviedo, San Miguel de Lillo	×		ヴォールトは凝灰岩。レンガの隠しアーチも使用せず
4	asturias	Asturias	Santa Cristina de Lena	×		レンガアーチない
5	asturias	Asturias	Santianes de Pravia	○	?	レンガアーチ
6	asturias	Asturias	Santiago de Gobiendes	○	×	身廊アーチはレンガ造、ヴォールトは凝灰岩
7	asturias	Asturias	San Salvador de Valdediós	○	×	凝灰岩ヴォールト。レンガ隠しアーチは使用
8	asturias	Asturias	Oviedo, San Julián de los Prados	○	×	開口部上部の隠しアーチ。ヴォールトは凝灰岩
9	asturias	Asturias	Santo Adriano de Tuñón	○	○	レンガ・アーチ、アプスにレンガ・ヴォールト
10	asturias	Asturias	San Salvador de Priesca	○	○	レンガ・アーチ、アプスにレンガ・ヴォールト
11	asturias	Asturias	San Pedro de Nora	○	○	レンガアーチ・アーケード。
12	asturias	Asturias	Oviedo, Cámara Santa	○	○	レンガ造トンネル・ヴォールト
13	asturias	Asturias	Santa María de Bendones	○	○	レンガ造トンネル・ヴォールト
14	mozárabe?	Extremadura	Alcuéscar, Santa Lucía del Trampal	○	△	壁の荒石、ヴォールトの切石に再利用材を混合
15	mozárabe?	Toledo	Santa María de Melque	×		mozárabe or visigodo? 花崗岩
16	repoblación	Cantabria	Santa María de Lebeña	×		ヴォールトは凝灰岩の割石
17	repoblación	Cataluña	Matadars, Santa Maria de Marquet	×	×	一部opus spicatum、藁とモルタルのヴォールト
18	repoblación	Cataluña	Sant Quirze de Pedret	×	×	荒石とモルタル。アーチは石造
19	repoblación	Cataluña	Sant Julià de Boada	×		藁とモルタルのヴォールト
20	repoblación	La Rioja	San Millán de la Cogolla	×		ヴォールトは石灰岩
21	repoblación	La Rioja	Torrecilla de Cameros, San Andrés	× ?		bóveda gallonada

第2章　サンティアゴ・デ・ペニャルバのレンガ積みトロンプルイユ

22	repoblación	León	León, Palat del Rey	×	×	凝灰岩と割石のヴォールト
23	repoblación	León	Santiago de Peñalba	×	★	アーチとヴォールト
24	repoblación	León	Santo Tomás de las Ollas	×		コンクリートのドーム（仮枠の痕跡あり）
25	repoblación	León	San Miguel de Escalada	○	×	身廊壁上部
26	repoblación	Ourense	Santa Eufemia de Ambía	×？		切石造の壁体
27	repoblación	Ourense	Vilanova dos infantes	△		現存せず。再利用？
28	repoblación	Ourense	Francelos, San Xes (San Ginés)	△		残骸、ヴォールトから？壁は切石
29	repoblación	Ourense	San Miguel de Celanova	○	○	レンガ造ヴォールト（交差、トンネルなど）
30	repoblación	Ourense	Santa María de Mixós	○	○	レンガ造ヴォールト痕跡
31	repoblación	Palencia	Hérmedes de Cerrato	×？		石造アーチ
32	repoblación	Pamplona	San Miguel in Excelsis	×？		主アプスと交差部がヴォールト
33	repoblación	Portugal	San Pedro de Lourosa	×		切石造の壁体
34	repoblación	Soria	San Baudelio de Berlanga	×		ヴォールトは凝灰岩
35	repoblación	Valladolid	San Cebrián de Mazote	×	★	アーチとヴォールト
36	repoblación	Valladolid	Santa María de Wamba	×		ヴォールトは割石
37	repoblación？	Cataluña	Terrassa, Sant Miquel	○	○	9世紀（？）の改修部分にレンガ造隠しアーチ；交差ヴォールトにもレンガ
38	visigodo	Extremadura	El Gatillo	○	○	レンガ造ヴォールト痕跡
39	visigodo	Portugal	São Gião de Nazaré	×？		荒石の構造
40	visigodo？	La Rioja	Ventas Blancas	×		凝灰岩の交差ヴォールトの残骸
41	visigodo？	Ourense	Santa Comba de Bande	○	○	レンガ造ヴォールト（交差、トンネル）
42	visigodo？	Palencia	San Juan de Baños	×		アプシスのヴォールトは切石
43	visigodo？	Palencia	la cripta de la catedral	×		石造ヴォールト
44	visigodo？	Portugal	Vera Cruz de Marmelar	×？		切石造の壁体
45	visigodo？	Portugal	Montélios, San Fructuoso	○	○	レンガ造ヴォールト（ペンデンティヴ、トンネル）（再建？）
46	visigodo？	Toledo	San Pedro de la Mata	×		切石
47	visigodo？	Zamora	San Pedro de la Nave	×		修復時にレンガでアーチやヴォールトを復元

第三部　スペイン初期中世建築の特質

西ゴート期以前（参考）

1	01-2c	Asturias	Gijón, termas de Campo Valdés	○	○	基礎部分発掘、レンガ多用
2	02c?	Lugo	Termas	○	○	レンガと割り石のヴォールト
3	04-5c	Algarve	Milreu	○	×	4－7世紀で唯一のopus testaceum
4	04-5c	Toledo	Las Vegas de Pueblanueva	○	○	レンガ造ヴォールト痕跡
5	04-5c?	Lugo	Santa Eulalia de Bóveda	○	?	レンガ造馬蹄形アーチ
6	04-5c?	Murcia	La Alberca	○	○	レンガ造トンネル・ヴォールト痕跡
7	04c	León	Marialba	○	×	Castilla y León唯一の初期キリスト教。壁体にレンガ列
8	04c	Tarragona	Mausoleo de Centcelles	○	○	4－7世紀で唯一のレンガ造アーチ使用、またドームも
9	05c?	Tarragona	Basílica de San Fructuoso	○	?	レンガ発掘

A-3: イスラーム・スペイン；マグレブ（参考）

1	09c	Tunisia	Qayrawan, Great Mosque	×		石のドーム
2	08-10c	Córdoba	Mezquita Aljama	○	△	切石と交互に。十世紀後半のヴォールトには一部レンガも
3	09c	Córdoba	Torre de San Juan	○	○	小窓部分とヴォールト。ペイントされた擬装も。
4	10c	Toledo	Cristo de la Luz	○	○	999年聖別のモスク。
5	09-10c	Huelva	Almonaster	○	○	ミフラーブ部分のヴォールトに使用。

A-4: フランス・プレロマネスク（参考）

1	08-9c?	Grenoble	Saint Laurent, cript	○	○	opus mixtum（ヴォールト、壁、アーチ）
2	10c	Beauvais	La Basse Oeuvre	○	×	レンガ＋石アーチ

A-5: コンスタンティノープル（参考）

1	06c	Constantinople	SS Sergius & Bacchus	○	○	レンガ造ドーム

A-6: ラヴェンナ（参考）

1	06c	Ravenna	San Vitale	○	△	陶製の中空管を水平の層状に
2	05c	Ravenna	Mausoleum of Galla Placidia	○	○	レンガ造ドーム

第2章　サンティアゴ・デ・ペニャルバのレンガ積みトロンプルイユ

リア・デ・キンタニーリャ・デ・ラス・ビニャスなどでは、アーチにもヴォールトにもレンガが見られない[73]。サンタ・コンバ・デ・バンデ[74]、サン・フルトゥオーゾ・デ・モンテリオスでは、ヴォールトにレンガが用いられたが、主要なアーチや壁体には他の同グループの建築と同様、切石が用いられていた。

レンガ造アーチ

このように、単なるレンガの有無のみに注目すると、イベリア半島の古代末期から初期中世にかけて、レンガが何らかの形で使用されている建築は少なくないものの、少なくとも現存する遺構からは、その全面的使用は稀であり、用いられる場合は常に、石材を補足する形であったことが明らかとなった。では、レンガでつくられたアーチという事例に着目すると、何かしらの傾向が見出せるであろうか。

ローマ末期あるいはスエヴィ期初頭のサンタ・エウラリア・デ・ボベダ[75]に、北西部スペインのレンガ造アーチの重要な先例が見出せるが、半島北西部のイスパノ・ビシゴード建築においてアストゥリアスのようにレンガを積んでアーチを作った事例はない。また、アストゥリアス建築ではレンガ造アーチの使用が一般化されていた（表3-B）が、10世紀レオンにそれが継承されることはなかった。アストゥリアスのレンガはローマ式モジュールを持っているが、再利用ではなく、建設現場にて製造されたと考えられている（FERNÁNDEZ MIER & QUIRÓS, 2001：378-380）。

fig.3-64　サン・フリアン・デ・ロス・プラドス　西正面入口アーチ

fig.3-65　サン・ミゲル・デ・エスカラーダ　ポルティコのアーチ

357

第三部　スペイン初期中世建築の特質

クロノロジカルに並べると、ローマ時代末期にはレンガ造アーチが用いられており（fig.3-99）、7世紀には石造アーチに取って代わられ（fig.3-100a）、9世紀にはレンガ造アーチが再び主流となり（fig.3-64）、10世紀にはまたそれが用いられなくなった（fig.3-65）、ということになろうか。これについては、従来、ローマ文化の定着していなかったドゥエロ川流域にイスパノ・ビシゴード建築がもたらされ、野蛮な原始社会であったアストゥリアスにそれまでとは異なったアストゥリアス建築が生まれ、無人化していたドゥエロ川流域に「モサラベ建築」がもたらされた、と説明されてきた。

ところが、これを時期的にではなく、地域的に分けてみると、話は随分と単純化する。スペイン北西部においてローマ時代から10世紀の間、レンガ造アーチと石造アーチが交互に登場したのではなくて、ドゥエロ川本流に近いメセタ北部においては、少なくとも7世紀ごろから10世紀までほぼ石造アーチしか作られておらず、ガラエキア北部ではレンガ造アーチが一般的であったのである。アストゥリアスに関しても、レオンに関しても、レンガ造アーチの使用・不使用というのは、イスラーム侵入の混乱期をまたいだ、時期的というよりは地域的な特徴を示しているのである。

レンガ造ヴォールト

サンティアゴ・デ・ペニャルバの、計6つのコンパートメントに分かれた、どちらかといえば間に合わせの材で作られたヴォールトを覆い隠していた天井画のうち、天井高が最も高く、空間的な格も高い交差部には、レンガ造

fig.3-66　サンティアゴ・デ・ペニャルバの擬レンガ積天井画

第2章　サンティアゴ・デ・ペニャルバのレンガ積みトロンプルイユ

ヴォールトが描かれていた（fig.3-66）。では、イベリア半島で実際にレンガ造のヴォールトはいつ、どこで用いられていたのだろうか。

　イタリアのコンクリート・ヴォールト天井に対し、東方からローマ帝国に到来したレンガ造ヴォールト天井であるが、ローマ時代からすでにイベリア半島にも波及しており、メリダの円形闘技場ギャラリー部分などに見ることが出来る（ウォード・パーキンズ、1996：190；DURÁN、1999：213）。4世紀から5世紀にかけては、サンセイャスや、ラ・アルベルカ（痕跡）で用いられたことが知られているが、その後、7世紀（カバリェーロによれば8世紀）にサンタ・コンバ・デ・バンデ（fig.3-67）やサン・フルトゥオーゾ・デ・モンテリオスという共にガラエキア南西部の遺構が現れるまで、一種の空白がある（HAUSCHILD、1982）。石やオプス・カエメンティキウムによるヴォールトから、薄くて軽い煉瓦を用いたものへの移行が一般化したのは、ユスティニアヌス帝の時代だとされる（KRAUTHEIMER、2000：267）ので、バンデやモンテリオスにおけるローマ式のレンガ造ヴォールトの実現も、そのような流れで捉えることができるだろう。

　バンデのものと似た形のレンガ造交差ヴォールトは10世紀のサン・ミゲル・デ・セラノーバにも見られる（fig.3-68）。したがって、セラノーバとバンデの2つのヴォールトは、初期ビザンティンからの間接的な影響も含めた、イベリア半島北西部における古代末期の建築的伝統が、10世紀まで継承されていたことの証左と言え

fig.3-67　サンタ・コンバ・デ・バンデ　交差部

fig.3-68　サン・ミゲル・デ・セラノーバ　中央ベイ

第三部　スペイン初期中世建築の特質

るであろう。他方、セラノーバのヴォールトはサンティアゴ・デ・ペニャルバのそれとは異なっており、移動建築工房がセラノーバ、ペニャルバ両建築に関わったというゴメス・モレーノの考えは認め難い（Ito, 2005b:20, n.33）。近接するセラノーバとバンデの間に見られる工法上の共通点や、ペニャルバやエスカラーダの柱頭に見られる均質性とは異なり、セラノーバとペニャルバの類似はあくまでも建築主のアイディアの部分に起因するのである。

　バンデのレンガ造ヴォールトが9世紀の再建にせよ、7世紀のオリジナルにせよ、8世紀のオリジナルにせよ、セラノーバのレンガ造交差ヴォールトはバンデと同じリソースに由来する。これに対し、サンティアゴ・デ・ペニャルバの描かれたレンガは、交差ヴォールトではなく同心円状に石を積んだドーム形状を再現している。ペニャルバは何か別のものを参照していたのである。またレンガの有無は、ペニャルバとセラノーバとの間の、越えられないか、越える必要性が感じられていなかった、建設習慣の差異を示している。アストゥリアスでもレンガ造ヴォールトは大いに用いられたが、全てトンネル・ヴォールトであった（表3-B）。

3）装飾感覚と擬似構造

サンティアゴ・デ・ペニャルバの壁画・天井画

　サンティアゴ・デ・ペニャルバの野石とモルタルでできたヴォールトに描かれた、レンガ積みを模した天井画によるカムフラージュの問題を考えるために、ここで、建築の材料を表面的に擬態するという点に関して考えてみたい。が、その前に、サンティアゴ・デ・ペニャルバのそのほかの室がどのような装飾スキームを持っていたかをまず述べておく[76]。

　中世絵画史家グアルディアと修復を担当したスアレス・インクランおよびテヘドールが明らかにしたように、サンティアゴ・デ・ペニャルバの壁画は、全体の装飾的・技法的統一性などから、10世紀、つまり建造直後に描かれたものである。ただし、かつてホセ・メネンデス・ピダルが「モサラベ絵画」として描き、その後いかにそこにカリフ国絵画の影響が反映されているかが繰り返し論じられてきたアプス入口のアーチに描かれた縄文は、オリジナルの上に後世に描かれたものだったことが判明した。

　技法としては、荒石の壁体上に塗った石灰モルタルの下地が乾かないうちに、

360

第2章　サンティアゴ・デ・ペニャルバのレンガ積みトロンプルイユ

徹底的にコンパスを用いた装飾的なテーマを下描きし、その上に着彩されたフレスコ画で、下描きの線が強く描かれていたおかげで、消失した部分に関しても再現が可能であるという（SUÁREZ-INCLÁN & TEJEDOR, 2006：114-5 & 122-3）。イスパニア暦975年（西暦937年）の銘がアプスのモールディングに発見されたのも、この下描き線のおかげである（GUARDIA, 2007a：119）。また、幅木（zócalo）部分のモルタルや顔料の組成は、マディーナ・アッザフラーのものと一致し、サンティアゴ・デ・ペニャルバが建つエル・ビエルソではあまり用いられないものだという（SUÁREZ-INCLÁN & TEJEDOR, 2006：115）。

　上部に装飾を集中させ、下部に関しては、幅木を赤く塗るだけでその直上の壁面下部を白いまま残すという手法も、マディーナ・アッザフラーのモスクなど、スペイン・イスラーム建築の傾向と一致している。身廊ベイのヴォールトには、星型八角形のようにした凹凸の円弧を組み合わせが絡み合う文様が描かれ、その合間に八葉形のモティーフが描きこまれているが、これはシリア・ウマイヤ朝のヒルバット・アル・マフジャル宮殿（Khirbat al-Mafǧar）に見ることが出来るという。身廊ヴォールトのインポストの下には、唐草文様のバンドが描かれる。アプスに描かれた、線対称に2つずつ向かい合う赤、青、黄のパルメットは、コルドバ大モスクのマクスーラに見られるものと同様で、それ以前からコルドバ・カリフ国で使用されていたものとされる。窓の縁取りは、円や三角形を網状にしたもので、それぞれ異なっている。また、交差部の南北壁の窓上部および東壁のアプス入口アルフィス上部には、円と重なり十字型を作る六葉の花型模様が描かれている（fig.3-39；ALMAGRO, 2001b：190；SUÁREZ-INCLÁN & TEJEDOR, 2006：114-5；GUARDIA, 2007a：125-131）。

　レンガ積みの擬装は、交差部、西アプス、身廊部と交差部の間の隔壁に用いられた。大きく分けて2種類あり、アーチの迫石を模して紅白を交互に描いたものと、レンガ造のドーム状ヴォールトを模したものがある。グアルディアは、紅白に描かれた石・レンガ積みも、レンガ造ヴォールトも、全てイスラーム建築の影響としている。ペニャルバやマソーテにおける紅白迫石（figs.3-69 & 3-143）が、コルドバを意識しているのは確かであろうが、ことレンガ造ヴォールトの起源に関しては、グアルディアも、単に地元のローマ建築がモデルというのは妥当な説とはいえない、となるとアッバース朝のレンガ造建築の影響か、と述べるにとどまっており、明確な根拠が示されているとはいえない（GUARDIA, 2007a：133；IDEM, 2007c：7）。これ以外の壁画は、ここまで述べてきた壁画の上

361

第三部　スペイン初期中世建築の特質

fig.3-69 サンティアゴ・デ・ペニャルバ　描かれた紅白アーチ

の層に描かれており、従って後世のものである。

　装飾モティーフの研究からは、このレオン王国の小教会堂に、10世紀の西欧で最も繁栄していた都市コルドバの壁画の技法が取り入れられていたことがわかる。コルドバ・カリフ国で洗練を極めた建築の仕上げや表面的・視覚的効果に関わる技術は無数あるが、そのうち、最も経済的で、技術的にも模倣が容易なフレスコ画のやり方が、こうしてペニャルバにももたらされていたことは、馬蹄形アーチの処理など当時のモードを効果的に取り入れるという、ペニャルバの他の部分でも見られた指針と一致している。だが、レンガ積みのヴォールト仕上げの擬装はどうだろうか。なぜ交差部ヴォールトも、アプスや身廊部と同じようにカラフルな模様で飾らなかったのだろうか。

描かれた石とレンガ

　スタッコ、壁画、その他の表面的・視覚的処理によって、建築の構造的部材や高価な仕上げ材料の擬態・代替を行なうというのは、建築の歴史に遍在してきた行為である。古代から現代まで、大理石は高級感を出すための常套手段であるし、その使用が不可能なときは、しばしば大理石風の模様が描かれてきた。アストゥリアスの壁画には、大理石製の柱を再現しようとしたものがあるが（SCHLUNK & BERENGUER, 1957:17 ; YARZA, 1985:17）、これはプレロマネスク期ではロルシュ楼門やオーセールのサン・ジェルマン修道院教会堂にも見られ（ユベール et alii, 1970:6 & 274）、実際、歴史上無数にある事例の一つである。田舎らしさがもてはやされるようになると、張りぼての民家風の丸太の大梁が登場し、鉄筋コンクリート打放しが市民権を得ると、それはすぐに壁紙のレパートリーに加わった。構造的要素の表出を、装飾によって覆い隠さないというラショナリズムが常に存在してきたとすれば、一方でそれが建築史においては、ただちに表面的効果に変換されてきたというのも、また事実である。

　表面的処理による擬態の理由がわかりやすい例を幾つか挙げてみよう[77]。

362

第2章　サンティアゴ・デ・ペニャルバのレンガ積みトロンプルイユ

コルドバの大モスクでレンガと石によって実現した紅白のアーチは、のちに単なる視覚効果として、また8世紀創建の大モスクの由緒を示す記号として一般化し、様々な建物に用いられたが、その最初期の事例は、ほかでもない大モスク自体に存在している。786/7年にアブダッラフマーンによって一応の完成を見たとされる創建モスクは、レンガと石の交互積みそのものによって紅白の視覚的効果を得ていた（fig.3-70a）。これが、少なくとも9世紀中頃には、レンガと石で積んだ迫石をスタッコで覆って、その上に改めて紅白を描きなおすという

a：創建部分

b：アル・ハカム2世増築部分
fig.3-70　コルドバ大モスク

スタイルに変化していたのは、9世紀中頃の建造とされるコルドバのサン・フアンの塔（Torre de San Juan, Córdoba）が証左である（GÓMEZ-MORENO, 1951：55-6）。アル・ハカム2世の大モスク増築時（961/2年-）にはレンガの表面的使用システムは徹底され、二重アーケード下部にはアーチの迫石にレンガを使用していたが、上部では完全に表面に張りつけられた化粧材となって、そのほかの装飾（モザイク、大理石、石膏）と共に、紅白のツートンカラーは構造的性質を失ってしまった（fig.3-70b；IDEM：97；TORRES-BALBÁS, 1957：483）。アルマンソールの増築時（987-990年）になると、どうせスタッコで覆ってしまうのだから中身と外見を一致させる意味はないと判断したのであろう、アーチのすべての迫石は石でつくられ、その上に紅白を塗って再現されるだけになったのである（fig.3-71；GÓMEZ-MORENO, 1951：162；TORRES-BALBÁS, 1957：574；NIETO CUMPLIDO, 2007：291；伊藤, 2014：26-30）。

　同様にわかりやすいのは、不揃いの石積みの壁体に、整然とした切石積みを

第三部　スペイン初期中世建築の特質

fig.3-71　コルドバ大モスク　アルマンソール増築部分

描くことである。これは壁画装飾のテーマとして最も古いものの一つで、ヘレニズム以降地中海世界でも一般化し、イベリア半島にもローマがその習慣をもたらした。切石上に切石を描くこともあるが、普通はレンガか荒石上に描かれる。アストゥリアス建築には見られず、初期のスペイン・イスラーム建築では、マディーナ・アッザフラーのモスク、コルドバのアルカサル、タリーファなどカリフ国時代の城砦などに広く見られる。土壁の場合、切石積みを表面に描くのは必須であったとされる[78]。西ゴート時代から後ウマイヤ朝時代の初期に建設されたと考えられるサンタ・ルシア・デル・トランパルにも見られる（CABALLERO, 1991a：27）。10世紀レオン王国においては、パラット・デル・レイとサン・ミゲル・デ・セラノーバのヴォールトに見ることができる（PAVÓN, 1994a：302-3；GUARDIA, 2007a：20；IDEM, 2007b：6）。時代は下ってロマネスクのエヴォラ（Évora）大聖堂は、レンガ造の壁体を切石積みを模した塗装で塗りこめている（BARRAL, 1997：169）。これは、実際の建造方法が地域的なものによって変化していても、石積みのシステムと共にイベリア半島に到来したフランス盛期ロマネスクという一つのモデルを、視覚的に踏襲するという姿勢が明白に現れた事例である。

　セラノーバのサン・ミゲル小礼拝堂アプスのヴォールトのケースも理解しやすい。セラノーバでは、穹稜を持たない四半球面でできたヴォールトの表面がスタッコで加工され、穹稜ドーム状ヴォールトが擬装された（ARBEITER & NOACK, 1999：304；GUARDIA, 2007b：5）のだが、サンティアゴ・デ・ペニャルバなど先行する一連の穹稜ドーム状ヴォールト建築の見た目だけを再現しようとしたその行為は、ペニャルバの構成などを参照しながら、地元の職人を用い、材料や構造を入れ替えて模倣したこの建築のその他の性質と一致する。

　こうした表面処理の動機ははっきりしている。すなわち、実際にその材料（大理石、モザイク、切石）が入手できないか、経済的にあるいは施工上で問題

第2章　サンティアゴ・デ・ペニャルバのレンガ積みトロンプルイユ

がある場合の代用である。

　一方、レンガ積みの擬装は、実際のレンガ構造に重ねることが多いという (GUARDIA, 2007a：133；IDEM, 2007c：7)。北イタリアはパヴィアのサン・フェリーチェ (San Felice di Pavia) はその古い例で、後にはムデハル建築やグラナダ王国時代のイスラーム建築にもそのような例がある。しかし、サンティアゴ・デ・ペニャルバと一致する手法は見つかっていない。

　擬装レンガ積みヴォールト以外の天井画は、グアルディアが示したように、コルドバ大モスクの紅白迫石のアーチや、カリフ国絵画に見られる幾何学・植物文様を採用しており、絵師、あるいは彼らを雇った建築主（サロモン？）が、どんな意匠効果を狙っていたのかがかなり明白である。これに対し、レンガ積みを描く、しかも、構造的に最も複雑で、求心的な教会堂の中心部分に描くということを、どのように解釈すればよいのか。

　描かれた石積みを見ると、すでに全体構成の類似が指摘されているラヴェンナのガッラ・プラチディア霊廟の軸測図が思い起こされる (fig.3-44)。ペニャルバが再現しようとしたのは、まさにこのタイプのヴォールトであったかという錯覚すら覚える。

　しかし、それは間違いである。周知のように、ラヴェンナのガッラ・プラチディア霊廟の実際のヴォールトは、目も眩むような輝きのモザイクによって埋め尽くされている (fig.3-72)。こうしたヴォールトの仕上げは、シリア・ウマイヤ朝の建築や、その後の10世紀後半コルドバのカリフ国にも継承された装飾の概念に従っている。プルデンティウスはメリダのサンタ・エウラリア教会堂を褒めて、天井の金彩、大理石、眩いばかりのモザイクを賞賛したし、ユスティニアヌス帝を取り巻いた文人たち、とり

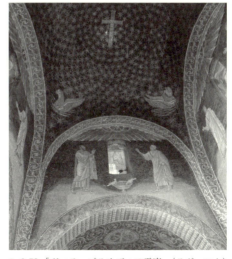

fig.3-72 「ガッラ・プラチディア霊廟」（ラヴェンナ）内観

365

第三部　スペイン初期中世建築の特質

わけパウルス・シレンティアリウスもそうした仕上げの豪奢さばかりを激賞した。マディーナ・アッザフラーを褒め称えるアラビア語圏の文筆家たちも、こうした豪華なものを重要視する長い伝統的系譜に所属していた[79]。

　とりわけ、10世紀スペインのキリスト教徒にだけでなく、西欧中世に深く影響を及ぼした7世紀のセビーリャのイシドルスが、建物を美しくすること（venustas）をどのように捉えていたか。

　　　建物を美しくすることとは、その装飾に関わるということである。つまり、金彩が施された化粧天井、素晴しい大理石の象嵌、様々な色彩の壁画などのことである[80]。

　よく知られているように、ウィトルウィウスにとって建物の美（venustas）とは、「実に、建物の外観が快く典雅であり、肢体の寸法関係が正しいシュムメトリアの理論をもっている場合に保たれる」ものであった[81]のだから、初期中世スペインにおいて、あるいは古代末期以降の一般的傾向として、いかに表面的な豪華さ、視覚的な効果が重視されるようになっていたかがうかがわれよう[82]。

　サンティアゴ・デ・ペニャルバを考えるときも、当時、何が美しいとされたかを考慮しなければならない。仮に、天井画が剥落して、そこにレンガ積みの構造が見出されたのであったなら、なるべく合理的・経済的な材料で構造を作り、そこになるべく豪華に見える表面処理を施すという、きわめて納得できる構造・意匠計画であったと言えよう。しかし、ペニャルバは、野石とモルタルでできたヴォールトに表面的にレンガ造ドームを再現している。再現しようとしていたのは、何かしら重要な意味を持った、実際のレンガ造ドームと考えるのが自然ではないだろうか。

モデルとモデルからの距離

　伝統的かつ地域的な工法の上に、スペイン・イスラーム建築を意識した馬蹄形アーチの処理や、コルドバの壁画・天井画（GUARDIA, 2007a）のモティーフといった意匠を施したサンティアゴ・デ・ペニャルバ教会堂。その交差部天井のレンガ積みトロンプルイユは、何をモデルとしていたのだろうか。なぜ、他のヴォールトと同じようにイスラーム絵画のモティーフを採用せず、わざわざレンガ積みを描いたのだろうか。描かれたレンガの厚みは目地と同じで、稜線を

366

第2章　サンティアゴ・デ・ペニャルバのレンガ積みトロンプルイユ

越えると目地とレンガの層が入れ替わるように描かれていることから、絵師は実際のレンガ造ドームを見ながらそれを忠実に再現しようとはしていなかった（Menéndez Pidal, J., 1956：294；Martínez Tejera, 2010：150-1）。

　レンガ積みを露出させているドーム状ヴォールトのモデルは、アストゥリアスにはなく、コルドバの大モスクや、マディーナ・アッザフラーのような豪華な建築の主要な空間でもない。一方、コルドバ大モスクのヴォールトの石造リブ上のパネルには一部レンガも用いられた（Torres Balbás, 1957：506；Momplet, 2003：158）ことからも明らかなように、レンガを用いたヴォールトの建設自体はアル・アンダルスでも一般的であったとされる。したがって、一般的な住宅建築やハンマームには、レンガ造を特にフレスコ画などで覆っていないもの、あるいは化粧レンガで仕上げたヴォールトがあった可能性は十分にあるが、それをわざわざ教会堂に再現する理由が見つからない。

　ペニャルバのモデルが見出せる可能性がある場所の一つは、バーブ・アル・マルドゥームのモスクを皮切りに、いわゆるムデハル建築へと続くレンガ造建築の遺構が数多く残る、西ゴート王国の古都トレドである（伊藤, 2006：224）。だが、ペニャルバより時代が大分下り、しかもスタッコで模った遥かに複雑な形態のオンパレードであるバーブ・アル・マルドゥームのモスクのヴォールト群からは、ダイレクトな因果関係を想像するのは難しい（fig.3-62）。それでも敢えて、トレドからの影響を仮定してみると、以下のような反証が考えられる。まず、もしトレドからレンガ工法に熟達した職人が来ていたなら、レンガそのものを生産・利用したはずだが、そうはならなかった。一方、そうした技術の輸入ではなく、単に、建築主が絵師に指示して、トレドで見た建造物を再現させようとしていたとしても、様々な点で無理が生じる。わざわざ再現しようとしているトレドの建築が、レンガ積みむき出しのヴォールトということがあるだろうか？　そして、グアルディアの言うように絵師がコルドバの技法を学んでいたとするなら、なぜ、交差部と西アプスの2ヶ所だけに、トレドのレンガを描く必要があったのか？　以上から、トレド建築をモデルと考えるのは難しい。

　さらに時代を遡り半島内で先例を探すと、4世紀頃の建設とされる北東部サンセイヤスの遺跡にあるニッチつき円形平面を覆うレンガ造ドームがあり、半島外では3世紀末から4世紀初頭の建設であるスプリットのディオクレティアヌス帝宮殿に見られる2つのレンガ造ドームで覆われた円形室が注目される。

367

第三部　スペイン初期中世建築の特質

被覆材が失われている部分では、同心円状に積まれたレンガが露出している（ITO, 2012:19）。このように古代末期のレンガ造ドームの被覆材が失われたものがレオン王国に存在し、そのモニュメンタリティに感銘を受けたペニャルバの施主または絵師が再現を試みた可能性は否定できない。

　しかしペニャルバのモデルになった同心円状に積まれたレンガのドームは、さらに古い時代のものの可能性がある。レンガで被覆したオプス・カエメンティキウムのヴォールトがそれで、紀元2世紀から一般化したものである（ADAM, 1996:193）。レンガを用いたドームの数は3世紀から増加するが、2世紀後半にはバイアのディアナ神殿のように水平に積んだレンガで被覆したドームが存在する（LUGLI, 1957：t.II, CCVIII；YEGÜL, 1992：109；ADAM, 1996：204）。ローマ時代にイベリア半島北西部に同様のものが存在したかは推測の域を出ないが、ドームを架けた円形や八角形平面の室は浴場建築に多く、半島北西部にも少なくない事例が存在する（NIELSEN, 1990：153, 159-160；*Thermes romains*, 1991；YEGÜL, 1992：111-2；ITO, 2012：19）。

　ローマ時代から、レンガの使用頻度が低い地域でも、相対的にレンガが多く用いられてきたのが、浴場建築であった。古代末期、ローマの衰退、キリスト教の浸透と共に、異教的産物として放棄されたとされる浴場であるが、完全にその習慣が失われたわけではなく、とりわけ、古代的活動の模倣の意図が働くときには、アストゥリアス＝レオン王朝のようなかなり遅い時期にも建設されることがあった。古代末期における浴場への興味は、皇帝たちに後押しされた4－5世紀のコンスタンティノープルの建設事業や、ラヴェンナやパヴィアなど各地のキリスト教施設で見られるほか（FUENTES DOMÍNGUEZ, 2000：137；JIMÉNEZ SÁNCHEZ & SALES, 2004：191）、シドニウスの恐ろしく明晰な描写からは、5世紀のウィッラにおける浴場のあり方が推し量られるし（DAVIS-WEYER, 1971：55-7）、ヴァンダリズムの語源となったヴァンダル族ですら、チュニスに大浴場を建設したとされる（ピレンヌ, 1960：52）。ローマのクリプタ・バルビでは9世紀に、ローマ時代の劇場建築跡を再利用した、ヴォールト天井で古典的なピラスターを持ち、コンクリート造の浴場が建設されている（FUENTES DOMÍNGUEZ, 2000:139）。

　古代の浴場のように複雑で大規模なものではなかったであろうが、アストゥリアス＝レオン王国においても浴場への言及は続き、常に王権と結びつけられていた。建設時期は不明だが、951年のセラノーバの文書には、「オルドーニョ3世のサモーラの浴場」近くの粉引き水車が問題となっているし[83]、それ以前に

368

第2章　サンティアゴ・デ・ペニャルバのレンガ積みトロンプルイユ

はアルフォンソ2世がオビエドで、ラミーロ1世がその近傍のナランコの丘で、それぞれ宮殿コンプレックスの施設の一つとして浴場を造らせている[84]。

とはいえ、アラブ系著述家が、キリスト教徒は1年に1度か2度、冷水で体を洗うだけで、不潔だ（MARTÍNEZ ENAMORADO, 2001：316-7）と述べていることや、修道院の規則に、必要のないのに風呂に入るな、との記述が見られる（BANGO, 2001：532）ことからも、入浴の習慣、そして浴場の建設自体は、10世紀レオン王国では相当に衰退していたと考えてよいだろう。したがって、浴場の建設よりも一般的だったのは、ローマ文明のシンボルであり、かつ構造的にも活用の価値がある浴場施設を、各々の都合に合わせて転用することであった。ローマのアグリッパやディオクレティアヌスの浴場を始めとし、こうした例は枚挙に暇がない（JIMÉNEZ SÁNCHEZ & SALES, 2004：193）。カール大帝は、ローマ浴場であったアーヘン／エクス・ラ・シャペル（*Aquis Granni*）をイタリアから運ばせたスポリアの円柱で飾り、そこを第2のローマと定めた[85]。イベリア半島においても、アストゥリアスのカンポ・バルデス浴場、アンプリアス（Empúries）、バルセロナ、サンタンデール、セゴブリガなど浴場跡をキリスト教施設に転用した事例は多く、何よりもレオンの大聖堂こそ浴場の転用だった（FUENTES DOMÍNGUEZ, 2000：141；JIMÉNEZ SÁNCHEZ & SALES, 2004：194-7）。

レオン（León）の名はローマ帝国のレギオン *Legio VII Gemina* の駐屯地であったことに由来し、半島北西部の中核都市の一つであった。3世紀半ばからキリスト教化が進んでいたものの、西ゴート時代まではアストルガ（*Asturica Augusta*）司教区の管轄下にあった（ORLANDIS：1987；BOTO, 1995：20-1）。レオン司教座は856年にオルドーニョ1世によってキリスト教勢力下に組み込まれて以降に新設されたものである。レオンがアストゥリアス＝レオン王国の首都となったのは910年だが、その直後の916年に王宮の建物が司教に寄進され、これが新しい大聖堂となる。この聖堂はその後、1065年に司教となったペラージョによって建て替えられ、さらに1255年頃からゴシック様式で再建されることとなる（BOTO, 1995：23-8；BANGO, 2004）。

現在のゴシック様式のレオン大聖堂が、2世紀の大浴場上に建設されていることは、発掘調査からも確かめられているが[86]、注目されるのが、首都レオンにおけるローマ浴場の位置づけである。サンピーロ年代記には[87]、レオン大聖堂の変遷が以下のように語られる。まず、大聖堂の前身がまだ城壁外にあったとき、城壁内に王宮（aula regalis）として用いられていた3つの建物（家屋）

369

第三部　スペイン初期中世建築の特質

があったが、それはかつて異教徒の浴場であった（tres domos, que terme fuerant paganorum）。これを、オルドーニョ2世がレオン司教フルニミウスに寄進し、第1棟が聖母マリア、第2棟が救世主、第3棟がバプテスマのヨハネの名の下に聖別されたという[88]。

　元浴場のレオン大聖堂に上部構造が残っていたとすれば、それはヴォールト構造であったに違いなく、かなりの確率で、レンガ造ドーム状ヴォールトか、オプス・テスタケウム仕上げのオプス・カエメンティキウムであったと考えられる。さらに、想像をたくましくすれば、実用上の理由から架けられたヴォールトが元からレンガ積み仕上げをそのまま見せていたか、あるいは天井画が剥がれ落ちてレンガ積み仕上げが露出していたのではないだろうか。

　さらに、ペニャルバが参照したモデルの手法を簡単に再現できなかったことも考慮すべきだろう。モデルとの距離は、地理的な問題だけでなく、時間的なものであったとも考えられる。古代のレンガ造ヴォールトを見知っていても、それをそのまま模倣することが出来なかったか、その手間を惜しんだ10世紀の人間が、手っ取り早くレオン大聖堂の由緒を再現するために選んだのが、レンガ積みを塗ってしまうということだったのである。

　以上のように、サンティアゴ・デ・ペニャルバで最も重要な空間に、ドーム状の同心円のレンガ積みをわざわざ描いたのは、レオン王国に残されていた重要な古代建造物のモニュメンタリティーへのリファレンスであり、おそらく、レオン王国の教会組織の中心であったレオン大聖堂のヴォールトを模していたからなのである。

　発掘からは、浴場特有のモザイクやインフラ、部分的な配置とおおよその規模が判明している。ローマ時代から、レンガの使用頻度が低い地域においても、浴場建築においてこの材料が多く用いられてきたことは既に述べたが、レオンの浴場も例外ではない。レンガはインフラ部分や壁体下部において全面的に使用されており、とりわけオプス・テスタケウムの壁は同時期同地域では類例がない（García Marcos & Vidal Encinas, 1996：148）。それぞれの室がどのような構造・平面形を持っていたか、また9世紀後半に王宮に転用されたのがどの部分で、そのときに上部構造がどの程度残っていたかなどは判っていない（fig.3-73）。したがって、ペニャルバに再現されたようなドームやドーム状ヴォールトがあったかどうかについては、他の事例から類推するしかない。そこで、レオンの浴場の建設時期が問題となる。年代の判断材料としては、レンガの刻印と

370

第2章　サンティアゴ・デ・ペニャルバのレンガ積みトロンプルイユ

モザイクがある。レンガの一つには
アントニヌス・ピウス帝の名の刻印
が読み取れ、従って138年から161
年の間に製造されたものということ
になる。ガルシア・イ・ベジードは
この銘を建設時期の指標とし、最近
の研究者もこれにおおむね賛同して
いる[89]。一方モザイクの半島北西部
における類例との比較からは、3世
紀末から4世紀初頭という年代が与
えられており、そのため、2世紀の
レンガが3世紀末頃に再利用された
可能性も一部の研究者によって示唆
されている[90]。

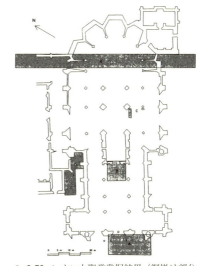

fig.3-73　レオン大聖堂発掘結果（網掛け部分からローマ浴場跡が見つかった）

　レオンの浴場が3世紀末建造であるなら、同時期にアフリカやイタリアにレンガを水平に積んだヴォールトが散見され[91]、レオンにも類例があった可能性は高い。一方、2世紀建造なら、クルニアのLos Arcos II浴場とほぼ同時期のものであり、クルニアと同様の八角形平面とドーム状ヴォールトを持つ室が存在したと推察されるものの、前述のように同時期の建築で確実にドームにレンガを用いた事例は帝国東方にしかなく（ウォード・パーキンズ、1996:189-190）、ドーム部分にレンガが使用された可能性は下がる。とはいえ、レンガ積み仕上げのオプス・カエメンティキウム造ヴォールトを持つ浴場建築が2世紀に建造されていたことは、バイアの「ウェヌス神殿」(fig.3-74)、トンネル・ヴォールトではあるがハドリアヌス期のチビタヴェッキア (Civitavecchia) の浴場遺構（YEGÜL, 1992: 112-6）などが証左となる。また、同じ半島北西部に位置するブラーガの浴場では2世紀の建設部分にオプス・カエメンティキウムを使用した痕跡がなく、ヴォールトの構造材自体がレンガであったのではないかという説もある（MARTINS & SILVA, 2000:77；MARTINS, 2005:31）。レオンの場合も、オプス・テスタケウムの壁を含む建物全体においてレンガが全面的に用いられていた様子から、ドーム部分にもレンガが用いられたと十分考えられる。

　オルドーニョ2世は、王国の新首都レオンに新設した大聖堂にその後も寄進

371

第三部　スペイン初期中世建築の特質

fig.3-74　バイアのローマ浴場跡「ウェヌス神殿」　レンガで被覆されたヴォールト下部

を繰り返した。そして924年に没すると、それまでの王墓が置かれた旧首都オビエドではなくレオン大聖堂の敷地に葬られた（BANGO, 2004：50-1）。レオン大聖堂はその後も王家の手厚い庇護を受け、フルニミウス、キシラ、オウェコら歴代司教のもとで王国内教会組織の頂点として崇敬を集める[92]。従って、レオン王朝やレオン司教座と密接な関係にあったペニャルバの修道院の建築に、このレオン大聖堂が影響を及ぼした可能性は十分考えられるであろう。

　以上から、サンティアゴ・デ・ペニャルバの描かれたレンガ積みは、古代末期以前に遡る建造物をモデルにしていると思われ、中でも古代ローマ浴場から転用されたレオン大聖堂が、そのモデルの最右翼と考えられる。10世紀当時のレオン大聖堂の姿が不明な以上、この点について確証を得ることはできないが、ここまで挙げてきた諸条件から、10世紀の時点でレオン大聖堂にレンガ積みのドーム状ヴォールトが存在した可能性は十分にあると思われる。ペニャルバの教会堂を含め、同時期王国内の修道院建築は、首都レオンの建築から多かれ少なかれ影響を受けていたと考えられるが、古えのレンガ積みドームは、描くことによってのみ再現可能だったのであろう。

　サンティアゴ・デ・ペニャルバの意匠には後ウマイヤ朝建築から影響を受けた部分が少なくなく、フレスコ画の技法や様式にも、コルドバからの影響が見出せる。しかしこうした傾向が、10世紀の人間が持っていた古代への憧憬と相容れないものであったと考える必要はない。ローマ建築からのスポリアに支えられたコルドバ風馬蹄形アーチ、イスラーム治下で殉教した者の遺物を覆う東方由来の布、コルドバの天井画モティーフなどが渾然一体となっていた教会堂において、ローマ時代の浴場から転用されたレオン大聖堂のヴォールトが極めて重要な意味を持ったとしても不思議ではない。レオン王国の建築を読み解くには、アストゥリアス建築やスペイン・イスラーム建築からの影響を考えなけ

第2章 サンティアゴ・デ・ペニャルバのレンガ積みトロンプルイユ

ればならないのは当然だが、同時に、その領土となったドゥエロ川流域におい
て、これまで考えられてきたよりもはるかに重大な建築的伝統及び遺産が残さ
れていた可能性を考慮しなければならない。

　ペニャルバを含む10世紀レオン王国の建築と、レオン王国そのものとの関
係性は長らく看過されてきた。南部からの移民を想定した「モサラベ」という
呼称や、同じく入植民の役割を強調した「レポブラシオン」という呼称に研究
史のスタンスが反映されている。しかしながら、各地からの移民が辿り着いた
レオンという土地こそ、この地のプレロマネスク建築を形づくる最大の要因で
あったと考えなければならない。ネオ・ゴート主義や移民たちが持ち込んだ外
部の影響は明らかにあったが、古代の遺産も間違いなく存在した。この遺産は
物理的な再利用の対象となっただけでなく、視覚的にも再利用されたに違いな
い。王、貴族、高位聖職者たちは、レオンの地に残されていたローマ時代や西
ゴート時代の建造物を占拠し、改修し、増築する中で、採り入れられる部位で
は目新しいイスラーム建築の流行を積極的に採り入れていった。権力の中心た
る王都レオンの大聖堂などが、こうして最先端の流行で飾り直されたモニュメ
ンタルな古代建築だったとすれば、周縁部の小規模なパトロンたちそれぞれが
手本としたのは、コルドバではなく、コルドバの影響を吸収した王都レオンで
あったのではないか。したがって、王国各地に共有されていた美的感覚は、一
度レオンという共通のフィルターを通したものであり、ペニャルバのような王
国内でも僻地に位置する建築の装飾が意味するのは、古代の賞揚でも、イス
ラーム建築への憧れでもなく、単に王都レオンを取り巻く新しい権力の形への
言及なのかもしれない。

373

第3章　サン・ミゲル・デ・エスカラーダの円柱使用法

円柱は、長く円いのでそう呼ばれ、建物全体の重さを支
えている（セビーリャの聖イシドルス）

1）柱頭を備えたモノリスの円柱の使用

　10世紀前半にレオン王国内に建設されたサン・ミゲル・デ・エスカラーダ旧
修道院教会堂は、バシリカ式教会堂の内部にも、南面に配したポルティコにも、
円柱を全面的に使用した建築である[93]。本章は、このサン・ミゲル・デ・エス
カラーダを、古代末期から初期中世の地中海世界に広く見られる「円柱の建築」
の一種と捉え、その円柱使用法と建築全体の構想との相関関係を明らかにしよ
うとするものである[94]。
　円柱列により建築を構成するという発想や、円柱という建築要素の多用と強
調は、古代末期から中世にかけての環地中海地域の建築に広く見られる特徴の
一つである。とりわけ円柱列によるバシリカ式の構成を持つ初期キリスト教建
築については、多くが語られてきた。スポリア（再利用材）の円柱が果たした
役割、あるいは円柱という建築要素と建築全体との切っても切り離せない関係
については、ダイヒマンやクラウトハイマーといった初期キリスト教建築研究
の泰斗から近年の考古学者・美術史家までが、繰り返し指摘している[95]。また、
旧ローマ世界の建築を多かれ少なかれ継承した初期中世の西欧や地中海地域の
初期イスラームの建築においても、円柱の使用は根強く残った。使用される円
柱の多くが異教の神殿などから調達したスポリアであったこと、モノリスの円
柱が好まれたこと、大理石が珍重されたことなどは、一般的な様式区分や宗教
的差異を越え、地中海地域の多くの遺構に当てはまる特徴である。さらに、こ
うした円柱の優位性がロマネスクやゴシックのモティーフがあらわれて以降も
続くイタリアの建築については、ピサ大聖堂に用いられた古代の円柱に関して
など、近年ますます盛んなスポリア研究の文脈で大いに研究されている[96]。

374

第3章　サン・ミゲル・デ・エスカラーダの円柱使用法

a：ローマのサンタ・サビーナ教会堂　　b：サン・マルタン・デュ・カニグー修道院教会堂　　c：マラガのアルカサーバ「グラナダの間」

fig.3-75　古代末期から中世にかけての独立円柱の例

　このような「円柱の建築」の広がりの中で、サン・ミゲル・デ・エスカラーダ教会堂は、4世紀ローマの大バシリカ以来の円柱の建築という構想が、全く異なった条件下でどのように実現されたかを示す注目すべき事例である。そして、スポリアにせよ新造にせよ、限られた条件下で円柱の使用が建築構想に組み込まれる際に、建設者が矛盾や制約に対してどう向き合い、何を重視あるいは優先したかについて、興味深い示唆を与えてくれる。本章では、まず円柱使用法を類型化し、その上でこのサン・ミゲル・デ・エスカラーダ修道院教会堂における円柱の用いられ方を検討することとする。

2）古代末期・初期中世建築における円柱使用の類型と事例

本章における「円柱」の定義

　まず、本章内で繰り返される「円柱」（英：column、西：columna）という用語の指し示すところを明らかにしておきたい。本章で「円柱」といった場合、柱頭を備え、円形断面の柱身を持ち、しばしば柱身がモノリスで造られたものを指す[97]（fig.3-75）。

　こうした円柱はそもそも独立して用いられていたものだが、やがて他の建築的要素と複合する傾向が強まり、西欧では古代から中世にかけて、単独で用いられるケースは徐々に少なくなる。ロマネスクやゴシック建築では、切石、割

375

第三部　スペイン初期中世建築の特質

a：サンティアゴ・デ・コンポステーラ大聖堂

b：サモーラのサン・フアン教会堂

fig.3-76　ロマネスク建築の円柱，付け円柱，リスポンド

石、煉瓦などを壁体と同様に積層させたピア、それも矩形や円形を組み合わせた複合的な断面を持つ柱が主流となり、円柱は複合柱に組み込まれたり、小規模な周歩廊や回廊に限定されるなど、古典古代のオーダーから離れていく。特にイベリア半島においては、ロマネスクの到来によって円柱からピアへの変化は極めて明快である[98]（fig.3-76）。

建築内での円柱使用法の分類

建築構想の主たる要素となる場合から、構造体としての役割を持たない建築装飾としてまで、モニュメントにおいて使用された円柱の役割は様々である。建築における円柱の用いられ方は、表3-C・fig.3-77のようにいくつかのタイプに分類することができる。

A型は円柱を並べることによって建築の主たる特徴が形成されるケースで、ローマのサンタ・コスタンツァ（Santa Costanza）の環状柱列など集中式建築に現れるものも含むことができるだろう。

円柱の使用が建築の一部分に限られる場合には、独立した支持体としてではなく、壁体に隣接あるいは接合した形で円柱が用いられることがしばしばある（C型）。特に重要な開口部の抱きに用いられる場合が多い。また、環状でない限り、円柱列には端部が発生するが、この端部まで用いられた円柱が壁に接するような場合も、このタイプに含むことが出来る。後述するように、円柱使用

376

第3章　サン・ミゲル・デ・エスカラーダの円柱使用法

表3-C　円柱使用法の分類

	円柱使用法	建築群の例、備考
A	円柱列・円柱群	周柱式神殿，円柱列バシリカ，多柱式モスク等
B	独立円柱の限定的使用	二連（三連）アーチの中心部等
C	壁に隣接・接合	アプス入口など開口部の抱き，円柱列の端部，壁面前に配置したものなど．石組は別．
D	壁付き円柱・半円柱	ローマの円形闘技場，ロマネスク建築のリスポンドなど．基本的に壁体の石積の一部．
E	円柱不使用	柱がないか，あっても壁と同様に石を積んだピアを使用．ピアの断面は円形もありうる．

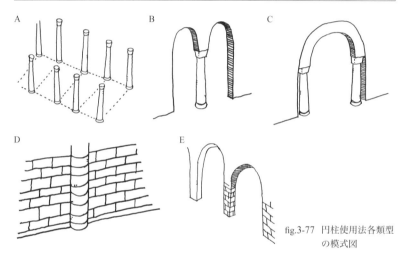

fig.3-77　円柱使用法各類型の模式図

法の差異はこのC型の円柱―壁の取り合い部分にとりわけ際立つ。

　A型とC型の中間には、独立円柱が建築の一部に使用されるタイプがある。とりわけイスラーム建築、キリスト教建築の双方に共通して見られるのが、中心部分を円柱で支えた二連または三連アーチである（B型）。その他、壁体の一部が半円柱あるいは壁付き円柱となっているタイプ（D型）、あるいは一切円柱が用いられないタイプ（E型）がある。

　さて、A型からE型の円柱の扱いは、いずれも古代末期までの建築に見られ、初期中世に新たに試みられたのではない（fig.3-78）。従って、初期キリスト教建築からロマネスク建築にかけて、A型がD型やE型に徐々に変容したわけではないことには注意が必要である。どちらかというと、円柱のシステマ

377

第三部　スペイン初期中世建築の特質

a：アルルの円形闘技場（D型）
b：カラート・セマーンの聖シメオンの聖域（C型）

fig.3-78　古代における円柱使用法C型およびD型

ティックな製造がほぼ停止した古代末期・初期中世において、大量で均質なスポリアを入手するのが難しくなるにつれ、必然的にA型が少なくなったと考えることが出来る。7世紀の知識人であるセビーリャのイシドルスは『語源論』内で、円柱（columnae）は「建物の全荷重がかかるものである」と述べたが[99]、このタイプでイベリア半島に現存するものは少なく、典型的なものとしてコルドバの大モスクが思い起こされるくらいである。イシドルスは、同時代の実際の建築というよりはむしろ古代の理想的建築をイメージしていたとも考えられる。

　一方、円柱が建築構想の主要素であったギリシアやローマの神殿建築における擬周柱式の登場が示すように、組積造建築で円柱を使用する際の大きな問題の一つは、円柱と壁体のおさまりである。スポリアの円柱が大半となる古代末期以降、円柱と壁とが近接するCのケースに、様々なバリエーションが登場する。わざわざ再利用した貴重な建築材である円柱の全形性と、円柱と壁との一体性との矛盾を解決しようとする試行錯誤のあらわれであろう。C型をディテールによって以下のような代表的な類型に細分類しておきたい。

C-E型）円柱不使用型　円柱を使用していないのでそもそもC型とは言えないが、円柱と壁の矛盾を避けるのに、そもそも壁との接合部位に円柱を用いないタイプ。ローマのサンタ・サビーナ（Santa Sabina）、ラヴェンナのサン・ヴィターレ（San Vitale, Ravenna）、アーヘン（Aachen）宮廷礼拝堂ギャラリー、ダマスクス（Damascus）大モスクのファサードなど、キリスト教、イスラム問わず、古代末期から初期中世にかけて幅広く見られる。

第3章　サン・ミゲル・デ・エスカラーダの円柱使用法

a：サンタ・コンバ・デ・バ　　b：サン・フアン・デ・バニョ　　c：コルドバ大モスク第一期
　　ンデ　　　　　　　　　　　　　ス　　　　　　　　　　　　　　部分

fig.3-79　円柱全形性優先型（C-1型）の例

C-1型）円柱全形性優先型　　円柱、とりわけ中心より裾が広い柱頭や柱礎の全形性を優先させるために、円柱と壁・抱きとの間にすき間をとるタイプ。アーチ開口部の抱きに使われたものとしてはカラート・セマーンの聖域（Qalaat Semaan, fig.3-78b）、カイラワーン（al-Qayrawan）大モスクのミフ

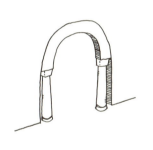

ラーブ、サンタ・コンバ・デ・バンデ教会堂（fig.3-79a）などがある。壁面の前に建てたものも、ローマのコンスタンティヌスの凱旋門（Arco di Costantino）、フレジュ（Fréjus）の洗礼堂など少なくない。円柱列の端部にあるものとしてはサン・フアン・デ・バニョス教会堂（fig.3-79b）などがある。コルドバ大モスク第一期のアーケード端部での処理方法は一貫していないが、円柱の全形性を優先した部分も見受けられる（fig.3-79c）。

C-2型）接合性優先型　　円柱は壁または抱きの石積と別個であるが、これを埋め込んで、あるいは柱身の側部を半分近くカットするなどして、壁との接合性を優先するタイプ。早い事例ではニームの擬周柱式神殿メゾン・カレ（Maison Carrée, Nimes, fig.3-80a）

379

第三部　スペイン初期中世建築の特質

　　a：メゾン・カレ（ニーム）　　　b：ロルシュ修道院楼門　　c：サン・サルバドール・
　　　　　　　　　　　　　　　　　　　　　　　　　　　　　　　　デ・バルデディオス

fig.3-80　接合性優先型（C−2型）の例

の側背面に見られるが、管見では他のタイプよりも事例が限られるようだ。カロリング時代のロルシュ修道院楼門（Lorsch, fig.3-80b）や、これとほぼ同時期の複数のアストゥリアス建築、たとえばサン・サルバドール・デ・バルデディオスの入口部分（San Salvador de Valdediós, fig.3-80c）にはこのタイプが見られるが、いずれも石積が部分的に壁体と一体化する（いわば部分的D型）など、過渡的性格が顕著といえる。

C−3型）柱身維持型　C−1型とC−2型の中間にあたる。柱身の全形性をほぼ保ち、これを壁や抱きになるべく接する形で立て、柱身より径の大きい柱頭、柱礎、アバクス等の全形性を犠牲にするタイプ。円柱の全形性を犠牲にする際の優先部位、また、余剰部分をカットするのか、あるいは壁や抱きの

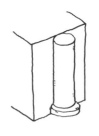

石積の一部とするのか等、このタイプの中でも微妙なバリエーションがある。後述するように、エスカラーダのポルティコや、同時期のレオン王国の建築に特徴的に見られ、ロマネスク以降は扉口などに定型化したものが頻出する。

　つづけて、イベリア半島初期中世の3つの建築群、すなわちイスパノ・ビシゴード建築、アストゥリアス建築、再入植期建築における円柱使用法を時代様式ごとに整理する。エスカラーダのものも含めイベリア半島に残る円柱そのも

第3章 サン・ミゲル・デ・エスカラーダの円柱使用法

のについては、柱頭の様式や、スポリアの量・質・分布から、年代や影響関係などを明らかにしようとする研究の蓄積があるが[100]、イタリアやドイツを中心としたスポリア研究の成果は、ようやくイベリア半島でも参照され始めたところである（Ewert, 2009；Peña Jurado, 2009；Idem, 2010）。また、円柱と壁体の接合部に関してはほとんど注目されてこなかった[101]。クーバッハは、円柱を用いたかピアを用いたかで、ロマネスク以前のバシリカ式を分類したが（Kubach, 1996：23-6）、円柱の使用法にはほとんど着目していない。なお、以下では、同断面の石の部材が幾つも積み重ねられて（付け）円柱状に作られた円柱はモノリスの円柱と区別するが、継ぎ足されて2、3の部材で構成されているものは、モノリス円柱と同列に扱う。

イスパノ・ビシゴード建築とドゥエロ川以南におけるモノリス円柱の使用

イスパノ・ビシゴード建築でモノリスの円柱を使用しているのは、以下の事例である。独立円柱を立てたバシリカ式のサン・フアン・デ・バニョス（figs.3-4, 3-5 & 3-101）。バシリカ的構成部分は角柱で処理し、添え柱としてのみ円柱を使用し、一部の柱頭・柱礎に大胆な彫刻を施したサン・ペドロ・デ・ラ・ナベ（figs.3-8 & 3-9）。翼部と中央のドーム状空間とを三連アーチで区切ったサン・フルトゥオーゾ・デ・モンテリオス（fig.3-81）。アプス入口に円柱を立てたサンタ・コンバ・デ・バンデ（fig.3-100）や、サン・ペドロ・デ・バルセマン（fig.3-12）。キンタニーリャ・デ・ラス・ビニャスのものは、オリジナルの状態がわからず、また柱頭と柱礎を備えた古典的なオーダーとはほど遠く、同列に扱うのは難しいが、パレンシア大聖堂の「サン・アントリンのクリプタ」（cripta de San Antolín de Palencia）のもの（Camps, 1940：583-8；Schlunk & Hauschild, 1978：220-1；Bango, 2001：114）は、かなり退化した姿ではあるが、円柱の使用意図の点ではモンテリ

fig.3-81　サン・フルトゥオーゾ・デ・モンテリオス

381

第三部　スペイン初期中世建築の特質

オスと通じるものがある。バンデ、バルセマン、ナベでは円柱の使用はほとんど付加的で、円柱を用いなくても構成としては成り立つので、格式を高める装飾的な意味合いがとりわけ強かったと考えられる。

サンタ・マリア・デ・メルケは円柱状に丸く膨らませた隅部が印象的だが（fig.3-14a）、独立円柱は使用されていない。同じようにカバリェーロによってモサラベ建築と位置づけなおされたサンタ・ルシア・デル・トランパルにも、メルケを連想させる壁面から突出した付け柱があるが、これもモノリスの円柱ではない[102]。

アストゥリアス建築におけるモノリス円柱の使用

アストゥリアス建築では、サン・フリアン・デ・ロス・プラドスやサン・サルバドール・デ・バルデディオスに典型的なように、バシリカ式でもアーケードの支柱には矩形断面ピアを用いることが一般的だったが（fig.3-82）、小ぶりなものをアプスの内壁や窓を飾るのに用いたり（fig.3-83）、バルデディオスのポルティコやサンティアゴ・デ・ゴビエンデス（Santiago de Gobiendes）に見られるように、抱きに一体化させる形で円柱を使用した（fig.3-84）。サンタ・クリスティーナ・デ・レナでは「イコノスタシス」に、サンタ・マリア・デル・ナランコでは特徴的な縄文に覆われたものが付け柱として、またギャラリーの三連アーチ開口の支柱としても使用されている（fig.3-15）。一方、サン・ミゲル・デ・リーリョ（リーニョ）

fig.3-82　サン・フリアン・デ・ロス・プラドス

fig.3-83　サン・サルバドール・デ・プリエスカ（アストゥリアス）壁つきアーケード

第3章 サン・ミゲル・デ・エスカラーダの円柱使用法

(San Miguel de Lillo / Liño) ではあちらこちらに円柱が用いられているが、古典的な円柱をかなり自由に解釈している (fig.3-85)。壁にフレスコ画の手法で円柱の絵を描いただけで済ませる場合もあったが、概してアストゥリアス時代には、入手可能な石を持って、適度な大きさの円柱が製作されることが多かったようである。アプス内壁を飾っていることからも明らかなように、円柱は相変わらず重要な格式表現であったが、辺境であったアストゥリアスにはスポリアとして転用できる古代建築があまりなかったのであろう。サンティアゴ・デ・コンポステーラ建設の際に戦利品の円柱を運ばせたという記録は、このようなアストゥリアス王国の古代材不足にも関係していたのである[103]。

fig.3-84 バルデディオス ポルティコ部分

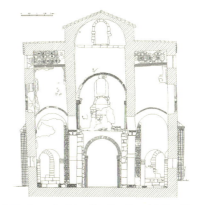

fig.3-85 サン・ミゲル・デ・リーリョ（オビエド）横断方向断面図

再入植期のモノリス円柱

再入植が進み、アストゥリアス王国がアストゥリアス＝レオン王国になると、モノリスの円柱を用いた建築がもっと多くなる。後述するサン・ミゲル・デ・エスカラーダ、サン・セブリアン・デ・マソーテ (fig.3-123)、サンタ・マリア・デ・レベーニャ (fig.3-86) が、現存する遺構では円柱を数多く使用した代表的な事例である。エスカラーダでは堂内に16、ポルティコには西壁の窓のものをのぞいて13、それぞれ柱頭と柱礎を備えた円柱が用いられている。多様な柱頭には、再利用されたのが明白なもの、10世紀レオン王国の建築に特有の様式

383

第三部　スペイン初期中世建築の特質

fig.3-86　サンタ・マリア・デ・レベーニャ（カンタブリア）

fig.3-87　サン・ミゲル・デ・エスカラーダ

を持っているが無造作に再整形されたものが多く、研究者の注目を集めてきた。マソーテにはアーケードの独立円柱、ピアの添え柱、アプス入口、副祭室隅部の小ぶりのものも含め38本あり、やはり柱頭にはかなりのヴァリエーションがある[104]。サンタ・マリア・デ・レベーニャには22本の円柱が用いられている[105]。レベーニャでは独立円柱ではなく角柱や抱きに添えて用いられているため、円柱バシリカの系譜であるエスカラーダやマソーテと印象は異なるが、実はエスカラーダやマソーテのコルス（アプス前ベイ）・身廊部間のピアにおける処理を堂内全体に適用したものと考えることができるだろう（fig.3-87）。柱頭

fig.3-88　柱頭（サアグン）

にはエスカラーダのポルティコやペニャルバ、その他断片的に残されている10世紀レオン王国に典型的な造形的特徴が見られ、場所は離れているが、同じ建築的潮流の中にあったことは明白である。これらの建築ほど徹底的ではないが、サンティアゴ・デ・ペニャルバには9本の円柱が用いられ、その基本的な取り扱いはエスカラーダ、マソーテ、レベーニャと共通する（fig.3-116）。

このほかの円柱の使用状況については、断片的かつ間接的な情報しか残されていないが、柱頭だけ残されていたり転用されている例（Sahagún, fig.3-88；Sandoval；San Román

第3章　サン・ミゲル・デ・エスカラーダの円柱使用法

de Hornija；Vilanova；Renedo de Valderaduey；Villalonso...)、円柱が用いられたことがわかる例（San Román de Moroso）から、上記の代表的なレオン王国の建築に見られる円柱・柱頭使用の規範がどの程度の範囲に広まっていたのかがわかる。

一方、サン・ミリャン・デ・ラ・コゴーリャ[106]（San Millán de la Cogolla）入口脇の非古典的な円柱の用いられ方や、創建時通りでないかもしれないがサン・ペドロ・デ・ロウローザの短い柱身にプレーンなエキヌスを載せただけの円柱は、それぞれ上述の円柱シリーズとは大きく隔たれている（figs.3-89 & 3-18）。

fig.3-89　サン・ミリャン・デ・ラ・コゴーリャ　入口アーチ

カタルーニャでは、近年では9世紀の建設とされるタラッサのサン・ミケル聖堂（Sant Miquel de Terrassa）でバラバラな円柱を用いている（Puig et alii, 1909：323-340；Ainaud, 1976；Barral, 1997：17；Ègara, 2009）ほか、時代は下るがサン・ペラ・ダ・ロダス（Sant Pere de Rodes）にも興味深い事例が見られ、リポイから見つかった複数の柱頭やバルセロナのサン・パウ・ダル・カンプの入口のもの

a：サン・ミケル・ダ・タラッサ（バルセロナ県）　　b：サン・ペラ・ダ・ロダス（ジローナ県）

fig.3-90　カタルーニャ初期中世の円柱使用

第三部　スペイン初期中世建築の特質

などは、まだまだ他にも多くの建造物で円柱が用いられた可能性を示唆するが、
それぞれの事例を結ぶ一貫性はない（fig.3-90）。馬蹄形アーチが見られる一連
の建物では、サン・ビセンス・ドゥビオルス（Sant Vicenç d'Obiols）やサン・キル
サ・ダ・パドレー（Sant Quirze de Pedret）などが円柱を使用した例外的な建築で
ある。サン・ファリウ・ダ・ギシュルス（Sant Feliu de Guíxols）の馬蹄形アーチ・
アーケードにも短い円柱が用いられているが、形態言語にロマネスクの影響が
見られ、果たしてどの程度それ以前の構造が残されているのか疑問が残る[107]。

柱頭研究

　こうした円柱の上部を彩る柱頭彫刻についての考察は本書では行なわないが、
スポリアの使用されることの多い初期中世の柱頭は、モデルとそれを再現する
技術の安定していた古典古代や、柱頭彫刻を巡る様式・図像・タイポロジーの
問題が自律した一つの問題系を形成するほど充実したロマネスクとは異なる、
固有の問題を提示する。同じ建物の中に様々な柱頭を寄せ集めるのが一般的な
イスパノ・ビシゴード建築、コルドバ大モスク、レオン王国の建築において用
いられた柱頭がいつ、どこで、誰によって作られたかという問題は、答えのな
いパズルを提供してきた[108]。

　抱きと円柱の関係や柱頭の造形的特徴からは、サン・ミゲル・デ・エスカラー
ダ、サンティアゴ・デ・ペニャルバ、サンタ・マリア・デ・レベーニャのよう
に、直接的な共通点を見出せる事例が見られる。ただし、これらの明白な相関
関係が見られる10世紀建築の分布を見ると、ほとんどレオン王国中央部に限
られていることが観察できる。これはレオン王国内の建築文化が細分化し局地
化した地域的伝統を基盤としていたことを示しているといえるだろう。

3）サン・ミゲル・デ・エスカラーダにおける円柱の使用法

各部位毎の円柱使用法の特徴

　エスカラーダの教会堂とポルティコは、円柱と馬蹄形アーチで全体が構成さ
れており、一見すると画一的な規範に沿って建設されているように見える。し
かし実際には複数の建設フェーズを持ち、各フェーズでは円柱の扱いも異なっ
てくる。特に、壁や抱きに接する円柱や半円柱を観察してみると、エスカラー
ダの中だけでもＤ型、Ｃ－Ｅ型、Ｃ－３型といった様々な解決が試みられている

第3章　サン・ミゲル・デ・エスカラーダの円柱使用法

ことがわかる。それぞれの特徴を建設された順に見ていく。なお、典礼上は必ずしも正確な分類とは言えないが、便宜上教会堂頭部の3つの馬蹄形平面の室をアプス、その西側の3つに区分されたスペースを内陣、西側の2列のアーケードを持つスペースを身廊部と呼ぶことにする。

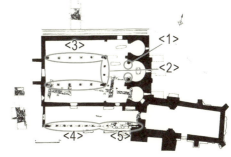

fig.3-91　サン・ミゲル・デ・エスカラーダ　平面図

アプス入口

教会堂本体はポルティコより前に作られたが、中でも最初に建設されたのはアプスであると考えられる。主アプス入口左右（fig.3-91〈1〉）に立っているのは一種の半円柱（D型）であり、柱頭および3つの部材で作られた柱身

fig.3-92　主アプス入口

は、いずれも石灰岩製の抱きと一体に作られている（fig.3-92）。軀体と部分的に一体化した付け円柱は、先行するアストゥリアス建築に散見されるが（fig.3-80c）、柱頭上部にアバクスを作るアストゥリアス建築と異なり、エスカラーダでは柱頭の葉飾りの直上からいきなりアーチが始まるのが特徴的といえる[109]。一方、左右の副アプスの入口には円柱が用いられず（C-E型）、抱きの上部にモールディングが施されたインポストが挿入され、その突端が馬蹄形アーチの起拱点となっている。

内陣と内陣障壁

左右副祭室入口と全く同様のモールディングを用い全く同様の処理がされているのが、内陣の中央部と側部との境目である。これに対し、内陣・身廊部間の解決はより特徴的である。中央の身廊と内陣を隔てる（fig.3-91〈2〉）のは三連

387

第三部　スペイン初期中世建築の特質

fig.3-93　内陣障壁部分

の馬蹄形アーチで、中心部は2本の円柱によって支えられている（fig.3-93, B型）。他方、三連アーチの端部およびピアを隔ててその外側にある内陣・側廊間のアーチの下には円柱はなく（C‐E型）、アーチ下に柱頭状に葉飾りを彫り込む[110]。いずれもアバクスはない。

馬蹄形アーチ下端と、あまり広がらない柱頭上端の幅は一致し、柱礎は側部がカットされて正面側からは柱身と同じ幅に揃えられている。スポリアの大理石製柱身は色も長さも異なるが、柱頭や柱礎はこれら柱身の幅に合わせる形で製作または選定されたと考えられ、華奢で繊細な馬蹄形アーチの意匠と調和している。ここで、アプス入口でなく、内陣障壁に大理石製の円柱が用いられたのは、スポリアの全形性を保ちそれを最も効果的に用いる工夫だと推察される。

身廊部アーケード

2組5連の馬蹄形アーチを支える計12本の円柱で構成された身廊部においては、円柱が2本揃えばよいアプスや内陣障壁とは異なり、円柱の数を揃えるという課題が浮上する（fig.3-91〈3〉）。集められたスポリアは、柱頭や柱身の大きさも、細部の様式も様々である（GÓMEZ-MORENO, 1919：155）。ただ、こうしたかなりバラバラな素材を用いつつも、ある種の統一性を保とうとする姿勢が見受けられる。

まず、円柱の独立性が失われるアーケード端部に注目すると、東端、西端の計4本の円柱が、全く同様に処理されていることがわかる（fig.3-94a）。柱頭はアプス入口と同じく抱きと一体で作られ、様式は4つとも均質で、アプス入口のものとも類似する（ARBEITER & NOACK, 1999：267-8）。ただし、アプス入口の解決と大きく異なる点は、身廊部アーケードの端部では柱身はピアに接するだけで全形性がほぼ保たれ、柱身よりも断面積が大きくなる柱頭と柱礎の全形性を犠牲にしてそこだけピアと一体化を計っている点である[111]（C‐3型）。

独立円柱の処理に関しても、いくつかの特徴が指摘できる。まずスポリアを

388

第3章　サン・ミゲル・デ・エスカラーダの円柱使用法

a：北西端部

b：南側アーケード内陣側から二番目の円柱（手前右側）

fig.3-94　身廊アーケード

含めた不揃いの部材を用いながらも、内陣側から2番目の柱頭を、左右ともにやや小ぶりの柱頭上にインポストを載せたもので揃えるなど、左右のシンメトリーをある程度考えていたことがうかがえる[112]（fig.3-94b）。一方で、柱頭がばらばらなので、アーチ起拱石の下面と柱頭上部の断面を完全に一致させるのは不可能だが、その部分に新たに共通のインポストを挟んで統一を図るという解決はなされていない。柱身と柱頭の組み合わせもバラバラである。こうしたおさまりに対する無関心は、アーケード端部や内陣側で円柱と抱きとアーチとが一体的に設計されたのとは異なっている。また、このアーケードのリズムは身廊上部に穿たれた高窓のリズムと全く一致していない。これらの矛盾や齟齬はいずれも、軀体とのおさまりよりも、スポリアを最大限に活用することを優先したために生じたものといえる。

ポルティコ西側

　教会堂南面に付加されたポルティコは、ゴメス・モレーノ以来、用いられた柱頭の差異やその他の状況証拠から、930-940年代にまず西側半分強が作られ、その後東側に増築されたと考えられている[113]。西側（fig.3-91〈4〉）の7本分の柱頭のほうが東側のものよりやや小ぶりで、アーチ外輪などを飾っていたモールディングの残滓が見られ、東端を除くと東側の円柱とはアバクスの形状も異なる。東西の境目に当たる柱頭は、そこが境目であることを示しているか

389

第三部　スペイン初期中世建築の特質

a：ポルティコ中央部　中央の円柱が東西の境目

b：ポルティコ西端部

c：ポルティコ東側の柱頭。内側が切断されている

fig.3-95　ポルティコ

のように、一つだけ異なった柱頭が用いられている（fig.3-95a）。

　教会堂本体に遅れること数十年、ポルティコでは馬蹄形アーチの造形にも大きな変化が見られるが、円柱と他の建築的部位との接合の仕方にも変化が見られる。

　まず、柱頭の様式が教会堂内部には見られない形で画一化されている。この点はバラバラのスポリアを使った身廊部との大きな違いである。また、柱頭上にアバクスが用いられ、このアバクスが馬蹄形アーチ下端に現れた幅のばらつきを調整するインポストとして機能している。更に端部では、新たに挿入されたインポストが壁体との接合を担い、柱頭、柱身、柱礎は抱きに沿っているだけで、接合されなくなった（C-3型）。特徴的なのは、抱きにぴったり寄せるために、柱身よりも断面積の大きい柱頭や柱礎の抱き側が一部切断されているが、抱きと接合はされていないことである（fig.3-95b）。これはD型をとるアプス入口はもちろん、同じC-3型だが柱頭・柱礎で接合したアーケード端部とも異なる。一般に西ゴート期に帰される建築群は柱頭・柱礎を含めた円柱の全形性を優先したC-1型をとる（fig.3-79）ので、これらとも異なる。

　これらポルティコに見られる全ての特徴はペニャルバの円柱やアーチの処理と酷似しており、同系列の職人が関係したのはほぼ確実であろう（GÓMEZ-MORENO, 1919；伊藤, 2006；IDEM, 2008：512-3）。

ポルティコ東側

ゴメス・モレーノは、ポルティコ東側（fig.3-91〈5〉）は、その更に東側のロマネスクの塔（11世紀後半建造とされる）以降の建設と考えた。しかし、西側とほぼ同形の馬蹄形アーチの踏襲、東端基礎の分断のされ方などから、ポルティコ東側は塔建設以前に増築されていたものと考えるのが妥当であろう[114]。西側のものをおおぶりにしたような独立円柱上の柱頭は、いずれもポルティコ内側面がカットされていることが特徴である（fig.3-95c）。それに対し、東端の壁面に接する柱頭は全形で用いられている。この点からも、現在ロマネスクの塔に接している東端が、建設時は端部ではなかった可能性が高い。また、一面が削られた柱頭が再利用材であることは確実だが、西側のものによく似ており、近隣の様式的関連のある建築で壁または抱きに接して用いられたものが、再利用されたと考えるべきであろう。

エスカラーダの円柱使用法から見たイベリア半島10世紀の聖堂建設

エスカラーダについては、これまでも円柱列を用いた保守的な傾向を持つ建築という評価はされてきたが（BANGO, 2001；IDEM, 2008；DODDS, 1990）、古代末期の帝都ローマに端を発するスポリアを多用した円柱列の建築の系譜が、いわば辺境である10世紀レオン王国でどう存続し、変容していたかについて詳細に分析されたことはなかった。そこで以上の円柱使用法の分析から浮かび上がったエスカラーダの構想や建設について考察を加えてみたい。

エスカラーダ教会堂遺構は、壁体北側が直接岩盤上に作られているのに対し、南半分には古代末期以降の建造物基礎を再利用した痕跡が見られる（LARREN, 1986a：112）。また、ほぼ東西南北の方角に沿って作られた前身建物の基礎に対し、現存する遺構は角度が振れている（fig.3-91）。そのため、アプスが真東を向いていないだけでなく、前身基礎を一部しか活用できていない。こうした特徴から、エスカラーダの建設は場当たり的であり、また同時に施工効率のみが重視されたのではないことが明らかとなる。

エスカラーダの建築構想と建設にあたり、建物の構造的安定性や施工効率よりも重視されたものがあったとすれば、まず第一に円柱、とりわけスポリアの円柱を最大限活用することであり、第二に、これらの円柱が壁と近接する際の意匠・工法上の問題の解決であったと思われる。すなわち、円柱使用法から見

第三部　スペイン初期中世建築の特質

ると、エスカラーダの特徴は、とりわけスポリアの用いられ方と、円柱と壁体
との接合処理の様相にあらわれてくる。

スポリアと建築構想

　スポリアが建築構想に与えた影響については、主にイタリア建築をめぐって
これまでに多くの研究がなされてきた[115]。再利用可能な円柱が豊富にあった4
-6世紀頃のローマに関して言えば、皇帝や司教らの強いイニシアティヴでキ
リスト教建築が建てられていく際に、質の高いスポリアの円柱が用いられたの
は不自然ではなく、また、スポリアの円柱を用いるという前提条件から、バシ
リカや洗礼堂の形態が定まっていったとしても不思議ではない。ある所定の建
築構想があり、それに必要な新品の代用品としてスポリアが用いられたのでな
く、むしろスポリアから建築が構想され、スポリアが不足した場合にその代用
品として新品が建造されたと考えられるケースが少なくないのも注目に値す
る[116]。

　文献中には、再利用されたスポリアに対する称揚がしばしば現れるが、イベ
リア半島初期中世のものでは、899年のアルフォンソ3世によるサンティアゴ・
デ・コンポステーラ大聖堂奉献文において、ポルト（？）で掠奪し、わざわざ運
んできた18本の円柱のことを強調しているのが目を引く[117]。これは、スポリア
の円柱を戦利品として尊重する価値観とともに、カール大帝のアーヘンにとっ
てイタリアが果たしたような役割を、アストゥリアス王国にとってイスラーム
治下ポルトが果たしていたことを示している。

　一方スポリアは、由緒があったり材料やデザインの特に秀でたものだけでは
ない。また、量を揃えたり、様式を統一するのは時に困難を伴う。スポリアの
円柱を使用した建築で、柱身や柱頭をある程度揃えて全体に統一感をもたせる
ことができたのはローマのサンタ・サビーナ教会堂など初期キリスト教建築の
一部に限られる。エスカラーダの例に明らかなように、時代が下れば下るほど、
旧ローマ帝国の周縁部へ行けば行くほど、建設主の経済力が限られれば限られ
るほど、用いられるスポリアの質・量共に下がり、不均質になる。そこでは、ス
ポリア同士のバランス、あるいはスポリアとそうでない部分を緻密に統合しよ
うという意図があまり見られないことがしばしばある。

　では、複数の不均質な、特筆に値するところのないスポリアの円柱を用いる
場合、あるいは用いざるを得ない場合、何が重視されるのだろうか。前述のよ

うに、すでにイタリアの古代末期や中世の建築については、ダイヒマンの古典的な論文をはじめ分析が数多されている。この方法論を敷衍し、コルドバ大モスク内でスポリアの円柱・柱頭がどう配置されているかに着目したのがペニャ・フラードである。彼によれば、ミフラーブ前などごく限られた場所を除けば、コルドバ大モスクの柱頭の全体配置はほぼランダムで、シンメトリーや列ごとの統一性が意識されたのは、柱頭よりはむしろ、柱身であり、その基準は柱身の材料である大理石の色（ピンクまたはグレー）であるという（PEÑA JURADO, 2010）。つまり、各位置に置かれたスポリアに機能的・象徴的意味などなく、単にカラー・スキームに基づき配されたというのだ。古典古代の伝統から大きく隔たれた8世紀末のコルドバで、再利用材の円柱のどういった特徴が重視されていたかを示す興味深い指摘である。

　では、10世紀建設のエスカラーダではどうだろうか。マルティネス・テヘーラは、エスカラーダにおけるスポリアと新造のバラバラな配置計画、柱身と柱頭の不一致に、典礼上のシンボリズムや機能との関係は見いだせないと述べている（MARTÍNEZ TEJERA, 2005:179）。確かにエスカラーダにおいては、帝都ローマで可能であったようなスポリアの質・量・統一感の確保は不可能であった。しかしながら逆に、この制限下でどのようにスポリアが配置されたかを観察すると、建築構想の特徴や優先事項が浮かび上がってくる。

　スポリアの使用に明白な意図が感じられるのが内陣障壁（fig.3-93）である。ここはもともとパネルとカーテンを備え、身廊部からはアプスを見ることが出来ないようになっていた。すなわち司祭ら限られた聖職者を除けば、身廊部から見える最も聖なる場所は内陣障壁だったわけである。ここにモノリスの柱身を配し、逆に独立円柱を立てることができないアプスにはそれらを用いなかったことは、スポリアを堂内の美的要素として最大限に活かすための判断だと考えることができる。さらに、内陣障壁の柱頭は、身廊部のものと比較して彫刻それ自体で最良のものが選ばれたとは考えられず、むしろ上部に広がりのないプロポーションによって設計あるいは選定されたと見られる。このことは、スポリアを、象徴性でも機能性でも構造でもなく、とりわけ視覚的基準によって配置するという傾向を示しており、柱身の色を基準にしてスポリア円柱を配置したコルドバ大モスクの事例に通じる。さらに柱礎の両脇部分が柱身の幅に揃えて切断されているのは、内陣と身廊を隔てるパネルの納まりが考慮されたためと考えられる。すなわち、エスカラーダの建設者は、スポリアの柱身はその

第三部　スペイン初期中世建築の特質

全形性を含めて最重要視したが、柱頭や柱礎はより副次的なもので、美観や機能性に従属するものと考えたのであろう。

これに対し身廊部では、全体のランダムな配置が目立つが、それでも可能な範囲で対称性を付与しようという意図が見受けられる。不均質なスポリアを使用しているために生じた円柱の高さの差を調整するために、南側柱列の一つにスポリアのインポストが差し込まれ、さらにそれに合わせて北側にも新たにインポストが作られたのは、その一例である。

こうした、スポリアを可能な限り使用し、それが枯渇したら新造するという順序が逆転したのがポルティコである。そこではまず新造の円柱が用いられ、のちに増築された東側部分では、新造の代用品として同じ様式の柱頭が集められ、再利用されたのであった。

壁に接する円柱の存在とその処理

エスカラーダの円柱使用法におけるもう一つの興味深い様相は、円柱が壁体に接して用いられる際の処理方法である。壁・抱きに円柱を近接させる手法と、その際に必然的に生じる諸問題については、少なくともスペイン初期中世建築に関してこれまで中心的に論じられたことはなかった。

そもそも、円柱の独立性・全形性と壁体との融合を両立させることは不可能である。円柱列を持つ4-7世紀の教会堂の多くでアーケードの端部に円柱を配さないのは、円柱列の論理と組積造の壁体の論理が矛盾するのを避ける賢明な措置であるといえる[118]。ところがエスカラーダでは、円柱(列)と壁体との接合を実に多様な形で処理している。エスカラーダに現れたC型のバリエーションは、今回の分類によれば、ともに柱身の全形性を保つC-3型に含まれる。身廊部円柱列端部は、アプス入口で用いられた、構造的により安定すると思われるD型を放棄し、柱身の全形性を重視する方向に変化している。さらにポルティコ端部では、円柱は柱頭上のインポストで初めて壁体に組み込まれ、おそらくスポリアではない円柱には、あたかも壁と触れているだけのような独立性が与えられている。

こうした傾向は、確かに、穹稜つきドーム状ヴォールトを持つアプス、身廊大壁を支えるアーケード、木造屋根のみを支えるポルティコという上部構造の荷重の度合いに対応しているように見える。けれども、例えば、1981年に修復を担当した建築家は、教会堂の建設に際し、西壁が建設中に一度崩壊した痕跡

394

があることや、その後もアーチの水平応力がほとんど考慮されなかったことを指摘している（Martínez Tejera, 2005:39-40）。アーケードの水平応力に対しては、修復建築家も悪戦苦闘し、西壁に巨大な控え壁が加えられたり、ポルティコの基礎がコンクリートで固められたりした（Larren, 1990：221-2）。これほど脆弱な構造になっても、端部も含め円柱を使用したのは、やはり円柱の使用に優先性が存在したからだと考えてよいだろう。

　可能な限り端部まで円柱を配し、その際に柱頭と柱礎が犠牲になっても柱身と壁体との納まりを重視するのは、イベリア半島初期中世建築の中でも、10世紀前半のレオン王国に特徴的に現れた方法である。先行する西ゴート時代建造とされる遺構のうち円柱を持つものは、抱きに隣接する場合でも、柱頭を含む円柱全体を維持する（fig.3-79）。逆にアストゥリアス建築は、基本的にモノリスの円柱の入手を想定しておらず、円柱が壁面に接する場合、壁面と円柱との間に隙間を作らない。モノリスの独立円柱をほぼ放棄したアストゥリアス建築の直後に、円柱を復権したレオン王国の建築が誕生した背景には、これらが、西ゴート時代の遺構、したがって再利用可能な建築材が多く残るドゥエロ川流域に急速に広まったためだと考えられる。とりわけ、建設がアプス、身廊部、ポルティコと進むにつれ、壁と円柱との接触は保ったまま、構造的安定は二の次に、円柱の壁体からの自立性を強調するようになったのは、円柱の建築という枠組みの中でエスカラーダが辿った興味深い解法だと言える。

第4章　馬蹄形アーチの構造と意匠

> 亜流というものはつねに影響の鼓吹者よりも極端である
> （クンデラ）

　穹稜ドーム状ヴォールトと並び、10世紀レオン王国の建築を独特なものにしているもう一つの要素は、馬蹄形アーチである。イスパノ・ビシゴード建築にも用いられたこのアーチが、サンティアゴ・デ・ペニャルバやサン・ミゲル・デ・セラノーバなどで明らかにスペイン・イスラーム建築を参照した形で現れ、その他の建築でも、半円を大きく超える円弧が描かれるのが一般的になった。ゴメス・モレーノが今から100年前に公式化した馬蹄形アーチの基準（Gómez-Moreno, 1906a）、すなわち、半円アーチ下部に延長された部分の高さが、西ゴート時代は半径の3分の1以下であるのに対し、カリフ国成立以降には半径の2分の1以上になり、その他の特徴とあわせて「カリフ国アーチ」（arco califal）になるという判別方法は、一部の批判にも関わらず、未だに有効とされている。キリスト教建築にこうしたカリフ国式の馬蹄形アーチが見つかると、建築全体が「モサラベ」と自動的に分類されてきたのはその功罪である。

　馬蹄形アーチに関しては、ゴメス・モレーノ以後も、カンプス（Camps, 1953）やカバリェーロ（Caballero, 1977）らによって興味深いモノグラフが書かれてきた。カンプスやカバリェーロが行った馬蹄形アーチのモデュール・プロポーション論を踏まえつつ、本章では、先行研究が追及しきれなかった10世紀キリスト教建築と後ウマイヤ朝建築とにおけるアーチの捉えられ方の共通点と差異について分析をしていきたい。

1）馬蹄形アーチとアルフィス

　本章で論じられる問題は、馬蹄形アーチだけの問題ではないが、さしあたって、馬蹄形アーチが半島でどのように発達していったか、扉口やアーケードな

第4章　馬蹄形アーチの構造と意匠

ど、人間が潜り抜けられる大きさの開口部やその上部に用いられた馬蹄形アーチに注目して検討したい（表3-D）。まず、イベリア半島における馬蹄形アーチについての先行研究が、この問題をどう捉えていたのかを見てみよう。

スペイン馬蹄形アーチ研究史

　馬蹄形アーチという特徴的な建築形態は、イベリア半島初期中世建築の研究が始まって以来、中心的なテーマであり続けた。最初の大きな前進は、長らくイスラーム建築の要素だと思われていた馬蹄形アーチが、実は西ゴート時代に一般化していたものと判断され、ゴメス・モレーノによって、「西ゴート」と「モサラベ」教会堂の分類基準が設けられたことである。形態自体の意味や機能だけでなく、その起源や伝播の経路も、考古学者と美術史家にとって重要な論点であった。中近東におけるこの形態の起源や発達について最初に論じたのはショワジーであるとされる[119]。本書第一部でみたように、一部の研究者によって馬蹄形アーチのプレ・イスラーム性が論じられるようになっていたが、20世紀初頭の西欧における研究者の大半にとっては、馬蹄形アーチは典型的なイスラーム建築の要素であった。そうした状況の下、「わが国の建築史の中で、比較的ユニークだといえる唯一の時期を特徴づけているというのが、馬蹄形アーチ」（GÓMEZ-MORENO, 1906a:4）であり、それがスペイン初期中世建築を捉えるために最も注目すべき要素であるということに気づいたゴメス・モレーノは、はじめて馬蹄形アーチの体系的リストアップを行なった。イスラーム以前も以後もキリスト教建築に馬蹄形アーチが用いられていたなら、どうやったら両者の区別が出来るだろうか？　この疑問こそ、ゴメス・モレーノが馬蹄形アーチの起源と発達の有様を探す「旅」に出るきっかけだったのである[120]。

　ゴメス・モレーノは、馬蹄形を特殊な装飾的形態として、もともと唯一の起源である中東から各地へ伝わったものと考え、ササン朝ペルシア、カッパドキア、シリア、アルメニア、そしてイスラーム帝国や他のヨーロッパ諸国における伝播の系図を描いたが、複数の墓碑に描かれた馬蹄形アーチを根拠として、スペインでは後期帝政ローマ時代という早い時期からそれが既に広まっていたことを主張した。さらにゴメス・モレーノは、年代順に変容を追っていく中で、アブダッラフマーン2世の時代以降、馬蹄形アーチがどのように様式として定着するのかを説明する。それによれば、アブダッラフマーン2世以前の馬蹄形アーチは、半円周を超える部分の高さが半径の3分の1を超えないが、これ以

397

第三部　スペイン初期中世建築の特質

表3-D　イベリア半島初期中世の馬蹄形アーチ比較

グループ、区分	名称（地名）		type	peralte	alfiz	salmer
romano / suevo	Santa Eulalia de Bóveda		j	1/4r	n/a	(low)
"hispanovisigodo"	San Juan de Baños	アプス入口	j	1/3-1/4r (2/7)	n/a	c
		アーケード	a	1/3r	n/a	(up)
		西ポルティコ入口	j	1/3r	n/a	c
	Santa Comba de Bande	交差部	j	1/4r	n/a	(c)
		アプス入口	c	1/3-1/4r (2/7)	n/a	c
	São Gião de Nazaré	入口	j		n/a	
	São Frutuoso de Montélios	交差部三連アーチ中央	a	1/3r	n/a	up
	San Pedro de la Nave	交差部西側	c	1/4r	n/a	c
		アプス入口	c	1/3r	n/a	c
		北ポルティコ入口	j	1/7r	n/a	c
	Santa María de Quintanilla de las Viñas	アプス入口	(c)	1/4r	n/a	up
	Idanha-a-Velha	アプス入口	(c)	1/3r?	n/a	up
(cf. asturiano)	San Julián de los Prados	側面入口	j		n/a	c
visigodo-mozárabe	Santa María de Melque	アプス入口	*	1/3r	n/a	c
		交差部	c*	1/2-1/3r (2/5)	n/a	c
		エントランス	j	1/4-1/5r (2/9)	n/a	up
	Alcuéscar, Santa Lucía del Trampal	交差廊横断アーチ(南端)	c*	1/3r	n/a	c
		南側廊・交差廊間	j	1/2-1/3r (2/5)	n/a	up
	Córdoba, Puerta de Sevilla		j	1/3r	n/a	low
Abd al-Rahman I	Córdoba, Mezquita	アーケード（下）	a	1/3r	n/a	up
		アーケード（上）	a		n/a	up
ampliación (I)	Córdoba, Mezquita	Deanes	j	1/3-1/4r (2/7)	f?	up
		San Esteban	j	1/2r	A	up
		San Miguel	j	2/3r-1/2r (5/8)	A	up
Abd al-Rahman III	Córdoba, Mezquita	中庭ファサード	c	1/2r-1/3r (3/8)	?	up
	Madinat al-Zahra, puente de Valdepuentes	中央アーチ	(j)	1/2r	f	up
Al-Hakam II	Córdoba, Mezquita	東面エントランス跡	j	1/2r	A	up
	Córdoba, Mezquita	ミフラーブ入口	c	1/2r	A	(low)
	Córdoba, Mezquita	ミフラーブ右Sabat入口	j	1/2r	A	(low)
	Gormaz, Fortaleza	南西入口	j	1/2r?	f	up?
	Toledo, Puerta de Bisagra		j	2/3r	?	c
	Sevilla, Alcázar	城門の一つ	j	2/3r?	n/a	up

398

第4章　馬蹄形アーチの構造と意匠

off (up)	off (low)	vous	conv	lintel	参考
c	close	R	gr	(m-on)	(Camps, 1953：61-2) によれば現在のインポストはもともと楣。
c		R	c	n/a	(Camps, 1953：63-4；Caballero & Feijoo, 1998：210)
		R	c	n/a	(Camps, 1953：62-3；Caballero & Feijoo, 1998：200)
c	open	R	c	n/a	やや扁平？(Camps, 1953：64；Caballero & Feijoo, 1998：192)
c		R	c	n/a	(Camps, 1953：64-5)
c	(open)	R	c	n/a	(Camps, 1953：65)
c		R	c	m-on	(Schlunk, 1971：510；Palol & Ripoll, 1988)
c		R	c	n/a	(Torres Balbás, 1934：158；Gómez-Moreno, 1966：135；Fontaine, 1978a：193)
c	open	R	gr	n/a	(Camps, 1953：66-7；Caballero & Arce, 1997：244)
c	open	R	c	n/a	(Camps, 1953：67；Caballero & Arce, 1997：242)
c	open	R	c	n/a	(Camps, 1953：67). (Caballero & Arce, 1997：267) によれば元々は楣あり
c	open	R	c	n/a	表面に文様レリーフ。(Camps, 1953：67)
c?		R	(c)	n/a	(Palol & Ripoll, 1988：148-9)
c		R	c	m-on	半円レンガ造アーチ
c		R	c	n/a	持ち送り上？(Caballero & Latorre, 1980：672；Caballero & Sáez, 1999：163)
c		R	c	n/a	(Caballero & Sáez, 1999：163)
		R	(gr)	(m-in)	(Caballero & Latorre, 1980：673)
		R	(c)	n/a	(Caballero & Sáez, 1999：117)
		(R)	(c)	m-on	(Caballero & Sáez, 1999：117)
c	open	R	gr	n/a	(Camps, 1953：68-9；Bermúdez, 1995：247)
c		R	c	n/a	レンガと石の交互積み (Camps, 1953：69-70)
c		R	c-i	n/a	目地収斂位置はアーチ中心から1/3r下 (Camps, 1953：69-70)
c	close	R	c	v-in	レンガと石。(Camps, 1953：75；Hernández, 1975：147-8；Pavón, 1996：fig.5B)
c	close	R	c	v-in	レンガとレリーフを施した石の交互積み (Camps, 1953：71-5)
1/8r	close	R	c	v-in	レンガと石の交互積み (Camps, 1953：76-7；Hernández, 1975：147-8)
1/8r	close	R	i	n/a	石積み（レンガなし）(Hernández, 1975：274)
off	(close)	R	i	n/a	(Gómez-Moreno, 1951：73；Bermúdez Cano, 1995：251)
1/6r	close	R	i	v-in	西面は改修著しい (Gómez-Moreno, 1951：150；Camps, 1953：80-2)
1/6r	close	E	i	n/a	表面に迫元から迫石描く (Camps, 1953：83-5；Hernández, 1975：149)
off	close	V	i	(v)	表面に迫元から迫石描く（モザイク復原）(Torres Balbás, 1957：532)
off	close	R	i?	n/a	(Gaya, 1943：444)
c		R	i	m-in	(Pavón, 1994a：273；Idem, 1994b：207)
c?		R	c-i	n/a	上部に隠しアーチ (Almagro, 2001c：341；Momplet, 2004：67)

399

第三部　スペイン初期中世建築の特質

Reino de León	San Miguel de Escalada	アーケード端部	a	1/3r	n/a	low/up
		主アプス入口	c	1/3r	n/a	low
		側アプス入口	j	1/3r	n/a	c
		側廊とchorus境界	j	1/3-1/4r?	n/a	c
		「イコノスタシス」	a	1/2?	n/a	c/up
		ポルティコ西端	a	2/3-1/2r	A	up
	Santiago de Peñalba	南側入口（主）	a	2/3r	A	c/up
		アプス入口	c	1/2r	A	low
		北側入口	j	1/2r	n/a	c
	Santo Tomás de las Ollas	アプス入口	j	1/2r	n/a	c
	San Cebrián de Mazote	アーケード端部	a	2/3-1/2r (3/5)	n/a	up?
	Santa María de Wamba	側アプス入口	j	2/3-1/2r	n/a	c
	Hérmedes de Cerrato	アプス入口	j	2/3-1/2r	n/a	c
(Galicia)	San Miguel de Celanova	アプス入口	j	2/3r	f	c
	San Miguel de Celanova	第二ベイ入口	j	2/3r	n/a	c
	San Martiño de Pazó	旧入口	j	1/3r	f	c
	Francelos, San Xes (San Ginés)	入口	c*	1/3r (2/7)	n/a	low
(Portugal)	San Pedro de Lourosa	アーケード	a	1/3r	n/a	up
(Cantabria)	Santa María de Lebeña	アプス入口	c	*	*	c
		アプス前ベイ西側	c	1/2-1/3r	n/a	c
	San Román de Moroso		c?	2/3-1/2r	n/a	c
(Castilla)	San Baudelio de Berlanga	入口	j	2/3r	n/a	up
	Barbadillo del Mercado		j	1/6-1/7r	n/a	c/up
(Castilla)	Santa María de Retortillo	アプス入口	j	1/2r?	f	c
Cataluña	Sant Quirze de Pedret	身廊・側廊間	j	1/2r	n/a	up
	Sant Julià de Boada	アプス入口	j	1/3r	n/a	low

r：内輪半径

type：a...arcade. 左右少なくともどちらかが独立柱上で他のアーチに隣接

　　　c...column. 円柱（またはc*...円柱状隅部）使用、左右が壁体

　　　j...jamb. 下部に柱なく、抱きから直接（インポスト挟む）、左右壁体（ピラスター状のものも含む）

peralte：上心の度合（起拱線から内輪中心までのおよその高さ）

alfiz：アルフィス形状

　　　A...molded, mosaic, etc.　　f...fillet　　n/a...なし

salmer：どこから水平でない迫石が始まっているか

　　　　low...lower アーチ中心より下　　c...center同じ高さ　　up...upper より上

off（up）：外輪上部の弧の中心と内輪中心との距離

　　　　距離不明の場合は off...off-centered

　　　　c...（ほぼ）同心円

c	close	R	(gr?)	n/a	(Gómez-Moreno, 1919：147；Hernández, 1975：150)
c	close	R	c	n/a	(Gómez-Moreno, 1919：147-8)
c	close	R	c	n/a	(Hernández, 1975：149)
c		R	c	n/a	(Hernández, 1975：149)
c		R	c?	n/a	(Gómez-Moreno, 1919：147-8)
c	close	R	c-i	n/a	(Gómez-Moreno, 1919：154)
c	close	R	c	n/a	二重（裏側：隠しアーチ）(Gómez-Moreno, 1919：232)
off	close	R	gr	n/a	(Gómez-Moreno, 1919：232；Fernández Muñoz図版)
c	open	R	c	n/a	(Gómez-Moreno, 1919：232-3)
c	close	R	gr	n/a	二重（表側）。(Gómez-Moreno, 1919：223)
off		R	c	n/a	(Gómez-Moreno, 1919：180-1；Mata, 1992：124)
c		R	c	n/a	(Gómez-Moreno, 1919：198)
c	close	R	c	n/a	(Regueras, 1990：lám.30)
1/3r	close	E/V	gr/c	n/a	二重（裏側：ヴォールトに）(Gómez-Moreno, 1919:248；Núñez, 1989：104)
off	close	R/E	gr/c	n/a	二重（裏側）(Gómez-Moreno, 1919：248)
c	close	R	c	n/a	(Castillo, 1925；Lorenzo Fernández, 1965)
	(open)	E	gr/c	v-in？	(Lorenzo Fernández & García Álvarez, 1950；Noack, 1997)
c		R	c	n/a	(Gómez-Moreno, 1919：101)
c	(open)	R	c	n/a	アーチわずかに上心；アルフィスのような枠。(Gómez-Moreno, 1919：277)
c	close	R	gr	n/a	(Gómez-Moreno, 1919：277)
	open	R	gr	n/a	(Gómez-Moreno, 1919：285-6) インポスト下の柱は消失
	(open)	R	c	n/a	(Gómez-Moreno, 1919：316-7) 二重（表側）
	open	E	gr	n/a	(Regueras, 1990)
c	close	R	gr	n/a	(Regueras, 1990；Regueras 1992)
		R	gr	n/a	(Gómez-Moreno, 1919：62-3；Barral, 1981：fig.163)
		R	gr	n/a	(Gómez-Moreno, 1919：68-9；Barral, 1981：fig.163)

off（low）：外輪下部の処理
　　　　open...円弧に沿わず、内輪から離れる
　　　　close...円弧に沿う
vous：voussoir. 迫石の厚みと内輪半径の大きさの関係
　　　R...半径の方が大きい　　　E...ほぼ同じ　　　V...迫石の方が厚い
conv：convergence. 迫石目地が収斂する位置
　　　　gr...gradual（random)　　　c...center or upper　　　i...impost
lintel：楣がある場合はその形式と位置
　　　　n/a...なし　　　v...水平アーチ　　　m...モノリス
　　　　on...アーチは楣上　　　in...楣がアーチに内包される

第三部　スペイン初期中世建築の特質

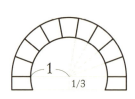

fig.3-96　西ゴート（左）とカリフ国（右）の馬蹄形アーチ模式図

降、延長部分は半径の2分の1に達し、迫石間目地の延長線が収斂するのは円の中心ではなく迫元の中点となり、アルフィス（alfiz）と呼ばれるアーチ外輪を囲む矩形の枠が用いられ、さらに、外輪の円弧の中心が内輪の中心よりも高く、したがって迫石の大きさも要石が最大になり、迫元に向かうほど小さく作られるようになる。ただしこれは表面上の処理に関してである（fig.3-96；Gómez-Moreno, 1906a：22-3）。

　ゴメス・モレーノが提唱した説の中でも最も影響力があったものの一つが、この半円を超える部分の高さが半径の3分の1以下ならイスラーム以前、2分の1以上ならイスラーム（厳密にはカリフ国成立）以後とする区分法である。もっとも、構造的性質を持たないアーチはプロポーション決定に際して束縛条件が少ないから、時代がいつであれ、同じ建物の中で高窓と構造的なアーチを比べた場合、前者の方がより全円に近い形態を持つことが多い。描かれたり彫り抜かれたりした馬蹄形アーチにおいてはさらにアーチの延長部分を強調されがちであることは、後述するローマ時代末期の複数の墓碑にあきらかである。ゴメス・モレーノの描いたシンプルな馬蹄形アーチ発達史は、半世紀後カンプスによって修正されてより厳密なものとなるが、ゴメス・モレーノの明快な図式がなければ、その後のこうした研究は生まれなかったであろう。

　後ウマイヤ朝建築における馬蹄形アーチの定式化を記述した後、馬蹄形アーチを通じた「旅」は再入植時代のキリスト教諸国に向かう。これらキリスト教建築においては「イスラーム式の馬蹄形アーチが目立つ、つまり、アーチが円の中心から半径の2分の1の高さ分延長され（中略）迫石の収斂点は、レベーニャでは円弧の中心へ向かうが（中略）エスカラーダではそれを迫元の位置まで下げるというイスラーム方式を採用し（中略）ときにアルフィスがアーチを囲い込む…」（Idem：26-7）。ただし、エルナンデスが指摘しているように、10

世紀後半のコルドバでも半径の3分の1程度のものが作られ続けており、馬蹄形アーチの中心が起拱線からどの程度上に持ち上げられていたかは、3分の1以下から2分の1以上への進化が時期的に確実になぞれるものではない（HERNÁNDEZ, 1975：149）。

　ゴメス・モレーノは馬蹄形アーチ研究の基礎を固めたが、その判定基準は必ずしも厳密とはいえなかった。その体系化を行なったのが、カンプス・カソルラ『コルドバ・カリフ国建築におけるモデュール、プロポーション、コンポジション』である（CAMPS, 1953）。第一部で述べたように、20世紀中葉にイベリア半島初期中世の建築に関する基礎的な研究が出揃ったことが、次のステップへ進むこうした研究が可能となった背景として挙げられるだろう。カンプスはイベリア半島外のものや、構造的性質をもたないものを除外し、サンタ・エウラリア・デ・ボベダから後ウマイヤ朝、そしてタイファ時代までの馬蹄形アーチとその派生形態のプロポーションとモデュールにテーマを限定し、各アーチの基本モデュールと、どのような手順でそれが描かれたかを詳述していく。

　寺院や宮殿といった社会的重要性の高い建造物は、程度の差はあれ計算されたモデュールとそれに基づいた作図によってデザインされているはずである。古建築のプロポーション論自体は19世紀に中世建築にも敷衍され、盛んに行なわれていた研究の一つだが、カンプスの試みが興味深いのは、それぞれのアーチがどのような論理で描かれていたかだけでなく、その論理がどのように変化していったかを示そうとしたことにあると思われる。

　ただ、『モデュール…』は、その問題設定の面白さにもかかわらず、いくつかの決定的な欠陥を抱えている。まず、残念ながら、モデュール・プロポーション論であるにも関わらず、図版が不正確である。また、基礎的な数学の概念である平方根や、頻用される「三角法」について正しい理解がされておらず、カンプスの持論展開の根幹に関わる部分であるだけに、説得力を大きく損なう結果となっている。さらに、各モデュール単位の正確な値がいくらになるかという点に全く関心を払っていないが、モデュール論においてモデュールの大きさに無関心であるというのは、図式的な比較研究としては致命的といえるだろう。

　正確さに問題がある各アーチの分析結果より重要なのは、カンプスの比較の切り口にある。カンプスはどの馬蹄形アーチについても、構造的な上心アーチ（arco peraltado）の下部に装飾的な突出がついたものと解釈する（IDEM：19）。カリフ国アーチ発達を追いながら、同じような機能を持つ建築的要素がどのように

第三部　スペイン初期中世建築の特質

洗練され、単純化され、装飾化されていくかを示した『モデュール…』は、建築において構造的なものが装飾化していく不可逆の変化を明示した点で秀逸である。逆に、装飾的なものは構造化することはないのである。

　アーチのモデュールが幾何学的原理から有理数の比例原理へと進化したという考え（IDEM:31）は、装飾性や非古典性と並んでカリフ国アーチにカンプスが見た重要な特性であるが、カンプスはコンパスが生み出す方形のグリッドからはみ出した点の正確な数値を算出することを知らなかったので[121]、この点を検証するには、より正確な実測値と基礎的な幾何学の知識を持った人間が、カンプスと同じようにシステマティックな分析をする必要があるだろう。とはいえ、方眼に完全に一致する円ベースの幾何学図形を想定すること自体にやや無理があるから、単純な進化の様子を追うことはどちらにせよ難しいとも思われる。

　カンプスの論攷から四半世紀後、馬蹄形アーチをテーマとして取り上げた2つの研究が、ほぼ同時に発表された。一つがカバリェーロ・ソレーダの「8世紀までの『馬蹄形』…」であり、もう一つがコルソ・サンチェスによる「馬蹄形アーチの起源と機能」であるが、内容は全く異なる（CABALLERO, 1977；CORZO, 1978）。

　カバリェーロは、馬蹄形（というか半円を超える円弧）の比較分析を行なった。事例が大幅に増やされ、より厳密な基準で分類されたが、その取り組み方はゴメス・モレーノの研究を引き継ぐものであった。新規性の一つに、ゴメス・モレーノが一緒くたにしていた装飾的、構造的、そして平面上に現れる馬蹄形を明確に区分したことがある（CABALLERO, 1977:323）。古代以降それぞれの用いられ方の起源と伝播経路を綿密に見ていく様は、カバリェーロのその後の研究に通底する網羅性が印象的だが、本章でとりわけ注目したいのは構造的アーチについてである。

　中心的に扱うメルケのアーチそれぞれの分析によってカバリェーロが見出すのは、ゴメス・モレーノが判断のものさしとした、迫元を結ぶ線から円弧の中心までの距離が円の半径に対してどのような比率となっているか、ではなく、$\sqrt{2}$を基本としてアーチの性質に合わせて調整される、アーチの迫高と円の直径の比率である（IDEM:340）。この理想的馬蹄形アーチにおいては、半径の長さを1とすると、迫高が$\sqrt{2}$、直径が2となり、円弧の中心の起拱線からの高さは$\sqrt{2}-1$、すなわち0.4強で、これはゴメス・モレーノによるマジック・ナンバー、3分

第4章　馬蹄形アーチの構造と意匠

の1と2分の1の間に来る（fig.3-97）。

ただし、カバリェーロの言わんとするところは、メルケのアーチやヴォールトが全てこの√2で解析できるということではなく、アーチの構造性や装飾性に応じてこの理想値から遠ざかるということに過ぎない。一様の基準で全てがデザインされて

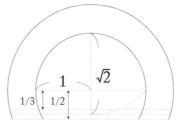

fig.3-97　カバリェーロの考える理想的馬蹄形

いるという考えは魅力的だが、実測値はかなりバラバラで、カバリェーロが提唱する有効数字5桁の「モデュール」も、実測値からすると相当の飛躍と見える。そうした数値的結論よりは、アーチの画定原理についての観察こそが、カバリェーロの論攷の最大の功績といえるかもしれない。それぞれの馬蹄形アーチが、構造性の軽重に加え、アーチが作る開口部全体の規模（最大幅、つまり直径と、最大高さ、つまり迫高）によって規定されているのではないかという指摘は、半円アーチからどの程度縦に延長されたかという、有理数のグリッドを前提としたゴメス・モレーノ以来の見方に対し、より幾何学的発想を重視した結果だと言えよう。ちなみに馬蹄形アーチのプロポーションを迫高と直径の比率で捉えるのは直前の1975年に出版されたエルナンデスの著作にも見られるが、そこでは各比率は相変わらず整数比で語られていた（HERNÁNDEZ, 1975: 147-9）。

同時期に発表されたコルソの論攷はカバリェーロのものに比べるとずっとシンプルなもので、馬蹄形アーチの工法上の利点、特に支柱を用いずに仮枠を支えることが出来る有用な形態だという点を論じている。この主張は、ゴメス・モレーノやカンプスらが一貫して馬蹄形アーチを純粋に装飾的形態と捉えていたのに反論しようとした試みであり、「建築において機能的裏付けを持たない要素はほとんどなく、馬蹄形アーチもその例外ではない」[122]と主張されている。コルソは、馬蹄形アーチは、半円アーチと異なり内側に仮枠を内包することが出来るというメリットから用いられたのではないかと述べ、サンタ・エウラリア・デ・ボベダからマディーナ・アッザフラーまで、こうした機能性によって馬蹄形アーチが採用されたのだと主張した（IDEM: 127-8）。

同じように馬蹄形アーチの工法的利点を考察したそのほかの研究に触れておく。パボン（B. PAVÓN MALDONADO）はコルソのこうした施工性至上主義を批判して、馬蹄形アーチ、楣、水平アーチ、扁平アーチなどの処理に関して美的

第三部　スペイン初期中世建築の特質

象徴的価値の存在を認めながら、ローマ時代以来の工法的問題について論じた（PAVÓN：1994a）。アーチの施工の際に仮枠を支えるための様々なシステムがどのように使い分けられたのか、ローマからイスラーム時代にかけての多くの遺構観察からカテゴライズしていく中で、スペイン・イスラーム建築におけるローマ、西ゴート時代の技術的伝統が強調されると共に、コルドバから北アフリカへの影響が、その逆のものよりも重視されている。当時の建設のあり方について、多くの示唆を与えてくれる論文ではあるが、同じ技術がいかに変容していったのかという、意匠的側面の具体的な内容に関してはほとんど関心が払われていない点は、コルソの研究に通じる。

　スペイン・イスラームの橋梁や水道橋といった土木建造物における馬蹄形アーチを論じたベルムデス・カノ（J. M. BERMÚDEZ CANO）は、コルソ説を高く評価して、馬蹄形アーチを装飾ではなくあくまでも機能上の理由から用いられたものと主張した（BERMÚDEZ CANO, 1995）。機能と構造が美的側面より優先されるインフラストラクチャーに馬蹄形アーチを敢えて用いた背景に、合理的理由がないわけがないというのがその主張である。しかし、施工の際に有用性があることは、馬蹄形アーチを用いた絶対的要因には必ずしもならない。施工上の利便性が、他の意匠・構造的な判断基準よりも重視されたという説は、馬蹄形アーチの使用が建設の歴史においては稀なケースでしかないことに矛盾し、支持し難い。また、コルソが述べるように仮枠が置けることがそれほど重要なファクターであったなら、迫元を適宜突出させることでもそれは事足りてしまう。また、ゴメス・モレーノ、カンプス、カバリェーロが解き明かそうとしてきたそれぞれのアーチの差異を説明することも出来ない。ベルムデス・カノは、長きに渡る技術改良の結果馬蹄形アーチが発達したとするが、現存最古の後ウマイヤ朝の馬蹄形アーチは、美観が重視されなかったとは考えられないコルドバ大モスクのアーケードにあり、主張された馬蹄形アーチを用いる利点の多くは、二次的な重要性にとどまったとしか思えない。橋梁で培った工法的利点がモスクや宮殿に活かされたのではなく、あくまでもモスクや宮殿で培われた美的感覚が橋梁に活かされたと考えるのがやはり自然ではないだろうか。

　本章で問題にしたいのは、馬蹄形を作ること自体がその起源においてどんな利点があったか、すなわち象徴性か、美的価値か、施工上の利点がどの程度優先されたのかどうかを明らかにすることではない。おそらくこの3点のどれも、馬蹄形アーチの草創期に意味を持っていた可能性がある。そうではなく、その

406

第4章　馬蹄形アーチの構造と意匠

施工・構造上の性質と造形・意匠的な側面の折り合いの付け方がどう捉えられ、どう変化したのかというところに筆者の興味はある。その対象となるのは、一意の造形的・構造的基本型が存在する半円アーチと異なり、解釈・応用の可能性に溢れた馬蹄形アーチの使用が前提となった瞬間からであって、馬蹄形アーチが生まれる瞬間ではない。

サンタ・エウラリア・デ・ボベダからイスパノ・ビシゴード建築まで

　形態だけに着目すれば、イベリア半島における最初の馬蹄形アーチは、ローマ時代末期の墓碑に描かれたものである。ナバーラ考古学博物館所蔵のガスティアインの墓碑（Gastiain, 5世紀以前）[123]には、他の部分よりも深く彫りこまれたニッチのような馬蹄形の内側に、故人であろう人型の輪郭が浮かび上がる。このように、アーチが「人型フレーム」の役割を担うのは、レリーフ、絵画などでよく見られる現象である。このほか、より実際の建築に近い三連の馬蹄形アーチ・アーケードなど、レオン地方にもこうした墓碑上の馬蹄形アーチは少なくない（fig.3-98; GÓMEZ-MORENO, 1906a: 10-11; IDEM, 1925: 31-35; BALIL, 1994: 90-2）。ローマ時代のイベリア半島で、馬蹄形アーチが実際の建築にどの程度用いられていたのか、地域的な偏りはあったのかなど、不明な点も多いが、墓碑に描かれたものは、多少大げさにしているにせよ、現実のものを再現したのだと考えられる。

　通行を想定した開口部に用いられた構造的アーチでは半島内現存最古と考えられるものは、ガリシアはルゴにあるローマ時代からスエヴィ時代（4世紀?）のニュンファエウム、サンタ・エウラリア・デ・ボベダにある[124]（fig.3-99）。カンプスによれば左右

fig.3-98　ローマ後期の墓碑上の馬蹄形アーチ（レオン博物館）

第三部　スペイン初期中世建築の特質

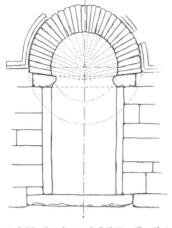

fig.3-99　サンタ・エウラリア・デ・ボベダ（ルゴ県）

のインポストは元々一枚の楣を形成しており、上部のアーチは隠しアーチであったという。カンプスはさらに、そのモデュールを細かく述べていくが、レンガがかなり乱雑に積まれた様子は、竣工時通りではないか、あるいは仮枠を用いずに施工したためとも考えられ、その「馬蹄形」アーチとしてのプロポーションやモデュールや幾何学的側面を厳密に計測する意味はないかもしれない。

イスパノ・ビシゴード建築は馬蹄形アーチを多用したという点が大きな特徴の一つで、人が通れる大型のものにもほ

a：交差部

b：アプス入口

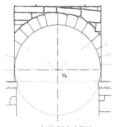

c：交差部分析図

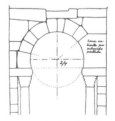

d：アプス入口分析図

fig.3-100　サンタ・コンバ・デ・バンデ

408

第4章 馬蹄形アーチの構造と意匠

a：身廊アーケード

b：エントランス

c：アーケード分析図

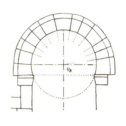
d：エントランス分析図

fig.3-101 サン・フアン・デ・バニョス

a：内観（隔壁アーチ）

b：エントランス

c：隔壁アーチ分析図

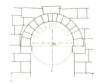
d：エントランス分析図

fig.3-102 サン・ペドロ・デ・ラ・ナベ

第三部　スペイン初期中世建築の特質

ぼ一貫して用いられた。以下の点が共通点として挙げられる（figs.3-100, 101 & 102）。(1) 内輪中心の起拱線からの距離は、ほとんどの場合半径の3分の1から4分の1の間に収まる；(2) 外輪を取り囲むアルフィスはない；(3) 外輪がある場合、上部曲線は内輪との同心円弧を描き、逆に下部では、内輪が円弧に沿って閉じていくのに対し、外輪は半円を超える部分から垂直に輪郭を取るなど、裾広がりになることが多い；(4) 迫石の目地が収斂する位置は、大抵内輪の円の中心であり、稀にサンタ・エウラリア・デ・ボベダのように、下部迫石の角度を完全な放射状でなく漸減させる（サン・ペドロ・デ・ラ・ナベ交差部）。

　(4) の下部迫石の向きの問題は、均質な迫石をアーチ全体に用い、それらを放射状に配するという理論上の半円アーチから外れた超半円形状のアーチにとっては避けて通れない問題である。この問題に対し、イスパノ・ビシゴード建築では、特に最下部に大き目の迫石を配したり、さらには下部の迫石を省略して、壁に水平に積んだ切石を内輪のカーヴの形に整えるという形（enjarjado）で対応している。馬蹄形アーチの造り方と見せ方に公式を持っていないのが逆にイスパノ・ビシゴード建築の特徴であるが、それは、単に馬蹄形アーチの見分け方のうちもっとも普及した内輪の中心と起拱線との距離（あるいは内輪のプロポーション）が同じ建築の中で変化するからではない。同じように様々なプロポーションを持ったアーチを有するコルドバ大モスクに感じられる一定の法則性がイスパノ・ビシゴード建築においてあまり感じられないのは、アーチの中心と起拱線との距離だけでなく、こうした下部迫石の処理や、外輪をそろえるかどうかについて、特に決まったやり方がなかったことも影響していよう。この点が、イスラーム建築と再入植時代のキリスト教建築においてどう変化したかは注目されて良いであろう。

アブダッラフマーン1世の馬蹄形アーチ・アーケード

　8世紀中葉にイベリア半島に足を踏み入れてから30年後の784/5年頃、アブダッラフマーン1世はそれまでキリスト教徒から部分的に接収していた敷地の全体を購入して、翌年大モスクの全面的再建に着手した。このアブダッラフマーン1世建設のコルドバ大モスクで現存する馬蹄形アーチは、二重アーチ・アーケードの下部に用いられたもののみであると考えられる。いくつか扉口が開かれていたと思われる外壁は、度重なる拡張によって失われ、唯一、創設時からのものであるとされる西壁のサン・エステバン門は、アブダッラフマー

第4章　馬蹄形アーチの構造と意匠

ン2世とムハンマド1世の時代に全面的に改修されたと考えられ、同じく「参事会長」の門もアブダッラフマーン1世没後のものとされる[125]。

馬蹄形アーチなど創建コルドバ大モスクに現れたいくつかの要素は、ダマスクス大モスクなど一部のウマ

fig.3-103　コルドバ、セビーリャ門の二連アーチ

イヤ朝建築にも見られたが、ほとんどの工法的特徴はイベリア半島に既存のものであり、要素だけで言えば8世紀の時点でコルドバの大モスクが持っていたものは大半が土着の要素であったと言っていいだろう（PAVÓN, 1994：273）。ただ、縦方向の柱列を持つ多柱型モスクの構成、二重アーチ・アーケード、レンガと石の紅白の色彩効果、馬蹄形アーチ、バットレスを配した小口と長手を交互に積んだ切石の壁体、段状胸壁（almenas/merlones）といった、半島または初期イスラーム建築に既存の要素が、コルドバの大モスクではじめて統合されたことは重要である[126]。

同じコルドバにあるかつての市門「セビーリャ門」（Puerta de Sevilla, fig.3-103）は、パボンによって9‐10世紀、ゴメス・モレーノ、カンプスらによって西ゴート時代後期、パロルによって5‐6世紀の建設と考えられてきた。管見ではイスラーム以前の建設との説が信憑性がより高いように思われるが、いずれにせよ、コルドバ大モスクで発達した馬蹄形アーチとは無縁のアルカイズムが観察される[127]。

セビーリャ門には、面取りされた（almohadillado）迫石を用いる、2つの石で構成された迫石を織り交ぜるなどの特殊なディテールが見られるが、それ以外の点では、サンタ・エウラリア・デ・ボベダや一連のイスパノ・ビシゴード建築と構成的特徴を共有する。同様に、コルドバ大モスクのアーケード下部のアーチ（arco de entibo）も、プロポーションなどは前述の事例とかなり似ており、これまでの研究でも西ゴート時代の技術を踏襲している、という解釈が一般的であった。筆者もこれに反対するわけではないが、外輪を誤魔化せない宙を飛ぶアーチ120本、同数の上部アーチの全ての迫石を、同じモデュール、プ

411

第三部　スペイン初期中世建築の特質

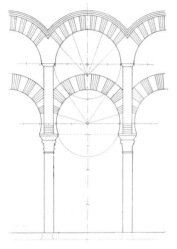

fig.3-104　コルドバ大モスク
　　　　　二重アーチ・アーケード

ロポーションで切り、同じ大きさのレンガと合わせて施工するというプロジェクトには、現存する小規模のイスパノ・ビシゴード建築とは全く異なったアプローチが必要だったと考えられ、単にそのプロポーションを比較するだけでは問題の核心を見失ってしまうのではないかと考える。繰り返し言われてきたように、アル・ハカム2世増築で急に複雑化するまでのコルドバ大モスクは非常に単純なつくりで、単調と表現しても良いくらいだが、逆に単純だからこそ、テンプレートの正確な繰り返しが肝要であった。

　下段アーチでは、半径120cmの内輪の中心は、アーチ下端のインポスト上部を結ぶ線から40cm（半径の3分の1）上にあるが、この部分は迫石を形成せず、隣接するアーチ下部と共に、インポスト上の複合ピアを形成していて、実際の迫石といえる最初のレンガ積みは、中心線よりもやや上から傾斜した状態で始まっている。内輪、外輪の中心点は等しく、迫石目地の向きもこの中心点に収斂して放射状になっている（fig.3-104）。

　上部のアーチは馬蹄形ではない。下部アーチと同様に、実質的な迫石を積んでいるのは上部だけで、下部は左右のアーチのものと一体の切石を共有し、内輪と外輪は同心円でアーチ幅は一定である。しかし迫石の角度は異なり、円弧の中心よりも下へ収斂する。

　さて、半円アーチより高さにして3分の1伸張したプロポーションや、下部迫石を隣接するアーチと共有させ、一定の高さ以上の部分だけに内輪・外輪中心に収斂する向きに迫石を置くというのは、現存する唯一のイスパノ・ビシゴードのバシリカ建築であるサン・フアン・デ・バニョスにも見られないわけではなかったが、上段の半円アーチにおける収斂点の下げなどの新機軸に加えて、外輪を正確に描く、規格化された材料を決まったやり方で組み合わせるなどのコルドバ大モスクの特徴は、サン・フアン・デ・バニョスにおける、不規則で一定しない手法とはやはり異なる。トレド、メリダ、セビーリャ、そして

412

コルドバには西ゴート時代の大規模建築が残っていないため、コルドバの大モスクがそれ以前の大バシリカやホールとどう異なっていたかは判然としない。コルドバ大モスクの創建部分は施工精度に問題はあったが、アブダッラフマーン1世（パボンによれば2世）が当時、いかに桁違いのプロジェクト実行力（資金、権力……）を手中にしていたかは明らかである。紅白迫石はすぐにコルドバの権勢と由緒を象徴する記号となったが、馬蹄形の使用も同様で、規格化された部材や正確にカットされた切石などを特徴とする馬蹄形アーチは、コルドバのオフィシャルな建設形態として定式化した。ここでいう定式化とは、半径の3分の1伸張するか2分の1かという厳密なプロポーションや、何キュビトのモジュールを使うかという問題よりは、必ずしも馬蹄形アーチである必要のない構造を、馬蹄形アーチにして見せるというイスパノ・ビシゴード建築から受け継いだ慣習を、アーチの下部と上部を明確に切り離して考えるシステムに昇華したということである。

サン・エステバン門からアブダッラフマーン3世まで

　時期的にこれに続くのは、馬蹄形アーチを用いた建築言語の重要なターニング・ポイントである通称サン・エステバン門（サン・セバスティアン門、Puerta de San Esteban, *Bāb al-Wuzāra'*）など西外壁の3つの門である。

　サン・エステバン門は、一部異論はあるが、20世紀初頭以来、十一廊で創建されたモスクの礼拝堂西外壁に位置するもので、門の左右の装飾に残滓を見ることが出来る創建時のファサードを、ムハンマド1世が855-6年に改修したものと見なされてきた[128]。ただし、門の馬蹄形アーチやアルフィスの仕上げ部分の年代については意見が分かれる。ティンパヌムを縁取るムハンマド1世に言及した銘文と、現存する仕上げが同時期のものと考えるトレス・バルバス、ゴメス・モレーノと同調し、カンプスはこれを「イスラームの馬蹄形アーチで初めて完全に公式化したもの」[129]とするが、パボンは後世の修復の可能性を示唆する（PAVÓN, 2001:609-610）。また、抱きと楣を形作る水平アーチが後世の修復を蒙っていることは、どの研究者にも言及されている。ただ、本章ではパボンが疑問視する植物文様の制作時期はさておき、アーチを用いたファサード構成の手法が問題であり、仮に修復の手が入っているにせよ、基本的には9世紀の構成に大きな改変が行われたとは思えないので、現在見られる特徴を9世紀のものとしたい。

第三部　スペイン初期中世建築の特質

a：外観　　　　　　　　　　　　b：外観分析図
fig.3-105　コルドバ大モスク「サン・エステバン門」

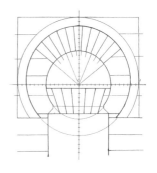

a：外観　　　　　　　　　　　　b：外観分析図
fig.3-106　同「サン・ミゲル門」

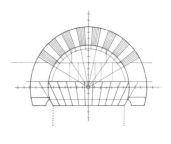

a：内観　　　　　　　　　　　　b：内観分析図
fig.3-107　同「参事会長の門」

第4章　馬蹄形アーチの構造と意匠

　サン・エステバン門のアーチ（fig.3-105）は、インポストと円弧下端を兼ねた迫元の突出部から内輪の中心までが半径の2分の1の長さを持ち、同様の特徴を備えた通行可能なスケールのアーチとしては最古のものである。レンガ束と、彫刻を施したプレートが貼り付けられた石を交互に並べた迫石は円弧の中心に収斂し、外輪は内輪と中心を共有し、したがってアーチ環は一定の幅を持つ。細かい穿孔を入れた唐草文様に覆われたアルフィスとアーキヴォルトを持ち、アルフィスとアーキヴォルトは密着せずに左右と上部ですれすれのところをすれちがっている。なお、堂内部の二重アーチ・アーケードと同様に、下部は円中心よりもだいぶ上まで水平に石が積まれており、実際の迫石の構成は扁平アーチであるので、単なる馬蹄形アーチの問題として捉えるべきではない。これについては後に検討するが、ここでは、主にファサードに表出しているアーチの特徴をまとめておくにとどめる。

　サン・エステバン門と前後するのが、同じアブダッラフマーン2世増築部分に位置するサン・ミゲル門[130]（fig.3-106）と、同じく西壁の中庭南端に開く通称「参事会長の門」[131]（Puerta de los Deanes, fig.3-107）である。サン・エステバン門と比較してみると、アルフィスを持ち[132]、円柱を用いず、おそらく当初から水平アーチを用い、実際はアーチを構成していない下部が馬蹄形アーチに見える内輪を完璧な円弧に沿って切り込み、実際の下心扁平アーチはレンガと石で構成するというのは3つに共通するが、「参事会長」、サン・エステバン、サン・ミゲルの順にアーチの閉じ具合が強くなり、サン・ミゲルにおいては外輪の中心がわずかにずらされて、同心円でなくなる。

　これらの門を完全に同時期のものとする根拠はそれほど確実なものではなく、エルナンデスは「参事会長」の門を創建時8世紀末のものとし、サン・ミゲル門をアブダラー治期（888-912年）としている（HERNÁNDEZ, 1975:147）。ただ、どの門においても、アーチ形態の構造的に効いていない部分を、正確なアーチ型に壁面から突出させながら、その突出を、通行の妨げにも視覚的に目触りにもならないように、楣を形成する水平アーチ下端よりも上に収めるという点は共通する。カンプスは、この時期はまだプロポーションに関して優柔不断だったと分析し（CAMPS, 1953:76）、エルナンデスは、馬蹄形アーチの閉じ具合順に進化を示唆したが、水平アーチと馬蹄形アーチ下端との関係が定まれば後はほとんど完全に表面処理の問題なので、時代が下るに連れてマニエリスティックな傾向が高まるにせよ、事実上建築家のコンパスの加減で様々なプロポーション

415

第三部　スペイン初期中世建築の特質

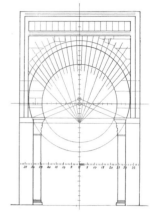

a：外観　　　　　　　　　　　　　　　　b：外観分析図
fig.3-108　コルドバ大モスク、パティオ側ファサード西端部

になりえたのではないかと思われる。

　プロポーションや、別の職人による別工程の作業であったであろう表面の装飾よりも、もっとクリティカルな問題は、内部アーケードの二段アーチの上段にもその萌芽が見られた、連動しているが必ずしも一致していない、外輪中心の上方へのズレと、迫石目地収斂位置の下方へのズレである。同心円をベースとして、円弧の中心へ収斂する典型的な半円アーチであれば、迫石は同じ形に切ればよいし（または弧の曲率と環の幅は維持して円周方向の幅だけ変えればよい）、レンガも規格化した大きさをそのまま用いることが出来る。しかし、外輪をずらしたり収斂位置をずらすと、隣り合う各ピースの大きさと形が異なってくる。

　アブダッラフマーン3世の治世に補強された中庭ファサードの馬蹄形アーチを見てみよう[133]。これはサン・エステバン門など外壁に穿たれた抱きと楣の開口とは異なり、抱きに密着させた円柱（壁体と一体化した付け円柱ではない）上にアーチを架け、楣を置かないタイプである（fig.3-108）。現在では表面の仕上げが落ちてしまっており、建設当時どのような意匠を見せていたかは不明であるが、構造的には迫石目地の収斂位置が下方へずらされ、迫石の輪郭のうち目地側の2つの辺のなす角が前例より更に平行に近づいている。

　ベラスケス・ボスコの立面図が正しいとすれば、マディーナ・アッザフラーのバルデプエンテスの水道橋（Acueducto de Valdepuentes）も、同じ時期に同じ

416

第4章 馬蹄形アーチの構造と意匠

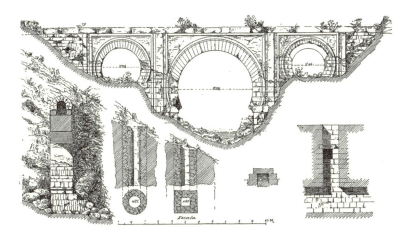

fig.3-109 マディーナ・アッザフラー、水道橋（Valdepuentes）復元図

傾向を示していると言えよう（fig.3-109; GÓMEZ-MORENO, 1951：73; TORRES BALBÁS, 1957：663; BERMÚDEZ CANO, 1995：251）。サン・エステバン門では隙間があったアルフィスがアーキヴォルトに接するようになるのも、アブダッラフマーン3世以降に一般化した現象である。また、マディーナ・アッザフラーには、シルエットがサンティアゴ・デ・ペニャルバの北エントランスやサン・ロマン・デ・モロッソにそっくりのものがあるが、迫石の配置は全く異なっている[134]。

このようにコルドバでは、9世紀中葉のムハンマド1世のサン・エステバン門から、929年にカリフを僭称するアブダッラフマーン3世の時代にかけて、馬蹄形アーチの作り方の修正と見せ方の調整が急速に進んでいたのである。

アル・ハカム2世の馬蹄形アーチ

アル・ハカム2世のコルドバ大モスク増築（961/2-971年？）は、多葉アーチ、交差アーチ、ヴォールト、モザイクの使用など、多くの新機軸を導入したが（伊藤, 2014）、馬蹄形アーチの仕上げに関してもいくつかのヴァリエーションが見られる。

アルマンソールの増築によって東壁は破壊され、増築部分に対応する西壁は後世に大きく修復されたが、こうした外壁に用いられた馬蹄形アーチは、基本的にサン・エステバン門以来の雛形に基づいている。唯一、破壊も改修も免れ、大部分が現存する東側の壁最南端の馬蹄形アーチを戴く開口部を見てみると、

第三部　スペイン初期中世建築の特質

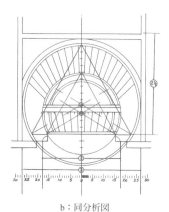

a：東面　　　　　　　　　　　b：同分析図

fig.3-110　コルドバ大モスク　アル・ハカム2世部分の門（南東部）

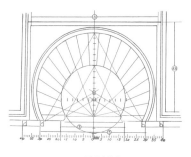

a：外観　　　　　　　　　　　b：同分析図

fig.3-111　ミフラーブ入口

fig.3-112　ミフラーブ右側のアーチ　　　fig.3-113　ゴルマス（ソリア県）要塞南西門

418

サン・エステバン門の解決に加え、外輪の中心をずらし、迫石収斂点を迫元の中心に落とすという、「カリフ国アーチ」の要素が一揃いしている（fig.3-110；GÓMEZ-MORENO, 1951：150；CAMPS, 1953：80-2；TORRES BALBÁS, 1957：551-4）。

ミフラーブ入口アーチ[135]（fig.3-111）やその右隣ベイの入口（fig.3-112；TORRES BALBÁS, 1957：532）も、半円を大きく超える馬蹄形、アルフィス、中心のずらし、迫元への収斂など、要素としては同じものを同じように組み合わせている。しかし、迫元から要石まで、迫元間の中点から放射状に積層しているかのようにモザイクで表現された迫石や、内輪やミフラーブ入口脇の円柱の大きさに対してスケールアウトした外輪とそれを更に何重にも取り囲むアルフィスによって、また別種の視覚効果が生み出されている。これは、機能や構造を侵食しない範囲であれば、一つの関数の定数を変えるような感覚で馬蹄形アーチの意匠に変化が生み出せることを示しており、造形言語の様式化が進んでいることの証左と言える。ちなみにミフラーブのファサード構成にはカイラワーンの大モスク図書館の門との類似が指摘されてきたが、年代解釈の極端に分かれるカイラワーンの門とコルドバのどちらが影響を受けているのかについては様々な説が唱えられている（TORRES BALBÁS, 1935；PAVÓN, 1994a：281-2）。

ソリアにあるゴルマスの要塞南西部の門（fig.3-113）も、アル・ハカム2世の時代に建てられたもので、軍事建築ながら、アルフィスその他「カリフ国アーチ」の典型的なシルエットを持つ（GAYA, 1943；TORRES BALBÁS, 1957：650-8；LAVADO, 1994）。興味深いのは、迫石を赤く塗った痕跡が残されていることである（ZOZAYA, 2001：115）。このように、アーチの工法と、アルフィス、迫石の色彩、上部に膨らんだ外輪といったヴィジュアル・エフェクトとの有機的な関係が結びついて初めて、コルドバの手法が再現されたということができるだろう。

ポスト・西ゴート時代のキリスト教建築における馬蹄形アーチ

ここまで、イスラーム建築における馬蹄形アーチの展開を追ってきた。同様に、キリスト教建築において、どのような変化が現れたのか検討してみよう[136]。

まず、これまで「西ゴート」と「モサラベ」の間を揺れ動いてきた建築群から検討してみよう。サンタ・ルシア・デル・トランパル（fig.3-114；CABALLERO & SÁEZ, 1999；*Repertorio Extremadura*, 2003：15-20）や、サンタ・マリア・デ・メルケ[137]（fig.3-115）は、円中心の起拱線からの高さが半径の3分の1をしばしば超える馬蹄形アーチが見られ、「イスパノ・ビシゴード」建築群よりはややアーチ

第三部　スペイン初期中世建築の特質

fig.3-114　サンタ・ルシア・デル・トランパル　　fig.3-115　サンタ・マリア・デ・メルケ

の閉じ具合が強い。アルフィスはない。既に見たイスパノ・ビシゴード建築のグループと比較すると、メルケ交差部やエル・トランパル交差部横断アーチには壁面と一体化した付円柱のような型が見られるのが特殊といえる。

　さて、10世紀までにキリスト教諸勢力によって「再」入植された半島北部の建築について、長い間通説化していた考えは、馬蹄形アーチが半円から伸張した度合い、典型的には半径の2分の1という基準に拠って、西ゴート時代の遺構と区別ができるというものであった。表3-Dを見てみよう。平均して、イスパノ・ビシゴード建築のグループよりもより閉じたカーヴを持つ馬蹄形アーチが多いのは明白で、これはコルドバ大モスクにおいても見られた、年を追うごとにアーチが高さを増していく傾向と一致する。しかしながら、サン・ミゲル・デ・エスカラーダには4分の1から3分の2までの様々なプロポーションのアーチが混在し、アルフィスやそれを意識した枠を持つサンタ・マリア・デ・レベーニャやサン・マルティーニョ・デ・パソでは、半径の3分の1かあるいはほとんど半円までの形が現れる。

　明白な形でアルフィスを持つのは、サンティアゴ・デ・ペニャルバの入口とアプス入口（fig.3-116）、サン・ミゲル・デ・エスカラーダのポルティコ（fig.3-117）、サン・ミゲル・デ・セラノーバ（fig.3-118）、サン・マルティーニョ・デ・パソ（fig.3-119）、サンタ・マリア・デ・レトルティーリョ（fig.3-120）である。このうち、単なる矩形断面ではなくモールディングを施されたエスカラーダのポルティコとペニャルバのものは、すでにゴメス・モレーノによって指摘されたように瓜二つの形式を持っており、柱頭やアーチの類似も合わせ、同じ工房

420

第4章 馬蹄形アーチの構造と意匠

a：入口

b：アプス入口

fig.3-116　サンティアゴ・デ・ペニャルバ

fig.3-117　サン・ミゲル・デ・エスカラーダ
　　　　　　ポルティコ

fig.3-118　サン・ミゲル・デ・セラノーバ
　　　　　　アプス入口

fig.3-119　サン・マルティーニョ・デ・パソ
　　　　　　（オウレンセ県）　アルフィス

fig.3-120　サンタ・マリア・デ・レトルティー
　　　　　　リョ　アプス入口

421

第三部　スペイン初期中世建築の特質

fig.3-121　サン・ティルソ（オビエド）　アルフィス

によって制作されたとして良いだろう。一方、同じくゴメス・モレーノによってペニャルバと同じ工房の作品とされたサン・ミゲル・デ・セラノーバは、アルフィスに関してもつくりかたは単純化しており、他の工法的性質についても既に述べたように、全く別の工房が作ったものと考えるべきであろう。

　スペイン・イスラーム建築において扉口の「見せ」に大きく貢献することになった要素が、アーチの外輪を四角く取り囲むアルフィスであった。スペイン・イスラーム建築最古のアルフィスはサン・エステバン門のもので、突如あのような形で発生したとは考えられず、ローマ建築の語彙からなんらかの移行段階があったと考えるのが自然であろう。実は、イベリア半島最古のアルフィスとされるのは、オビエドのサン・ティルソ教会堂の唯一現存する外壁面に残された三連窓のものである（fig.3-121）。サン・ティルソの建設年代と、アルフィス＝イスラームの要素という事実の辻褄があわないために、シュルンクのように、このアルフィスが後で付け加えられたものという考えや、カモンやバンゴのように、アルフィスがイスラーム以前に既存だったという解釈が生まれてきた（SCHLUNK, 1947：337；BANGO, 1974：71）。管見では、サン・ティルソ教会堂の「アルフィス」は、9世紀初頭にスペイン・イスラーム建築が徐々に語彙に加えつつあったファサード装飾を模倣したものであろう。アルフィスがあるからといって、そのために年代をサン・エステバン門の後に位置づけなおす必要はないし、サン・ティルソに初出だからといって、それをプレ・イスラームの要素と位置づける必要もないのである。なお、イフリーキーヤにあるものは、コルドバからの影響を見てとってよいであろうと思われる（PAVÓN, 1994：284-5）。

　プロポーションの点で最も「カリフ国アーチ」に近いサン・ミゲル・デ・セラノーバを含め、レオン王国のグループでは楣と組み合わせた扉口がほとんど現存しないのは注目に値する。ノアックが再入植期のオリジナルのものであるとするフランセロスのもの（fig.3-122）が例外であるのかもしれないが、低い位置から始まり一点に収斂しない迫石、緩い馬蹄形のプロポーション、外輪下部

第4章　馬蹄形アーチの構造と意匠

fig.3-122　サン・シェス・デ・フランセロス

fig.3-123　サン・セブリアン・デ・マソーテ

fig.3-124　サン・ミゲル・デ・エスカラーダ

fig.3-125　サン・ロマン・デ・モロッソ

を外へ逃がす処理など、スペイン・イスラーム建築で定式化した建築言語とは相反する。

　外輪の中心を上にずらし、アーチ環の幅を要石で最大にするという処理を行なっていたのは、ペニャルバのアプス入口 (fig.3-116b)、セラノーバ (fig.3-118)、マソーテ (fig.3-123) である。このような限られたケースでは、コルドバの美学の影響を見てとることができるが、この処理と連動した迫石目地をアーチ下部に収斂させる手法は忘れ去られている。逆にレオン王国で唯一、収斂位置を円中心よりも下げた様子をはっきり顕すサン・ミゲル・デ・エスカラーダのポルティコ (fig.3-117) では、アーチ環の幅に関しては同心円のままである。

　ドッズによって西ゴート時代の建築の忠実な再現とされたエスカラーダ堂内のもの (fig.3-124; Dodds, 1990：50-1) や、サン・ロマン・デ・モロッソ (fig.3-125) のように、プロポーション以外はイスパノ・ビシゴード建築のあり方に近

423

第三部　スペイン初期中世建築の特質

いものから、しばしばミフラーブと比されるサン・ミゲル・デ・セラノーバの
アプス入口まで、コルドバで起こっていた新機軸は徐々に、そしておそらくは
間接的に、レオン王国の建築に影響を与えていた。

　こうした馬蹄形アーチの見せ方で最も洗練された解決に達したサンティア
ゴ・デ・ペニャルバは、様式化の嚆矢であるサン・エステバン門 (fig.3-105) と、
コルドバの方式を簡易化したゴルマスのもの (fig.3-113) との間に位置するもの
と考えることができる。言い換えれば、930年代かその直後に建設されたこの
教会堂の馬蹄形アーチの見た目のコンポジションは、9世紀中葉の時点での新
傾向と、10世紀後半の略式との間にあるということである。ただし、ペニャル
バやエスカラーダのポルティコのモールディングは独特のもので、コルドバの
建築のものとはあきらかに異なり、また、ペニャルバやエスカラーダではアー
キヴォルトとアルフィスの間に飾り縁とほぼ同幅のスペースがあくのも、これ
らが接する傾向を強めたイスラーム建築と異なる。サン・マルティーニョ・デ・
パソ (Castillo, 1925；Lorenzo Fernández, 1965) や、復原されたサンタ・マリア・
デ・レトルティーリョ (Fontaine, 1978b：222-3；Bango, 1994：208；Regueras, 1990：
98-100) は、これをさらに単純化したものといえる。

　同様に、ペニャルバの南エントランスの二連馬蹄形アーチにアルフィスをつ
けたものをコルドバに探すと、用途は異なるが、サン・フアンの塔の偽窓を見
出すことが出来る。ゴメス・モレーノは柱頭の造形からこの塔をアブダッラフ
マーン2世期に位置づけている。エルナンデスはその年代を遅らせたが、馬蹄
形アーチの発達をその根拠としており、構造的意味をほとんど持たないサン・
フアンの窓に関してその論理を用
いることが出来るかどうかには疑
問が残る。窓は二連の馬蹄形で、
水平に積まれた下部 (enjarjado) は
迫石が省略されて円弧は擬装さ
れ、中央に円柱が立つ。実際の迫
石は3つのブロックで構成されて
おり、3つのレンガを束にしたも
のの間に要石が入り、さらにそれ
を紅白の漆喰で覆っている (fig.3-
126；Gómez-Moreno, 1951：51 & 56；

fig.3-126　サン・フアンの塔（コルドバ）

第4章　馬蹄形アーチの構造と意匠

HERNÁNDEZ, 1975：134-147)。

　こうしてみると、レオン王国の10世紀の馬蹄形アーチは、「カリフ国様式」というよりは、9世紀コルドバの発展途上にあった馬蹄形アーチの特徴を、部分的に反映したものということができる。アルフィス、迫石目地の収斂点、アーチ環幅の変化など、見た目に関してもその採用の基準はバラバラで、ひとつとして正確に反映したものがない。これらは10世紀のコルドバを出た熟達したマエストロの作品ではなく、カリフ国成立以降に急速にコード化を進めたコルドバの最新の傾向を再現できない、あるいはしようとしていない人間の作品であり、10世紀初頭にコルドバかどこかで見た馬蹄形アーチを、記憶を頼りに模倣したものと考えてもよいかもしれない。

　必ずしも正確な図面を元にしたわけではないが、サンティアゴ・デ・ペニャルバのアプス入口馬蹄形アーチに関しては、プロポーション、モデュール、作図手順についてかつて筆者が立てた仮説がある（ITO, 2005b)。フェルナンデス・ムニョス作図の立面図をもとに、カンプスが提唱した法則の一つである、アルフィスやアーキヴォルトの幅を基本モデュールとするというルールがうまく適用でき、外輪と内輪の中心のずれが1モデュールに相当

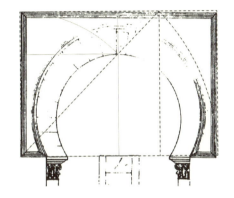

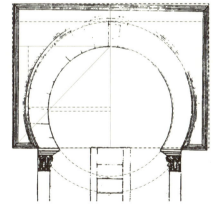

1. アルフィスの高さが決定されると幅は$\sqrt{2}$倍の長さに
2. モールディング幅を基準に外輪の直径が決まる
3. 適宜内輪の大きさが決まる
4. アルフィスの長方形下端がインポスト上端となる

fig.3-127　サンティアゴ・デ・ペニャルバのアーチ作図手順

425

第三部　スペイン初期中世建築の特質

することが明らかとなった。一方、カンプスがやったように、馬蹄形アーチ全体のサイズやプロポーションを、半径をどのくらい延長したかと関連づけるのは、円弧が作り出す無理数と様々な点で矛盾し、必ずしも正しいとは思えない。実測値のないため概算に過ぎないが、少なくともペニャルバの場合、アーチ全体のプロポーションは、円弧とその半径の延長度合から決定されたのではなく、アルフィスの大きさから決定されたように見える。筆者の分析が正しければ、まず1：√2のプロポーション（あるいは5：7などの単純な整数比）を持つアルフィスの高さと幅が決定され、これによってアーチ外輪の上と左右の接線の位置が定められ、あとはかなり機械的に外輪、内輪が描かれていったのだと思われる（fig.3-127）。

2）隠しアーチをどう見せるか

fig.3-128　オスティア、三連窓の家

fig.3-129　ローマ、パンテオン

　さて、サン・エステバン門をはじめ、コルドバ大モスクの扉口の馬蹄形アーチは、実際には半円より小さい扇形部分にしか迫石を置かない扁平な下心アーチである。また、この下に楣が置かれ、アーチは壁体に組み込まれた隠しアーチとなる。こうした隠しアーチの系譜を辿ると、どのような事実が浮かび上がるだろうか。

ローマの隠しアーチ

　帝政ローマ時代に多用された隠しアーチは、ローマ建築の構造的合理性の典型的な表現の一つであるといえる（ウォード・パーキンズ, 1996：

426

第4章 馬蹄形アーチの構造と意匠

110; ADAM, 1996:182)。組積造の壁体に組み込まれ、開口部にかかる荷重を横へ逃がし (fig.3-128)、ドームの荷重を効率よく支える (fig.3-129) 手法は、ローマ帝国の定式化した高度な建設技術の存在をうかがわせてくれる。またアーチと楣の補助関係は、施

fig.3-130 ローマ ドムス・アウグスタナの偽・隠しアーチ

工の際には逆で、楣はしばしばアーチを架構するための仮枠として、その他のシステムと共に長らく用いられてきたとされる (PAVÓN, 1994a:273-283)。楣材が手に入るかどうかに左右されないアーチの施工性・経済性が好まれたともされる (ウォード・パーキンズ, 1996:24)。

　首都ローマやオスティアに見られるレンガ造隠しアーチの特徴を整理してみよう。壁面はとにかくフラットで、アーチはこの凹凸のない壁面に統合されている。現在見ることのできるこうした隠しアーチは、荷重の流れを表面に浮かび上がらせる、ある種意匠としての構造という印象を与える。もちろん当時は、基本的にこうした壁面の中のアーチは、化粧張りや漆喰によって覆われていたはずである (WARD-PERKINS, 1947:170;ウォード・パーキンズ, 1996:86; ADAM, 1996:192) が、ドムス・アウグスタナの構造としての意味を持たない擬・隠しアーチ (fig.3-130) を見ると、現在われわれが感じるような構造美の表現のようなものが見られ、合理的で幾何学的に美しい構造をそのまま意匠として残すというメンタリティーだけでなく、それを前提として、構造的なものを擬装するというメンタリティーも既に存在していたことがあきらかとなる。古代末期にも、ローマに建てられた初期キリスト教建築に見られる同種のアーチは、基本的に帝政時代の発想をそのまま踏襲しているように見える。ラヴェンナのガッラ・プラチディア霊廟においても、控えめながらフラットな壁面につくられた楣開口上部にアーチを隠す手法が継続している (グラバール, A., 1969:16;マンゴー, 1999:78; KRAUTHEIMER, 2000:214-6; MCCLENDON, 2005:17)。

　ローマ建築の隠しアーチの特徴は、構造的解決法としての隠しアーチを意匠的にどう処理するかという問題に、見せる (見せるために美しく造る、または存在しないのにあるかのように擬装する) か隠す (大理石パネルや漆喰で覆う) とい

427

第三部　スペイン初期中世建築の特質

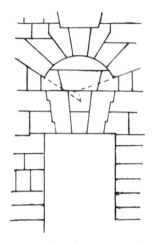

fig.3-131　タラゴーナ　ローマ時代の隠しアーチ

う二者択一で対応したことである。

　さて、こうした隠しアーチはしばしば水平アーチ（楣型アーチ：dintel adovelado, arco adintelado）による開口の上部壁体に用いられた。コルドバ大モスクのサン・エステバン門で用いられた、荷重を軽減するために扁平アーチを挿し込むという工法は、タラゴーナのローマ建築に存在し、イスパノ・ローマ建築に既出の要素であった（PAVÓN, 1994a：205）。パボンが言及しているように、タラゴーナの扉口の構成は、とりわけサン・ミゲル門の内観と酷似する（figs.3-106b & 3-131）。実際にコルドバのイスラーム建築に用いられた隠しアーチと水平アーチの組み合わせの起源が、シリアかアフリカか、土着のものなのかという議論は、このように、非常に進んだ建設技術を持ったローマという文明を常に意識してなされなければ、誤った結論に陥る可能性が高い。

　一方、本章で問題にしたいのは、こうした工法の起源と伝播経路そのものではなく、その工法と意匠の結び付きが、コルドバにおいてどのように変容したか、である。つまり、サン・ミゲル門の裏側の発想は、ローマ時代のイベリア半島に既に存在していたわけで、必ずしもイスラーム建築の新規性と言うことはできない。コルドバの大モスクがもたらした転換は、こうした工法を全面的に採用したということに加え、それを門の表側の意匠（fig.3-106a）にどのように結び付けたかということである。したがって、パボンがその他のアーチ＋楣の組み合わせを持つイスパノ・マグレブ建築と並べて、コルドバ大モスクの門の構成を「古代から継承した美的クリシェ」[138]と呼ぶのは正しくない。それは「工法的」クリシェを継承しつつ、「美的」クリシェを変容させたものだったからである。

サン・エステバン門における隠しアーチ＋水平アーチ

　ダマスクス大モスクには、扉口上に馬蹄形のイスパノ・ビシゴードのものとシルエットの似た馬蹄形の隠しアーチを配したものがあるが（CRESWELL, 1969：

第4章　馬蹄形アーチの構造と意匠

fig.91)、それは近東・小アジアの伝統を受け継いだものである。クラウトハイマーによって5－6世紀のものと推定されたニシビスの教会（かつては4世紀のものとされた）には、徹底的にレリーフが施された矩形開口部の上に馬蹄形アーチを見ることが出来る（IDEM：fig.105；KRAUTHEIMER, 2000：353）。カイラワーンの大モスクで最古の構造物とされるミナレット（HILL & GOLVIN, 1976：fig.87；PAVÓN 1994a：278）にも、スースのリバート（HILL & GOLVIN, 1976：fig.124；ホーグ、2001：46-8）にも、半円を超える円弧を持つ隠しアーチが見られる。水平アーチに覆い被せるように馬蹄形アーチを用いたサン・エステバン門は、こうした近東や北アフリカの前例を含めたポスト・ローマ世界の隠しアーチを踏襲しているのである。

　一方、半島には、隠しアーチであったと推定されるサンタ・エウラリア・デ・ボベダの馬蹄形アーチの事例が既存である。また、サン・エステバン門で実際に壁体に挿し込まれたアーチは半円に達しない扁平アーチであること、その下に水平アーチを楣とする開口部を配すること、半島のローマ建築にその前例があることはここまでで述べてきた。サン・エステバン門における隠しアーチの工法は、ローマ時代のものと全く同様である。何が違うのかと言えば、それをどう表面処理するか、つまりどう見せるかにある。後ウマイヤ朝建築は、近東の古代末期・初期イスラーム建築と同様に、ファサードに大きな凹凸をつけるよりは、最低限のレベル差に、浮き彫りによる細かな陰影や、モザイク、レンガ、色漆喰などによる色彩効果をつけることを好んでいたように見える。サン・エステバン門も、修復部分がオリジナルを再現しているという完全な保証はないが、実質的に2つのフラットな面とそれを区切る貼り付けられたようなモールディングで構成されている。が、まさにこの最低限の処理により、サン・エステバン門はローマと同じ工法を新たな意匠へと変化させたのである（fig.3-132）。隠しアーチと抱きまでの壁面は同一面に揃い、内輪内部ティンパヌムと楣はそれよりわずかにセットバックした面に揃え

fig.3-132　コルドバ大モスク　サン・エステバン門ファサード模式図

429

第三部　スペイン初期中世建築の特質

れているだけだが、その段差と、物理的には最低限のモールディングのシルエットによって、そこに存在しない馬蹄形アーチが浮かび上がる。サン・エステバン門には、隠しアーチを見せながら隠すという、ローマ建築にはなかった新しい写像のあり方が発達しつつあるのを観察することが出来る。この瞬間から、スペイン・イスラーム建築の隠しアーチは、もう一方のローマ建築後継者である西欧キリスト教圏の建築から遠ざかっていったのである。

ロマネスクの隠しアーチ

　ロマネスク建築も、ローマから多くの遺産を受け継いだが、隠しアーチもその例外ではない。本章では、直下に開口を持たず、壁体の中で荷重を横へ逃がすアーチ（arco de descarga, relieving arch）を隠しアーチと呼んでいるが、この軽減アーチを広義に捉えれば、ロマネスク建築にもその事例を多く見出すことができる。少なくともフランスとその影響色濃いスペインのロマネスクに関して言えば、ロマネスクに典型的な扉口のティンパヌムを覆い囲うアーキヴォルトが、ローマ建築の隠しアーチの役割に取って代わったと言うことができる[139]。地域差が激しく、線的な進化でもないが、初期ロマネスクの時期には、サンタンドレ・ド・ソレード（Saint-André de Sorède）やアルル・シュル・テク（Arles-sur-Tech）の扉口のように、まだローマ建築から継承した工法をどう見せるかという点で解法が見出されていないのが見てとれるし（Puig, 1935 : 372-4）、1008年以降（？）のトゥールニュの西ファサードと、11世紀中葉のサン・ブノワ・シュ

fig.3-133　サント・ドミンゴ（ソリア）

ル・ロワールのポーチ（グロデッキ, 1976 : 45-8 ; McClendon, 2005 : 205-6）には、11世紀前半に試行錯誤の中でアーチ表現が大きく変わりつつあったことが見てとれる。盛期ロマネスクの典型的な扉口に見られるような、複合付柱上に重層し、ティンパヌムを内包するこうしたアーチは、壁面から突出あるいはセットバックし、ある時期以降は夥しい建

第4章　馬蹄形アーチの構造と意匠

築彫刻に覆われていく（fig.3-133）。また、特に開口を持たない壁面上のアーチ帯は、ロンバルド帯のように単なる壁面分節に過ぎない場合もあるが（フォシヨン, 1970:48-9; クーバッハ, 1996:72-3）、壁体の荷重を特定の場所に分配する役割を果していると思われる大きさのものも散見され、その発想の原点の一つにはローマの構造的な隠しアーチがあると考えられる。ロマネスクは一方で、隠しアーチから、ティンパヌム、束ね柱、アーキヴォルトの一体化した扉口や、双窓を内包するアーチなどのコード化された建築部位を作り出し、他方では、必ずしも構造的ではないが、開口を持たず、壁面をくりぬいただけのアーチ列を表面操作の手法として発達させたのである。

　このように、ロマネスクをプレ・ロマネスクから隔てるポイントの一つでもある壁面分節とアーキヴォルトの発達は、サン・エステバン門に見られるごく表層的な操作と比べればローマ建築からの変容が著しいものの、その発想の原点は同じところにあった。ロマネスクは、スペイン・イスラーム建築とは異なった彫塑的な傾向を辿り、壁面に組み込まれた隠しアーチは、何重にも壁面を刻み込み、鉛直部材と有機的に連続する形態を旨とする新しい美学へ変容していたのである。

スペイン初期中世キリスト教建築の隠しアーチ

　さて、9世紀中葉以降のスペイン・イスラーム建築や、フランスからスペインに広まったロマネスク建築においては、ローマ建築の隠しアーチが失われてしまったように見えるが、実際にはそれが担っていた構造的な役割を変えずに、開口上のアーチという部位を隠さずに見せるやり方をそれぞれ発達させていたことをここまで見てきた。

　ただロマネスクの場合は、開口とその上部の壁面に組み込まれたアーチの処理を、どの地域の「ロマネスク」でも同様にやっていたわけではなく、フランス・ロマネスクの強い影響が見られるスペインのほとんどの地域に対し、例えばイタリアでは、浅いアーキヴォルトと楣を組み合わせた、ある意味ではローマ時代の発想により近いものもある[140]（fig.3-134）。この部位の構造と意匠の取り合わせに関して、帝政期ローマ的発想がそれぞれの地域でどのような変容を遂げたかをつぶさに追うのは本書の問題を逸脱するためまた別の課題としたいが、端的に言って、ロマネスク以前の西欧の建築には、楣と隠しアーチをローマ時代のように用いる傾向がかなり長く続いたと考えられる。この傾向はユス

431

第三部　スペイン初期中世建築の特質

fig.3-134　サン・ピエトロ（スポレート）

fig.3-136　カイラワーン、ミナレット

a：アーヘン宮廷礼拝堂　　b：サン・メダール　　c：サンタ・ソフィア　　d：サン・サルヴァトーレ
　　　　　　　　　　　　　（ソワッソン）　　　（ベネヴェント）　　　　（スポレート）

fig.3-135　プレロマネスクの隠しアーチ

ティニアヌス帝期までのコンスタンティノープルでも見られるが、西欧では、イタリアはローマのサンタ・コスタンツァ霊廟、ラヴェンナのガッラ・プラチディア霊廟、スポレートのサン・サルヴァトーレ、ベネヴェントのサンタ・ソフィア、ガリアでもアーヘンの宮廷礼拝堂やソワッソンなどに見ることが出来る（fig.3-135；ユベール et alii, 1970:272 & 357）。スポレートのサン・サルヴァトーレの隠しアーチ（MᶜCʟᴇɴᴅᴏɴ, 2005：fig.58）が、古い写真では漆喰か何かに覆われている（グラバール, A., 1969:24）のは、まさに隠された補強部位であった隠

432

第4章　馬蹄形アーチの構造と意匠

しアーチの実際を示していよう。また、カイラワーンのミナレットにも、ガッラ・プラチディア霊廟の窓に見られるものとほとんど同じ工法が観察され、イフリーキーヤの最初期イスラーム教建築においてもこうした伝統が存続していたことがわかる（fig.3-136）。

　ガッラ・プラチディア霊廟では、楣状の隠しアーチだけでなく、外壁面を取り囲むアーチ帯が目を引く。これはアストゥリアス建築のカマラ・サンタやサンタ・マリア・デル・ナランコ、再入植期のサント・トマス・デ・ラス・オリャスなどにも見られた発想だが、前述したようにいわゆる初期ロマネスク建築で大いに発展を遂げた。こうして、徐々に壁面から突出あるいはセットバックしたアーチというものが広まっていったのだが、壁面と一体化した隠しアーチもすぐになくなることはなかった。

　イベリア半島でローマ時代にどの程度隠しアーチが普及していたのかは、タラゴーナの事例などからごく断片的にしか分からないが、前述のサンタ・エウラリア・デ・ボベダのレンガ造アーチが古代末期の半島北西部における隠しアーチの事例としても注目される。7世紀から9世紀ごろには、とりわけルシタニアにおいて、必ずしも年代の明確でない建造物群を見ることが出来る（CABALLERO & ARCE, 1997：267-8）。サン・ジャン・デ・ナザレ（São Gião de Nazaré）、サン・ペドロ・デ・ロウローザ、サンタ・ルシア・デル・トランパル（Santa Lucía del Trampal）、そして、サンタ・マリア・デ・メルケ（Santa María de Melque）。どの建築も、アーチを用いて構造的に弱い部分を補強するという伝統的な発想に基づき、それを別種の見せや装飾というものに結び付けてはいない（fig.3-137）。カバリェーロは、サン・ジャン・デ・ナザレに見られる、楣上に載せられたアーチに、シリアのクサイル・アムラ（Qusayr 'Amra）宮殿が連想されると述べるが、ローマ時代から類例は豊富で、シリアの8世紀に例を探すほど珍しいケースとはいえない（CRESWELL, 1958：84-99 & fig.21-3；CABALLERO, 1991a：28；IDEM, 1992：120）。

　例外的な事例は、ルシタニアからはやや外れるサン・フルトゥオーゾ・デ・モンテリオスで、その内部には大アーチが三連アーケードを内包するのを見ることが出来るが、これはラヴェンナのサン・ヴィターレや、コンスタンティノープルのハギオス・セルギオス・カイ・バッコスの発想を彷彿とさせる[141]。

　イベリア半島において保守的な隠しアーチの用法を最も画一的・体系的に用いたのは、9世紀のアストゥリアス建築である。レンガ造半円隠しアーチがほとんどの楣式窓の上部に挿し込まれ、時には戸口にも用いられた（fig.3-138）。

433

第三部　スペイン初期中世建築の特質

a：サン・ジャン・デ・ナザレ

b：サン・ペドロ・デ・ロウローザ

c：サンタ・ルシア・デル・トランパル

d：サンタ・マリア・デ・メルケ

fig.3-137　スペイン初期中世の隠しアーチ

　アストゥリアス建築においては、サンタ・マリア・デル・ナランコのように、外壁、内壁、天井の分節を組み合わせ、それを建築彫刻で巧みに飾るという、極めて先駆的な現象が見られたが、隠しアーチを視覚的に馬蹄形アーチにしたり、断面を変えることで彫塑的効果を狙うといった発想は見られず、隠しアーチは壁体に埋もれ、モルタルとフレスコ画で塗り込められる運命にあったのだ。
　さて、10世紀レオン王国のキリスト教建築は、この問題をどう扱ったのか。サント・トマス・デ・ラス・オリァスやサン・バウデリオ・デ・ベルランガに見られる二重アーチは、後のロマネスクの造形手法を髣髴とさせる点で注目に値するが、ベルランガは11世紀以降の建設とされ、バンゴのようにクリュニーの影響を論じる研究者もいる（BANGO, 2001:365-8）。これらを除けば、再入植期

434

第4章　馬蹄形アーチの構造と意匠

のレオン王国で隠しアーチを用いた代表的なものは、サンティアゴ・デ・ペニャルバの入口であろう。

　サンティアゴ・デ・ペニャルバの教会堂入口は、コルドバの様式を直ちに想起させるアルフィスに囲われた優美な二連馬蹄形アーチであるが、その上部に、壁体の荷重を支える馬蹄形の隠しアーチがあるのを、塗装が失われた現在では見ることが出来る（fig.3-139）。内部から見ると（fig.3-140）、その大きな馬蹄形が相似形の2つのアーチを取り囲むのが見てとれるが、これは内包される二連アーチの厚みの差異をほぼそのまま表出した結果である。内壁側か外壁側か、どちらに壁厚と二連アーチの厚みのギャップを表出させるかという二者択一の際に、ペニャルバの建築家は、二連アーチの裏側である建物の内側にこのギャップを出し、表側である建物の外側はあくまでも外壁と同じ面に隠しアーチを収めた。つまりアストゥリアスやルシタニアの初期中世建築と同様、ローマ以来の隠しアーチの造り方と見せ方のコンセプトを継承しているのである。両者が結合

fig.3-138　サン・フリアン・デ・ロス・プラドス

fig.3-139　サンティアゴ・デ・ペニャルバ　入口外観

fig.3-140　同　入口内観

435

第三部　スペイン初期中世建築の特質

fig.3-141　セビーリャ、カリフ国時代の城門

fig.3-142　ポルタ・ローザ、ウェリア（サレルノ県、イタリア）

して何らかの装飾的一体を作り出しているわけではなく、ロマネスクのアーキヴォルトのような彫塑性は求められず、コルドバの大モスクの扉口に発達したアンビヴァレントな表層操作も見ることが出来ない。ペニャルバの隠しアーチはあくまでも壁体に埋め込まれた構造体として捉えられていたのである。

サンティアゴ・デ・ペニャルバの下部アーチ＋上部アーチというエントランスの構成を、後ウマイヤ朝建築において探してみよう。全く同じものは見当たらないが、カリフ国時代のものと考えられるものでは、コルドバ大モスクの扉口に見られるタイポロジーとはやや異なる、セビーリャのアルカサルの一城門が見出される（fig.3-141）。これに紀元前、ギリシア時代の建設とされる南イタリアはウェリアのポルタ・ローザ（Porta Rosa）とを並べてみるとどうだろうか（fig.3-142）。後ウマイヤ朝建築においてもサンティアゴ・デ・ペニャルバにおいても、ローマのアーチ工法の伝統が存続している様を見出すことが出来る。とりわけ、コルドバ大モスクに比べ、装飾要素の少ないセビーリャの城門は、サンティアゴ・デ・ペニャルバと同じように、ポルタ・ローザの素っ気なさを馬蹄形アーチを用いて表現している（元々の装飾が剥落したとも考えられるが）。ところが、石積みを見ると、セビーリャの城門の馬蹄形アーチは迫腰のかなり高い部分までを水平に積むカリフ国建築得意の工法を当然のように採用しているのに対し、サンティアゴ・デ・ペニャルバでは律儀

436

に迫元からアーチの石を積んでいるのが分かる。この点からも、サン・エステバン門以来の、あるいはさらに言えばアブダッラフマーン１世のアーケード以来のアーチの造り方を定式化した後ウマイヤ朝の建築についての、レオン王国の建築を建てた人々の知識の限界が推し量られる。

3) アーチの造りと見せ

　以上見てきたように、スペイン・イスラーム建築が継承したローマ建築の隠しアーチの「造り方」は、一部のキリスト教建築にも見ることが出来る。また、コルドバで発達した馬蹄形アーチの「見せ方」は一部のキリスト教建築に採用され、さらに構造的馬蹄形アーチの意匠は、飾り窓や、ボバストロの教会堂のような岩を掘り込んだものや、ベアトゥス本のような描かれたものに参照されていった。

　しかし、コルドバと同じ「造り方」を引き継ぎ、その「見せ方」を参照してはいるが、一体、キリスト教建築において、コルドバにおける造りと見せの関係、すなわちローマ建築の伝統から造りは変えずに見せを変えるロジックを正確に理解しているものがあるだろうか。

　コルドバでは、レンガと石を交互に配した馬蹄形アーチの使用という当初からの原則を維持しつつ、アーチの上部を区画するアルフィスを典型的なファサード処理として発達させ、それと同時に、内輪と外輪の中心をずらし、迫石の収斂点を円の中心ではなく迫元の高さにおき、楣を直線型アーチとして機能させ、その上部に隠しアーチを配した。また、メソポタミアの事例に倣い、風化した迫石を隠すためにレリーフが施された石の飾り板を表面に貼り付けた（Valdés, 1997:283）。これにより、瀟洒な馬蹄形アーチは、隠しアーチの下部を壁面に描き加えた装飾的なカムフラージュとなった。装飾的表現がローマと異なるものになっただけでなく、構造的なものを表面に反映させつつもそれを異なったものに見せるロジックが、それまでと決定的に異なったものになったのである。

　10世紀レオン王国のどの馬蹄形アーチをとっても、こうした構造と装飾を関連させたシステムを持っていない。コルドバ・ルールを方法として参照しているのではなく、コルドバの変換公式に従って表出した意匠を、部分的に見せ方として参考にしているといえる。構造としてのアーチの曲線を下方に延長して

第三部　スペイン初期中世建築の特質

fig.3-143　サン・セブリアン・デ・マソーテ　描かれた迫石

いたイスパノ・ビシゴード建築と、手法としては同様なのである。見せ方の発想としてコルドバに最も近いのは、サン・ミゲル・デ・セラノーバのアプス入口や、サン・セブリアン・デ・マソーテの楣上にある塗装された紅白のアーチ（fig.3-143）であるが、それは結局、唯一レオン王国におおよそ正しく到達したのが、完成した馬蹄形アーチの視覚的な効果だったことを示している。グアルディアは、レオン王国の建築におけるスペイン・イスラーム建築の影響とその経路について再考し、レオン王国の建築に見られる馬蹄形アーチやアルフィスがカリフ国モデルに応答していることを強調した（GUARDIA, 2007b:4）が、いかにセラノーバやペニャルバが、カリフ国モデルの本質を外して再現されていたかを見落としてしまったように思う。

　イスラーム建築の視覚的要素を、論理を理解することなく模倣しようとしたこの試みは、イスラーム建築文化を北方へ伝えたモサラベ移民ではなく、そうした建築文化との本格的接触を持つことがなかった者の異国趣味から生まれたのではないか。つまり、「モサラベ」建築と言われた建築の影には、実はゲナディウスとその弟子たちのような、非モサラベ入植者の存在があったのではないだろうか。ここにも、地方化した慣習的な工法で作られた、伝統的な典礼機能のための空間を、同時代的な装飾で覆うというレオン王国の建築の基本姿勢が貫かれている。

　アーチの造り方と見せ方の比較によって、レオン－コルドバ間の類似は、非体系的かつ限定的なモティーフの借用によって生み出されていたことが明らかになった。こうしたキリスト教建築における「アラビスム」の表出は、「モサラビスム」という様式の誕生を意味していない。10世紀レオン王国の建築は、コルドバから派生した亜流ではなく、コルドバと同じ源流を持ちながら、その様式化とは無縁な保守的な建築文化であったのである。

第5章　テクストから読み解く
イベリア半島初期中世建築の様相

イメージはリアルだ、たとえその話がまるきりウソで
あったとしても（H. ミラー）

　本章は、レコンキスタ初期のキリスト教スペインにおける建築・建設の語
りの特徴を明らかにすることを目的とする。具体的には、「レコンキスタ」
（Reconquista）とそれにともなう再入植活動（Repoblación）がアルフォンソ3世の
下で本格化する9世紀末から、後ウマイヤ朝が瓦解し、またフランス・ロマネ
スクが到来する11世紀初頭までの史料をとりあげ、ロマネスクの影響以前の
初期中世のイベリア半島における建築の語り、また語られた建築との関係を整
理し考察する[142]。

1）西ゴート時代までの建築の語られ方

　大プリニウス（*Gaius Plinius Secundus*, 23-79）は『博物誌』（77年頃）において、
色大理石の流行について語っており、白亜の建築を至上のものとした古典ギ
リシアの嗜好が帝政ローマ時代にどう変化していたのかを教えてくれる（*Arte
antiguo*, 1982：391-3）。古代末期になるとそうした傾向はますます強まり、様々
な色に輝く大理石の円柱やモザイクの素晴らしさこそが、建築の素晴らしさを
決定する要素の一つになった。また、切石や円柱のいかに巨大であるか、それ
によって作られる建造物のいかに広大であるかが最大の論点であった。こうし
た傾向は、プルデンティウス（*Prudentius*）やパウルス・シレンティアリウス
（*Paulus Silentiarius*）らの記述によく感じ取れる[143]。イスパニア出身のキリスト
教詩人プルデンティウスは、メリダのサンタ・エウラリア聖堂を称える際、そ
の黄金に輝く天井、着彩された格間、眩いばかりのモザイクの舗装、華やかな
大理石の壁面といった、装飾的・表面的な要素ばかりを挙げているし（LOZOYA,
1931：174）、6世紀に入っても、憧憬を込めて5世紀の建築を描写をしたトゥー

439

第三部　スペイン初期中世建築の特質

ルのグレゴリウスは、寸法や数値と共に、これらの教会が様々な種類の大理石
（«ex multa marmorum genera exornatos habet»）や絵画（«cum fucis colorum adornare»）
で飾り立てられていた様子を描写する[144]。

　こうした風潮は、ビザンティン帝国や初期アラブ・イスラームの文献にも散
見されるが、7世紀西ゴート王国最大の知識人であったセビーリャの聖イシド
ルス（Isidoro de Sevilla）による『語源誌（Etymologiae, las Etimologías）』にも根強
く残っている。イシドルスは『語源誌』において、建築を3つの部門（partes）に
分けている。それぞれ計画（dispositio）、建設（constructio）、美化（venustas）で
ある。

　ウィトルウィウスは『建築書』第一書第2章において建築術の要素として
ordinatio、dispositio、eurhythmia、symmetria、decor、distributioを挙げ[145]、さらに
第3章において建築の3つの部門（partes）として建物を建てること（aedificatio）、
日時計を作ること（gnomonice）、器械を造ること（machinatio）を挙げ、また
aedificatioの基準として「強（firmitas）」、「用（utilitas）」、「美（uenustas）」を挙
げた[146]。用・強・美はともかく、ウィトルウィウスが設けたそれ以外の差異・
区分は現代の人間からすると理解し難い部分もあるが、実は帝政末期の人間
にとっても既にそうであったようで、イシドルス以前にウィトルウィウスを
焼きなおしたファウェンティウス（Marcus Cetius Fauentius）は、建築の部門と
して ordinatio、dispositio、uenustas、mensura、distributio、aedificatio、collocatio、
machinatioの8つを挙げ、ウィトルウィウスの概念を整理しなおしている
（VELÁZQUEZ, 2004：219-221）。

　イシドルスはこれに更に改変を加え、dispositio、constructio、venustas という
区分にしたが、これは建築の要素としての用・強・美ではなく、建築をつくる
フェーズを示している（VELÁZQUEZ, 2004：219）。建設（constructio）の要素には基
礎、石、石灰、砂、梁が含まれ[147]、美化（venustas）の要素は、天井の金彩、大
理石、象嵌、カラフルな壁画であり、ウィトルウィウスの定義とはうって変
わって、美が装飾とほぼ同義となった[148]。これは、プルデンティウスが5世紀
初頭にメリダのサンタ・エウラリア教会堂を称えた際に列挙した要素とほとん
ど同じである。イシドルスの建築観は、さらにはカロリング朝を経て中世ヨー
ロッパに脈々と伝えられていく（BANGO, 1992：6-41）。ラバヌス・マウルスの De
Universo がイシドルスの『語源誌』の強い影響を受けているのはよく知られて
いるが、建築の三要素（フェーズ）については完全にイシドルスの剽窃である

440

（*Arte medieval (I)*：171-2）。イサベル・ベラスケス（Isabel Velázquez）は、純粋かつ客観的な「美（pulchritudo）」に対し、venustas は古典古代より中世に至るまで、美のもたらす魅力、心地よさ、エフェクトという主観的なニュアンスを持ち続けていたことを指摘している（Velázquez, 1997：235）。こうした感情に訴えかける美が建築における装飾と位置づけられたのは興味深い。

　イシドルスは、『ゴート、ヴァンダル、スエヴィの歴史（*Historia Gothorum, Vandalorum et Suevorum*）』、『偉人伝（*Liber de viris illustribus*）』、『修道会則（*Regula monachorum*）』、その他様々な神学的主題のテクストなどを著したが、建築に関する言説に限れば『語源誌』ほど重要なものはない。イシドルスの著作に並ぶヨハネス・ビクラレンシス（*Iohannes biclarensis*, Juan de Biclaro）やトレドのユリアヌス（Julián de Toledo）による史書や、ブラガのフルクトゥオスス（*Fructuosus bracarensis*, Fructuoso de Braga）の『修道会則』に、建築の描写はほとんどない。建築についての言説としては西ゴート時代のメリダに関する貴重な証言である『メリダ聖教父列伝（*Vitas sanctorum patrum Emeretensium*）』があるが、その重点はかなり装飾的側面に偏っている（Gómez-Moreno, 1906a：104-5；*Arte medieval (I)*：112-3）。

2）アストゥリアス王国以後の建築の語られ方

　レコンキスタの時代の文献において実際の建築が語られるとき、スケールダウンし、より質素なものとなった建造物に関して、その豪奢さが論じられることは当然少なくなっていった。実際の建築から消えた大円柱やモザイクは、それらを語る文献からもほぼ姿を消してしまう。建築の簡素化が、建築を語るテクストの簡素化と呼応していることは確かだが、その相関関係にはどのような特徴があるのだろうか。また、テクスト群全体に見られる共通性とはなんだろうか。それはもっと広い時期・地域で見た中で、一つの特異なグループを形成しているだろうか。

　以下にまず、9世紀末から11世紀初頭のイベリア半島（サン・ミシェル・ド・キュクサを含む）において作成された、建築を扱ったラテン語文献のテクストを抽出し、リストアップする。次に、そこに見られる要素を分析し、以下の二点から論じることとする。

　第一に、大多数の史料に見られ、建造物の特性・質の第一の判断基準であっ

441

第三部　スペイン初期中世建築の特質

たと思われる、壁体の構成材料について比較対照を行なう。半ばクリシェと化している「賞嘆すべきわざで」あるいは「素晴しいつくりに（miro opere）」やそれに類似した表現についても、その判断基準が基本的にその壁体や壁面のあり方にあったと捉えられるため、同時に検討をする。

　第二に、それぞれの史料に現れるもっと具体的で定型を逸脱した表現について検討する。また、そうした独自性をもった表現が、広く古代末期から中世にかけての建築とその語られ方の中で見たときに、どのような位置づけを持っているかを考察する。

史料とその選択基準について

　本章で取り上げる各々のテクストは、多かれ少なかれ、これまでの研究で検討されてきたものである。たとえばアストゥリアス年代記については、文献学者や中世史家のみならず、継続的に美術史家による注目を浴びてきたため、きわめて濃密な研究史がある[149]。しかしながらこれまでは、個々の史料それぞれに着目した分析か、登場する建造物とテクストとの個別の対照にとどまるのが普通であった。史料同士が並列され比較的に評価されることがあっても、アストゥリアス年代記内の比較、ドゥエロ川北部再入植地の銘文同士の比較など、明白に相関関係のあるもの同士であり、あくまでも実際の遺構で足りない情報を補完する二次的情報源として扱われてきたのである。そこで本章では、アストゥリアス年代記も、法的文書である寄進記録なども、史料としての性質が異なるものを敢えて比較することによって、イベリア半島におけるロマネスク以前の建築的テクスト、という一つの大きな括りの提示を試みることとする。

　まず、対象時期・地域における建築や建設について最低限の言及を持つ史料をピックアップした（表3-E）。この時代、6-7世紀の西ゴート王国や8-9世紀にかけてのカロリング王朝のような文筆活動が不在であったため、年代記や聖人記、書簡の部類というのがほとんど皆無である。筆者は、レオン、アストルガ、サアグン、オウレンセ、リエバナ、セラノーバ等のカテドラル・修道院のアーカイヴ史料集成も参照したが、こうした公文書史料の大半においては、通常、建築や建設活動への言及は非常に淡白で、誰がいつ建設したか、あるいはすべきか（fundare, construere, etc.）、それが新築[150]（a fundamentis, etc.）あるいは既存の建造物の修復（restaurare）であったのか、という程度の記述しかないことが多く、その建物がどのように建てられたか、またどのような特徴があった

442

第5章　テクストから読み解くイベリア半島初期中世建築の様相

表3-E　キリスト教スペイン建築関係史料リスト（883-1029）

no.	名称	史料年代	tipo	備考／参照先
1a 1b 1c	San Salvador de Oviedo（n） San Tirso de Oviedo（p） Palacio Real de Oviedo（n）	（c.883）	cro	por Alfonso II（en Albeldense）
1d	Conjunto Liño（Naranco）	（c.883）	cro	por Ramiro I（en Albeldense）
2a	Santa Cruz（de Cangas de Onís）（n）	（900-910s）	cro	por Fávira（en Rotense）
2b 2c	Santa María de Oviedo（n） San Julián（de los Prados）	（900-910s）	cro	por Alfonso II（en Rotense）
2d 2e	San Salvador de Oviedo（n） San Tirso de Oviedo（p）	（900-910s）	cro	por Alfonso II（en Ad Sebastianum）
2f	Conjunto Liño（Naranco）	（900-910s）	cro	por Ramiro I（en Rotense）
2g	Santa María（= San Miguel de Liño）	（900-910s）	cro	por Ramiro I（en Ad Sebastianum）
3a	Santiago de Compostela（I）（n）	899	dip	por Alfonso II（>Sampiro Pelayo）
3b	Santiago de Compostela（II）（n）	899	dip	872-896（>Sampiro Pelayo）
4	San Miguel de Escalada	913	ins	912-3
5	San Pedro de Montes（n）	919	ins	por Genadio
6	San Martín de Castañeda（n）	921	ins	
7	Colera（n）	935	dip	
8a	Saint-Michel-de-Cuxá（I）（n）	953	dip	c.878 St Germain
8b	Saint-Michel-de-Cuxá（II）（n）	953	dip	St Michel
9	San Claudio de León（n）	954	dip	
10	Banyoles（n）	957	dip	
11	Távara（n）	970	otro	Beatus（絵画）
12	Santa Maria de Ripoll（n）	977	dip	
13	San Salvador de León（p）	（1000）	cro	c. 931-51（Sampiro）
14	San Miguel de Celanova	1002	dip	c.940-50s（>VR Rosendo）
15	Sant Pere de Casserres	1002	dip	
16	SS. Pelayo y J. B. de León（n）	（1028）	otro	c.1000-28（Alfonso V 墓碑）
17	Palacio del conde de Besalú（n）	1029	dip	

(n) …現存せず　　(p) …ごく部分存
dip…公文書　　ins…碑銘　　cro…年代記　　otro…その他
備考欄に年代等ない場合、建設は史料と同時期。

443

第三部　スペイン初期中世建築の特質

かにはほとんど触れられていない。したがって、あるいは筆者の不注意による
いくつかの公文書見落としがあったとしても、表に記した史料は、実質上、本
論の選択条件を満たしている史料のほぼ全てということになるだろう[151]。

土、石、レンガ、石灰と「賞嘆すべき」わざ

　建設したものが「どのような」ものであったかが語られるとき、その最も一
般的な描写は、それが「どんな材料で」建てられていたか、である。実際、こ
こに扱った記述のいくつかは、建築にかかわる唯一の描写として、その（壁体
の）材料について述べている。もう一つのクリシェは、こうした材料への言及
としばしば組み合わされて用いられる、「賞嘆すべき（miro、mirifice...）」という
言葉である。以下それらが登場する史料である。

1a　ex silice et calce mire fabricauit[152]

1d　arte fornicea mire construxit[153]

2a　miro opere construxit[154]

2b　miro opere atque forti instructione fabricauit[155]

2c　cum uinis altaribus magno opere et mirauili conpositione[156]

2d　miro construxit opere[157]

2f　ex murice et marmore sine lignis opere forniceo[158]

2g　sola calce et lapide constructa[159]

3a　ex preta (petra?) et luto, opere parouo[160]

3b　de puris lapidibus...[161]

4　　miro opere a fundamine exundique amplificatum erigitur[162]

5　　A fundamentis mirifice ut cernitur denuo erexit[163]

6　　edis ruginam a fundamine erexit - et acte saxe exarabit[164]

7　　caucibus et petris utilitas reformavit[165]

8a　ecclesiolam parvulam ex luto et lapidibus confectam...[166]

8b　mirifice ex calce et lapidibus et lignis dedolatis[167]

9　　et ipsam eglesiam miro opere construxit atque in melius transformauit...[168]

10　mirifice construxit a pavimentum (sic) usque ad tegimen ex calce et lapidibus
　　dedolatis[169]

11　O turre Tabarense alta et lapidea[170]

第5章　テクストから読み解くイベリア半島初期中世建築の様相

13　mire magnitudinis construxit[171]
15　nobilius et molto melius noviter reedificatam et politis lapidibus adornatam[172]
16　fecit ecclesiam hanc de luto et latere[173]
17　amplius modios calcis propter edificationem palacii mei[174]

　まず、史料に表れる表現だけに注目してみると、建物の評価における基本的な姿勢は全体に通底し、ほとんど違いがないと言ってよい。すなわち、建物が立派だというとき、それが石造であることが強調され、石灰（モルタル）でしっかり造られていることが称えられるのである。

　材料の記述があって、なおかつ実際の建物が残っている例は、この中では2つしかない[175]。オビエド近郊にあったラミーロ1世（Ramiro I）時代の建築群（現在、ベルヴェデーレ（現サンタ・マリア・デル・ナランコ）と教会堂（現サン・ミゲル・デ・リーリョ）の一部が残る）は、「梁のないヴォールト造の」と描かれている（no.2f）。実際には梁が用いられている部分があるものの（Nieto-Alcaide, 1989a: 24）、ほとんど見られることを想定していない部分（上層の展望室を支える下層の両端部）であり、年代記記者にとってこれが完全な「石造」の「賞嘆すべき」建築群であったことは想像に難くない。石積みに用いられた切石は比較的小型でラフにカットされたもので、切石自体が特筆に価するということはない（fig.3-144）。壁体の大部分が荒石で造られた、直前のアルフォンソ2世期の建築を「石と石灰で」と表現しながらラミーロ期のものの材料には言及していないアルベルダ年代記の記述（no.1a）から言っても、壁体を構成する切石の大きさで建築の格付けをする現代の考古学者のような感覚は、この時代には概して乏しかったと考えられる。この考えは、1002年に聖別されたサン・ペラ・ダ・カセラス（Sant Pere de Casserres）によっても裏付けられる（no.15）。「加工された（彫り込まれた）石で飾られた」教会堂の実像は、小ぶりの割り石を全面的に用いた素朴な印象の典型的なカタルーニャ第一ロマネスク（初期ロマ

fig.3-144　サンタ・マリア・デル・ナランコ

445

第三部　スペイン初期中世建築の特質

fig.3-145　サン・ペラ・ダ・カセラス（バルセロナ県）

fig.3-146　サン・ミシェル・ド・キュクサ（ピレネー・オリアンタル県）

ネスク）建築である（fig.3-145）。

　この時期の建造物は実際ほとんど改修、再建であるのだが、サンティアゴ・デ・コンポステーラ（no.3）やキュクサ（no.8）で強調されるのは、前身の泥で出来た（土壁の）建物と、新築された石造の建物の対比である。コンポステーラでは「純粋に石だけで」と述べ、キュクサでは「石と石灰と梁で」と述べる。切石の根強い伝統があったと考えられるガリシアのサンティアゴ・デ・コンポステーラには、ある程度大きな整形された石が用いられた可能性がなきにしもあらずだが、キュクサの後身の建物（fig.3-146）を見れば、石と石灰が意味していたのは、割石や野石をモルタルで固めたもの（mampostería）だったのは疑いようがない。1029年にバザルー伯が自身の邸宅建設のために入手した石灰の用いられ方も、同様であろう（no.17）。アル・アンダルスで、913年にオルドーニョ２世によるエヴォラ遠征に恐れをなしたバダホス領主アブダラー・イブン・ムハンマドが、土塀・日干しレンガ造であった城壁を分厚い野石積みにしたという逸話（Abderramán III, 1991:37-8）も、アルフォンソ５世がとりあえず泥と日干しレンガで教会堂を建てた（no.16）という逸話も、この時代の建設のレベルを判別するのに、土と石＋モルタルの差異が、石＋モルタルと切石の差異よりも重要だったことを示している。このほかアル・アンダルスに関しては、８世紀前半に最初の征服者がコルドバに陣取ったとき、石材が足りないので城壁を直すか、壊れた城壁の一部を用いて橋を直すか悩んだという逸話や、バダホスのモスク建設の際に、ミ

第5章 テクストから読み解くイベリア半島初期中世建築の様相

ナレットは石造だが、本体はレンガと土壁で作ったと述べられているのが興味深い[176]。

10世紀再入植時代のレオン王国の建築であるエスカラーダ（no.4）の銘文と、その直接的影響が見られるモンテス（no.5）、カスタニェーダ（no.6）の銘文も、やはり再建を語っている（fig.3-147）。基礎から建てられたこれらの建造物について「賞嘆すべき」と述べる（no.4）と（no.5）に対し、（no.6）は「石で作られた」と言う[177]。この2つの表現はおそらく、我々の感覚よ

a：サン・ペドロ・デ・モンテス（レオン県）

b：サン・マルティン・デ・カスタニェーダ（サモーラ県）

fig.3-147 創建碑銘

りもずっと近い意味合いを持っていたのであろう。石で作られた建物は自動的に賞嘆すべき対象であったのであり、賞嘆すべき対象だったエスカラーダの荒石の壁も（当然、漆喰で塗られていただろうが）、石造という一つのカテゴリーに属していたのだと考えられる。エスカラーダは、荒石で壁体の大部分を築き、身廊壁上部には一部レンガも使用し、再利用した大理石の円柱を並べて木造天井を架けた単純なバシリカ式の建物であるが、アーチ、アプスの壁体、上部ヴォールトの仕上げは整形された切石で造られている（fig.3-92）。失われたモンテスやカスタニェーダもよく似た建築であったであろう。一方、これらの銘文と同じフォーマットをとるのが、時代がやや下った954年の公文書内の記述（no.9）である。この文書は、後に述べるようにそれ以外の点でもエスカラーダ、モンテス、カスタニェーダの定型句をコピーしており、この時点で実際の建造物の描写と言うよりは、ほとんど具体性のない形骸化したクリシェとなっていた可能性がある。半島北西部にやや遅れて急速な社会的・経済的な回復が始まった北東部、カタルーニャ地方に目を向ければ、クレーラ（no.7）や、キュクサの文体に似たバニョラス（no.10）の再建時の聖別文からも、全く同じような意味で、石と石灰の組み合わせが登場しているのがわかる。

447

第三部　スペイン初期中世建築の特質

　石造への指向はもちろん、それが可能でないときは暫定的措置にその座を譲ることもあった。11世紀、後ウマイヤ朝末期の宰相アルマンソールによる破壊の嵐が過ぎ去った後には、アルフォンソ5世が「土と（日干し）レンガで」レオンの古い修道院を暫定的に再建している（no.16）。約半世紀後、そこには、北西スペインにおけるロマネスクの嚆矢となる王廟（Panteón de los Reyes, San Isidoro de León）が建設されることとなる。

　「賞嘆すべきわざで」あるいは「素晴しいつくりに」という決まり文句は、アストゥリアス王国黎明期のサンタ・クルスの教会堂についても適用されている（no.2a）が、その教会堂に残されていた737年の日付が記された銘文では、「質素な」と矛盾する記述となっている（NIETO-ALCAIDE, 1989a：14）。ニエトはこれを、年代記記者が実際に見てもいないものを大げさに書いたのではないかと述べているが、それ以前に、「賞嘆すべき」ことのレベルがそもそもそれほど高いものでなかったことが、こうして比較すると見えてくる。ラミーロ2世のレオンの教会堂の場合（no.13）も、その「驚くべき偉大さ」が、直前まで古代の浴場跡を王宮としていた王朝にとってのそれであったことを忘れてはならないだろう（Sampiro：311）。

　逆に、著名なタバラのベアトゥスに描かれた塔（fig.3-148）のキャプション（no.11）においては、その塔に呼びかけて、「高く聳え石で造られた」と形容している。しかしこの時期のこの場所で、石造でない塔がそもそもあり得ただろうか？　そもそも塔自体がどの程度あったかよくわかっていないが、イスラームのものとしては、コルドバやドゥエロ川流域などに、ミナレットや要塞の監視塔があるが全て石造である。木造の塔の技術が当時のイベリア半島にあったとは考えにくいし、煉瓦を主

fig.3-148　ベアトゥス、タバラ写本（fol.172）

448

たる建材として用いた記録もない。これは、立派な、というのとほとんど差異のない、使い回しの褒め言葉なのであって、石積みの大きさや美しさを指してはいないのである。ガルティエルは、この賞揚文の作者エメテリウスが、レオン王国で石造の塔が建設され始めた時期の最初の目撃者としての感嘆を伝えたものと解釈した (GALTIER, 1987:287) けれども、alta はともかく、lapidea というのは必ずしも特殊な褒め言葉ではないのである。

切石

この時代、ある程度以上の規模の建造物を、大型で形（少なくとも高さ）の揃った切石で新築することが少なくなっていたことは、よく知られている。これは技術的損失もあろうが、何よりも経済力が不足し絶対的権力が不在の時代の、便宜的理由が一番大きいのではないか。また、ローマ時代からの地域的伝統によって、切石の使用不使用が決定された部分もある。たとえばサン・ミゲル・デ・セラノーバは小さな規模に対して不釣合いなほど大きな切石を用いている（fig.3-149）が、ガリシア南部からポルトガルにかけての地域には初期中世の切石造の遺構は少なくなく、セラノーバも単にそれに従っただけとも考えられる。これに対照的な例は、ローマ時代後期のルゴの城壁だろう。ところどころ花崗岩の切石による補強を加えられたその壁体の大半はスレートで作られているが、ルゴからほど近いサンティアゴ・デ・ペニャルバもほとんど同材料でできている（figs.3-59 &

fig.3-149　サン・ミゲル・デ・セラノーバ

fig.3-150　サンティアゴ・デ・ペニャルバ

第三部　スペイン初期中世建築の特質

fig.3-151　サン・サルバドール・デ・バルデディオス

fig.3-152　フォンカラーダ（オビエド）

3-150；Ito, 2005b：12；伊藤, 2006)。本体に荒石・割り石を多用するサン・サルバドール・デ・バルデディオス（fig.3-151）やサン・ミゲル・デ・エスカラーダが、ポーチやアプスのみ切石で建造されていること、オビエド市内にある泉に建立された小堂フォンカラーダ（fig.3-152）や、セラノーバのサン・ミゲル礼拝堂のようなミニチュア建築は切石造であることは、技術的にまったく切石を用いることができなくなったのではないことを示している。

同時代のテクストにおいては、建造物を、切石が大型で均一であるという点から賞揚しているものがないことから、7世紀の聖アウデヌス伝におけるルーアンのサン・ピエール修道院についての「ゴート式の切石による素晴しい建設技術で堂々と建てられた」[178]という描写や、カオールの聖デシデリウス伝における「我々ガリア人の作法でなく、古代の城壁のような大きな切石を用いて……」[179]という、過去の文明やその栄光を保った文化に対する憧憬といった感覚は、もはや失われていたのではないか。表3-Eで取り上げた建築の中では、唯一大型切石造と呼べるのがセラノーバのサン・ミゲル礼拝堂であるが[180]、1002年の文書（no.14）では、その褒め言葉の中に「石造で」という定型句は見当たらず、12世紀後半に書かれた聖ルデシンドゥス伝にこの文書が援用された際に初めて «miro lapideo opere»（見事な切石造で）という形容が付け加えられる（Díaz y Díaz, 1990：140-3）。また、再入植の舞台となった「ゴート人の地」（Campi gothorum）に放棄され残されていた遺構はほとんど9-10世紀に修

450

復されているが、そうした建造物を入植者たちがどう捉えていたかについては、サンタ・コンバ・デ・バンデについての「200年前からの由緒ある建物」といった記述や[181]、サン・フルトゥオーゾ・デ・モンテリオスについての「昔の人々による堅固なつくり」という言及（BANGO, 2001：115）があるが、それ以上の具体性はないようだ。この時期、入植者が発見する建物を、«ecclesias antiquas»、«ex more antiquo»、«ab antico fundatus»等と表現することは頻繁にあったが、それ以上の描写というのはほとんどない（BANGO, 1979）。

　西ゴート時代やその直後の記述と比較してみると、6世紀にヨハネス・ビクラレンシスが書いた年代記の中で、西ゴート王レオヴィギルドの建設した新都市レコポリス（*Reccopolis*, Recópolis）を «miro opere» と呼んでいる（OLMO, 1988：158；WOLF, 1990：67）。754年のモサラベ年代記ではワンバ王のトレド城壁修復を「素晴らしい華麗な技によって（mire et eleganti labore renobat）」と表現し、「眩く輝く」大理石（nitido lucidoque marmore）についても描写している（GIL, 1973：I, 26；PALOL & RIPOLL, 1988：203-5；WOLF, 1990：125；安達, 1997：140-1）。後世でも半ば定型化したこの表現は散見され、10世紀の建造物に対する記述としては、1099年の文書の «miro opere edificavit»（GÓMEZ-MORENO, 1919：207）や、12世紀のシロス年代記におけるガウソン城（CASTILLO de Gauzón）についての «miro et forti opere» という形容などがある（*Silense*：151）。聖ルデシンドゥス伝に追記された «miro lapideo opere» という表現にも明らかなように、このように定型化した表現は、後世に入ってもっと明晰で饒舌な文章が登場しても、失われたわけではなかったことがわかる。

決まり文句を逸脱したその他の表現

　ではこの中で、単に立派、単に石造というだけでない形容はどんなものがあったのか。

　大理石や金彩などに関して記述が非常に少ないことは既に述べた。その中で大理石の円柱の由来などについて最も詳しいのは、サンティアゴ・デ・コンポステーラの899年の聖別文（no.3）で、大理石と円柱という言葉に対してそれぞれ6回と4回の言及をしている（補遺8参照）。とりわけ興味深いのは、18本の円柱が船で *Portucalense*（現Portoか）から運ばれてきたという部分で、カール大帝がアーヘンへ運ばせた円柱のエピソードを想起させる（*Sampiro*：481-4；NÚÑEZ, 1978：140；*Arte medieval (I)*：158-9 & 180-3；DAVIS-WEYER, 1971：83-5）。アルベルダ

451

第三部　スペイン初期中世建築の特質

年代記（no.1）は、アルフォンソ2世がオビエドに建てた3教会堂が、「アーチ
と、大理石の円柱と、金と銀で（cum arcis atque columnis marmoreis auro argentoque
diligenter ornauit」（*Crónicas asturianas*：174）飾られたと述べ、ローダ版アルフォ
ンソ3世年代記（no.2f）はラミーロ1世の建築について「石と大理石による梁の
ないヴォールト造」と語っている。

　セビーリャのイシドルス『語源誌』という特異な百科全書が10世紀の再入植
時代の修道僧たちと共にあったことは、927年のアベリャール（Abellar）修道
院、942年のセラノーバ修道院、961年のエスロンサ（Eslonza）修道院等での写
本の存在に加え、915/9年に聖ゲナディウスがサン・ペドロ・デ・モンテス他
の4つの修道院に遺し、「順番に廻し読みをしなさい」と言った数冊の書物の中
にこの『語源誌』が含まれていたことからもうかがえる[182]。しかしたとえ彼ら
にとっての理想的な建築美が、変わらず大理石の輝きと色彩の豊かさにあった
としても、900年ごろ以降のキリスト教スペインはもうそのことに言及するこ
とを止めていた[183]。

　アーチやヴォールトへの言及もそれほど多くはない。アルフォンソ2世の建
設についてはアルベルダ年代記（no.1）が大理石の円柱や金銀と並んでアーチ
に言及し、ラミーロ1世の建設についてはアルベルダ年代記（no.1）もアルフォ
ンソ3世年代記（no.2）もヴォールト（arte fornicea、opere forniceo）の存在を特筆
している[184]。明言されたもので次に登場するのは977年のリポイ修道院の聖別
文（no.12）である[185]。アーチもヴォールトも継続的に用いられた建築要素であ
るから、大理石や金彩の場合とちがい、ないから記録しなかったわけではない。
再入植時代の記録には古い建造物を天井を架けて使えるようした、という話も
出てくる[186]。しかし、比較的多くのヴォールト造建造物が存在していたはずの
10世紀のイベリア半島で、それらが特に言及の対象ではなかったというのは興
味深い。アルフォンソ3世年代記のように、わざわざ「梁のないヴォールト造
の」と述べられている先例の一つに、詩に詠われたシリア（現トルコ）のエデッ
サ大聖堂がある（*Arte medieval (I)*, 1982：37-40）。イベリア半島初期中世の場合、
このような言説は、ラミーロ1世の建造物群やリポイの新しい建物など、その
直前の建物より優れていることが強調される必要があったときにあらわれるが、
特に木造天井からヴォールト天井への変化が示されない場合には登場しない。

　物理的な形容として一つだけ異様なのは、アルベルダ年代記（no.1b）の「た
くさん角のある（cum multis angulis）」である。オビエドのサン・ティルソ教会

452

第5章　テクストから読み解くイベリア半島初期中世建築の様相

堂について述べたものだが、この解釈については研究者の意見もわかれており、判然としない[187]。本章で挙げた史料、またもっと広い範囲で編纂された代表的な建築関係史料に類似した表現が一切ないことからは、改めてこの表現のユニークさが浮き彫りになろう。

　これ以外の形容は、もっと抽象的で、ある意味文学的と言えるものである。前述の「たくさん角のある」建造物は、アルフォンソ3世年代記オビエド版（Ovetense / Ad Sebastianum, no.2e）では「一介の操觚の士の賞揚よりも目の前に見ることでその美しさが初めてわかるでしょう」[188]となる。これは完全に見る者の視点であるが、実は「たくさん角のある」という描写も、作る者でなくて見る者の視点であるという点は共通している。ラミーロ1世の建造物に関して（no.2g）は、これまで述べてきた描写に加え、「イスパニア（アル・アンダルスのこと）でこういう建物を見つけようと思ってもまず無理でしょう」[189]となる。

　世界中のどこにもこんな素晴らしい建物はない、という形容は、それほど珍しいものではないけれども、こうした地名を出して対抗意識をあからさまにするのは独特である。エディウス・ステファヌスはヘクサムのセント・アンドリュースの素晴らしさを、「アルプスのこちら側でこれだけの規模の建物は聞いたことがない」と述べているが、これは、アルプス以南はまず別格として、ガリア以北の比較的貧しい建築文化の中で張り合うなら一番だろう、ということであろう（DAVIS-WEYER, 1971:76）。もっと似ているのがラヴェンナのサン・ヴィターレを「建築の点でも構造の点でも、イタリアにはこれに似た教会堂はない」と賞賛する *Liber Pontificalis Ecclesiae Ravennatis* である[190]。これらに対してアルフォンソ3世の年代記の場合、ある地域（イベリア半島）の辺境に建っているその建築が、異教徒に支配されているその地域の主たる部分（Spania）のどこを探しても見つからないほどの質だと言っているので、イデオロギー[191]を一旦置いて純粋に形容の仕方だけを見た場合でも、かなり個性的な表現だといえる。扱う対象が異なっても同じような見る者の視点が感じられるのは、建設から約半世紀を経たセラノーバのサン・ミゲル礼拝堂に対する、「一見、小さな宿泊所のようだが、実は誰の目からも最も素晴らしいとされる」（no.14）という描写で、具体的な形態描写は一切ないものの、一見大したことがないという評価が変わるということであるから、観察者が内部空間に入ったときの驚きを表わしているのだと考えられる[192]。

　最後に、建設にかかわった者たちがどんなに努力したか、という描写である。

453

第三部　スペイン初期中世建築の特質

エスカラーダ (no.4)、モンテス (no.5)、カスタニェーダ (no.6) の一連の銘文は、建設活動が僧たち自身のイニシアティヴによるもので、王や民衆の要求に応えたものではない、と謳う[193]。同じような記述は954年のオルドーニョ3世の文書 (no.9) にも見られる[194]。モンテスとカスタニェーダはエスカラーダを明らかに参照しており、また954年の文書はその孫引きであるためオリジナリティー云々という議論にはならないが、少なくともエスカラーダの銘文には、一種フロンティア精神と呼べるような独立性が表れているといえよう。よく似た僧たちの頑張りの逸話は、サン・ミシェル・ド・キュクサの974年の聖別文にも登場する（Hernández, 1932：165-6)。

3）レコンキスタ初期の建築を巡る言説についてのまとめ

　以上、9世紀末から11世紀初頭までのイベリア半島北部におけるテクストの中の建築と建設を包括して見て来た結果、以下のことがらが明らかとなった。

　まず、建物が石材で出来ていると述べることが最も一般的な描写であり、同時にやや定型化した褒め言葉であったこと。その意味するところは必ずしも切石造でなく、荒石・割石を主たる建材とするものも十分に «ex calce et lapidibus» の範疇にあり、語り部によって «miro opere» と形容されえたこと。これに関連し、大型切石造に対する敬意が特に感じられないことも明らかになった。これは、大理石への言及が少ないことと共に、古代末期を範とする理想と大きく隔てられた初期中世の現実を反映しているといえるだろう。

　一方、アストゥリアス年代記から977年のカタルーニャのリポイ修道院の文書におけるヴォールトの描写まで、1世紀近くもの間、ヴォールトについての直接的な言及がなかったのは、ヴォールト建設の重要性を裏付ける証拠として用いられてきた。しかし、実際にはサンティアゴ・デ・ペニャルバ、サンタ・マリア・デ・レベーニャ、サン・ミゲル・デ・セラノーバなどのアストゥリアス＝レオン王国の完全なヴォールト造の建築を始めとし、プッチの言う「第一ロマネスク」以外の建築においてもヴォールトの大々的な使用例は事欠かない（Santa Maria de Marquet、Sant Quirze de Pedret、Sant Miquel de Terrassa...)。このように、イベリア半島北部ではヴォールト架構がごく普通に行なわれていたにもかかわらず、それがテクストに反映されていないのは、アストゥリアス建築にはオビエド王権の意気込みが、リポイ修道院にはローマ典礼・クリュニー会とい

第5章　テクストから読み解くイベリア半島初期中世建築の様相

う新風を強調する意図が存在したのに対し、それ以外の建造物は新しさや変化というものを強調する理由がなかったことが一つの原因として挙げられるのではないだろうか。

　並列してみるとやはり特異性が突出するアストゥリアス年代記は別格として、対象地域の10世紀の精神は、賞揚の対象となる絶対的権力もその手による建築ももたなかったため、同時期のコルドバについて同時代人が伝えた事細かな描写や、ピレネー以北でトゥールのグレゴリウスから11世紀のクリュニーやディジョンを経てサンティアゴ巡礼案内へと連なる、くどいまでの数値を含む建築描写が発達しなかった。ただ、12世紀の半島で書かれたテクストである聖ルデシンドゥス伝、シロス年代記、オビエドのペラーヨによるサンピーロ年代記の加筆などと、クリュニー修道僧の手によるとされるサンティアゴ巡礼案内を比較してみると、イベリア半島において建築描写の饒舌でないのは2世紀間変っていないようにも見え、これは単に時期だけに帰されるではなく、スペイン北部にもっと長い期間備わっていた特徴なのかもしれない。

455

まとめ　スペイン・イスラーム建築の発達と
キリスト教建築の保守性

　以上の分析から明らかになる点をまとめておきたい。

　ヴォールトとその仕上げについても、円柱への拘泥についても、馬蹄形アーチとその処理についても、これまでも言われてきたように10世紀のイスラーム・キリスト教両建築間に共通点があったのはあきらかで、特にスペイン・イスラーム建築の馬蹄形アーチの造形がキリスト教建築に与えた一定の影響は否定できない。しかしながら、こと工法・構造と意匠・表層の関係性という点では、両者の差異はむしろ広がりつつあった。この差異は、機能と空間構成から見た切り口によってバンゴがこれまでに主張してきたように、キリスト教建築が、度重なる社会的断絶を経てなお、極めて保守的なスタンスで建築的伝統を保持したことに由来している。イスラーム建築のインパクトは、重大でありながら同時に皮相的であり、職人・石工レベルではなく、むしろパトロンによるアダプテーションという意味合いが強いことが明らかである。

　テクストの比較分析から明らかになったのは、建築称揚の基準が大きな切石で出来ているかどうかではなかったこと、また、ヴォールト造を殊更に強調する場合も必ずしもヴォールト自体が珍しいからそうしていたのではなく、それに付随する新しいプログラムを強調したい意図が見え隠れしていたこと、あるいはヴォールトに言及がなくても、建築物を褒め称える場合は、常に粗末な前身が存在し、それを凌駕する建造物が建てられたことの宣言であったことなどである。

　第二部で考察した10世紀レオン王国の社会的状況、とりわけアル・アンダルスとの関係は、建築の工法と意匠の分析を通してより明白となった。すなわち、レコンキスタ初期において、キリスト教勢力とイスラーム勢力との関係が最も密接であったのは軍事・外交的側面であって、草の根の文化的交流や技術的伝播は最低限であり、経済的観念や社会構造と同様に、建築の工法的・意匠的側面では共通点より差異の方が目立っていた。確かにキリスト教建築にはイ

456

まとめ　スペイン・イスラーム建築の発達とキリスト教建築の保守性

スラーム建築の影響が見られるが、それは、教会堂の建築主たちにとって、彼らが所有していたペルシアの織物や象牙の箱、「ムーア人」奴隷などと同様の位置づけであった。つまり、自身の言語にいくつかの外来の語彙を取り入れたのであって、その言語の文法構造を変化させたのではなかったのである。

注

1 «There is no predetermined law of technical progress any more than there is a law of stylistic evolution.» ACKERMAN, J., «Style», *Distance Points*, MIT Press, 1991, p.13.

2 «...l'art de la péninsule ibérique, art qui fut certainement supérieur à celui de la Gaule franque pendant le haut Moyen Age», (HUBERT, 1964:471).

3 主要先行研究については第一部参照。全容を把握するのに優れているのは、以下の概説書。(CHUECA, 1965:51-144; FONTAINE, 1978a; IDEM, 1978b; YARZA, 1979:9-171; CAAMAÑO, 1985; IDEM, 1986). 全体を俯瞰するという点では、より専門的であるが、ドイツ考古学研究所の *Hispania Antiqua* シリーズ (SCHLUNK & HAUSCHILD, 1978; EWERT et alii, 1997; ARBEITER & NOACK, 1999) が最も体系的に情報がまとまっている。

4 (HAUSCHILD, 1968; SCHLUNK & HAUSCHILD, 1978:147 y ss.; HAUSCHILD, 1982:76-8; PALOL, 1968b; IDEM, 1994:117-120; FONTAINE, 1978a:101-2; MARTÍNEZ TEJERA, 2006:121-2).

5 近年、トレド県Los Hitosやバレンシア県Pla de Nadalなどで西ゴート時代の遺構の全貌が明らかになりつつある。イスラーム以前、古代末期から西ゴート期にかけてのイベリア半島における建築文化を軽視する流れ (CABALLERO, 2000; UTRERO, 2016) が存在する一方で、全く逆の再評価の動きの活性化も顕著となっている。(*Los Hitos,* 2014; USCATESCU & RUIZ SOUZA, 2014); RIPOLL, G., CARRERO, E. et al., «La arquitectura hispánica del siglo IV al X y el proyecto del *Corpus Architecturae Religiosae Europeae-Care-Hispania*», *Hortus Atrium Medievalium,* 18/1, 2012, pp.45-73.

6 (CAMPS, 1940:550-4; SCHLUNK, 1947:229; PALOL, 1956:86-7; GÓMEZ-MORENO, 1966:113; SCHLUNK & HAUSCHILD, 1978:43; DODDS, 1990:15-6 & n.52-57).

7 (CRESWELL, 1958:124 y ss.; HAMILTON, 1959; グラバール, A., 1969:41-54; BUTLER, 1969; PEÑA, 1996; マンゴー, 1999:86-9).

8 本書第一部第1章、第2章を参照。

9 (CAMPS, 1940:566-583; SCHLUNK & HAUSCHILD, 1978:204-9 & Taf.102-109b; PALOL, 1988; CABALLERO & FEIJOO, 1998).

10 (CAMPS, 1940:588-598; GÓMEZ-MORENO, 1943; PUIG, 1961:136-7; PALOL, 1968a:148-150; FONTAINE, 1978a:197-200; SCHLUNK & HAUSCHILD, 1978:218-220, Taf.120-3; KINGSLEY, 1980:34-9, 131-3 & 183-6; CABALLERO & LATORRE, 1980:545-588; CABALLERO, 1991b; CABALLERO, ARCE & UTRERO, 2003; DODDS, 1990:16 & 125-6; BANGO, 2001:106). UTRERO AGUDO, M.ª A., ARCE SÁINZ, F. & CABALLERO ZOREDA, L., «La iglesia de San Torcuato de Santa Comba de Bande (Orense): arqueología de la Arquitectura», *AEArq,* 77, 2004, pp.273-318.

11 (CAMPS, 1940:660-3; PIJOAN, 1942:364; SCHLUNK, 1947:281-3; PUIG, 1961:37-40; GÓMEZ-MORENO, 1966:133-6; FONTAINE, 1978a:190-7; SCHLUNK & HAUSCHILD, 1978:209-211; KINGSLEY, 1980:57-75; DODDS, 1990:12-4 & n.1-31; BANGO, 2001:

114-6；ALMEIDA, 2001：22-7). REAL, M. L., «Inovação e resistência: dados recentes sobre a antiguidade cristã no ocidente peninsular», *IV Reuniâo de Arqueologia Crista Hispanica (Lisboa, 1992)*, Barcelona, 1995, pp.17-68. ECKERMANN, A., «São Frutuoso de Montélios. Bauzeitliche Substanz und moderne Rekonstruktion», *Im Schnittpunkt der Kulturen: Architektur und ihre Ausstattung auf der Iberischen Halbinsel im 6.-10./11. Jahrhundert, Cruce de culturas: arquitectura y su decoración en la Península Ibérica del siglo VI al X-XI*, Ars Iberica et Americana, Band 19, Kunsthistorische Studien der Carl Justi-Vereinigung, Frankfurt am Main: Vervuert – Madrid: Iberoamericana, 2016, pp.391-414.

12　(GÓMEZ-MORENO, 1906b；CAMPS, 1940：598-629；SCHLUNK, 1947：289-294；PUIG, 1961：131-3；SCHLUNK & HAUSCHILD, 1978：222-7 & Taf.126-138；KINGSLEY, 1980：39-49, 134-7 & 186-91；CORZO, 1986；PALOL & RIPOLL, 1988：150-1；CABALLERO, 1994：138-151；CABALLERO & ARCE, 1997). BARROSO CABRERA, R. & MORÍN DE PABLOS, J., *La iglesia visigoda de San Pedro de la Nave,* Madrid, 1997；久米順子「水を飲む獅子—サン・ペドロ・デ・ラ・ナーベ聖堂、ダニエルの柱頭彫刻について」スペイン・ラテンアメリカ美術史研究, 第4号, 2003.4, pp.1-8；CABALLERO ZOREDA, L. (coord.), *La Iglesia de San Pedro de la Nave (Zamora)*, Zamora, 2004.

13　第一部第1章、第2章を参照。ただし、近年CABALLEROが主導して元々建物があった場所の発掘調査も行なわれた。 «San Pedro de la Nave（Zamora). Excavación arqueológica en el solar primitivo de la iglesia y análisis por dendrocronología y Carbono-14 de su viga», *Anuario del Instituto de Estudios Zamoranos "Floirón de Ocampo"*, 1999, pp.43-57；(CABALLERO, 2001：223).

14　(HAUPT, 1923：p.XXXVII, etc.；HUBERT et alii, 1968：84；FILLITZ et alii, 1969：179；クーバッハ, 1996：17-8, 26 & pl.I；McCLENDON, 2005：40-1).

15　(WHITEHILL & CLAPHAM, 1937；CAMPS, 1940：635-659；SCHLUNK, 1947：299-306；ÍÑIGUEZ, 1955：79-83；PUIG, 1961：133-6；GÓMEZ-MORENO, 1966：131-3；SCHLUNK & HAUSCHILD, 1978：141-152；KINGSLEY, 1980：41-57 & 191-3；PALOL & RIPOLL, 1988：151 & 201；ARBEITER, 1990；CRUZ VILLALÓN, 2004). BARROSO CABRERA, R. & MORÍN DE PABLOS, J., *La iglesia de Santa María de Quintanilla de las Viñas,* Madrid, 2001；CABALLERO ZOREDA, L., «Un conjunto constructivo altomedieval: Quintanilla de Las Viñas y las iglesias con cúpulas sobre pechinas de piedra toba de las provincias de Álava, La Rioja y Burgos», *Arqueología de la arquitectura,* nº12, 2015, e028 (online, 39pp).

16　(KING, 1924：64-5；CAMPS, 1940：663-4；HAUSCHILD, 1972：281-2；SCHLUNK & HAUSCHILD, 1978：217-8 & Taf.118-9；KINGSLEY , 1980：29-30 & 125-7；PALOL & RIPOLL, 1988：148；ALMEIDA, 2001：31-2).

17　(HAUSCHILD, 1972：282；SCHLUNK & HAUSCHILD, 1978：123-4；ARBEITER, 1995：219).

18　(SCHLUNK & HAUSCHILD, 1978：149-150 & Taf.41b；PALOL & RIPOLL, 1988：148-9).

19　(CAMPS, 1940：629-630；GÓMEZ-MORENO, 1966：122-3；SCHLUNK & HAUSCHILD, 1978：221-3 & Taf.125a-c；CABALLERO & LATORRE, 1980：501-543；CABALLERO &

第三部　スペイン初期中世建築の特質

SÁEZ, 1999：163, etc.；BANGO, 2001：104-6）.

20　（SCHLUNK & HAUSCHILD, 1978：228 & Taf.139；BANGO, 2001：116-7）.

21　（ARBEITER, 1995：219；*Repertorio Extremadura*, 2003：49-52）.

22　（ARBEITER, 1995：214 & 217；*Repertorio Extremadura*, 2003：53-6）.

23　（GÓMEZ-MORENO, 1919：14-27；CABALLERO & LATORRE, 1980；GAREN, 1992；ARBEITER
　　& NOACK, 1999：89-94；BANGO, 2001：101-3）. CABALLERO ZOREDA, L., «El conjunto
　　monástico de Santa María del Melque（Toledo）：siglos VIII-IX（criterios seguidos
　　para identificar monasterios hispánicos tardo antiguos）», *Monjes y monasterios*
　　hispanos en la Alta Edad media, Fundación Santa María la Real, Aguilar de Campoo,
　　2006；USCATESCU, A. & RUIZ SOUZA, J. C., «'orientalismos' y 'entanglement' cultural:
　　estímulos y desenfoques historiográficos», *711,* 2012, pp.297-308.

24　アストゥリアス王国の建築についてはその全体をまとめて扱い、なおかつ充実
　　したビブリオグラフィーを持つものが多い。第一部第2章および第4章を参照。

25　（GÓMEZ-MORENO, 1919：100-4；FONTAINE, 1978b：150-2；KINGSLEY, 1980：103-4 &
　　175-6；ARBEITER & NOACK, 1999：235-8；ALMEIDA, 2001：28-30）.

26　（OSABA, 1949：74-5；LORENZO FERNÁNDEZ & GARCÍA ÁLVAREZ, 1950；RIVAS, 1971：
　　63-8；FONTAINE, 1978a：360-2；NÚÑEZ, 1978：169-178；NOACK, 1997：164-6）.

27　最初期の報告として、A. del CASTILLO による «Dos nuevas iglesias pre-románicas»,
　　BRAG, t.XVIII, pp.89-111 など。（OSABA, 1949：67-70；RIVAS, 1971：69-85；
　　FONTAINE, 1978a：427-8 & 443-4；NÚÑEZ, 1978：201-220；ARBEITER & NOACK, 1999：
　　229-231）.

28　本書第四部を参照。

29　（CASTILLO, 1925；LORENZO FERNÁNDEZ, 1965；NÚÑEZ, 1978：246-251；NOACK, 1997：
　　174-5）。

30　（HUIDOBRO, 1928：367-8 & 400-1；ÍÑIGUEZ, 1934；ANDRÉS, 1987：16-7；REGUERAS,
　　1990：91-5；ARBEITER & NOACK, 1999：325-7 & 343-4；CABALLERO, 2001；BANGO,
　　2001：371-3）。

31　（GÓMEZ-MORENO, 1919：282-7；DÍAZ DE ENTRESOTOS, 1976：220-2；CORZO, 1989：
　　94-5；ARBEITER & NOACK, 1999：322-3；BANGO, 2001：364-5）.

32　（ÍÑIGUEZ, 1955；IDEM, 1961；RODRÍGUEZ G. DE CEBALLOS, 1965；SCHLUNK, 1971；
　　PUERTAS, 1975；DODDS, 1990；GODOY, 1995；BANGO, 1997；IDEM, 2001：447-564；
　　ARBEITER, 2003；MARTÍNEZ TEJERA, 2004；MORENO MARTÍN, 2009；IDEM, 2011）.

33　El Gatillo, San Pedro de Mérida, Valdecebadar, La Portera, San Miguel de los Fresnos,
　　etc.（*Repertorio Extremadura*, 2003）。

34　コルドバ大モスク後ウマイヤ朝建築部分に関する代表的かつ包括的な先行研究
　　は以下。（GÓMEZ-MORENO, 1951：19-165；MARÇAIS, 1954：135-151；TÓRRES BALBÁS,
　　1957；CRESWELL, 1958：213-228；IDEM, 1979：138-166；EWERT, 1968；IDEM, 1995；
　　EWERT & WISSHAK, 1981；HERNÁNDEZ, 1975；BLOOM, 1988；BORRÁS, 1990：13-51；
　　DODDS, 1990：94-109；KHOURY, 1996；MARFIL, 1998；IDEM, 2003；IDEM, 2004；IDEM,
　　2010；RUIZ SOUZA, 2001；MOMPLET, 2004：26-59；IDEM, 2012；GRABAR, 2005；NIETO

注

CUMPLIDO, 2007；CALVO, 2008；IDEM, 2010；IDEM, 2014；FERNÁNDEZ PUERTAS, 2008；IDEM, 2009a；IDEM, 2009b；ABAD, 2009；IDEM, 2013；PAVÓN, 2009）．（Ruiz Cabrero, 2009）は現状の詳細な実測図面に加え、大モスク増改築の歴史をまとめる。拙稿（伊藤, 2014；IDEM, 2015）も参照のこと。

35 （MARÇAIS, 1954：136；TORRES BALBÁS, 1957：342-5；CRESWELL, 1958：213-6；MOMPLET, 2003：146-7）．

36 （GÓMEZ-MORENO, 1951；TORRES BALBÁS, 1941；IDEM, 1957；EWERT et alii, 1997：70-1；MOMPLET, 2004：29）．

37 イベリア半島を中心とする西方イスラーム建築で様式化した、開口部アーチ上部に設けられる装飾的な矩形の枠のこと。額縁装飾の表現自体はイスラーム教徒侵入以前から半島に存在したと考えられている。第4章を参照。

38 息子のアル・ハカム2世が一貫して主導したと考える研究者もいる。（MOMPLET, 2003：149-153）．

39 （GÓMEZ-MORENO, 1951：77 & 80；HERNÁNDEZ, 1975；ALMAGRO, 2001c：335；MOMPLET, 2004：42-4）．

40 マディーナ・アッザフラーの呈示する問題の多くは本論の主旨を大きく逸脱するため、ここに代表的な先行研究を紹介しておくにとどめる。（GÓMEZ-MORENO, 1951：63-77 & 153-162；TORRES BALBÁS, 1957：423-463；PAVÓN, 1966；HERNÁNDEZ, 1985；VALLEJO, 1995；IDEM, 2004；IDEM, 2010；IDEM, 2011；EWERT ET ALII, 1997：81-7 & 137-150；ALMAGRO, 2001b；MOMPLET, 2004：67-79；CALVO, 2011）．また不定期刊行の論文集*Cuadernos de Madinat al-Zahra*, Junta de Andalucía: Consejería de Cultura, 1987-2010や最初期の報告VELÁZQUEZ BOSCO, R., *Arte del Califato de Córdoba, Medina Azzahra y Alamiriya*, Madrid, 1912も重要。

41 軒持ち送りに関しては、これまで挙げてきたレポブラシオン建築や後ウマイヤ朝建築諸研究のほか、（TORRES BALBÁS, 1936；DODDS, 1990：149, n.3-29）．

42 «Architecture is nothing more or less than the art of ornamental and ornamented construction.» FERGUSSON, J., *A History of Architecture in All Countries, from the Earliest Times to the Present Day*, London, 2nd edition, 4 vols, London, 1874, vol.I, p.14.

43 bóveda gallonadaとは、穹稜（arista）によって区切られた通常凹形の複数の扇形状の区画（gallón）でドーム状あるいは半ドーム状に作られたヴォールトのことで、（伊藤, 2006）においては「ドーム状多分割ヴォールト」と呼んでいたものである。この語は（マンゴー, 1999）でいう「メロン型ドーム」のことを指す場合も多いが、メロン、傘、カボチャ、あるいはパラシュートとの全体としての形状の類似（*A Dictionary of Architecture and Landscape Architecture*, 2nd ed., Oxford University Press, 2006, «dome – parachute (melon, pumpkin, or umbrella)» 参照）というよりは、ヴォールトが複数の凹面と稜線で構成されているということを問題としており、完全に同じ概念を指していない。本書ではスペイン語でいうbóveda gallonadaの訳として「穹稜ドーム状ヴォールト」を用いることとする。なお、四角形平面上の対角線方向の穹稜（arista）で四分割されたヴォール

第三部　スペイン初期中世建築の特質

ト（交差ヴォールト）がbóveda de arista(s)であるから、出来るなら「穹稜」を用いずgallónを訳出すべきであるのかも知れないが、適当な訳語が見つからなかった。

44　平面上ではラテン十字の交差部にあたるので、便宜上このように呼ぶこととする。

45　ウトレーロ博士はペニャルバの西アプスにおけるレンガ造ヴォールトに言及したが（Utrero, 2006：160 & 510）、修復建築家A・L・フェルナンデス・ムニョス氏や壁画修復を担当したC・テヘドール・バリオス氏は、ヴォールトは全て石造であったと口頭で筆者に説明している（それぞれ2016年2月6日および2012年3月9日の電話インタビューから）。テヘドール氏によればアーチの石はトゥファ（toba）で、フェルナンデス・ムニョス氏によればヴォールトは壁のものよりやや小ぶりの荒石積である。

46　本章は、以下の拙稿の内容を統合したものである。（伊藤, 2008：359-400；Idem, 2009；Ito, 2012）

47　逆にコルボは、技術至上主義を批判しようとするあまり、教会堂の内部空間のヒエラルキーの表現のために石造天井が（アプスに）限定されたと述べている。ヴォールトと木天井にある程度の格の差があった可能性は否定できないが、最も重要だったのは建築の必要な広さ、経済性や利便性といったものだったはずで、石造で出来るのに敢えて木造にしたと考えるのも本末転倒であろう。（コルボ, 1972：79）.

48　（Schlunk, 1947：281-3；Puig, 1961：37-40；Gómez-Moreno, 1964：133-6；Schlunk & Hauschild, 1978：209-211；Kingsley, 1980：57-75；Utrero, 2000：1095-6；Bango, 2001：114-6）.

49　これらの建築の先行研究については第一部各所で述べた。一望するには（Schlunk & Hauschild, 1978；Arbeiter & Noack, 1999；Bango, 2001；García De Castro, 2004）を参照。

50　（Gómez-Moreno, 1919：144-6；Díaz De Entresotos, 1976：208-9；Caballero & Latorre, 1980：planos 25 bis etc.；Olavarri & Arias, 1987：53；García De Castro, 1995：425, 456-7 & 477-8；Martínez Tejera, 2004：394）.

51　10世紀レオン王国建築の工法的・形態的特色の概略については、現在でも（Gómez-Moreno, 1919）が最良のものであろう。その後ヴォールトに関して判明したことなどについては、（Utrero, 2000；Idem, 2006；Idem, 2007；Idem, 2009）およびそこに参照された各先行研究を参照のこと。

52　（Rivoira, 1925：263；グラバール, A., 1969：16；マンゴー, 1999：78；Krautheimer, 2000：214-6；McClendon, 2005：17）.

53　イベリア半島最古のペンデンティヴの事例は、4世紀から5世紀初頭の建設と考えられるトレド県Carranqueのウィッラにあるもので、基部のみが現存する（Uscatescu & Ruiz Souza, 2014: 102）。

54　（Lambert, 1936；Creswell, 1958：249-258 & 296-9；Sourdel & Spuler, 1973；Hill & Golvin, 1976；Ettinghausen & Grabar, O., 1987：94-101）.

462

注

55 (GÓMEZ-MORENO, 1951：221-243；MARÇAIS, 1954：8-23；CRESWELL, 1958：figs. 23, 47-50 & 61-4, pp. 249-258 & 296-9；ETTINGHAUSEN & GRABAR, O.., 1987：94-101；*HGEA*, III：606-8；EWERT et alii, 1997：99-106, 152-161 & Taf.56-69；ホーグ, 2001：65-7).

56 (GÓMEZ-MORENO, 1919：231；CREMA, 1959：339, 413, 476 & ss.；BLAKE, 1973：266-70；WARD-PERKINS, 1981：168；ADAM, 1996：194).

57 (HAUPT, 1923：246-7 & XLVII；GIRARD, 1961；HUBERT et alii, 1968：97-102；DURLIAT, 1985：536-8；BARRAL, 1997：170-9).

58 これらのドーム状ヴォールト建設がどのようになされたのか。型枠が使用されたのか、あるいはセンタリングだけの簡単なものだっただろうかという施工技術の問題も興味深いテーマではあるが、本書の意図をやや逸脱するので、簡潔に紹介することとする。サンティアゴ・デ・ペニャルバについては、修復建築家A. FERNÁNDEZ氏が、「間違いなく」型枠（cimbra）が使われたであろうと述べている。近傍のSanto Tomás de las Ollasの類似したヴォールトでも、型枠で用いられた板の痕跡が見られる（LUENGO, 1947：135）。一方、木材の少ない中近東などで実践されていたと考えられる型枠なしのヴォールト施工法についてもしばしば言及されてきた。（マンゴー, 1999：10；ウォード・パーキンズ, 1996：196, 図273-5）五島利兵衛「ヴォールト殻迫石積み型式の分類と表記法」『日本建築学会計画系論文報告集』第353号, pp.129-140, 1985.7；IDEM「煉瓦造アーチの製作実験」『日本建築学会計画系論文集』第519号, pp.287-294, 1999.5. イベリア半島に関しては、（ALMAGRO, 2001a）を参照。

59 GARCÍA Y BELLIDO, A., *Arquitectura romana*, Madrid, 1929, p.12；(ARIAS VILAS, 1972：53f).

60 (FITA, 1897) に Leg(io) VII G(emina) Phil(ippina) という刻印の存在が記されている。他方ゴメス・モレーノは、これらのレンガを新たに製造されたものと考えた。(GÓMEZ-MORENO, 1919：151).

61 ラテン語でlater. スペイン語のadobe（英語でも同じ）という語は、アラビア語（*tūb*）になったエジプト語を語源としている（RAE：adobe）。

62 ラテン語でtesta. スペイン語でladrillo.

63 古代から中世にかけての地中海世界・ヨーロッパにおけるレンガの生産、流通、経済的側面については、AAVV, *La brique antique et médiévale: production et commercialisation d'un matériau*, Collection de l'école francaise de rome, 272, 2000.

64 聖書, 口語訳, 11：3-4.

65 (*Biblia vulgata*：11, 3-4). ヒエロニムスに従うなら、漆喰というよりはセメントと訳すべきか。

66 Caementumにグランジャーは一貫してrubbleと訳を当てているが、ステュアート・ジョーンズはconcreteを指すとした。(*De Architectura*：94). セビーリャのイシドルスはCaementumについては基礎（Fundamentum）と同義とし、建設材料としての呼称には言及していない。(*Etymologiae*：XV, 8, 1).

67 «Lateres autem crudi sunt...», (*Etymologiae*：XIX, 10, 16).

第三部　スペイン初期中世建築の特質

68 (Fernández Ochoa & Zarzalejos, 1996). また、(Bendala, Rico & Roldán, 1999) 内、Fernández Ochoa, C., Morillo Cerdán, A. & Zarzalejos Prieto, M., «Material latericio en las termas romanas de Hispania», pp.291-305.

69 (Mora, 1981:42)；*Imago antiqua. Lugo romano*, 2005, p.142.

70 (Hauschild, 1968；Schlunk & Hauschild, 1978:147 y ss.；Hauschild, 1982:76-8；Fontaine, 1978a:101-2；Palol, 1994:117-120). Marialba はその後改築され、柱を補強してヴォールトがかけられた。

71 正確には *Bāb al-Mardūm* はモスクに隣接する城門（*Bāb*）のこと。

72 (Torres-Balbás, 1957:606-615；Ettinghausen & Grabar, O., 1987:134-5；*HGEA*, III：597-8；Pavón, 1994a：304；Ewert et alii, 1997：94-8, 147, Taf.46-9；Guardia, 2007a：18). Ewert, Ch., «Die moschee am Bab al-Mardum in Toledo —Eine 'Kopie' der Moschee von Córdoba», *MM,* 18, pp.285-354; AAVV, *Entre el Califato y la Taifa: Mil años del Cristo de la Luz,* Actas del Congreso Internacional (Toledo, 1999), Asociación de Amigos del Toledo Islámico, Toledo, 2000.

73 現在、サン・ペドロ・デ・ラ・ナベに見られるレンガは、修復時に付加されたもので、修復部分をオリジナル部分と明確に分かつという方針に基づいたものである。

74 カバリェーロらは、バンデのレンガ造ヴォールトは全て8世紀後半のものとしている。(Caballero, Arce & Utrero, 2003).

75 (Gómez-Moreno, 1966：105-6；Núñez, 1978：131-9；Trillmich et alii, 1993：416-8 & Taf.220-1；Noack, 1997：166-7). Blanco Rotea, R., Benavides García, R. M., Sanjurjo Sánchez , J. & Fernández Mosquera, D., «Evolución constructiva de Santa Eulalia de Bóveda (Lugo, Galicia)», *Arqueología de la arquitectura,* nº6, 2009, pp.149-198.

76 (Yepes, 1959：t. II, 205；Menéndez-Pidal, J., 1956；Torres Balbás, 1958：336-340；Suárez-Inclán & Tejedor, 2006；Guardia, 2007a；Martínez Tejera, 2010：147-159). 1996年からの修復事業とそれに伴う調査研究から多くの論攷が書かれた。なお、マソーテの壁画については (Mata, 1993) を参照。

77 これ以外にも、第4章でとりあげる馬蹄形アーチの処理は、構造的役割と意匠的役割が交錯する興味深い問題である。また、表面的な処理ではないが、外観のヴォリューム操作のために挿入されたと考えられる、イスパノ・ビシゴード (San Pedro de la Nave)、アストゥリアス (San Julián de los Prados)、レオン王国 (San Miguel de Escalada) のどのグループにも見られるアプス上部のデッド・スペースも、狭義の機能や構造的ニーズを持たない点で、同様に意匠的ニーズの文脈で捉えられるべきであろう (Schlunk, 1947：294)。

78 «Sobre las fábricas de tapial de dura argamasa se simulaban, a base de finas bandas de mortero adherido a la superficie, falsas juntas que producían la apariencia de contornear enormes sillares. Este tipo de decoración se siguió utilizando en todos los periodos posteriores, en los que el empleo del tapial se generalizó sobre todo para las construcciones de carácter militar.» (Almagro, 2001c：342).

464

注

79 （Gómez-Moreno, 1966：111-2；Davis-Weyer, 1971：14；Mango, 1986；Rubiera, 1981；*Arte medieval (I)*, 1982：84-91；マンゴー, 1999：17-8 etc.；岩出, 2003；伊藤, 2007：187）.

80 拙訳。«Venustas est quidquid illud ornamenti et decoris causa aedificiis additur, ut tectorum auro distincta laquearia et pretiosi marmoris crustae et colorum picturae.» (*Etymologiae*：XIX, 11, p.1280). (Caamaño, 1963；*Arte medieval (I)*, 1982：61-4；Velázquez, 1997).

81 森田慶一訳『ウィトルーウィウス建築書』東海大学出版会, 1969, p.31. «... venustatis vero, cum fuerit operis species grata et elegans membrorumque commensus iustas habeat symmetriarum ratiocinationes.» (*De Architectura*：34).

82 9世紀末から10世紀初頭のアストゥリアス年代記が建物をどう捉えていたかについては、第5章参照。

83 «azenia nostra propria qui est sita sub balneos nostros in flumen Durio, in Camora», (*CMCelanova*：no.90). また、設備の意味合いは異なるであろうが、セラノーバ修道院にもあった。«...facere balneos in quibus fratres Cellenove corpora abluissent...», (Gómez-Moreno, 1919：242).

84 «Nam et regalia palatia, balnea, triclinia uel domata atque pretoria construxit decora, et omnia regni utensilia fabrefecit pulcherrima.» (*Crónicas asturianas*：139-141)；«...condidit palatia et balnea pulchra atque decora.» (Idem：145).

85 Brenk, B., «Spolia from Constantine to Charlemagne: aesthetics versus ideology», *Dumbarton Oaks Papers*, Vol.41, 1987, pp.103-109 (p.108).

86 （Ríos, 1895：8-18；García y Bellido, 1970：569-599；García Marcos, 1996；García Marcos & Vidal Encinas, 1996；Tarradellas, 1997：503-510；García Marcos et alii, 2004）.

87 12世紀のオビエド司教ペラーヨのサンピーロ年代記への追記部分であるが、他の文書によって裏付けがとれている。(*Sampiro*：379).

88 «et intus municione muri erant tres domos, que terme fuerant paganorum, et in tempore christianitatis facte sunt aula regalis. Sed predictus rex Ordonius misericordia motus, iussit Legionensi episcopo Frunimio, cum conprouincialibus episcopis, translacionem facere iam dicte sedis in domos illas, que erant aula regalis. In prima domo altare consecrare fecit in honore sancte Marie uirginis cum omnibus uirginibus sanctis. In secunda autem domo altare dedicari mandauit in honorenostri Saluatoris cum omnibus apostolis suis. In tercia uero domo altare edificare iussit in honore beati Iohannis Babtiste cum omnibus martiribus, siue et confessoribus sanctis.» (*Sampiro*：311).

89 （IMP. CAES. /T. AELIO. HA. (Imperatori Caesari Tito Aelio Hadriano))．(García y Bellido, 1970：577；Tarradellas, 1997：508；García Marcos et alii, 2004：34).

90 （Tarradellas, 1997：508；García Marcos et alii, 2004：31）.

91 （Yegül, 1992：212-6）にFerianaの例、（Idem：230-2）にHippo Regiusの例が挙がっている。

92 王権と大聖堂の結びつきを示す文書は少なくないが、例えば（*CCLeón*：I,

第三部　スペイン初期中世建築の特質

no.102（935年7月3日））に記されたラミーロ2世による寄進文を参照。

93　（GÓMEZ-MORENO, 1919：141-162；IDEM, 1951：369-378 & 432-7；FONTAINE, 1978：
　　81-7；YARZA, 1979：95-101；DODDS, 1990；ARBEITER & NOACK, 1999：262-271；
　　LARREN, 1986a；IDEM, 1986b；IDEM, 1990；NOACK, 1996；MARTÍNEZ TEJERA, 2005；
　　BANGO 2008；IDEM, 2014；DOMINGO, 2009；伊藤, 2010；IDEM, 2012a；*Escalada 913-
　　2013*, 2014.

94　本章は、以下の論文に修正を加えたものである：「サン・ミゲル・デ・エスカラー
　　ダ教会堂における円柱使用法について」『日本建築学会計画系論文集』日本建
　　築学会, no.675, 2012, pp.1257-1264.（伊藤, 2012）.

95　DEICHMANN, F., «Säule und Ordnung in der frühchristlichen Architektur», *Römische
　　Mitteilungen*, vol.55, 1940, pp.114-130；IDEM, *Die Spolien in der spätantiken
　　Architektur*, München, 1975；KRAUTHEIMER, R., «The Architecture of Sixtus III: A Fifth
　　Century Renascence?», *Studies in Early Christian, Medieval and Renaissance Art*,
　　New York, 1969, pp.181-196；BRANDENBURG, H., «Die Verwendung von Spolien und
　　originalen Werkstücken in der spätantiken Architektur», in（*Antike Spolien*, 1996：11-
　　48）；BRENK, B., «Spolia from Constantine to Charlemagne: aesthetics versus ideology,
　　Dumbarton Oaks Papers», vol.41, 1987, pp.103-109；IDEM, «Spolien und ihre Wirkung
　　auf die Ästhetik der varietas. Zum Problem alternierender Kapitelltypen», in（*Antike
　　Spolien*, 1996：49-92）；FABRICIUS HANSEN, M., *The Eloquence of Appropriation.
　　Prolegomena to an Understanding of Spolia in Early Christian Rome*, Roma, 2003.

96　ダイヒマンやペンサベーネの論攷を援用しながらペニャ・フラードが示して
　　いるように、こうした円柱の建築が成立する重要な条件の一つはスポリアの
　　入手可能性であった（PEÑA JURADO, 2010：17-39）。管見の限り初期中世の建
　　築における円柱について広域的に扱った研究は無いが、スポリア研究の文脈
　　からは特にイタリアの中世建築について成果がめざましい（*Antike Spolien*,
　　1996；ESCH, A., «Reimpiego», *Enciclopedia dell'Arte Medievale*, IX, 1998, pp.876-
　　883；IDEM, «Reimpiego dell'antico nel Medioevo: la prospettiva dell'archeologo, la
　　prospettiva dello storico», *Ideologie e pratiche del reimpiego nell'Alto Medioevo*, vol.1,
　　Spoleto, pp.73-108, 1999；PENSABENE, P., «Reimpiego dei marmi antichi nelle chiese
　　altomedievali a Roma», BORGHINI, G., *Marmi antichi*, Roma, 1992, pp.55-64；SETTIS,
　　S., «Continuità, distanza, conoscenza: Tre usi dell'antico», SETTIS, S.（ed.）, *Memoria
　　dell'antico nell'arte italiana*, vol.III, Torino, 1986, pp.375-486）。この系譜では日本
　　にも高根沢氏の研究がある（高根沢均「サンタニェーゼ・フォーリ・レ・ムー
　　ラ聖堂におけるスポリアの配置とその意味」『日本建築学会計画系論文集』616
　　号, 2007.6, pp.191-197）。エスカラーダ以外のイベリア半島10世紀キリスト
　　教建築全般については（ARBEITER & NOACK, 1999；BANGO, 2001；DODDS, 1990；
　　FONTAINE, 1978；GÓMEZ-MORENO, 1919；IDEM, 1951；PUIG, 1961；UTRERO, 2006；
　　YARZA, 1979；伊藤, 2005；IDEM, 2006；IDEM, 2007；IDEM, 2009；IDEM, 2012b等を参
　　照。イベリア半島の建築とスポリアについて特化した研究については拙稿（伊
　　藤, 2015）のほか（*Spolia Poder*, 2009）を参照。2006年にトレドで行われた学

466

会の発表報告（EWERT, 2009等）をまとめた本書は、スペインをテーマにした
点で画期的であるが、研究方法としては、スポリアそのものの分析、スポリア
を使った理由の検討（象徴・利便・美観）、スポリアの配置計画の特徴の整理
という、イタリアでの成果をほぼそのまま移植している。なお、これら「古代
末期から初期中世」にまたがる一連の建築・美術を包括的に扱おうとする試み
はこれまでもしばしば見られる（CABALLERO, 2003）。バラルが概説書につけた
『初期中世：古代末期から紀元1000年まで』（BARRAL i Altet, X., *The Early Middle
Ages: from Late Antiquity to A. D. 1000*, Köln, 1997）というタイトルも苦心の跡が
感じられ興味深い。

97 円形断面であっても、トゥールニュのサン・フィリベール教会堂（St-Philibert
de Tournus）身廊部のもののような、割石等を積んで壁体と同様に建造されてい
たり、柱頭にあたる部分を持たないなど古典的な円柱の構成から逸脱したもの
は、ここでいう「円柱」に含まないこととする。

98 イタリアでは、他の西欧諸国とは逆に、11世紀以降スポリアの円柱をふんだん
に用いた建築が復興する（PEÑA JURADO, 2010：28-31）。

99 «Columnae pro longitudine et rotunditate vocatae, in quibus totius fabricae pondus
erigitur». Etymologiarum, XV, 8, 14（*Etymologiae*, 1993）。

100 （GÓMEZ-MORENO, 1919：155-162；DOMÍNGUEZ PERELA, 1986；IDEM, 1987；NOACK,
1996；ARBEITER & NOACK, 1999：275-6；DOMINGO, 2009）

101 その例外が、スペイン初期中世建築研究の先駆者にして最大の功労者、ゴメス・
モレーノである。彼はこの点を体系的に整理した論文は書かなかったが、柱頭
の様式だけでなく、随所で円柱と軀体との関係を指摘し、示唆的な考察を残し
ている（GÓMEZ-MORENO, 1919：147, 154, 184, etc.）。一方ペニャ・フラードはコ
ルドバ大モスクについて再利用材そのものだけでなく、その使われ方まで踏み
込んだ興味深い研究を行っている。ただ、筆者が今回取り上げた端部の問題に
ついては一切触れていない（PEÑA JURADO, 2010）。拙稿（伊藤, 2015）参照。

102 エル・トランパルの教会堂は、1980年に発見され、まず西ゴート時代の遺構
とされた後、発掘調査・修復工事を経てモサラベ建築とされるに至った、初期
中世の遺構としては極めて複雑な空間構成を持つヴォールト造の教会堂である
（CABALLERO & SÁEZ, 1999；*Repertorio Extremadura*, 2003：15-20）

103 第5章を参照。

104 一部は復元されたもの。第四部参照。

105 （URIOSTE, 1897；GÓMEZ-MORENO, 1919：267-282；DÍAZ DE ENTRESOTOS, 1976；
FONTAINE, 1978b：153-7 & 175-9；CAMPUZANO, 1998；GALLEGO FERNÁNDEZ, 2001b）。

106 （GÓMEZ-MORENO, 1919：288-309；ÍÑIGUEZ, 1955；ARBEITER & NOACK, 1999：347-
353）。

107 カタルーニャの初期中世については第一部に先行研究の代表的なものをまとめ
た。ロマネスクについてはJ. PUIG I CADAFALCH, X. BARRAL I ALTET, M. DURLIATの
一連の研究のほか、（WHITEHILL, 1941；JUNYENT, 1980）；GUDIOL RICART, J. & GAYA
NUÑO, J. A., *Arquitectura y escultura románicas, Ars Hispaniae*, V, Madrid, 1947；

第三部　スペイン初期中世建築の特質

BANGO TORVISO, I. G., *El románico en España*, Grandes obras, Madrid, 1992 などを参照。

108 レポブラシオン建築の柱頭に関してはすでに、ドミンゲス・ペレーラやノアックによる詳細な研究が存在する。半島の初期キリスト教建築から10世紀までの柱頭を網羅した前者の博士論文は、広範囲にわたる時期と地域を柱頭という共通のエレメントでバッサリと切ることで、クロノロジーの一部を大幅に修正しながら、クラシカルなコリント柱頭がどのように変容していったかを執拗なまでのカタログ化で示した。明白な独自性を備えた様式が誕生し、その生産がメカニカルに行なわれたことが一目瞭然な、後ウマイヤ朝カリフ国の柱頭と、それ以外の再利用建材の多用が特徴的なイスパノ・ビシゴード、最初期のコルドバ大モスク、アストゥリアス・レオン王国の各建築群が、ここでは全て初期中世スペインの柱頭というタイトルで取り扱われている。本書に関連する部分では、エスカラーダのポルティコやサンティアゴ・デ・ペニャルバなどに明白に見られる柱頭のスタイルが、全てイスラーム侵入以前制作のものの再利用とされている。こうした考えは、アル・アンダルスの影響を受けたモサラベの工房を想定するノアックの説と鋭く対立する。(NOACK, 1985；IDEM, 1989；IDEM, 1991；DOMÍNGUEZ PERELA, 1987；IDEM, 1992；*Coloquio Capiteles*, 1990；CRESSIER, 1991；ARBEITER & NOACK, 1999；DOMINGO, 2009).

109 柱頭とアーチ起拱石の間にアバクスや繰形が挿入されないのはエスカラーダ内部の円柱の特異な点である (GÓMEZ-MORENO, 1919：148).

110 南廊側の2つのピラスター柱頭はスポリアである (GÓMEZ-MORENO, 1919：148).

111 ゴメス・モレーノはこうした抱きと一体化した柱頭をアストゥリアス建築の影響としたが、エスカラーダのアーケード端部では柱身の全形性が接合性より優先されている点が異なる (GÓMEZ-MORENO, 1919：148).

112 このうち南側のインポストはローマ時代の墓碑を再利用したものである (GÓMEZ-MORENO, 1919：148；ARBEITER & NOACK, 1999：268；MARTÍNEZ TEJERA, 2005：50).

113 (BANGO, 2001：346；IDEM, 2008；DOMÍNGUEZ PERELA, 1986；GÓMEZ-MORENO, 1919：154；LARREN, 1986a；IDEM, 1986b；IDEM, 1990：140-1；伊藤, 2008：542-5). バンゴは11世紀末の典礼変更と東側増築を関連づけ、マルティネス・テヘーラは再利用材を用いて全体が11世紀半ばに建設されたとしている。なお、20世紀半ばの修復の際に基礎の大半がコンクリートで破壊または被覆されてしまっている (LARREN, 1986b：221-2).

114 発掘調査からもポルティコの基礎が塔のそれによって分断されていることが報告されている (GÓMEZ-MORENO, 1919：154；LARREN, 1986a：118；MARTÍNEZ TEJERA, 2005：141).

115 注93、94参照。なお、スポリアの総合的かつ積極的使用の嚆矢はコンスタンティヌスの凱旋門 (ローマ, 315) だと言われる。

116 ローマ市内の初期キリスト教会堂については、そのデザインが円柱の大きさによって規定されたとする仮説がある (PEÑA JURADO, 2010：36に引用)。またコルドバ大モスクでの二重アーチ・システムが、そこに集められた円柱群の高さが

注

十分でなかったために採用されたというのは大いに考えられる（IDEM：158-9）。

117 「6本の柱礎つきの円柱」のほかに、「ポルトガルの城塞から」運んだ「18本の円柱とその他の大理石の小円柱」について言及される。（PÉREZ DE URBEL, 1952：481-4；第5章）

118 ローマやラヴェンナの代表的な事例をいくつか挙げるなら、Santa Sabinaや Sant'Agnese fuori le mura（Roma）、Sant'Apollinare Nuovoや Sant'Apollinare in Classe（Ravenna）などがある。

119 «Nous avons dit que, pour faciliter la pose des cintres, on ménage une retraite au niveau des naissances; un enduit tapisse l'intrados et rachète cette retraite. Cet enduit, à Ctésiphon, est appliqué selon les indications du croquis C: il forme glacis au-dessus de la retraite, et donne au profil l'aspect d'un fer à cheval. Là est l'origine de l'arc, outrepassé, qui sera d'un usage si général dans les architectures musulmanes.» （CHOISY, 1954：I, 109-110）.

120 ゴメス・モレーノと同時期に、アガピートやランペレスもそれぞれ自説を発表しているが、1908年にはランペレスの説はほぼ（GÓMEZ-MORENO, 1906a）を踏襲したものとなった。（AGAPITO, 1902：25-6；LAMPÉREZ, 1908a：125-130）.

121 例えば、サン・エステバン門の半径2分の1分上心した内輪について、半径の長さが8モデュールなのに対し、迫元間の長さの半分が7モデュールであるとし、あくまでもモデュールの有理数倍でアーチが設計されたとする（CAMPS, 1953：71）。しかし、カンプスがいう8：7というのは、30º、60º、90ºの三角形の斜辺と次に長い辺の比、即ち2：√3で、およそ8：6.928である。

122 «En arquitectura pocos elementos carecen de razón funcional y el arco de herradura no es una excepción», （CORZO, 1978：126）.

123 ROGELIO BUENDIA, J., *Tierras de España, Navarra*, Madrid – Barcelona, 1988, p.143.

124 （CAMPS, 1953：61-2；AZCÁRATE, 1954：II, 243-4；GÓMEZ-MORENO, 1966：105-6；FONTAINE, 1978a：97-101；NÚÑEZ, 1978：131-9；TRILLMICH et alii, 1993：416-8 & Taf.220-1）.注73も参照。TORRES BALBÁS（1957：364）は、LugoやポルトガルのBejaのローマ時代の城壁にも見られると述べている。

125 第1章で触れたように、20世紀中葉に活躍したスペイン・イスラーム建築史の大家たちが一様に唱えた説は、創建大モスクが十一廊で、それがアブダッラフマーン2世の増築で南へ伸張されたというものであったが、パボンは文献記述を再評価・再解釈して、アブダッラフマーン1世が作ったのは九廊一重アーチのモスクで、その後の増築は、既存部分を伸張するだけでなく、左右に一廊ずつ加え、さらにアーケードを二重にするものであったという仮説を唱えた。この説が他の研究者に認められている様子はないが、定説化した十一廊説の不確実さを明らかにしており、私見ではもう少し評価される余地があるのではないかと思われる。（LAMBERT, 1935；TORRES BALBÁS, 1941；PAVÓN, 2001）.

126 こうした従来の西ゴート時代の遺産のコルドバ大モスクへの反映、という見方とは逆に、イスパノ・ビシゴード建築と呼ばれる一連の建造物群こそが実はウマイヤ朝イスラームの影響を受けて建てられたとする意見については、拙論第

469

第三部　スペイン初期中世建築の特質

一部第4章を参照のこと。

127　(Gómez-Moreno, 1906a：13-5；Camps, 1940：521-2；Idem, 1953：68-9；Palol, 1956：86；Bermúdez, 1995：247).

128　(Torres Balbás, 1947；Gómez-Moreno, 1951：58-9；Camps, 1953：28-31 & 71-5；Torres Balbás, 1957：403-413；Hernández, 1975：147-8；Pavón, 2001：602-3；Momplet, 2004：29；Nieto, 2007：97；Marfil, 2010：381-2 & 405).

129　«el primer arco de herradura musulmán plenamente codificado», (Camps, 1953：28).

130　(Gómez-Moreno, 1951：56-8；Camps, 1953：76-7；Torres Balbás, 1957：416；Hernández, 1975：147-8).

131　(Gómez-Moreno, 1951：56；Camps, 1953：75；Torres Balbás, 1957：394；Hernández, 1975：147-8；Pavón, 1996：271).

132　Puerta de los Deanesの外部仕上げは現在、オリジナルのシルエットを再現したような形になっている。(Pavón, 1996：fig.5B).

133　(Gómez-Moreno, 1951：80-2；Camps, 1953：77-9；Torres Balbás, 1957：472-4；Hernández, 1975：271-5).

134　このアーチについては、サンティアゴ・デ・ペニャルバの北エントランスに関し、第四部で再度取り上げたい。

135　(Gómez-Moreno, 1951：139；Camps, 1953：83-5；Torres Balbás, 1957：528-530；Hernández, 1975：149).

136　アーチの分析に関しては、未だに（Gómez-Moreno, 1919）が最も詳しい。その他の参考文献は表3-D備考覧を参照。

137　(Gómez-Moreno, 1919：14-27；Caballero & Latorre, 1980；Caballero & Sáez, 1999：163).

138　«un cliché estético heredado de la antigüedad que llevaba incorporado el valor funcional o constructivo de las cimbras», (Pavón, 1994：276).

139　«Cette tradition se conserve encore pendant la période romane. Mais à cette époque les constructions en blocage n'étaient plus en usage, et on ne trouve que très-rarement des arcs destinés à diviser les pesanteurs dans un mur plein. D'ailleurs dans les édifices romans la construction devient presque toujours un motif de décoration, et lorsqu'en maçonnant on avait besoin d'arcs de décharge on cherchait à les accuser, soit par une saillie, et même quelquefois par un filet orné ou mouluré à l'extrados.» (Viollet-Le-Duc, 1854：arc de décharge).

140　Bariの S. Nicola、Pistoiaの S. Giovanni、Spoletoの S. Pietroのようなイタリアの「ロマネスク」に見られる隠しアーチのコンセプトの、ローマ建築時代からの変化は、フランス盛期ロマネスクに比べて随分小さいようだ。(Fillitz et alii, 1969：Taf.230, 231, 238, 261 & 300；フォシヨン, 1970：210；Bango, 1999：99).

141　これらの建築に関しては、本書第一部の複数の場所で挙げた先行研究、特に（Schlunk & Hauschild, 1978；Caballero & Latorre, 1980；Caballero & Sáez, 1999；Arbeiter & Noack, 1999；Bango, 2001）などを参照。

142　本章は（伊藤, 2007）を元に加筆修正を加えたものである。

143 (Davis-Weyer, 1971:14；Mango, 1986；マンゴー, 1999:17-8, etc.；*Arte medieval (I)*, 1982：84-91, etc.；Velázquez, 1997：246-7；岩出, 2003).

144 *Gregorii Turonensis Opera*, MONUMENTA GERMANIAE HISTORICA, t.1, p.1, liber 2-14, 15 & 16, 1993 (1885), pp.63-5. (Davis-Weyer, 1971：57-9；*Arte medieval (I)*, 1982：109-111).

145 «Architectura autem constat ex ordinatione, quae graece ταξις dicitur, et ex dispositione, hanc autem Graeci διαθεσιν vocitant, et eurythmia et symmetria et decore et distributione, quae graece οικονομιβ dicitur.» (*De Architectura*：I, 24).

146 «Haec autem ita fieri debent, ut habeatur ratio firmitatis, utilitatis, venustatis. Firmitatis erit habita ratio, cum fuerit fundamentorum ad solidum depressio, quaeque e materia, copiarum sine avaritia diligens electio; utilitatis autem, ［cum fuerit］ emendata et sine inpeditione usus locorum dispositio et ad regiones sui cuiusque generis apta et conmoda distributio; venustatis vero, cum fuerit operis species grata et elegans membrorumque commensus iustas habeat symmetriarum ratiocinationes.» (De Architectura：I, 34；ウィトルーウィウス：30).

147 «Constat autem constructio fundamento, lapidibus, calce, arena et lignis.» (*Etymologiae*：1280).

148 «Hucusque partes constructionis: sequitur de venustate aedificiorum. Venustas est quidquid illud ornamenti et decoris causa aedificiis additur, ut tectorum auro distincta laquearia et pretiosi marmoris crustae et colorum picturae.» (*Etymologiae*：1280). イシドルスの建築の定義には Plinius, Palladius, Augustinus らの影響が指摘されている. (Caamaño, 1963；*Arte medieval (I)*：61-4；Velázquez, 1997).

149 (Gómez-Moreno, 1932；Schlunk, 1947；*Crónicas asturianas*；Nieto-Alcaide, 1989a；Idem, 1989b；Marín, 1997；Bango, 2001：227-302).

150 これは中世を通して、新築を単なる改築から区別する際に用いられた表現である。(Bango, 1979：329, n.46).

151 ただし、「素晴しい」建物を建てたという漠然としたもの、例えば «quam a manibus meis fundaui et erexi, a pavimento usque ad sumitate, cum templum mirificum et domus oracionis» (Abad, 1991:10) といった記述に関しては、まだ筆者が見落としているものがあると思われる。

152 (*Crónicas asturianas*：174). アルベルダ年代記の抜粋は補遺5（以下同様）。

153 (Idem：175).

154 (Idem：130). アルフォンソ3世年代記ローダ版の抜粋は補遺6（以下同様）。

155 (Idem：138).

156 (Idem：140).

157 (Idem：139). アルフォンソ3世年代記オビエド版の抜粋は補遺7（以下同様）。

158 (Idem：144).

159 (Idem：145).

160 (*Sampiro*：481-4；Núñez, 1978：140).

161 (*Sampiro*：481-4；Núñez, 1978：140).

第三部　スペイン初期中世建築の特質

162　(Gómez-Moreno, 1919：141-2；Bango, 1994：173-5；Ito, 2005a：16-8 & 83).

163　(Gómez-Moreno, 1919：215；Ito, 2005a：83).

164　(Gómez-Moreno, 1919：167-170；Ito, 2005a：83).

165　(Junyent, 1983：225).

166　(Puig et alii, 1911：100；Whitehill, 1941：50；Barral, 1981：79；Junyent, 1983：109).

167　(Puig et alii, 1911：100；Whitehill, 1941：50；Barral, 1981：79；Junyent, 1983：109).

168　(CCLeón：no.270, II, 21；Regueras & Grau, 1992：120).

169　(Puig et alii, 1911：124；Barral, 1981：79；Junyent, 1983：225).

170　(Gómez-Moreno, 1919：209-212；Arte medieval (I), 1982：167-8；Galtier, 1987).

171　(Sampiro：329-330).

172　(Lampérez, 1908a：265；Puig et alii, 1911：149-150).

173　(Viñayo, 1979：17；Junyent, 1983：214).

174　(Puig et alii, 1911：56).

175　(伊藤, 2007) では Sant Pere de Casserres が抜けていたため、1つと記述した。

176　(Torres Balbás, 1957：349 & 416). 同時期の同じイベリア半島の史料として、アラビア語圏のものとの比較ができれば興味深いところであるが、筆者の語学力の問題のほか、アラビア語のヒストリオグラフィーには、引用のされ方などラテン語・ヨーロッパ文化圏とは根本的にコンセプトが異なる部分があるため、今後の課題としておきたい。イブン・ハイヤーンによるサン・ペドロ・デ・カルデーニャの描写については (Uscatescu & Ruiz Souza, 2014：96)。

177　ゲナディウスの遺言的寄進文では、«miris reaedificationibus revolvens ampliavi, et in melius, ut potui erexi» という記述があり、これは銘文と一致する。補遺9.

178　«miro opere quadris lapidibus manu gotthica nobiliter constructa», (Gómez-Moreno, 1919：50-1；Pagliara, 1998：253；Bango, 2001：61).

179　«Denique primam inibi basilicam more antiquorum praeripiens quadris ad dedolatis lapidibus aedificavit, non [quidem] nostro gallicano (gallicoque) more, sed sicut antiquorum murorum (mororum) ambitus magnis quadrisque saxis extrui solet ita a fundamentis ad summa usque fastigia quadris lapidibus opus explevit», (Heitz, 1987：171；Pagliara, 1998：253).

180　大きさは36×10〜82×34cmであり、サンタ・マリア・デル・ナランコの10×10〜61×16を大きく上回る。(Kingsley, 1980：152 & 173).

181　«iacebant in exqualido de ducentis annis aut plus.» バンデの史料とその価値については、(Schlunk & Hauschild, 1978：218 y ss.；Caballero, Arce & Utrero, 2003：69-73) 等を参照のこと。

182　«Hos omnes libros jubeo, ut omnibus fratribus in istis locis communes sint, neque quisquam eorum pro dominatione sibi vindicet; sed sicut dixi, per partes, et in commune possidentes videant legem Dei, et ad suprascriptas Ecclesias percurrant, verbi gratia, ut quantoscumque fuerint ex eis in Sancto Petro, alios tantos in Sancto Andrea, et alios tantos similiter in Sancto Jacobo, et mutuo eos disponentes, istos quos qui legerint in uno Monasterio, commutent eos cum alio, ita per singula loca discurrentes, ut totos eos communes habeant, et totos per ordinem legant, ea dumtaxat ratione servata, ut nulli liceat ex eis in alio loco transferre, donare, vendere, aut commutare, sed tantum in eis locis permaneant et in hac heremo fundata sint, seu etiam si adhuc alia oratoria infra istis montibus constructa fuerint, habeant participationem in his specialibus libris.», (補遺9；RODRÍGUEZ LÓPEZ, 1906：474-9；DÍAZ Y DÍAZ, 1976：141-201；*CCAstorga*： no.12).

183 一方、アル・アンダルスで10世紀に東方人*Ahmad al-Rāzī*とその息子*'Isā*によって口火の切られたアラビア語歴史記述においては、大理石の円柱の輝き、色彩の豊かさ、光の眩さ、膨大な費用、といったものが建築の語りの中心を離れることはなかった。(TORRES BALBÁS, 1957：376-7 & 433-7；RUBIERA, 1981：111-129； BANGO, 2001：183).

184 *fornices*はアーチのことも指すが（«arcus dicti quod sint arta conclusione curvati; ipsi et fornices.» *Etymologiae*：XV-8-9）、文脈から、また実際の遺構から、ここではヴォールトを意味していると考えて差し支えないだろう。特に «ad Sebastianum» 版（no.2e）では、横断アーチまで細かく形容している。

185 «pulcra sublimatam fabrica fornicibusque subactis.» (PUIG et alii, 1911：132； HERNÁNDEZ, 1932：185；WHITEHILL, 1941：36). エルナンデスはこの場合はアーチを指していると考えるべきではないかと述べている。

186 (BANGO, 1979：330-1). 940年Valpuestaの文書。この場合は木を運んできて修繕した、と述べられている。

187 (SCHLUNK, 1947：335；FONTAINE, 1973：272；*Crónicas asturianas*：248；NIETO-ALCAIDE, 1989a：22；BANGO, 2001：251).

188 «cuius operis pulchritudo plus presens potest mirare quam eruditus scriba laudare.» (*Crónicas asturianas*：139 & 141).

189 «cui si aliquis edificium consimilare uoluerit, in Spania non inueniet.» (*Crónicas asturianas*：145).

190 (MANGO, 1986：103-5；マンゴー, 1999：78). 作者のAgnellusは9世紀前半の人。比肩するものがない、という表現は別の機会でも用いており（*Arte medieval (I)*, 1982：103）、Agnellusにとっての定型表現であったようだ。

191 サン・ヴィターレへの賞賛とラミーロ1世の建築への賞賛は、同時にそれぞれローマとコルドバへの対抗意識の現れであろう。アストゥリアス年代記の特徴は、(MARÍN, 1997：854-860) にもよくまとまっている。筆者としては、建築への特別なプライオリティーと、ガリシア、特にサンティアゴ・デ・コンポステーラの意図的書き落とし、クリシェの超越といった点が特に興味深い。

192 «oraculum quem visu ospitiolum parvum ut est pretiosior in oculis hominum.» (GÓMEZ-MORENO, 1919：241-4；*CMCelanova*：no.263；GUARDIA, 2007b：1).

193 «Non iussu imperiali vel oppresione vulgi sed abbatis Adefonsi et fratrum instante vigilantia» (Escalada)；«Non oppresione vulgi, sed largitate pretii et sudore fratrum

第三部　スペイン初期中世建築の特質

huius monasteri» (Montes)；«non imperialibus iussus - et fratrum vigilantia instantibus - duo et tribus mensibus - peracti sunt hec operibus» (Castañeda). (補遺1, 2 & 3；GÓMEZ-MORENO, 1919：141-2, 215 & 167-170；DODDS, 1990：50 y ss；MARTÍNEZ TEJERA, 2004：43-139).

194 «...non cum inperialis opressione, sed cum suis muneris, et pretii compleuit opere.» (*CCLeón*：no.270, II, 21；REGUERAS & GRAU, 1992：120).

474

第四部　10世紀レオン王国の建築

はじめに

　第四部では、10世紀レオン王国の建築で遺構が現存するもののうち、相互に
関連し一つの群を成すサンティアゴ・デ・ペニャルバ、サン・ミゲル・デ・エス
カラーダ、サン・セブリアン・デ・マソーテ、サン・ミゲル・デ・セラノーバ
の4つの教会堂をとりあげ、それぞれについての史料、ヒストリオグラフィー、
構成・構造・ディテールについてまとめるとともに、いくつかの個別の問題を
扱う。ゴメス・モレーノ『モサラベ教会堂』（GÓMEZ-MORENO, 1919）においてこ
れら四教会堂の基本的な情報が整理されて以降、マソーテだけは柱頭研究を除
いて詳細なモノグラフが無いが、セラノーバについてはヌニェスによる新解釈
を伴う補足（NÚÑEZ, 1978：256-73；IDEM, 1989）、また前二者についてはマルティ
ネス・テヘーラの博士論文（MARTÍNEZ TEJERA, 2004）とその後の複数の著作があ
るほか、アルバイターとノアック（ARBEITER & NOACK, 1999）により、どの遺構に
関しても網羅的な先行研究情報と基本的描写がされているので、ここでわざわ
ざ再録する必要がないと判断した情報については省いた。とりわけ柱頭など彫
刻の制作年代・様式・図像に関しては、学説史を整理するにとどめた。マソー
テについては、他の遺構に比べて10世紀の姿の再現が難しいので、不確かな点
には触れず、主として1940年代の修復時になされた改変部分について考察し
た。

第1章　サンティアゴ・デ・ペニャルバ

　レオン県エル・ビエルソ(El Bierzo)地方の中心都市ポンフェラーダ(Ponferrada)から南へ山道をおよそ15kmほど、「沈黙の谷」(Valle del Silencio)にあるペニャルバのサンティアゴ教会堂(Santiago de Peñalba)は、良好な保存状態のみならず、その特異な建築的特徴から、10世紀レオン建築を体現する極めて重要な遺構である。その創設と建設時期については、20世紀初頭のゴメス・モレーノの説が未だに最も説得力を持っている。ゲナディウス(Gennadius, Genadio)によって創設されたエル・ビエルソの複数の修道院の一つで(919年頃)、その弟子サロモン(Salomon)により現存する教会堂が建設された(931–7年)というものである。この時期は、後ウマイヤ朝の栄華が頂点に向かうアブダッラフマーン3世の治世と一致する一方で、ラミーロ2世という、アルフォンソ3世以降のアストゥリアス＝レオン王国で最も勢いのあった支配者の時代でもあった。

1）文献資料の分析

　サンティアゴ・デ・ペニャルバに関しては、創設者ゲナディウスの「遺言状」、弟子であり現存する建造物の建築主であったと考えられるサロモンの937年の寄進を記した証書が重要である。その他、ゲナディウスが主体となった公文書は補遺にまとめた。

ゲナディウス

　サンティアゴ・デ・ペニャルバの創設者であり、サン・ミゲル・デ・エスカラーダを聖別した人物であり、サン・ペドロ・デ・モンテスなど古寺復興に尽力した聖ゲナディウスは、ドゥエロ川流域の再入植・再組織化活動に大きな役割を果たした。この聖人の生涯については、出身、王権との関係も含め、かなり詳しく語られることが多く、しかもゴメス・モレーノ以降ほとんどの著述が

同じ内容を繰り返してきた。一方、アストルガ司教区の歴史に多くの著作のあるキンターナは、ゴメス・モレーノ説のいくつかに異論を唱えたが、そこでも結局ゲナディウスの偉大さが誇張されてしまっている。しかし私見では、ゲナディウスについて言われてきたことのほとんどが後世の歴史家たちの憶測に過ぎず、実際のゲナディウスの生き様は、謎に包まれたままである。特に、895年のモンテス修道院第一次復興の日時を除く909年までと、920年以降死亡するまでほとんど情報がなく、実際にその活動が記録されているのはその間の約10年間だけである[1]。

ゲナディウスの人生を知るのにもっとも重要なのが、915年のものとも919年のものとも言われる、ゲナディウスが半生を振り返り、その財産を自身で創設した修道院群に贈与することを明言した文書、いわゆるゲナディウスの遺言的寄進文である[2]（補遺9）。

この、隠修生活に入るに当たって記された寄進文によると、ゲナディウスはサン・ペドロ・デ・モンテスへやってくる以前に*Ageo*修道院にいたとされる。これはアストルガ近傍のAyyóのことであろうと考えられている。Arandiselo（またはArandisclo）院長の許しを得て、12人の同志とともにこの*Ageo*を去ったゲナディウスは、やがて西ゴート時代の聖人フルクトゥオスススやウァレリウスゆかりのサン・ペドロ・デ・モンテス跡にたどりつく。司祭ゲナディウス（GENNADIUS PRESBITER）によって復興されたモンテス修道院の最初の聖別の年は、モンテスに残された碑銘によれば895年である（補遺2）。さらに、その3年後の898年の日付を持つモンテスへのオルドーニョ2世による寄進を記した文書が存在し、そこではアストルガ司教として前任のラヌルフス（Ranulphus）が登場していたため、この時点で未だアストルガ司教となっていないゲナディウスが、サン・ペドロ・デ・モンテスを率いていたとされてきた。が、この文書の内容には様々な疑義が挙げられており、キンターナははっきりとこれを捏造と断じている[3]。

ラヌルフスが902年の時点で未だアストルガ司教として登場する文書などから、ゲナディウスが司教となったのは、史料にはじめて登場する909年直前ではないかというのがマルティネス・テヘーラの意見で、これはそれまでにもゴメス・モレーノをはじめとして複数の歴史家によって主張されてきた意見である[4]。しかし、モンテスの件の文書に実際に記されている日付は872年で、キンターナはそれはあり得ないから転記ミスか何かであろうとして、902年とい

第四部　10世紀レオン王国の建築

う日付を提案しているのであって、もともと909年にゲナディウスが司教位についたはずという先入観がある以上、決定的な論拠になるとは思えない。一方、カステリャ・フェレール（M. Castellá Ferrer）によってアルフォンソ3世とともにゲナディウスが登場する900年の文書が言及されていたことは忘れてはならないだろう[5]。

アルフォンソ3世は910年12月20日に没しているので、もしゲナディウスが909年にアストルガ司教となったのだとしたら、「遺言」的寄進文内で言及される、彼を引き留めて長く司教の役職を勤めさせた王（«quae multis annis involvens et magis vi principum perdurans, quam spontanea mente, sed neque plene corporis ibIdem commoravi.»）というのは、着任1年後に没したアルフォンソ3世ではありえなく、ガルシア1世（在位910-4）かオルドーニョ2世（在位914-924）ということになるが、ゲナディウスは919年までわずか10年間ほど司教に在任しただけということになるし、ガルシア1世が死んでからもゲナディウスは司教を続け、オルドーニョ2世の治世半ばで隠居しているから、これらの王とゲナディウスに特別な義理があったようには思えない。ゴメス・モレーノやマルティネス・テヘーラらが示した意見も、890年代末から909年ごろまでの文献のほぼ空白期間、ゲナディウスが司教でなかったとする十分な説得力を持っているとは思えず、筆者はどちらかといえば890年代末にすでにゲナディウスが司教の座についていたとするゴメス・モレーノ以前の意見を採用したい[6]。

ゲナディウスは、司教の仕事は好きではなく、隠修士として生きることを常に夢みていたと自ら語っているが、彼の社会的功績はその嫌々務めていた司教時代に集中している。

すでに述べたように、890年代後半から909年までのゲナディウスの活動を伝える文献はほとんどない。909年付のサアグン修道院文書に登場するAnnadiusまたはIenandusが、アストルガ司教ゲナディウスの活動を記した現存するものでは最古の文書であろうか（Cotarelo, 1933：507-8；CMAstorga：no.9 & 10）。これは、第二部第2章で触れた、«squalido de gente barbarica»について言及のあるアルフォンソ3世が関わった文書である[7]。ちなみに、アラビア語の人名は登場しない。

これ以降、ゲナディウスの名はたびたび公文書に登場するが、次の重要なテクストは、913年11月20日のサン・ミゲル・デ・エスカラーダ聖別の碑である（補遺1：Sacratumque templum ab episcopum Iennadium）。ゴメス・モレーノはここか

480

第1章　サンティアゴ・デ・ペニャルバ

らモサラベ移民とゲナディウスの交流を読み取った[8]。

　915年1月、ゲナディウスはサモーラの教会会議に出たり、サンティアゴ・デ・コンポステーラに寄進をしたりしている。サンティアゴ・デ・コンポステーラへの寄進の内容というのは、本来アルフォンソ3世がアル・アンダルスのイスラーム勢力から奪った金貨500を遺産として寄付しようとしていたのが、アルフォンソ3世の2人の息子ガルシア1世とオルドーニョ2世の跡目争いにより実現しなかったので、その代わりに荘園の一つを寄付するというものであった。ゲナディウスは、レオン司教フルニミウス（Frunimius）と共にこの金貨を運ぶ役目をおおせつかっていたが、当時ガリシア王であったオルドーニョ2世の許に金貨が贈られることを好ましく思わなかったガルシア1世がこれを妨害したのである。この件に関する文書には2つのヴァージョンがあるが、そのいずれにも、ゲナディウスがアルフォンソ3世の遺産に対して持っていた責任・決定権がうかがえる[9]。

　同年から翌916年にかけて、寄進の証人となったり自ら寄進を行なったりしているゲナディウスは、その活動のピークに達したかのように見える（Ito, 2005a：21）。そしてフロレスらによればこの年、あるいはゴメス・モレーノらによれば919年、ゲナディウスは自ら復興・創設したサン・ペドロ、サン・アンドレス、サンティアゴ、サント・トマスの4つの修道院コミュニティーに財産を分配する寄進証書を記したのである。ゴメス・モレーノは（サンドバルによる解釈を再評価して）「サンティアゴ」と「ペニャルバ」を別物と考えてきたそれまでの訳を正した[10]。とはいえ、ゴメス・モレーノによって提案された句読点の位置は文章の真の意図を明らかにしたが、もとよりその文章内容全体を読めば、そこにはサン・ペドロ・デ・モンテスを含めた4つの建造物しか出てこないので、サンティアゴ修道院がペニャルバという地に建てられていたことは明らかといえる（補遺9）。

　幸運なことに、サン・ペドロ・デ・モンテスについては聖別の碑文が残されており、ゲナディウスが述べた内容を裏付けている（fig.3-147a；補遺2）。銘文は919年10月24日付で、そこには修道院コミュニティーの自主的な努力を強調するなど、エスカラーダの銘文のあからさまな影響を見てとることが出来る。この銘文から得られるもう一つの貴重な情報は、当時の4人の司教の名で、アストルガのゲナディウスのほか、ドゥミオのサバリクス（のちにセラノーバを創設するルデシンドゥスの伯父）、ゲナディウスとともに10世紀初頭のレオン王国

481

第四部　10世紀レオン王国の建築

組織化に貢献した首都レオン司教フルニミウス、そしてサラマンカ司教を名乗るドゥルキディウス（9世紀末にコルドバへ使節として赴いたのとは別人？）が登場する。

　サン・ペドロ・デ・モンテス聖別の1年後には、ゲナディウスがすでに隠居し、その弟子とされるフォルティス（*Fortis*）がアストルガ司教となっていた[11]。920年の寄進を記した文書の中では、ゲナディウスは山奥の隠修生活を嬉々として語っている（補遺11）。この中でゲナディウスは、全財産を当地の隠修士たちに寄付すると述べている。注目すべきは、その半分をサンティアゴのコミュニティーへ与えたことである。その前の寄進文では、サンティアゴのコミュニティーはあくまでもサン・ペドロ・デ・モンテスに対して副次的扱いであったから、この間にその重要性が増したこと、そしておそらくはゲナディウス自身がサンティアゴのコミュニティーに身を置いていたことを示していよう。この920年の寄進には再度、同志であるフルニミウス、ドゥルキディウスなどが列席している。

　これらの文書に登場する*Silentium*と*Pennalba*という2つの地名について、キンターナは多くの紙面を割いてその違いを強調した（QUINTANA, 1963：16-8）が、管見ではこの2つの用いられ方はかなりおおざっぱであり、そのような違いが明白とは思えない。簡単にこの点を再考してみたい。

　920年の文書では、ゲナディウスは*Silentio*の山に住んでいると述べている。それ以前の寄進においては、*Pennalba*にサンティアゴの修道院（*Sancti Jacobi*）を、*Silentium*にサント・トマスの礼拝堂を建てたと言っていた（«ad Silentium, in honorem Sancti Thomae»）。この2つだけに注目すると、ゲナディウスの隠居先は*Silentium*のサント・トマスということになるように解釈できる。

　しかし、サロモンの遺言的寄進文（補遺14）には、ゲナディウスは«construxit monasteria in locum nuncupatum Pinnae albae subtus mons Aquilianae»、すなわちペニャルバという場所に複数の修道院を建設し、そのうちの一つに聖ペテロの聖遺物を安置したと書かれている（«unum dimiserat aedificatum, ubi reconditae manent S. Petri Apostoli Reliquiae»）。さらに同文書は、隠居後のゲナディウスはこれらの場所に移り住んだことを記す（«aprendit loca ipsa superius dicta in habitaculum sibi, sicut et in ea permansit usque in finem vitae suae tempus»）。つまり、ペニャルバというのがその地域全体の呼称で、そこにゲナディウスはサン・ペドロ（・デ・モンテス）ほかの修道院を建設し、司教として活動する前後にそこに住んだこと

482

第1章　サンティアゴ・デ・ペニャルバ

になる。ゲナディウスの後継者フォルティスは930–1年ごろまで司教を務めた
が、師であるゲナディウスのために建設していたこの地域に位置する何かしら
の建物（*domum*）が完成する前に没した。このためにゲナディウスは *Silentium*
という場所を聖別したが、フォルティスの死後プロジェクトを受け継いだサロ
モンはその場所を変更することに決め、*Silentium* の近くの *Sancti Iacobi* という
場所に修道院を建設することにしたという。以上から、それぞれの場所の厳密
な位置を探ろうとすることが無為だということが明らかとなったと思われる。

フォルティスとサロモン

　ゲナディウスの最初の後継者フォルティスは920年から929年までの複数
の文書にその名を見ることが出来る[12]。フォルティスが、その跡を継いだサ
ロモンと同様に、セラノーバ修道院の草創期に関わっている点も注目される
（FLÓREZ, 1905：149-150；RODRÍGUEZ LÓPEZ, 1906：51-2；*CMCelanova*：no.17）。

　フォルティスは930/1年ごろには既に没しており、ラミーロ2世の統治下、
サロモンがアストルガ司教となる。932年から951年までの間、アストルガ司
教サロモンの名が現れる文書はかなり多い（FLÓREZ, 1905：151-5；RODRÍGUEZ LÓPEZ,
1906：57-8；*CMSahagún*：no.76；*CCLeón*：no.201）。ペニャルバに関する部分では、
ラミーロ2世による940年のペニャルバへの重要な寄進（補遺16）、そして937
年の自身の寄進を記した文書（補遺14）が重要である[13]。サロモンはセラノー
バ修道院のルデシンドゥスと同時期に活動をしており、その関係は親密と言っ
てよい。セラノーバにおいては936年、938年、942年などの重要な寄進式に
サロモンが列席しており（補遺13, 15 & 17：«Salomon Cathedrae Astoricensis ducatum
ferens»）、逆に937年のサロモンのサンティアゴ・デ・ペニャルバへの寄進には
ルデシンドゥスや兄弟のフロイラが列席している。

　937年には亡くなっていたゲナディウスが935年には生きていたとする考え
方が一般的で[14]、さらに聖ゲナディウスの日が5月25日であることから936年
5月25日に死んだという意見もあるが、私見ではそれ以前に亡くなっていた可
能性もあると思われる。935年のテクストが、ゲナディウス生存を示す十分な
証拠とは思えないからで、ゲナディウスは *Silentium* のどこかを「聖別」して以
降、いつ亡くなっていてもおかしくはないのである。5月25日に関しては、グ
アルディアが聖ウルバヌスの日であることを指摘している。ウルバヌスは列聖
されたローマ教皇であるが、グアルディアは、ちょうど半島にローマ典礼が導

483

第四部　10世紀レオン王国の建築

入されたときにこのウルバヌスの聖遺物もサンティアゴ・デ・ペニャルバに
やってきて、その祝日も取り入れられたのではないかという。この説は、ゲナ
ディウスと並んで祀られていたが素性が分かっていなかったウルバヌスを特
定すると共にゲナディウスの日の謎も解決しており、説得力がある。従って、
ゲナディウスの命日が936年5月25日だという仮説は退けられよう（GUARDIA,
2007c：15）。いずれにせよ、サンティアゴ・デ・ペニャルバの建築がサロモン
に作られたと考えられ、また後に述べるようにその建設がいちどきである以上、
当初からゲナディウスの墓廟スペースが計画されていたと考えるべきであろう。

　聖フルクトゥオススは、その生前から、自身の墓廟がどのようにデザインさ
れるべきかを指示していた。同じように、フォルティスがゲナディウスのため
の「家（*domus*）」を建てようとしていた時点で、すでにゲナディウスの遺体が
安置される場所や方式というものが計画されていたとは考えられないだろうか。
とにかく、ゲナディウスの社会的活動というのは920年に終了し、たとえその
後もスピリチュアルな面で重要性を高めていったにせよ、現実の世界における
重要性は完全に失われたのである。

2）ヒストリオグラフィーと修復史

　本章末にサンティアゴ・デ・ペニャルバを扱った代表的な研究を年代順にま
とめた。先行研究の全体像に関しては、すでにマルティネス・テヘーラの博士
論文（MARTÍNEZ TEJERA, 2004）によって網羅されているが、ここでは大筋を紹介
しながら、いくつかの筆者が重要だと考えるポイントを述べていく。

　アンブロシオ・デ・モラレス、サンドバル、イェペス、フロレス（FLÓREZ,
1905）の記述は、最初期の文献読解に加え、当時の教会堂の様子を知らしめて
いる。とりわけフロレスの描いた大雑把な平面図からは、当時付加物によって
ペニャルバの教会堂がどのような状態になっていたかがうかがえる。1884年
のヒネール・デ・ロス・リオスの短い記事が、遺構そのものを建築史の中で相
対的に捉えようとした最初の試みで、カリフ国建築の影響を受け、サロモン司
教によって建てられたと推定した。ランペレスの『スペイン中世キリスト教建
築史』（LAMPÉREZ, 1908a）が、建築に対する分析をつぶさに行なった最初の出版
物だが、その内容は1年後に発表されたゴメス・モレーノのモノグラフに多く
を拠っていた（GÓMEZ-MORENO, 1909）。

484

第1章　サンティアゴ・デ・ペニャルバ

　他の「モサラベ」建築と同様、1919年のゴメス・モレーノ『モサラベ教会堂』（GÓMEZ-MORENO, 1919：224-238）によって揺ぎ無い解釈が定められたが、ペニャルバに関しては、すでに1909年の時点でほぼその骨子は固まっていたのがわかる。ゴメス・モレーノ以前にも同世代にも彼ほどのオーソリティーを確立した人物はおらず、それは現在まで続いている。

　1929年のバルセロナ万博に展示された模型はこのゴメス・モレーノによる図面を元に作られたが、その後もほぼ同じ図面が再利用されていた。1990年代以降、フェルナンデス・ムニョスとマルティネス・テヘーラによってそれぞれ新たに図面が書き直されたが、西アプスの平面形や天井と屋根の間のスペース、平面の数値のより厳密な反映などを除くと、極端な変化はない。これはゴメス・モレーノの図面がかなり正確だったことに加え、サンティアゴ・デ・ペニャルバの保存状態が良かったことを反映している。一方、1940年代に偶然発見された壁画・天井画の分析と修復が近年ようやく進み、その修復報告（SUÁREZ-INCLÁN & TEJEDOR, 2006）や様式・図像的研究（GUARDIA, 2007a）が、サンティアゴ・デ・ペニャルバの建築全体に対する注目を新たにしているといえよう。

　ゴメス・モレーノの「モサラベ」史観によるサンティアゴ・デ・ペニャルバ解釈は長い間有効であった。フォンテーヌはペニャルバについて、「南部から来たマエストロの熟達した技術を示している」と述べる。そう言える理由の一つとして、「コルドバから来たヨハネス院長」との銘があるカスタニェーダ修道院がペニャルバから50kmのところにあることを挙げている（FONTAINE, 1978b：127）。「モサラベ」教会堂についてこのような先入観を持っているのは、ゴメス・モレーノを継承するほとんどの研究者に共通した態度である。上記のような理由で「モサラベ」教会堂の定義づけをし、エスカラーダのバシリカ式堂内のアーケードに「イスラーム的」空間を見るというのも、近年までかなり当たり前のことだった。

ゴメス・モレーノ

　サンティアゴ・デ・ペニャルバの教会堂に特化した厳密な史的・造形的分析を最初に行なったのはゴメス・モレーノである（GÓMEZ-MORENO, 1909）。この分析は10年後、『モサラベ教会堂』に組み込まれ、より一般化された歴史観を示した（IDEM, 1919）。それ以来、サンティアゴ・デ・ペニャルバは以下のように解釈されている。

485

第四部　10世紀レオン王国の建築

- 修道院はゲナディウスの創設で、サン・ペドロ・デ・モンテス、サン・アンドレス、サント・トマスと合わせて、ゲナディウスがエル・ビエルソの山中に展開した一連の建設活動を成す
- サンティアゴ・デ・ペニャルバはゲナディウスが隠居後亡くなるまで滞在した場所である
- 現存する遺構は、サロモンが931年から937年にかけて建設したものである

この根拠として挙がっているのは以下のような点である（Idem, 1909：194；Idem, 1919：225）。

- サロモンはその937年の寄進文中でサンティアゴという場所に修道院を新築したと述べている
- ゲナディウスのときには基礎だけが出来ていただけだった（*fundatum*）
- ゲナディウス言及の時点ではペニャルバの扱いは副次的で、サン・アンドレスの後に言い及んでいることからも、粗末なものだったと考えられる
- 930年代に繰り返し寄付を受けており、この時期から栄え始めたことがわかる
- サン・ミゲル・デ・セラノーバの建築に似ている

ゴメス・モレーノの解釈はいくつかの誇張や誤謬を含んでいる。ゲナディウスは、その遺言的寄進文（915年9月）においても、隠居後の寄進文（920年）においても、明らかにすでに機能している修道院としてサンティアゴ・デ・ペニャルバに言及している。さらに、確かにそうだった可能性はあるが、ゲナディウスがつくったサンティアゴ・デ・ペニャルバ修道院が簡素なものであった（«cuyo edificio cuéntase haber sido humilde»）とはどこにも書いていない。また、920年の時点でサンティアゴの修道院が既に中心的な扱いを受けていたことも忘れてはならない。

キンターナ・プリエト
キンターナ（A. Quintana Prieto）は、ペニャルバの建設を全てゲナディウスに

486

第1章　サンティアゴ・デ・ペニャルバ

帰し、さらにその建設時期を909‐916年の間としている（QUINTANA, 1963：14）。
ゲナディウスが何らかの建設活動を行なったことは間違いないが、キンターナ
によるこの建設時期画定は十分な論証がされているとは考えられない。しかし
もっと問題なのは、彼がサロモンによる建設を否定したことである。キンター
ナの解釈では、ゲナディウスの建造物は現在のものと全く同一で、なぜなら
フォルティスは（教会堂や修道院ではなくて）師のための「家（domus）」を作ろ
うとしただけで、サロモンがその「家」の場所を、どちらもゲナディウスの創
設であるSilentiumのサント・トマスからサンティアゴへ移したのだという。こ
の解釈に伴い、キンターナは文書に記された「聖別した（sanctificavit）」という
語句は「指し示した（significavit）」の間違いであると指摘した（IDEM：16-8）。

　たしかに、サロモンの寄進文には、

Fortis jam Episcopus manens advenit ei voluntas desiderii, ut aiam in nomine
suo erga Magistrum suum **domum** aedificasset, qui in memoria illius saepe
permansurus fuisset per remedium animae suae...

とあり、これはゴメス・モレーノによって（神の）家すなわち修道院を建
設しようと考えた、と訳されている。キンターナの解釈が正しくないこと
は、当時無数の文献でdomusが修道院を意味していることからも明らかであ
る。アルベルダ年代記には、« ... domum（que）sanctorum Facundi et Primitiui
usque ad fundamenta diruerunt»（Crónicas asturianas：180）とある。この「聖ファ
クンドゥスとプリミティウスの家」とはもちろん、コルドバ軍に破壊された
サアグン修道院のことである。アルフォンソ3世年代記のad Sebastianum版に
は、«... in occidentali parte huius uenerande domus edem ad recondenda regum adstruxit
corpora...»（IDEM：139）とあるが、この場合「家」とはオビエドのサン・サルバ
ドール大聖堂である。同じような用例は枚挙にいとまないが、もう一つだけ挙
げると、1002年のレオン司教フロイラン2世による寄進文に、«ipsam domum
quam a fundamento labore perfecto edificaui» とあり、この「家」も教会堂、この場
合レオン大聖堂を指す（CCLeón：no.629）。

　さらに、キンターナはサロモンの寄進文の次のフレーズ、«ei locum, quod
dicunt Silentium, ubi fecisset coenobium» を無視しているが、ここに、建設しよう
としたものが修道院であったことがはっきりと記されている。coenobiumとい

487

第四部　10世紀レオン王国の建築

う語句は繰り返される：«silentium, quia non erat locus ipse pro Coenobium...»。し
たがってフォルティスやサロモンが建設しようとしたものが単なる隠修士の住
まいではなく、修道院そのものであったことは明白である。

　とはいえ、確かにサロモンの寄進文に書かれている文面からは、何を、どこ
に、いつ、何のために建設したかはっきりしない。また、エスカラーダやモン
テスなど、この時代の文書によく現れてくる前身の再建や修復にも言及してい
ない。反対に、ゲナディウスの寄進文では、サンティアゴの修道院がペニャル
バに創設されたことがはっきりと書かれている。ゲナディウスをペニャルバの
創始者として言及する最初の文書は、945年6月17日のものである（QUINTANA,
1963：32）。この時点の修道院と聖ゲナディウス信仰の繁栄は、複数の文献に
よって裏付けられる。現存するサンティアゴ・デ・ペニャルバの教会堂の建設
者はゲナディウスかサロモンか。また、バンゴが主張したように、西アプスは
ゲナディウスの死後にサロモンによって付け加えられたものなのだろうか。

　建設フェーズについて考えるには、実際の建物を分析する必要があるが、こ
こではサロモンの寄進状からは、新しい、重要な建物の建設が行なわれたこと
は疑いようがないということを記しておきたい。さらに、既に述べたように、
聖フルクトゥオススと同じようにゲナディウスが生前に、自身の墓廟を想定し
た建造物の建設を命じたとしても不思議はない。文献には再建、修復、取り壊
しなどについて一言も書かれていないので、ゲナディウスの建てた物の存在は
否定も肯定もできないが、現存する一つの建物の建設を伝える（真正な）2つの
文献のうち、時期的に前のものを後のものより重視する理由はない。何らかの
建造物を後から変えたり壊したりすることはできても、その逆は不可能だから
だ。

そのほかの異説

　ゴメス・モレーノの説得力を前に、以降は一部の例外を除いてその史料解
釈に異が唱えられることはほとんどなかった。例外としてすでに述べたキン
ターナ（QUINTANA, 1963）のほか、キンターナ説を評価して、西アプス以外がゲ
ナディウスの建設で、西アプスはサロモンの建設とするバンゴ（BANGO, 1992：
100-5）、教会堂の建設はゲナディウスで909-931年ごろのもの、サロモン
が931-7年にかけてやったのは、教会堂建設ではなくそれを中心とする修道
院（coenobium）の建設・整備とするマルティネス・テヘーラ（MARTÍNEZ TEJERA,

2004：II, 208-434 & 444）、937年のサロモンの文書は必ずしも教会堂の建設完
了を意味せず、実際の建設の完了は世紀中葉の950年ごろとするグアルディア
（GUARDIA, 2007a）らがいる。文献に当たらずに独特の説を唱えた研究者として
は、西ゴートの建物の「モサラベ」による改修とするコルソ（CORZO, 1989：92
& 118）、柱頭を論拠に6世紀のものが残されていたとするドミンゲス・ペレー
ラ[15]がいる。

　コルソやドミンゲス・ペレーラの説は、文献に対する分析がないこと、のち
に述べるように実際にはいちどきに建てられたと考えるべきペニャルバに元の
建物を想定していることなどから、認め難いものである。彫刻様式か馬蹄形
アーチの形か空間構成か切石の種類かモデュールのどれか一つでも彼の考える
「西ゴート」式に当てはまるものがあれば何でも「西ゴート」に帰したコルソ
の考えは多くの点でとても容認できないが、とりわけ72cmの壁厚を800mmの
「西ゴート」モデュールだとしてしまう点に問題がある。グアルディアは、建設
時期を遅らせたほかに、サンティアゴ・デ・ペニャルバにおけるイスラーム建
築の影響を再評価し、その経路としてモサラベでなくレオン王朝の重要性、と
りわけモデルとしてサン・サルバドール・デ・パラット・デル・レイが果たした役
割を示唆した[16]。この意見は十分に説得力があるが、937年の時点でサンティ
アゴ・デ・ペニャルバの建設は進んでいたので、それが950年代まで続いたと
する考えは必ずしも説得力を得ているとは思えない。

変容、発見と修復

　もともと修道院であったペニャルバは、13世紀には教区教会堂になってお
り、16世紀にアルバ公爵夫人がゲナディウスの聖遺物を持ち出している。唯一
の遺構であるサンティアゴ・デ・ペニャルバの教会堂は、サン・ミゲル・デ・エ
スカラーダやサン・セブリアン・デ・マソーテと比較して、かなり保存状態が
良かったようである。近代以降の修復事業を蒙る前の18世紀にフロレスが残
した記述[17]や不正確きわまりないが大変興味深い平面図（本章末を参照）、ゴメ
ス・モレーノの記述[18]からは、様々な後世の付加物が教会堂を覆っており、半
屋内化された墓地に囲まれていたことが分かるが、エスカラーダのように廃墟
化もしておらず、マソーテに見られるようなバロック様式による大改変も蒙っ
てもおらず、ペニャルバの教会堂のアーチや空間構成が現在と同じ状態であっ
たことが確認される。1931年に国指定歴史的建造物に指定されたあと、1940

第四部　10世紀レオン王国の建築

年代から度々修復事業の対象となってはいるが、こうした周囲の明らかな付加物の撤去のほか、ほとんどが屋根や周囲の雨水処理などに関するもので、それによって遺構の姿が見違えるように変化する類のものではなかった[19]。記録されている最初の修復事業である1940年代の事業費は70,000.37ペセタで、必ずしも小さな額ではないが、マソーテにかかった費用159,380.01ペセタに比べると半分以下である（*Veinte años*, 1958：28-30）。

　近年になって、長らく存在は知られていた天井画の調査と修復が行なわれた。これにより、1950年代からホセ・メネンデス・ピダルのドローイングによって知られ、ずっと「モサラベ」壁画と言われていた部分がかなり後世のものであったということがわかった一方、それ以外の10世紀に帰される壁画・天井画の顔料の化学組成や、文様の様式的特徴などが明らかとなった（SUÁREZ-INCLÁN & TEJEDOR, 2006；GUARDIA, 2007a）。

3）プラン・空間構成

　サンティアゴ・デ・ペニャルバの教会堂を形成している、小壁で区切られて面積も高さも異なる空間は、それぞれ異なったタイプのヴォールトで覆われている。主部は東西2つの区画で構成されており、それぞれコルス（内陣）と身廊部（外陣）であったと考えられる[20]。この主部の東側に主アプスがつくが、西にほとんど同じ大きさ・形のカウンターアプスを持つのが特徴である。2つのアプスの形は、内側が半円を超える弧を描くが外壁は矩形で、サン・ミゲル・デ・エスカラーダやサン・ミゲル・デ・セラノーバなどのレオン王国の他の教会堂と共通する。東西のアプスの平面形は、ゴメス・モレーノ以来言われてきたように、東側が超半円形で西側が上心形、ではなく、フェルナンデス・ムニョスの平面図のように、その間をとった形、つまり東西とも、奥側の半円弧が入口に向かってややすぼまるという形を取る。もっとも、主アプスがカウンターアプスより閉じた形になっているのは事実である（本章末の各図を参照）。アプスのこの形態は、アストゥリアス建築やイスパノ・ビシゴード建築で一般的であった内外壁とも矩形の祭室とは異なるが、サン・フルトゥオーゾ・デ・モンテリオスなどいくつかの先例と考えられる建物があることは既に述べた[21]。カウンターアプスに関しては、イベリア半島初期キリスト教建築に幾つか事例があり、その由来や機能について多くが語られてきたが、ペニャルバの場合、埋葬空間で

490

あったことは、ゲナディウスの遺体が安置されていたことから明らかである[22]。

　フェルナンデス・ムニョスは、この西アプスの天井高と、屋根の高さに大きな差があることから、サン・ペドロ・デ・ラ・ナベやサン・フリアン・デ・ロス・プラドス、サン・ミゲル・デ・エスカラーダなどと同じような、アプス上の入口を持たない空間がペニャルバにもあるのではないかと指摘している[23]。多くの点で似ている東西アプスであるが、平面上のわずかな違いに加え、立面上では、西アプス入口アーチにアルフィスが無い。このちょっとした違いも、西アプスが後から主アプスに似せて付け加えられたというバンゴ説の根拠となっていた。

　建物全体のプロポーションとして特徴的なのは、コルスの内部空間が立方体を2つ重ねた形をしており、平面上でも身廊部がコルスとほとんど面積が変わらず、結果的に平面・立面に正方形を2つ並べたような構成が見られることである（Gómez-Moreno, 1919：231；Fontaine, 1978：123）。

　ペニャルバ全体のモデュール・プロポーション解析については筆者が2005年のDEA請求論文で試みたが、厳密な実測値が得られない状況で暫定的な結論にとどまった（Ito, 2005a）。この分析中では、建物全体と部分をまとめあげる一意の法則というものは発見できなかったが、その分かれ目があったとすれば、それは西アプスと身廊部の境目ではなく、身廊部とコルスの境目だという結論が導き出された。教会堂は通常、最も重要なアプス部分から作られていくので、コルスまで作った時点で、何らかの中断があった可能性もある。モデュール・プロポーションの問題は、まだ十分に研究の余地がある分野であると同時に、極めて慎重な扱いが必要な分野でもある。比較的単純な幾何学的形態の組み合わせである古代や中世の建築に対し、あまりに複雑な設計手法が取られたと考えるのは適切ではないし、逆に、全てが誤差も無い見事な黄金比に収まるような解析図は、作業のどこかを歪曲している場合がある[24]。

　空間分節は、サンティアゴ・デ・ペニャルバの最も重要な特徴の一つであるといえる。幾人かの研究者は連続的な空間とは異なった空間的コンセプトが存在していたと主張し、「東方的」空間概念を持って到達した「モサラベ」によるものと述べた[25]。しかし、様々なヴォリュームの閉じた空間を並べていく手法は、イスパノ・ビシゴード建築にも存在しているし、窓の開け方によってその「迷宮的（laberintico）」効果を高めるというのも同様である。こうした傾向をイスラーム文化経由のものとする主張は、同時期のイスラーム建築がそもそもそういった傾向を持っていなかったことを無視している（コルドバ大モスクほ

第四部　10世紀レオン王国の建築

ど明快で連続的で一体的な空間が当時半島に存在していただろうか？）。空間の分節に関しては、バンゴが述べたように、ヴォールト架構を容易にするためという説明が最も正しいのではないだろうか（Bango, 1994：182-3；Idem, 2001：333-5）。ただ、どのような論理で各空間のヴォリュームやヴォールト形式が決定されていったのかについては今後も検討の余地がある。

　サンティアゴ・デ・ペニャルバのコルス両脇にある小部屋は、ミサの際に必要な道具を保管したり、控え室のように用いられた聖具室（sacristía）であったと考えられる。この空間は西ゴート時代から存在し、アストゥリアス建築にも維持されていた。聖具室2つがコルス南北にこのような形で配されるのは、キンタニーリャ・デ・ラス・ビニャスや、カタルーニャはマタダルスのサンタ・マリア・ダ・マルケット（Santa Maria de Marquet de Matadars）と同様であるし、東部の3つの室を全て祭室としていたアストゥリアスのバシリカ式建築にも、コルス南北に副次的性格の小部屋をみることができる。ただ、レオン王国の中・西部の遺構では、このように南北に小部屋を突出させているのはサンティアゴ・デ・ペニャルバだけである[26]。この小部屋は南北ほとんど対称だが、窓の位置が異なる。これは、迷宮的エフェクトを増幅させるため、ではなくて、採光上の理由と考えるのが妥当だろう。

　レオン王国の建築の多くがその後改変を蒙っているが、サンティアゴ・デ・ペニャルバの南側エントランスは、基本的に10世紀の様子をそのまま残していると考えられる。エスカラーダやマソーテに関しては確かなことはいえないものの、ペニャルバやサン・ミゲル・デ・セラノーバにおいては、メインのアクセスが身廊部の南に開き、そこから東西方向の主軸へ「折れ曲がる」操作がなされている。近代建築史を援用したヌニェス、フェルナンデス・アレナスなど、いくつかの言説においてはこうした処理の生む空間的・視覚的体験が過度に強調されたという印象は否めないが、いちどきに全体を把握できない不透明な内部空間が意識されていたのは事実であろう。

4）構造・工法・材料

　サンティアゴ・デ・ペニャルバの構造や工法の問題は第三部で取り上げたが、簡単に再度まとめた上で、個別の問題についても触れておく。

　抱き、迫石、円柱など一部を除き、サンティアゴ・デ・ペニャルバの教会堂

第1章　サンティアゴ・デ・ペニャルバ

a：南東から見た外観　　　　　　　　　　　b：バットレス

fig.4-1　サンティアゴ・デ・ペニャルバ

の壁体を構成するのは、スレートと石灰岩を石灰モルタルで固めた野石積みである。同じ野石積みでも、アストゥリアス建築やその他一部のレオン王国の建築では、荷重がかかる隅部やバットレスに切石を配しているのが普通だが、ペニャルバではこれらも野石でつくられ、このため現在の石積みが剝き出しの外観ではそのラフな印象がさらに強調されている。もっとも、明らかに周囲と異なる凝灰岩のような質の石材（CORTÉS, 2011：247）で作られた主扉口上部の隠しアーチも含め、建設当初はしっくいなどで壁全体が均一に仕上げられていたと推察される（fig.4-1）。

　第三部第2章で指摘したように、サンティアゴ・デ・ペニャルバではレンガが使用されていないが、壁画・天井画の一部でレンガ積みが模されている。これは、レンガ積み仕上げのモデルとなった建物が存在し、その意匠を継承する意図があり、そのための材料が入手不可能であったことを暗示している。実際のヴォールトは、壁体のものよりはやや小ぶりの石を石灰モルタルの助けを得て積み上げたもので、その石積みは塗装の環状のものとは一切相関がない。それぞれの室のヴォールトの内訳は、身廊部および南北の附属室がそれぞれ東西方向、南北方向のトンネルヴォールトで、両アプスが半ドームを基本とした穹稜ドーム状ヴォールト、そしてコルスが多穹稜ドーム状ヴォールトを正方形平面に架けたものである。

　野石積みの壁体で作られた建物全体に比較的複雑なヴォールトを架けたサンティアゴ・デ・ペニャルバを、切石とヴォールトを至上のものとする技術の進化論や革新論で論じることが難しいことは第三部の複数箇所で示してきた。石

493

第四部　10世紀レオン王国の建築

fig.4-2　サンタ・ルシア・デル・トランパル

を整形せずに用いた野石積みでつくられていながら、全体が構造的困難の多いヴォールトで覆われており、さらに、きわめて特殊な八分ドーム状ヴォールトを含めたひとつひとつのヴォールトが、巧妙に組み合わされて全体を構築しているサンティアゴ・デ・ペニャルバは、切石と全体ヴォールト造の組み合わせであるサンタ・マリア・デ・メルケより劣っているとはいえない。同じように、乱雑な材料により、初期中世建築としては極めて複雑な平面全体にヴォールトを架けていたとされるサンタ・ルシア・デル・トランパル（fig.4-2）も、同様に、技術の進化を示しているのか、革新を示しているのか、あるいは退化を示しているのか判断が分かれるところであろう（CABALLERO & SÁEZ, 1999）。実際のところ、切石の使用とその質が反映しているのは建設自体のレベルではなく切石積みそのもののレベルに過ぎないし、ヴォールトの使用も、構造的要因がその他の経済的・機能的問題を妨げる可能性を考えれば、必ずしも木造天井の進化形とは言い難い。特に、大ブロックの切石によるヴォールトは重い上に高価であり、ともすれば原始的な手法であるといえる。ローマやビザンティンのヴォールトによる大空間を覆っているのは、切石ではなく、経済性・施工性・耐久性等で優れるオプス・カエメンティキウム（opus caementicium）[27]やレンガである。カタルーニャの「第一ロマネスク」は割石を用いた質素な建築であったが、革新的普遍性を持っていた。その点から言えば、ペニャルバが、限定された規模のローカルなプロジェクトとして、ルゴの城壁でも用いられていた安価な現地の材料を採用したのはある意味当然で、それは古代の切石造技術の成れの果てとは言い切れない。反対に、全石造による架構も、ロマネスクあるいはロマネスク的精神の萌芽などではなくて、地中海世界の小規模な重要建造物が古代以来いつも可能性として持っていた選択肢の、慎重な適用の結果なのである。

　サンティアゴ・デ・ペニャルバには控え壁が用いられており、72cmの厚みは壁厚と一致する。また、荷重が集中する建物の角や控え壁に重点的に大き目の

第1章　サンティアゴ・デ・ペニャルバ

石を集めたアストゥリアス建築と異なり、サンティアゴ・デ・ペニャルバでは控え壁や角にも全く同じような野石・割石を用いているのが特徴と言える。イベリア半島において控え壁は、初期キリスト教時代のマルティリウムであるとされるムルシアのラ・アルベルカ（La Alberca）の遺構[28]などに既存であったが、直近の先例としては、コルドバ大モスクにもアストゥリアス建築にも存在していた（fig.4-3）。ゴメス・モレーノはコルドバ大モスクにおける控え壁の「合理的使用」に言及したが、東西壁に突出する控え壁はアー

fig.4-3　サン・ミゲル・デ・リーリョ

チの横力を支えることもなく、逆に創建当初、アーケードの横力を支えるべき南北壁に控え壁はなかったから、これらを合理的に配されたものとしていいかどうかには疑問が残る[29]。サンティアゴ・デ・ペニャルバの控え壁は、フォンテーヌが指摘したように、どちらかと言えばアストゥリアス建築の影響と考えた方がよいであろう（FONTAINE, 1978：123）。修復建築家フェルナンデス・ムニョスも、内部の空間分節を形成する横断方向のアーチの位置に合わせて控え壁が配されている点を、コンポジションよりは工法的観点が優位と見ている[30]。もっとも、身廊部西側のものは、南北で位置がずれている上、西アプス入口にも一致しておらず、同じく附属室に2つずつ付けられたものも、完全に構造的理由で配されているとは言い難い。ただどのケースも、トンネルヴォールトの応力を支えていることはいるので、全体としてみれば構造的な点を考慮したと言ってよいだろう。サン・ミゲル・デ・リーリョでも控え壁の位置と内部の付け円柱の位置が一致している。

　一方、高さで突出するコルスは、西側は身廊部のヴォールト天井によって支えられているが、南北と東のアプス側は、ドーム状ヴォールトの応力を支えられる位置まで隣接するそれぞれの室の高さが達していない（本章末の立面図を参照）。ヴォールトをかけたために自壊した建築は少なくないが、サンティアゴ・デ・ペニャルバが、このようなやや中途半端な構造的バランスながら1000年以上保たれていたというのはかなり貴重な事例と言えるのではないだろうか。

第四部　10世紀レオン王国の建築

　そのほかの構造的特徴としては、主エントランス上部に隠しアーチが用いられている。1つのアーチの中に非構造的な二連アーチを収めるというのは、サン・フルトゥオーゾ・デ・モンテリオスに見られるほか、ロマネスクでは頻繁に用いられる解決だが、ペニャルバでは隠しアーチの意匠的処理が考慮されていないのが見てとれる。アストゥリアス建築で多用された隠しアーチであるが、レオン王国時代の建築には珍しく、サンティアゴ・デ・ペニャルバはその例外である。

5)　アーチ・ディテール・装飾

馬蹄形アーチ

　サンティアゴ・デ・ペニャルバではほぼ一貫して馬蹄形アーチが使用されている。主軸に並ぶ4つの空間それぞれを結ぶ3つ、コルスと身廊部の小壁に開く窓、コルス南北の附属室へのアクセス、身廊部北へ開く出入口の外側がそうである。コルスのドーム状ヴォールト基部の壁付アーチや、身廊部北出入口の内側は半円アーチである。

　北側出入口のアーチや附属室・コルス間のアーチは、教会堂の主たる通路に設けられたアーチとは形が異なる (fig.4-4)。これらのアーチの特徴は、イスパノ・ビシゴード建築の馬蹄形アーチのものと考えられていた[31]。一般に再入植期の建築と考えられているカンタブリアのサン・ロマン・デ・モロッソにも似た形が見られ (fig.3-125)、そのためコルソは「モサラベ」たちが西ゴート建築の上部に持ち送りを加えたと解釈した (GÓMEZ-MORENO, 1919：282-7；FONTAINE, 1978：450；CORZO, 1989：94；BANGO, 2001：365)。また、サン・ミリャン・デ・ラ・コゴーリャにも同様の例がある (fig.3-89) が、そのためにコルソによって西ゴートの建設と断定されている (CORZO, 1989：120)。外輪下部が内輪から離れるのが西ゴート時代の建築の特徴だとすれば、インポストと下部迫石の区別をはっきりさせないことや、抱きに円柱もピラスターも添えない点などは、どちらかといえばコルドバのアーチを想起させる。とりわけ、サン・ロマン・デ・モロッソのアーチにシルエットが酷似するものがマディーナ・アッザフラーにある (fig.4-5)。おそらく円柱があったと考えられる部分へ、抱きから突き出したインポストのシルエットがとりわけ似ている。しかし、迫石の積み方が全く異なることから、レオン王国におけるこうしたアーチの出現は、視覚的模倣で

第1章　サンティアゴ・デ・ペニャルバ

あって技術的吸収ではなかったことが追認されるであろう。11世紀の建設と考えられるサン・バウデリオ・デ・ベルランガのアーチにコルソが「西ゴート性」に帰す似たような特徴があらわれていることも忘れてはならないだろう[32]。私見では、サンティアゴ・デ・ペニャルバ北エントランスのアーチは、アル・アンダルスのものも含めた馬蹄形アーチのいくつかの定型が模倣されたものであろう。従って、このアーチがあるから西ゴート時代のものだとか、モサラベが関係しているということはいえないが、10世紀の馬蹄形アーチの一つのあり方を示していることは間違いない。

　アルフィスは南の主エントランスとトライアンファル・アーチを囲っている。三重のモールディングはエスカラーダのポルティコのものとほぼ完全に一致する（fig.4-6）。主エントランスは二連アーチ[33]で構成されており、アーチの厚みは壁の半分である。この上部の壁体に、大きな馬蹄形の隠しアーチが埋め込まれている。装飾的な二連（三連）アーチを矩形の枠で取り囲んだ現存する最も古い事例は、コルドバではなくアストゥリアスにある。一つがオビエドのサン・ティルソで、アルフォンソ2世期のものと考えられ（fig.3-121）、

a：外壁側アーチ

b：抱き（東側）

fig.4-4　ペニャルバ　北エントランス

fig.4-5　マディーナ・アッザフラー　馬蹄形アーチ

497

第四部　10世紀レオン王国の建築

a：ペニャルバ　南エントランス

b：エスカラーダ　ポルティコ
fig.4-6　アルフィス

もう一つがサンタ・マリア・デ・ベンドネス（Santa María de Bendones）のものである。一方、馬蹄形アーチを用いたこの構成は西方イスラーム建築の基本的語彙であった。

　ペニャルバのエントランスの特徴を明らかにするために、その4つの要素を挙げておこう。(1) 開口を2つ（1つでも、3つでもなく）の、構造的性質の低いアーチで構成すること、(2) 馬蹄形アーチの使用、(3) それを飾り窓でなく主エントランスに用いたこと、(4) 迫縁とアルフィスを一つのモールディングでまとめたこと。

　アストゥリアス建築には、二連より三連が好まれたようだが、サン・ミゲル・デ・リーリョ、サン・サルバドール・デ・バルデディオスなど、似たような構成の二連アーチ窓が比較的多く見られる。知られているように、アストゥリアス時代後期、とりわけサン・サルバドール・デ・バルデディオスには、馬蹄形が見られるようになる。また、サンタ・マリア・デル・ナランコでは、三連アーチが飾り窓だけではなくより大きなスケールで用いられている。既に述べたように、アルフィスも存在する。

　ところで、もし、完全に装飾的なもの、たとえば迫石を持たず1つの石で出来たアーチ型も含めると、二連馬蹄形アーチの意匠はそれ以前から存在する。ゴメス・モレーノはトレドのサン・ヒネス教会堂の小窓（fig.4-7）を自身が設定した様式的理由からモサラベと分類したが、この小窓がイスパノ・ビシゴード建築のものであったと考えても不都合はない。近年になってバンゴが否定するまで、ほとんど誰もそのモサラベ性を疑わなかったというのは不思議ですらあ

498

る[34]。いわゆるイスパノ・ビシゴードのグループに帰されてきた馬蹄形の断片は少なくない。

このように、アストゥリアスやイスパノ・ビシゴードに、サンティアゴ・デ・ペニャルバの入口の構成を暗示する先例は確かにある。とはいえ、全体のまとまりとしてペニャルバ入口のシンタックスを実現しているものは存在しない。もし半島初期中世に類例を探すなら、やはりマディーナ・アッザフラーやコルドバの連続アーチに求められるべきであろう。つまり、ペニャルバ入口アーチに見られる要素のひとつひとつが、例えイスパノ・ビシゴードやアストゥリアスに起源を求められるにしても、直接的なモデルはコルドバ周辺にあったというのがもっとも妥当といえるだろう。ただし、サンティアゴ・デ・ペニャルバに影響を与えたモデルというのは、カリフ国盛期のものではなく、またその設計を行なった職人はコルドバ建築の素養を必ずしも身につけていたとはいえないことは注意されるべきである。

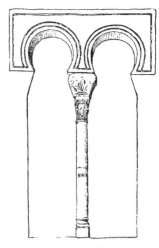

fig.4-7　サン・ヒネス（トレド）
二連馬蹄形アーチ

エントランスのプロポーション決定論理は不明だが、第三部第4章で示したように、トライアンファル・アーチのプロポーション決定はまずおよそ$1:\sqrt{2}$のプロポーションを持つアルフィスの大きさからなされたと推察される。

円柱と柱頭

柱頭に関するヒストリオグラフィーは第三部第3章で触れた。本書では柱頭自体の影響関係特定や様式的解析には踏み込まないが、いくつか気になる点を挙げておきたい。まず、モノリスの円柱使用のあり方から見ると、ペニャルバはある特定の癖を示している。

ペニャルバでは、バシリカ式のエスカラーダやマソーテとは異なり、入口中央の円柱を除いて、全ての円柱は抱きに添える形で用いられている（fig.4-8）。柱身は抱きと一体化しないが、インポストは抱きの上に組み込まれている（fig.4-9）。これは、ドゥエロ川北岸のレポブラシオン建築によく見られる特徴

第四部　10世紀レオン王国の建築

a：アプス入口

b：西アプス入口

fig.4-8　柱頭

fig.4-9　南エントランスの抱きと円柱

である。円柱が抱きにぴったり接しているので、柱頭やアッティカ式柱礎は全形を保てず、抱きと重なる部分は切断されているか、あるいは最初から作られていない[35]。同じことは、エスカラーダの一部やレベーニャでも観察できる（figs.3-86 & 3-95b）。一方、イスパノ・ビシゴード建築のサン・フアン・デ・バニョス（fig.3-79b）はアーケードの端でも全形の柱頭を掲げ、サンタ・コンバ・デ・バンデ（fig.3-79a）にも同様の処理を観察することが出来る。

　サンティアゴ・デ・ペニャルバの全ての柱頭の技法・様式は同一で、サン・ミゲル・デ・エスカラーダのポルティコのものと一致する[36]（fig.4-18）。筆者は彫刻の純粋な様式的議論が建築全体の影響関係を明らかにすると言う考えに与するものではないが、サンティアゴ・デ・ペニャルバとサン・ミゲル・デ・エスカラーダの場合は、明らかに同じ作者・同じ工房によるものと断言して間違いないであろう。歴史的状況その他もそれを裏付ける。

そのほかの装飾的要素

　レポブラシオン建築を特徴付ける建築要素である軒下の持送り（modillón）は、サンティアゴ・デ・ペニャルバでは7つの円筒形によって形成され、側面には放射状を基本とする2種類の文様（8本のS字線が渦を巻くものと六弁の花型のもの）が並ぶ（fig.3-37b）。こうした文様はケルト文化の時代から用いられ続けていたようである。壁画・天

第1章　サンティアゴ・デ・ペニャルバ

井画の問題については第三部第2章において既に触れた。そのほかの装飾的要素として、白石灰岩で出来た窓格子がある。

6）建設時期・フェーズ

　最後に、サンティアゴ・デ・ペニャルバの建設時期・フェーズに関して考察を加えたい。ヒストリオグラフィーで触れたように、大部分の研究者はゴメス・モレーノの解釈に従っており、そのゴメス・モレーノは、先人による純粋に文献学的な解釈に従っていた[37]。これに対し、バンゴは2つの建設フェーズを想定している（BANGO, 2001:358-360）。第1フェーズがゲナディウスによる、西アプスを除く教会堂全体、第2に、サロモンによる、聖ゲナディウスの遺体を埋葬するための西アプスである。また、この増築に伴って、エントランスが西側から南側の現在あるものに変更されたとも考えている。バンゴ以前にゲナディウスに教会堂建設を帰したのはキンターナであったが、キンターナは、ゴメス・モレーノの著作としては*Catálogo monumental*にごく簡単に触れただけで、その著作*Peñalba*（1963）では『モサラベ教会堂』すら参照されていない。このほか、コルソも改修説をとり、ドミンゲス・ペレーラもその可能性を示唆した。一方、マルティネス・テヘーラは、キンターナやバンゴと同様にゲナディウスの建造という説をとりつつ、建設が一様であるとして、サロモンはその周りに修道院の付属施設をつくったものとした。グアルディアはサロモンの時代の建設にしか言及していないが、その時期を937完成ではなくそれ以降とした。

　既に述べたように、ゲナディウスが、たとえ粗末な出来であったにせよサンティアゴ・デ・ペニャルバに修道院を建てたのは間違いないが、同時にフォルティスが建てようとした師ゲナディウスのための*domus*は、キンターナが考えたような単なる住居ではなく、もっと重要な宗教施設であることも疑いようがない。

　現在の教会堂を見ると、壁体を構成している石材はどの部分もそっくりで、ロマネスク期に付置された墓やさらに後世のものであるエスパダーニャ（鐘塔）も共通する（fig.4-10）。したがって、建材から建設フェーズを区別するのは不可能である。ところで、ロマネスクの埋葬所を見ると、それが既存の壁体に接してつくられてはいるが、構造的に一体には作られていないのが明らかである（fig.4-11）。これに対し、西アプスは本体とは一体に造られており、本体が一旦

501

第四部　10世紀レオン王国の建築

fig.4-10　エスパダーニャ

fig.4-11　埋葬所

fig.4-12　西アプス南外壁

完成してから後で設置されたものとは見えない（fig.4-12）。建造がいちどきであることは、修復の際の調査でも確認された[38]。同様に、南壁の主エントランスがあとから開けられたというのも考えがたい。特に、上部の隠しアーチのことを考えると、わざわざその高さまで壁を穿って、そのような改築がわからないように現在の形で完成させたというのは、当時の技術や美意識からしてもおよそ考えられない。上述したように、全ての柱頭は同じ様式である。ペニャルバの教会堂はマソーテやエスカラーダのように、記録がはっきりしない時期の復原を蒙ってもいない。以上から、建設がいちどきであったと考えるのが最も自然である。

次に、マルティネス・テヘーラは、そのいちどきの建設を、隠居後も含めたゲナディウスのイニシアティヴに帰したが、サロモンの寄進文をそのまま読めば、まずフォルティスが、ゲナディウスのための、おそらくはゲナディウスの祈念堂を想定した一大建設プロジェクトを発案し、彼が亡くなってサロモンがアストルガ司教となったあと、すなわち931年以降、サロモンが場所を替えた上でこれを実行に移したのは明らかである。従って、建設はやはり931年以降とすべきである。グアルディアは、937年の寄進文は建設の完成を意味せず、940年のラミーロ2世の寄進がペニャルバ建設支援の意味合いを持っていたと主張し、建設完了間際

第1章　サンティアゴ・デ・ペニャルバ

に描かれたと考えられる壁画・天井画の分析も含め、教会堂完成を950年代まで遅らせた。しかし、確かに940年のラミーロ2世の寄進がそのような意味合いを持っていたとしても、修道院の施設で最もプライオリティーの高い建物の一つである教会堂の完成が、950年代までずれこんだというのはいささか考えがたい。気の遠くなるような長い時間をかけて建設が続けられたゴシックの大聖堂のイメージによって、中世は長々と建設していた時代という印象を与えるが、実際の建設期間は拍子抜けするほど短いことが多い。コルドバ創建大モスクやサン・ミゲル・デ・エスカラーダが1年で、サン・マルティン・デ・カスタニェーダが5ヶ月で作られたという記録が大げさだとしても、ラミーロ1世がオビエド近郊の宮殿施設を作った期間は、前後のプログラムの変化を考えればそのわずか8年間の治世（840-8年）だった。サンティアゴ・デ・ペニャルバの教会堂も、象徴的というよりは実用的な建築であったから、931年ごろから建設を開始していれば遅くとも940年のラミーロ2世の寄進のころにはほとんど完成していたと考えるべきではないか。

　以上より、サンティアゴ・デ・ペニャルバは、ゴメス・モレーノが考えたように、930年代から遅くとも940年代初頭にかけて、サロモンのイニシアティヴによって建設されたものであろう。建設が進んでからのプログラム的・意匠的変更はほとんどなく、もし中断があったとすれば、東アプス、コルスと進んだ工事が身廊部に取り掛かる前であっただろう。西アプスは東アプスとやや形態が異なるが、まったく同じ規模で、身廊部と連続して作られた。おそらく最後に建てられた部分はコルス南北の附属室である。サンティアゴ・デ・ペニャルバの建設時期やフェーズについては複数の研究者から様々な反対意見が提出されたが、比較してみるとゴメス・モレーノ説の正当性が改めて浮かび上がった。

503

第四部　10世紀レオン王国の建築

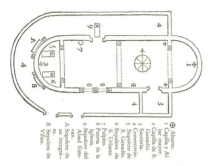

E. FLÓREZ

前近代

1572	(MORALES, *Viages*).
1586	(IDEM, *Coronica*).
1601	(SANDOVAL, 1601：f.27r-f.31v).
1609-11	(YEPES, 1959：II, 199-211 & IV, 266f).
1762	(FLÓREZ, 1905：XVI, 37-42).

20世紀初頭まで

1855	(QUADRADO & PARCERISA, 1855：432f).
1884	(GINER, 1884).
1885	(QUADRADO & PARCERISA, 1885：629).
1904	(REDONDO, 1904：54). (plan)
1906-08	(RODRÍGUEZ LÓPEZ, 1906).
1906	(GÓMEZ-MORENO, 1906：26).
1908	(LAMPÉREZ, 1908a：202-7, etc).

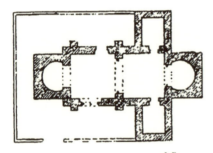

I. REDONDO

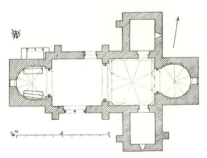

M. GÓMEZ-MORENO

第1章　サンティアゴ・デ・ペニャルバ

I. Redondo

M. Gómez-Moreno

バルセロナ万博（1929）に展示された模型

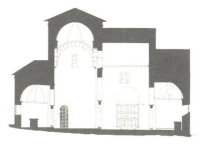

A. L. Fernández Muñoz (c.1992)

505

第四部　10世紀レオン王国の建築

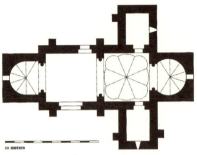

(Dodds, 1990) = Gómez-Moreno

Gómez-Moreno. 1909-1951.

1909	(Gómez-Moreno, 1909).
1919	(Gómez-Moreno, 1919：224-238).
1924	(King, 1924：169-174).
1930	(Frischauer, 1930：73-7).
1931	国指定記念建造物
1940s	Luis Menéndez Pidal & F. Pons Sorolla： 内容記録のある最初の修復。屋根と壁画※
1951	(Gómez-Moreno, 1951：380-1).

※このときかその直前に、石積みを確認しようとしてか壁面が削られ、壁画が発見されるが、同時に一部を損傷。

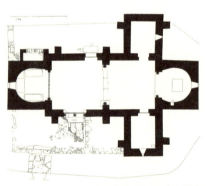

A. L. Fernández Muñoz (c.1992)

1950s-80s.

1956	(Menéndez Pidal, J., 1956).
1961	(Luengo, 1961).
1963	(Quintana, 1963). (documents)
1964-71	Luis Menéndez Pidal：複数回の修復、材料分析（結果現存せず）
1965	(Chueca, 1965：134-8).
1972	(Fernández Arenas, 1972).
1974	(Bango, 1974).
1977	(Fontaine, 1978：137-143).
1978	(Ulbert, 1978：191-3).
1979	(Yarza, 1979：100-2).
1987	(Domínguez Perela, 1987).
1989	(Corzo, 1989).
	(Bango, 1989：64 & 74).

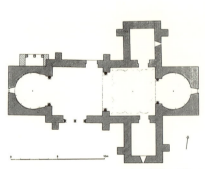

A. M. Martínez Tejera

第1章 サンティアゴ・デ・ペニャルバ

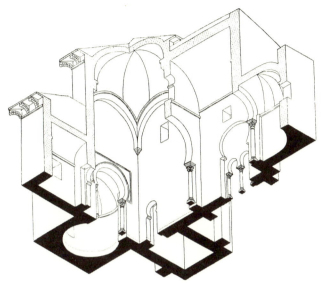

M. Gómez-Moreno

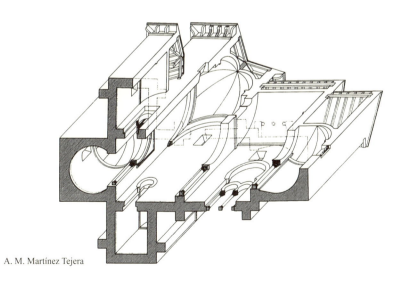

A. M. Martínez Tejera

第四部　10世紀レオン王国の建築

（GÓMEZ-MORENO, 1909）

（GÓMEZ-MORENO, 1951）

（2004）

（FONTAINE, 1978）

第1章 サンティアゴ・デ・ペニャルバ

(GÓMEZ-MORENO, 1919)

(FERNÁNDEZ ARENAS, 1972)

(2011)

509

第四部　10世紀レオン王国の建築

（Gómez-Moreno, 1919）

（Bango, 2001）

1990-2010s.

1990	（Dodds, 1990：85-8, n.3：10-14）.
	（Regueras, 1990：48-9）.
1991	（Martínez Tejera, 1993）.
	（Noack, 1996）.
1992	（Bango, 1992：100-2）.
1993	（Fernández Muñoz, 1993）.
1994	（Bango, 1994：207-8）.
1996	壁画修復準備開始
1998	（Fernández Muñoz, 1998）.
1999	（Arbeiter & Noack, 1999：295-301）.
2002	カスティーリャ・イ・レオン歴史遺産財団が壁画修復事業再開
2004	（Martínez Tejera, 2004）.
2004	（Escudero et alii, 2004）.
2005	（Cortés, 2005）.
2005	（Ito, 2005b）.
2006	（伊藤, 2006）.
2006	（Suárez-Inclán & Tejedor, 2006）.
2007	（Guardia, 2007a）.
2007	（Rodríguez González, 2007）.
2008	（Guardia, 2008）.
2009	（伊藤, 2009）.
2010	（Martínez Tejera, 2010）.
2011	（Cortés, 2011）.
2012	（Martínez Tejera, 2012）.
2012	（Ito, 2012）.

第1章 サンティアゴ・デ・ペニャルバ

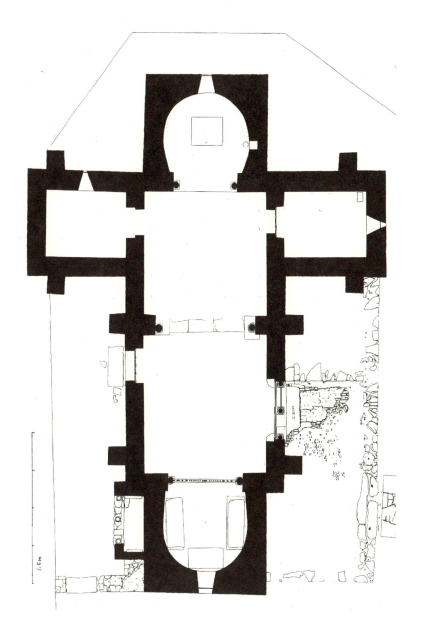

plan (1/150). A. L. Fernández Muñoz (c.1992)

第四部　10世紀レオン王国の建築

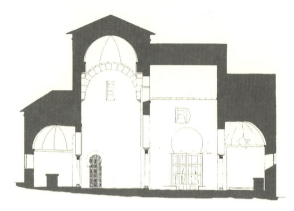

section E-W to S（1/300）

section W-E to N（1/300）

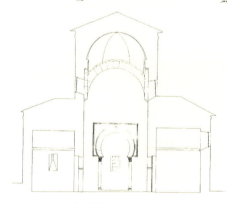

section N-S to E（1/300）

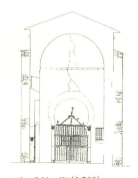

section S-N to W（1/300）
A. L. Fernández Muñoz（c.1992）

第1章 サンティアゴ・デ・ペニャルバ

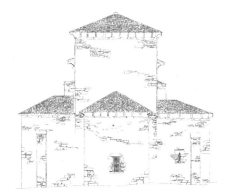

elevation E (1/300).

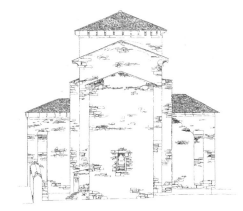

elevation W (1/300)

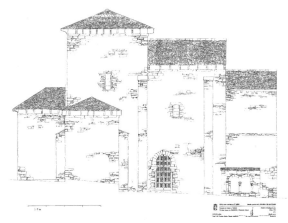

elevation N (1/300).
A. L. Fernández Muñoz (c.1992)

513

第2章　サン・ミゲル・デ・エスカラーダ

　レオン王国10世紀の建築の中で最も早くから知られ、最も広く知られていると思われるのが、レオン市から東へ22kmほどにあるサン・ミゲル・デ・エスカラーダ旧修道院教会堂である。ポルティコをのぞく本堂は、第四部で取り上げる4つの遺構の中で最も早く建てられたものと考えられる。また、「モサラベ」移民と10世紀レオン王国の建築を唯一直接的に結び付けるという点も重要であるし、その聖別式をゲナディウスが取り仕切ったこと、ボバストロの教会堂と構成や規模が酷似している点も、エスカラーダがモサラベ教会堂の代表選手とされる背景にあった。エスカラーダの本堂を、意図的にイスラーム建築の要素が排除された強烈な西ゴート主義の表現と見た研究者もいるが、サンティアゴ・デ・ペニャルバと同様、その位置づけとしては基本的にゴメス・モレーノの説が未だに受け入れられている。

1）文献資料の分析

　11世紀後半のロマネスクやローマ典礼導入までの変遷を考えると、文字史料としては複数の銘文や公文書があるが、これらについての分析は1世紀以上前から進んでおり、建築自体との関係を考慮した詳細な研究もなされているため、ここでは最も重要な史料である、消失した創建碑についてのみ触れておく[39]。

聖別の碑

　リスコによって書き写されたあと消失したサン・ミゲル・デ・エスカラーダ聖別の碑（補遺1）によると、アルフォンソという名の院長に率いられた修道僧集団がアルフォンソ3世時代にコルドバから到来し、サン・ミゲル・デ・エスカラーダにたどり着いた（«Adefonsus abba cum sociis adveniens a Corduvensi patria»）という。銘文全体の内容をまとめると、以下のポイントがある。

514

第2章　サン・ミゲル・デ・エスカラーダ

- 聖ミカエルに奉献されていた質素な古寺とその放棄
- アルフォンソ3世治下での復興
- コルドバ出身の修道院長アルフォンソと一団
- 復興後の発展に伴う根本的再改築
- 建設に直接関わった修道僧の熱意の強調
- 似た表現のサン・ペドロ・デ・モンテスやサン・マルティン・デ・カスタニェーダに日付が先行
- 12ヶ月で完成
- 聖別式：913年11月20日
- ゲナディウスの登場

　まず、最初の点である、前身の聖堂が大天使ミカエルに奉献されていたという点であるが、マルティネス・テヘーラは、西欧における聖ミカエル信仰の原点が708年イタリアのガルガーノ山より遡れないことを指摘している（MARTINEZ TEJERA, 2004：II, 57；IDEM, 2005：63）。この指摘が正しいとすると、アルフォンソ院長が「発見」した古のミカエル聖堂のストーリーが真実であったとしても、その聖堂は8世紀以降にミカエルに捧げられたものということになり、必然的に、西ゴートの建造物→イスラーム侵入により無人化→9世紀後半の再入植、再建という、長い間考えられていた見方を大きく揺るがすことになる[40]。さらに、ラレン（Hortensia LARRÉN IZQUIERDO）とカバリェーロによる発掘は、古代末期の住居と考えられる基礎の一部を明らかにしたものの、この遺構と現存する教会堂の間の「西ゴート」時代の教会堂建築を見つけることができなかった（LARRÉN, 1986；IDEM, 1990；LARRÉN & CAMPOMANES, 2014）。

　アルフォンソ3世は866年から910年まで在位していた。本書第二部でみたように、拡大傾向にあったアストゥリアス王国へのアル・アンダルスからの移住記録の多くは9世紀のものであり、エスカラーダもそのような流れで「復興」されたと推察される。

　バンゴは、モサラベがやってきて復興した建物ではなく、その復興された修道院が更に発展して手狭になったために建てなおされ、アルフォンソ3世の息子であるガルシア1世（在位910-4）の時に聖別された建物が現存する遺構なのだということを強調し、その時点では人数も増えており（MONACHORVM NVMERO CRESCENTE）、修道院も純粋な「モサラベ」移民による環境から変化

515

第四部　10世紀レオン王国の建築

していたはずと指摘している。従って、ゴメス・モレーノが描いたような、コルドバ人が来て、出身地のやり方で建物を建てた、そのため建物にイスラーム建築の影響がある、というヴィジョンは改められるべきだと言う（GóMEZ-MORENO, 1919：141-2；BANGO, 1994：173-4；IDEM, 2008；IDEM, 2014）。

　第三部第5章で述べたように、エスカラーダの銘文に酷似するものが、サン・ペドロ・デ・モンテス（919年）やサン・マルティン・デ・カスタニェーダ（921年）にこちらは現存する。両修道院は近接し、共にゲナディウスの活動と少なからぬ関係がある。ゲナディウスとサン・ペドロ・デ・モンテスに関してはすでにサンティアゴ・デ・ペニャルバの章で触れた。カスタニェーダの銘文はエスカラーダのコピーと言ってよい（補遺3）が、もし単なる模倣以外に真実が含まれているとすれば、カスタニェーダの院長ヨハネスもコルドバ人であった[41]。

　管見ではサン・ミゲル・デ・エスカラーダにおけるコルドバ出身者のイニシアティヴは十分に信憑性がある。たしかに最初の復興から現存遺構の建設までに数年から数十年が経っていたが、院長は同じアルフォンソで、相変わらずの情熱がその再建に傾けられていた。さらにいえば、何度もモサラベを迎えたガリシアのサモス修道院に明らかなように、一度移民を受け入れた拠点というのはその後の移民の波を受けやすい。したがって、再建の時点で、第一次復興の時からさらに南部の人間が増えていたと考えるのは決しておかしいことではない。とはいえ、実際の遺構に明白なのはその建築言語の保守性である。建築家・職人がどこの出身であったにせよ、エスカラーダ本堂はイスパニアの初期キリスト教バシリカの伝統に即した構成を保っている（DODDS, 1990：47-81）。

　913年の聖別は必ずしも完成を意味しないが、この事実によってその他の建造物との関係に齟齬も出ず、本堂が910年代から遅くとも920年代に完成しているとするのは妥当な説であろう。

2）ヒストリオグラフィーと修復史

　サン・ミゲル・デ・エスカラーダの修復の経緯を含むヒストリオグラフィー黎明期に関しては、本書第一部で触れた。また、エスカラーダについては研究も多く、その内容も多岐に渡っている。修復に関しては、マソーテほどラディカルな改変はされなかったものの、その後の考古学的調査の可能性を打ち砕いた不幸な補強が、19世紀末ではなく、20世紀半ばのルイス・メネンデス・ピダ

ルによるものであったということは忘れてはならない現実であろう。以下、本
章末の年表と添付した図版を前提に概要を述べる。

　ゴメス・モレーノ以前には、1860年代後半に描かれたベラスケス・ボスコに
よる一連の図版、1874年の報告（Álvarez de la Braña, 1874）、1886年の歴史建
造物指定とそれに伴う第一期修復事業についてのラサロの報告（Lázaro, 1903）、
1897年のフィタによる銘文の分析（Fita, 1897）がエスカラーダ研究の最初期の
試みとして重要である。1895年のラサロ（Juan Bautista Lázaro）が修復事業を受
け継いだ時点で、教会堂としての機能を失ってから40年が経過しており、ほと
んど廃墟のような状態であったという（Lázaro, 1903）。

　『モサラベ教会堂』（Gómez-Moreno, 1919:141-162）以降は、史観を大きく転換
させる流れはしばらくの間ほとんどなかったが、世紀中葉の補修工事で建物の
南側と西側の基礎が固められることで、その後の発掘調査の可能性が破壊され
ることになった。1970年代からフィタ以来の詳細な碑銘研究を発表し始めた
ガルシア・ロボがそのまとまった成果（García Lobo, 1982a）を出し、同じ頃ラ
レンとカバリェーロによる発掘調査が行なわれた（Larrén, 1986）。このころか
ら、研究史が再活性化した。

　ドミンゲス・ペレーラがポルティコの柱頭は全て6世紀のものとする提案を
し（Domínguez Perela, 1986；Idem, 1987）、ほとんど同時期にノアックはその意見
と真っ向から対立し、エスカラーダなどレオン王国10世紀の建築にアンダル
シア地方様式を見出し（Noack, 1989）、ドッズはその建築空間がモサラベたち
のラディカルな西ゴート主義の反映であると主張した（Dodds, 1990）。ノアッ
クやレゲラス（Regueras, 1990）がゴメス・モレーノのパラダイムを再評価す
る一方、バンゴ（Bango, 1994）やドッズはあくまでも西ゴート主義を主張した。
2000年代からレオン王国に関する著作を精力的に発表しているマルティネス・
テヘーラは、ポルティコ建設のいきさつや時期に関して大胆な読み替えを行な
い、また、「モサラベ」という社会集団を建設の主体とする考えを批判する一方
で、造形的側面の解釈にはゴメス・モレーノ派の意見もかなり取り入れている
（Martínez Tejera, 2004；Idem, 2005；Idem, 2012）。最近年の成果には、2013年の献
堂1100周年記念シンポジウム論文集（*Escalada 913-2013*, 2014）がある。

ゴメス・モレーノ

　ゴメス・モレーノの銘文を巡る史的解釈についてはすでに触れた。遺構自体

517

第四部　10世紀レオン王国の建築

の特徴に関しては、バシリカ形式にラテン的伝統、「イコノスタシス」やヴォールト、柱頭にビザンティン的伝統を見出す。また、馬蹄形アーチのプロポーションが堂内とポルティコで異なること、ポルティコの柱頭やアルフィスがサンティアゴ・デ・ペニャルバのものと酷似することからポルティコはあとから建設されたもので、その時期が940年ごろであるとした。同じポルティコの中でも、西側のアーチ7つ分と、東側の5つ分で柱頭の大きさが異なることなどから、東側は、12世紀にロマネスクの塔が建てられたあとに西側のものを真似て作られたもの、と主張した[42]。

バンゴ

　ドミンゲス・ペレーラやノアックによって扱われた彫刻様式の問題や、ドッズの社会心理学的再解釈については何度か触れてきた。また、修道院論や碑銘学的問題についてはここでは深入りしないこととし、近年の成果として筆者が間近でその意見を知る機会のあった2人の研究者の意見を紹介する。

　建築的伝統の継続性を重視するバンゴ[43]は、上述した銘文の再解釈に加え、馬蹄形アーチのイスラーム性や、柱頭のビザンティン性についても懐疑的な意見を表明した。また、本堂のクロノロジーについては、913年の建設によって全体が完成したとは考えられず、現在の遺構はそのあと完成したものであろうとしている。時期は特定していないが、ポルティコの建設が2期に渡ったとする点はそれまでの研究に従うが、部材は全て再利用材とする。また、コルスに当たるアプス前の区画の南北に開く扉口に注目し、かつてはそこに聖具室があり、ポルティコ拡幅の際に取り壊されたのであろうとしている。この改修の原因は、1088年に導入されたローマ典礼により、イスパニア典礼が必要としていたこれらの附属室が不要になったからだという説を唱えている。

マルティネス・テヘーラ

　マルティネス・テヘーラは、エスカラーダの建設フェーズに関して、バンゴの仮説を修正したいくつかの新説を提案している。ゴメス・モレーノによって、教会堂本体が913年ごろ、ポルティコが増築で940年ごろ、そのうち東側はさらに後年の建設、とされたクロノロジーだが、マルティネス・テヘーラによれば、ポルティコはもともと西ファサードにあったものが、1088年にロマネスクの塔が建てられた後に南側に移されたものだという。ゴメス・モレーノが観察

518

第2章　サン・ミゲル・デ・エスカラーダ

したように、確かにポルティコは2回に分けて作られたが、両フェーズは連続
しており、再利用材の柱頭は近傍の10世紀建築から取られたという[44]。

　以上のように、美術史・考古学の分野でのエスカラーダの近年の研究は、か
たや彫刻の研究、かたや建設フェーズ、とりわけポルティコ建設の時期やいき
さつの解明に二分しているようである。後者の研究は、前者とはまた別種の難
しさを孕んでいる。すなわち、エスカラーダはペニャルバと違って近代以前に
かなり変更が加えられ、その後荒廃し、そして修復工事がその後の考古学的調
査の妨げになってしまったりしたので、これまでの暫定的な見方を追認または
否認する決定的事実が出てこない可能性が高いのである。とはいえ、どの説を
とるにせよ、ポルティコ、とりわけロマネスクの塔とつながる東側についての
解説には未だ疑問が残る。西側のモデルに合わせて、わざわざ同じ様式の柱頭
をどこからか探してきて、アルフィスが無いにせよほとんど同じプロポーショ
ンの馬蹄形アーチを正確に写し、一つだけ足りなかった柱頭（fig.3-95）もわざ
わざ初期中世系のもので補うというヒストリシズムが、11世紀末にあったのだ
ろうか？

3）プラン・空間構成

　堂内の空間構成は、木造天井三廊式バシリカである。ただし身廊部にいきな
りアプスが開くのではなく、各廊とそれに対応する3つの祭室との間にはコル
スとして上位聖職者にあてがわれていたであろう空間が作られている。すなわ
ち、身廊とコルス中央ベイの間には、天井まで達しない三連アーチ（イコノスタ
シス）が建て付けの仕切りとして作られ、さらにそれぞれの区画が衝立によっ
て一つ一つ分離されていた。聖餐式など典礼の最重要部分では、カーテンに
よって一般修道僧が参列した外陣側と内陣側とが遮断されたと考えられる。も
しこの三連アーチがなければ、初期キリスト教バシリカの構成により近づく。
　エスカラーダのモデュールとプロポーションはかなりシンプルで、おそらく
2ローマ尺（60cm弱）の外壁下部を基本モデュールとして、身廊部全体が内法
で20モデュールの正方形を描き、コルスの奥行きはこの正方形の対角線の長
さによって決定され、堂全体の奥行きはこの身廊部とコルスを含む長方形の対
角線の長さとなっていると考えられる。さらに、側廊と身廊の幅の比率は、コ

519

第四部　10世紀レオン王国の建築

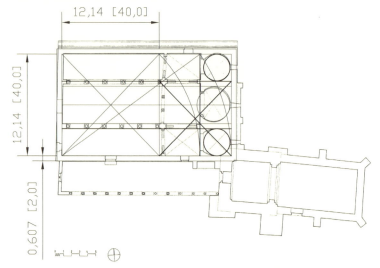

fig.4-13　サン・ミゲル・デ・エスカラーダ　平面分析図

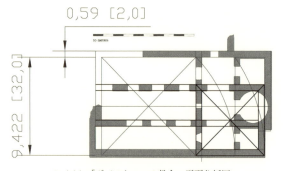

fig.4-14　「ボバストロ」の教会　平面分析図

ルスとアプスの東西長を一辺とする正方形によって決定されているようだ[45] (fig.4-13)。このプロポーション決定に関する仮説は、ボバストロの教会堂との比較によって追認される。両教会堂は、同じイスパニア典礼に従い、全く同じようなプログラムが建築（ボバストロの場合は岩に掘りこまれた形で）に反映されていたはずである。ボバストロはやや規模が異なるが、やはり2ローマ尺程度の壁厚を基本モデュールとし、身廊部の大きさは16モデュールの正方形で決定され、コルスやアプスの奥行を決める手順はエスカラーダと全く同じだと考えられる (fig.4-14)。この2つの事例からは、初期中世スペイン建築の規模

520

第2章 サン・ミゲル・デ・エスカラーダ

の決定にどのような数値が好まれたかや、単純なコンパスの用いられ方を垣間見ることができる。

エスカラーダの東部3つのアプス形状は、内側が半円を超える弧を描くが外壁は矩形で、サンティアゴ・デ・ペニャルバなどと共通する。アプス上部には、内側にも外側にも窓を持たない空間があり、中に人が入ったりすることができないので、単にヴォリューム調整のための空間だと考えられる。また、コルス南北にある開口部は、失われた聖具室へとつながっていたのではないかと指摘されている（BANGO, 2001：346）。

本堂南側のポルティコは、本堂が完成してから間をあけて付け加えられたものと考えられる。その時期や背景は、サン・ミゲル・デ・エスカラーダに関する最も重要な問題の一つであろう。

4）構造・工法・材料

長い間改修と修復が繰り返されてきたが、19世紀末の写真や図面からは、サン・ミゲル・デ・エスカラーダがどのような姿であったかが明らかである。復原された部分も多いが、現状と分る範囲での修復記録を照らし合わせると、本堂下部の大部分は、アストゥリアス建築で一般的であった野石をモルタルで固めた荒石造で、身廊大壁上部やその他の壁面上部の歯型飾りはレンガで造られ、アーチ迫石やピア、アプスの壁体など一部に切石が用いられていたことが確認できる。発掘調査により、アーケード柱列の基礎は整形された切石であったことが確認された（LARRÉN, 1986）。この基礎も再利用の可能性があるが、特に柱身や柱頭などに再利用が顕著で、どこから新造なのかについては研究者の意見がわかれる。レンガもおそらくローマ時代の再利用材で、修復工事の際にL VII G PHIL（Legio VII Gemina Philippina）すなわちマルクス・ユリウス・フィリップス（Marcus Julius Philippus, 241-9）期のレオンとの刻印が入ったものが複数見つかったとされるが、現在の所在は不明である（FITA, 1897：470；LÁZARO, 1903：38；LAMPÉREZ, 1908a：220）。時期は不明だが、コルスの衝立の土台部分にも、レンガを石灰モルタルで固めたものが見つかった（LARRÉN, 1986：117）。

身廊部の木造小屋組みは後期中世のもので（その後修復）、軒持ち送りの位置と軒の位置が一致していない（fig.4-15）。この屋根の下、身廊部からコルスまで、側廊と中央廊を分かつ大壁が堂内を縦に三分する。高窓がほぼ均等なペー

521

第四部　10世紀レオン王国の建築

fig.4-15　サン・ミゲル・デ・エスカラーダ　軒

スで6つ開き、その下に身廊部には5つずつの馬蹄形アーチ・アーケード、コルス部分にはそれより大きいスパンのアーチ開口が開く。高窓と下部のアーケードはそれぞれ別の基準で分割されているので、微妙なズレがある。サン・セブリアン・デ・マソーテでは身廊部の高窓はアーケードのアーチとアーチの間に穿たれているのに対し、エスカラーダではそういった区切りが必ずしも考慮されていなかったようである。

アプスは3つとも凝灰岩で出来たヴォールトで、稜線に分けられた4つの球面状パネルの組み合わせで構成される (fig. 3-38b)。堂内のアーチは幅や用途によってプロポーションを変化させつつ、馬蹄形アーチで統一されており、細身の円柱との組み合わせが、アストゥリアス建築の四角いピアにはなかった非常に繊細な印象を与える。とりわけ、「イコノスタシス」の脆弱ぎりぎりのエレガンスによって、サン・ミゲル・デ・エスカラーダは「モサラベ」建築のアイコンに仕立てあげられたのである[46] (fig.3-93)。もちろんこの線の細さは、ただ自重だけを支えればよい「イコノスタシス」だけに許されるもので、同じくかなり円弧が誇張されたポルティコも、ただ屋根を支えているだけだからこそ、その軽快な意匠が実現しているのだといえる。構造的なアーチは必要に応じて強化された造りとなっている。

5) アーチ・ディテール・装飾

エスカラーダの教会堂には、サンティアゴ・デ・ペニャルバと同じような馬蹄形アーチ、柱頭、軒持ち送りが存在する。さらに、ペニャルバより遥かに豊富な、スポリアともされる建築彫刻が存在する (fig.4-16)。彫刻装飾についてのさらに詳細な情報・分析については先行研究に譲り、本書では割愛する[47]。

第2章 サン・ミゲル・デ・エスカラーダ

馬蹄形アーチ

エスカラーダの堂内とポルティコの馬蹄形アーチの特徴について、重要な点は既に第三部第4章で触れた。あらゆるアーチが出来る限り半円を超える形状で作られており、非構造的なものから構造的なものの順に、ポルティコの西壁に開く飾り窓 (fig.4-17)、コルスと身廊部を隔てる三連アーチ (fig.3-93)、ポルティコの連続アーチ (fig.3-65)、堂内の身廊アーケード (fig.3-94b)、アプス入口など堂内各区画を隔てるアーチ (fig.3-92) となる。構造的ニーズの強弱と、アーチの構造的性質の強弱は完全に一致しており、実際の構造をより軽快に見せたり、より頑丈で安定感があるように見せたりという、同時期にスペイン・イスラーム建築が発達させつつあった意匠の操作は見ることが出来ない。ポルティコのアーチは、その西側部分に付けられた三重モールディングのアルフィスも含め、サンティアゴ・デ・ペニャルバと同一の形式をとる。

fig.4-16 エスカラーダ 浮彫パネル

fig.4-17 ポルティコ西壁の飾り窓

円柱と柱頭

サン・ミゲル・デ・エスカラーダは、柱頭だけでも多くの問題を提供する。第三部第3章で分析した抱きと円柱の関係に加え、堂内の寄せ集めの柱頭や、ポルティコの東西を隔てる一つだけ様式の異なる柱頭、同じくポルティコ東側の、西側のシリーズよりも大柄で、しかも従来抱きに接して用いられていたとしか考えられない一面が切りとられた柱頭 (fig.3-95c) については、創建や増改築の時期や背景と絡んで、喧々諤々とした議論がなされてきた。率直に言って筆者には柱頭様式の内在的問題に関する素養がないし、また、そうした柱頭同士の

523

第四部　10世紀レオン王国の建築

影響関係が建築に及ぼしうる決定的影響に対しても懐疑的なので、ここでは特に検討を加えない。ただ、ドミンゲス・ペレーラが全て6世紀に帰したエスカラーダのポルティコやペニャルバやレベーニャの柱頭シリーズは、ノアックの考えるように10世紀に建築が建てられたのと平行して造られたと考えるべきなのではないかと思う。とはいえ、後ウマイヤ朝の柱頭との造形的（あるいは様式的）類似が見られないのに、ノアックのように「モサラベ」と呼ぶのは正しい分類であるとは思えない。中世以前の建築における建築装飾の断片、とりわけコリント式柱頭のような普遍的なものは、コインや陶器のような年代情報を提供できる状態にはなっていない（UNTERMANN, 2014:140-1）。今のところ、同じ柱頭が後期ローマからロマネスク前夜までの様々な日付を与えられている状況なので、そんな柱頭を論拠に建築の由来を論じようとしても不可能だろう。

6）ペニャルバとの関連とポルティコの建設フェーズ

ヒストリオグラフィーで触れたように、サン・ミゲル・デ・エスカラーダのポルティコに関する未解決の問題は少なくない。ここでは先行研究とは異なった解釈を提示するが、全ての問題点をクリアしているわけではないことを断っておきたい。

エスカラーダのポルティコの馬蹄形アーチは基本的に一様で、正面西半分だけについているアーキヴォルトとアルフィスのモールディングを含めてサンティアゴ・デ・ペニャルバの主エントランスのものと酷似する。これらの馬蹄形アーチはエスカラーダ堂内のものより全円に近く、しかも迫石目地の収斂位置が円弧の中心よりも低い位置にあり、カリファル・アーチの特質とされる処理が見られる。さらに、ポルティコを形成する列柱の西から8つ目のもの（fig.3-95）を除く柱頭の様式、とりわけ西側の7つも、ペニャルバに見られた様式と言ってよい（fig.4-18）。この7つの円柱の柱頭、柱身、インポストは同じ手によって、同じになるようにつくられたものである。一方、東側の5つ（これらも同一になるように作られたといってよい）も似ているが、大きさが1.5倍ほどで、内側の面が切り取られている。このようにポルティコ全体は必ずしも一様とはいえないが、統一感を考慮したものとなっていて、全体としての印象は堂内とは異なる（GÓMEZ-MORENO, 1919：154 & 161）。

こうした特徴から、（1）ポルティコが本堂よりあとに増築されたこと、（2）

524

第2章　サン・ミゲル・デ・エスカラーダ

ポルティコ西側はサンティアゴ・デ・ペニャルバと同じ職人あるいは工房によるもの、従ってほぼ同時期の940年ごろの建設であること、(3) ポルティコ東側はロマネスクの塔が出来たときに延長されたもの、という説がゴメス・モレーノによって導き出された。これに対する後世の再解釈についてはヒストリオグラフィーで紹介した。

ポルティコ東側が西側とまったく同時に作られたのでないことは間違いないと

fig.4-18　ポルティコ西側の柱頭

思われるし、その柱頭が10世紀の新造だとするのも、その最初の部分が930年代から940年代にかけて造られたというのも、柱頭を6世紀のものとしたり (DOMÍNGUEZ PERELA, 1987)、ポルティコ全体が11世紀に再建（移築）されたとする説 (MARTÍNEZ TEJERA, 2004) よりも、より説得力がある。

しかし、残りの東側がロマネスクの時代に付け足されたという点が、どうも腑に落ちない。もちろん、南東部の防衛施設のようなロマネスクの建造物の存在や、バンゴによるコルス南側の聖具室がローマ典礼の導入に伴って失われたという解釈は、塔が建てられてから、あるいはそれと同時期にポルティコが延長されたという説の信憑性を高めるのは事実だ。しかし、940年ごろの手法どおりに、馬蹄形アーチのプロポーションを合わせ、大きさは異なるが同じ様式の柱頭をわざわざ探してきてまで再現するということを、11世紀の、あのロマネスクの塔を建てたおなじ人間がやっただろうか？

19世紀の半ばに見出されたときに既に現状と同じであったから、近世以降のヒストリシズムがポルティコ東側を復原したとは考えられない。したがって、ポルティコの東側のアーチ5つあるいは6つが付け足されたのは、西側が完成してから間もなくか、アルマンソール以後ロマネスク以前、すなわち11世紀前半なのではないだろうか。どちらの説によっても、増築はロマネスクの塔が建てられるよりも前ということになり、聖具室があったとしたらローマ典礼導入以前に失われたということになる[48]。こうした点は歴史的解釈上は不利だが、ロマネスク以前とする仮説は以下の長所を持っている。

まず、西側が完成してから間もなくという説であるが、ポルティコ東側が、

525

第四部　10世紀レオン王国の建築

西側に合わせた様式を採用しようと意図しているだけでなく、大体においてそれを実現しているという点を裏付ける。一方、アルマンソール以後とすると、西側が作られてからのタイムラグが大きくなり、東西のアーチの繋ぎ目（fig.3-95）がシームレスかつ造形的にも一致している点を説明しにくいが、逆に近傍の廃墟、おそらくエスロンサ（988年に略奪された）から柱頭を拝借してくることが可能となる。いずれにせよ、少なくとも同じメンタリティーを持った人間が増築を考えたとすべきではないだろうか。ちょうど繋ぎ目にあたる、1つだけ異なった柱頭は、堂内のいくつかの柱頭と共通点がないわけではないが、全く同一のものは無い再利用材である。その東側の4つの柱頭は、それぞれ2つずつセットで開口部の抱きに接した形で用いられていたはずで、痕跡からすると、柱頭と組み合わせられた大部分のインポスト、柱身、柱礎も同様であろう。一番東側のものの、ロマネスクの建造物との接し方は、インポストだけが組み込まれるが、モノリスの柱身は壁と一体化しておらず、これはエスカラーダ堂内のアーケード西端部やペニャルバなどでとられた方式と同様である（fig.4-19）。

　この一番東側の柱頭も確かに全形でなく、壁にぶつかる部分が一部切り取られているようだが、それ以外の独立円柱上の柱頭にはもっと大きく切り取られているものを用いている。もし最初から計算してこの塔のこの壁の位置を東端部とする予定だったなら、なぜ、最も見えにくい隅に、最も全形から遠い柱頭（fig.3-95c）を持ってこなかったのだろうか？　そうすれば、なるべく全形に近い柱頭を、全方向から見えてしまう独立円柱上に用いることも出来たはずである。これはつまり、ロマネスクの塔が建てられることを想定する前にポルティコがこの位置まで延長されていたことを示しているのではないのだろうか？ちなみに、ポルティコの端部の切石が、塔とぶつかるところでモルタルで接合されてはいても壁体に組み入れられていない点は、塔をまず建ててそれからポルティコを延長することにしたからとも考えられるが、その逆も考えられる。しかし、巨大なバットレスに隠れて表からは3分の1ほどしか見えない最後のアーチの柱間が、ラレンの図版上で見る限り、他の柱

fig.4-19　ポルティコ東端部

間と一致しているというのは、まずポルティコがあり、それから塔が建ったという説を裏付けるのではないだろうか？

　以上、サン・ミゲル・デ・エスカラーダについて、主として建設・増築の経緯を中心に考えてきた。消失した創建の碑に書かれた内容については、一部の研究者により信憑性に対する重大な疑義が提出されたとはいえ、大筋ではサン・ミゲル・デ・エスカラーダの建築や修道院組織について貴重な情報を残しているといえるし、レオン王国がその創成期に辿った経緯を象徴する内容であることには変わりない。空間構成にはイベリア半島やバレアレス諸島に残る初期キリスト教バシリカ建築の伝統が見られ、馬蹄形アーチ自体もそもそもは土着のものといってよいが、ポルティコにはコルドバ後ウマイヤ朝の装飾的手法が一定の影響を及ぼしているのが見てとれ、視覚的表現としてイスラーム建築が参照されたのは明らかといえよう。

　ただし、第二部で論じたように、こうした部分的なイスラーム建築の影響を「モサラベ」に帰し、碑に刻まれたコルドバのアルフォンソ院長との関連から説明する伝統的な史観は、(1) 社会的集団としての「モサラベ」移民の建築文化の過大評価、(2) レオン王国における「モサラベ」移民の存在の過大評価、(3) レオン王国の建築における「モサラベ」的要素の過大評価をしており、サン・ミゲル・デ・エスカラーダを取り巻く状況を適切に捉えたとは言い難い。エスカラーダの建築は、まずレオン王国の建築であり、モサラベ（だけ）の建築ではない。政治体制が離散したあとも部分的に継続していたガラエキア社会、9世紀以降入植を進めた半島各地のキリスト教徒、そしてアストゥリアス王権こそが、エスカラーダを取り巻く重要なファクターであったといえるのである。

　エスカラーダ自体の内部的問題ではあるが、ポルティコの建設時期とその経緯の問題は、柱頭の問題と絡み合って多様な解釈が可能である。前述のように筆者には、その東側部分が重要な典礼や様式の変化が起こった11世紀半ば以降に付け加えられたとする説は受け入れがたく、西側完成からほとんど間をおかずに作られたか、あるいはアルマンソール時代直後とするのが妥当であろうと考える。

第四部　10世紀レオン王国の建築

19世紀末 (?) (BALDELLOU, 1990)

20世紀初頭まで

1572	(MORALES, *Viages*).
1786	(RISCO, 1980：310-3).
1837, 40	修道院解体
1855	教会堂としての機能を失う
1855	(QUADRADO & PARCERISA, 1855：550).
1866	R. VELÁZQUEZ BOSCOの訪問、図面作成 (1870提出：その後 *Monumentos arquitectónicos* に収録)
1874	(ÁLVAREZ DE LA BRAÑA, 1874).
1886	国指定記念建造物
1887	視察により火急の修復事業の必要性が判明。Demetrio de los Ríosによる修復計画提出されるも、工事が予算不足で中断。
1893-4	Juan Bautista LÁZARO：修復事業引き継ぐ (1895年完成報告)。
1897	(FITA, 1897).
1903	(LÁZARO, 1903).

F. J. DE PARCERISA (ESCALADA, 1993)

(LÁZARO, 1903)

528

第2章　サン・ミゲル・デ・エスカラーダ

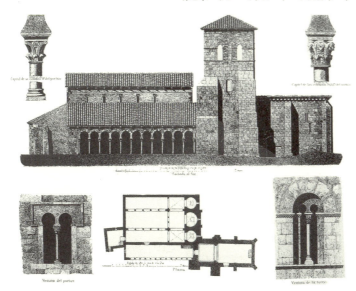

R. Velázquez Bosco (Baldellou, 1990)

第四部　10世紀レオン王国の建築

J. Laurent. 1886 (Baldellou, 1990)

1887以前 (Escalada, 1993)

(Lázaro, 1903)

-1980s.

1906　(Gómez-Moreno, 1906：26).
1908　(Lampérez, 1908a：73-4 & 219-222).
1919　(Gómez-Moreno, 1919：141-162).
1924　(King, 1924：158-163).
1930　(Frischauer, 1930：23-6, etc).
1941-　Luis Menéndez Pidal, et alii：複数の修復事業（1941-1951）。南壁・ポルティコ部分にコンクリートの基礎（のちの発掘調査の妨げに）
1951　(Gómez-Moreno, 1951：369-78 & 432-7).
1961　(Puig, 1961：170-5 & 186).
1965　(Chueca, 1965：131-4).
1971　(Schlunk, 1971：220-5).
1972　(Fernández Arenas, 1972).
1974　(Bango, 1974).
1975　(Hernández, 1975：149).
1977　(Fontaine, 1978：81-7).

1978-81 修復事業
1979　(Yarza, 1979：95-101).
1982　(García Lobo, 1982).
1983-4　Hortensia Larrén & Luis Caballero：考古学的発掘調査
1984　(Domínguez Perela, 1986).
1985　(Larrén, 1986).
1987　(Noack, 1989).
　　　(Domínguez Perela, 1987).
1987　修復事業：Lázaroの変更を元に近い形に戻す
1989　(Corzo, 1989：89-92).
　　　(Bango, 1989：64).
　　　(Puertas, 1991).
　　　(Caballero, 1992：120 & 126).

第2章 サン・ミゲル・デ・エスカラーダ

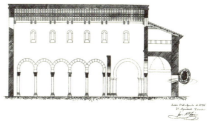
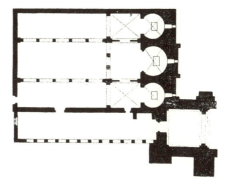

(Lázaro, 1903)

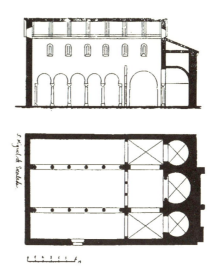

(Lampérez, 1902)

第四部　10世紀レオン王国の建築

1950s-60s（PALOL & HIRMER, 1966）

(2007)

'1990s.

1990　（DODDS, 1990）.
　　　（REGUERAS, 1990）.
1991　（NOACK, 1996）.
1994　（BANGO, 1994：173-4 & 203-4）.
1996　壁画修復準備開始
1999　（ARBEITER & NOACK, 1999：262-271, etc.）.

532

第2章 サン・ミゲル・デ・エスカラーダ

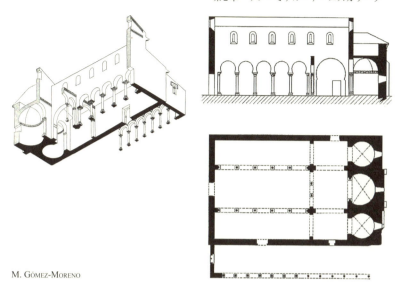

M. GÓMEZ-MORENO

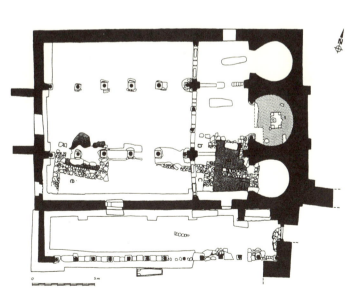

H. LARRÉN

第四部　10世紀レオン王国の建築

'2000s-10s.

2004　(Martínez Tejera, 2004).
2005　(Martínez Tejera, 2005).
2005　修復・調査（？）
2007　(San Román & Campomanes, 2007).
2008　(Bango, 2008).
2009　(Domingo, 2009).
2012　(Martínez Tejera, 2012).
2014　(*Escalada 913-2013*, 2014).

F. J. de Parcerisa (Martínez Tejera, 2005)

(2007)

534

第2章　サン・ミゲル・デ・エスカラーダ

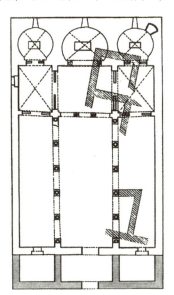

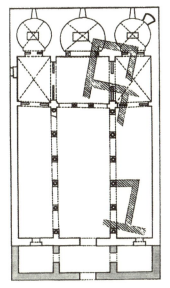

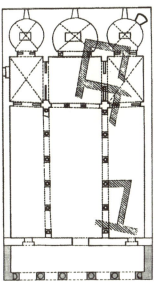

(Martínez Tejera, 2005)

第3章　サン・セブリアン・デ・マソーテ

　バリャドリッドから西へ35kmの村に建つサン・セブリアン・デ・マソーテ
は、その創建を裏付ける史料が不足している上に、後世の改修やその後の復原
が過剰であったため、多くの不確定要素を前提に話を進めなければならないだ
ろう。ただ、この遺構が造形的に10世紀の再入植地に建てられたキリスト教建
築であることはほとんど疑う余地はない。本論では、ゴメス・モレーノ説とそ
の変容、更にそれに基づいた復原の有効性を中心に論じたい。

1）文献資料と地名、聖人

　第四部で取り上げるほかの3つの遺構と異なり、サン・セブリアン・デ・マ
ソーテには実質的に文献資料が残っていない。残っていない中で当時の公文書
を渉猟して、サン・マルティン・デ・カスタニェーダの文書にMouzouteのエピ
ソードを見出したゴメス・モレーノの、勘のよさと粘り強さは特筆に値する[49]
（補遺18）。プエンテはMouzouteという名がバホス川（el Bajoz）を意味していた
以上、同じ川沿いにあったほかの修道院、例えばラ・エスピーナがここでいう
Mouzouteだった可能性があるとしているが（PUENTE, 2002：n.23）、カスタニェー
ダの文書に現れるMouzouteが現在のサン・セブリアン・デ・マソーテを指すと
いうゴメス・モレーノ説は未だに最も広く認められている説であろう。

　件の文書の中では、サン・マルティンの修道僧がカスタニェーダにたどり着
いた際に漁場を購入した経緯が説明されているのだが、カスタニェーダへ来る
前にはMouzouteにいたと記されている。ゴメス・モレーノは、彼らが915年の
旱魃に直面してそこを放棄し、カスタニェーダへ移動したのではないかという
（GÓMEZ-MORENO, 1919：173-4）。そしてこの解釈によって、サン・ミゲル・デ・エ
スカラーダ、サン・セブリアン・デ・マソーテ、サン・マルティン・デ・カス
タニェーダを910年代から20年代初頭の「モサラベ」の建設としている。ただ、

第3章　サン・セブリアン・デ・マソーテ

第二部第3章で触れたように、カスタニェーダの史料については慎重な取り扱いが必要だし、また、旱魃のあったとされる915年という時期も、マソーテの建設とカスタニェーダの建設をこの時期に収める筋書きのために設定されたに過ぎない。

　マソーテ（Mazote）というアラビア語系の地名の出所について最初に分析をしたのもゴメス・モレーノで、1107年以降、Mozout、Mozot、Mazoteという名で文献に登場すると指摘している。1149年の文献には «inter sanctum Cyprianum de Mosoth et Castromonte...» とある。さらに、それ以前の1013年および1040年には近傍を流れる現在のバホス川がそれぞれ«flumen Muzghod»、«ribu Mozaudi (Muzuodi)» と呼ばれていること、946年と974年には、それぞれサアグンのMozhote、レオンのMozauteという人物が現れていることを指摘し、アラビア語の人名Masudをその語源としている（IDEM：173；*CMSahagún*：no.364；*CCLeón*：no.278）。この呼称の記法変遷の様子を見てみると、MuzghodがMozaudiとなり、Mozout、Mosothといったよりロマンス語系に近い形になっていくのが11世紀から12世紀にかけて起こっていることがわかる。となると、コルドバからマソーテを経由してカスタニェーダに到達した、したがってマソーテという地名をつけた世代に近いモサラベが、952年の時点で、その場所をMouzouteというかなりロマンス語化した名称で呼んでいたわけで、同じ場所が100年後にMuzghodと表記されているのは矛盾しているようにも見える。

　サン・セブリアン・デ・マソーテが捧げられた聖キプリアヌス（Ciprianus）というのはカルタゴの殉教者で、イベリア半島においてはローマ時代から崇められていたが、10世紀にはコルドバにこの聖人に奉献された教会堂ひとつと修道院ひとつが言及されているという（REGUERAS, 1993：224）。

2）ヒストリオグラフィーと修復史

　サン・セブリアン・デ・マソーテの研究は、本書で取り扱う10世紀レオン王国の4つの遺構中、最も歴史が浅いにもかかわらず、ゴメス・モレーノの示した様々な情報と、彼の仮説に従った復原によって、他の遺構以上に、それ自体が検討の対象となりうるものである。本章末の図版に明らかなように、サン・セブリアン・デ・マソーテは（1）発見時（復原前）（2）復原工事時（3）復原後という3つの極めて異なった姿を持っている。一般に、本来の姿に近いのは復原

537

第四部　10世紀レオン王国の建築

a：復元されたレンガ積みを描いた壁画

b：1940年代の修復中の写真

fig.4-20　サン・セブリアン・デ・マソーテ

後であるはずだが、マソーテの「本来の姿」に近いのは、本当に復原前より復原後の姿なのだろうか。1930年代から40年代の「修復」事業が、もしスペイン内戦によって中断されなかったら、あるいはもし内戦後の歴史的建造物修復事業が国家プロパガンダ的な性格を帯びなければ、結果は違っていたのかもしれない。一方、ヴェニス憲章後の1980年代の壁画復元の基準はよくわからない。修復担当のサルバドール・マタは、復元の正当性を複数の論文で主張しているが、その結果は、オーセンティックでもなければリアルでもなく、CGか何かで紙面に発表するだけで事足りたのではないかと思えてくる（fig.4-20）。

　第一部で述べたように、サン・セブリアン・デ・マソーテの第一発見者はランペレスとアガピートであった（AGAPITO, 1902；LAMPÉREZ, 1902）。あるいはスペインの19世紀末の社会的状況がそれを見出したと言ってもよいかもしれない。最初に描かれた図版はランペレスによるもので、アガピートもそれを用いた。建物の各部描写に関してはアガピートの方が詳しく、ランペレスは専ら、建築史上における位置づけに関心を示しているのがうかがえる。この時点ではゴメス・モレーノの馬蹄形アーチ解析がまだなされていなかったが、ランペレスはサン・ミゲル・デ・エスカラーダとの共通点を指摘すると共に、インポストブロック（zapata）の処理をサン・フアン・デ・バニョスのものと比較してその差異を示し、また、ロマネスクやムデハルとは多くの点で異なることから、やや消去法的にマソーテにもコルドバの修道僧が到来したのであろうと述べている（LAMPÉREZ, 1902：191-2）。1909

538

第3章　サン・セブリアン・デ・マソーテ

年に発表されたゴメス・モレーノの図版と比較してみると、注目されるべきは
西アプス部分で、ランペレスはどうやってこれほど特徴的な形状を見落とした
のかと思うが、その図版を見ると、入ってすぐの部分の壁面の線に、後のゴメ
ス・モレーノの図版ではっきりと記される円弧が少し描かれているようではあ
る[50]。また、ランペレスは立面図からプロポーションを探ろうと試みているが、
当時は床が高くされていたままだったから、その作業は蛇足だったといえる。
ランペレスらによる「発見」の時点で既に、のちに西アプスが復元されるポル
ティコ部分や、中央および南側の副祭室、エスパダーニャ（鐘塔）等が増改築
されており、身廊部、その東側の「交差廊」、そして祭室それぞれを繋ぐアーチ
等に大きな改変が加えられていたことがわかる（IDEM, 1902：187-8）。身廊部や
交差部を覆っていた擬ヴォールトは1778年に作られたものであった。逆に創
建時のものとしては、エクセドラ状の「交差廊」袖部の四半球ヴォールト（の
ちにゴメス・モレーノによって北側のみオリジナルであり、穹稜半ドーム状ヴォー
ルトであることが指摘された）、北側副祭室の交差ヴォールト、馬蹄形アーチの
身廊アーケードが挙げられている。

　1906年の「馬蹄形アーチを通じた旅」で、マソーテの馬蹄形アーチに関する
所見を示したゴメス・モレーノは1909年のサンティアゴ・デ・ペニャルバ分析
においてマソーテとペニャルバの類似性を指摘し、マソーテの復原平面図を示
した（GÓMEZ-MORENO, 1906：26；IDEM, 1909：198）。ゴメス・モレーノはいつでも、
後世の付加物を取り除いた理想的状態を図面に再現していたが、これが後世の
復原の指針となったのは、サン・セブリアン・デ・マソーテでも同様であった。
1913年にはすでにカスタニェーダの前述の文書（補遺18）に言及がなされてい
る（IDEM, 1913：107）。

　1919年『モサラベ教会堂』においてゴメス・モレーノは、アルメニアのエッ
チュミアジン聖堂の平面図を付記するなど、マソーテにおけるラテン的バシリ
カとビザンティン的集中式の融合を強調し、また、カリフ国タイプに近づいた
馬蹄形アーチやビザンティン式柱頭に関する自身の説を繰り返した。『モサラ
ベ教会堂』の内容がその後現在まで続く決定的な解釈となったのは他の10世
紀建築と同様であるが、ことマソーテに関しては、1919年の解説を短くまとめ
ただけのことが多い1951年の*Ars Hispaniae*において重要な変化が記されてい
る（IDEM, 1951：369-378）。Zaddonというアラビア語系の名前がアーチのどこか
に刻まれていたという報告や、火事の被害にあった痕跡があるという情報もそ

539

第四部　10世紀レオン王国の建築

うだが、なんと言ってもはっきりと異なっているのは、「交差部」と主アプスの処理である。1909年の図面を継承した1919年の時点では、ランペレスと同じ矩形の室が左右の副祭室に挟まれており、この部分から奥に突出する形で内壁が馬蹄形を描くアプスが点線で描かれているが、1951年の時点では矩形部分が馬蹄形アプスに変更されている。注がなく、特に「モサラベ建築」章ではほとんど論拠が示されることのない Ars Hispaniae では、なぜこうした変更がなされたのか示されない。この間にあった調査・修復が、ゴメス・モレーノの意見を変更させたと考えねばならないだろう。

さて、この1919年と1951年の間におきたできごととは、バロックの付加物で原型をとどめていなかったマソーテの復原であった。1930年にゴメス・モレーノを筆頭とする調査隊が組まれ（Bango, 1998：XIX）、1932年からバリャドリッド県を管轄していた修復建築家エミリオ・モヤ（Emilio Moya）による復原事業がスタートする（Veinte años, 1958：29-30）。付加物の撤去が始まってから、この事業に関わったコンスタンティーノ・カンデイラ（Constantino Candeira）によって工事中の様子が写真に撮られており、一部は同時期やその後の出版物に掲載されている。1933-4年には工事の経過報告がされているが、結局、何をどういう基準でしていたのかは伝わってこない。この時点で、かなりの部分が取り除かれており、堂内が剥き出しになっていた（Solano, 1933）。1936-9年のスペイン内戦により修復事業は中断の憂き目に遭うが、1941年に今度はフランシスコ・イニゲス（Francisco Íñiguez）によって再開する。1944年にはようやく修復報告が出されている[51]。

変化は、まさにこのイニゲス担当期間におきた。1941年の時点ではほぼ1909（1919）年の図版と同様だが、1944年の図版は現状と同じである。現在見ることが出来る変更点としては壁体のレンガや控え壁、北側をコピーした南側副祭室など無数にあるが、大きな変化は2つあり、まずは1919年の時点でゴメス・モレーノ自身が壁の薄さと平面が長方形であることから木造であろうと考えていた「交差部」ベイに、サンティアゴ・デ・ペニャルバを模倣して穹稜ドーム状ヴォールトが復元されたこと[52]、もう一つは、すでに述べたように、主アプスの位置が変更されたことである。イニゲスは、南側副祭室、「交差廊」南側のエクセドラ、主アプス、西アプスのいずれにも、用いられていたヴォールトの残滓が十分に見られるとしているが、その根拠は今となっては証明のしようがない。「交差部」に関しては、サンティアゴ・デ・ペニャルバを「疑いよ

540

第3章　サン・セブリアン・デ・マソーテ

うの無いモデル」としてレンガで再建している。

1941年に付けられた予算は諸経費を除く91,253.42ペセタ[53]、結局1938年から1945年までに159,380.01ペセタかかった（*Veinte años*, 1958:30）。再建した部分はレンガでつくり、オリジナルの部分との差異を明確にすることで、厳密な修復理論に従っていることを強調しているが、イニゲスの修復事業は、その復元自体のオーセンティシティーに強い疑問が残るだけでなく、その根拠を明示していないという点で、その後の、ゴメス・モレーノ説を修正するかもしれない全ての研究の可能性を閉ざしてしまったのである。アレチェアはこの事業を「19世紀的な絶対的理想主義」への回帰と批判している（ARRECHEA, 1992:21-2）。

この修復事業中に出版され、修復工事の写真を掲載しているのが、トレス・バルバスとピジュアンの概説書（TORRES BALBÁS, 1934:168-170；PIJOAN, 1942:476-7）であるが、1919年のゴメス・モレーノ説がどう確認され、それがなぜ、1944年のイニゲスの復元へとつながったかと言う論拠については示されていないのが残念である。

このあとの、マソーテについての諸々の解説は、ラディカルな修復に対する苦言がありこそすれ、おおむねゴメス・モレーノの考えに従っていた。研究史としては80年代半ばからのノアックとドミンゲス・ペレーラのそれぞれ独立した柱頭研究（NOACK, 1985；IDEM, 1989；IDEM, 1996:112-4；DOMÍNGUEZ PERELA, 1987）が重要である。柱頭に関する意見は異なるが、建設をめぐっては両者ともゴメス・モレーノ説を基本的に支持している。また、1985－7年の修復建築家マタによる壁画の復元は、遺構を現在の形に変貌させた（MATA, 1992；IDEM, 1993）。西アプスの存在やエクセドラを巡っては、ウルバート（ULBERT, 1978）、レゲラス（REGUERAS, 1993）、マルティネス・テヘーラ（MARTÍNEZ TEJERA, 1993）、バンゴ（BANGO, 1994:186-8 & 203-4）らがそれぞれの意見を述べている。グアルディアは、サンティアゴ・デ・ペニャルバとともにマソーテの完成を10世紀中頃ではないかと述べている（GUARDIA, 2007a:134）。

3）プラン・空間構成

サン・セブリアン・デ・マソーテ身廊部の構成はサン・ミゲル・デ・エスカラーダとそっくりで、南北5つずつの馬蹄形アーチが、独立の4本と、端部のピアに接して建てられた1本ずつの円柱の上にかけられる。身廊壁には4つの

541

第四部　10世紀レオン王国の建築

fig.4-21　マソーテ　修復中の身廊と主アプス

高窓が開くが、これらはそれぞれの独立円柱の真上に位置している。身廊部西側にはサンティアゴ・デ・ペニャルバのものを髣髴とさせる西アプスがつくが、この部分の壁体の半分と上部ヴォールトは再建であり、ゴメス・モレーノもその平面のカーヴはほとんど気付かないほどだと述べており、現在の再建された形の大部分は疑わしい。もっと疑わしいのが東側の主アプスで、すでに述べたように、ゴメス・モレーノが長方形に描いた部分が、現在では馬蹄形のアプスに変わっている。この変更の根拠として考えられるのは、トレス・バルバスが撮影した1枚の写真に見える、主アプスの東壁の弧を描くヴォールトの起拱部であったらしい曲線を描くコーニスである（fig.4-21）。1919年の時点でゴメス・モレーノは、主アプスの東壁に大きな隠しアーチのようなものが見えると述べている[54]が、それがこのコーニスが走るニッチ状の部分で、これを、穹稜ヴォールトが改変された跡と見たのが1944年のイニゲスの復元の根拠であろうと思われる。西アプスの「ほとんど気付かないくらいの」平面のカーヴを見つけることができたゴメス・モレーノが、東側の主アプス内壁を真っ直ぐに描いていることや、修復時の様子を示した写真からもわかるように[55]、現状の復原アプスの特に手前側の構造（平面形、ヴォールト）は、おそらくこのわずかに残されていた東側のニッチ状部分から推測復元されたものであろう。この修復が何割の想像と何割の実証で成り立っていたのか、今となっては知る由も無いが、サンティアゴ・デ・ペニャルバに「似ていたに違いない」という確信がゴメス・モレーノにはあっただけに、マソーテに関して言えば、この大歴史家の判断は誤りだったのではないかと考えてしまう。結果的に復原された姿が誤りだったと断定するわけではない。実際に創建時の構造がこのようであった可能性もあるだろう。しかし修復事業の最中の発見に合わせて変更した自らの仮説を絶対として、ただちにその通りの復原を敢行したというその判断は、やはり誤りだったのではないか。

第3章　サン・セブリアン・デ・マソーテ

この東アプスの形状と並んで、オーセンティシティーを疑わせるもう一つの部位は、主アプス手前の穹稜ドーム状ヴォールトである (fig.4-22)。これはサンティアゴ・デ・ペニャルバのヴォールトの完全なリメイクであるが、ゴメス・モレーノの認可を得ていたはずである。

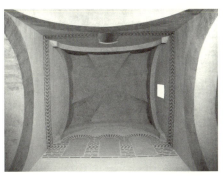

fig.4-22　マソーテ　交差部復元ヴォールト

1919年には「こんな構造の上にヴォールトがあったとは思えない」としていたゴメス・モレーノは1951年には「構造が脆弱だったから崩落したのでは」と意見を修正している。

サン・セブリアン・デ・マソーテのプラン上に現れるもう一つの特徴はコルス南北のエクセドラで、イベリア半島に全く前例がないわけではないが、かなり珍しい形であるといえる。扉口が開いてその上のアーチには紅白の迫石が模されていた。

4）構造・工法・材料

fig.4-23　マソーテ　北側副アプス

著しい改修を蒙っているサン・セブリアン・デ・マソーテにおいては、継ぎ接ぎと推測による復元で本来の構造を知るのは難しいが、壁体は荒石造、壁体のコーナーやアーチ・抱き・ピアは石灰岩の切石、ヴォールトは凝灰岩で造られている点は、サン・ミゲル・デ・エスカラーダと共通する。ヴォールトで近代まで残されていたのは北側の副祭室とその手前部分で、特に副祭室のものは正方形平面の隅に立てられた小さな円柱上から鋭い稜線を発する交差ヴォールトで (fig.4-23)、現在見る限り断面は完全な円弧では

543

第四部　10世紀レオン王国の建築

fig.4-25　マソーテ　身廊北壁

fig.4-24　マソーテ　北側副アプス入口

ないが、ローマ建築以来のヴォールト技術が適切な形で用いられていると言うことが出来るだろう。サン・ミゲル・デ・エスカラーダと同様に、身廊部とコルス（「交差部」）の境目のピアには円柱が添えられている。円柱は、ペニャルバ、レベーニャ、エスカラーダの身廊アーケード部分と同様、一体化せずに抱きに接している（fig.4-24）。

5）ディテール・装飾

壁画・レリーフ

　サン・セブリアン・デ・マソーテは復原されていない部分の方が復原されている部分より少ないくらいだが、身廊大壁と窓はオリジナルであるとされる。この大壁の高窓の周りに描かれていたレンガ積みの擬装が、カンデイラの写真に記録されていることを根拠に、1980年代に北側だけ復元された[56]（fig.4-25）。また、コルスの中央ベイ上部にもレンガの模様が再現されている（fig.4-20）。こうしたレンガ積み擬装があったことは間違いのないことであろうが、このような形で実際の遺構に復元したことは、歴史的オーセンティシティーも、造形的リアリティーも欠いており、十分な検討がされた上のものとは思えないのが残念である。

　マソーテからはまた、1930－40年代の修復事業の際に2人の人物と建物が描かれたプリミティヴなレリーフが見つかっている。

544

第3章 サン・セブリアン・デ・マソーテ

柱頭

サン・セブリアン・デ・マソーテは、10世紀レオン王国の建築中、用いられた円柱の数が最も多く、従って柱頭の数も最も多い。これらの柱頭史上の位置づけについて、ドミンゲス・ペレーラとノアックによる全く異なる説が出されたほか、半島古代末期から初期中世における

fig.4-26 マソーテ 身廊アーケードの柱頭群

柱頭研究の中でたびたびとりあげられてきた。エスカラーダでは、堂内はかなりバラバラの柱頭、ポルティコはほとんど統一された様式の柱頭を用いていたが、10世紀レオン王国の建築で質・量とも柱頭彫刻が最も充実しているマソーテの場合、全く同じではないがかなり似通った様式の柱頭が大部分を占め、異なった様式のものは一部にとどまる。身廊アーケードのものが、もっとも統一されている[57] (fig.4-26)。

6) サン・セブリアン・デ・マソーテというリメイク

マソーテは、西アプスやエクセドラといった平面上の特異性を持ち、サン・ミゲル・デ・エスカラーダと同じ馬蹄形アーチ5つ分の身廊部で構成される三廊の円柱バシリカに、アプス前スペース（コルス、いわゆる「交差廊」）と3つの祭室が組み合わされ、比較的高い技術が用いられた数多くの柱頭を持つ、イベリア半島初期中世キリスト教建築最大級の遺構である。初期中世建築のほとんどが単純な単廊式身廊に矩形の祭室を組み合わせた小規模のものであることを鑑みると、明らかな同時代性を持つペニャルバやエスカラーダと比べても、サン・セブリアン・デ・マソーテはかなり恵まれたプロジェクトであったと考えてよいであろう。壁体やヴォールトの材料が粗末なものであったこと、大理石や花崗岩で出来た柱身が様々な大きさ・仕上げである、つまりスポリアであることは、例え柱頭の多くがこの建物のために造られていたとしても、壁体や柱身のために石を切り出すという手間がもっと疎まれるものだったということを

545

第四部　10世紀レオン王国の建築

fig.4-27　マソーテ　身廊アーケードの柱頭

示していよう。この建築がもう少し良好な形で残されていたら、そして創建についてカスタニェーダの間接的で不確実な情報ではない直接的な文献が残されていたら、10世紀レオン王国建築に関する多くの疑問点を明らかにしていたであろうが、真相は闇の中である。

　マソーテはどのような影響関係でいつ頃建てられたのだろうか。ここまでの議論で、サンティアゴ・デ・ペニャルバが930年代から40年代にかけての建設、同じ職人によるものであると見て間違いないサン・ミゲル・デ・エスカラーダのポルティコもほとんど同時期、そしてエスカラーダの本堂はそれ以前の910年代から20年代としてきたゴメス・モレーノ説は追認されてきた。一方、マソーテの建築には、ペニャルバやエスカラーダのポルティコのようなあからさまなディテールの同一性は見出せない。10世紀前半という枠を外れるとは考えられないものの、カスタニェーダの文献が怪しいとすると、ゴメス・モレーノのように10世紀初頭とすべきか、グアルディアの考えるように950年ごろとすべきか、判断材料を欠く。

　マソーテの身廊部柱頭は、ディテールや構成に共通点はあるが、エスカラーダのポルティコやペニャルバの柱頭に比べると、アバクスの造形などより古典的造形を意識している印象を与える (fig.4-27)。こうした造形が、古典的なコリント柱頭が変形したエスカラーダのポルティコの段階から「進化」することは考え難い一方、10世紀の最初の30年ほどの間にマソーテの柱頭がエスカラーダのポルティコのそれに「退化」したという考えも容認し難い。マソーテの柱頭製作は、別の職人によって、何らかの共通のモデルを元に作られたと考えるべきであろう。

　一方、マソーテというアラビア語系の地名は、そのような名前の人物が率いた入植者あるいは住人にちなんでついた名前であろうが、この名前がついた時期が、建設の時期と重なっていると考えるべきではない。サモーラやトロ、シマンカスの人植時期を考えると、マソーテがアストゥリアス＝レオン王国の勢

第3章　サン・セブリアン・デ・マソーテ

力下に組み込まれたのは9世紀末で、組み込まれた際に既にマソーテという名がついていた可能性も否定できない。

　マソーテの擬レンガ積みの発想はサンティアゴ・デ・ペニャルバと共通し、身廊部上部にそれを用いたのは、エスカラーダのような実際に上部がレンガ造のモデルを意識していると推察される。擬装された紅白迫石 (fig.3-143) は、マディーナ・アッザフラー以降見られるような馬蹄形アーチを模している。

　建築全体の構造の正確な姿が分らないので、こうしたディテールや状況から推察するしかないが、サン・セブリアン・デ・マソーテの教会堂の建設は、エスカラーダやペニャルバなどが建設されたあとと考えた方がよいと思われる。特に、紅白迫石を模した馬蹄形アーチが描かれた時期が教会堂完成直後ならば、迫石の収斂方向が起拱線の中心に向かうように描かれていることが、これをマディーナ・アッザフラーが起工した936年以後とする根拠となる。939年にシマンカスの戦いが起きたことを考えると、サン・セブリアン・デ・マソーテの建設は940年代なのではないだろうか。つまり、エスカラーダやペニャルバと直接的な影響関係があるとすれば、その影響はマソーテが受けたのだといえる。ただし、柱頭の製作者は明らかに別工房である。

　ただ、サン・セブリアン・デ・マソーテの現在の姿はリメイクである。上部壁体やヴォールトはほとんど再建だし、各区画を隔てるアーチ、東西アプスの平面などは、十分な検討を経ず、演繹されたものである。サン・セブリアン・デ・マソーテがレオン王国10世紀の様相を詳らかにしうる建築でありながら、謎を解明するよりはむしろ謎を増やすことになっている原因をつくったのは、修復に多大な影響を与えたゴメス・モレーノその人であった。

547

第四部　10世紀レオン王国の建築

「発見」から「修復」まで

1895	(Simón y Nieto, 1998).	1930	M. Gómez-Moreno 率いる実地調査
1902	(Agapito, 1902).	1932-	E. Moya & C. Candeira：修復事業とそのための調査（写真撮影）
	(Lampérez, 1902).		
1906	(Gómez-Moreno, 1906：26).	1933	(Solano, 1933).
1908	(Lampérez, 1908a：199-206 & 223-6).	1934	(Torres Balbás, 1934：168-170).
1909	(Gómez-Moreno, 1909：198).	1936-9	スペイン内戦。修復事業中断。
1913	(Gómez-Moreno, 1913：107).	1941	F. Íniguez：修復案。(Gómez-Moreno, 1919) 案にほぼ一致。
1916	Monumento histórico artístico		
1919	(Gómez-Moreno, 1919：185-192).	1942	(Pijoan, 1942：476-7).
1924	(King, 1924：164-9).	1944	F. Íniguez：修復報告。構成ほぼ現状に。
1930	(Frischauer, 1930：67-70).	1951	(Gómez-Moreno, 1951：369-378).

(Gómez-Moreno, 1919)

(Torres Balbás, 1934)

第3章 サン・セプリアン・デ・マソーテ

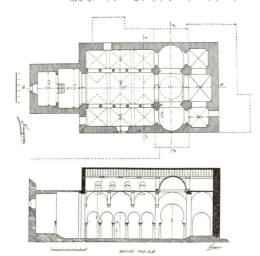

V. Lampérez

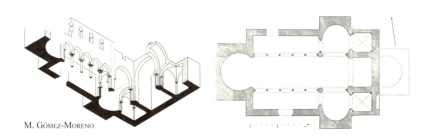

M. Gómez-Moreno

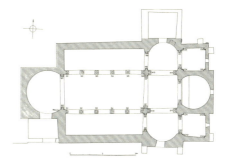

(Noack, 1985)

第四部　10世紀レオン王国の建築

(Noack, 1985)　　　　　　　　　　(2003)

1950s-80s.

1958	(Torres Balbás, 1958：422).	1976	(Parrado del Olmo, 1976).
	(Veinte años, 1958：29-30).	1977	(Fontaine, 1978：181-206).
1961	(Puig, 1961：172-6 & 186).	1978	(Ulbert, 1978：191-3).
1963	(Camón, 1963：212-4).	1979	(Yarza, 1979：97-9).
1965	(Chueca, 1965：133-6).	1985-7	Salvador Mata：修復 (壁画復元)
1965, 73	修復事業 (1977年に報告書)	1985	(Noack, 1985).
1971	(Schlunk, 1971：225-8).	1987	(Domínguez Perela, 1987).
1972	(Fernández Arenas, 1972).		(Noack, 1989).
1974	(Bango, 1974).	1989	(Corzo, 1989：85-8).
1975	(Hernández, 1975：149).		(Bango, 1989：57, 64 & 74).

第3章 サン・セブリアン・デ・マソーテ

(Solano, 1933)

(2003)

551

第四部　10世紀レオン王国の建築

(AGAPITO, 1902)

C. CANDEIRA? 1930s?
(by courtesy of Joaquín DÍAZ)

(2003)

1990-2010s.

1990	(DODDS, 1990).	1993	(REGUERAS, 1993).
	(REGUERAS, 1990).	1994	(BANGO, 1994：186-8 & 203-4).
1991	(MARTÍNEZ TEJERA, 1993：151-8).	1998	(MATA, 1998)
	(NOACK, 1996：112-4).	1999	(ARBEITER & NOACK,1999：276-281,etc.).
1992	(MATA, 1992).	2002	(PUENTE, 2002).

552

第3章 サン・セブリアン・デ・マソーテ

南アプス修復時（NOACK, 1996）

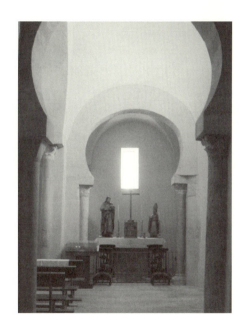

(2003)

第4章　サン・ミゲル・デ・セラノーバ

　セラノーバの町は、県都オウレンセから南へ約21kmにある。ペニャルバ、エ
スカラーダ、マソーテが建っている場所が主要幹線からも外れた寒村であるの
に比べると、セラノーバはオウレンセからポルトガルへ向かう県道沿いにあり、
村というよりは地方都市といった風情である。セラノーバ修道院は10世紀に
聖ルデシンドゥス一族のイニシアティヴで936年以降に創建され、おおいに繁
栄した。その社会経済的活動の重要性を示す当時の法的文書（の写し）が数多く
残されているという点で、10・11世紀の活動の様子が全く分らないサン・セブ
リアン・デ・マソーテとは対照的といえる。修道院の建物のほとんどがバロッ
ク様式で再建されている中で唯一10世紀のものが、極小の「機知満ち溢れたる
跳躍」[58]建築空間サン・ミゲル礼拝堂である。ゴメス・モレーノは、この建築を
サンティアゴ・デ・ペニャルバとの関連で捉え、モニュメントが州ごとに分類
された『モサラベ教会堂』の中で「ガリシア」ではなく「レオン」章にこれを
組み込んでいた。小さな建築で保存状態も良好であったから、ゴメス・モレー
ノ以降、遺構の特徴そのものに関する新たな知見はほとんど出ず、その読み替
えが中心的関心となっていった。

1）文献資料の分析

　サン・ミゲル・デ・セラノーバに関しては複数の文献資料がある。940年ご
ろに創設されて以降、ガリシア地方の最有力修道院の一つであったセラノーバ
修道院は、活発な経済・政治活動を行なっており、そうした活動の一部が、ほ
とんど写しという形であるが、現在まで伝えられている。Tumbo または Becerro
de Celanova というその保管場所の名で呼ばれる、現在マドリッドの国立歴史資
料館（Archivo Histórico Nacional）に収められている一連の公文書がそれで、とり
わけセラノーバ修道院の創設を巡る930年代から940年代の文献、977年のル

第4章　サン・ミゲル・デ・セラノーバ

デシンドゥスの「遺言」、サン・ミゲル小礼拝堂に言及した1002年のベルムード2世の文書、アルフォンソ5世がルデシンドゥスの活動を振り返った1007年の文書[59]が重要である。また、1172年ごろ（Díaz y Díaz, 1989：47）に書かれた聖ルデシンドゥス伝は、伝承によって大げさに書かれてはいるが、一部にこうした一次史料を用いたことが分かっており、サン・ミゲル小礼拝堂についても言及がある。

ルデシンドゥス

　サンティアゴ・デ・ペニャルバの建設がその創設者聖ゲナディウスと弟子たちの活動に密接に関わっているのと同じように、セラノーバ修道院とその権勢が及んだ周辺一帯の修道院建設は、聖ルデシンドゥスという人物抜きに語ることはできない。また、10世紀前半のキリスト教スペインの建設活動と関わりのある人物で、ある程度の活動内容が分かっているのは実質この2人の聖職者に限られる。ルデシンドゥスという人物について、ゲナディウスと比較しつつ述べたい[60]。

　ルデシンドゥス（907?-977）とゲナディウス（?-937以前）はそれぞれ、ドゥミオ[61]（Dumio, Dume, 925?-）とアストルガ（Astorga, 898?- 919）司教であった。出自のはっきりしないゲナディウスと異なり、ルデシンドゥスはアストゥリアス＝レオン王家と密接な関係にあったガリシア地方の豪族出身であり、一門は代々オルドーニョ1世やアルフォンソ3世の拡大・再入植政策の協働者として活躍しており、その中にはアストルガ再入植を果たしたガトン伯（Gaton）、コインブラ攻撃で名を馳せたヘルメネギルドゥス（Hermenegildus）がいる。また、伯母エルウィラ（Elvira）はオルドーニョ2世の元へ嫁ぎ、その孫の代にあたるサンチョ肥満王の時代にお家騒動が勃発すると、ルデシンドゥスはサンチョ支持派として存在感を示した（fig.2-3参照）。このように、ルデシンドゥスは生まれながらにしてその社会的地位を保障されていたことが、一族をめぐる先行研究から明らかである（Sáez, 1948）。ゲナディウスは、まずはある修道院に入り修行を積み、やがてそこを離れ、開拓者として他の修道院の再興・創建に関わり、その一つで隠棲し没した。ところがルデシンドゥスにはそういった修行時代を経たという記録はなく、12世紀の聖人伝によれば907年に生まれ、925年に18歳という異例の若さで司教として活動を始めたという。確かに司教としてのルデシンドゥスの名は925年頃から現れるが、初期のものには譲渡を受け

555

第四部　10世紀レオン王国の建築

る側として言及されるのみである。寄進の証人となったり、献堂に参列したりといった記録はかなり少なく、934年という比較的活動的だった年の数件を除けば、931年のサモス修道院関連[62]、937年のアストルガ司教サロモンによるサンティアゴ・デ・ペニャルバ聖別（補遺14）にほぼ限定される。そして930年代半ばからは、その活動はほぼ完全にセラノーバ修道院関係に限られてしまう。最後までドゥミオ司教を名乗りながら、そして968年からはイリア司教の肩書きも持ちつつも、ルデシンドゥスの社会的活動は、ほぼセラノーバ繁栄への経営的努力、これに終始するのである[63]。セラノーバ修道院では名目的には院長ではなく一修道僧であったが、実質的に大きな影響力を保っていたのは間違いないだろう。

　すでに幾度か触れてきたように、サンティアゴ・デ・ペニャルバと関わりの深いアストルガ司教のフォルティスやサロモンと、ルデシンドゥスの一族はしばしばセラノーバとエル・ビエルソを行き来している。922年に、ルデシンドゥスの両親が受けた寄進の証人として署名したフォルティスは、927年のセラノーバ建設地Villarの下賜に当たっても証人として参列している（*CMCelanova*：no.17 & no.26）。フォルティスの後任サロモンは、936年にそのVillarが修道院建設のためにルデシンドゥスに寄付されたときや（補遺13）、938年のイルドゥアラの寄進（補遺15）、941年にルデシンドゥスが受けた寄進（*CMCelanova*：no.65）、そして942年のセラノーバ聖別式にも参列している（補遺17）。一方、937年のサロモンのサンティアゴ・デ・ペニャルバへの寄進にはルデシンドゥスとフロイラの兄弟が参列し（補遺14）、940年のサンティアゴ・デ・ペニャルバに対するラミーロ2世の寄進の際にフロイラはアストルガ伯（Froila Guterriz astoricensis comes）を名乗って署名している（補遺16）。

セラノーバ修道院創建

　セラノーバという新しい修道院の創設には、こうした特権階級的地位にあったルデシンドゥス一族や王家からの強力なサポートがあり、計画の段階からその隆盛は半ば保証されていたともいえる。レオン王家との蜜月関係は、現存するラミーロ2世（在位931-951）関連の公文書の中で、セラノーバ修道院関連が最も多く、レオン地方最大のサアグン修道院よりも多い（NÚÑEZ, 1989：128）ことからもうかがえる。ゲナディウスが再興したサン・ペドロ・デ・モンテス修道院がエル・ビエルソ地方における単なる信仰の中心以上に政治・経済的な楔

第4章　サン・ミゲル・デ・セラノーバ

だったのと同様、一世代後に建立されたセラノーバ修道院は、王家のテコ入れ
を受けつつ急速にガリシア南部最大級の地主となり、50の修道院を支配下に置
いた（IDEM, 1978：260）。セラノーバ修道院に残っていた公文書群を対象とした
先行研究からは、一族がガリシア地方における中世的封建社会の黎明に大きな
影響力を持っていたことがうかがえる。

　セラノーバ修道院が建設されたのは、両親から受け継がれてきた *Villare*
（*Villar*）という土地である[64]。935年1月6日に、この地を相続したルデシンドゥ
スの弟フロイラ（Froila）に対し、従姉妹にあたるヒメーナ（*Scemena, Jimena*）親
王と時のレオン王ラミーロ2世がその所有権を認めた[65]。そして翌936年9月
12日に、フロイラはこの土地を *Villare* から *Cella Nova* へと改名し、そこに新し
い修道院を創設するため、ルデシンドゥスに寄進をするのである[66]（補遺13）。
敷地の提供がなされたという936年のこの記録が、セラノーバ修道院にとって
の *post quam*、すなわち建設がこれ以降であるという指標となる。ルデシンドゥ
ス伝（DÍAZ Y DÍAZ et alii, 1990：158-9）によると修道院の建設開始は935年（ヒス
パニア暦973年）となっていて、正式な譲渡完了にやや先立って建設が始められ
ていたとも考えることができるだろう。

　この後、942年9月25日の聖別式まで、またそのあとまでも、セラノーバに
対するバックアップの大きさを物語る寄付の記録が多数残る。特に重要なのが
レオン王ラミーロ2世による941、944、949年の3回にわたる寄進[67]、938年の
イルドゥアラからの豪勢な寄進（補遺15）、そしてルデシンドゥス自身による
942年の聖別に伴う寄進（補遺17）である。献堂式には、5年前のペニャルバの
時とはちょうど反対に、アストルガ司教サロモンが訪れており、両者の交遊関
係がうかがわれる。

サン・ミゲル礼拝堂

　サン・ミゲル礼拝堂の建設が、いつ、どのような経緯で行なわれたかにつ
いては、研究者によって見解が分かれる。ゴメス・モレーノは、942年のセラ
ノーバ修道院の聖別式（補遺17）においてルデシンドゥスが「フロイラを祈念
して聖大天使ミカエルの聖日を祝うように（festa uero sancti archangeli Michaelis
dedicetur saepe in memoria dilecti fratris mei Froilani）」と述べていることや、サンティ
アゴ・デ・ペニャルバとのアナロジーから、940年ごろとの説をとる（GÓMEZ-
MORENO, 1919：239-250；IDEM, 1951：382）。サン・ミゲル礼拝堂入口には銘文も

第四部　10世紀レオン王国の建築

fig.4-28　サン・ミゲル・デ・セラノーバ　碑銘

遺されていて（補遺4 ; fig.4-28）、日付などはないが、ここにもフロイラを祈念してという一文が見られる（INSTAT PRESENS MEMORIA INDIGNO FAMVLO FROILA）。これらは創建直前・直後の文章であるが、建設それ自体を解説するものではない。次にサン・ミゲル礼拝堂が登場するのはルデシンドゥスの遺言（補遺19）においてである。この中でルデシンドゥスは修道院の主教会堂であるサン・サルバドールに加え、サン・ミゲルという名の礼拝堂を建設したことを明言している[68]。従って、建設時期が聖別よりもかなりあとであるという説をとるグアルディアによれば、サン・ミゲル礼拝堂が建設されたのはあくまでも942年から977年の間であって、940年ごろとは限らないという（GUARDIA, 2007b）。

このように、サン・ミゲル礼拝堂建設の背景についてはよく分らないことも多いが、12世紀の聖ルデシンドゥス伝では[69]

> （ルデシンドゥスは）修道院の敷地内、教会堂からほど近い場所に聖大天使ミカエルに捧げられた小さな礼拝堂を作りました。小さな退避所（*opistiolum*[70]）のような建物ですが、誰でも目を見張るような、それは見事な石積みでつくられています。

と特別の扱いを受けている。この文章は1002年のベルムード2世の文書[71]から採られたもので、こうした評価が1002年の時点で確立していたことをうかがわせる。

2）ヒストリオグラフィーと修復史

章末に付記した年表と図版を元に説明していく。前述のようにサン・ミゲル・デ・セラノーバに対しては、1002年の時点から賛辞が寄せられていたわけだが、アンブロシオ・デ・モラレス[72]、イェペス[73]ら、16世紀から17世紀の

558

第4章　サン・ミゲル・デ・セラノーバ

史家もここを訪れては、賞賛している。これら近世の有識者たちの記述には建築史的分析はないが、再建前の主教会堂についての記述（乾式切石工法）であるとか、サン・ミゲル礼拝堂へのとりわけ高い関心など、注目すべき記事も多い。19世紀後半から、スペインの他の地方と同じように、各地域の建築遺産のカタログ化と保全・修復への関心が高まるが、それに伴ってサン・ミゲル礼拝堂は、歴史・ディテール・構造等、様々な観点から、様々な評価を受けることとなる[74]。パルド・バサン伯爵夫人（Condesa de Pardo Bazán）による紹介を皮切りに、ロマネスク後期（M. Murguía）という意見を除けば、おおむね10世紀というクロノロジーは支持され、ビリャ・アミルらによってアラブ様式、ビザンティン様式等の影響が論じられた（Vázquez Núñez, 1894；Villa-Amil, 1904；López Ferreiro, 1907）。20世紀に入ると、ガリシア地方にとどまらないスペイン建築史に精通したランペレスが、「モサラベ」というレッテルをセラノーバについても適用する（Lampérez, 1908a:233-5；Idem, 1908b）。この意見に完全なストーリー性を導入したのがゴメス・モレーノであった。

　ゴメス・モレーノ『モサラベ教会堂』（Gómez-Moreno, 1919：XXX & 239-250）は、セラノーバ修道院に遺されたサン・ミゲル礼拝堂に、説得力を持った建築史的位置づけを与え、他の多くの初期中世スペイン建築と同様の歴史的裏づけを与えた。同書では、サン・ミゲル・デ・セラノーバが940年ごろ建設の、造形的にサンティアゴ・デ・ペニャルバから明確な影響を受けた「モサラベ」教会堂であるという議論が展開されたが、この考えはその後ほとんど修正されることなく受け入れられてゆく（Idem, 1951:382）。スペイン10世紀キリスト教建築研究の金字塔たる本書におけるサン・ミゲル・デ・セラノーバの歴史的解釈は、9－10世紀に半島北方のキリスト教勢力下、特にレオン地方に大挙して到来したモサラベがもたらした建築文化によって、レオン地方とその周辺地域の建築が規定されたという信念に基づいているが、注意深く読み進めたとき、このモサラベ史観が十分な説得力を持っているとは思えない箇所にぶつかる。それが強引なまでの印象に至るのが、ガリシア地方のセラノーバについての論攷である。地域ごとに章立てるという手法は、レオン地方の「モサラベ移民」の歴史と「モサラベ建築」の様式とをつなぐためにとられたものであったが、サン・ミゲル・デ・セラノーバは、ガリシアではなく、そんなレオン地方の章に組み込まれている。ゴメス・モレーノが用いた歴史的根拠と様式的根拠は、モサラベで溢れていた（と彼が考えた）レオン地方と、レオン地方に遺された建

559

第四部　10世紀レオン王国の建築

築の様相との相関関係を立証しているかのように見えたが、これが矛盾をきた
さぬよう、「モサラベ的」様相が特に顕著なセラノーバは「建築的に極めて貧し
い」ガリシアから切り離され、レオンに引き込まれたのである。これはあきら
かに、ガリシア地方、ルデシンドゥス、セラノーバ修道院といったサン・ミゲ
ル礼拝堂の歴史的背景とモサラベ移民との関係が希薄であることを隠蔽し、モ
サラベの歴史＝モサラベの建築という歴史観が破綻するのを避けるためであっ
た。

　ゴメス・モレーノは、レオン地方との様式的類似だけでセラノーバを説明す
ることに不安を感じたのか、様々な状況証拠を提示する（GÓMEZ-MORENO, 1919：
119 & 239-245）。たとえば、ルデシンドゥスの父母が受け継いだ遺産に含まれ
ていたムスリム奴隷の話はその後もしばしば指摘されるが（CORZO, 1989：119-
120；NÚÑEZ, 1989：114）、ムスリムであるというだけでイスラーム・スペインの
同胞から文化が自動的に伝わってくるわけではないので、ルデシンドゥスの祖
父の時代から一家に仕えるムスリム奴隷は、ルデシンドゥスの時代には宗教と
おそらくは言語を除き、ほとんどアル・アンダルスの文化とは無縁の存在に
なってしまっていたはずである。また、これはモサラベ移民のイニシアティヴ
という考えとはむしろ矛盾する。同じようにモサラベ史観とは矛盾するが、セ
ラノーバ修道院の文化的背景としてより重要なのは、ルデシンドゥスの母イル
ドゥアラ（Ilduara）がセラノーバ修道院に施した寄進物に含まれる極めて豊富
なアラビア語系の名称や、ルデシンドゥスが特別に目をかけ、市民権を与える
までしたアラビア語名を持つ女性の奴隷の存在であろう[75]。つまり、セラノー
バはモサラベ移民の助けを借りなくても、様々な面でアル・アンダルスとの接
点を持っていたわけである。

　このように、いくつかの観点に再考の余地があるにせよ、ゴメス・モレーノ
の細部まで行き渡った描写と形態分析は、図面と共に、サン・ミゲル礼拝堂研
究における基礎資料を成している。ゴメス・モレーノ以降の最初の争点は、こ
の泰斗によって「貧しい」と切って捨てられたガリシア地方の再入植時代の建
築文化の再評価であった。ガリシアの研究者たちは、ゴメス・モレーノによる
軽視に反発し、わずかに遺された柱頭などの断片や、忘れ去られていた遺構を
紹介し、またサン・ミゲル礼拝堂のオリジナリティーを喧伝することになった。
もっともスペイン・イスラーム建築の影響と、それを漠として「モサラベ的な
もの」とする点は基本的に踏襲されており、それを相対化しようという試みは、

560

もっとも広域的・長期的観点で論じられたヌニェスの『プレロマネスク建築』（NÚÑEZ, 1978）においてすら、不完全であった。その後、ヌニェスの非モサラベ史観はより鮮明になっていった（IDEM, 1989；IDEM, 1994）。

ガリシアという地域的区切りから離れた文脈ではあいかわらずモサラベ史観は保たれた（CHUECA, 1965：136-8；FERNÁNDEZ ARENAS, 1972；FONTAINE, 1978：130-2；VÁZQUEZ ROZAS, 2008）が、ヤルサはモサラベとの関わりの薄さを指摘し（YARZA, 1979：94）、ドッズは「元祖」モサラベ建築のエスカラーダ堂内との差異に注目し（DODDS：88-91）、グアルディアはヌニェスの非モサラベ史観に基づく研究を評価して、サン・ミゲル・デ・セラノーバにおけるイスラーム建築の影響を、950－60年代にレオン宮廷がカリフ国に政治的に接近したことに帰した（GUARDIA, 2007b）。

サン・ミゲル礼拝堂に関する公的な大規模修復記録はなく、近世の記録における一様な評価からも、また、近代初頭の写真からも、オリジナルの状態を極めて良くとどめていると考えて間違いはないだろう。

3）プラン・空間構成

サン・ミゲル・デ・セラノーバは、わずか8.5m×3.85mという大きさで、しかもこの極小空間が身廊部、コルス、アプスに相当する3つの異なった空間に分節されている。60cm強の厚さを持つ切石造の壁に覆われ、最も大きいコルスの区画でも面積にしてわずか7㎡（高さ5m）しかなく、人1人通るのがやっとの隙間でコルスとつながっているアプスともなるとその円形平面の直径は1.4mに満たない。アプスはこれまで見てきた建築と同様、円形平面を矩形外壁に収めたものである。この構成の特異性については、前述のようにその鋭い観察眼で建築についても貴重な記録を残した16世紀のアンブロシオ・デ・モラレスの旅行記が驚嘆をもって伝えているし、もっと遡れば1002年の文書が言及していた。

セラノーバの空間構成の作為についてはヌニェスによってほぼ言い尽くされているが、いくつかの私見を加えつつここに再度まとめておきたい[76]。側面についた入口からのアクセスは、内部空間の軸線方向へ視線が一旦向き直させられることを意味する。最初の空間である、ほぼ $1:\sqrt{2}$ の比の長方形にトンネルヴォールトをかけた「身廊」に入っても、その先の空間はほとんど見通せず、

第四部　10世紀レオン王国の建築

fig.4-29　セラノーバ　「身廊」からアプス方向を見る

fig.4-30　セラノーバ　「コルス」

狭い開口部からコルスを通り越してアプス入口が垣間見えるだけである (fig.4-29)。立方体を2つ縦に重ねたプロポーションの内部空間を持つコルスに足を踏み入れて、初めてその交差ヴォールト天井を含む全体を把握することが出来る (fig.4-30)。四方に高窓が開くこの中心区画は比較的明るく、逆に「身廊」やアプスには軸線上に銃眼のような細い窓があるだけで暗い。この明暗のコントラストや、漸次変化ではなく一区画移動するごとに異なるヴォリュームが体験される配置にしたことは、ここに特別な内部空間を作り出すという意図が存在したことの証左であろう。おそらくルデシンドゥスがフロイラを偲ぶために作らせた個人礼拝堂であるから、もちろん大きさは最低限でよかったのだろうが、敢えてこれほどの小ささで作ったというのも、意図的としか考えられない。サン・ミゲル礼拝堂の機能については、フロイラの墓廟、追悼祈念堂、個人礼拝堂、巡礼のための施設などの可能性が指摘されてきたが、いずれにせよ、この空間はルデシンドゥスによるルデシンドゥスのためのもので、それゆえに逆にこれだけの無機能性を実現できたのではないだろうか。

　東西方向に並ぶ三室で構成され、南部からアクセスするというの

562

第4章　サン・ミゲル・デ・セラノーバ

は、カタルーニャ地方にいくつか例があるが（Sant Julià de Boada、Sant Climent de Peralta）、それぞれの室の上部構造が全て異なる（軸方向トンネル・ヴォールト、交差ヴォールト、穹稜ドーム状ヴォールト）点は、ゴメス・モレーノが的確に指摘したように、サンティアゴ・デ・ペニャルバに想を得たものであろう。サンティアゴ・デ・ペニャルバをルデシンドゥスが見知っていたであろうことは、前述のようなペニャルバ関係者とセラノーバ関係者の親密な関係からも推察される。ヌニェスはこうした室の構成を「イスラーム的奇襲効果」（NúñEZ, 1978：261）とか「イスラームの建築的幻想」（IDEM, 1989：103）、と語ったりしているが、ここでいう「イスラーム建築的」というのは、クーバッハなら「プレ・ロマネスク的」と呼ぶようなもので（クーバッハ, 1996:11）、イスラーム建築の特徴一般とは特に合致もしない。

4）構造・工法・材料

サン・ミゲル・デ・セラノーバとサンティアゴ・デ・ペニャルバは、工法の部分では違いが現れる。壁体は、建物の小ささとは不釣合いに巨大な物も含む花崗岩の乾式切石造であり、厚みは約62cm（GóMEZ-MORENO, 1919：246）である。38cmほどの厚みの控え壁がつくが、ほとんど構造的な意味を持っていない。ヴォールトはレンガで出来ている。これは多分にローカルなやり方であったと考えられ、年代的にはやや先行すると考えられるサン・マルティーニョ・デ・パソ、西ゴート時代末期に建設され再入植期に修復されたとも、8世紀に建設されたとも考えられているサンタ・コンバ・デ・バンデと一致する。セラノーバ修道院の管轄下にあったバンデほど近傍ではないが、やはり一般に西ゴート期建設と考えられているサン・フルトゥオーゾ・デ・モンテリオスも切石とレンガの組み合わせは共通する。コインブラ近くのロウローザ（912年の銘文が残る）も含め、切石造の伝統はガリシア南部からポルトガルにかけてイスラーム教徒侵入と無関係に続いていたと考えられ、セラノーバの工法もこうした伝統の延長線上にあったと考えられる。

したがって、サン・ミゲル・デ・セラノーバを、工法的特徴から、「イスパノ・ビシゴード」や「モサラベ」といったグループに組み込むのは恣意的であるといえる。そもそも10世紀前半イベリア半島の、キリスト教徒「再」入植地における建築的現象のほとんど唯一の共通項が、馬蹄形アーチの流行なので

563

第四部　10世紀レオン王国の建築

あって、モサラベという社会集団とか彼らが持ち運んだ建設技術という幻想に
捉われなければ、それがいかなる施主、どんなキリスト教徒であろうとも、乗
ることの出来る流行であったことは明白である（ITO, 2005b）。

　ヴォールトについては、複雑な穹稜ドーム状ヴォールトを正方形平面に架け
たペニャルバと違い、サン・ミゲル・デ・セラノーバのコルスのものは一種の
交差ヴォールトで、材料であるレンガも含め、サンタ・コンバ・デ・バンデを
想起させる。表面には石積みが模されている。馬蹄形アーチとアルフィスの用
いられ方や壁アーチなどにペニャルバからの影響が感じられるものの、ペニャ
ルバとエスカラーダのポルティコとの間に見られる同一性はなく、実際に建設
に携わった人間を同一と考えるのは難しい。ペニャルバからの「影響」は、あ
くまでも施主がインスパイアされた構想と視覚的部分にとどまる。アプスの
ヴォールトがスタッコで凹凸をつけた張りぼてであるという点もそれを裏付け
ている[77]。

5）様式：馬蹄形アーチ、持送り

　サン・ミゲル・デ・セラノーバには円柱が用いられず、窓格子もなく、モー
ルディングも矩形断面のシンプルなものである。装飾的要素としてはほかに軒
下の持送りやヴォールト天井の塗装が挙げられる。アプス入口の馬蹄形アーチ
（fig.3-118）は、ゴメス・モレーノに言わせればペニャルバのそれと同一（GÓMEZ-
MORENO, 1919：248）であるが、プロポーションには大分違いがある。両者に共
通するのが、放射状の迫石積み、左右・上部ともアーチの外輪と一定の間隔を
開けたアルフィス、そして内輪と外輪の中心をわずかにずらして要石をやや分
厚くする点である。既にペニャルバに関する拙論（伊藤, 2006）や本書第三部
で述べたように、構造としては、楣による直線アーチと上部の隠し弓形アーチ、
装飾としては、壁面に貼り付けられた下方の迫石を含んだ馬蹄形アーチという
二重性を孕んだ、同時期のイスラーム・スペインの徹底的な様式性がここには
なく、あくまでも馬蹄形アーチが、構造としての半円アーチの変形としてしか
捉えられていない。それでも、開口に対して大きな迫石を用い、ペニャルバよ
りもさらに全円に近づけたプロポーションはコルドバに見られる形により近い。
迫石、特に迫持受けの十分な厚さにより、実際には半円アーチとして機能する
この開口は、聖なる場所としてのアプスの象徴的不可侵性を体現しており、そ

564

第4章　サン・ミゲル・デ・セラノーバ

の極端な閉鎖性は、コルドバのモスクに見られるようなミフラーブを意識した
という意見も十分説得力がある。ただし、あくまでもそうした形態は、この施
設が典礼とは無縁であることと切り離して考えることはできまい。ミサを行う
にも差し支えない程度の閉鎖性を備えたペニャルバやエスカラーダのアプスを
前提に、フロイラ又はルデシンドゥスが、機能性を無視できる小礼拝室におい
て、極端に象徴性を高める形態に変容させたのである。

　外部はボックス型のヴォリュームを組み合わせただけの単純なもので、ファ
サードらしいファサードもないが、中央ヴォリューム上部の軒下に見られる持
ち送り（fig.3-37d）は、レオン王国の各地で見られた形式と同様である。

6）建設時期

　前述のように修道院本体の聖別は942年であるから、サン・ミゲル礼拝堂の
建設時期も940年前後と考えられてきた。一つの根拠は、聖別の辞にある「我
が弟フロイラを祈念し聖ミカエル奉納を行うように」（補遺17）が亡きフロイ
ラへの追悼文と考えられ、また礼拝堂の銘文に「（神の）卑しき僕フロイラを祈
念」（補遺4）とあったことである。フロイラが建立したのであれば当然942年
以前ということになる（GÓMEZ-MORENO, 1919：245）。バンゴはフロイラの墓廟で
あるという定説を踏襲しつつ、ルデシンドゥスの個人的礼拝堂としても機能し
ていたと考えた（BANGO, 2001：362）。ところが、ディアス・イ・ディアスらは、
*memoria*という語がフロイラ自身の一人称によって銘文に用いられていること
から、必ずしも追悼を意味しないのではないかと指摘している（DÍAZ Y DÍAZ et
alii, 1990：143, nota.69）。ヌニェスは946年にはまだ修道院自体が建設中であり、
礼拝堂建設は主教会堂が完成したさらにその後に作られたであろうと述べるが、
具体的な年代は示していない（NÚÑEZ, 1989：94）。942年の献辞には建設済みの
教会堂などへの言及が一切なく、単にセラノーバ修道院を創った、とあるだけ
で、聖ミカエルの祝祭云々という記述も礼拝堂の完成を決して裏付けない。史
料からは推定しかされ得ないが、940年代後半から950年頃の建設と考えた方
が適切に思われる。一方、グアルディアは950年代も下ったころの建設を示唆
しているが（GUARDIA, 2007b）、フロイラの追悼をするための施設であったなら、
建立がそこまで後回しになったと考えるのは難しいのではないだろうか。

565

第四部　10世紀レオン王国の建築

7）レオン、サンティアゴ・デ・ペニャルバ、コルドバ

　指摘してきたように、サン・ミゲル・デ・セラノーバとサンティアゴ・デ・ペニャルバとの関係は、ゴメス・モレーノの言うように「同じ職人が作ったよう」（GÓMEZ-MORENO, 1919：247-8）と考えることは難しく、見知った建築を別の職人に作らせたと考える方がむしろ妥当であろう。歴史的に見た場合、たしかにコルドバから来た修道院長を据えていたエスカラーダの聖別に参加したゲナディウスがペニャルバの創設者であり、そのゲナディウスの後任によって建設が主導されたペニャルバの聖別に参加したルデシンドゥスがセラノーバの創設者であるが、それだからコルドバの影響がモサラベ経由でセラノーバに及んだ、というのはさすがに単純化がすぎると言わざるを得ない。

　ヌニェス（NÚÑEZ, 1989）は、サン・ミゲル・デ・セラノーバにおけるレオンからとコルドバからの二重の影響を指摘した。グアルディア（GUARDIA, 2007b）は、アブダッラフマーン3世に援助を求めてマディーナ・アッザフラーに馳せ参じたサンチョ肥満王を、ルデシンドゥスが支援していた点に注目し、サンチョ肥満王やオルドーニョ4世といった950年代後半から960年代にかけてのレオン王とコルドバとの関係が、レオン王国の美術におけるイスラーム起源の建築的・装飾的なモデル・方法流入の主因だと主張した。

　サン・ミゲル・デ・セラノーバに見られるイスラーム要素が、必ずしもレオン中心部を経由してもたらされたのではないとするヌニェスの主張や、レオン王国中心部へのインパクトを重視しながら、それをラミーロ2世以降の王家がダイレクトにコルドバ政権と接触した事実に帰すグアルディアの考えには、セラノーバをペニャルバの風下に、ペニャルバをモサラベの風下に見たゴメス・モレーノ史観よりも、真実に近いものが含まれていると考えられる。

　ただ、イスラーム建築の明らかな参照が見てとれるアプス入口におけるカリファル・アーチの理解は、視覚的レベルにとどまっていた[78]。サンタ・コンバ・デ・バンデを傘下においていたサン・ミゲル・デ・セラノーバが、工法的にはレオン的でもコルドバ的でもなく、ガリシア的といえる特徴を持っていることは忘れてはならない。空間構成においてサンティアゴ・デ・ペニャルバを参照し、軒持ち送りの形式においてペニャルバあるいはレオン王国のスタンダードを採用し、馬蹄形アーチとアルフィスのシルエットをはじめアプスの意匠に何

らかのミフラーブのイメージを援用していたとしても、セラノーバの工法・材料がペニャルバとは全く異なっている点は、両者の間をモサラベにせよそうでないにせよ移動工房が巡回していたのではなかったことを示している。

　サン・ミゲル・デ・セラノーバは、ルデシンドゥス自身が直接見知っていたサンティアゴ・デ・ペニャルバと、アル・アンダルスのミフラーブについて持っていた間接的知識を駆使して設計され、地元の工房によって940年代から950年代前半にかけて施工された、個人的で自由なプロジェクトだった。それは単なる模倣の集積を超えた、きわめてユニークな「プティ・アーキテクチュア」[79]なのである。

第四部　10世紀レオン王国の建築

前近代

c.1172　Ordoño de Celanova, *Vita Rudesindi*[※1].
1572　（Morales, *Viages*：151-6）.
1610　（Castellá, 2000: 165f）.
1615　Yepes, Coronica, V[※2].
（17C）　Benito de la Cueva[※3].
1763-4　（Flórez, 1905: XVII, 21-4 & XVIII, 388f）.

※1　Ordoño de Celanova, *Vita et virtutibus sanctissimi Rudesindi episcopis*（ed.: Díaz y Díaz et alii, 1990）.
※2　Yepes, A. de, *Coronica General de la Orden de San Benito*..., t.V, Valladolid, 1715.
※3　La Cueva, Benito de, *Historia de los monasterios y prioratos anejos a Celanova*（reed.: Granada, 1991）.

『モサラベ教会堂』まで

1835-　修道院解体
1871　（Hübner, 1975：no.232）.
1887　Condesa de Pardo Bazán, E., «Una visita a San Rosendo y su monasterio en Celanova», *El Imparcial*, 1887.
1888　Murguia, M., *España, sus monumentos y artes, su naturaleza e historia. Galicia*, Barcelona, 1888, pp.1006-1015.
1893　国指定記念建造物
　　　Madrazo in（Urioste, 1897：19-20）.
1894　（Vázquez Núñez, 1894：18-27）.
1897　Fernández Alonso, B., *Crónicas de los obispos de Orense*, Ourense, 1897, p.163.
1904　（Villa-Amil, 1904：1-26）.
1906　（Gómez-Moreno, 1906：26）.
1907　（López Ferreiro, 1907）.
1908　（Lamérez, 1908：233-5）.
1919　（Gómez-Moreno, 1919：239-250）.

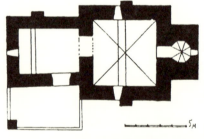

J. Villa-Amil y Castro

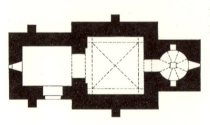

M. Gómez-Moreno

第4章　サン・ミゲル・デ・セラノーバ

(Lampérez, 1908b)

(Balcells, 1935)

(2015)

第四部　10世紀レオン王国の建築

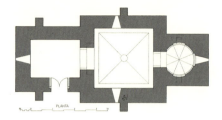

M. Núñez

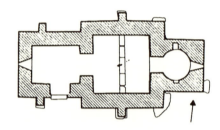

(Arbeiter & Noack, 1999)

1920s-2010s.

1924	(King, 1924：176-180).		(Dodds, 1990：88f).
1930	(Frischauer 1930：77-9, etc.).		(Hitchcock, 1990).
1935	(Balcells, 1935：530-5).	1991	(Noack, 1996：115f).
1936	(Torres Balbás, 1936：128-130).	1995	(Andrade, 1995).
1949	(Osaba, 1949：63-6).	1996-	(*CMCelanova*).
1951	(Gómez-Moreno, 1951：382).	1997	(Noack, 1997：170-4).
1952-4	補修と清掃	1999	(Arbeiter & Noack, 1999：301-5).
1965	(Chueca, 1965：136-8).	2001	(Bango, 2001：361-3).
1972	(Fernández Arenas, 1972).	2006	(Barral Rivadulla, 2006).
1973	(Rodríguez Fernández, 1973).	2007	(Hernández Figueiredo, 2007).
1977	(Fontaine, 1978：130-2).	2007	(Guardia, 2007b).
1978	(Núñez, 1978：256-273).	2008	(Vázquez Rozas, 2008).
1979	(Yarza, 1979：102-4).	2009	(Barral Rivadulla, 2009).
1980	(Kingsley, 1980：103 & 173-5).		
1988	(Núñez, 1994).		
1989	(Núñez, 1989).		
	(Bango, 1989：61-3 & 74).		
1990	(Díaz y Díaz et alii, 1990).		

570

第4章 サン・ミゲル・デ・セラノーバ

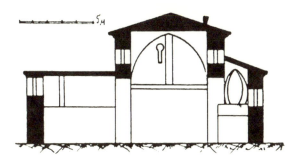

J. Villa-Amil y Castro

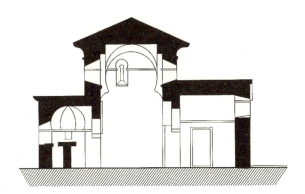

M. Gómez-Moreno
南側断面
コルスの窓の位置は誤り

M. Núñez

第四部　10世紀レオン王国の建築

(Lampérez, 1908)

(Gómez-Moreno, 1951)

(2004)

572

第4章　サン・ミゲル・デ・セラノーバ

M. Gómez-Moreno

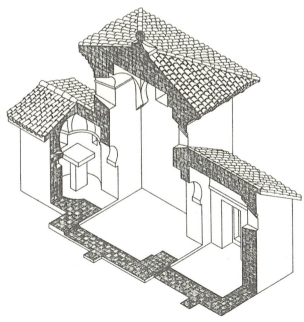

M. Núñez

573

注

1 ここにまとめたゲナディウスの経歴は（ITO, 2005a：19-26）を元に一部加筆・修正したものである。以下も参照のこと。(RODRÍGUEZ GONZÁLEZ & DURANY, 1994; RODRÍGUEZ GONZÁLEZ, 2007; MARTÍNEZ TEJERA, 2004: 236-271; IDEM, 2010; IDEM, 2012; *Reino de León,* 2010: 187-192); MARTÍN VISO, I., «Monasterios y redes sociales en el Bierzo altomedieval», *Hispania: Revista española de historia,* Vol.71, Nº 237, 2011, pp.9-38.

2 この文書の目的はSan Pedro de Montesを筆頭とするエル・ビエルソの4つの修道院に対する寄進を宣誓することなので、近代以降ほとんどの研究者は、ゴメス・モレーノに従い、Montes修道院の聖別の日付である919年を選んできた。もっとも、ゴメス・モレーノ以前には、内容ではなく文書と字体に対する分析だけに基づくものであったが、フロレスによって主張された915年の日付がほぼ一貫して支持されていた（FLÓREZ, 1905：141-2；RODRÍGUEZ LÓPEZ, 1906：37, n.1）。近年、CAVEROによって915年説は再度支持されている（*CCAstorga*：no.12）。

3 «Recaredus Dei gratia Metropolita Lucensis；Oveco Episcopus Ovetensis；Ranulphus Episcopus Asturicensis Sedis, ordinavimus pro consecrationis officio Abbatem nomine Gennadium... Era 936...»（FLÓREZ, 1905：131；RODRÍGUEZ LÓPEZ, 1906：32；BARRAU-DIHIGO, 1921：335-7；*Sampiro*：381；QUINTANA, 1971：no.6）.

4 例えば（GÓMEZ-MORENO, 1909；QUINTANA, 1963：12；IDEM, 1971：no.5；MARTÍNEZ TEJERA, 2004：261）。しかし20世紀初頭までは899年という日付が疑われることは無かった。(COTARELO, 1933：386).

5 CASTELLÁ（2000：f.466）によれば、ゴート文字で書かれた原本だとされている。かなり破損が進んでいたが、アルフォンソ3世の治世第34年を意味する«Anno. XXXIIII. Gloria Regni nostri»が読めたと主張している（FLÓREZ, 1905：135）。ただし、これはオウレンセ司教座の復興に関するものということで、内容的には後世が好んで捏造をしたタイプの文書である。また、COTARELO（1933：386-8）によればSANDOVALが905年の別の文書にゲナディウスが登場するのに触れているという。

6 DURANYら（RODRÍGUEZ GONZÁLEZ & DURANY, 1994）が909年説を採用しながら、ゲナディウスとアルフォンソ3世の関係を強調するという矛盾を特に意に介していないのは不思議である。

7 本書181頁参照。

8 «...aun no correspondiendo a su diócesis, lo que prueba cierto género de relaciones con sus monjes. ...entre la inscripción histórica de allá y ésta de San Pedro hay contactos evidentes en el desarrollo general y ciertas frases.»（GÓMEZ-MORENO, 1919：215）.

9 «...diue memorie adefonsus rex ac exemena regina ob remedium anime illorum hordinauerunt pontificibus gemnadio et frunimio quingentos metcales ex auro purissimo huic sco. loco. iacobo. ... Gemnadius eps. conf.»；«... Adefonsus rex ad hobitum veniens ordinauit sub iuramenti deffinitionem pro remissione peccatorum suorum patri

Gemnadio episcopo quingentos auri numos aule bti. Jacobi Apostoli deferendos. ...
Gemnadius episcopus conf.» (LÓPEZ FERREIRO, 1898：ap.XXXVIII & XXXIX；FLÓREZ,
1905：139-140；RODRÍGUEZ LÓPEZ, 1906：39；COTARELO, 1933：527-9；MARTÍNEZ
TEJERA, 2004：II, 314).

10 GÓMEZ-MORENO（1909：194）はRODRÍGUEZ LÓPEZのおかげで正しい意味を知るこ
とが出来たと述べているが、RODRÍGUEZ LÓPEZ（1906：473）自身は誤った読解に
したがっていた。

11 一方、912年4月19日（Era DCCCCLI）の文書に«Fortis asturicensis sedis episcopus»
という記述がある。しかし、最初に現れる王の名がオルドーニョ（«Ordonius
rex»）となっているので、これは誤った日付がつけられた914年以降の文書と
考えられる（LÓPEZ FERREIRO, 1898：ap.XXXII）。

12 San Adrián de Boñar（920）：«CONSECRATUM EST TEMPLUM AB EPISCOPIS
FRUNIMIO, CIXILA, ET FORTIS, ERA DCCCCLVIII. IV. IDUS OCT.»（FLÓREZ,
1905：148-9；RODRÍGUEZ LÓPEZ, 1906：50-2；COTARELO, 1933：177）. 同年10月28
日の文書にも登場し、このほかレオンおよびガリシアの複数の場所にその名が
現れる（FLÓREZ, 1905：144-5）。同じFortisという名前が当時の文献には散見さ
れるため、比較的よく用いられる名前であったと考えられる。一方、ゲナディ
ウスも922年と935年の文書に司教として登場する。

13 937年のサロモンの寄進にはいくつかの不審な点がある。例えば、ラミーロ2
世が王として登場しているのに、最後に«Fecimus illud notum ipsi Ordono et Regi
nostro»と述べられる部分など（ITO, 2005a：24）。MARTÍNEZ TEJERA（2004：II, 312）
もその記述全体が信用に足るものか疑念を隠さない。

14 ゲナディウスの生存情報としてはラミーロ2世による935年の寄進文（補遺
12）：«Pater Gennadius, Praesul ipsius praefatae Sedis»ほか。またその死亡に関して
は937年のサロモンの寄進文（補遺14）：«in Christo Pater meus bonae memoriae
Dominus Jenhadius»。

15 （DOMÍNGUEZ PERELA, 1987；IDEM, 1992；MARTÍNEZ TEJERA, 2004：II, 287）.

16 «Non ho nessun dubbio rispetto al fatto che Palat de Rey si debba considerare come
un punto di riferimento indispensabile per comprendere la ricezione di modelli
di provenienza ispano-musulmana, vincolati strettamente alla promozione reale»,
（GUARDIA, 2007c：3）.

17 «cuya planta es bien estraña en figura ovalar, de noventa quartas de largo, y veinte y
cinco de ancho, cercada de un cementerio que abraza toda la Iglesia alrededor, desde la
Capilla mayor abajo, y el cementerio es cerrado y cubierto, a modo de claustro, donde
se hazen los entierros. La Capilla mayor está en un semicirculo del ovalo: en el otro de
los pies de la Iglesia, la capilla y sepulcro de S. Genadio. A la entrada de las dos capillas
arrancan los arcos sobre dos grandes colunas de marmol: y en el medio de la Iglesia hay
otro arco sobre dos hermosas colunas de marmol blanco, que divide el cuerpo en dos
quadros. La entrada de la Iglesia está en el costado meridional. Componese de dos arcos
sobre tres colunas de marmol, ...»（FLÓREZ, 1905：38-9）.

第四部　10世紀レオン王国の建築

18　«Aféale un revoque exterior y la pintura reciente de arcos y molduras, que ojalá desaparezca, dejando limpio el material; un entarimado ha hecho subir el piso y oculta las basas de las columnas, y una desmesurada espadaña desfigura exteriormente la parte de los pies. Además, rodea todo el cuerpo de la iglesia, arrancando desde las sacristías, un miserable portal cubierto, antiguo cementerio...». (GÓMEZ-MORENO, 1909：203).

19　ゴメス・モレーノは1909年の時点で付加物のない形で平面図・断面図等を描いていたが、現在見るような形になったのはL・メネンデス・ピダルの最後の修復以後である。サンティアゴ・デ・ペニャルバの修復報告書は他の遺構と同様、マドリッドのInstituto de patrimonio histórico español, Servicio de monumentos y arqueología およびアルカラ・デ・エナレスのArchivo Central に保管されている。

20　イスパニア典礼におけるchorusについては、本書第三部第1章に簡単な解説および先行研究を挙げた。

21　本書第三部第1章を参照。

22　526年付の銘があるメリダのCasa Herreraの遺跡が前例としてよく挙がる。この遺跡では、東部アプスが典礼に、西部アプスが埋葬に用いられていたことが発掘で明らかとなっている。また、この問題に関しては、561年の第1回ブラーガ公会議により教会堂内における埋葬の禁令が再発布されたことも考慮されなければならない。こうした墓廟はhabitatio sepulchriと呼ばれ、特別な地位の人間のみが埋葬されていたのである。同じような空間を有していたと考えられるのは、San Cebrián de MazoteとレオンのSan Salvador de Palat del Reyであるが、前者はその復原の信憑性がかなり怪しく、また墓廟であった事実は判明していない（GÓMEZ-MORENO, 1919：230；TORRES LÓPEZ, 1963：378；RODRÍGUEZ G. DE CEBALLOS, 1965：318；CORZO, 1989：18-20；BANGO, 1992；IDEM, 1994：210；IDEM, 2001：380；MARTÍNEZ TEJERA, 1993；REGUERAS, 1993）。北アフリカや半島初期キリスト教建築における先例についての更に詳細な分析は、(PALOL, 1968；DUVAL, 1971；ULBERT, 1978；HEITZ, 1980；HIGGS, 1994).

23　実測図面を描いたÁngel Luis FERNÁNDEZ MUÑOZ氏に口頭で教えていただいた（2006年2月6日）。

24　ローマ建築のモデュールとプロポーションの問題に関する客観的で明快なまとめはJONES, M. W., *Principles of Roman Architecture*, Yale University Press, 2000を参照。JONESの懐疑的な解釈は、古典建築に限らず、全てのプロポーション論に適用できる視点であろう。スペイン初期中世に関しては、CABALLERO ZOREDAの小数点以下4桁まで判ってしまうモデュール論と、メートル単位を基本に、全てが1、2、3とその平方根に収まるARIAS PÁRAMOのプロポーション論が特筆に値するが、両者のスタンスの差異は驚異的といえるほどである。cf. (ARIAS PÁRAMO, 1997；CABALLERO & SÁEZ, 1999).

25　«orientalismos innegables con estructuras de tradición vernácula», (PITA, 1975：109). FERNÁNDEZ ARENAS（1972：74-8）の考え方のインスピレーション源の一つは間違いなく、CHUECA GOITIA（(CHUECA, 1965)；IDEM, *Invariantes Castizos de la Arquitectura Española*, 1947）であろう。またスペイン建築史の大家である

CHUECAの考え方には、近代建築史家、例えばギーディオンの思想を汲み取ることができよう。

26 （Gómez-Moreno, 1919：230；Rodríguez G. de Ceballos, 1965：308-14；Yarza, 1979：102；Fontaine, 1978：122；Bango, 2001：401）。

27 ローマ時代のコンクリート工事とも呼ばれる、石灰モルタルに、用途に応じてさまざまな骨材を混ぜ込んで打ち込んだもの。特にイタリア半島で、ポッツォラーナと呼ばれる火山岩の細粒を用いたモルタルは良質で、施工性・構造性に優れた。

28 Hauschild, Th., «Das "Martyrium" von La Alberca（Murcia）. Planaufnahme 1970 und Rekonstruktionsversuch», MM, 12, 1971, pp.170-194；（Schlunk & Hauschild, 1978：112）. また近年の発見としてはトレド県Los Hitosの遺跡がある（Los Hitos, 2014）。

29 （Gómez-Moreno, 1919：231）. 興味深いことにその10年前には以下のように述べている。«...el usarse en Peñalba vendrá de lo asturiano, sabiamente regulado, más bien que de mozarabismo». （Idem, 1909：199）.

30 Fernández Muñoz氏の口頭でのコメント（2006年2月6日）。

31 本書第三部第4章を参照。

32 ベルランガに対するCorzo（1989：120）の短いコメント：«la mano de obra que operan en la España islámica».

33 アヒメス（ajimez）という呼称で呼ばれているが、これは間違い。Torres Balbás, L., «Ajimeces», Obra dispersa, I-4, 1981, pp.11-15.

34 （Gómez-Moreno, 1919：12-3；Bango, 2001：204）. ただし、「イスパノ・ビシゴード」建築装飾についてはCruz Villalónらによる大幅な読み替えが続いている。本書第一部を参照。

35 Gómez-Moreno（1909：203）が最初に訪れた際には、他の多くの古建築、たとえばサン・セバスティアン・デ・マソーテなどと同様、床が持ち上げられており、柱礎は隠れていた。

36 彫りは斜角«a bisel»になされ、縄文の入ったアストラガル上に2段の葉飾りが載り、葉飾りの合間のカウリクルスは筋をつけただけの表現である。（Gómez-Moreno, 1919：234）.

37 （Gómez-Moreno, 1909：194-5, etc.；Idem, 1919：226；Fontaine, 1978：121；Yarza, 1979：101；Dodds, 1990：150 & n.3-39）.

38 （Cortés, 2005；Idem, 2011）. また修復建築家Fernández Muñoz氏によれば、西アプスの基礎は本体の基礎とひとつながりである。これに対し、附属室の基礎は本体のものから分けられている可能性があるという。附属室とコルスの接続部分上部を観察すると、ピッタリと接しているが一体に作られていない部分を見ることが出来る。

39 先行研究情報を含むより広範な情報、およびここでとりあげた碑文に関する一字一句にわたる分析はMartínez Tejera（2004；2005）、Anedda（2004）、Bango（2008）、Rodríguez Suárez（2008；2015）、Cavero（2014）らの近年の研究成果

第四部　10世紀レオン王国の建築

を参照。それぞれ解釈は異なる。古典的な解釈については（FITA, 1897；GARCÍA LOBO, 1982a）を参照。

40　GARCÍA LOBOはこの考えうる最古の日付を7世紀と考えてた。（GARCÍA LOBO, 1982：139；LARRÉN, 1986b, n.17）。

41　この問題については本書第二部第3章で分析した。

42　（GÓMEZ-MORENO, 1919：154）．しかし1951年にはポルティコの年代については言明を避けている（IDEM, 1951：369-378）。この問題については、晩年に別の説を考えつつあったらしいことにAINAUDが言及している（DOMÍNGUEZ PERELA, 1986：78）。

43　（BANGO, 1994：173-4 & 203-4；IDEM, 2001：327-8, 336-7 & 344-7；IDEM, 2008；IDEM, 2014）

44　（MARTÍNEZ TEJERA, 2004：II, 108-121 & 440-1；IDEM, 2005：112-141）

45　（ITO, 2005a）で行なったこの分析は暫定的なものであるが、基本的な性格は掴んでいると思われる。また、これ以前にすでに幾人かの研究者によって、エスカラーダの明快なプロポーション決定の手順に関する仮説が出されてきた。

46　«un límite máximo de gracilidad y elegancia», （GÓMEZ-MORENO, 1919：147-8）．

47　（GÓMEZ-MORENO, 1919：150-162；FONTAINE, 1978：81-7 & plates；NOACK, 1989；ARBEITER & NOACK, 1999：261-271, Taf.76-8, etc.；MARTÍNEZ TEJERA, 2005：170-211）．

48　LARRÉN（1986：109）が明らかにしているように、この部分は修復事業によってコンクリートの基礎で覆われてしまったため、増改築の痕跡を探ることが出来なくなってしまった。

49　ÁLVAREZ DE LA BRAÑA（1903）はマソーテに関する史料がないことを残念がっていた。

50　«El coro occidental, a los pies, sería otra capilla, a modo de contraábside, cuyo diámetro alcanzaba a 6.74 metros; pero el derribo aludido solamente dejó reconocible, hacia la parte baja, su curvatura, y tan escasamente que los Srs. Agapito y Lampérez no la echaron de ver.» （GÓMEZ-MORENO, 1919：177）．

51　ともにアルカラ・デ・エナレスの文化省Archivo Centralに保管されているそれぞれcaja（5）31/6007, leg. 14.036-22（1941（junio）Arquitecto Francisco A. Iñiguez. proyecto de obras en la Iglesia de San Cebrián de Mazote（Valladolid））とcaja（5）31/6007, leg. 14.036-21（1944（abril）Arquitecto Francisco A. Iñiguez. proyecto de terminacion de las obras de restauracion y consolidacion de la Iglesia de San Cebrián de Mazote（Valladolid））の文書。

52　«su cubierta es creíble que fuese de carpintería, en atención a lo alargado de su planta y a la delgadez de muros, no contrarrestados y con ventanas laterales, que hacen inverosímil, igualmente, un cañón de bóveda». （GÓMEZ-MORENO, 1919：179）．«el crucero se ennobleció con una cúpula», （IDEM, 1951：371）．

53　修復プロジェクト計画書（leg.14.036-22）から。

54　«un tramo rectangular, hecho capilla mayor ahora y con muro de cerramiento muy

注

posterior, en el que se advierte, por dentro y hacia lo alto, el dovelaje de un arco bien grande, sea o no primitivo, como descargando algun hueco inferior, y debajo una ventana rectangular, muy soslayada de abajo a arriba, como para salvar la altura de otro cuerpo de edificio que alli prosiguiese hacia afuera. Efectivamente, observando en el plano las proporciones de la iglesia, su amplitud de alas y capilla de los pies, resulta pobremente desarrollada la cabecera, y echase de menos un abside, análogo al de Melque, y parejo en curvatura a los otros fenecimientos de la iglesia», (GÓMEZ-MORENO, 1919：175-7).

55 修復時の様子を示した写真はかなり多く残っているらしい。カンデイラの撮影した写真の一部は現在音楽家ホアキン・ディアス（Joaquín DÍAZ）氏が所蔵している。貴重な写真を閲覧させて下さったディアス氏に感謝の意を示したい。

56 «la presencia de pinturas que simulaban un aparejo de ladrillo en la cara sur de la nave central», (MATA, 1993：15-6). ちなみにLAMPÉREZ（1902, 188）は以下のように述べる：«...una inscripción（s.XVI）pintada en uno de los muros, donde, imitando una arquería de ladrillo, se simuló seguir las ventanas antiguas». ホアキン・ディアス氏所蔵の写真に、バロックの擬ヴォールトの裏側に隠れていた身廊高窓部分が写っている。ただしこれが初期中世の壁画である根拠は不明である。

57 (NOACK,1985；IDEM, 1991；DOMÍNGUEZ PERELA, 1987；*Coloquio capiteles*, 1990：37-44；DOMINGO, 2011：100-1 & 244-9).

58 «un brinco graciosísimo», (YEPES, 1959：V, f.26v-27r). (YEPES, 1959：V, f.26v-27r). t.V 刊行は1615年。(NÚÑEZ, 1978：259, nota.133).

59 Tumbo de Celanova, f.4v-5. (DÍAZ Y DÍAZ et alii, 1990：260-5).

60 (LÓPEZ FERREIRO, 1907；SÁEZ, 1948；MATTOSO, 1972；RODRÍGUEZ FERNÁNDEZ, 1973；NÚÑEZ, 1989；IDEM, 1994；DÍAZ Y DÍAZ, 1989；IDEM et alii, 1990；*CMCelanova*；HERNÁNDEZ FIGUEIREDO, 2007；ANDRADE, 2007).

61 ドゥミオは現在ではポルトガル北部の都市ブラーガ（Braga）の一地区となっているが、かつてはブラーガとは独立した司教区であった。もっとも、ポルトガル北部が前線地帯であったレコンキスタ初期のルデシンドゥスの時代には、この格式ある司教区はガリシア地方モンドニェード（Mondoñedo）司教区に移管されていることになっており、ドゥミオ司教とはすなわちモンドニェード司教を意味した。さらに言えば、ルデシンドゥスは精神的指導者として仰いだ叔父サバリコ（Sabarico, −925）の後任にモンドニェード司教に指名されたものの、後に述べるように実務を行っていた形跡はわずかであり、ドゥミオ司教というのは完全に象徴的肩書きであった（GÓMEZ-MORENO, 1919：240；DÍAZ Y DÍAZ et alii, 1990：127-9）。

62 «Sub Christi nomine Rudesindus episcopus, huius epitalamii devocionis confirmans.» (RODRÍGUEZ FERNANDEZ, 1973：296).

63 ルデシンドゥスについての最初期のまとまった記述は、12世紀末のセラノーバ修道僧オルドーニョによる伝記『聖ルデシンドゥスの生涯と奇跡（*Vita et virtutibus sanctissimi Rudesindi episcopi*）』である。伝説と政治的意図に彩られつ

579

第四部　10世紀レオン王国の建築

つも、公文書なども用いて再構築されたルデシンドゥスの活動記録として、極めて貴重な史料である（LÓPEZ FERREIRO, 1907；DÍAZ Y DÍAZ et alii, 1990）。

64　927年、ガリシア王サンチョが、後にセラノーバ修道院を創設することになる土地を、ルデシンドゥスの両親である Gutier と Ilduara に下賜している。«Ego Santius, diuinu illius nutu princeps, uobis domno Guttierri et uxori uestre filiisque ac filiabus, in Deo Dei filio sempiternam salutem, amen. [...] Nunc quoque placuit, spontanee serenitati nostre, ut ex eis aliquit uobis concederemus, quemadmodum et concedimus parti uestre per huius scripture seriem, uillam quam dicunt Uillarem, qui est uicina domui uestre Uillenoue. [...] », (DÍAZ Y DÍAZ et alii, 1990：139；CMCelanova：no.26).

65　«...uilla uocabulo Uillare, qui est subtus Castro Malo, iuxta riuulo Soriga, territorio Bubalo, [...] ego Scemena, prolem Hordoni et Geloire, [...] pro quod tu coniermanus meus Froilanem, filius Guttier et Ilduare, obedientiam et caritatem habuisti in me, confirmo tibi ipsa karta et ipsa uilla cum omnes suas prestationes quod frater meus ad genitoribus tuis iam concesserat...», (CMCelanova：no.44).

66　聖ルデシンドゥス伝：«Posthec autem uolens cum seculi pompis episcopatum relinquere et solitariam uitam ducere, aliquanta monasteria, ut asseritur, fecit construere. Quem ad ultimum in somnis deica amonitio studuit amonere, ut in Limie partibus in sancti Saluatoris honore monasterium faceret edificare, in uilla uidelicet que uulgo appellabatur Villare, cuius nomen postea IDEM episcopus in eius edificatione fecit transmutari, et Cellam Nouam decreuit appellari.» (DÍAZ Y DÍAZ et alii, 1990：132-5).

67　(CMCelanova：no.69, no.77 & no.85). (RODRÍGUEZ FERNANDEZ, 1973：299).

68　«Denique domino et deo adclinis ac pusillus seruus tuus Rudesindus episcopus una simul pariter cum genitrice mea Ilduara construximus locum suprataxatum, hedificamus aeclesiam in honore piisimo ac tutissimo sancti Saluatoris et omnium apostolorum et martirum IDEM et cum arcangelo Micaele summi dei nuntio, et instruximus cenobia domorum et omnia intrinsecus et extrinsecus necessariorum ad normam regulari abte uel compossite».

69　«fecit et intra monasterii claustrum prope promptuarium non longe ab eisdem ecclesiis, sancti Michelis archangeli oraculum, uisu ospitiolum paruulum miro lapideo opere tabulatum, oculis ualde admirabile cernentium.» (DÍAZ Y DÍAZ et alii, 1990：140-3).

70　GÓMEZ-MORENO (1919：245) は hospedería（宿泊所）と訳していたが、GUARDIA (2007b：1) はこれを ospicolum であるとしている。DÍAZ Y DÍAZ ら（1990：143）は ospitiolum とし、refugio（避難所）と訳している。

71　«oraculum quem visu ospitiolum parvum ut est pretiosior in oculis hominum.» Tumbo de Celanova, f.94. (GÓMEZ-MORENO, 1919：241 & 244；CMCelanova：no.263；GUARDIA, 2007：1). このフレーズについては第三部第5章で既に触れた。

72　«S. Rudesindo edificó una Iglesia de S.Miguel, que está agora en un Jardin del Monasterio dentro del, aunque en lugar solo, y apartado. Es de Sillería, y con grueso de paredes, no tiene mas que treinta pies en largo, y quince en ancho. En esto poquito

580

注

hay cuerpo de Iglesia, Crucero y Capilla Mayor, con una proporcion harto agraciada, y asi mirada por de dentro y por defuera satisface mucho à la vista. Todo es liso lo que en ella está labrado, y la gracia y lindeza no está en mas que en la proporcion y correspondiencia.» Ambrosio de MORALES (ed. E. FLÓREZ), *Viage de Ambrosio de Morales por orden del Rey D. Phelipe II a los Reynos de León, y Galicia, y Principado de Asturias*, Madrid, 1765, p.155.

73 «el oratorio... es todo un brinco graciosísimo en forma de iglesia», (YEPES, 1959：V, f.26v-27r). t.V 刊行は 1615 年。(NÚÑEZ, 1978：259).

74 最初期研究史については (NÚÑEZ, 1978：256-8；IDEM, 1989) を参照。

75 本書第二部第2章を参照。

76 (NÚÑEZ, 1989；IDEM, 1994). ただし、NÚÑEZ教授の強調する形而上学的象徴体系のほとんどは普遍的なもので、サン・ミゲル・デ・セラノーバとルデシンドゥスの関係から導き出される類の問題ではないと思われる。同じ方向性にあるのがBARRAL RIVADULLAの一連の研究（2006；2009）である。

77 本書第三部第2章を参照。

78 本書第三部第4章参照。

79 RODRÍGUEZ FERNÁNDEZ, M., *Arquitectura Petite: Charlotte Perriand & Kazuyo Sejima. Una historia transnacional*. Tesis Doctoral, E.T.S. Arquitectura (UPM), 2013.

581

結　　論

結　論

　本書を通して、筆者は10世紀レオン王国のキリスト教建築を、レオン王国の社会的状況と、古代末期以降のイベリア半島における建築文化という2つの背景を踏まえて論じてきた。個々の事象に関する筆者の解釈についてはそれぞれの場所で論証してきたが、主要な点に関しては以下のようにまとめることができるであろう。

1）10世紀のスペイン・キリスト教建築をモサラベと呼ばないこと

　まず、「モサラベ」という呼称やそれに伴う史観の有効性について。筆者は、「モサラベ」建築という呼称に替わり、中心的題材であるレオン王国の建築に言及する際には、10世紀レオン王国の建築と呼称し、キリスト教勢力によって「再」入植された土地の建築全体を指す場合は、レポブラシオン建築と呼んできた。ただレポブラシオンという呼称は、あきらかにマイナーで、あきらかに「モサラベ」に比べて魅力が低い。また近年、レコンキスタ（Reconquista, 再征服）が単なるコンキスタ（征服）であったというもっともな理由からその語の使用を控える傾向があるが、同じように政治的に　公　正　でないという理由で「レポブラシオン」（Repoblación, 再入植）という語に拒絶反応を示す研究者もいるのも確かである。第二部で示したように、レポブラシオンという歴史的現象のあり方にも近年大きな疑問符がつけられている。

　ただそれでも、20世紀初頭にゴメス・モレーノが提唱した「モサラベ」建築という名によって知られる、10世紀前半を中心とするイベリア半島のキリスト教建築は、モサラベの建築ではなく、モサラベという語にしばしば付与されるようなアラブ化した建築ともいえず、従って、「モサラベ」建築と呼称すべきではないのである。以下にそのような結論に至る、ここまでの議論をまとめてみよう。

　第一部ではモサラベ建築史観の問題点を整理した。ゴメス・モレーノによって確立されたモサラベ建築史観は、一種のパラダイムとして機能してきた。その説得力の源は、鋭い観察力や飽くなき資料渉猟の的確さに加え、史的解説と造形的解説とが明確な因果関係を持って示された点にあるといえるだろう。それは様式史の真空地帯を埋め、史的背景を与え、モサラベをキーワードに近代国家「スペイン」の統一された過去を描き出すことに成功したのである。一方、20世紀初頭の愛国主義的な風潮が減衰してからもこのモサラベ建築史観

585

が失われなかったのは、モサラベの概念があいまいで、いつまでたっても純粋に造形的な捉え方がされなかったし、できなかったことにも一因がある。「モサラベ」が外国としてのスペインを語るにも好都合であったことは、高名なスペイン学者フォンテーヌの『モサラベ美術』が身を持って示している。ノアックの造形的・様式的な研究も、社会集団としてのモサラベという問題とは無関係に展開されているように見えるが、実は「モサラベ移民」の概念に絶対的に依拠している。こうした先行研究においては、ゴメス・モレーノによって既にまとめられていた社会的側面について再検討されることはなく、レオン王国とモサラベ移民の関係をアプリオリに話を進める傾向があった。また、建築そのものに関しても、ゴメス・モレーノの研究を凌駕するような本格的な研究は登場してこなかった。

　これに対して「レポブラシオン」の概念を対比的に用いてモサラベ史観批判を展開したのがバンゴらであった。呼称についての反論に加え、10世紀イベリア半島のキリスト教文明をまとめて「モサラベ」と形容することの不適切さが強調されたのは重要だが、教会の機能・構成やキリスト教社会全体の保守性・懐古性が注視される一方、ゴメス・モレーノが最も重視した点であるレオン王国におけるモサラベ移民の存在についてや、いくつかのスペイン・イスラーム建築要素の流入経緯についての反証に力点は置かれなかった。そのため、ゴメス・モレーノ派との論戦は必ずしも噛み合っているとは言えず、結果としてやや孤立した主張となっている感は否めない。

　10世紀レオン王国の建築の研究は、ゴメス・モレーノ史観の有効性再検討なくしては成立しないが、この史観の片翼であるレオン王国におけるモサラベ移民の存在については、ゴメス・モレーノ支持派の間でも、反対派のバンゴらによっても、これまで副次的な検討しかなされてこなかった。一方、「モサラベ」史観のもう一つの論点である、レオン王国を中心とするキリスト教諸国の美術建築に見られる「アラブ」性であるが、アラブ性があるからモサラベである、モサラベだからアラブ性がある、ないから（ないけれど）モサラベである、というような二元論で論じられてきた部分は小さくない。「モサラベ」は、研究者の都合でニュアンスを様々に変化させたが、結局はゴメス・モレーノの枠組みを揺るがすことはなかった。第一部において明らかとなったこのような問題意識をもとに、第二部では、ゴメス・モレーノがモサラベと考えていた社会現象を批判的に再検討し、第三部においては、レオン王国の建築の「アラブ」性の質

586

について再考した。

　「モサラベ」の社会史的な根拠への批判は第二部第3章で述べた。1897年の『モサラベたちの歴史』によってシモネットが広く知らしめた「モサラベ」という社会集団のコンセプトは、1919年にゴメス・モレーノによって建築・美術に適用された。シモネットの定義では、モサラベとは「イスラーム治下にあっても宗教（キリスト教）、国家精神、ローマから西ゴート時代のキリスト教スペインの文化を守り続けた」スペイン人ということだったが、ゴメス・モレーノは、そうした人々の中で特に9世紀以降に北部へ移住した人々を想定し、彼らがイスラーム文化の伝道者であったというシナリオのもと、彼らによって建てられた、あるいは彼らが溢れかえった入植地の雰囲気の中で建てられた建築を集めて、「モサラベ教会堂」と呼んだ。

　ゴメス・モレーノが指摘したように、何らかの形でアラビア語の名前を持つ人々はレオン王国の文献資料内において異彩を放っている。本書ではその出現の傾向について、代表的な地域毎の差異や経年変化、全体に占める割合を独自に分析した。その結果、これらの人々は中心部に比較的集中しており、場合によっては5人に1人に達することが明らかになった。見方によるが、ラテン語キリスト教文化を主体とする領土内におけるアラビア語に親しんだ人々の割合としては、比較的高い数値と考えていいだろう。

　しかし、これらの人名が示す様々な傾向を観察し、またアル・アンダルスからの移民への言及と比較する中で、ゴメス・モレーノの考えとは明らかに異なったレオン王国の実態が浮き彫りとなった。すなわち、この中にはもちろんモサラベ移民もいたであろうが、それと並んで、あるいはそれ以上に、奴隷、改宗者、既存住民が大きな割合を占めていたということである。

　より重要な点が2点ある。まず、10世紀レオン王国中・西部において、人口全体の1割から2割程度を占めたアラビア語圏出身者を、「モサラベ」（イスラーム下で信仰を保ったキリスト教徒）かどうか、つまり、その人物とその祖先がイスラーム化と無縁な存在であったかどうかで区別することは無意味で、でなければきわめて困難であるということ。仮に、レオン王国において、言語・習慣・物質文化・芸術的にアラブ・イスラーム化したものが見られた場合、その伝播の責任者がイスラーム治下においてムスリムであったかキリスト教徒であったか見極めるのはまず不可能である。また、イスラーム治下のキリスト教美術（バンゴやヤルサの言う厳密な意味での「モサラベ」美術）とキリスト教治下のキリス

ト教美術との比較からは、前者の独自性が後者に伝達される傾向などを見出すことはできない。一部のアラビア語系居住者の存在は、彼らがキリスト教徒であったかという点とは無関係に、レオン王国のフロンティア性と流動的な社会の現状を反映しているのであり、モサラベの「出コルドバ記[1]」という大量移民のイメージは神話であったのである。

　もう一つの注目すべき点は、奴隷を含むこれらのアラビア語名の人々を統治する立場にあったレオン王権、レオン司教座、サアグン修道院、そして一時期のアストルガ司教座の重要性である。これらの権力はいずれもその範囲や効力を限定されたものであったが、それぞれの地域で建設を含む入植活動のイニシアティヴをとった。有力なモサラベによる入植活動の舞台としてはサン・ミゲル・デ・エスカラーダが挙げられるが、その堂内とポルティコを比較すれば明らかなように、スペイン・イスラーム建築のモードを反映させようという意志は、モサラベ聖職者の移住が大きな意味を持っていたアルフォンソ3世の治世が終わり、その息子たちによってレオンに首都が遷されて初めて感じられるようになる。一方アラビア語名の人々はほとんどのケースで各地の有力者に従属するか、階級的に下位に位置しており、ガリシアのように、ほとんど登場しないこともある。つまり、建築活動を指揮する立場にあったのはモサラベやアラビア語化した人々ではなく、北方出身、あるいはレオン王国領内土着の有力者一族であったと考えなければならない。

　では、これらの建築主が主導した建設活動に、アラブ・スペインで技法を学んだ職人はどの程度かかわっていたのだろうか。そしてその結果、建築の造形にどの程度の「アラブ」性が反映されているのだろうか。「モサラベ」建築の「アラブ」性についての批判的検討は、第三部においておこなわれた。サンティアゴ・デ・ペニャルバの穹稜ドーム状ヴォールトと、そこに描かれたレンガ積みの考察からは、コルドバやカイラワーンのヴォールトとの差異が明らかにされ、穹稜を用いたドーム状ヴォールトという建造技術が、ビザンティン帝国やイスラーム圏から新たに伝播したものではなく、イベリア半島にそれ以前から存在していた可能性が示唆された。またその仕上げによって、レオン大聖堂に転用されていたローマ時代の浴場のヴォールト構造を再現しようとしていたのではないかという仮説が提示された。馬蹄形アーチの検討においては、レオン王国の建築の一部には、スペイン・イスラーム建築の手法の影響がはっきりと見られることを再確認した。その上で、その影響が技術的なものではなく意匠

588

結　論

の一部を視覚的に取り入れようとするものであったことが明らかとなった。

　結局レオン王国の建築は「モサラベ」（アル・アンダルスのキリスト教文化）と
も関係が薄く、「イスラーム・スペイン」（アル・アンダルスのイスラーム教文化）
との関係も、喧伝されているよりはずっと限定的で表面的だったのである。で
はこうした限界を踏まえたうえでなら、美術建築において「モサラベ」という
修飾語を慣用的に用いてよいだろうか。

　もし、仮に、本論攷で扱ってきた「モサラベ」教会堂を観察する全ての人が、
「モサラベ」という語のエスニックな色合いがこのように拡大解釈・誤訳され
ていることを十全に理解し、せめて、「モサラベ」という呼称の擁護派である
ノアック、アルバイター、レゲラスが言うように「10世紀スペイン北部でロマ
ネスク到来以前にあらわれたアラブ風キリスト教建築」と広義に捉えることが
できたとしたなら、たとえ研究者によってその造形的アラブ性（そういうもの
が実際にあるとして）の軽重が変化するにしても、これらの建築を「モサラベ」
と呼ぶことは許容できるかもしれない。もしそうなれば、「モサラベ」は「ロマ
ネスク」や「ゴシック」のように、語源とは異なる純粋に様式的な用語として
いいだろう。ヴァザーリが、「ゴート人が創案したドイツ式という別の種類の建
築[2]」について語ってから久しく、いまやゴシックを字義どおりゴート人の様式
と考える人は専門家にはいないし、一般にも非常に少ないと思われる。しかし
ながら、「モサラベ」の場合、シモネットが大きくアル・アンダルスにおける
キリスト教徒、とした定義がこれもまた広く受け入れられているため、「モサ
ラベ」建築にもただちにこうしたモサラベたちの姿がイメージされるし、ガイ
ド・ブックに再生産されるファンシーな物語は、まさに馬蹄形アーチあるとこ
ろにコルドバからの石工あり、といった呈である。ヤルサは、10世紀について
述べるとき、「芸術上においても、歴史上においても、『モサラベ』という用語
が含むよりはるかに豊かな現実」を指摘している[3]。これを鑑みると、混乱を避
けるためには、カモンやバンゴが言うように、「モサラベ芸術」は「モサラベ」
の芸術、イスラーム治下のキリスト教美術に限定すべきではないだろうか。

　話はやや迂回するが、同様の主張はムデハル芸術というものにも向けられる
だろう。ムデハル（mudéjar）とは元々、レコンキスタ後のキリスト教領内に
残ったムスリムを指す言葉であったが、やがて彼らの特徴的な（とされていた）
レンガのファサードや装飾的な格天井などの様式的特徴をムデハルと呼ぶよう
になった。このムデハルという用語を建築や美術に適用すべきではないという

589

主張は少なくない。ただムデハルの場合は、ゴシックと同様、19世紀の折衷主義の時代にネオ・ムデハルという再確認の時期を経ているため、建築家たちの意識的様式化を経て、現在では「モサラベ」のように文化・民族的意味合いと造形表現が混同されることは少ないのではないか。折衷主義者がネオ・モサラベ建築を造っていたら話は違っていたかもしれない。しかしながら様式的な意味で独自の発展を遂げることがなかったこれらの建築が、ネオとして復活することはいずれにせよありえなかったであろう。

　ところで、われわれがトレドのレンガ造の教会堂を、それを作り上げたであろうムデハルのレンガ職人たちを思い浮かべながら「ムデハル」様式と呼ぶのに、コルドバのモスクを「モサラベ」様式と呼ばないのはなぜだろうか？　大半の専門家がその要素の源泉と建設の主体を土着の社会に帰しているにもかかわらず[4]？　つまり美術史家は、本来の「モサラベ」「ムデハル」という社会的マイノリティーとの関係をおざなりにしてそこから派生した用語を用いることで、アラブ風の要素のキリスト教建築への混入を、イベリア半島のオリジナリティー（スペイン人にとって）またはエキゾティシズム（外国人にとって）の顕現として、できる限り印象的なものとしたかっただけなのではないだろうか。

2）10世紀レオン王国建築の特質

　レオン王国の建築が「モサラベ」ではないとすれば、結局どのような文脈で捉えられるべきだろうか。

　工法的側面と意匠面との関係性の検討（第三部）からは、建築の意匠を指示したレオン王国の高位聖職者には、おそらく間接的でやや漠然としたコルドバ建築の意匠のイメージがあったのに対し、実際に建設に従事した職人は、コルドバの建築術に無知であったことが明らかとなった。とりわけイベリア半島初期中世建築最大の特徴の一つである馬蹄形アーチにこの点は顕著である。従来、馬蹄形アーチは西ゴートから後ウマイヤ朝コルドバにかけて発達し、そこから亜流としてのモサラベ建築に派生したという捉えられ方をしてきた。しかし第三部第4章で見たように、後ウマイヤ朝ヘゲモニー後のキリスト教建築は基本的性質をほとんど変えておらず、スペイン・イスラーム建築における馬蹄形アーチの様式化の影響がほとんど浸透していなかった。10世紀レオン王国の建築は、同時期スペイン・イスラーム建築の創意や様式化に一定の知識を持ち、

結　論

また、それを受容する意思を示しながら、コルドバのイノベーションを本当の意味で理解していたとはいえない。すでにバンゴによって、スペイン初期中世建築を古代末期と位置づける提案がなされていたが、大枠ではこの主張が追認されたと言える。

　しかしながら一方で、レオン王国の建築はレオン王国という状況を如実に反映しており、そのためにアストゥリアス建築ともアル・アンダルスの建築とも異なり、イスパノ・ビシゴード建築とも異なった特徴が生み出されていた。そうした特徴を生み出した要因の一つは、この地域が無人化しておらず、全域においてではなくとも、一定の建築的伝統を保っている場所が存在したことである。とりわけガリシアやエル・ビエルソにはイスラームによる半島征服以前からほとんど変わることのない建築文化が保たれていたと考えられる。半島初期中世における建築文化の変容は、9世紀以降コルドバを中心に徐々に起こっていたが、その変容が革新にまで変わるのは930年代にマディーナ・アッザフラー建設が始まってから、とりわけ10世紀後半を待たなければならない。こうした革新を北部のキリスト教勢力が吸収することは最後までなく、その影響はほとんどの場合視覚的模倣にとどまっていたが、基本的に実用性と利便性が重視されたこれらの再入植地のキリスト教建築においては、伝統的で地域的工法で建てられた建築に、スポリアや塗装による建材の擬装といった安価な手法を中心として、適宜同時代的な意匠が施されていったのである。

　第四部で取り上げた4つの建築に見られる類似性は、レオン王国において建築上のアイディアの多くが共有されていたことを示している。他の再入植地域やイスラーム治下の建築とも構想や基本的工法上の共通点が少なくないが、エスカラーダ、ペニャルバ、マソーテ、セラノーバには、より直接的な参照、そして、サンティアゴ・デ・ペニャルバとサン・ミゲル・デ・エスカラーダのポルティコのように、明白な同一工房による制作が見られた。こうした類似や同一性の質を見ていくと、地域的には離れていてもサンタ・マリア・デ・レベーニャは円柱の制作や処理にエスカラーダなどと同一の特徴が見られ、逆にサン・ミゲル・デ・セラノーバはサンティアゴ・デ・ペニャルバと基本構想しか共有しない。このように様々なレベルで断片的に関連した一連のレオン王国の建築は、再入植最初期の暫定的建造物がより恒久的なものに建て替えられる930年代から40年代にかけてのサンティアゴ・デ・ペニャルバとサン・ミゲル・デ・エスカラーダのポルティコ建設において決定的局面を迎え、馬蹄形アーチなどにコ

591

ルドバの建築の特徴が独自のやり方で参照されるようになった。サン・セブリアン・デ・マソーテの建設をこれ以前とする根拠は薄く、異なる工房によって939年シマンカスの戦い以降に建設されたと考えるべきであろう。これらの建築を生んだのはアブダッラフマーン3世のコルドバにおける建築の発展であり、そのコルドバとの接触がそれまでとは比べものにならないほど多局面化したラミーロ2世期（931-951）のレオン王国の社会状況であったが、同時にその社会が文化的には強いローカリティーを保ったガリシア、エル・ビエルソ、レオン平野部、カスティーリャといったサブ地域に分断されていたことは、建築遺構が体現している。

　建築がどのように捉えられ語られていたかを見ていった第三部第5章では、建築考古学者によって強調されてきたような切石建造術の質について同時代人がそれほど拘泥しておらず、むしろ土を主体とする建造に対比して賞賛される石造建築術に、荒石・野石・モルタルを用いたものも含まれていたことが明らかとなった。また、ヴォールト建造術が全く失われていなかったにも関わらず、アストゥリアス王国やカタルーニャ（イスパニア辺境領）でわざわざヴォールトに対する称揚が見られたのは、それぞれの地域における新興の政体がその重要性を強調する意味合いを持っていたこともわかった。

　ロマネスクとローマ典礼とクリュニーがセットになって到来した11世紀に、ほとんど完全に馬蹄形アーチが放棄されたのは、実際に異なった建築的伝統を汲む人間が建設に携わったためでもあるが、同時に、新しいアイディアへの変化を、意匠の変化によって表現する必要性があったからである。他方、10世紀のレオン王国で馬蹄形アーチが用いられ続けた理由は、アストゥリアスにおいて馬蹄形アーチが用いられなかった理由よりは明らかである。すなわち、馬蹄形アーチの利用こそが西ゴート時代から10世紀までの半島スタンダードだったからである。

　アストゥリアス建築で馬蹄形アーチが用いられなかった理由を考えると、第三部で断片的に述べたように、スポリアとなるモノリスの円柱の絶対的不足、そして迫石を石ではなくレンガで造るという建築文化の差異を考慮しなければならないだろう。サンタ・エウラリア・デ・ボベダはレンガで半円をやや超えるアーチを用いていたが、同じ規格の直方体レンガを用いる場合、半円のアーチは馬蹄形アーチよりはるかに作りやすい。また、当初はやむを得ず、そしてその後は習慣的に、モノリスの円柱ではなく厚い矩形のピアで柱を立てたアス

結　論

トゥリアス建築においては、コルドバ大モスク堂内やサン・ミゲル・デ・エスカラーダのような、細い支柱上に軽々と馬蹄形アーチが連なるという構成を用いることはできなかったのであろう。このようなアストゥリアス建築と再入植地の建築の差異は、モサラベの介入によってではなく、ドゥエロ川北岸の要所に残っていた建築的伝統と、レオン王国という新しい社会的現実、すなわちより多面的なアル・アンダルスほか半島諸地域との接触によって生み出されたのである。

注

1 この神話には誰あろう筆者自身が研究開始当初、影響を受けていた。

2 (LETHABY, 1904：135)；クリス・ブルックス著『ゴシック・リヴァイヴァル』(鈴木博之、豊口真衣子訳) 岩波書店, 2003, pp.9-10.

3 《Una realidad mucho más rica que la que encierra el término "mozárabe", tanto artística, como histórica》, (YARZA, 1985).

4 たとえば、(GÓMEZ-MORENO, 1951 ; TORRES-BALBÁS, 1957 ; BORRÁS, 1990 ; ARCE SAINZ, 2000) など。

巻末資料

地　図

巻末資料

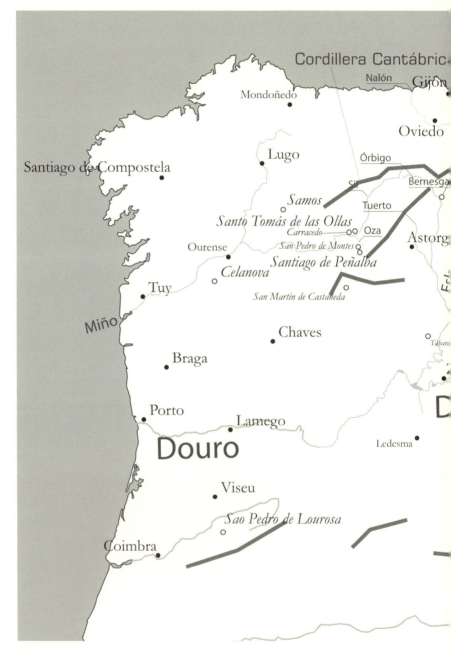

地　図

表 X　追加カウントしたアラビア語系人名

	数に入れたもの	典拠	数に入れなかったもの	典拠
A	Abcumuralra	L	Abaidas	S
	Abkal (no.105)	L	Abale (no.162)	L
	Abocalde, Alcalde	L	Abdie	S
	Ariimiro Abocanoz (no.609)	L	Abeca (no.609)	L
	Abolfora (no.61)	A	Abellonius (no.135)	L
	Abolheireth	L	Abito, Avito, Avitiz (S)；Avita, Abita (L)	S
	Abonazeos	S	Abolina, Abolus, Abolui, Avolus, Abolo, Habolus, Abolinus (L.72), Avola (Auola), Abola (L), Abole, Avolvs, Auolo (C.62)	
	Abozahjace (no.48)	A		
	Addan (no.152)	L		SLC
	Aia (no.325)	S	Adega	S
	Aiuf (no.5), Auiph (no.34)	A	Adiubandus (A.19, L.93)；Aiubando, Adiuuandus abba (L.184)；Aiubandus, Aiubando (S)	
	Aiuue, Adube, Agube	L		ALS
	Albittus (no.76) (cf. Albitu)	L	Agodin (no.193)	L
	Aliazi, Aliaz	L	Aiuleug	L
	Alite (cf. Alit)	L	Aiurie (no.11	A
	Almeiuz (58)	C	Aldoritu (no.132)	L
	Almone (no.621)	L	Alef (no.5)	A
	Almundi	L	Aliane, Aloiune, Alione	S
	Alporze (A.93), Alporz (L.48)	AL	Aliemi	S
	Amorinus (no.621)	L	Almoratiz (Veremudus)	L
			Amu... (Amu Paternus, Amu Kardellu...) (no.204)	L
			Aobayton (no.108) Abayton (no.150)	L
			Azba (no.217), Azeua (331, 335)	L
B, U, V	Ballelle	C	Bamar (no.48)	A
	Bellita	SCL	Baton (no.5)	A
	Bellitus, Bellito, Vellitus, Bellitus, Vellito, Uellide, Belitus, Bellito, Uellito, Uelide	AL	Bennate	S
			Bomet (no.48)	A
	Bindup (no.5)	L	Bute Escarici (no.48)	A
			Vellelli	S

C, Z	Cidiz (no.614), Cite (no.626), Zaeti, Zite (no.603)	L	Cesan (L.108)	SL	
	Cindone (L.605), Zidone (A.190), Zendone (C.38) (cf. Cidone)	ACL	Cilone (no.27) (Celone en 41), Cilo (no.51)	A	
	Corese (no.5)	SL	Cimas	S	
	Zanina (no.50) (cf. Zanine)	C	Zane (L), Zanitu, Zaniz (S)	SL	
	Zatane	S	Zanom (no.48) Zanon (no.53, 55)	A	
	Zecini	S	Zeize (no.199)	L	
			Zeza	L	
			Zezi (no.27)	C	
			Zezon (L.74), Zezzon (S)	SL	
			Zita, Zitaio (L.183, 201), Cita (L.215, L.626), Zithaius (S.281), Citaius (L.432)	SL	
			Zitani (no.55)	A	
			Zitibono (no.195)	L	
			Ziva (no.31)	A	
			Zuheila (no.163)	L	
			Zundai (no.162)	L	
OTROS	Ecta (S.292), Ecte	L	Eidali (no.11)	A	
	Ezage	S	Faleone (no.11)	A	
	Ezhar, Ezrac	L	Fohore (no.73)	L	
	Ezmele (no.602)		Gandin	S	
	Gamarit (no.48)	A	Gannon	S	
	Gemelli, Gemellus	L	Gualafara	S	
	Hab (no.28)	A	Haleamus (no.48)	A	
	Heroni (no.128)	A	Hatita	L	
	Hanne, Hanni	SL	Hedela (no.10)	A	
	Harraze	L	Ioseph (no.346)	L	
	Hauelaz (no.123)	C	Lalli (no.337)	L	
	Huleima (no.5)	A	Liuba (no.339)	L	
	Isciame	S	Mahacer Zibalur (no.48)	A	
	Ivnize (no.77)	L	Manuhez	S	
	Mahonite (no.27) (Mahonote en 41), Mahomin (no.48)	A	Mayrelli	S	
	Mesci	L	Mecerore	S	
	Neuil	L	Mohnoia (no.139)	L	
	Sapi	S	Moysen (A.93)	SA	
	Scaven (no.31)	A	Nazareli (no.76)	L	
	Skappa (cf. Eskapa)	L	Palili (no.179)	C	
			Taref (no.5)	A	

601

表Y　サアグン修道院、セラノーバ修道院、レオン大聖堂、アストルガ大聖堂公文書ア

	サアグン修道院					セラノーバ修道院					レオン大聖堂		
	文書数	のべ人名数	のべアラビア語人名数	文書ごとのアラビア語人名の登場回数	全体に占めるアラビア語人名の割合	文書数	のべ人名数	のべアラビア語人名数	文書ごとのアラビア語人名の登場回数	全体に占めるアラビア語人名の割合	文書数	のべ人名数	のべアラビア語人名数
775)											1	8	0
842)						1	16	0					
850	0		0			0		0			0		0
851	0		0			0		0			0		0
852	0		0			0		0			0		0
853	0		0			0		0			0		0
854	0		0			0		0			0		0
855	0		0			0		0			0		0
856	0		0			1	6	0		0.0%	0		0
857	1	7	0		0.0%	0		0			0		0
858	0		0			0		0			0		0
859	0		0			0		0			0		0
860	0		0			0		0			0		0
861	2	10	0		0.0%	0		0			0		0
862	0		0			0		0			0		0
863	0		0			0		0			0		0
864	0		0			0		0			1	13	0
865	0		0			0		0			0		0
866	0		0			0		0			0		0
867	0		0			0		0			0		0
868	0		0			0		0			0		0
869	1	9	0		0.0%	0		0			0		0
870	0		0			0		0			1	16	0
871	0		0			2	22	0		0.0%	0		0
872	0		0			0		0			0		0
873	0		0			0		0			1	17	0
874	0		0			0		0			1	24	2
875	0		0			0		0			1	14	0
876	0		0			0		0			1	13	0
877	0		0			0		0			0		0
878	0		0			0		0			0		0
879	0		0			1	10	0		0.0%	0		0
880	0		0			0		0			0		0
881	0		0			0		0			0		0
882	0		0			0		0			0		0
883	0		0			0		0			0		0
884	0		0			0		0			0		0
885	0		0			0		0			0		0
886	0		0			1	17	0		0.0%	0		0
887	0		0			0		0			0		0
888	0		0			0		0			0		0
889	0		0			1	14	0		0.0%	0		0
890	0		0			0		0			0		0
891	0		0			0		0			0		0
892	0		0			0		0			0		0
893	0		0			0		0			0		0
894	0		0			0		0			1	12	0

ーカイヴに見られる年毎のアラビア語人名の数

		アストルガ大聖堂					全体				
文書ごとのアラビア語人名の登場回数	全体に占めるアラビア語人名の割合	文書数	のべ人名数	のべアラビア語人名数	文書ごとのアラビア語人名の登場回数	全体に占めるアラビア語人名の割合	文書数	のべ人名数	のべアラビア語人名数	文書ごとのアラビア語人名の登場回数	全体に占めるアラビア語人名の割合
		0		0							
		0		0							
		0		0							
		0		0							
		0		0							
		0		0							
		0		0			1	6	0	0.0	0.0%
		1	15	0		0.0%	2	22	0	0.0	0.0%
		0		0							
		0		0							
		0		0							
		0		0			2	10	0	0.0	0.0%
		0		0							
		0		0							
	0.0%	0		0			1	13	0	0.0	0.0%
		0		0							
		0		0							
		0		0							
		0		0			1	9	0	0.0	0.0%
	0.0%	0		0			1	16	0	0.0	0.0%
		0		0			2	22	0	0.0	0.0%
		0		0							
	0.0%	0		0			1	17	0	0.0	0.0%
2.0	8.3%	0		0			1	24	2	2.0	8.3%
	0.0%	0		0			1	14	0	0.0	0.0%
	0.0%	0		0			1	13	0	0.0	0.0%
		2	17	3	1.5	17.6%	2	17	3	1.5	17.6%
		1	58	10	10.0	17.2%	1	58	10	10.0	17.2%
		0		0			1	10	0	0.0	0.0%
		0		0							
		0		0							
		0		0							
		0		0							
		0		0							
		0		0							
		0		0			1	17	0	0.0	0.0%
		0		0							
		0		0							
		0		0			1	14	0	0.0	0.0%
		0		0							
		0		0							
		0		0							
		0		0							
	0.0%	0		0			1	12	0	0.0	0.0%

巻末資料

895	0		0			0		0			1	9	0
896	0		0			0		0			0		0
897	0		0			0		0			2	16	0
898	0		0			0		0			1	11	0
899	0		0			0		0			1	8	0
900	0		0			0		0			0		0
901	0		0			0		0			0		0
902	0		0			0		0			0		0
903	0		0			0		0			0		0
904	1	12	0		0.0%	0		0			2	22	0
905	0		0		0.0%	1	12	1	1.0	8.3%	0		0
906	0		0		0.0%	0		0			0		0
907	0		0		0.0%	1	10	0		0.0%	0		0
908	0		0		0.0%	0		0			2	23	0
909	2	13	0		0.0%	1	19	4	4.0	21.1%	1	10	0
910	1	9	1	1.0	11.1%	0		0			1	15	0
911	0		0		0.0%	0		0			0		0
912	0		0		0.0%	0		0			3	32	4
913	0		0		0.0%	0		0			1	8	0
914	0		0		0.0%	0		0			2	17	2
915	0		0		0.0%	0		0			4	49	11
916	3	30	2	0.7	6.7%	2	15	1	0.5	6.7%	2	17	3
917	0		0		0.0%	0		0			3	57	10
918	0		0		0.0%	1	11	1	1.0	9.1%	3	36	8
919	2	19	3	1.5	15.8%	1	7	0		0.0%	3	58	16
920	3	16	1	0.3	6.3%	0		0			1	8	1
921	4	51	5	1.3	9.8%	0		0			3	41	6
922	2	16	3	1.5	18.8%	3	31	0		0.0%	0		0
923	0		0		0.0%	3	22	0		0.0%	3	38	7
924	0		0		0.0%	1	7	0		0.0%	1	18	5
925	3	42	9	3.0	21.4%	1	19	0		0.0%	3	31	5
926	0		0		0.0%	1	7	0		0.0%	3	41	11
927	0		0		0.0%	5	56	2	0.4	3.6%	4	78	11
928	1	6	0	0.0	0.0%	0		0			4	47	10
929	0		0		0.0%	1	8	0		0.0%	4	57	9
930	5	57	0	0.0	0.0%	0		0			4	51	2
931	1	7	0	0.0	0.0%	3	31	0		0.0%	4	28	3
932	9	80	9	1.0	11.3%	2	27	1	0.5	3.7%	4	58	10
933	4	42	5	1.3	11.9%	1	12	2	2.0	16.7%	2	20	2
934	2	13	0	0.0	0.0%	4	59	3	0.8	5.1%	2	40	3
935	0		0		0.0%	5	39	0		0.0%	4	52	11
936	3	23	0	0.0	0.0%	5	107	1	0.2	0.9%	6	70	13
937	6	71	8	1.3	11.3%	2	22	0		0.0%	12	136	20
938	3	33	4	1.3	12.1%	2	37	1	0.5	2.7%	3	43	2
939	2	24	1	0.5	4.2%	1	11	0		0.0%	7	81	12
940	1	10	1	1.0	10.0%	4	51	0		0.0%	3	37	2
941	5	81	6	1.2	7.4%	4	90	3	0.8	3.3%	9	114	11
942	3	32	3	1.0	9.4%	3	55	0		0.0%	9	100	10
943	9	122	17	1.9	13.9%	2	15	0	0.0	0.0%	18	256	47
944	1	13	3	3.0	23.1%	0		0			11	149	13
945	6	80	8	1.3	10.0%	1	18	0	0.0	0.0%	1	9	1
946	3	71	13	4.3	18.3%	1	5	0	0.0	0.0%	3	74	13
947	2	23	2	1.0	8.7%	2	23	1	0.5	4.3%	5	72	17
948	3	39	3	1.0	7.7%	2	21	0	0.0	0.0%	5	42	9
949	9	120	9	1.0	7.5%	2	41	1	0.5	2.4%	5	57	6

	0.0%	1	18	0		0.0%	2	27	0	0.0	0.0%
		0		0							
	0.0%	0		0			2	16	0	0.0	0.0%
	0.0%	0		0			1	11	0	0.0	0.0%
	0.0%	0		0			1	8	0	0.0	0.0%
		0		0							
		0		0							
		0		0							
		0		0							
	0.0%	0		0			3	34	0	0.0	0.0%
		0		0			1	12	1	1.0	8.3%
		0		0							
		0		0							
	0.0%	0		0			2	23	0	0.0	0.0%
	0.0%	0		0			4	42	4	1.0	9.5%
	0.0%	0		0			2	24	1	0.5	4.2%
		0		0						0.0	0.0%
1.3	12.5%	1	26	0		0.0%	4	58	4	1.0	6.9%
	0.0%	0		0			1	8	0	0.0	0.0%
1.0	11.8%	0		0			2	17	2	1.0	11.8%
2.8	22.4%	2	32	2	1.0	6.3%	6	81	13	2.2	16.0%
1.5	17.6%	1	20	1	1.0	5.0%	8	82	7	0.9	8.5%
3.3	17.5%	0		0			3	57	10	3.3	17.5%
2.7	22.2%	0		0			4	47	9	2.3	19.1%
5.3	27.6%	0		0			6	84	19	3.2	22.6%
1.0	12.5%	1	25	1	1.0	4.0%	5	49	3	0.6	6.1%
2.0	14.6%	0		0			7	92	11	1.6	12.0%
		0		0			5	47	3	0.6	6.4%
2.3	18.4%	0		0			6	60	7	1.2	11.7%
5.0	27.8%	1	13	1	1.0	7.7%	3	38	6	2.0	15.8%
1.7	16.1%	1	22	7	7.0	31.8%	8	114	21	2.6	18.4%
3.7	26.8%	1	14	0	0.0	0.0%	5	62	11	2.2	17.7%
2.8	14.1%	1	18	0		0.0%	10	152	13	1.3	8.6%
2.5	21.3%	1	8	4	4.0	50.0%	6	61	14	2.3	23.0%
2.3	15.8%	1	31	5	5.0	16.1%	6	96	14	2.3	14.6%
0.5	3.9%	0		0			9	108	2	0.2	1.9%
0.8	10.7%	0		0			8	66	3	0.4	4.5%
2.5	17.2%	0		0			15	165	20	1.3	12.1%
1.0	10.0%	0		0			7	74	9	1.3	12.2%
1.5	7.5%	0		0			8	112	6	0.8	5.4%
2.8	21.2%	0		0			9	91	11	1.2	12.1%
2.2	18.6%	0		0			14	200	14	1.0	7.0%
1.7	14.7%	2	94	20	10.0	21.3%	22	323	48	2.2	14.9%
0.7	4.7%	1	20	0		0.0%	9	133	7	0.8	5.3%
1.7	14.8%	1	22	0		0.0%	11	138	13	1.2	9.4%
0.7	5.4%	1	30	0		0.0%	9	128	3	0.3	2.3%
1.2	9.6%	0		0			18	285	20	1.1	7.0%
1.1	10.0%	0		0			15	187	13	0.9	7.0%
2.6	18.4%	0		0			29	393	64	2.2	16.3%
1.2	8.7%	1	8	1	1.0	12.5%	13	170	17	1.3	10.0%
1.0	11.1%	0		0			8	107	9	1.1	8.4%
4.3	17.6%	0		0			7	150	26	3.7	17.3%
3.4	23.6%	0		0			9	118	20	2.2	16.9%
1.8	21.4%	0		0			10	102	12	1.2	11.8%
1.2	10.5%	0		0			16	218	16	1.0	7.3%

巻末資料

950	8	92	18	2.3	19.6%	4	74	4	1.0	5.4%	22	251	35
951	6	60	6	1.0	10.0%	5	42	1	0.2	2.4%	10	140	27
952	4					4					16		
953	1					4					6		
954	3					4					19		
955	7					9					9		
956	4					3					9		
957	4					2					1		
958	5					2					5		
959	7					4					13		
960	14	143	20	1.4	14.0%	2	26	0	0.0	0.0%	11	135	23
961	10	115	13	1.3	11.3%	16	169	6	0.4	3.6%	15	175	26
962	10					12					7		
963	8					4					9		
964	6					6					11		
965	17					2					8		
966	4	43	3	0.8	7.0%	0					6		
967	6					2					6		
968	0					1					4		
969	2					1					1		
970	5					1					3		
971	4					0					1		
972	1	19	3	3.0	15.8%	1					5		
973	7					1					5		
974	3	33	6	2.0	18.2%	3	28	0		0.0%	7	86	12
975	3	26	1	0.3	3.8%	1	11	0		0.0%	6	54	10
976	4					1					5		
977	6					3					5		
978	2	20	6	3.0	30.0%	2					10		
979	5					0					9		
980	5					0					7		
981	2					1					4		
982	2					2					4		
983	3					3					1		
984	12	123	20	1.7	16.3%	0					5		
985	1					3					10		
986	4					2					3		
987	4					2					5		
988	2					3					2		
989	3					7					6		
990	2	7	0	0.0	0.0%	2					14		
991	2					3					4		
992	0					1					4		
993	1					3					5		
994	2					1					8		
995	0					5					3		
996	3	46	0	0.0	0.0%	3					4		
997	3					5					4		
998	3					1					2		
999	2					3					8		
1000	1					5					8		
1001	1	2	0	0.0	0.0%	7	70	0		0.0%	9	86	12
1002	5	49	6	1.2	12.2%	5	65	3	0.6	4.6%	17	226	30
951迄	117	1333	140	1.2	10.5%	83	1073	27	0.3	2.5%	214	2736	390
1002迄	332					241					563		

1.6	13.9%	0		0			34	417	57	1.7	13.7%
2.7	19.3%	0		0			21	242	34	1.6	14.0%
		1									
		1									
		0									
		0									
		2									
		0									
		1									
		1									
2.1	17.0%	1	22	3	3.0	13.6%	28	326	46	1.6	14.1%
1.7	14.9%	0		0			41	459	45	1.1	9.8%
		1									
		1									
		0									
		0									
		0									
		0									
		0									
		0									
		0									
		1									
		1									
		0									
1.7	14.0%	1	20	1	1.0	5.0%	14	167	19	1.4	11.4%
1.7	18.5%	1	10	0		0.0%	11	101	11	1.0	10.9%
		1									
		0									
		0									
		1									
		1									
		0									
		0									
		1									
		0									
		0									
		0									
		0									
		0									
		0									
		0									
		0									
		2									
		0									
		0									
		0									
		1									
		0									
		1									
		0									
		0									
1.3	14.0%	1	15	1	1.0	6.7%	18	173	13	0.7	7.5%
1.8	13.3%	0		0			27	340	39	1.4	11.5%
1.8	14.3%	22	491	55	2.5	11.2%	436	5633	612	1.4	10.9%
		44					1180				

補遺：各種文字史料原文

1）サン・ミゲル・デ・エスカラーダ、銘文（913年11月20日）

San Miguel de Escalada, inscripción fechada 20-11-913.

オリジナル消失

(Risco, 1980：311).

(Gómez-Moreno, 1919：141).

HIC LOCVS ANTIQVITVS MICHAELIS ARCHANGELI HONORE DICATVS,
BREVI OPERE INSTRVCTVS, POST RVINIS ABOLITVS, DIV MANSIT DIRVTVS,
DONEC ADEFONSVS ABBA CVM SOCIIS ADVENIENS A CORDVVENSI PATRIA
EDIS RVINAM EREXIT SVB VALENTE SEREN（ISSIM）O ADEFONSO PRINCIPE.
MONACHORVM NVMERO CRESCENTE DEMVM HOC TEMPLVM DECORVM
MIRO OPERE A FVNDAMINE EXVNDIQVE AMPLIFICATVM ERIGITVR.
NON IVSSV IMPERIALI VEL OPPERESIONE VVLGI
SED ABBATIS ADEFONSI ET FRATRVM INSTANTE VIGILANTIA
DVODENIS MENSIBVS PERACTA SVNT HAEC OPERA,
GARSEA SCEPTRA REGNI PARAGENS MVMADOMNA CVM REGINA
ERA DCCCCLI
SACRATVMQVE TEMPLVM AB EPISCOPVM IENNADIVM XII KAL. DECEMBRIVM.

2）サン・ペドロ・デ・モンテス、銘文（919年10月24日）

San Pedro de Montes, inscripción fechada 24-10-919.

オリジナル：fig.3-147a

(Flórez, 1905：XVI, 132；Gómez-Moreno, 1919：215).

INSIGNE MERITIS BEATUS FRUCTUOSUS, POSTQUAM COMPLUTENSE CONDIDIT
CENOBIUM, NOMINE SANCTI PETRI, BREBI OPERE IN HOC LOCO FECIT ORATORIUM;
POST QUEM NON IMPAR MERITIS VALERIUS SANCTUS OPUS AECLESIE DILATABIT.
NOBISSIME GENNADIUS PRESBITER CUM XII FRATRIBUS RESTAURABIT, ERA
DCCCCXXXIIIª;
PONTIFEX EFFECTUS A FUNDAMENTIS MIRIFICE UT CERNITUR DENUO EREXIT,
NON OPPRESIONE VULGI, SED LARGITATE PRETII ET SUDORE FRATRUM HUIUS
MONASTERI.
CONSECRATUM EST HOC TEMPLUM AB EPISCOPIS IIIIOR, GENNADIO ASTORICENSE,
SABARICO
DUMIENSE, FRUNIMIO LEGIONENSE, ET DULCIDIO SALAMANTICENSE；SUB ERA
NOBIES CENTENA, DECIES QUINA, TERNA, ET QUATERNA, VIIIIº KALENDARUM
NOBEMBRUM.

補遺：各種文字史料原文

3）サン・マルティン・デ・カスタニェーダ、銘文（921年）

San Martín de Castañeda, inscripción fechada 921.

オリジナル：fig.3-147b

（GÓMEZ-MORENO, 1919：169[※1]）.

> HIC LOCVS ANTIQVITVS - MARTINVS SANCTVS HONORE DICATVS
> BREVI OPERE INSTRVCTVS - DIV MANSIT DIRVTVS
> DONEC IOHANNES ABBA A CORDOBA VENIT - ET HIC TEMPLVM LITAVIT
> EDIS RVGINAM A FVNDAMINE EREXIT - ET ACTE SAXE EXARABIT
> NON IMPERIALIBVS IVSSVS - ET FRATRVM VIGILANTIA INSTANTIBVS
> DVO ET TRIBVS MENSIBVS - PERACTI SVNT HEC OPERIBVS
> HORDONIVS PERAGENS SCEPTRA - ERA NOBIES ET SEMIS CENTENA NONA.

4）サン・ミゲル・デ・セラノーバ、銘文

San Miguel de Celanova, inscripción

オリジナル：fig.4-28

（VILLA-AMIL, 1904：7；GÓMEZ-MORENO, 1919：249；NÚÑEZ, 1989：107）.

> AVCTOR HVIVS OPERIS TV DEVS ESSE CREDERIS：
> DELE PECATA OMNIBVS TE XPE HIC ORATIBVS:
> INSTAT PRESENS MEMORIA INDIGNO FAMVLO FROILA：
> QVI OBTAT ET IN DOMINO TE CONIVRAT O BONE DILECTE QVI LEGIS：
> VT ME PECCATORE MEMORIA HABEAS SACRA EX ORATIONE.

5）アルベルダ年代記（抜粋）

Crónica albeldense, extracto.

・Alfonso II（*Crónicas asturianas*：174）

Adefonsus magnus rg. an. LI. Iste XI° regni anno per tirannidem regno expulsus monasterio Abelanie est retrusus；inde a quodam Teudane uel aliis fidelibus reductus regnique Ouetao est culmine restitutus. Iste in Ouetao templum sancti Salbatoris, cum XII apostolis ex silice et calce mire fabricauit aulamque sancte Marie cum tribus altaribus hedificauit. Baselicam（Basilicam）quoque sancti Tirsi miro hedificio cum multis angulis fundamentauit. Omnesque has Domini domos cum arcis atque columnis marmoreis auro argentoque diligenter ornauit. Simluque cum regiis palatiis, picturis diuersis decorauit. Omnemque Gotorum ordinem, sicuti Toleto fuerat, tam in eclesia quam palatio in Ouetao cuncta statuit.

・Ramiro I（*Crónicas asturianas*：175）

In locum Ligno eclesiam et palacia arte fornicea mire construxit.

※1　GÓMEZ-MORENO: «copiado sobre el original y deshechos los yerros de Morales».

巻末資料

6）アルフォンソ三世年代記ローダ版（抜粋）
Crónica de Alfonso III, versión rotense, extracto.

・Alfonso II（*Crónicas asturianas*：138 & 140）

Iste ［rex magnus Adefonsus］ solium suum Oueto firmauit. Baselicam quoque in honore Domini et Salvatoris nostri Ihesu Xpi（Christi）, cum bis seno numero apostolorum altaris adiungens, sibe eclesiam hob honorem sancte Marie semper uirginis cum singulis hinc atque inde titulis miro opere atque forti instructione fabricauit. Etiam aliam eclesiam beatissimi Tirsi martiris prope domum sancti Saluatoris fundauit；necnon satis procul a palatium edificauit eclesiam in honorem sancti Iuliani et Baselisse, cum uinis altaribus magno opere et mirauili conpositione locauit. Nam et regia palatia, balnea, promtuaria atque uniuersa stipendia formauit et instruere precepit.

・Ramiro I（*Crónicas asturianas*：144）

Postquam a uella ciuilia quieuit, multa edificia ex murice et marmore sine lignis opere forniceo in latere montis Naurantii duo tantum miliariis procul ab Oueto edificauit.

7）アルフォンソ三世年代記オビエド版（抜粋）
Crónica albeldense, versión ovetense（Ad Sebastianum）, extracto.

・Alfonso II（*Crónicas asturianas*：139 & 141）

Iste ［rex magnus Adefonsus］ prius solium regni Oueto firmavit. Basilicam quoque in nomine Redemptoris nostri Saluatoris Ihesu Xpi（Christi）miro construxit opere unde et specialiter ecclesia sancti Saluatoris nuncupatur, adi ciens（adiiciens）principali altari ex utroque latere bis senum（bissenun）numerum titulorum reconditis reliquiis omnium apostolorum. Edificavit etiam ecclesiam in honorem sancte Marie semper virginis a septentrionali parte adherentem ecclesie supra dicte, in qua extra principale altare a dextro latere titulum in memoriam sancti Stephani a sinistro titulum in memoriam sancti Iuliani erexit. Etiam in occidentali parte huius venerande domus edem ad recondenda regum adstruxit（construxit） corpora；necnon et tertiam baselicam in memoriam sancti Tyrsi condidit, cuius operis pulchritudo plus presens potest mirare（mirari）quam eruditus scriba laudare. Edificabit etiam a circio distantem a palatio quasi stadium unum ecclesiam in memoriam sancti Iuliani martyris circumpositis hinc（et）inde geminis altaribus mirifica istructione decoris. Nam et regalia palatia, balnea, triclinia uel domata atque pretoria construxit decora, et omnia regni utensilia fabrefecit pulcherrima.

・Ramiro I（Crónicas asturianas：145）

Interea supra dictus rex ecclesiam condidit in memoriam sancte Marie in latere montis Naurantii, distantem ab Oueto duorum milia passuum mire pulcritudinis perfecteque decoris et, ut alia decoris eius taceam, cum pluribus centris forniceis sit concamerata, sola calce et lapide constructa；cui si aliquis edificium consimilare uoluerit, in Spania non inueniet. Multa etiam non longe a supra dicta ecclesia condidit palatia et balnea pulchra atque decora.

610

補遺：各種文字史料原文

8) サンティアゴ・デ・コンポステーラ聖別文（抜粋　899年5月）

Santiago de Compostela, consagración de la catedral（extracto, mayo 899）.

LÓPEZ FERREIRO, A., *Historia de la santa iglesia de Santiago de Compostela*, II, ap.XXV.

（*Sampiro*：481-4；NÚÑEZ, 1978：140-153）.

In nomine Domini nostri Ihesu Christi aedificatum est templum sancti Saluatoris et sancti Jacobi apostoli in locum arcis marmarice, territorio Galletice, por institutionem gloriosissimi principis Adefonsi cum coniuge Scemena, sub pontifice loci eiusdem Sisnando episcopo, supplex egregii eximii principis Ordonii proles. Ego Adefonsus princeps cum praedicto antistite statuimus aedificare domum Domini et restaurare templum ad tumulum sepulchri apostoli, quod antiquitus construxerat diuae memoriae dominus Adefonsus magnus ex preta et luto, opere parouo；hos quidem inspiratione diuina adiuti cum subditis ac familia nostra adduximus in sanctum locum ex Hispania, inter agmina maurorum quae eiecimus, de ciuitate Caucce petras marmoreas, quas aui nostri ratibus per pontum transuexerant, et ex eis pulchras domos aedificauerant, quoe ab inimicis destructae manebant；unde quoque ostium principale occidentalis partis ex ipsis marmoribus est appositum, supercilia vero liminaris sedis inuenimus sicut antiqua sesoio fuerat miro opere sculpta. Ostium de sinistro iuxta titulum Baptistae et martiris Joanis, quem simili modo fundauimus et de puris lapidibue construximus, columnas sex cum basibus totidem posuimus, vbi abbobuta tribunalis est constructa, vel alias columnas sculptas, supra quas porticus imminet, de oppido Portugalense ratibus deportatas adduximus；quadros et calcem, vnde sunt aeedificatae columnee XVIII cum aliis columnellis marmoreis, simili modo nauigio. Igitur anno secundo mense decimo, postque deo auxiliante et merito apostoli aeedificatum est et completum, venimus in sanctum locum cum prole nostra et de sede vna quaque episcopi et de regno meo omnes magnates cum plebe catholica, vbi facta est turba non modica. Ideoque II nonas Maij, anno incarnationis domini DCCCLXIX, secunda feria, deducebat annum ad lunae cursum III, luna XI, consecratum est templum hoc a Pontificibus XVII id est Joannes Ocensis, Vincenti Legionensis, Gomellus Asturicensis, Hermeildus Ouetensis, Dulcidius Salamanticensis, Naustus Conimbriensis, Argimirus Lamecensis, Theodemirus Vesensis, Gumaedus Portucalensis, Jacobus Cauriensis, Argimirus Bracharensis, Didacus Tudensis, Egila Auriensis, Sysnandus Hiriensis, Reccaredus Lucensis, Theodesindus Britoniensis, Eleca Caesaragustensis, in quo reliquiae sanctae reconditae fuerunt a Pontificibus in altaria sancta hinguide et calce consepta, quoe vrnas aureas habent, sepulchra balsamum et incensum redolent fraglantia. In altare sancti Saluatoris sunt ter sene reliquiae；subtracta vna de sepuchro Domini de vestimento Domini quando crucifixus est, (...reliquias) In tumulo altaris sancti Ioannis, quod est subtecta et constructa latere sinistro ad Aquilonem, repositae sunt septenae digne；reliquiae Ioanis baptistae, de sepulchro Domini, de cruore Domini, sanctae Mariae virginis et genetrices Domini, sanctorum Juliani et Baselisse, sanctae Lucritiae martiris et santae Eulaliae Emeritensis. Haec omnia quoque dignissime manent tumulata in ligneis tabulis inputribilibus quadris；cera marmori mixta saxca implet foramina parua, duredine quoacta signant sigilla, diuisa desuper quoque restant marmorea gipsa cum regula quadra, super corpus quoque beniuoli apostoli patet altarium sacrum, (...) Completum hoc est era congruit esse nouies centena secies sena addicto tempore vno, erectum in in regno anno DCCCCIIII....

巻末資料

9) ゲナディウスの寄進文（抜粋　915年または919年）

Testamento de Genadio, extracto, 915 o 919.

BN, ms.712, ff.132v-133r（copia. fechada como era 943）.

（FLÓREZ, 1905：XVI, 130-1；RODRÍGUEZ LÓPEZ, 1906：469-479；GÓMEZ-MORENO, 1919：214 & 224-5[*2]；*CCAstorga*：no.12）.

Sanctissimis, gloriosissimis dominis triumphatoribus, post Deum mihi fortissimis patronis；coelorum claviculario in arce apostolatus constituto, electissimo Petro；aequali vocatione Andreae almifico：Iberiae terminos（patrono）Jacobo clarissimo；atque hero Thomae, asseclis Christi, et ejus martyribus á constitutione mundi Deo notis Apostolis. Cliens servus vester Gennadius, pauper meritis, abundans sceleribus, indignus Episcopus, certissime credo, firmissime teneo, et indubitanter scio, quod vos, o piisimi et strenui Patroni, ad unam Domini vocantis vocem, statim omnia quae mundi sunt, mundo reliquistis, indefesse adhaerentes vestigiis Salvatoris, ut neque puncto quidem secederetis ab illo, etiam neque ad funus patris exequendum. Sapientiae divinae secreta aurientes. ...

Cumque adhuc sub patre apostoli et abbate meo Arandiselo in Ageo monasterio degerem, vitam eremitarum delectatus, cum duodecim fratribus et benedictione supradictis scilicet ad sanctum Petrum ad sanctum eremum perrexi, qui locus positus a beato Fructuoso et institutus, post quem sanctus Valerius eum obtinuit：quantae autem vitae sanctitatis fuerint, et quanta virtutum gratia et miraculorum emolumenta enituerint, historiae et vitarum eorum scripta declarant. Nam suprafatum loculum in vetustatem reductum pene oblivioni deditum, vepribus, seu densissimis silvis opertum, et qui magnis arboribus ex immensitate annorum adumbratum, auxiliante Domino cum fratribus restauravi：aedificia instruxi, vineas et pomares plantavi, terras de scaligo（scalido）ejeci, horta et omnia quae ad usum monasterii pertinent, imposui.

Sed aemulus virtutum, vitam nostram invidens, quasi pro aedificatione multorum mentes plurimorum excitans, ad Pontificatum Astoricae, ad suburbia adstractus sum, in quae multis annis involvens et magis vi principum perdurans, quam spontanea mente, sed neque plene corporis ibidem commoravi.

Omnem solicitudinem omnemque industriam erga supradictum eremum exercens, Ecclesiam Sancti Petri, quam dudum restauraveram, miris reaedificationibus revolvens ampliavi et in melius ut potui erexi. Deinde autem in montibus illis aulam nomine Sancti Andreae construxi aliudque monasterium ad ordinem monasticum；intervallum distendens in memoriam Sancti Jacobi tertium construxi, quod vocatur Pennalba；inter utrumque vero locum, qui dicitur ad Silentium, in honorem Sancti T(h)omae quartum oratorium fabricavi. Et unicuique ecclesiae donaria munuscula, vel libros unicuique nunc offero segregatim, et in nunc habeant per hoc testamentum disponere opto. Et Praesulum, seu Principum perceptione affirmare decerno, atque seculis infinitis diu valitura persistere et permanere jubeo.

Imprimis Monasterium Sancti Petri, omnia, quae in circuitu ejus sunt, pomares et terras, cunctaque per terminos suos. –Iten im Ozza villa quae dicitur Sancta Maria de Valle de Scalios cum tota sua haereditate, seu etiam aliae Ecclesiae SS. Justi et Pastoris, terras, vineas, pomares, horta, molina ex integro cum cunctis praestitis et adjacentiis per omnes terminos suos sicut ea de iscalido prendidit Vincentius Abbas in supradicto Sancto Petro teneat. Item in ipso Ozza aliam villam Sancti Joannis aedificavi ex integro, terras, vineas, pomares, horta, molina cum omnibus utilitatibus praestitis et adjacentiis per terminos suos ab integritate sint propria monasterii Sancti Petri；et nihil communionis ibidem habeant, sed praeceterae

---

※2　（GÓMEZ-MORENO,1909）では、（RODRÍGUEZ LÓPEZ, 1906）版と多くの点で一致。

612

補遺：各種文字史料原文

Ecclesiae, quae in supradicto heremo constructae sunt ni forte unanimitatis gratia aliquid pro misericordia ejus concessum fuerit. In thesauro denique memoratae Ecclesiae Sancti Petri offero calicem cum patena ⁚ insuper evangelarium et coronas argentes, signum crucem et lucernam ex aere, libros eccesiasticos, id est, psalterium comicum, antiphonarium, manuale orationum, ordinum, passionum et horarum. Ecclesiae vero Sancti Andreae omnes terras quascumque habet per terminos suos et pomares, vel quidquid ab hodierna die ibidem fratres augmentare valuerint. Similiter libros ecclesiasticos, idest psalterium, antiphonarium orationum, comicum, manuale ordinum, passionum, vasa autem altaris, calicem argenteum cum patena, et coronam, signum crucem et lucernam aeream. Eodem modo Ecclesiae Sancti Jacobi terras, pomares, quas per circuitum ejus et terminos habet ⁚ libros, psalterium, comicum, antiphonarium, orationum, manuale ordinum, passionum ⁚ in thesauro Ecclesiae, calicem, coronam et superenglangeliare argenteum, lucernam et signum aereum. Item Ecclesiae Sancti Thomae terras et pomares, per terminos suos, libros, psalterium, in thesauro Ecclesiae, calicem, coronam, lucernam et signum aereum. Haec omnia supra comprehensa unaquaeque sigillatim, et separatim proprium vindicent suum, neque unum cum altero communionem habeat, sed unaquaeque Ecclesia sibi vindice quod segregatim offero.

Restat autem, quia non in solo pane vivit homo, sed in omni verbo, quod procedit de ore Dei, ut caeteros libros tam divinos, id est, bibliothecam totam, Moralia Job, Pentateuchum cum historia Rut liber unus, sive etiam, et specialiter Doctores id est, vitas Patrum, item Moralium Ezechielum, item Ezechielum, Prosperum, genera officiorum, ethimologiarum, Joannis Climaci, libros Trinitatis, liber Apringi, epistolae Hieronimi. Item Ethimologiarum glosomatum, liber Comitis, liber regularium virorum ilustrium. Hos omnes libros jubeo, ut omnibus fratribus in istis locis communes sint, neque quisquam eorum pro dominatione sibi vindicet ⁚ sed sicut dixi, per partes, et in commune possidentes videant legem Dei, et ad suprascriptas Ecclesias percurrant, verbi gratia, ut quantoscumque fuerint ex eis in Sancto Petro, alios tantos in Sancto Andrea, et alios tantos similiter in Sancto Jacobo, et mutuo eos disponentes, istos quos qui legerint in uno Monasterio, commutent eos cum alio, ita per singula loca discurrentes, ut totos eos communes habeant, et totos per ordinem legant, ea dumtaxat ratione servata, ut nulli liceat ex eis in alio loco transferre, donare, vendere, aut commutare, sed tantum in eis locis permaneant et in hac heremo fundata sint, seu etiam si adhuc alia oratoria infra istis montibus constructa fuerint, habeant participationem in his specialibus libris.

Si quis autem frater aut Abbas de his locis egressus alium monasterium in alio loco aedificare voluerit, non habeat licentiam asportare, nec ejicere ex omnibus, quae in hoc testamento resonant, nec transferre de proprio loco, ubi nunc illud confero, sed tantum in his locis, qui fuerint de termino Sancti Petri, usque ad Peñalba semper ea ibi consistere decerno, instituo et jubeo.

Si quis praesumptor Princeps vel Judex, Pontifex, Abbas, Presbyter, Monachus, Clericus seu laicus hoc votum meum infringere, aut immutare voluerit, aut secus quam haec scriptura continet agere disposuerit, imprimis hac careat luce, ulcere pessimo divinitus ultus a planta pedis usque ad verticem capitis rivos volunerum percurrentes madefactus, scaturiens vermibus, terror et horror fiat omnibus videntibus et in futuro cum impiis et sceleratis obruptus tradatur flammis ultricibus ⁚ insuper secularia damna multatus, coactus a judice, conferat ipsi Ecclesiae quantum auferre conaverat per undecuplum.

(firma) Et hoc testamentum firmissimum vigorem retineat in perpetuum. Factum et confirmatum testamentum Era DCCCCLIII sub Xpti. gratia Gennadius Episcopus hoc testamentum, quod fieri volui manu mea robaravi. ==Ordonius, serenissimus princeps confirmat. ==Gelvira, Regina, conf. ==Ermigius...Episcopus ... Didacus...Episcopus ... Segeredus ... Dulcidius ... Sarracinus qui Notarius.

613

巻末資料

10）サンタ・レオカディア・デ・カスタニェーダ（抜粋 916年）
S. Leocadiae in Castanearia（extracto, 916）.
（Flórez, 1905：XVI, 426-9；Rodríguez López, 1906：480-3）.

Sub Christi nomine... ego Jannadius Dei gratia Episcopus quod corde credo, ...

...ego jam supradictus Jannadius, Dei gratia Episcopus, facere curavi：multis nam manet notum et Ecclesiae cunctae non est celatum eo quod domus Dei in honore Sanctae Leocadiae Virginis in Castanearia super ripam fluminis Sile in aditum Vergidensis sita est, in quo loco fuit a Sanctis et electis Patribus Valentino et Moysi Abbatibus coenobio constructo, ...

（después de hablar la situación bajo los obispos Indisclo y Ranulfus）Ob quod ego suprataxatus volui ut primiter restaurare sicuti a Sanctis fundatoribus fuit, et feci ut ab hodierno die et tempore anno sit ipsum Monasterium suis cum Villis proprio suo in capite nihilominus restauratum, et confessoribus perhenniter dedicatum, tibique Patri Donadei cum tuis sociis, vel qui post te egerint vitam ibidem Monasticam, traditum. Sed certe qui aliena tribuit vel restaurat gratia a Patre sibi luminis equidem recompensat, magis vero qui per ipsa donat. Unde et ego pro confirmatione hujus rei do vel concedo ipsi loco pro redemptione animae meae locum qui dicitur Genostoso de termino de la Learine usque in Arrogeo, et usque in Pando de Linares infra ipsos terminos integrum concedimus vobis cum terris cultis et incultis suis, cum omnibus accesis, sive et Ecclesia vocabulo Sanctae Marinae ad regendum...

...Facta donationis carta, vel Testamentum VI. Idus Januarii Era D.CCCCLIIII. Sub Christi nomine Jannadius Dei gratia Episcopus...

...Atilla...Episcopus ... Frunimius...Episcopus ... Martinus Abba... Zaccharias Presbyter. Fortis Presbyter. Fafila Presbyter. Abze Presbyter. Vimara...

11）ラクーナのウィッラ寄進（抜粋 920年）
La villa Lacuna（extracto, 920）.
（Flórez, 1905：XVI, 429-30；Rodríguez López, 1906：484-6）.

...ego Gennadius Christi servus acsi indignus, tamen ejus nutu Episcopus, videlicet, dum Pastoralis jugo, et pro tutuationibus hujus maligni saeculi declinassem, contemplabam diebus competentibus vitam agens, dum degerem secreti montis silentio cum considerata fratrum anagoritarum in ipso montis degentium vita ob substentationem eorum, et laboriosam quam anhelabant vitam, ac ut saepe memoriale meum in eorum esset instantia, et praeteritorum Patrum devotione firmanda, vovens vovi, et confirmando degessi contestari omnibus ut dixi, Eremitis loci praedicti, tradere atque firmare illis in loco competenti ipsam Villam quam dicunt Lacuna in commisso Molina territorio Asturicense, sicuti eam habuerunt mei antecessores, per terminos et adjacentias suas, vel antiquos signales, quotquot infra concluduntur, cultis vel incultis, fontibus, aquae ductis, pratis, silvis ex suis exitibus, ac cunctis suis utilitatibus, ut habeant eam concessam, vel traditam, id est, medietatem ejus Villae sit Domini Sancti Jacobi quae est Coenobiale conclavi, et ceteris in gyro reclusionibus ob salutem animarum, et collatione fratrum vel Monachorum competentibus diebus in unum convenire：dimidiam vero ceteris omnibus Eremitis aequanimitatem dividentes quidquid inde adquisierint ex operibus frugum in victu et sustentatione eorum：...

...Era DCCCCLVIII. Gennadius Dei gratia Episcopus hanc donationem a me factam confirmo. Ordonius Princeps confirmat. Gelvira Regina confirmat.Adefonsus Rex ... Froila Rex ... Fronimius...Episcopus ...

614

補遺：各種文字史料原文

Dulcidius...Episcopus ... Gundesindus...Episcopus ...

...Fortis...Episcopus ... Salomon...Episcopus ... Fafila...

12）フォルセラスのサン・ペドロ寄進（抜粋　935年）

S. Petri de Forcelas（extracto, 935）.

(FLÓREZ, 1905：XVI, 433-4；RODRÍGUEZ LÓPEZ, 1906：491-2)．

...ego Ranimirus Rex ... ut facerem hujus series Testamenti Domino Deo, et Sanctae Mariae semper Virginis, et vobis Pater Gennadius Praesul ipsius praefatae Sedes. Ofero et dono sacrosancto altario vestro Monasterium quod nuncupant Sancti Petri de Forcellas cum omni hereditate sua...

Facta Cartula Testamenti die II. idus Decembris Era DCCCCLXXIII. Ego Ranimirus Princeps confirmo.

...Salomon Dei gratia Episcopus conf. Odoarius...Episcopus...

13）セラノーバ、フロイラによる修道院建設地の寄進（抜粋　936年9月12日）

la villa de Villare, donación de Froila（extracto, 12-9-936）.

Tumbo de Celanova, f.93r-v.

YEPES, A. de, *Coronica General de la Orden de San Benito...*, V, Valladolid, 1615, escr.IV.

(GÓMEZ-MORENO, 1919：240；RODRÍGUEZ FERNÁNDEZ, 1973：298；DÍAZ Y DÍAZ et alii, 1990：237-241).

In nomine domini patris et saluatori filio eius, ... Ego Froyla et uxor mea Sarracina omnium seruorum domini seruus：etenim, domine, tu es ［...］

His, domine, excogitans seruus tuus tantis et tam magnis misteriis absconditis quod preparasti sperantibus et diligentibus te, ut inter eos adsim in perpetua luce quam dignatus es dare electis tuis, id est, offero glorie et honori nominis tui pro remedio animarum genitorum meorum Guttiherris et Ylduare uillam in terminos Gallecie, territorio Bubalo, subtus monte Leoporario, ripam riuusculi Sorice, quam inquiunt Villare cum alios suos uillares dudum ibi seruientes uocati Moraria, Sampiri et Poleiares. Ita modo texto ipsa uilla per suos in giro terminos ab antiquo positos cum domos et eorum intrinsecus, uineis et pomiferis, terras cultas et incultas, exitus regressusque, aquis aquarum cum eductibus suis, pratis et paludibus munitis clausuris propriis：omnia ab integro dono domino saluatorique omnium pro remedio animarum genitorum meorum supradictorum qualiter illis et mihi magna occurat mercis in eterno iudicio dum unicuique redditum fuerit secundum propria opera. Et habui ipsam uillam de successione sepedictis genitoribus meis ab integro secundum illi eam obtinuerunt de concessione regis domni Santii. Et iterum ego per aliam scripturam germane sue (suae) domne (dominae) Scemene (Scemenae) que eam inter germanos suos in pars sortis acceperat, sub ea (in partem, sortis acceperat subea,) uidelicet ratione seruata ut (et) sub regimine ac tuitione (tuitio ne) patris ac germanis (germani) mei domni (domini) Rudesindi episcopi construatur (constituatur) ibi templum(,) in nomine domini mei (nostri) Saluatoris, in cuius nomine uotum istum (istud) dedicaui (dicavi), ut sub imperio eiusdem pontificis almi(,) hedificent (aedificem) ibi monasterium et congregetur ibi fratrum congregatio deo militantium sub regulari tramite gradientium et sic, domine, ipse sciterio diuinis edoceatur doctrinis ut pax ibi redundet in fratrum corda ut effici mereantur uasa mundissima in quibus tu habitare delectes et inhabitando sanctifices；sit, domine, ibi domus dei et porta celi, in qua ora ibi peccator ad te ex toto corde conuerterit, iubeas eius delere peccaminum nodos. Ita habeant omnia ista suprataxata serui dei qui mundum relinquerunt et pompis eius, dolum sectantes

615

巻末資料

te dominum largitorem et conlatorem bonorum omnium. Obtestor tamen omni anima a pusillo usque ad maximum ut ipsa uilla a nullo monasterio testetur aut sede sed sit monasterio in principali gradu manente ; licitum sit omnibus ibi domino offerre quicquid aliquis uoluerit. Ipse quidem locus quod usque nunc uocatus fuit (est) Villare et dehinc (de hinc/hic) uocatur Cella Noua a nullo homine testetur quocumque monasterio aut cathedrali loco.

[...]

Facta scriptura testamenti die .II. ydus septembris, era DCCCCLXXIIII^a.

Froila in hanc seriem testamenti quod uolui manibus propriis roborem indidi

Ilduntia in hoc testamentum sobrinis mei

Ilduara in hoc testamentum filii mei confirmans

Sarracina in hanc seriem testamenti quod uir meus elegit et ego confirmo

Sub Xpisti nomine Ovecco episcopus confirmans

Sub Xpisti nomine Hermigildus episcopus confirmans

Sub Xpisti nomine Herus episcopus confirmans

Sub Xpisti nomine Salomon episcopus confirmans

[abbas] Vistrarius, Lupus, Vidramirus, Adolinus, Leouigildus, Ariaster, Hendulfus, Senta, Sisulfus, Serioninus, Radesindus, Veremudus,

Guttiher Hosori, Vimara Froilani, Teodoricus Lucidi, Aloytus Nunniz, Munius Guttiherriz, Hermegildus Gundisaluiz, Scemenus Didaz, Pelagius Gundesaluiz, Furtunius Fafilani, Munnius Sisnandi, Teodila Gutini, Didacus Adulfiz,

Solarius Lucidi, Nunnus Hosoriz, Froila Gundesindi, Pelagius Teoderici, Fafila Vimaredi, Vimara Fideli Scemena confirmans uilla quam habui de matre mea

Aloytus disconus et notarius scripsi

Ilduara in hunc testamentum quod filius meus pro domino mihi uoluntate concessi propria manu confirmaui

Aloytus Lucidi pro testis

Ranimirus princeps conf.

Hordonius prolis domni Adefonsi regis

14) サンティアゴ・デ・ペニャルバ、サロモンの寄進文 (抜粋 937年2月9日)

Santiago de Peñalba, donación de Salomón (extracto, 9-2-937).

BN, ms.4357, tumbo negro, f.18r, n.137.

(FLÓREZ, 1906 : 434-8 ; RODRÍGUEZ LÓPEZ, 1906 : 462-8 ; *CCAstorga* : no.48).

...ego Salomon non merito Episcopus, ... Dubium quidem non est, sed plerisque cognitum manet, eo quod fuit Dominus et in Christo Pater meus beatae memoriae Dominus Jennadius in gradum Sacerdotis constitutus in Sedem Astoricensem a Principe Domino nostro bonae memoriae Donno Adefonso, et in hac ordine et eo loco multis manens temporibus construxit monasteria in locum nuncupatum Pinnae albae subtus mons Aquilianae, ubi olim ante Episcopatum ; ex quibus unum dimiserat aedificatum, ubi reconditae manent S. Petri Apostoli Reliquiae, et postea aedificavit omnes alios ibi locos, tam Coenobios, quam Eremos, quantos nunc in tempore manent constructos. Tunc vero videns hos locos, secundum quod illi prius fuerat in desiderio, repletus Spiritu Sancto repuens terrena, et quaerens ea quae sunt caelestia, dimisit ipsam Sedem, et aprendit loca ipsa superius dicta in habitaculum sibi, sicut et in ea permansit usque in finem vitae suae tempus. Tunc in tempore divae memoriae Rex Donnus Ordonius in Regno constitutus,

616

補遺：各種文字史料原文

videns certam ejus in confesione, et manentem Sedem ipsam absque dominatore, ordinavit per consensum ipsius Domni Jennadii discipulum suum Domnum Fortis Episcopum. Ipse Domnus Fortis jam Episcopus manens advenit ei voluntas desiderii, ut aiam in nomine suo erga Magistrum suum domum aedificasset, qui in memoria illius saepe permansurus fuisset per remedium animae suae. Ille vero Dominus et Magister suus audiens voluntatem ejus, repletus gaudio magno sanctificavit ei locum, quod dicunt Silentium, ubi fecisset coenobium, quemadmodum illi advenerat in votum；sicut ille praecepit, iste inchoavit：et antequam eo voto complevisset, advenit obitum suum, et reliquit illum imperfectum. Tunc vero ego superius dictus Salomon indignus talia portans ordinatus sum Episcopus in ea Sede a Principe Domino nostro Domno Ranimiro：et videns me in vicem Magistri mei positum cogitavi memoriam suam perficere, et pergens in voluntate haec agere, congregatis omnibus, Abbates et Confessores de ipsius locis providerunt e pari consensu, ut commutassemus eo labore de silentium, quia non erat locus ipse pro Coenobium, et construximus illud paululum ab eo procul in alium locum, qui ibi erat fundatum, et plus aptum Sancti Jacobi Apostoli vocabulum, et ubi manet tumulatum ipsius Domni Jannadi corpus. Cum vidi omnes unam in hac re voluntatem habentes, annui et in mea, ut quod omnes volebant et ego fecissem. Inchoavimus et explevimus in eo loco quantum pietas Domini jusit, et nunc apparet. Postquam omnia explevimus, quod in stipendium servorum Dei erat necessarium, quoadunata est ibi cohors magna Confessorum. Cum vidimus congregatio plurima, et cognovimus arduitatem ipsius loci, et praestationem ejus modicam, cogitavimus intra nos, ut testaremus ibi per ordinationem Regis unam ei Villam de supradictam Sedem Astoricae, unde saepe hac loci praestationem habuerit. Fecimus illud notum ipsi Ordono et Regi nostro, et ille motus misericordia sciens necessitatem eorum jussit nobis et testationem facere, et ob hoc in nomine et honore Domini et Salvatoris nostri vobis Sanctissimis Patronis nostris Sancti Jacobi Apostoli, et Sancti Martini Episcopi, quorum reliquiae reconditae nos scimus manere asceterii supra memorati, ego jam dictus servus servorum vestrorum Salomon indignus Episcopus sub ordinatione piissimi Principis nostri supra memorati Domni Ranemiri, ...offero vel concedo aulae vestrae et Monasterii ipsi Ecclesiae vocabulum Sanctae Columbae, ... die quinto Idus Februarii Era DCCCCLXXV. Sub Christi nomine SalomonDei gratia Episcopus hoc testamentum dotis et donationis a nobis factum roboro, et confirmo.

...Novidius...Episcopus, Fortis...Episcopus, Odoarius...Episcopus, Todmundus Episcopus...

（Presbyter, Diaconus...）

Ferrus, Salomon, Abjubandus, Andraeas, Arias, Bimara, Menendus, Gundesindus, Meridius, Floridius, Balthasar, Cyprianus, Paulus, Velascus, Fulgentius, Celeri, cognomento Romanus, Fortis, Mamnuel, Garsea, Garsia, Gamar, Rebelle, Bamar, Vitales, Baudius, Vellite

（Episcopus）

Obecus Obetensis, Dulcidius Zamorensis, Hermegildus Iriensis, Hermoigius , Rudesindus Dumiense, Obbezius Legionensis, Visandus Episcopus, Vimara Tudensis, Dulcidius Visensis, Julianus Hispalensis, Gundesindus Conimbriensis, Fronimius

...Ranemirus Princeps hanc concessionem a nobis jussam et confirmatam. sss. ...

Teodericus Lucidius, Fernandus GUndisalvis, Bomet Gundisalvis, Ossorius Monioni, Assudi Fredenandi, Gemmenus Didaci, Monnius Sandini, Gundisalvi, Froila Guterrit, Beremudus Nunnit, Menendus Gundisalvi, Hermegildus Majordomus, Didacus Ibenfroila, Zuar Iben Mohaiscar, Ferrus Suariz, Ensila Gamarit, Odoarius Gamarit, Gundesalvus Adegastrit, Addaulfus Ibendavi, Ihaia Ibencecri, Fredenandus Adecastri, Zuleiman Ibenapelia, Ferreole Albalit, Aiza Zitauit, Aboamar Handinit, Ducilla Adegastrit, Apze Ibenaumar, Habdela Ibenaumar, Alvaro Ibenzalem, Ajuz Medumat, Mahacer Zibalur, Vigillius, Vigillius, Abozahace, Mahomin, Haleamus, Rapinatte, Sisulfus, Gundemirus,

617

巻末資料

...Ordonius Regis filius conf. ... Sancio proles Regis conf...

Ex palantinis officiis hi sunt Fortis Cubicularius testis. Buter Escarici testis. Sisnadius Diaconus testis. Fredenandus primi clerus testis. Pelagius Presbyter Ibenzaute testis. Recesvintus Abbas testis. Petrus Abbas testis. Velascus Abbas testis. Alvarus Abbas testis. Zanon Abbas testis. Seberius Abbas testis. Valdemarius Abbas testis. Martinus Abbas testis. Donnon Vimarani confirmat. Veremundus quasi confessor scripsit.

15) セラノーバ、イルドゥアラの寄進 （抜粋　938年2月27日）

Donación de Ilduara al monasterio de Celanova（extracto, 27-2-938）.

Tumbo de Celanova, f.5v-6v.

(Gómez-Moreno, 1919：243-4；Rodríguez Fernández, 1973：298-9；Díaz y Díaz et alii, 1990：241-6；*CMCelanova*：no.57).

Domino meo creatori summo redemptorique omnium, cuius nomen trinitas alma glomerat in unitate diuina, cui cedunt cuncta uisibilia et inuisibilia, qui es mitis benignusque pauperis tuis quos redimere non dedignasti pretio sanguinis tui, in cuius honore constitutum esse cernitur monasterio Cellanoua, territorio Bubalo, litus riuusculi Sorice, non procul a monte Leporario, terminos Gallecie. Ego Ylduara exigua famulaque tua adclinis et omnium ancillarum tuarum supplex mente et merito inutilis：etenim, domine, quanta est fragilitas mea aut que ualet pusillitas uilitatis mee aput potentiam maiestatis tue, cui omnia celestia et terrena..... Dignare giro de sede glorie tue aurem pietatis adcomodare et placito uultu uotum meum aspicere quo grato animo et iugem uoluntatem tibi offerre studeo de ipsis multismodis donis quod tu dignatus nobis indignis largire inspirasti, ut tandem a te reconciliari merear quatenus tu iubeas domini et uiri mei domni Guttiherri obliuiscere iniquitatibus et meis soluere peccaminum nodos et de amborum colla mole facinorum deponere in examinis tempore, dum ambitus seculi iudicaturus apparueris in potestate terribilis reddere omnibus secundum operibus propriis debentur.

His excogitans famula tua, domine, hoc offerre digressi ut propter id magna occurrat mercis a domino iam nominato uiro meo domno Guttiher et mihi, ut sit in subsidium pauperum tuorum qui sequipedas euangelii tui esse noscuntur, qui abnegantes semetipsos relinquerunt mundum et pompis eius deputantes eum uelut stercore, nichil preponentes amori tuo, non patrem aut matrem ceteraque transitoria mundi；offero glorie tue et ditioni monasterii in Bubalo uilla Petragio ab integro per suos terminos；alia uilla de Zataconi medietatem de ea integra secundum nos illam obtiniuimus et gregem ibidem de uaccas；[...] Catauello, Paratella, Saltello, Porto, Paretes Siccas, Villarino, Ventosello,Pepi, Caldelas, Baselisco, Castella, Palatio Auie, Fiuula Murugito, Busto, ... Abboduni, quos nobis dedit Sendulfus per scripturam omnem suam rationem, ... oues ibidem in Fiuula CCCas；Morratio Bueo Colimbrie Aratize, Lamare, ...uaccas inter bustos de Fiuula et Zataconi maiores que desuper resonant numero C, ...in Salienense in insula que dicent Loixo XXX salinas que sunt in una corte ab integrao testamus；piscarias de Ograua illas que fuerunt de regalengo, quas nobis concesit rex dominus Hordonius per scripturam ab integro meditatem (sic) inde concedimus, et alias piscarias de Carinota quas ipsas ipse rex memorie bone dominus Hordonius nobis concessit, seu quod habuimos de auorum nostrorum medietatem inde testamus, et piscarias de Taemanes concdedimus ab integro sicut de dono regis illas tenuimus；... uilla Guttiharri...

Addicimus etiam stragmina lectulorum, galnabbes pallias IIII；allihaffes uulturinas II ambas pallias antemanum, tapetes III, almuzalla morgom I, plumazos pallios III et quarto tramisirco, culcitra addani I, linolas VIII, galnabbes Ianeas XVIII, plumazos sic laneos XI, scaleas argentes III ex ipsis una exaurata de XXX solidos, que fuit de domno et uiro meo ut memoria eius sit in ea；vasa enea, concum immaginatum

618

補遺：各種文字史料原文

cum sua ytria. Inter sauanos et manteles parea XLa, ex eis litteratos parea VII, fazistergias tramisiricas II, casullas de sirico II, una mezki et alia alba pintella, alias mataraffes, alias lineas V；albas de sirico III exageges, una amarella, alia suruz et tercia alba. Item albas de lino IIII et quinta tunica, amictos VI, orales brosetos de auro et argento fresatos III, frontales IIII, duos inde mataraffes, uno uermiculo cum cruce de argento filo et alio amarello；et alios pallios II, pallas VIII, una alba de illo fazistergulo francisco et alia de aluexi, terzaria exaurata kaskerxi, quarta tyrace uermelia, quinta grecisca, sexta alba similitudinem de illis dalmaticis, septima cardena similem de gricisca et octaua almagana cardena exaurata；velos pallios principales II. Libros Psalterio I et Goticum I.

Hec omnia que desuper notata sunt concedimus illa ad ipsum monasterium superius nominatum Cellanoua quod prius uocatum est Villare.（Zataconi, Baselisco...）...Istud ale omnia precipimus dispensare pro anima de domno et uiro meo domno Guttiher siue et nostra cum dei adiutorio per manus de filio nostro domno Rudesindo episcopo seu et abbate uel fratribus qui in Cellanoua fuerint；distribuant omnia per monasteria territoribus ipsis uel ubique seu sacerdotibus et pauperibus. Inter omnia pro redemptione captiuorum cum nimia sollicitudine, omnia discurrant ut a domino pro id magnam accipiant coronam. Hec omnia suprataxata sint cuncta in subsidium seruorum domini sub manu et imperio filii et pontificis mei domni Rudesindi episcopi fideliter distributa, sub ea quidem ratione seruata ut omnis ipsa hereditas iuri meo sit permansura tamdiu quam uitam uixero, aut quamdiu animi uoluntas mihi extiterit dimittam eam post parte monasterii manere perhenniter secundum et compromisi fideliter.

Quod si qualibet gerenis homo comes uel infaustus iudex accensus igne cupiditatis uenerit ut uel quid inmodicum de hoc uoto meo irrumpat quippiam uel extraneare presumat, [...]

Facta series testamenti die IIIº kalendas martias era DCCCC.LXX.VI.ᵃ.

Ilduara in hoc testamento quod in redemptione domni et uiri mei domni Gutiherri et mea fieri elegi confirmo

Scemenus Didaci confirmans

Pelagius Gundisaluiz confirmans

Froila Gottiherriz confirmans

Fredenanda confirmans

Adosinda confirmans

Sarracina confirmans

Sub Xpisti nomine Zissila episcopus

（episcopus：Oueccus Ouetense sedis, Hermoygius episcopus, Hermegildus episcopus, Rudesindus episcopus, Oueccus Legionense episcopus, Visandus episcopus, Salomon episcopus, Vimara episcopus, Erus episcopus, Didacus episcopus）

Frankila abbas testis Vidramirus abbas testis

（abbas：Baltarius, Spassandus, Sendericus, Seniorinus, Busianus, Didacus, Adaulfus, Karmirus, Sauaricus, Gimundus）

Sub Xpi nomine Brandericus episcopus

...Didacus episcopus, ...Visandus episcopus

Harias Aloyte ts Honoratus diaconus ts

...Menendus Aloyte, Rudesindus Gauiniz, Erus Gundesindiz, Nunus Osoriz, Hordonius Godesteis, Sageredus Soariz, Guttiherre Soariz, Anagildus Mitiz, Guttiher Aluitiz, Froila Gundesendiz, Erus Iho/a/nniz, Froila Sandiniz, Didacus Ihoanniz, Menendus Menendiz...

RANIMIRVS REX CONFIRMANS

619

巻末資料

16) サンティアゴ・デ・ペニャルバ、ラミーロ2世の寄進（抜粋　940年）

Donación de Ramiro II a Santiago de Peñalba (extracto, 940).

AHN, Códices. núm.992, fol.195.

(QUINTANA, 1963：150-1；*CCAstorga*：no.55).

Domino glorioso et triunphatori et post Deum mihi in eternum fortissimo Patrono Sancto Iacobo Apostolo, cuyus baselica sita est, sive monasterium constructum in finibus bergidensibus, sive Montibus, vocabulo Pennalba. Ego Ramirus Rex, nichil Deo Coelorum in cunctis et terrenis atque celetibus deesse videtur, [...]

Offero igitur ob honorem nominis sanctae tibi Apostole atque martyr ego Ramirus, rex, ecclesiam nostram propriam vocabulo Sancti Martini episcopi et confessoris Christi, quae est fundata sucessive Astorica, in valle quem dicunt Parata et Cebraria, qui fuit avios nostros, per omnes suos terminos de Carrale qui discurrit de civitate ad tapias, et inde ad villa, et de alia parte usque in montem et senra, qui est ad Sanctae Mariae, quem concessit avius noster ad ipsum locum, cuyos memoria sit in benedicti；omnia, ut diximus, quantum infra ipsos terminos includunt, quae ad usum hominis pertinent, omnia ab integro contexto atque confirmo ut ab hodierno die et tempore in jure atque dominio ipsius monasterii et fratrum in eo degentium sit perpetuo mansura.

Si aliquis tamen contra hoc factum meum venire presumpserit ut inrrumpat, sit segregatus a cetu christiano et a comunione sancta extrinsecus, et cum Iuda, Christi proditore, suscipiat ultione in eterna dapnatione, et pro temporali pena pariet auri talentum, ita ut factum meum in cuntis plenam obtineat firmitatem.

Facta scriptura testamenti tertio idus aprilis Era DCCCCLXXVIII. Ranimirus, serenissimus princeps hoc testamentum a me factum. Ovecus, Dei gratia Sedis Ovedo episcopus. Ducidius ... zamorensis episcopus. Item Ovecus, ... sedis episcopus, conf. ... Salomon, ... sedis astoricensis episcopus. Dulcidius, ...

... Joannes, Abba Sancti Petri Apostoli, testis. Martinus, Abba Sancti Andreae Apostoli, testis. ...

...Sisnandi, conversus, scripsit.

17) セラノーバ修道院、ルデシンドゥスの寄進（抜粋　942年）

Donación de Rosendo al monasterio de Celanova (extracto, 942).

Tumbo de Celanova, f.2v-4.

(FLÓREZ, 1905：154；DÍAZ Y DÍAZ et alii, 1990：247-255；*CMCelanova*：no.72).

O lumen uerum a uero lumine inefabiliter oriens, [...]

Post nomen pii redemptoris mihi gloriosissimi et ualidissimi aduocandi mihi sunt ex his que teste illius sunt uerbo et sanguine, id sunt, gloriose et semper uirginis genitrix factoris mei Marie sanctissime, [...]

Adeo ego Rudesindus Dumiensis episcopus, cum peccatorum mole depressus, [...]

Igitur his salutaribus monitis edocti ut non uideamur solummodo recte offerre et non recte diuidere et pro iustitia peccatum adcumulare, idest, ut non solum que foris sunt, scilicet Deo etiam et ipsam animam cum operibus offeramus, qualiter effectum operis cum promissione concordet sermonis et fides in opera reuiuiscat, idcirco in nomine praedicti redemptoris mei et meorum supradictorum dominorum construi monasterium ad calcem montis Leporarii, olim dictus Villari nuper autem Cellenouensis nomine peribetur. Et ita gestum paratumque est quod totum per manum famuli dei Frankilani abbatis hec oblatio offerre nissus sum, quem elegi patrem et rectorem super ipsam domum uel commorantes in ea. Ideoque ex sucessione genitorum meorum Guttiherris et Ilduare offero monasterio sancto et fratribus ibidem habitantibus per

補遺：各種文字史料原文

ueram humilitatem et dignam caritatem, per iugem orationem et piam sanctitatem uiuentibus, id sunt, uillas, in Bubalo Caneto de Auriense, Aduiso cum porto de Reza et suos saltos ex utraque fluminis parte;[...] Caldelas Pinaria, Tornio Sancta Eolalia cum Sisnandi et Gerasio medio, Salienes Arra, Carinota Tabiru, Curis, Geneceo, Conimbrie Botton, Kiagios, Lampazas, Bergido in Villasicca, Hordas, Ripa, Alisonza, Sullantio, Auctarios, domno Hero, Peso iuxta Zamora, Bubalo, Villa Fegio, Arenti, Castrello, Pinna, Lepurario, Sabuceto, Sanctum Petrum et Sanctum Vincentium, montis Lepurarii, Foramontanos, domni Guttiherris et domne Ildonziae, in Lemos Sancta Eulalia, in Armena Bouata, Assuri episcopi, in Nemitos eclesia Sancti Saluatoris et uilla Zercebre quod mihi concessit pius pater domnus Sauaricus episcopus, fluminis Mandi eclesia Sancti Vincentii, in Faro ex dato tie mee domne Gunterodis Artasio, Bregantinos Queo, Nemancos insula Tauriniana, Salienes Villarino cum Armentaria, Portugal uilla Puteo... [...]

...cruces argenteas IIas, ex quibus unam fusilem auro et gemis hornatam; candelabros argenteos IIos et tertio eneo; coronas argenteas IIIes, ex quibus unam gemis et auro comtam; lucerna I turabulorum ex auro cum sua offerturia; capsas argenteas exauratas IIas, ex quibus una maior uidetur; diptagos argenteos immaginatos et deauratos; calices argenteos exauratos IIIes, ex quibus unum franciscum et eorum pateris, et quartus auratus subminore, quintum de almafil cum sua patena; signos cum agisos IIos et tertium ministrandissimum; unum gematum; alias lineas X; casullas silineas X; alias casullas XIII: V de alchaz, VI feyrach cardena, septima barragan, VIIIa cardena marayce, VIIIIa uermelia exageg, XIa linea cardenea, et duas planetas uitiones; orales VIIII, ex quibus cum auro et argento compositos IIIIor.

...Hordinum, Psalterium, Antiphonarios duos, Orationum, Comicum, Manual, Precum, alios spiritales: Bibliotega, Morarium, Dialogorum, Pastoralis, Ezechielum, Ethimologiarum, Sententiarum, Aepistolarum, Igerarium Gerie, Storia eclesiastica, Ebtamaron, Geronticon, Expositio trinitatis et Collationum. [...]

...Addicimus etiam stragmina lectulorum: gagnapes palleas antreinu (sic) VII, subminores XIIII; plumatios digniores palleos X, alios subminores XIII; alliphaphes uulturinos V; almozallas morgomes VI; fateles palleos IIos. Concedimus etiam fialas argenteas franciscas IIas; soparia exaurata; coppas exauratas cum copertoriis IIas; litones IIas; scalas exauratas VI; litones XIIm; moiolos exauratos III; calice exauro et gemato uno; dente eleuantino et soparias bubalinas IIas; seruitio mense argenteo integro; vasa enea; ydrias IIIIor et Vo ceruo; concos immaginatos VII; castizales IIos; uasa uitrea; concas aeyraclis IIas; arrodomas sic aeyraclis VIIII et nauicella bizath; mutas de mensa antromnu (sic) XX. Adicimus etiam inter mulos et cauallos CᵒM; [...]

Si quis ex regia potestate uel qualibet generis homo pontifex, comes, propinquus extraneusque uel quisquis infaustus iudex exurgere quiuerit.... [...]

Obseruetur denique a fratribus et dei cultoribus Cellenouense degentibus queque obtinentur uersi isti subter adnissi, idest, ut omni tempore studeant in memori/a/ sancti patris mei spiritalis Sauarici episcopi festa sancti Romani monachi persoluere functionem, proprii genitoris mei Guttiherris munimentum in sancti Vincentii leuite reddatur obsequium, pro genitrice mea Ilduara sanctorum Adriani et Nataliae faciant obsequellam, sanctorum Facundi et Primitiui natale pro peccatore Rudesindo exerceant opus simile, festa uero sancti archangeli Michaelis dedicetur saepe in memoria dilecti fratris mei Froilani, ut praesenti communiter pie uiuendo, futuro cum sanctis mereamur dei sufragio et illius regno.

Facta series testamenti VIᵒ kal. octubris, era DCCCC. LXXXᵃ. gloriosi et ortodoxi Ranimiri pollente regimine, anno feliciter decimo in sedem regum Ouethao.

Sub diuina potentia ego Rudesindus Dumiensis aepiscopus hanc concessionem a me facta et post nomen saluatoris mei et eius cultoribus ultro firmaui

Veremudus serenissimus et pius princeps quod fieri elegi manu mea roborem inieci

巻末資料

Ilduara hanc dotem uel concessionem filii mei Rudesindi episcopi prona mente confirmo

Munius Guttiherri omnem axem testamenti confirmo

Froila Guttiherri ex toto corde optans et fieri conf.

Adosinda in matris et fratrum meorum uoluntatem conf.

Scemenus Didaci interfui conf.

Pelagius Gundisalui interfui conf.

Fredenanda conf.

Sarracina conf.

Amita supra memorati conlatoris episcopi Yldonzia conf.

Ego Oueco gerens pastorali cura Ouetensis eclesia et regiam sedem SS.

Ego Hermoigius eps. et confessor SS.

Ego Dulcidius eps. Neumanciensis eclesiam curam gerens SS.

Ego Hermegildus miseratione dei apostolice eclesie eps. SS.

Ego Herus Bracarensis eps. metro uincens SS.

Ego Ouezcus urbe Legionensis eps. dispensas plebi iura sacerdotii SS.

Ego Salomon catedre Actoricense ducatum ferens SS.

Ego Didacus Auriensis eps. SS.

Ego Dulcidius Vesensi eps. SS.

Ego Gundesindus Conimbriensis eps. SS.

Ego Vimara Tutensis eps. SS.

Recesuindus abbas Duobus Sanctis regens sciterium cf.

Teodericus Lucidi comes et dux

Rudericus Lucidi, Nunus Hosoriz, Aloytus Lucidi, Arias Aloytiz, Soharius Lucidi, Munius Armentari, Froila Gondesindiz, Herus Gundesindiz, Rudericus Guttiherriz, Pelagius Teoderici, Menendus Gauini nunc comes, nunc dux, Rudericus idem Gauini similiter conf.

Erus Gundesindi, Azenna Ennigozi, Menendus Gundisalui, Munius Sandim, Suarius Gottiherri, Hosorius Gottiherri, Pepi Pepiz, Vimara Oueccozi, Vimara Froilani, Hodarius Sandini, Gundisalbus Armentari, Fredenandus Gundesindi, Vimara Vistrarii, Pepi Tellizi

Didacus archidiaconus, Veremundus Nuniz, Fortis cubilarius, Hermegildus miordomus（sic）, Sisnandus diaconus... Rudesindus Gauini, Gugiuertus, Froila Aloytiz... Aspidius, Leoduigus, Fredenandus, Gulfarius, Gundesaluus, Arcissuo, Menizus... Sigeredus, Acerricus, Viliefonsus..., Senior, Hodoarius, Herus, Adefonsus, Assuri, Kintila, Felix, Guttiherre, Furtunius...

Aloytus diaconus et confessus qui et notarius dictaui et scribsi.

18）サン・マルティン・デ・カスタニェーダの係争（952年）
Pleito de San Martín de Castañeda（952）.

BN, ms. 18382, f.39

（GÓMEZ-MORENO, 1919：173-4）.

Textum de ripa de stragno. Verba series agnitione facta erit nobies centena nobies dena tempore gloriosi serenissimi domini Ordonii principis relatum quod fuit tempore preterito de regno avii sui domnissimi Ordonii regis quod ex tunc usque actenus per curricula annorum xxxvi de piscaria lacu maris egrediente rivulo Terie quod emimus fratres de Castinaria que fuimus habitantes in Mouzoute... Nos vero supradicti

622

補遺：各種文字史料原文

fratres cum abbate nostro Martinus abba conparavimus ipsa piscaria ex utraque parte rivulo... et habuimus iure quieto per temporum regum domni Hordonii domni Froilani domni Adefonsi et domni Ranemiri serenissimi regis hodie xxxvi annos usque in presens tempus gloriosi principis nostri domni Ordonii regis prolis domni Ranemiri secundo anno regni sui.

19) セラノーバ、ルデシンドゥスの遺言（抜粋　977年1月17日）

Testamento de San Rosendo (extracto, 17-1-977).

Tumbo de Celanova, f.2r-2v.

Yepes, A. de, *Coronica General de la Orden de San Benito...*, V, Valladolid, 1615, f.425-6.

(Díaz y Díaz, 1989；Idem et alii, 1990：255-260；*CMCelanova*：no.185（II, pp.177-182））.

XPS. Saluatori hominum et redemptori, [...] suscipe queso humillimam precem tui licet indigni famuli Rudesindi, prolis Guttierris et Ilduare, et da in corde meo uota que suscipias, ...

Etenim ambiguum quidem est, sed cuntis manet notissimum et creditum monasterium esse fundatum, sub nomine sancte trinitatis constructum, et in ueneratione sanctorum apostolorum et sancti ini uel plurimorum aliorum martirum hedificatum, atque sancti Saluatoris ab euntibus et redeuntibus nominatum Cellenoueque usu locutionis huma uocitatum.Ibi denique domino et redemptori hominum caste et pie sancteque et religiose fratrum congregatio seu monachorum cetu degentium et per anticorum patr normam uiuentium euangelicaque itinera gradientium deoque fideli deuotinone militantium in domino deo et celesti eternoque regi meo eternam salutem. Denique domino et deo adclinis ac pusillus seruus tuus Rudesindus episcopus una simul pariter cum genitrice mea Ilduara construximus locum suprataxatum, hedificamus aeclesiam in honore piisimo ac tutissimo sancti Saluatoris et omnium apostolorum et martirum idem et cum arcangelo Micaele summi dei nuntio, et instruximus cenobia domorum et omnia intrinsecus et extrinsecus necessariorum ad normam regulari abte uel compossite；plantatio uinearum et omnigena nemorum arborum conscitorum；ad opus sanctuarii, cruces, capas, diptagos, calices et coronas, candelabra argentea et enea, lucerna, turibulos et inferturia ex auro, argento et omni lapide precioso ornatos, uelis de templo et sacerdotum et leuitarum cum balteis et umerariis auro texta, uisina, purpurea et linea；in ammonitione conuersorum signos et campanas, tio librorum in oris diurnis et nocturnis seu et expositio de ortodoxis patribus inuenta memoria；ad ministerium refectio, et andibula, sabana, aquamanilia et facitergia, discos et parapsidas, fialas et inferturias argenteas scultas ex auro perlucidas, lectisternia ex omni polemito confecta；iumenta quoque et armenta, pecora et altilia, apium et gregibus suillorum, uictum et tegumentum ad abundantiam；hec omnia gestum paratumque est totum per manum famuli dei patris mei Frankilani abbatis. Post per annorum spatia norma monastica adeptus et actualem uitam cum plurimorum seruorum Christi pari glutino adscitus, preuidens dies uite mee quodtidie explere, ... commendo uos creatori meo domino Ihesu Christo, cui uos adquisiui et in cuius amorem hunc locum construxi, et ad regem qui in urbem Legionensem in apicem regni unctus fuerit ad saluandum et tuendum potius quam ad imperandum；et instituo uobis patrem hunc filium meum spiritalem Manillanem abbatem, et post ipsum qui uicem Christi agere uideretur, sapientia eruditus, uite probatus, et omni collatione preelectus. ...

Ideoque seruus redemptoris mei audiens precepta euangelica intonantem et dicentem.......domini mei offero, dono atque concedo uobis, dominis et fratribus meis in Christo, et tibi, patri spiritali Manillani abbati, locum suprataxatum cum omnibus uillulis et uicis suis et omnem quantum ibidem est concessum tam de fratribus nostris quam de successione parentum meorum uel etiam ex munificentia regis uel et quantum adhuc ganatum uel concessum fuerit, integrum et intemeratum illut habeant et possideant serui Christi qui

623

巻末資料

mundum cum operibus suis reliquerint et crucem Christi humiliter in corde gestauerint, ...

Facta huius series testamenti sub die et tempore .XVIº. kalendas februarias, era .

diuina potentia ego Rudesindus episcopus hunc testamentum a me factum, et post nomen Saluatoris ui.

Munius Gutierri omnem axem testamenti confirmans. –Froila Gutierri ex toto corde obtans et fieri confirmans. –Adosinda in matris et fratrum meorum uoluntate confirmans. –Pelagius GUndisalbi interfui. –Ermesenda confirmans. –Sarracina confirmans. –Citoni abbas cf. –Reccaredus an...da cf. –Leouigildus abbas de cimiterio sancti Stephani cf. –Adaulfus abbas de loco sancti Cipriani conf. –Veremudus abbas conf.

Didacus Auriensis epc., Viliulfus Tudensis epc., Petrus Iriense et apostolice locus epc., Ranimirus rex hoc uere manum dexteram post partem redemptoris mundi, Rudericus prolis Velasconi, Pelagius diaconus prolis Ruderici ducis dextera mea, Veremudus serenissimus et pius princeps queo fieri elegi manu mea roborem inieci.

Aloytus, Vitisani, Cresconius, Munioni, Orius...

Ordonius prolis Adefonsi.........

Aiub primiclerus, ... Citoni abbas, [...]

略記号表

AEAA	*Archivo Español de Arte y Arqueología*, Madrid, 1925-37.
AEArq	*Archivo Español de Arqueología*, Madrid, 1940-.
AEArte	*Archivo Español de Arte*, Madrid, 1940-.
AHN	Archivo Histórico Nacional, Madrid.
BArqMed	*Boletín de Arqueología Medieval*, Toledo, 1986-.
BCMBurgos	*Boletín de la Comisión Provincial de Monumentos Históricos y Artísticos de Burgos*, Burgos, 1922-46.
BCMOrense	*Boletín de la Comisión Provincial de Monumentos Históricos y Artísticos de Orense*, Ourense.
BIdEA	*Boletín del Instituto de Estudios Asturianos*.
BMAOrense	*Boletín del Museo Arqueológico Provincial de Orense*.
BN	Biblioteca Nacional de España, Madrid.
BRAC	*Boletín de la Real Academia de Córdoba, de Ciencias, Bellas Letras y Nobles Artes*.
BRAG	*Boletín de la Real Academia Gallega*.
BRAH	*Boletín de la Real Academia de Historia*.
BSCE	*Boletín de la Sociedad Castellana de Excursiones*, Valladolid.
BSEE	*Boletín de la Sociedad Española de Excursiones*, Madrid.
BSValladolid	*Boletín del Seminario de Estudios de Arte y Arqueología*, Valladolid.
CAME	Congreso de Arqueología Medieval Española.
CFEHL	Colección de Fuentes y Estudios de Historia Leonesa.
EAE	*Excavaciones arqueológicas en España*.
HGEA	*Historia General de España y América, dirigida por Luis Suárez Fernández*, Rialp, Madrid.
HE-MP	*Historia de España dirigida por R. Menéndez Pidal*, Espasa-Calpe, Madrid.
HCL1	*Historia del arte de Castilla y León, t.1, Prehistoria, Edad antigua y arte prerrománico*, Ámbito, Junta de Castilla y León, 1994.
MM	*Madrider Mitteilungen*, Deutsches Archäologisches Institut Madrid, printed in Heidelberg, 1960-.
QCT4	*Quaderns científics i tècnics, 4, II Simposi Actuacions en el patrimoni edificat: la restauració de l'arquitectura dels segles IX i X*, Barcelona (1991), 1992.
RAE	*Diccionario de la lengua española*, Real Academia Española (www.rae.es).
Sant-And	*Santiago – Al-Andalus, diálogos artísticos para un milenio: conmemoración del milenario de la restauración de la ciudad de Santiago tras la razzia de Almanzor (997-1997): Mosteiro de San Martiño Pinario, Santiago de Compostela, 2 junio-31 agosto de 1997*, Santiago de Compostela, 1997.
SetSpoleto	*Settimana di Studio del Centro Italiano di Studi sull'Alto Medievo*, Spoleto, 1955(1956).
SimpBeato	*Actas del Simposio para el Estudio de los Códices del "Comentario al Apocalipsis" de Beato de Liébana (1976)*, Madrid, 3 vols., 1978-80.

参考文献

711, 2012: AAVV, *Anales de Historia del Arte*, Vol.22, Núm. Esp (II), *711. El arte entre la hégira y el califato omeya de Al-Andalus, V Jornadas Complutenses de Arte Medieval (16-18 de noviembre de 2011)*, Universidad Complutense de Madrid, 2012.

711 DOS MUNDOS, 2011: García Moreno, L. A. & Vigil Escalera, A. (eds.), *711. Arqueología e historia entre dos mundos*, 2 vols., Museo Arqueológico Regional, Alcalá de Henares, 2011.

Abad, 1991: Abad Castro, C., *Las iglesias del valle del Duero (Arquitectura de repoblación en el valle del Duero)*, Cuadernos del arte español, Madrid, 1991.

——, 2009: Idem, «El "oratorio" de al-Hakam II en la mezquita de Córdoba», *Anuario del Departamento de Historia y Teoría del Arte*, vol.21, 2009, pp.9-30.

——, 2013: Idem, «Nuevos datos acerca de la ampliación de al-Hakam II en la mezquita de Córdoba y algunas hipótesis sobre la zona de la maqsura de época emiral», *Anuario del Departamento de Historia y Teoría del Arte*, vol.25, 2013, pp.9-22.

Abderramán III, 1991: Cabrera Muñoz, E. (ed.), *Abdarrahmán III y su época*, Córdoba, 1991.

Acién, 1994: Acién Almansa, M., *Entre el Feudalismo y el Islam. Umar Ibn Hafsun en los historiadores, en las fuentes y en la historia*, Jaén, 1994.

Adam, 1996: Adam, J.-P., *La construcción romana, materiales y técnicas*, León, 1996 (Trans. of *La construction romaine, materiaux et techniques*, Paris, 1989).

Agapito, 1902: Agapito y Revilla, J., *La iglesia de San Cebrián de Mazote (Valladolid). Notas artístico-arqueológicas*, Palencia, 1902.

——, 1906a: Idem, «Arquitectura cristiana primitiva de Castilla», *BSCE*, t.II (1905-6), año IV, núm.38, 1906, pp.289-292.

——, 1906b: Idem, «Excursión á Bamba y Torrelobatón», *BSCE*, t.II (1905-6), año IV, núm.43, 1906, pp.425-431.

——, 1906c: Idem, «De San Pedro de la Nave: una rectificación», *BSCE*, t.II (1905-6), año IV, núm.44, 1906, pp.452-4.

Aguilar, 1994: Aguilar Sebastián, V., «Onomástica de origen árabe en el reino de León (siglo X)», *Al-Qantara*, vol. XV, fasc. 2, 1994, pp.351-363.

Aguilar & Rodríguez, 1994: Aguilar Sebastián, V. & Rodríguez Mediano, F., «Antroponimia de origen árabe en la documentación leonesa (siglos VIII-XIII)», *El Reino de León en la Alta Edad Media, VI*, CFEHL, n.º53, León, 1994, pp.497-633.

Ainaud, 1948: Ainaud de Lasarte, J., «Notas sobre iglesias prerrománicas catalanas», *Anales y Boletín de los Museos de Barcelona*, vol.VI-1 y 2, 1948, pp.313-320.

——, 1976: Idem, *Los templos visigótico-románicos de Tarrasa*, Madrid, 1976.

Almagro, 2001a: Almagro, A., «Un aspecto constructivo de las bóvedas en al-Andalus», *Al-Qantara*, Vol. XXII, 2001, pp.147-170.

——, 2001b: Idem, «La arquitectura en al-Andalus en torno al año mil: Medina Azahra», *Actas del Congreso de Estudios Medievales 7 (1999, León)*, León, 2001, pp.165-191.

——, 2001c: Idem, «El Arte Omeya», *El Esplendor de los Omeyas cordobeses*, Granada, 2001, pp.330-343.

Almeida, 2001: Almeida, C. A. F. de, *História da arte em Portugal: O Românico*, Lisboa, 2001.

Álvarez de la Braña, 1874: Álvarez de la Braña y Espineira, R., «San Miguel de Escalada», *Revista de*

参考文献

Archivos, Bibliotecas y Museos, año IV, 1874, pp.377-9.

——, 1903: IDEM, «Excursión á la Mota del Marqués, San Cebrián de Mazote, Adalia, Torrelobatón y Bamba», *BSCE,* t.I (1903-4), año I, núms.7-8, 1903, pp.66-70, 73-4.

ÁLVAREZ & TORRES, 1999: ÁLVAREZ ÁLVAREZ, C. & TORRES SEVILLA, M., «El reino de León en el siglo X», *Codex Biblicus Legionensis, veinte estudios,* León, 1999, pp.15-24.

ANDRADE, 1995: ANDRADE CERNADAS, J. M., *O Tombo de Celanova: Estudio introductorio, edición e índices (ss. IX-XII),* Santiago de Compostela, 1995.

——, 2007: IDEM, «San Rosendo e o monacato auriense do século X», *Rudesindus. O legado do Santo,* Xunta de Galicia, 2007, pp.16-31.

ANDRÉS, 1987: ANDRÉS ORDAX, S., «Arte de época condal», *Historia de Burgos,* t.II-(2), 1987, pp.11-26.

ANEDDA, 2004: ANEDDA, D., «La desaparecida inscripción de consagración de la iglesia de San Miguel de Escalada. un acercamiento prudente», *Antigüedad y Cristianismo,* XXI, *Sacralidad y Arqueología,* Universidad de Murcia, Área de Historia Antigua, 2004, pp.375-385.

Antike Spolien, 1996: Poeschke, J. (ed.), *Antike Spolien in der Architektur des Mittelalters und der Renaissance,* München, 1996.

ARAGUAS, 2003: ARAGUAS, Ph., *Brique et architecture dans l'Espagne médiévale (XIIe -XVe siècle),* Casa de Velázquez, Madrid, 2003.

ARBEITER, 1990: ARBEITER, A., «Die Westgotenzeitliche Kirche von Quintanilla de las Viñas. Kommentar zur architektonischen Gestalt», *MM,* 31, 1990, pp.393-427.

——, 1995: IDEM, «Construcciones con sillares. El paulatino resurgimiento de una técnica edilicia en la Lusitania visigoda», *IV Reunio d'Arqueologia Cristiana Hispanica (Lisboa 1992),* Barcelona, 1995, pp.211-221.

——, 2003: IDEM, «Los edificios de culto cristiano: escenarios de la liturgia», *Repertorio de Arquitectura cristiana en Extremadura: Época Tardoantigua y Altomedieval, Anejos de AEArq,* XXIX, Mérida, 2003, pp.177-230.

ARBEITER & NOACK, 1994: ARBEITER, A. & NOACK-HALEY, S., *Asturische Königsbauten des 9.Jahrhunderts: die Kirchen San Miguel de Liño, Santa Cristina de Lena, San Salvador de Valdediós und das Belvedere am Naranco in Aufnahmen und Untersuchungen des Deutschen Archäologischen Instituts Madrid,* Madrider Beiträge, 22, 2 vols., Mainz am Rhein, 1994.

——, 1999: IDEM, *Christliche Denkmäler des frühen Mittelalters: vom 8. bis ins 11. Jahrhundert, Hispania Antiqua,* Mainz am Rhein, 1999.

ARCE, 1996: ARCE, J., «Arte Romano en Hispania», BARRAL I ALTET, X. (dir.), *Historia del Arte de España,* Lunwerg, Barcelona, 1996, pp.33-57.

ARCE SÁINZ, 2000: ARCE SÁINZ, F., «Viejas y nuevas perspectivas sobre la cultura material mozárabe», *Visigodos y Omeyas. Un debate entre la Antigüedad Tardía y la Alta Edad Media, Anejos de AEArq,* XXIII (Mérida, abril de 1999), Madrid, 2000, pp.77-93.

——, 2001: IDEM, «Arquitectura y Rebelión: Construcción de iglesias durante la revuelta de 'Umar b. Hafsum», *Al-Qantara,* Vol. XXII, fasc. 1, 2001, pp.121-145.

ARIAS PÁRAMO, 1993: ARIAS PÁRAMO, L., *Prerrománico asturiano. El arte de la Monarquía Asturiana,* Gijón, 1993 (2nd ed. 1999).

——, 1997: IDEM, «Composición y proporciones en la Arquitectura y la pintura mural prerrománica asturiana», *La intervención en el patrimonio arquitectónico asturiano: III. El Prerrománico (Gijón, 3-7 de julio 1995),* Oviedo, 1997, pp.85-96.

ARIAS VILAS, 1972: ARIAS VILAS, F., *Las murallas romanas de Lugo,* Studia Archeologica 14, Santiago de Compostela, 1972.

ARIÉ, 1982: ARIÉ, R., *España musulmana (Siglos VIII-XV),* Historia de España dirigida por Manuel Tuñón

627

卷末資料

de Lara, t.III, Labor, Barcelona, 1982.

ARRECHEA, 1992: ARRECHEA MIGUEL, J. I., «De la "composición" a la "arqueología"», *Restauración arquitectónica,* Universidad de Valladolid, 1992, pp.11-28.

——, 1993: IDEM, «Focillón y Strzygowski o la lejana raíz del arte occidental», *Espacio, Tiempo y Forma, Serie VII, H.ª del Arte,* t.6, 1993, pp.559-606.

——, 1999: IDEM, «Introducción», in LAMPÉREZ Y ROMEA, V., *Historia de la arquitectura cristiana española en la Edad Media, I,* facs., Junta de Castilla y León, 1999, pp.7-17.

Arte antiguo, 1982: PITARCH et alii (eds.), *Arte antiguo,* Colección Fuentes y Documentos para la Historia del Arte 1, Barcelona, 1982.

Arte medieval (I), 1982: YARZA LUACES et alii (eds.), *Arte medieval (I) Alta Edad Media y Bizancio,* Colección Fuentes y Documentos para la Historia del Arte 9, Barcelona, 1982.

Arte y cultura mozárabe, 1979: AAVV, *Arte y cultura mozárabe, I Congreso Internacional de estudios mozárabes (Toledo, 1975),* Instituto de Estudios visigotico-mozárabes de San Eugenio, Toledo, 1979.

Astures, 1995: AAVV, *Astures, pueblos y culturas en la frontera del Imperio romano,* Gijón, 1995.

AYALA, 1993: AYALA MARTÍNEZ, C. de, «Realidad social y feudalización en la alta Edad Media leonesa, (850-1050)», *Actas del III curso de cultura medieval. Repoblación y reconquista (Centro de Estudios del Románico, Aguilar de Campoo, Palencia, sept-1991),* Madrid, 1993, pp.229-242.

AZCÁRATE, 1954: AZCÁRATE RISTORI, J. Mª. de, *Monumentos españoles,* 2ª ed., 3 vols., Madrid, 1953-4.

——, 1988: IDEM, «Aspectos de la influencia germánica en el prerrománico asturiano», *Arte Prerrománico y Románico en Asturias (Villaviciosa, 1984),* Villaviciosa, 1988, pp.15-29.

AZKÁRATE, 1995: AZKÁRATE GARAI-OLAUN, A., «Aportaciones al debate sobre la arquitectura prerrománica peninsular: la iglesia de San Román de Tobillas (Álava)», *AEArq,* 68, 1995, pp.189-214.

BALCELLS, 1935: BALCELLS, J. M., «El arte asturiano, el mozárabe y el condal», PERICOT, L. (dir.), *Historia de España, Gran historia general de los pueblos hispanos,* II, *La alta edad media,* Barcelona, 1935, pp.513-542.

BALDELLOU, 1990: BALDELLOU SANTOLARIA, M. A., *Ricardo Velázquez Bosco,* catálogo de la exposición, Ministerio de Cultura, Centro Nacional de Exposiciones, Madrid, 1990-1.

BALIL, 1994: BALIL ILLANA, A., «Arte de la época romana», *HCL1,* 1994, Capítulo III.

BANGO, 1974: BANGO TORVISO, I. G., «Arquitectura de la décima centuria: ¿repoblación o mozárabe?», *Goya,* nº 122, Madrid, 1974, pp.68-75.

——, 1979: IDEM, «El neovisigotismo artístico de los siglos IX y X: La restauración de ciudades y templos», *Revista de ideas estéticas,* t.XXXVII, nº148, CSIC, 1979, pp.35-54.

——, 1988a: IDEM, «El arte asturiano y el imperio carolingio», *Arte prerrománico y románico en Asturias (Jornadas 1984),* Villaviciosa, 1988, pp.31-88.

——, 1988b: IDEM, «Alfonso II y Santullano», *Arte prerrománico y románico en Asturias (Jornadas 1985),* Villaviciosa, 1988, pp.207-237.

——, 1989: IDEM, *Alta Edad Media. De la tradición hispanogoda al románico,* Madrid, 1989.

——, 1992a: IDEM, *El prerrománico en Europa. De Carlomagno a los Otones,* Madrid, 1992.

——, 1992b: IDEM, «El espacio para enterramientos privilegiados en la arquitectura medieval española», *Anuario del Departamento de Historia y Teoría del Arte,* vol.IV, UAM, pp.93-132, 1992.

——, 1994a: IDEM, «Arquitectura prerrománica en los reinos occidentales de la península», *Simposi Internacional d'Arquitectura a Catalunya: segles IX, X i primera meitat de l'XI (Girona, 1988),* 1994, pp.25-36.

——, 1994b: IDEM, «Arte de repoblación», *HCL1,* 1994, pp.167-216.

——, 1996: IDEM, «El Arte mozárabe», *Actas del I congreso nacional de cultura mozárabe,* Córdoba, 1996,

628

pp.37-52.

——, 1997a: IDEM, «Da Gallaecia romana á Galicia románica. Unha complexidade terminolóxica que enmascara a realidade histórica dun continuismo cultural», *Sant-And,* 1997, pp.63-74.

——, 1997b: IDEM, «La vieja liturgia hispana y la interpretación funcional del templo prerrománico», *VII Semana de estudios medievales, Nájera, 1996,* 1997, pp.61-120.

——, 1998: IDEM, «Estudio preliminar», in *Iglesias mozárabes,* Facs. 1998, pp.XIII-XXV.

——, 1999: IDEM, *El arte románico,* Historia del arte 40, 1999.

——, 2001: IDEM, *Arte prerrománico hispano. El arte en la España cristiana de los siglos VI al XI, Summa Artis,* vol.VIII-II, Madrid, 2001.

——, 2004: IDEM, «Catedral de León. Desde la instauración de la diócesis hasta la magna obra de Manrique de Lara», *La Catedral de León en la Edad Media (León, 7-11 abril 2003),* Universidad de León, 2004, pp.45-57.

——, 2007: IDEM, «Un gravísimo error en la historiografía española, el empleo equivocado del término mozárabe», VALDÉS FERNÁNDEZ, M. (coord.), *El legado de Al-Andalus. El arte andalusí en los reinos de Léon y Castilla durante la Edad Media, Simposio Internacional,* Fundación del Patrimonio Histórico de Castilla y León, Valladolid, 2007, pp.73-88.

——, 2008: IDEM, «Los expolios del paisaje monumental y la arquitectura hispana de los siglos VII al XI», *De arte,* no.7, 2008, pp.7-50.

——, 2014: IDEM, «San Miguel de Escalada como referente para comprender la arquitectura de los siglos VIII al XI», GARCÍA LOBO, V. & CAVERO DOMÍNGUEZ, G. (coords.), *San Miguel de Escalada: (913-2013),* León, 2014, pp.67-84.

BARBERO & VIGIL, 1974: BARBERO, A. & VIGIL, M., «Sobre los orígenes sociales de la Reconquista: cántabros y vascones desde fines del imperio romano hasta la invasión musulmana» & «Algunos aspectos de la feudalización del reino visigodo en relación con su organización financiera y militar», *Sobre los orígenes sociales de la Reconquista,* Barcelona, 1974, pp.11-98 (originally in *BRAH,* t.156, cuaderno II, pp.271-339, Madrid, 1965) & pp.105-137 (originally in *Moneda y Crédito,* n.º112, pp.71-91, Madrid, 1970).

——, 1978: IDEM, *La formación del feudalismo en la Península Ibérica,* Barcelona, 1978.

BARRAL, 1981: BARRAL I ALTET, X., *L'art preromànic á Catalunya (sègles IX i X),* Barcelona, 1981.

——, 1997: IDEM, *The Early Middle Ages: from Late Antiquity to A. D. 1000,* Taschen, Köln, 1997 (Trans. of *Haut Moyen âge : de l'Antiquité tardive à l'an mil,* 1997).

——, 2001: IDEM, *The Romanesque : towns, cathedrals and monasteries,* Taschen, Köln, 2001 (Trans. of *Le monde roman: villes, cathédrales et monastères,* 1998).

BARRAL RIVADULLA, 2006: BARRAL RIVADULLA, M. D., *San Miguel de Celanova: el silencio y la elocuencia de una arquitectura singular,* Ourense, 2006.

——, 2009: IDEM, «Diálogos artísticos en el siglo X. La imagen arquitectónica de San Miguel de Celanova», *Cuadernos de estudios gallegos,* t.56, núm.122, 2009, pp.93-111.

BARRAU-DIHIGO, 1921: BARRAU-DIHIGO, L., «Recherches sur l'histoire politique du royaume asturien», *Revue Hispanique,* t.LII, pp.1-360, 1921.

BARRIOS, 1982: BARRIOS, Á., «Toponomástica e Historia. Notas sobre la despoblación en la zona meridional del Duero», *La España Medieval. Estudios en memoria del profesor D. Salvador de Moxó,* I, Madrid, 1982, pp.115-134.

BENDALA, 1991: BENDALA GALÁN, M., *Introducción al arte hispanorromano, Cuadernos de Arte Español,* 42, 1991.

BENDALA, RICO & ROLDÁN, 1999: BENDALA GALÁN, M., RICO, Ch. & ROLDÁN GÓMEZ, L. (eds.), *El ladrillo y sus derivados en la época romana (Madrid, 1995),* Monografías de Arquitectura Romana, nº 4,

巻末資料

Madrid, 1999.

BERMÚDEZ CANO, 1995: BERMÚDEZ CANO, J. M., «La forma constructiva de herradura: su función en las obras de infraestructura hispano-musulmana (puentes y acueductos)», *Anales de arqueología cordobesa*, 6, Córdoba, 1995, pp.239-264.

BEVAN, 1950: BEVAN, B., *Historia de la arquitectura española*, Barcelona, 1950 (Trans. of *History of Spanish Architecture*, London, 1938).

Biblia vulgata: *Biblia Sacra Iuxta Vulgatam Clementinam*, Biblioteca de autores cristianos, Madrid, 1965.

BLAKE, 1973: BLAKE, M. E., *Roman construction in Italy from Nerva through the Antonines*, Philadelphia, 1973.

BLANCO, 1982: BLANCO FREIJEIRO, A., «Arte de la Hispania romana», in *HE-MP*, II, 1982.

BLOOM, 1988: BLOOM, J., «The Revival of Early Islamic Architecture by the Umayyads of Spain», CHIAT, M. J. & REYERSON, K. L. (eds.), *The Medieval Mediterranean: Cross Cultural Contacts. Medieval Studies at Minnesota*, 3, St Cloud, 1988, pp.35-41.

BONET CORREA, 1967: BONET CORREA, A., *Arte pre-románico asturiano*, Barcelona, 1967.

BORRÁS, 1990: BORRÁS GUALIS, G. M., *El Islam: de Córdoba al mudéjar*, Introducción al arte español, Madrid, 1990.

BOTO, 1995: BOTO, G., *La memoria perdida. La Catedral de León (917-1255)*, Diputación Provincial de León, 1995.

BUTLER, 1969: BUTLER, H. C., *Early Churches in Syria, Fourth to Seventh Centuries*, Amsterdam, 1969 (first published in Princeton, 1929).

CAAMAÑO, 1963: CAAMAÑO, J. M.ª, «En torno al concepto isidoriano de "venustas"», *Santa Cruz*, nº 23, Valladolid, 1963, pp.3-8.

——, 1985: IDEM, «Arquitectura hispanomusulmana», *Historia de la arquitectura en España*, II, Planeta, Zaragoza, 1986, pp.749-815.

——, 1986: IDEM, «Arquitectura prerrománica», *Historia de la arquitectura en España*, I, Planeta, Zaragoza, 1986, pp.107-192.

CABALLERO, 1977: CABALLERO ZOREDA, L., «La "forma de herradura" hasta el siglo VIII y los arcos de herradura de la iglesia visigoda de Santa María de Melque», *AEArq*, 50-51, 1977-8, pp.323-374.

——, 1991a: IDEM, «Observaciones sobre materiales y tecnologías de construcción de época visigoda en España y Portugal», *Materiali da construzione e tecniche edili antiche. indagini e rilievi nell'ottica della conservazione*, a cura di Luigi Marino, Firenze, 1991, pp.23-30.

——, 1991b: IDEM, «Sobre Santa Comba de Bande (Ourense) y las placas de Saamasas (Lugo)», *Galicia no tempo, Conferencias/Otros estudios*, Santiago de Compostela, 1991, pp.75-115.

——, 1992: IDEM, «Pervivencia de elementos visigodos en la transición al mundo medieval. Planteamiento del tema», *CAME III (Oviedo, 1989)*, I, Oviedo, pp.113-134.

——, 1994a: IDEM, «Un canal de transmisión de lo clásico en la Alta Edad Media española. Arquitectura y escultura de influjo omeya en la Península Ibérica entre mediados del siglo VIII e inicios del siglo X», *Al-Qantara*, vol.XV-XVI, 1994-5, pp.321-348 (XV) & 107-24 (XVI).

——, 1994b: IDEM, «Arte prerrománico visigodo», *HCL1*, 1994, pp.125-166.

——, 2000: IDEM, «La arquitectura denominada de época visigoda: ¿es realmente tardorromana o prerrománica?», *Visigodos y Omeyas. Un debate entre la Antigüedad Tardía y la Alta Edad Media, Anejos de AEArq*, XXIII (Mérida, abril de 1999), Madrid, 2000, pp.207-247.

——, 2001: IDEM, «Aportación a la arquitectura medieval española. Definición de un grupo de iglesias castellanas, riojanas y vascas», *CAME, V (Valladolid, 1999)*, Valladolid, 2001, pp.221-233.

——, 2003: IDEM, «Arquitectura tardoantigua y altomedieval en Extremadura», *Repertorio de Arquitectura cristiana en Extremadura: Época Tardoantigua y Altomedieval, Anejos de AEArq*, XXIX, Mérida,

2003, pp.143-175.

CABALLERO & ARCE, 1997: CABALLERO ZOREDA, L. & ARCE SÁINZ, F., «La iglesia de San Pedro de la Nave (Zamora). Arqueología y Arquitectura», *AEArq,* 70, 1997, pp.221-274.

CABALLERO, ARCE & UTRERO, 2003: CABALLERO ZOREDA, L. & ARCE SÁINZ, F. & UTRERO AGUDO, M.ª A., «Santa Comba de Bande (Orense). Arquitectura y documentación escrita», *Arqueología de la arquitectura,* nº2, 2003, pp.69-73.

CABALLERO & FEIJOO, 1998: CABALLERO ZOREDA, L. & FEIJOO MARTÍNEZ, S., «La iglesia alto medieval de San Juan Bautista en Baños de Cerrato (Palencia)», *AEArq,* 71, 1998, pp.181-242.

CABALLERO & LATORRE, 1980: CABALLERO ZOREDA, L. & LATORRE MACARRON, J. I., *La iglesia y el monasterio visigodo de Santa María de Melque (Toledo). Arqueología y arquitectura. San Pedro de la Mata (Toledo) y Santa Comba de Bande (Orense), EAE,* t.109, Ministerio de Cultura, Madrid, 1980.

CABALLERO, MATEOS & GARCÍA DE CASTRO, 2012: CABALLERO ZOREDA, L., MATEOS, P. & GARCÍA DE CASTRO VALDÉS, C. (eds.), *Asturias entre visigodos y mozárabes,* Visigodos y omeyas, VI (Madrid, 2010), *Anejos de AEArq,* LXIII, Madrid, 2012.

CABALLERO & SÁEZ, 1999: CABALLERO ZOREDA, L. & SÁEZ LARA, F., *La iglesia mozárabe de Santa Lucía del Trampal, Alcuéscar (Cáceres). Arqueología y arquitectura,* Memorias Arqueológicas de Extermadura 2, Mérida, 1999.

CABRERA, 1996: CABRERA MUÑOZ, E., *Reflexiones sobre la cuestión mozárabe, Actas del I Congreso Nacional de Cultura Mozárabe (Córdoba, 1995),* Córdoba, 1996, pp.11-26.

——, 1998: IDEM, «Los mozárabes: Un grupo social olvidado», *Los mozárabes : una minoría olvidada (Sevilla, 1997),* Sevilla, 1998, pp.13-46.

CAGIGAS, 1947: CAGIGAS, I. DE LAS, *Los mozárabes, Minorías étnico-religiosas de la Edad Media Española,* Instituto de Estudios Africanos, Madrid, 1947 (2 tomos).

CALVO, 2008: CALVO CAPILLA, S., «La ampliación califal de la Mezquita de Córdoba: Mensajes, formas y funciones», *Goya,* nº 323, Madrid, 2008, pp.89-106.

——, 2010: IDEM, «Analogies entre les Grandes Mosquées de Damas et Cordoue: mythe et réalité» in BORRUT A. & COBB, P. M. (eds.), *Umayyad Legacies. Medieval Memories from Syria to Spain.* Leiden and Boston: Brill, 2010, pp.281-311.

——, 2011: IDEM, «Madinat al-Zahra' y la observación del tiempo: el renacer de la Antigüedad Clásica en la Córdoba del siglo X», *Anales de Historia del Arte,* vol.22, núm. especial (II), Universidad Complutense de Madrid, 2012, pp.131-160.

——, 2014: IDEM, *Las mezquitas de al-Andalus,* Almería, 2014.

CAMÓN, 1963: CAMÓN AZNAR, J., «Arquitectura española del siglo X: mozárabe y de la repoblación», *Goya,* nº 52, 1963, Madrid, pp.206-219.

CAMPS, 1929: CAMPS CAZORLA, E., *Arquitectura cristiana primitiva, visigoda y asturiana; Arquitectura califal y mozárabe,* Cartillas de Arquitectura Española III-IV, Madrid, 1929.

——, 1940: IDEM, «El arte hispanovisigodo», *España visigoda, HE-MP,* III, Madrid, 1940 (reed., 1963, repr., 1985, pp.491-666).

——,1953: IDEM, *Módulo, proporciones y composición en la arquitectura califal cordobesa,* Madrid, 1953.

CAMPUZANO, 1998: CAMPUZANO RUIZ, E., *Santa María de Lebeña. Iglesia mozárabe del siglo X,* Santillana del Mar, 1998.

CANTARINO, 1978: CANTARINO, V., *Entre monjes y musulmanes: El conflicto que fue España,* Madrid, 1978.

CARRIEDO, 1984: CARRIEDO TEJEDO, M., «Embajadas califales en León», *Archivos Leoneses,* 38, pp.189-206.

——, 2002: IDEM, «La frontera entre León y Córdoba a mediados del siglo X: desde Santarén a Huesca», *Estudios humanísticos. Historia,* nº.1, 2002, pp.63-93.

CASTELLÁ, 2000: CASTELLÁ FERRER, M., *Historia del apóstol de IESVS CHRISTO SANCTIAGO ZEBEDEO*

巻末資料

patrón y capitán general de las Españas, facs., Xunta de Galicia, 2000 (originally published in 1610).

CASTILLO, 1925: «La iglesia mozárabe de San Martiño de Pazó», *BRAG,* XIV, núms.167-8, febrero 1925, pp.273-286.

Catholic Encyclopedia: *Catholic Encyclopedia,* New Advent (http://www.newadvent.org/) 2005/4閲覧.

CAVERO, 1999: CAVERO DOMÍNGUEZ, G., «Los mozárabes en el reino de León. Planteamiento historiográfico», *Codex biblicus legionensis, veinte estudios,* León, 1999, pp.39-50.

——, 2001: IDEM, «Los mozárabes leoneses y los espacios fronterizos. Un debate abierto», *La Península Ibérica en torno al año 1000, VII Congreso de Estudios Medievales (León, 1999),* León, 2001, pp.231-254.

——, 2014: IDEM, «La dedicación de la iglesia en el monasterio de San Miguel de Escalada el 20 noviembre de 913», GARCÍA LOBO, V. & CAVERO DOMÍNGUEZ, G. (coords.), *San Miguel de Escalada: (913-2013),* León, 2014, pp.39-65.

CCAstorga: *Colección documental de la Catedral de Astorga,* I (646-1126), CFEHL, n.º77, 1999.

CCLeón: *Colección documental del archivo de la Catedral de León (775-1230),* I (775-952), II (953-985) & III (986-1031), CFEHL, León, 1987-1990.

CHALMETA, 1989: CHALMETA GENDRÓN, P., «Al-Andalus», *Historia de España dirigida por Antonio Domínguez Ortiz,* III, Barcelona, 1989, pp.9-113.

——, 1994: IDEM, *Invasión e islamización. La sumisión de Hispania y la formación de Al-Andalus,* Madrid, 1994.

CHOISY, 1954: CHOISY, A., *Histoire de l'architecture,* 2 vols., Paris, 1954 (1ª ed., 1889).

CHUECA, 1965: CHUECA GOITIA, F., *Historia de la arquitectura española : edad antigua y edad media,* Madrid, 1965 (facs., Ávila, 2001).

CID, 1978: CID PRIEGO, C., «Las artes del prerrománico asturiano», *Tierras de España, Asturias,* Madrid-Barcelona, 1978, pp.148-194.

——, 1995: IDEM, *Arte Prerrománico de la Monarquía Asturiana,* Oviedo, 1995.

Cien años, 2009: AAVV, *Anales de Historia del Arte,* Volumen Extraordinario, *Cien años de investigación sobre arquitectura medieval española,* Universidad Complutense de Madrid, 2009.

CMCelanova: *Colección diplomática del monasterio de Celanova (842-1230),* I (842-942), II (943-988) & III (989-1006), Universidad de Alcalá, 1996-2006.

CMSahagún: *Colección diplomática del monasterio de Sahagún,* I (Siglos IX-X)& II (1000-1073), CFEHL, León, 1977-1988.

CODOÑER, 1991: CODOÑER MERINO, C., «La literatura», *HE-MP,* III-2, Madrid, 1991, pp.209-267.

COLLINS, 1989: COLLINS, R., *The Arab Conquest of Spain, 710-797,* Paperback Edition, London, 1994 (originally 1989).

——, 1991: IDEM, «Frontier Societies: Christian Spain, 711-1037», *Early Medieval Europe 300-1000,* Basingstoke / New York, 1991 (2nd ed. 1999), pp.309-332.

——, 2013: IDEM, *Califas y reyes. España, 796-1031,* Historia de España dirigida por John Lynch, Barcelona: Crítica, 2013 (*Caliphs and Kings,* 2012).

Coloquio capiteles, 1990: AAVV, *Coloquio internacional de capiteles corintios prerrománicos e islámicos (ss. VI-XII d. C),* al cuidado de EWERT, Ch., CRESSIER, P. y ZOZAYA, J., Ministerio de Cultura, Madrid, 1990.

CONANT, 1959: CONANT, K. J., *Carolingian and Romanesque Architecture, 800 to 1200,* The Pelican History of Art, 1959.

Congreso Mozárabe, 1996: AAVV, *Actas del I Congreso Nacional de Cultura Mozárabe (Córdoba, 1995),* Córdoba, 1996.

CORTÉS, 2005: CORTÉS SANTOS, J. L., «Adelanto de las conclusiones sobre la intervención arqueológica en la iglesia de Santiago, Peñalba de Santiago (León) », *Tierras de León,* Vol.43, N° 120-121, 2005, pp.159-205.

——, 2011: IDEM, «La iglesia de Santiago de Peñalba (León): nuevos datos arqueológicos», *Antigüedad y Cristianismo,* XXVIII, *Mozárabes. Identidad y continuidad de su historia,* Universidad de Murcia, Área de Historia Antigua, 2011, pp.231-279.

CORTÉS & GARCÍA ARÁEZ, 1995: CORTÉS ÁLVAREZ DE MIRANDA, J. & GARCÍA-ARÁEZ FERRER, H., «Nuevos hallazgos "mozárabes" en el Duero», *BSValladolid,* LXI, 1995, pp.277-290.

CORZO, 1978: CORZO SÁNCHEZ, R., «Génesis y función del arco de herradura», separata de *Al-Andalus,* 43, 1978, pp.125-42.

——, 1986: IDEM, *San Pedro de la Nave. Estudio histórico y arqueológico de la iglesia visigoda,* Zamora, 1986.

——, 1989: IDEM, *Visigótico y prerrománico,* Historia del arte 40, 1989.

COTARELO, 1933: COTARELO VALLEDOR, A, *Historia crítica y documentada de Alfonso III,* Madrid, 1933.

CREMA, 1959: CREMA, L., *L'Architettura Romana* (Enciclopedia classica, Sezione III, vol.XII, t.I), Torino, 1959.

CRESSIER, 1984: CRESSIER, P., «Les chapiteaux de la grande mosquée de Cordoue (oratoires d' CAbd arRahmân 1 et d'Abd ar-Rahmân II) et la sculpture de chapiteaux à l'époque émirale», *MM, 25,* 1984, pp.216-281 & *Idem,* 26, 1985, pp.257-313.

——, 1991: IDEM, «El renacimiento de la escultura de capiteles en la época emiral: entre occidente y oriente», *Cuadernos de Madinat al-Zahra,* 3, 1991, pp.165-187.

CRESWELL, 1958: CRESWELL, K. A. C., *A Short Account of Early Muslim Architecture,* 1958 (revised, Baltimore, 1989).

——, 1969: IDEM, *Early Muslim Architecture,* revised edition, vol.I, part 2, New York, 1969 (first published in 1932, Oxford).

——, 1979: IDEM, *Early Muslim Architecture,* vol.II, New York, 1979 (c1940).

Crónicas asturianas: GIL, J., MORALEJO, J. L. & RUIZ DE LA PEÑA, J. I., *Crónicas asturianas,* Oviedo, 1985.

Cruce de culturas, 2016: *Im Schnittpunkt der Kulturen: Architektur und ihre Ausstattung auf der Iberischen Halbinsel im 6.-10./11. Jahrhundert, Cruce de culturas: arquitectura y su decoración en la Península Ibérica del siglo VI al X-XI,* Ars Iberica et Americana, Band 19, Kunsthistorische Studien der Carl Justi-Vereinigung, Frankfurt am Main: Vervuert – Madrid: Iberoamericana, 2016.

CRUZ VILLALÓN, 2004: CRUZ VILLALÓN, M.ª, «Quintanilla de las Viñas en el contexto del arte altomedieval. Una revisión de su escultura», *Antigüedad y Cristianismo, XXI, Sacralidad y Arqueología,* Universidad de Murcia, Área de Historia Antigua, 2004, pp.101-135, 2004.

DAVIS-WEYER, 1971: DAVIS-WEYER, C., *Early Medieval Art 300-1150. Sources and Documents,* University of Toronto Press, 1971 (Medieval Academy of America, 1986).

De Architectura: GRANGER, F. (ed.), *Vitruvius, On Architecture,* 2 vols., Cambridge, Massachusetts & London, 1962.

DEHIO & BEZOLD, 1884: DEHIO, G. & BEZOLD, G., *Die kirchliche Baukunst des Abendlandes,* Stuttgart, 1884-1901 (reprinted, 2 vols. + 5 vols. of plates, Hildesheim, 1969).

DÍAZ DE ENTRESOTOS, 1976: DÍAZ DE ENTRESOTOS, M.ª P., «Iglesia de Santa María de Lebeña», *XL Aniversario del Centro de Estudios Montañeses,* Santander, t.II, 1976, pp.193-226.

DÍAZ-JIMÉNEZ, 1892: DÍAZ-JIMÉNEZ, J. E., «Inmigración mozárabe en el reino de León. El monasterio del Abellar o de los Santos mártires Cosme y Damián», *BRAH,* t.20, 1892, pp.123-161.

DÍAZ Y DÍAZ, 1976: DÍAZ Y DÍAZ, M., «Isidoro en la Edad Media Hispana» (pp.141-201), «La historiografía hispana desde la invasión árabe hasta el año 1000» (pp.205-234), *De Isidoro al Siglo XI,* Barcelona,

巻末資料

1976.

——, 1989: IDEM, «El testamento monástico de San Rosendo», *Historia, Instituciones, Documentos,* 16, Universidad de Sevilla, 1989, pp.47-102.

——, 1999: IDEM, «El escriptorio de Valeránica», *Codex Biblicus Legionensis, veinte estudios,* León, 1999, pp.53-72.

——, 2001: IDEM, «La cultura literaria en la España cristiana en torno al año 1000», *VII Congreso de Estudios Medievales, La Península Ibérica en torno al año 1000 (1999),* León, 2001, pp.193-204.

—— et alii, 1990: IDEM et alii, *Ordoño de Celanova: Vida y Milagros de San Rosendo,* La Coruña, 1990.

DODDS, 1990: DODDS, J. D., *Architecture and Ideology in Early Medieval Spain,* The Pennsylvania State University Press, 1990.

DOMINGO, 2009: DOMINGO MAGAÑA, J. A., «Los capiteles de la iglesia de San Miguel de Escalada (León, España). ¿Perpetuadores de una tradición tardovisigoda?», *Rivista di Archeologia Cristiana,* LXXXV, 2009, pp.261-292.

——, 2011: IDEM, *Capiteles tardorromanos y visigodos en la península ibérica (siglos IV-VIII d.C.),* Documenta 13, Institut Català d'Arqueologia Clàssica, Tarragona, 2011.

——, 2012: IDEM, «Revalorización de lo clásico en la España tardoantigua y altomedieval. Un análisis a través de la decoración arquitectónica», *Antiquité Tardive,* 20, 2012, pp.275-306.

DOMÍNGUEZ PERELA, 1984: DOMÍNGUEZ PERELA, E., «Arquitectura hispana altomedieval. Coordenadas de un problema», *Revista de Arqueología,* 42, 1984, pp.34-47.

——, 1986: IDEM, «Los capiteles del pórtico de Escalada, entre la tradición clásica y la bizantina, lo islámico y la creación local», *Vè Congrés Espanyol d'Història de l'Art (Barcelona, 1984),* Barcelona, 1986, pp.65-75 (coloquio: pp.77-85).

——, 1987: IDEM, *Capiteles hispánicos altomedievales,* tesis leída en 1986 en la Universidad Complutense de Madrid, 4 tomos, 1987 (facs).

——, 1991: IDEM, «Problemas de capiteles. A propósito del libro de Ramón Corzo, sobre "Visigótico y Prerrománico" y del artículo de Carlos Márquez sobre capiteles romanos», *AEArq,* 64, 1991, pp.335-350.

——, 1992: IDEM, «Capiteles hispánicos altomedievales. Las contradicciones de la cultura mozárabe y el núcleo bizantino del noroeste», *AEArq,* 65, 1992, pp.223-262.

DOZY, 1861: DOZY, R. P. A., *Histoire des Musulmans d'Espagne,* Leiden, 1861.

DURÁN CABELLO, 1999: DURÁN CABELLO, R.-M., «El uso del ladrillo en la arquitectura de Augusta Emerita», BENDALA GALÁN, M., RICO, Ch., ROLDÁN GÓMEZ, L. (eds.), *El ladrillo y sus derivados en la época romana (Madrid, 1995),* Monografías de Arquitectura Romana, nº 4, Madrid, 1999, pp.205-220.

DURÁN GUDIOL, 1973: DURÁN GUDIOL, A., *Arte altoaragonés de los siglos X y XI,* Zaragoza, 1973.

DURLIAT, 1985: DURLIAT, M., *Des Barbares à l'An Mil,* Paris, 1985.

DUVAL, 1971: DUVAL, N., *Les églises africaines à deux absides. Recherches archéologiques sur la liturgie chrétienne en Afrique du Nord,* 2 vols., Paris, 1971-3.

Edad Media, 2005: ÁLVAREZ PALENZUELA, V. A. (coord.), *Edad Media. Historia de España,* Barcelona, 2005.

Ègara, 2009: GARCIA I LLINARES, M. G., MORO GARCÍA, A. & TUSET BERTRÁN, F., *La seu episcopal d'Ègara. Arqueologia d'un conjunt cristià del segle IV al IX,* Documenta 8, Tarragona, 2009.

ESCALADA, 1993: ESCALADA, M. de, *San Miguel de Escalada. Iglesia mozárabe. Siglo X. Monumento Artístico Nacional,* León, 1993 (Gijón, 1954).

Escalada 913-2013, 2014: GARCÍA LOBO, V. & CAVERO DOMÍNGUEZ, G. (coords.), *San Miguel de Escalada: (913-2013),* Universidad de León, Instituto de Estudios Medievales, 2014.

ESCUDERO RUIZ, 1943: ESCUDERO RUIZ, A., «Una iglesia mozárabe en Hérmedes de Cerrato (Palencia)»,

634

参考文献

BSValladolid, IX, 1943, pp.183-5 + plates.

ESCUDERO et alii, 2004: ESCUDERO NAVARRO, Z., GARCÍA ÁLVAREZ, J. & LEÓN LÓPEZ, A., «Intervenciones en la iglesia mozárabe de Santiago de Peñalba (León)», *Patrimonio,* Núm.19, Fundación del Patrimonio Histórico de Castilla y León, Valladolid, 2004, pp.23-34.

ESTEPA, 1985: ESTEPA DÍEZ, C., *El nacimiento de León y Castilla (siglos VIII-X), Historia de Castilla y León,* 3, Ámbito, Valladolid, 1985.

ETTINGHAUSEN & GRABAR, O., 1987: ETTINGHAUSEN, R. & GRABAR, O. & JENKINS-MADINA, M., *Islamic Art and Architecture, 650-1250,* Yale University Press, 2003 (ETTINGHAUSEN, R. & GRABAR, O., *The art and architecture of Islam 650-1250,* Penguin Books, 1987, Yale University Press, 1994).

Etymologiae, 1993: OROZ RETA, J., MARCOS CASQUERO, M. A. & DÍAZ y DÍAZ, M., *San Isidoro de Sevilla, Etimologías,* Madrid, 1993 (2004).

EWERT, 1968: EWERT, Ch., «I Die Senkrechten Ebenen Systeme sich Kreuzender Bögen als Stützkonstruktionen der vier Rippenkuppeln in der Ehemaligen Hauptmoschee von Córdoba», *Spanisch-islamische systeme sich kreuzender Bögen,* Madrider Forschungen, Band 2, Deutsches Archäologisches Institut, Abteilung Madrid, Walter de Gruyter & Co, Berlin, 1968.

——, 1972: IDEM, «Der Mihrab der Hauptmoschee von Almeria», *MM,* 13, 1972, pp. 286-334.

——, 1995: IDEM, «La mezquita de Córdoba: Santuario modelo del occidente islámico», in LÓPEZ GUZMÁN, R. (coord.), *La arquitectura del Islam Occidental,* Barcelona-Madrid, pp.53-68.

——, 2009: IDEM, «Spolien, ihre islamischen Nachschöpfungen und ihre Musterschemata in den Hauptmoscheen von Córdoba und Qayrawān», in *Spolia en el entorno del Poder,* Mainz am Rhein, 2009, pp.287-304.

—— et alii, 1997: EWERT, Ch., GLADISS, A. von, GOLZIO, K.-H. & WISSHAK, J.-P., *Denkmäler des Islam. Von den Anfängen bis zum 12. Jahrhundert, Hispania Antiqua,* Mainz am Rhein, 1997.

EWERT & WISSHAK, 1981: EWERT, Ch. & WISSHAK, J.-P., *Forschungen zur almohadischen Moschee,* I, *Vorstufen, die Hauptmoscheen von Qairawan und Córdoba und ihr Bannkreis,* Madrider Beiträge, 9, Mainz am Rhein, 1981.

FERGUSSON, 1874: FERGUSSON, J., *A History of Architecture in All Countries, from the Earliest Times to the Present Day,* 2nd edition, 4 vols., London, 1874 (1st ed., 1865-7).

FERNÁNDEZ ARENAS, 1972: FERNÁNDEZ ARENAS, J., *Arquitectura mozárabe,* Barcelona, 1972.

FERNÁNDEZ CONDE, 2009: FERNÁNDEZ CONDE, F. J., «Los mozárabes en el reino de León: siglos VIII-XI», *Studia Historica. Historia medieval,* n°27, *Los mozárabes: entre la Cristiandad y el Islam,* Universidad de Salamanca, 2009, pp.53-69.

FERNÁNDEZ GONZÁLEZ, 1998: FERNÁNDEZ GONZÁLEZ, E., «El arte mozárabe», *Los mozárabes: una minoría olvidada,* (Sevilla, octubre 1997), Sevilla, 1998, pp.117-150.

FERNÁNDEZ MARCOS, 1993: FERNÁNDEZ MARCOS, V., «Topónimos árabes en documentos medievales de la Catedral de León», *Proyección histórica de España en sus tres culturas: Castilla y León, América y el mediterráneo (Medina del Campo 1992),* II, Junta de Castilla y Leon, 1993, pp.35-42.

FERNÁNDEZ MIER & QUIRÓS, 2001: FERNÁNDEZ MIER, M. & QUIRÓS CASTILLO, J. A., «La evolución de las técnicas constructivas en Asturias en la Edad Media», *CAME, V (Valladolid, 1999),* Valladolid, 2001, pp.371-382.

FERNÁNDEZ MUÑOZ, 1993: FERNÁNDEZ MUÑOZ, A. L., *Estudio técnico sobre la iglesia de Santiago de Peñalba (León),* Junta de Castilla y León, 1993.

——, 1998: IDEM, «Estudio previo a la restauración de la iglesia de Santiago de Peñalba (León)», Represa, I. (coord.), *Restauración arquitectónica II,* Universidad de Valladolid, León, 1998, pp.259-286.

FERNÁNDEZ OCHOA & ZARZALEJOS, 1996: FERNÁNDEZ OCHOA, C. & ZARZALEJOS PRIETO, M., «Técnicas constructivas en las termas romanas de Campo Valdés (Gijón): El material latericio», *AEArq,* 69,

635

巻末資料

1996, pp.109-18.

FERNÁNDEZ PUERTAS, 2008: FERNÁNDEZ PUERTAS, A., «II. Mezquita de Córdoba. 'Abd al-Rahman I (169/785-786). El trazado proporcional de la planta y alzado de las arquerías del oratorio. La Qibla y el Mihrab del siglo VIII», *AEArte*, t.81, N° 324, 2008, pp.333-356.

——, 2009a: IDEM, «III. Mezquita de Córdoba. El trazado de la portada interior de la Bab al-Wuzara'. La puerta de los deanes (s.VIII), su trazado interior y exterior», *AEArte*, t.82, N° 326, 2009, pp.107-136.

——, 2009b: IDEM, «Excavaciones en la mezquita de Córdoba», *Arte y cultura. Patrimonio hispanomusulmán en al-Andalus*, Universidad de Granada, 2009, pp.9-132.

FILLITZ et alii, 1969: FILLITZ, H. et alii, *Das Mittelalter I*, Propyläen Kunstgeschichte, Band 5, Berlin, 1969.

FITA, 1897: FITA Y COLOME, F., «San Miguel de Escalada», *BRAH*, t.31, 1897, pp.466-477.

FLÓREZ, 1905: FLÓREZ, E., *España Sagrada*, Madrid, t.XVI (1762), t.XVII (1763), t.XVIII (1764).(reedición 1905).

FONTAINE, 1978a: FONTAINE, J., *El prerrománico*, La España románica, VIII, Madrid, 1982 (Trans. of *L'Art Préroman Hispanique 1*, La-Pierre-qui-Vire, 1973).

——, 1978b: IDEM, *El mozárabe*, La España románica, X, Madrid, 1978 (Trans. of *L'Art Préroman Hispanique 2*, La-Pierre-qui-Vire, 1977).

—— et alii, 1992: FONTAINE, J. & PELLISTRANDI, Ch. (eds.), *L'Europe héritière de l'Espagne wisigothique*, Madrid, 1992.

FRISCHAUER, 1930: FRISCHAUER, A. S., *Altspanischer Kirchenbau*, Berlin-Leipzig, 1930.

FUENTES DOMÍNGUEZ, 2000: FUENTES DOMÍNGUEZ, A., «Las termas en la Antigüedad tardía: reconversión, amortización, desaparición. El caso hispano», *Termas romanas en el Occidente del Imperio (Coloquio internacional 1999)*, Gijón, 2000, pp.135-45.

GALLEGO FERNÁNDEZ, 1992: GALLEGO FERNÁNDEZ, P. L., «Viollet le Duc: la restauración arquitectónica y el racionalismo arqueológico fin de siglo», *Restauración arquitectónica*, Universidad de Valladolid, 1992, pp.29-50.

——, 2001a: IDEM, «Ricardo Velázquez Bosco y la visión de Oriente», *Restauración & Rehabilitación*, n.°54, julio 2001, pp.54-61.

——, 2001b: IDEM, «Santa María de Lebeña y el debate sobre las arquitecturas prerrománicas a finales del siglo XIX», *Restauración & Rehabilitación*, n.°58, noviembre 2001, pp.54-61.

GALTIER, 1979: GALTIER MARTÍ, F., «El problema mozárabe en las iglesias de los valles del Gállego. (Bases para una discusión)», *Arte y Cultura Mozárabe, I Congreso Internacional de Estudios Mozárabes*, Toledo, 1975, pp.155-160.

——, 1982: IDEM, «El singular lenguaje arquitectónico de las iglesias del Gállego», *El nacimiento del arte románico en Aragón. Arquitectura*, Zaragoza, 1982, pp.183-220.

——, 1987: IDEM, «*O TURRE TABARENSE ALTA ET LAPIDEA...* Un saggio d'iconografia castellologica sulla miniatura della Spagna cristiana del secolo X», *34 Corso di cultura sull'arte Ravennate e bizantina, Seminario Internazionale di Studi su "Archeologia e Arte nella Spagna tardoromana, visigota e mozarabica"*, Ravenna, 1987, pp.253-289.

GARCÍA DE CASTRO, 1995: GARCÍA DE CASTRO VALDÉS, C., *Arqueología cristiana de la alta Edad Media en Asturias*, Oviedo, 1995.

——, 2004: IDEM, *Arte Prerrománico en Asturias*, Oviedo, 2004.

GARCÍA DE CORTÁZAR, 1991: GARCÍA DE CORTÁZAR, J. A., «La repoblación del valle del Duero en el siglo IX: del yermo estratégico a la organización social del espacio», *Actas del Coloquio de la V Asamblea General de la Sociedad Española de Estudios Medievales (1988 Jaca-Huesca)*, Zaragoza, 1991, pp.15-40.

——, 1994: IDEM, «Crecimiento económico y síntomas de transformación en las estructuras de la sociedad y del hábitat en el reino de Alfonso III de Asturias», FERNÁNDEZ CONDE, F. J. (ed.), *La Época de Alfonso III y San Salvador de Valdediós, Congreso de Historia Medieval (Oviedo, 1993)*, Universidad de Oviedo, 1994, pp.27-53.

——, 1995: IDEM, «Las formas de organización social del espacio del valle del Duero en la Alta Edad Media: De la espontaneidad al control feudal» (conferencia inaugural), *IV Congreso de Estudios Medievales, Despoblación y colonización del valle del Duero: siglos VIII-XX (1993)*, León, 1995, pp.13-44.

——, 2001: IDEM, «Organización social del espacio en el Occidente cristiano peninsular», *VII Congreso de Estudios Medievales, La Península Ibérica en torno al año 1000 (1999)*, León, 2001, pp.255-281.

GARCÍA DE CORTÁZAR, F. & GONZÁLEZ VESGA, 2004: GARCÍA DE CORTÁZAR, F. & GONZÁLEZ VESGA, J. M., *Breve historia de España*, Madrid, 2004 (3ª ed.).

GARCÍA LOBO, 1982a: GARCÍA LOBO, V., *Las inscripciones de San Miguel de Escalada: Estudio crítico*, Barcelona, 1982.

——, 1982b: IDEM, «San Miguel de Escalada, encrucijada del monasticismo leonés», *Semana de historia del monacato cántabro-astur-leonés*, Oviedo, 1982, pp.137-154.

GARCÍA MARCOS, 1994: GARCÍA MARCOS, V., *Descubrimiento de unas nuevas termas públicas de Asturica Augusta*, Ayuntamiento de Astorga, 1994.

——, 1996: IDEM, «La romanización urbana: *Asturica Augusta* y la implantación romana en León», *Arqueoleón, Historia de León a través de la arqueología*, 1996, pp.69-81.

GARCÍA MARCOS & VIDAL ENCINAS, 1996: GARCÍA MARCOS, V. & VIDAL ENCINAS, J. M., «Novedades sobre el origen del asentamiento romano de León y la *Legio VII Gemina*», *Los finisterres atlánticos en la antigüedad : época prerromana y romana*, 1996, pp.147-156.

GARCÍA MARCOS et alii, 2004: GARCÍA MARCOS, V., CAMPOMANES, E. & MIGUEL HERNÁNDEZ, F., «El solar y el entorno urbano de Santa María de Regla (siglos I-XV)», *La Catedral de León en la Edad Media (León, 7-11 abril 2003)*, Universidad de León, 2004, pp.23-44.

GARCÍA MORENO, 1989: GARCÍA MORENO, L. A., *Historia de España visigoda*, Madrid, 1989.

GARCÍA Y BELLIDO, 1970: GARCÍA Y BELLIDO, A., «Estudios sobre la *Legio VII Gemina* y su campamento en León», *LEGIO VII GEMINA*, León, 1970.

GAREN, 1992: GAREN, S., «Santa María de Melque and Church Construction under Muslim Rule», *Journal of the Society of Architectural Historians*, 51 (51-3), pp.288-305.

——, 1997: IDEM, «Transformations and creativity in visigothic-period Iberia», *(Congreso, Madrid, 12/1993) Antigüedad y cristianismo*, XIV, 1997, pp. 511-524.

GAYA, 1943: GAYA NUÑO, J. A., «Gormaz, castillo califal», *Al-Andalus*, 8, 1943, pp.431-450.

GIL, 1973: GIL FERNÁNDEZ, J., ed., *Corpus scriptorum muzarabicorum*, 2 vols., Madrid, 1973.

——, 1996: IDEM, «Aproximación a la literatura latina de los mozárabes», *Actas del I Congreso Nacional de Cultura Mozárabe (Córdoba, 1995)*, Córdoba, 1996, pp.89-104.

GINER, 1884: GINER DE LOS RÍOS, F., «Santiago de Peñalva», *Ilustración Artística*, 11-agosto, núm. 137, pp.263-4.

GIRARD, 1961: GIRARD, R., «La crypte Saint-Laurent de Grenoble», *Cahiers d'histoire*, VI-2, Les Universités de Clermont-Lyon-Grenoble, 1961, pp.155-164.

GLICK, 1979: GLICK, Th., *Islamic and Christian Spain in the Early Middle Ages*, Princeton University Press, 1979 (Trad. esp. 1991).

GODOY, 1995: GODOY FERNÁNDEZ, C., *Arqueología y Liturgia. Iglesias Hispánicas (siglos IV al VIII)*, Universidad de Barcelona, 1995.

GÓMEZ-MORENO, 1906a: GÓMEZ-MORENO Y MARTÍNEZ, M., «Excursión a través del arco de herradura», *Cultura española*, vol.3, 1906, 29 pages (separata).

637

巻末資料

——, 1906b: IDEM, «San Pedro de la Nave. Iglesia visigoda», *BSCE, t.II (1905-6)*, año IV, núm.41, 1906, pp.365-373.

——, 1909: IDEM, «Santiago de Peñalba, iglesia mozárabe del siglo X», *BSCE*, t.IV (1909-10), año VII, núm.81, 1909, pp.193-204.

——, 1913: IDEM, «De Arqueología mozárabe», *BSEE*, t.XXI, 1913, pp.89-116.

——, 1919: IDEM, *Iglesias mozárabes. Arte español de los siglos IX al XI, Madrid*, 1919 (Facs. 1975, 1998).

——, 1925: IDEM, *Catálogo Monumental de España (provincia de León. 1906-1908)*, Madrid, 1925 (Facs. León, 1979).

——, 1932: IDEM, «Las primeras crónicas de la reconquista», *BRAH*, t.100, Madrid, 1932, pp.562-628.

—, 1943: IDEM, «Exploraciones en Santa Comba de Bande», *BCMOrense*, XIV, Madrid, 1943-4, pp.47-51.

——, 1951: IDEM, *El arte árabe español hasta los Almohades ; Arte mozárabe, Ars Hispaniae*, III, Madrid, 1951.

——, 1966: IDEM, «Primicias del arte cristiano español», *AEArte*, t.XXXIX, nº 153, 1966, pp.101-139 (Trans. of «Prémices de l'art chrétien espagnol», *L'information d'histoire de l'art*, 9, 1964, p.185 & ss).

GRABAR, 2005: GRABAR, O., «Notes sur le Mihrab de la Grande Mosquée de Cordoue», in *Early Islamic Art, 650-1100*, volume I, *Constructing the Study of Islamic Art*, Hampshire: Ashgate, 2005, pp.257-265 (first published in PAPADOPOULO, A. (ed.), *Le Mihrab dans l'Architecture et la Religion Musulmanes*, Leiden, 1988, pp. 115-118).

GRASSOTTI, 1961: GRASSOTTI, H., «Lo mozárabe en el norte cristiano como proyección de la cultura hispano-goda», *Cuadernos de Historia de España*, 33-4, 1961, pp.336-344.

GUARDIA, 2007a: GUARDIA I PONS, M., «De Peñalba de Santiago a San Baudelio de Berlanga. La pintura mural de los siglos X y XI en el reino de León y en Castilla. ¿Un espejo de Al-Andalus?», VALDÉS FERNÁNDEZ, M. (coord.), *El legado de Al-Andalus. El arte andalusí en los reinos de Léon y Castilla durante la Edad Media, Simposio Internacional*, Fundación del Patrimonio Histórico de Castilla y León, Valladolid, 2007, pp.115-155.

——, 2007b: IDEM, «O oratorio de San Miguel de Celanova: arquitectura e liturxia », *Rudesindus. O legado do Santo*, Xunta de Galicia, 2007, pp.130-145. 筆者はGUARDIA教授のご厚意により提供された全11ページの出版用原稿（El oratorio de San Miguel de Celanova: Arquitectura y liturgia）を使用した。(pp.1-11).

——, 2007c: IDEM, «Imparare dall'altro: il dialogo tra l'arte cristiana e al-Andalus», Medioevo Mediterraneo: L'occidente, Bisanzio e L'Islam dal Tardoantico al Secolo XII, VII Convegno Internazionale di Studi, Parma, 21-25 settembre 2004 Palazzo Sanvitale, 2007. 筆者はGUARDIA教授のご厚意により提供された全24ページの出版用原稿を使用した。(pp.1-24).

——, 2008: IDEM, «*Scariphare et pingere* en la Edad Media. Los grafitos de la iglesia de Santiago de Peñalba», *Patrimonio*, Núm.33, Fundación del Patrimonio Histórico de Castilla y León, Valladolid, 2008, pp.51-8.

GUTIÉRREZ GONZÁLEZ, 1992: GUTIÉRREZ GONZÁLEZ, J. A., «Sistemas defensivos y de Repoblación en el Reino de León», *CAME, III (Oviedo, 1989)*, Oviedo, 1992, t.I, pp.169-191.

HAMILTON, 1959: HAMILTON, R. W., *Khirbat al Mafjar: An Arabian Mansion in the jordan Valley*, Oxford, 1959.

HAUPT, 1923: HAUPT, A., *Die älteste Kunst insbesondere die Baukunst der Germanen von der Völkerwanderung bis zu Karl dem Grossen*, 2nd ed., Berlin, 1923 (1st edition, 1909; 3rd, 1935).

HAUSCHILD, 1968: HAUSCHILD, Th., «La iglesia martirial de Marialba (León)», *BRAH*, t.163, cuaderno II, pp.243-9.

638

参考文献

——, 1972: IDEM, «Westgotische Quaderbauten des 7. Jahrhunderts auf der Iberischen Halbinsel», *MM, 13,* 1972, pp.270-285.

——, 1982: IDEM, «Técnicas y maneras de construir en la arquitectura paleocristiana hispánica», *II Reunió d'arqueologia cristiana hispànica (Montserrat 1978),* Barcelona, 1982, pp.71-86.

HEITZ, 1987: HEITZ, C., *La France Pré-romane, Archéologie et architecture religieuse du Haut Moyen Âge du IVème siècle a l'an Mille,* Paris, 1987.

——, 1980: IDEM, *L'Architecture Religieuse Carolingienne, les Formes et leurs Fonctions,* Paris, 1980.

HERNÁNDEZ, 1932: HERNÁNDEZ GIMÉNEZ, F., «San Miguel de Cuixá, Iglesia del ciclo mozárabe catalán», *AEAA,* VIII, núm.23, 1932, pp.157-199.

——, 1975: IDEM, *El alminar de Abd al-Rahman III en la Mezquita Mayor de Córdoba. Génesis y repercusiones,* Granada, 1975.

——, 1985: IDEM, *Madinat al-Zahra, arquitectura y decoración,* Granada, 1985.

HERNÁNDEZ FIGUEIREDO, 2007: HERNÁNDEZ FIGUEIREDO, J. R., *San Rosendo: Obispo de Mondoñedo, fundador de Celanova y pacificador de la Gallaecia,* Madrid, 2007.

HGEA, II: *Construcción y ruina de la España romana, HGEA,* II, Rialp, Madrid, 1987.

——, III: *El fallido intento de un estado hispánico musulmán (711-1085), HGEA,* III, Rialp, Madrid, 1988.

HIGGS, 1994: HIGGS, J. L., *Iberian Early Christian Double-Apsed Churches: Their Influence on Carolingian and mozarabic Church Architecture,* University of Louisville, 1994.

HILL & GOLVIN, 1976: HILL, D. & GOLVIN, L., *Islamic Architecture in North Africa,* London, 1976.

HITCHCOCK, 1978: HITCHCOCK, R., «El supuesto mozarabismo andaluz», *Actas del I Congreso de Historia de Andalucía (1976), t.I, Andalucía Medieval,* Córdoba, 1978, pp.149-51.

——, 1990: IDEM, «Arabic proper names in the Becerro de Celanova», HOOK, D. & TAYLOR, B. (eds.), *Cultures in contact in medieval Spain: historical and literary essays presented to L.P. Harvey,* Exeter, 1990, pp.111-126.

——, 2008: IDEM, *Mozarabs in Medieval and Early Modern Spain. Identities and Influences,* Ashgate, 2008.

HUBERT, 1964: HUBERT, J., «Les relations artistiques entre les diverses parties de l'ancien empire romain pendant le Haut Moyen Âge», *SetSpoleto, XI (1963),* 1964, pp.453-478 & 543-9.

—— et alii, 1968: IDEM, in *La Europa de las Invasiones,* El Universo de las Formas, Madrid, 1968 (Trans. of HUBERT, J., PORCHER, J. & VOLBACH, W. F., *L'Europe des Invasions,* L'Univers des Formes, 1967).

HUIDOBRO, 1916: HUIDOBRO SERNA, L., «Contribución al estudio del arte visigodo en Castilla», *BSCE,* t.VII (1915-6), año IV, núms.160-5, 1916.

——, 1927: IDEM, «Ermita de Santa María en Quintanilla de las Viñas», *BCMBurgos,* año VI-VII, 1927-8, pp.175, 238-42 & 266-8.

——, 1928: IDEM, «El arte visigótico y de la Reconquista en Castilla», *BCMBurgos,* año VII-VIII, nº 24 & 26, 1928-9, pp.361-8, 394-404.

HÜBNER, 1975: HÜBNER, E. W. E., *Inscriptiones Hispaniae Christianae,* Hildesheim & New York, 1975 (originally in 1871, Berlin).

ÍÑIGUEZ, 1934: ÍÑIGUEZ ALMECH, F., «La Torre de Doña Urraca, en Covarrubias», *Anuario del cuerpo facultativo de Archiveros, Bibliotecarios y Arqueólogos,* 1, pp.403-7.

—, 1955: IDEM, «Algunos problemas de las viejas iglesias españolas», *Cuadernos de trabajos de la Escuela Española de Historia y Arqueología en Roma,* vol.VII (trabajo de 1953), pp.7-180.

—, 1961: IDEM, «Liturgia en las miniaturas mozárabes», *Archivos Leoneses,* 15, León, pp.49-76 (*Signos medievales: Iconografia y arquitectura, 2003,* p.17 y ss.).

ÍÑIGUEZ & SÁNCHEZ, 1933: ÍÑIGUEZ ALMECH, F. & SÁNCHEZ VENTURA, «Un grupo de iglesias del Alto Aragon», *AEAA,* IX, núm.27, 1933, pp.215-235.

639

巻末資料

ITO, 2005a: ITO, Y., *La iglesia de Santiago de Peñalba,* trabajo de investigación para el Diploma de Estudios Avanzados, Universidad Autónoma de Madrid, 2005 (tutor: Isidro Bango).

—, 2005b: IDEM, «La iglesia de Santiago de Peñalba y su contexto arquitectónico», *Anuario del departamento de Historia y Teoría del Arte,* vol.17, Universidad Autónoma de Madrid, 2005, pp.9-20.

—, 2012: IDEM, «Las bóvedas de ladrillo fingido en la iglesia de Santiago de Peñalba y los préstamos estéticos de monumentos antiguos en el reino de León en el siglo X», *Anuario del departamento de Historia y Teoría del Arte,* vol.24, Universidad Autónoma de Madrid, 2012, pp.9-26.

JIMÉNEZ SÁNCHEZ & SALES, 2004: JIMÉNEZ SÁNCHEZ, J. A. & SALES CARBONELL, J., «Termas e iglesias durante la Antigüedad tardía: ¿reutilización arquitectónica o conflicto religioso? algunos ejemplos hispanos», *Antigüedad y Cristianismo, XXI, Sacralidad y Arqueología,* Universidad de Murcia, Área de Historia Antigua, 2004, pp.185-201.

JUNYENT, 1980: JUNYENT, E, *Cataluña 1,* La España Románica, VI, Madrid, 1980.

—, 1983: JUNYENT, E, *L'Arquitectura religiosa a Catalunya abans del romànic,* L'Abadía de Montserrat, 1983.

KHOURY, 1996: KHOURY, N. N. N., «The Meaning of the Great Mosque of Cordoba in the Tenth Century», *Muqarnas,* XIII, 1996, pp.80-98.

KING, 1923: KING, G. G., «Algunos rasgos de influjo oriental en la arquitectura española de la Edad Media», *Arquitectura,* año V, núm.48, Madrid, abril 1923, pp.85-92.

——, 1924: IDEM, *Pre-Romanesque Churches of Spain,* Bryn Mawr Notes and Monographs 7, New York, 1924.

KINGSLEY, 1980: KINGSLEY, K., *Visigothic Architecture in Spain and Portugal: A Study in Masonry, Documents, and Form,* Berkeley, University of California, Ph.D. diss. (1979), 1980.

KRAUTHEIMER, 2000: KRAUTHEIMER, R.: *Arquitectura paleocristiana y bizantina,* Madrid, 2000 (Trans. of *Early Christian and Byzantine Architecture,* 1965, 1975, 1979 & 1981).

LAMBERT, 1935: LAMBERT, E., «Las tres primeras etapas constructivas de la mezquita de Córdoba», *Al-Andalus,* 3, 1935, pp.139-143.

—, 1936: IDEM, «Les coupoles des Grandes Mosquées de Tunisie et d'Espagne aux IXe et Xe siècles», *Hespéris,* t.XXII, 1936, pp.127-132.

LAMPÉREZ, 1902: LAMPÉREZ Y ROMEA, V., «La iglesia de San Cebrián de Mazote», *BSEE,* t.X, 1902, pp.185-193.

——, 1907: IDEM, «La iglesia de San Millán de la Cogolla de Suso», *BSCE,* t.III (1907-8), año V, núm.59, 1907, pp.245-254.

——, 1908a: IDEM, *Historia de la arquitectura cristiana española en la Edad Media,* Madrid, 1908 (Facs. Junta de Castilla y León, 1999).

——, 1908b: IDEM, «San Miguel de Celanova», *BCMOrense,* III, 1908, pp.261-4.

LARRÉN, 1986a: LARRÉN IZQUIERDO, H., «Excavaciones arqueológicas en San Miguel de Escalada (León)», *CAME, I (Huesca, 1985),* Zaragoza, 1986, pp.103-123.

——, 1986b: IDEM, «Aspectos visigodos de San Miguel de Escalada (León)», *Antigüedad y Cristianismo, III, Los visigodos. Historia y civilización,* Actas de la Semana Internacional de Estudios Visigóticos (Madrid – Toledo - Alacalá de Henares), Universidad de Murcia, Área de Historia Antigua, 1986, n.17, pp.501-513.

——, 1990: IDEM, «San Miguel de Escalada: Trabajos arqueológicos (1983-7)», *NVMANTIA. Investigaciones Arqueológicas en Castilla y León,* III, 1990, pp.217-238.

LARRÉN & CAMPOMANES, 2014: LARRÉN IZQUIERDO, H. & CAMPOMANES ALVAREDO, E., «San Miguel de Escalada a través de su arqueología: Valoración de sus trabajos (1983-2004)», GARCÍA LOBO, V. &

640

CAVERO DOMÍNGUEZ, G. (coords.), *San Miguel de Escalada: (913-2013),* León, 2014, pp.85-122.

Las Españas Medievales, 2001: BONNASSIE, P., GUICHARD, P. & GERBET, M.-C., *Las Españas Medievales,* Barcelona, 2001.

LAVADO, 1994: LAVADO PARADINAS, P. J., «Arte musulmán», *HCL1,* 1994, capítulo VIII.

LÁZARO, 1903: LÁZARO, J. B., «San Miguel de Escalada», *BSEE,* t.XI, 1903, pp.8-11, 36-9, 59-62 & 74-6.

LETHABY, 1904: LETHABY, W. R., *Mediæval Art. From the Peace of the Church to the Eve of the Renaissance 312-1350,* 1904, reprinted, New York, 1971.

LÉVI-PROVENÇAL, 1950: LÉVI-PROVENÇAL, E., *España musulmana. La conquista, El emirato, HE-MP,* IV, Madrid, 1950 (Trans. of *L'Histoire de l'Espagne Musulmane,* 3 vols., Paris, 1950-3).

——, 1957: IDEM, *España musulmana. El califato, HE-MP,* V, Madrid, 1957 (Trans. of *L'Histoire de l'Espagne Musulmane,* 3 vols., Paris, 1950-3).

LINAGE CONDE, 1973: LINAGE CONDE, A., *Los orígenes del monacato benedictino en la Península Ibérica,* CFEHL, n.º9-11 (3 vols.), León, 1973.

LÓPEZ FERREIRO, 1898: LÓPEZ FERREIRO, A., *Historia de la santa iglesia de Santiago de Compostela,* vol.2, Santiago de Compostela, 1898.

——, 1907: IDEM, *Biografía de San Rosendo,* Mondoñedo, 1907.

LÓPEZ LÓPEZ, 1999: LÓPEZ LÓPEZ, A. C, «Las glosas marginales árabes del *Codex Visigothicus Legionensis*», *Codex Biblicus Legionensis, veinte estudios,* León, 1999, pp.303-318.

LÓPEZ QUIROGA, 2004: LÓPEZ QUIROGA, J., *El final de la Antigüedad en la «Gallaecia»: la transformación de las estructuras de poblamiento entre Miño y Duero (siglos V al X),* A Coruña, 2004.

LÓPEZ QUIROGA & RODRÍGUEZ LOVELLE, 1991: LÓPEZ QUIROGA, J. & RODRÍGUEZ LOVELLE, M., «Una aproximación arqueológica al problema historiográfico de la despoblación y repoblación del valle del Duero, s.VIII-XI», *Anuario de Estudios Medievales,* XXI, 1991, p.3-10.

LORENZO FERNÁNDEZ, 1965: LORENZO FERNÁNDEZ, J. C., «La iglesia prerrománica de San Martiño de Pazó», *Cuadernos de Estudios Gallegos,* t.XX, Santiago de Compostela, 1965, pp.180-92.

LORENZO FERNÁNDEZ & GARCÍA ÁLVAREZ, 1950: LORENZO FERNÁNDEZ, J. C. & GARCÍA ÁLVAREZ, M. R., «San Ginés de Francelos», *Cuadernos de Estudios Gallegos, t.*V, Santiago de Compostela, pp.345-91.

Los Hitos, 2014: BARROSO CABRERA, R., CARROBLES SANTOS, J., MORÍN DE PABLOS, J. & SÁNCHEZ RAMOS, I. M., *LOS HITOS. Arisgotas -Orgaz, Toledo-. De palacio a panteón visigodo,* Madrid, 2014.

Los mozárabes, 1998: AAVV, *Los mozárabes : una minoría olvidada (Sevilla, 1997),* Sevilla, 1998.

LOZOYA, 1931: Marqués de LOZOYA, *Historia del arte hispánico,* t.1, Barcelona, 1931.

LUENGO, 1947: LUENGO, J. M., «La iglesia de Santo Tomás de las Ollas», *AEArte,* t.XX, nº 78, 1947, pp.129-45.

——, 1961: IDEM, «De la Tebaida leonesa. Montes y Peñalba», *Tierras de León,* vol.1, Nº 2, 1961, pp.25-44.

LUGLI, 1957: LUGLI, G., *La tecnica edilizia romana,* Roma, 1957.

MAÍLLO, 1993: MAÍLLO SALGADO, F., «Sobre la presencia de los muslimes en Castilla la Vieja en las edades medias», *Actas del III curso de cultura medieval. Repoblación y reconquista (Centro de Estudios del Románico, Aguilar de Campoo, Palencia, sept-1991),* Madrid, 1993, pp.17-22.

MANGAS MANJARRÉS, 1986: MANGAS MANJARRÉS, J., «La sociedad de la Hispania romana», *España romana, HE-MP,* II, vol.2, *La sociedad, el derecho, la cultura,* 1986, pp.3-81.

MANGO, 1986: MANGO, C., *The Art of Byzantine Empire: 312-1453: Sources and Documents in the History of Art,* University of Toronto Press, 1986, 1997 (first published by Prentice-Hall Inc, 1972).

MANZANARES, 1957: MANZANARES RODRÍGUEZ MIR, J., *Arte prerrománico asturiano, síntesis de su arquitectura,* Oviedo, 1957 (2nd ed. 1964).

MANZANO MORENO, 2010: MANZANO MORENO, E., *Épocas medievales,* Historia de España, vol.2, Barcelona:

巻末資料

Crítica/Marcial Pons, 2010.

MARÇAIS, 1954: MARÇAIS, G., *L'Architecture musulmane d'occident: Tunisie, Algérie, Maroc, Espagne et Sicile,* Paris, 1954.

MARFIL, 1998: MARFIL RUIZ, P., «Nuevos datos para el conocimiento del lucernario de Al-Hakam II en la Capilla de Villaviciosa de la Mezquita de Córdoba», *Qúrtuba,* 3, 1998, pp.252-3.

———, 2003: IDEM, «Ampliación de la Mezquita de Córdoba por Almanzor», TORREMOCHA SILVA, A. & MARTÍNEZ ENAMORADO, V. (ed. lit.), *Al-Andalus y el Mediterráneo en torno al año mil: la época de Almanzor,* Algeciras, 2003, pp.77-88.

———, 2004: IDEM, «Estudio de las linternas y el extradós de las cúpulas de la Maqsura de la Catedral de Córdoba, antigua mezquita Aljama», *Arqueología de la arquitectura,* nº 3, 2004, pp.91-106.

———, 2010: IDEM, *Las Puertas de la Mezquita de Córdoba durante el emirato omeya,* tesis doctoral, Universidad de Córdoba, 2010.

MARÍN, 1997: MARÍN VALDÉS, F. A., «Textualidad de lo arquitectónico en las Crónicas del Reino de Asturias», *Homenaje a Juan Uría Ríu,* II, Oviedo, 1997, pp.853-866.

MARTÍNEZ DE AGUIRRE, 1988: MARTÍNEZ DE AGUIRRE ALDAZ, J. M., «España cristiana: Arte», *HGEA,* III, Rialp, Madrid, 1988, pp.427-453.

MARTÍNEZ DÍEZ, 2011: MARTÍNEZ DÍEZ, G., «La emigración mozárabe al reino de León, siglos IX y X», *Antigüedad y Cristianismo,* XXVIII, *Mozárabes. Identidad y continuidad de su historia,* Universidad de Murcia, Área de Historia Antigua, 2011, pp.99-117.

MARTÍNEZ ENAMORADO, 1996: MARTÍNEZ ENAMORADO, V., «Algunas consideraciones espaciales y toponímicas sobre Bobastro», *Al-Qantara,* vol.XVII, 1996, pp.59-77.

———, 2001: IDEM, «Relaciones entre los omeyas y los núcleos cristianos», *El Esplendor de los Omeyas cordobeses,* Granada, 2001, pp.310-9.

———, 2004: IDEM, «Sobre las "cuidades iglesias" de Ibn Hafsun. Estudio de la basílica hallada en la ciudad de Bobastro (Ardales, Málaga)», *MM,* 45, 2004, pp.507-531.

MARTÍNEZ SOPENA, 1993: MARTÍNEZ SOPENA, P., «Las repoblaciones de Castilla y León. Organización del espacio y cambios sociales entre los siglos X y XIII», *Actas del III curso de cultura medieval. Repoblación y reconquista (Centro de Estudios del Románico, Aguilar de Campoo, Palencia, sept-1991),* Madrid, 1993, pp.57-64.

———, 1995: IDEM, «La antroponimia leonesa. Un estudio del Archivo Catedral de León (876-1200)», *Antroponimia y Sociedad. Sistemas de identifación hispano-cristianos en los siglos IX a XIII,* Universidades de Valladolid y Santiago de Compostela, 1995, pp.155-180.

MARTÍNEZ TEJERA, 1993: MARTÍNEZ TEJERA, A. M., «El contraábside en la arquitectura de repoblación: el grupo castellano-leonés», *Actas del III curso de cultura medieval. Repoblación y reconquista (Centro de Estudios del Románico, Aguilar de Campoo, Palencia, sept-1991),* 1993, pp.149-162.

———, 2004: IDEM, *Arquitectura monástica en tiempos de San Genadio (¿865?-935/937): San Miguel de Escalada y Santiago de Peñalba (prov. de Leon),* tesis doctoral, Universidad Autónoma de Madrid, 2004. ただし筆者はMARTÍNEZ TEJERA教授のご厚意により提供された第一巻398ページ、第二巻470ページ、第三巻371ページの原稿を使用しており、ページ数にややズレがある。

———, 2005: IDEM, *El templo del monasterium de San Miguel de Escalada: <arquitectura de fusión> en el reino de León (siglos X-XI),* Madrid, 2005.

———, 2006: IDEM, «Arquitectura cristiana en Hispania durante la Antigüedad tardía (siglos IV-VIII) (I)», *Gallia e Hispania en el contexto de la presencia 'germánica' (ss. V-VII) : balances y perspectivas (Madrid, 19-20 diciembre 2005),* Oxford, 2006, pp.109-187.

———, 2010: IDEM, *La ecclesia de Peñalba de Santiago (El Bierzo, León): 'Arquitectura de Fusión' del siglo X en el antiguo reino de León,* Madrid, 2010.

642

参考文献

——, 2011: IDEM, «La arquitectura cristiana del siglo X en el reino de León (910-1037): de "mozárabe" a "arquitectura de fusión"», *Antigüedad y Cristianismo, XXVIII, Mozárabes. Identidad y continuidad de su historia,* Universidad de Murcia, Área de Historia Antigua, 2011, pp.163-229.

——, 2012: IDEM, «La "reorganización espiritual" del Reino de León en los siglos X-XI y su reflejo en la arquitectura: los monasterios de San Miguel de Escalada y Peñalba de Santiago (provincia de León)», *Mundos medievales: espacios, sociedades y poder: homenaje al profesor José Ángel García de Cortázar y Ruiz de Aguirre,* Vol.1, 2012, pp.747-758.

MARTINS, 2005: MARTINS, M., *As termas romanas do Alto da Cividade : um exemplo de arquitectura pública de Bracara Augusta,* Bracara Augusta, Escavações Arqueológicas 1, Universidade do Minho, 2005.

MARTINS & SILVA, 2000: MARTINS, M. & SILVA, P., "As termas públicas de Bracara Augusta", *Termas romanas en el Occidente del Imperio (Coloquio internacional 1999),* Gijón, 2000, pp.73-81.

MATA, 1987: MATA PÉREZ, S., «Estucados, marmoleados y fingidos arquitectónicos en la restauración de San Cebrián de Mazote», *Conservación y restauración. El patrimonio cultural de Castilla y León,* Valladolid (Junta de Castilla y León), 1987, pp. 39-62.

——, 1992: IDEM, «La restauración de la iglesia mozárabe de San Cebrián de Mazote (Valladolid)», *QCT4,* 1992, pp.123-130.

——, 1993: IDEM, «La restauración de la iglesia de San Cebrián de Mazote », *Bau,* no.7, 1993, pp.14-9.

——, 1998: IDEM, «La restauración de un ambiente: la iglesia mozárabe de San Cebrián de Mazote (Valladolid)», Represa, I. (coord.), *Restauración arquitectónica II,* Universidad de Valladolid, León, 1998, pp.303-320.

MATTOSO, 1972: MATTOSO, J., «São Rosendo e as correntes monásticas da sua época», *Do Tempo e da História,* 5, 1972, pp.5-27.

MCCLENDON, 2005: MCCLENDON, C. B., *The Origins of Medieval Architecture: Building in Europe, A.D. 600-900,* Yale University Press, 2005.

MENÉNDEZ-PIDAL, J., 1956: MENÉNDEZ-PIDAL, J., «Las pinturas prerrománicas de la iglesia de Santiago de Peñalba», *AEArte,* t.XXIX, 1956, pp.291-5.

MENÉNDEZ-PIDAL, L., 1961: MENÉNDEZ-PIDAL Y ÁLVAREZ, L., «Influencia y expansión de la arquitectura pre-románica asturiana, en alguna de sus manifestaciones», *BIdEA,* año XV, n.ºXLIV, Oviedo, 1961, pp.417-430 (also in *Symposium sobre cultura asturiana de la alta edad media, Oviedo (1961),* Oviedo, 1964).

MENÉNDEZ PIDAL, R., 1940: MENÉNDEZ PIDAL, R., «Introducción. Universalismo y nacionalismo. Romanos y germanos», *España visigoda, HE-MP,* III, Madrid, 1940 (reed., 1963, pp.VII-LV).

——, 1960: IDEM, «Repoblación y tradición de la cuenca del Duero», *Enciclopedia Lingüística Hispánica, I,* Madrid, 1960, Introducción (p.XXV y ss.), pp.XXIX-LVI.

MENTRÉ, 1996: MENTRÉ, M., *Illuminated Manuscripts of Medieval Spain,* Thames and Hudson, London, 1996 (*La peinture mozarabe,* Yale University Press, 1984).

MERGELINA, 1925: MERGELINA, C. de, «De arquitectura mozárabe: la iglesia rupestre de Bobastro», *AEAA,* I, núm.2, 1925, pp.159-176.

MERINO, 1978: MERINO RUBIO, W., «Toponimia mozárabe en la repoblación del territorio leonés», *León medieval: doce estudios,* El Reino de León en la Edad Media, XXXIIº Congreso de la asociación luso-española para el progreso de las ciencias (1977), León, 1978, pp.43-56.

MET, 1992: *Al-Andalus: The Art of Islamic Spain,* Exhibition Catalogue, Metropolitan Museum of Art, New York, 1992.

——, 1993: *The Art of Medieval Spain, A.D.500-1200,* Exhibition Catalogue, Metropolitan Museum of Art, New York, 1993-1994.

MIGUEL HERNÁNDEZ, 1996: MIGUEL HERNÁNDEZ, F., «Monasterios leoneses en la Edad Media: Palat de Rey y

643

卷末資料

Carracedo», *Arqueoleón, Historia de León a través de la arqueología,* Valladolid, 1996, pp.131-162.

MÍNGUEZ, 1989: MÍNGUEZ FERNÁNDEZ, J. M.ª, «La creación de los núcleos cristianos de resistencia», *Historia de España dirigida por Antonio Domínguez Ortiz,* III, Barcelona, 1989, pp.115-254.

———, 1995: IDEM, «Innovación y pervivencia en la colonización del valle del Duero», *IV Congreso de Estudios Medievales, Despoblación y colonización del valle del Duero: siglos VIII-XX (1993),* León, 1995, pp.47-79.

———, 2007: IDEM, «Colonización y presencia mozárabe en el reino asturleonés. Un tema de debate», VALDÉS FERNÁNDEZ, M. (coord.), *El legado de Al-Andalus. El arte andalusí en los reinos de Léon y Castilla durante la Edad Media, Simposio Internacional,* Fundación del Patrimonio Histórico de Castilla y León, Valladolid, 2007, pp.43-71.

MOMPLET, 2003: MOMPLET MÍGUEZ, A. E., «¿Quién construyó la Mezquita de Córdoba? De las evidencias a las hipótesis», *Goya,* nº 294, Madrid, 2003, pp.145-158.

———, 2004: IDEM, *El arte hispanomusulmán,* Madrid, 2004.

———, 2012: IDEM, «De la fusión a la difusión en el arte de la Córdoba califal: la ampliación de al-Hakam II en la mezquita aljama», *Anales de Historia del Arte,* vol.22, núm. especial (II), Universidad Complutense de Madrid, 2012, pp.237-258.

MONTENEGRO & BLÁZQUEZ, 1986: MONTENEGRO DUQUE, A. & BLÁZQUEZ MARTÍNEZ, J. M., *España romana, HE-MP,* II, vol.1, *La conquista y la explotación económica,* 1986.

MONTENEGRO, BLÁZQUEZ & SOLANA, 1986: MONTENEGRO DUQUE, A., BLÁZQUEZ MARTÍNEZ, J. M. & SOLANA SÁINZ, J. M.ª, *España romana,* Historia de España 3, Gredos, Madrid, 1986.

MORA, 1981: MORA, G., «Las termas romanas en Hispania», *AEArte,* t.LIV, núms. 143-4, 1981, pp.37-89.

MORALES, *Viages:* MORALES, Ambrosio de, FLÓREZ, E. (ed.), *Viage de Ambrosio de Morales por orden del Rey D. Phelipe II a los Reynos de León, y Galicia, y Principado de Asturias,* Madrid, 1765.

———, 1586: IDEM, *Coronica general de España,* Alcalá de Henares, 1586.

MORENO MARTÍN, 2009: MORENO MARTÍN, F. J., «La configuración arquitectónica del monasterio hispano entre la tardoantigüedad y el alto medievo. Balance historiográfico y nuevas perspectivas», *Anales de Historia del Arte,* Volumen Extraordinario, *Cien años de investigación sobre arquitectura medieval española,* Universidad Complutense de Madrid, 2009, pp.199-217.

———, 2011: IDEM, *La arquitectura monástica hispana entre la Tardoantigüedad y la Alta Edad Media,* BAR International Series 2287, Oxford, 2011.

MORETA, 1989: MORETA, S., «Formación del Reino astur-leonés (718-1037)» & «La expansion del siglo XI (1035-1109)», IRADIEL, P., MORETA, S. & SARASA, E., *Historia medieval de la España cristiana,* Madrid, 1989, pp.15-141.

MOXÓ, 1979: MOXÓ, S. de, *Repoblacion y sociedad en la España cristiana medieval,* Madrid, 1979.

Mozárabes Identidad, 2011: AAVV, *Antigüedad y Cristianismo,* XXVIII, *Mozárabes. Identidad y continuidad de su historia,* Universidad de Murcia, Área de Historia Antigua, 2011.

NAVARRO PALAZÓN & JIMÉNEZ CASTILLO, 2011: NAVARRO PALAZÓN J. & JIMÉNEZ CASTILLO, P., «Materiales y técnicas constructivas en la Murcia andalusí (siglos X-XIII)», *Arqueología de la Arquitectura,* 8, 2011, pp.85-120.

NAVASCUÉS, 1987: NAVASCUÉS PALACIO, P., «La restauración monumental como proceso histórico: el caso español 1800-1950», *Curso de mecánica y tecnología de los edificios antiguos,* COAM, Madrid, 1987, pp.285-329.

NIELSEN, 1990: NIELSEN, I., *Thermae et Balnea: The architecture and cultural history of Roman public baths,* Aarhus University Press, 1990.

NIETO ALCAIDE, 1989a: NIETO ALCAIDE, V., *Arte prerrománico asturiano,* Salinas, 1989.

NIETO ALCAIDE, 1989b: NIETO ALCAIDE, V., «La imagen de la arquitectura asturiana de los siglos VIII y IX

644

参考文献

en las crónicas de Alfonso III», *Espacio, tiempo y forma,* serieVII, vol.II, Madrid, 1989, pp.11-34.

NIETO CUMPLIDO, 2007: NIETO CUMPLIDO, M., *La Catedral de Córdoba,* Córdoba, 2007 (1998).

NOACK, 1985: NOACK, S., «Typologische Untersuchungen zu den mozarabischen Kapitellen von San Cebrián de Mazote (Prov. Valladolid)», *MM,* 26, 1985, pp.314-345.

——, 1989: IDEM, «En torno al "arte mozárabe"», *CAME, II (Madrid, 1987),* Madrid, 1989, pp.581-8.

——, 1991: NOACK-HALEY, S., *Mozarabischer Baudekor 1: Die Kapitelle, Madrider Beitrage,* 19, Mainz am Rhein, 1991.

——, 1996: IDEM, «Mozarabische Baukunst», *Spanien und der Orient im frühen und hohen Mittelalter (Berlin, 1991), Madrider Beiträge,* Band 24, Mainz am Rhein, 1996, pp.108-125.

——, 1997: IDEM, «Galicia frente al Islam... Arte y Cultura en Galicia durante el s.X», *Sant-And,* 1997, pp.159-180.

NÚÑEZ, 1978: NÚÑEZ RODRÍGUEZ, M., *Arquitectura prerromanica,* Historia da arquitectura galega, 1, Santiago de Compostela, 1978.

——, 1989: IDEM, *San Miguel de Celanova,* Xunta de Galicia, 1989.

——, 1994: IDEM, «San Rosendo y una arquitectura con mentalidad fronteriza», *Simposi Internacional d'Arquitectura a Catalunya: segles IX, X i primera meitat de l'XI (Girona, 1988),* 1994, pp.37-64.

OLAGUER-FELIÚ, 1989: OLAGUER-FELIÚ, F. de, *El arte medieval hasta el año mil,* Madrid, 1989.

OLAVARRI & ARIAS, 1987: OLAVARRI, E. & ARIAS PÁRAMO, L.: «La proporción áurea en el arte asturiano: Santa María de Naranco», *Revista de Arqueología,* 73, 1987, pp.44-57.

OLMO, 1988: OLMO ENCISO, L., «Arquitectura religiosa y organización litúrgica en época visigoda. La Basílica de Recópolis», *AEArq,* 61, 1988, pp.157-178.

ORLANDIS, 1987: ORLANDIS, J., *Época vsigoda (409-711),* Historia de España 4, Gredos, Madrid, 1987.

——, 1988: IDEM, *Historia del reino visigodo español,* Madrid, 1988.

ORUETA, 1928: ORUETA, R. de, «La ermita de Quintanilla de las Viñas en el campo de la antigua Lara: Estudio de su escultura», *AEAA,* IV, núm.12, pp.169-78.

OSABA, 1949: OSABA Y RUIZ DE ERENCHUN, B., «El arte mozárabe en Galicia», *BMAOrense,* 5, 1949, pp.57-92.

PAGLIARA, 1998: PAGLIARA, P. N., «Antico e Medioevo in alcune tecniche construttive del XV e XVI secolo, in particolare a Roma», *Annali di architettura, Rivista del Centro internazionale di Studi di Architettura Andrea Palladio di Vicenza,* 1998-9, pp.233-260.

PALLARÉS & PORTELA, 1997: PALLARÉS, M.ª C. & PORTELA, E., «Entre Toledo e Oviedo: Os efectos da Conquista Árabe en Galicia», *Sant-And,* 1997, pp.39-60.

PALOL, 1956: PALOL I SALELLAS, P. de, «Esencia del arte hispánico de la época visigoda: romanismo y germanismo», *SetSpoleto, I goti in Occidente (1955),* 1956, pp.65-126.

——, 1968a: IDEM, *Arte hispánico de la época visigoda,* Barcelona - New York, 1968.

——, 1968b: IDEM, *Arte paleocristiano en España,* Barcelona - New York, 1968.

——, 1988: IDEM, *La Basílica de San Juan de Baños,* Palencia, 1988.

——, 1994: IDEM, «Arte paleocristiano», *HCL1,* 1994, pp.103-124.

——, 1996: IDEM, «De la Antigüedad a la Edad Media. Cristianización. El Mundo Visigodo», BARRAL I ALTET, X. (dir.), *Historia del Arte de España,* Lunwerg, Barcelona, 1996, pp.59-81.

PALOL & HIRMER, 1966: PALOL I SALELLAS, P. de & HIRMER, M., *Early Medieval Art in Spain,* New York, 1966.

PALOL & RIPOLL, 1988: PALOL I SALELLAS, P. de & RIPOLL LÓPEZ, G., *Los Godos en el Occidente europeo, ostrogodos y visigodos en los siglos V-VIII,* pueblos y culturas, Madrid, 1988.

PARRADO DEL OLMO, 1976: PARRADO DEL OLMO, J. M., «San Cebrián de Mazote», *Antiguo partido judicial de Mota del Marqués, Catálogo monumental de la provincia de Valladolid,* t.IX, 1976, pp.152-163.

645

巻末資料

PAVÓN, 1966: PAVÓN MALDONADO, B., *Memoria de la excavación de la mezquita de medinat al-Zahra,* Servicio Nacional de Excavacines Arqueológicas, núm.50, Madrid, 1966.

——, 1994a: IDEM, «Córdoba y los orígenes de la arquitectura hispanomusulmana. Aspectos técnicos (I)», *BRAC,* año.LXV, n.º127, pp.269-341.

——, 1994b: IDEM, «Arte, arquitectura y arqueología hispanomusulmana (I)», *Al-Qantara,* Vol. XV, fasc. 1, 1994, pp.201-232.

——, 1996: IDEM, «Córdoba y los orígenes de la arquitectura hispanomusulmana. Aspectos técnicos (II)», *BRAC,* año LXVII, n.º131, pp.247-82.

——, 2001: IDEM, «La mezquita aljama de Córdoba de 'Abd al-Rahman I, la ampliación de 'Abd al-Rahman II y las actuaciones de Muhammad I», *Anaquel de Estudios Árabes,* Madrid, 2001, pp.595-629.

——, 2009: IDEM, *Tratado de arquitectura hispanomusulmana, IV Mezquitas* (Ensayo de arquitectura religiosa), Consejo Superior de Investigaciones Científicas, Madrid, 2009.

PEÑA, 1996: PEÑA, I., *El arte cristiano de la Siria Bizantina siglos IV-VII,* Pueblos y culturas, Madrid, 1996.

PEÑA BOCOS, 1993: PEÑA BOCOS, E., «Las presuras y la *Repoblación* del valle del Duero: algunas cuestiones en torno a la atribución y organización social del espacio castellano en el siglo IX», *Actas del III curso de cultura medieval. Repoblación y reconquista (Centro de Estudios del Románico, Aguilar de Campoo, Palencia, sept-1991),* Madrid, 1993, pp.249-259.

PEÑA JURADO, 2009: PEÑA JURADO, A., «Análisis del reaprovechamiento de material en la Mezquita Aljama de Córdoba», *Spolia en el entorno del Poder,* Mainz am Rhein, pp.247-272, 2009.

——, 2010: IDEM, *Estudio de la decoración arquitectónica romana y análisis del reaprovechamiento de material en la Mezquita Aljama de Córdoba,* Córdoba, 2010.

PEÑARROJA, 1993: PEÑARROJA TORREJÓN, L., *Cristianos bajo el Islam. Los mozárabes hasta la reconquista de Valencia,* Madrid, 1993.

PÉREZ DE URBEL, 1951: PÉREZ DE URBEL, J., «Reconquista y repoblación de Castilla y León durante los siglos IX y X», *La Reconquista española y la repoblación del País (Jaca, 1947),* Zaragoza, 1951, pp.127-162.

——, 1956: IDEM, *Los primeros siglos de la reconquista (711-1038), HE-MP,* VI, Madrid, 1956.

——, 1963: IDEM, «Las letras en la época visigoda», *HE-MP,* III, Madrid, 1940 (2nd ed., 1963, pp.435-490).

PÉREZ HIGUERA, 1997: PÉREZ HIGUERA, T., «Arte e sociedade: Os obxectos como referente cultural de al-Andalus», *Sant-And,* 1997, pp.327-361.

PICARD, 1966: PICARD, G., *Imperio romano, Arquitectura universal, 8,* Barcelona, 1966 (Trans. of *Empire Romain,* Fribourg, Office du Livre, 1965. cf.『ローマ』美術出版社, 1966).

PIJOAN, 1942: PIJOAN, J., *Arte bárbaro y prerrománico desde el siglo IV hasta el año 1000,* Summa Artis VIII, Madrid, 1942.

PITA, 1963: PITA ANDRADE, J. M., *Arte asturiano,* Madrid, 1963.

——, 1975: IDEM, «Arte, la Edad Media», *Castilla la Vieja, León, t.I,* Tierras de España, Madrid, 1975, p.85 y ss.

PLÁCIDO, 1988: PLÁCIDO SUÁREZ, D., «El alto imperio», *Historia de España dirigida por Antonio Domínguez Ortiz,* II, Barcelona, 1988, pp.163-313.

PORTELA, 1994: PORTELA, E., «Galicia en la época de Alfonso III», FERNÁNDEZ CONDE, F. J. (ed.), *La Época de Alfonso III y San Salvador de Valdediós, Congreso de Historia Medieval (Oviedo, 1993),* Universidad de Oviedo, 1994, pp.79-95.

PORTER, 1909: PORTER, A. K., *Medieval Architecture: Its Origins and Development,* volume I, *The Origins,* 1909 (Reprinted New York 1969).

646

PUENTE, 2002: PUENTE, R., *La iglesia mozárabe de San Cebrián de Mazote,* León, 2002.

PUERTAS, 1975: PUERTAS TRICAS, R., *Iglesias hispánicas (siglo IV al VIII): testimonios literarios,* Madrid, 1975.

——, 1991: IDEM, «Iglesias mozárabes de Andalucía comparadas con el grupo castellano-leonés», *Actas del I Curso de cultura medieval (Aguilar de Campoo, 1989),* 1991, pp.81-99.

——, 1999: IDEM, «Iglesias prerrománicas hispánicas (siglos VIII-XI): ensayo de tipología arquitectónica», *Mainake,* XXI-XXII, Málaga, 1999-2000, pp.138-198.

PUIG, 1935: PUIG I CADAFALCH, J., *La Géographie et les Origines du Premier Art Roman,* Paris, 1935 (Trans. of *La geografia i els orígens del primer art romànic,* Barcelona, 1930).

——, 1961: IDEM, *L'art wisigothique et ses survivances. Recherches sur les origines et le développement de l'art en France et en Espagne du IV au XII siècle,* Paris, 1961.

—— et alii, 1909: PUIG I CADAFALCH, J., FALGUERA, A. de & GODAY I CASALS, J., *L'Arquitectura romànica a Catalunya,* Barcelona, 3 vols., vol.1, 1909 (2nd ed., 4 vols., 1983).

——, 1911: IDEM, *Op. cit.,* 3 vols., vol.2, 1911 (2nd ed., 4 vols., 1983).

QUADRADO & PARCERISA, 1855: QUADRADO, J. M. & PARCERISA, F. J. de, *Recuerdos y bellezas de España. Asturias y León,* Madrid, 1855.

——, 1885: IDEM, *España, sus monumentos y artes, su naturaleza e historia. Asturias y León,* Barcelona, 1885.

QUINTANA, 1963: QUINTANA PRIETO, A., *Peñalba. Estudio histórico sobre el monasterio berciano de Santiago de Peñalba,* León, 1963 (reed. 1978).

——, 1971: IDEM, *Tumbo viejo de San Pedro de Montes,* CFEHL, León, 1971.

RAMOS, 1991: RAMOS GUALLART, J., «La restauración de la arquitectura leonesa anterior al románico. estado de la cuestión», *QCT4,* Barcelona, 1991, pp.87-94.

REDONDO, 1904: REDONDO, I.: *Iglesias primitivas de Asturias,* Oviedo, 1904.

REGLERO, 1994: REGLERO DE LA FUENTE, C. M., «La ocupación de la cuenca del Duero leonesa por el reino astur», FERNÁNDEZ CONDE, F. J. (ed.), *La Época de Alfonso III y San Salvador de Valdediós, Congreso de Historia Medieval (Oviedo, 1993),* Universidad de Oviedo, 1994, pp.127-150.

——, 2010: IDEM, «Onomástica arabizante y migraciones en el Reino de León», *Anthroponymie et migrations dans la chrétienté médiévale,* Casa de Velázquez, Madrid, 2010, pp.89-104.

REGUERAS, 1990: REGUERAS GRANDE, F., *La arquitectura mozárabe en León y Castilla,* Junta de Castilla y León, 1990.

——, 1993: IDEM, «Sobre el gesto martirial de la cabecera de San Cebrián de Mazote», *Boletín de arqueología medieval,* 7, 1993, pp.217-228.

REGUERAS & GRAU, 1992: REGUERAS GRANDE, F. & GRAU LOBO, L. A., «Castilleja, Retortillo y Castañeda: Nuevas evidencias sobre tres viejas iglesias mozárabes», *Boletín de Arqueología Medieval,* 6, 1992, pp.103-37.

Reino de León, 2010: AAVV, *910-1230. Reino de León. Hombres, mujeres, poderes e ideas,* Edilesa, León, 2010.

Repertorio Extremadura, 2003: *Repertorio de Arquitectura cristiana en Extremadura: Época Tardoantigua y Altomedieval, Anejos de AEArq,* XXIX, Mérida, 2003.

RÍOS, 1895: RÍOS, D. de los, *La catedral de León,* t.I, Madrid, 1895 (facs. RIVERA, J. & ARRECHEA, J. I. (eds.), Diputación de León, Ámbito, 1989).

RÍOS CAMACHO, 2009: RÍOS CAMACHO, J. C., *Mozarabismo en Gallaecia Altomedieval,* Tesis doctoral, Universidad de Murcia, 2009.

RISCO, 1980: RISCO, M., *España sagrada,* t.XXXV, Madrid, 1786 (facs., León, 1980).

RIVAS, 1971: RIVAS FERNÁNDEZ, J. C., «Algunas consideraciones sobre el prerrománico gallego y sus arcos

巻末資料

de herradura geminados», *Boletín Auriense,* t.I, 1971, pp.61-125.

RIVERA BLANCO, 1997: RIVERA BLANCO, J., «La restauración histórica de la arquitectura de la Alta Edad Media», *La intervención en la Arquitectura Prerrománica Asturiana,* Oviedo, 1997, pp.59-70.

RIVOIRA, 1925: RIVOIRA, G. T., *Roman Architecture and its Principles of Construction under the Empire,* London, 1925 (Reprint, New York, 1972, Trans. of *Architettura Romana,* Milano, 1921).

RODRÍGUEZ FERNÁNDEZ, 1973a: RODRÍGUEZ FERNÁNDEZ, J., «La figura de San Rosendo en el reinado de Ramiro II», *Archivos leoneses,* n° 54, León, 1973, pp. 287-307.

——, 1973b: RODRÍGUEZ FERNÁNDEZ, J., *Ramiro II, rey de León,* León, 1973.

RODRÍGUEZ G. DE CEBALLOS, 1965: RODRÍGUEZ G. DE CEBALLOS, A., «El reflejo de la liturgia visigótico-mozárabe en el arte español de los siglos VII al X», *Miscellanea Comillas, t.43,* 1965, pp.295-327.

RODRÍGUEZ GONZÁLEZ, 2007: RODRÍGUEZ GONZÁLEZ, M.ª C., «O papel da aristocracia nas fundacións e restauracións monásticas no Bierzo do século X», *Rudesindus. O legado do Santo,* Xunta de Galicia, 2007, pp.48-63.

RODRÍGUEZ GONZÁLEZ & DURANY, 1994: RODRÍGUEZ GONZÁLEZ, M.ª C. & DURANY CASTRILLO, M., «El Bierzo en la época de Alfonso III», FERNÁNDEZ CONDE, F. J. (ed.), *La Época de Alfonso III y San Salvador de Valdediós, Congreso de Historia Medieval (Oviedo, 1993),* Universidad de Oviedo, 1994, pp.151-163.

RODRÍGUEZ LÓPEZ, 1906: RODRÍGUEZ LÓPEZ, P.: *Episcopologio asturicense,* Astorga, 1906-8.

RODRÍGUEZ MEDIANO, 1994: RODRÍGUEZ MEDIANO, F., «Acerca de la población arabizada del reino de León (siglos X y XI)», *Al-Qantara,* vol. XV, fasc. 2, 1994, pp.465-472.

RODRÍGUEZ SUÁREZ, 2008: RODRÍGUEZ SUÁREZ, N., «La inscripción fundacional de San Miguel de Escalada. Un acercamiento atrevido», FERNÁNDEZ FLÓREZ, J. A. & SERNA SERNA, S. (coord.), *Paleografía I: la escritura en España hasta 1250,* Jornadas de la Sociedad Española de Ciencias y Técnicas Historiográficas (4. 2006. Burgos), Universidad de Burgos, 2008, pp.173-187.

——, 2015: IDEM, «Los tres altares de San Miguel de Escalada, algunas consideraciones», *Progressus. Rivista di Storia Scrittura e Società,* Anno II, n.1, giugno 2015, Università di Siena, 2015, pp.2-20.

ROLDÁN, 1988: ROLDÁN GÓMEZ, L., «El opus testaceum en Itálica. Edificios privados.», *AEArq,* 61, 1988, pp.119-140.

——, 1999: IDEM, «Arquitectura pública en las ciudades de la Bética. El uso del *opus testaceum*», BENDALA GALÁN, M., RICO, Ch., ROLDÁN GÓMEZ, L. (eds.), *El ladrillo y sus derivados en la época romana (Madrid, 1995),* Monografías de Arquitectura Romana, n° 4, Madrid, 1999, pp.179-204.

ROLLÁN, 1983: ROLLÁN ORTIZ, J. F., *Iglesias mozárabes leonesas,* 2nd ed., Madrid, 1983.

RUBIERA, 1981: RUBIERA MATA, M. J., *La arquitectura en la literatura árabe,* Madrid, 1981.

RUIZ ASENCIO, 1999: RUIZ ASENCIO, J. M, «La cultura en el reino de León en el siglo X», *Codex Biblicus Legionensis, veinte estudios,* León, 1999, pp.25-37.

RUIZ CABRERO, 2009: RUIZ CABRERO, G., *Dibujos de la Catedral de Córdoba: visiones de la mezquita,* Córdoba, 2009.

RUIZ DE LA PEÑA, 2001: RUIZ DE LA PEÑA, J. I., *La monarquía asturiana,* Oviedo, 2001.

RUIZ SOUZA, 2001: RUIZ SOUZA, J. C., «La fachada luminosa de Al-Hakam II en la Mezquita de Córdoba. Hipótesis para el debate», mit 6 Textabbildungen und Tafel 41-43, *MM,* N°. 42, 2001, pp.432-445.

SÁEZ, 1948: SÁEZ, E., «Los ascendientes de San Rosendo», *Hispania,* t.VIII, n.°XXX, CSIC, Madrid, 1948, pp.5-136.

Sampiro: PÉREZ DE URBEL, J. (ed.), *Sampiro. Su crónica y la Monarquía leonesa del siglo X,* Madrid, 1952.

SAN ROMÁN & CAMPOMANES, 2007: SAN ROMÁN FERNÁNDEZ, F. & CAMPOMANES ALVAREDO, E., «Avance de las excavaciones arqueológicas en San Miguel de Escalada (campañas 2002-2004)», *Tierras de León: Revista de la Diputación Provincial,* Vol.45, Núm.124-125, 2007, pp.1-32.

SÁNCHEZ-ALBORNOZ, 1956: SÁNCHEZ-ALBORNOZ, C., *España un Enigma Histórico,* 2 vols., Barcelona, 1956 (4th ed., 1973).

——, 1966: IDEM, *Despoblación y repoblación del valle del Duero,* Buenos Aires, 1966.

——, 1971: IDEM, «Repoblación del Reino asturoleonés: Proceso, dinámica y proyecciones», *Cuadernos de Historia de España,* 53-4.

——, 1972: IDEM, *Orígenes de la nacion española, el reino de Asturias,* I (1972), II (1974) & III (1975), Instituto de Estudios Asturianos, Oviedo, 1972-5.

——, 1980: IDEM, *La España cristiana de los siglos VIII al XI I. El reino astur-leonés (722 a 1037). Sociedad, economía, gobierno, cultura y vida, HE-MP,* VII, (reed.) Madrid, 1980.

SÁNCHEZ BADIOLA, 2001: SÁNCHEZ BADIOLA, J. J, «Mozarabismo y poblamiento en el León altomedieval: el valle de Ardón», *VII Congreso de Estudios Medievales, La Península Ibérica en torno al año 1000 (1999),* León, 2001, pp.311-321.

SANDOVAL, 1601: SANDOVAL, P. de, *Primera parte de las fundaciones de los monasterios del glorioso padre San Benito...,* Madrid, 1601.

SARASA, 1989: SARASA, E., «Los núcleos hispano-orientales de resistencia al Islam: de la frontera carolingia a la autodeterminación (711-1035)», IRADIEL, P., MORETA, S. & SARASA, E., *Historia medieval de la España cristiana,* Madrid, 1989, pp.205-261.

SAYAS & GARCÍA MORENO, 1981: SAYAS ABENGOCHEA, J. J. & GARCÍA MORENO, L. A., *Romanismo y germanismo. El despretar de los pueblos hispánicos (siglos IV-X),* Historia de España dirigida por Manuel Tuñón de Lara, t.II, Labor, Barcelona, 1981.

SCHLUNK, 1947: SCHLUNK, H., «Arte visigodo, arte asturiano», *Ars Hispaniae,* II, Madrid, 1947.

——, 1949: IDEM, «La iglesia de San Julián de los Prados (Oviedo) y la arquitectura de Alfonso el Casto», *Estudios sobre la monarquía asturiana, XI Centenario de Alfonso II el Casto (1942),* Oviedo, 1949 (2nd ed. 1971, pp.405-68).

——, 1971: IDEM, «La iglesia de S. Gião, cerca de Nazaré. Contribución al estudio de la influencia de la liturgia en la arquitectura de las iglesias prerrománicas de la Península Iberica», *Actas do II Congreso Nacional de Arqueologia (Coimbra, 1970),* Coimbra, 1971, segundo volume, pp.509-528 + plates.

——, 1980: IDEM, «El arte asturiano en torno al 800», *SimpBeato,* vol.2, Madrid, 1980, pp.135-164.

SCHLUNK & BERENGUER, 1957: SCHLUNK, H. & BERENGUER ALONSO, M., *La pintura mural asturiana de los siglos IX y X,* Oviedo, 1957 (reed. 1991).

SCHLUNK & HAUSCHILD, 1978: SCHLUNK, H. & HAUSCHILD, TH., *Die Denkmäler der frühchristlichen und westgotischen Zeit, Hispania Antiqua,* Mainz am Rhein, 1978.

SELGAS, 1908: SELGAS, F. DE, *Monumentos ovetenses del siglo IX,* Oviedo, 1908 (facs., Gijón, 1991).

Silense: PÉREZ DE URBEL, J. & GONZÁLEZ RUÍZ-ZORRILLA, R., *Historia Silense,* Madrid, 1959.

SIMÓN Y NIETO, 1998: SIMÓN Y NIETO, F., *Los antiguos Campos Góticos,* Palencia, 2nd edition, Palencia, 1998 (1895).

SIMONET, 1897: SIMONET, F. J., *Historia de los mozárabes de España, 4 tomos,* Madrid, 1897-1903 (Facs. 1983).

SOLANO, 1933: SOLANO, M. F., «La reconstrucción de San Cebrián de Mazote», *BSValladolid,* II, 1er trimestre, fasc.IV, 1933, pp.95-8.

SOURDEL & SPULER, 1973: SOURDEL-THOMINE, J. & SPULER, B., *Die Kunst des Islam,* Propyläen Kunstgeschichte, Band 4, Berlin, 1973.

Spolia Poder, 2009: SCHATTNER, T. G. (ed.), *Spolia en el entorno del Poder,* Mainz am Rhein, 2009.

STREET, 1865: STREET, G. E., *Some Account of Gothic Architecture in Spain,* London, 1865.

Studia Historica, 2009: AAVV, *Studia Historica. Historia medieval,* nº27, *Los mozárabes: entre la*

巻末資料

Cristiandad y el Islam, Universidad de Salamanca, 2009.

SUÁREZ-INCLÁN & TEJEDOR, 2006: SUÁREZ-INCLÁN DUCASSI, M.ª R. & TEJEDOR BARRIOS, C., «Restauración de los parametros murales de la iglesia de Santiago de Peñalba», *Arqueología, arte y restauración : actas del IV Congreso Internacional "Restaurar la Memoria" (Valladolid 2004)*, 2006, Valladolid, pp.105-136.

TARRADELLAS, 1997: TARRADELLAS, C., «Transformaciones urbanas en la zona del conjunto termal de *Legio VII Gemina*», *Termalismo antiguo (Actas del I Congreso Peninsular, 1996)*, UNED & Casa de Velázquez, 1997, pp.503-510.

Thermes romains, 1991: AAVV, *Les thermes romains*, Collection de l'École Française de Rome, 142, Rome, 1991.

THIERY, 1988: THIERY, A., «A che punto è la questione mozarabica», *Arte medievale*, II serie, Anno II, n.2, 1988, pp.29-64.

THOMPSON, 1971: THOMSON, E. A., *Los godos en España* (Trans. of *The Goths in Spain*, Oxford University Press, 1969).

TORRES BALBÁS, 1933: TORRES BALBÁS, L., «La reparación de los monumentos antiguos en España», *Arquitectura*, núms.163, 169 & 172, Madrid, 1933.

——, 1934: IDEM, «El arte de la Alta Edad Media y del período románico en España», in *Historia del Arte 6*, Labor, Barcelona, 1934, pp.149-175.

——, 1935: IDEM, «Aportaciones del arte de Ifriqiya al musulmán español de los siglos X y XI», *Obra dispersa*, I, 1981, pp.71-4 (*Al-Andalus*, 1935).

——, 1936: IDEM, «Los modillones de lóbulos: ensayo de análisis de una forma arquitectónica a través de 16 siglos», *Obra dispersa*, IX, 1981, pp.159-289 (*AEAA*, XII, núms.34-5, 1936, pp.1-62 & 113-149).

——, 1941: IDEM, «Nuevos datos documentales sobre la construcción de la mezquita de Córdoba en el reinado de 'Abd Al-Rahman II», *Obra dispersa*, II, 1981, pp.11-22 (*Al-Andalus*, 1941).

——, 1946: IDEM, «Bóvedas romanas sobre arcos de resalto», *Obra dispersa*, X, 1981, pp.217-262 (*AEArq*, nº 64, 1946).

——, 1947: IDEM, «La portada de San Esteban», *Obra dispersa*, I-3, 1981, p.267 y ss (*Al-Andalus*, 1947, pp.127-144).

——, 1953: IDEM, «La mezquita mayor de Almería», *Obra dispersa*, V, 1981, pp.249-276 (*Al-Andalus*, 1953/1).

——, 1957: IDEM, «El arte hispano-musulman hasta la caída del califato de Córdoba», *España musulmana. El califato, HE-MP*, V, 1957, pp.331-788.

——, 1958: IDEM, «La Pintura mural en las iglesias mozárabes», *Al Andalus*, 23, crónica XLIII (1958/2), 1958 (*Obra dispersa*, VI, 1981-5, pp.334-41).

TORRES LÓPEZ, 1963: TORRES LÓPEZ, M., «Las invasiones y los reinos germánicos de España (años 409-711)» & TORRES LÓPEZ, M. et al., «Instituciones económicas, sociales y politico-administrativas de la Península Hispánica durante los siglos V, VI y VII», *España visigoda, HE-MP*, III, Madrid, 1940 (reed., 1963, pp.3-140 & 143-380).

TRILLMICH et alii, 1993: TRILLMICH, W., HAUSCHILD, Th. & BLECH, M., *Denkmäler der Römerzeit, Hispania antiqua*, Mainz am Rhein, 1993.

UBIETO, 1997: UBIETO ARTETA, A., *Musulmanes, cristianos y judíos, Siglos VIII-XI, Historia ilustrada de España*, vol.II, Madrid, 1997.

ULBERT, 1978: ULBERT, Th., *Frühchristliche Basiliken mit Doppelapsiden auf der iberischen Halbinsel*, Berlin, 1978.

UNTERMANN, 2014: UNTERMANN, M., «Las relaciones de la escultura mozárabe con modelos antiguos, árabes y francos: ¿recuerdo o renacimiento?», GARCÍA LOBO, V. & CAVERO DOMÍNGUEZ, G. (coords.), *San*

Miguel de Escalada: (913-2013), León, 2014, pp.123-141.

URANGA & ÍÑIGUEZ, 1971: URANGA GALDIANO, J. A. & ÍÑIGUEZ ALMECH, F., *Arte medieval navarro,* Pamplona, 5 vols., 1971-3.

URIOSTE, 1897: URIOSTE Y VELADA, J., *Restauración de la iglesia de Santa María de Lebeña (Santander), Notas para la Historia de este monumento nacional,* Madrid, 1897.

USCATESCU & RUIZ SOUZA, 2014: USCATESCU, A. & RUIZ SOUZA, J. C., «El "occidentalismo" de Hispania y la *koiné* artística mediterránea (siglos VII-VIII)», *Goya,* nº 347, Madrid, 2014, pp.95-115.

UTRERO, 2000: UTRERO AGUDO, M.ª A., «Las bóvedas altomedievales en la Península Ibérica», *Actas del Tercer Congreso Nacional de Historia de la Construcción (Sevilla, 26-8 Oct 2000),* vol.2, 2000, pp.1095-1104.

——, 2006: IDEM, *Iglesias tardoantiguas y altomedievales en la Península Ibérica. Análisis arqueológico y sistemas de abovedamiento, Anejos de AEArq,* XL, Madrid, 2006.

——, 2007: IDEM, «Arquitectura altomedieval peninsular. Nuevas aportaciones al estudio de las estructuras abovedadas. Las iglesias de San Esteban de Canejada y Santo Domingo de Valdegutur (La Rioja)», *Cæsaraugusta,* 78, 2007, pp.699-710.

——, 2009: IDEM, «Las estructuras abovedadas en la historia de la arquitectura hispánica tardoantigua y altomedieval», *Anales de Historia del Arte,* Volumen Extraordinario, *Cien años de investigación sobre arquitectura medieval española,* Universidad Complutense de Madrid, 2009, pp.219-232.

——, 2010: IDEM, «Late-Antique and Early Medieval Hispanic Churches and the Archaeology of Architecture: Revisions and Reinterpretation of Constructions, Chronologies and Contexts», *Medieval Archaeology,* 54, 2010, pp.1-33.

——, 2016: IDEM, *Iglesias altomedievales en Asturias. Arqueología y arquitectura,* UTRERO AGUDO, M. Á. de (ed.), *Anejos de AEArq,* LXXIV, Madrid, 2016.

VALDEÓN, 1994: VALDEÓN BARUQUE, J., «Evolución histórica del reinado de Alfonso III», FERNÁNDEZ CONDE, F. J. (ed.), *La Época de Alfonso III y San Salvador de Valdediós, Congreso de Historia Medieval (Oviedo, 1993),* Universidad de Oviedo, 1994, pp.19-26.

——, 1995: IDEM, «La Edad Media: origen y consolidación de León y Castilla», *Historia de una cultura: Castilla y León en la Historia de España, I,* Junta de Castilla y León, pp.199-210.

VALDÉS, 1997: VALDÉS FERNÁNDEZ, F., «Orientalismo y Orientalismos en el Arte Omeya Andalusi: las tres primeras etapas», *Sant-And,* 1997, pp.271-290.

VALLEJO, 1995: VALLEJO TRIANO, A., *Madinat al-Zahra. El salón de Abd al-Rahman III,* Córdoba, 1995.

——, 2004: IDEM, *Madinat al-Zahra guía oficial del conjunto arqueológico,* Sevilla, 2004.

——, 2010: IDEM, *La ciudad califal de Madinat al-Zahra: Arqueología de su arquitectura,* Córdoba, 2010.

——, 2011: IDEM, «El Alcázar de Madīnat al-Zahrā': permanencia y procesos de cambio», *Anales de Historia del Arte,* vol.22, núm. especial (II), Universidad Complutense de Madrid, 2012, pp.325-344.

VALLVÉ, 1965: VALLVÉ BERMEJO, J., «De nuevo sobre Bobastro», *Al-Andalus,* 30, 1965, pp.139-174.

——, 2003: IDEM, *Abderramán III. Califa de España y Occidente (912-961),* Barcelona, 2003.

VÁZQUEZ NÚÑEZ, 1894: VÁZQUEZ NÚÑEZ, A., *La arquitectura cristiana en la provincia de Orense durante el período medioeval,* Ourense, 1894.

VÁZQUEZ ROZAS, 2008: VÁZQUEZ ROZAS, R., «Análisis constructivo de S. Miguel de Celanova: identificación de dos maestros de obras», *Minius: Revista do Departamento de Historia, Arte e Xeografia,* núm.16, 2008, pp.291-304.

Veinte años, 1958: *Veinte años de restauración monumental de España,* Ministerio de educación nacional, catálogo de exposición, 1958.

VELÁZQUEZ, 1997: VELÁZQUEZ, I., «*AEDIFICIORUM VENUSTAS*: la recepción de un término clásico en

651

Isidoro de Sevilla (*Etym.*, XIX 11)», *Antigüedad y Cristianismo*, XIV, *La tradición en la Antigüedad Tardía*, Universidad de Murcia, Área de Historia Antigua, 1997, pp.229-248.

——, 2004: IDEM, «De constrvctione: lengua y literatura técnica en las etimologías de Isidoro de Sevilla», *Antigüedad y Cristianismo*, XXI, *Sacralidad y Arqueología*, Universidad de Murcia, Área de Historia Antigua, 2004, pp.203-235.

VELÁZQUEZ BOSCO, 1894: VELÁZQUEZ BOSCO, R., *Discursos leídos ante la Real Academia de Bellas Artes de San Fernando en la recepción pública del excmo. señor Don Ricardo Velázquez Bosco*, Madrid, 1894.

VERNET, 1993: VERNET, J., *El Islam en España*, Madrid, 1993.

VIGUERA, 1993: VIGUERA MOLINS, M.ª J., «Sobre mozárabes», *Proyección histórica de España en sus tres culturas: Castilla y León, América y el mediterráneo (Medina del Campo 1992)*, Junta de Castilla y León, 1993, t.III, pp.205-16.

——, 1999: IDEM, «Al-Andalus: de Omeyas a Almohades», *XXV Semana de Estudios Medievales, Estella, 14-18 de julio de 1998*, Pamplona, 1999, pp.51-147.

VILLA-AMIL, 1904: VILLA-AMIL Y CASTRO, J., *Iglesias gallegas de la Edad Media*, Madrid, 1904.

VIÑAYO, 1979: VIÑAYO GONZÁLEZ, A., *León y Asturias: Oviedo, León, Zamora y Salamanca*, La España Románica, V, Madrid, 1979 (originally *Leon romane*, La Nuit des temps, 36, Zodiaque, 1972).

VIOLLET-LE-DUC, 1854: VIOLLET-LE-DUC, E. E., *Dictionnaire raisonné de l'architecture française du XIe siècle*, Paris, 1954-68.

WARD-PERKINS, 1947: WARD-PERKINS, J. B., «The Italian Element in Late Roman and Early Medieval Architecture», *Proceedings of theBritish Academy*, XXXIII, 1947 (reprinted in *The Garland Library of the History of Art*, vol.4, *Medieval Architecture*, 1976, pp.1-40).

——, 1981: IDEM, *Roman Imperial Architecture*, Harmondsworth, 1981.

WHITEHILL, 1941: WHITEHILL, W. M., *Spanish Romanesque Architecture of the Eleventh Century*, Oxford, 1941 (reprint, 1968).

WHITEHILL & CLAPHAM, 1937: WHITEHILL, W. M. & Clapham, A. W., «The church of Quintanilla de las Viñas», *The Antiquaires Journal*, XVII, Oxford University Press, 1937, pp.16-27.

WOLF, 1990: WOLF, K. B., *Conquerors and Chroniclers of Early Medieval Spain*, Translated Texts for Historians Vol.9, Liverpool University Press, 1990 (2nd ed. 1999).

YARZA, 1979: YARZA LUACES, J., *Arte y arquitectura en España 500-1250*, Madrid, 1979.

——, 1980: IDEM, *La Edad Media, Historia del Arte Hispanico II*, Madrid, 1980.

——, 1985: IDEM, *Arte asturiano; Arte «mozárabe»*, Universidad de Extremadura, 1985.

——, 1996: IDEM, «¿Existió una miniatura mozárabe?», *Actas del I congreso nacional de cultura mozárabe*, Córdoba, 1996, pp.53-72.

——, 2000: IDEM, «El arte en la España del norte», *Año mil. El arte en Europa, 950-1050*, Lunwerg, Madrid-Barcelona, 2000, pp.199-232.

——, 2001: IDEM, «Scriptoria y manuscritos iluminados en el entorno del año mil», *Actas del Congreso de Estudios Medievales 7 (1999, León)*, León, 2001, pp.63-88.

YEGÜL, 1992: YEGÜL, F., *Baths and Bathing in Classical Antiquity*, The MIT Press, 1992.

YEPES, 1959: YEPES, A. de: *Coronica General de la Orden de San Benito...*, 7 vols., Valladolid, 1609-21 (reed. vols.I-III, por J. PÉREZ DE URBEL, *Crónica General de la Orden de San Benito*, Biblioteca de Autores Españoles, Madrid, 1959-60).

ZOZAYA, 2001: ZOZAYA, J., «Gormaz, portento de fortalezas», *El esplendor de los Omeyas Cordobeses*, Granada, 2001, pp.112-7.

安達, 1997: 安達かおり『イスラム・スペインとモサラベ』彩流社, 1997.

伊藤, 2005: 伊藤喜彦「研究ノート：１０世紀「再入植地」の教会建築〜アストゥリアス建築と

の関連性から」『スペイン・ラテンアメリカ美術史研究会会報』第6号, 2005.4, pp.9-17.

——, 2006: IDEM「サンティアゴ・デ・ペニャルバ教会堂：工法について」『日本建築学会計画系論文集』日本建築学会, no.605, 2006.7, pp.223-8.

——, 2007: IDEM「レコンキスタ初期スペインにおけるテクストの中の建築と建設を巡って」『日本建築学会計画系論文集』日本建築学会, no.619, 2007.9, pp.187-192.

——, 2008: IDEM『スペイン十世紀レオン王国の建築と社会』東京大学大学院工学系研究科学位論文（私家版）2008.9.

——, 2009: IDEM「サンティアゴ・デ・ペニャルバとその煉瓦積トロンプルイユについて」『建築史攷』中央公論美術出版, 2009, pp.5-27.

——, 2010: IDEM「初期中世スペイン建築における円柱について　サン・ミゲル・デ・エスカラーダ教会堂の場合」『日本建築学会大会学術講演梗概集』日本建築学会, 2010, pp.161-162.

——, 2012a: IDEM「サン・ミゲル・デ・エスカラーダ教会堂における円柱使用法について」『日本建築学会計画系論文集』日本建築学会, no.675, 2012, pp.1257-1264.

——, 2012b: IDEM「コルドバ大モスク創建部分の円柱列端部に見られる特徴」『日本建築学会大会学術講演梗概集』日本建築学会, 2012, pp.301-2.

——, 2014: IDEM「再利用による創造、増改築による保全：コルドバ大モスク（786-1523）」『時間のなかの建築 リノベーション時代の西洋建築史』科学研究費補助金 基盤研究(C)「西洋建築史の現代性に関する基盤的研究」（研究代表者・加藤耕一）, pp.19-38.

——, 2015: IDEM「再利用・再解釈・再構成されるローマ：コルドバ大モスクにおける円柱」『西洋中世研究』Vol.7, 2015, pp.73-96.

井上, 1972: 井上幸治（編）『南欧史』山川出版社, 1972.

岩出, 2003: 岩出まゆ「西洋古代末・初期ビザンティン時代の史料に見られる建築内装用大理石の意味について」『日本建築学会計画系論文集』2003.10, pp.179-84.

ウィトルーウィウス: 森田慶一（訳註『ウィトルーウィウス建築書』東海大学出版会, 1969.

ウォード・パーキンズ, 1996: ウォード・パーキンズ『ローマ建築』本の友社, 1996 (Trans. of WARD-PERKINS, J.-B., *Roman Architecture,* 1977).

頴原, 2007: 頴原澄子『近現代における廃墟保護の建築・都市史的研究－第二次世界大戦期の英国における戦災建物の扱いを中心に』東京大学大学院工学系研究科学位論文（私家版）2007.

クーバッハ, 1996: クーバッハ『ロマネスク建築』本の友社, 1996 (Trans. of KUBACH, H. E., *Architettura Romanica,* Milano, or *Romanesque Architecture,* 1973, 1975).

久米, 2012: 久米順子『11世紀イベリア半島の装飾写本』中央公論美術出版, 2012.

グラバール, A., 1969: グラバール, A.『ユスティニアヌス黄金時代』人類の美術, 新潮社, 1969 (Trans. of GRABAR, A., *L'age d'or de Justinien : de la mort de Théodose à l'Islam,* L'Univers des Formes, Paris, 1966).

グロデッキ, 1976: グロデッキ『紀元千年のヨーロッパ』人類の美術, 新潮社, 1976 (Trans. of GRODECKI, L., *Le siècle de l'an mil,* L'Univers des Formes, Paris, 1973).

毛塚, 2017: 毛塚実江子『レオンの「960年聖書」研究』中央公論美術出版, 2017.

コルボ, 1972: コルボ『初期中世』世界の建築(2), 美術出版社, 1972 (Trans. of CORBOZ, A., *Haut Moyen Âge,* Office du Livre, 1970).

サザーン, 1980: サザーン『ヨーロッパとイスラム世界』岩波書店, 1980 (Trans. of SOUTHERN, R. W., *Western Views of Islam in the Middle Ages,* Harvard University Press, 1962).

ストラボン: 飯尾都人（訳）『ストラボン　ギリシア・ローマ世界地誌』I, 龍溪書舎, 1994.

スペイン史1, 2008: 関哲行・立石博高・中塚次郎（編）『スペイン史1　古代〜近世』世界歴史大系, 山川出版社, 2008.

スペインの歴史, 1998: 立石博高・関哲行・中川功・中塚次郎（編）『スペインの歴史』昭和堂,

653

巻末資料

1998.

スペイン・ポルトガル史, 2000: 立石博高（編）『スペイン・ポルトガル史』新説世界各国史16, 山川出版社, 2000.

スペイン歴史50章, 2016：立石博高・内村俊太（編著）『スペインの歴史を知るための50章』明石書店, 2016.

デュフルク, 1997: デュフルク『イスラーム治下のヨーロッパ―衝突と共存の歴史』藤原書店, 1997 (Trans. of DUFOURCQ, Ch.-E., *La Vie Quotidienne dans l'Europe Médiévale sous Domination Arabe*, Paris, 1978).

ドミンゲス・オルティス, 2006: ドミンゲス・オルティス『スペイン三千年の歴史』昭和堂, 2006 (Trans. of DOMÍNGUEZ ORTIZ, A., *España: Tres milenios de Historia*, Madrid, 2000).

ビーベス, 1975: ビーベス『スペイン：歴史的省察』岩波書店, 1975 (Trans. of VICENS VIVES, J., *Aproximación a la historia de España*, Barcelona, 3rd ed., 1962).

ピレンヌ, 1960: ピレンヌ『ヨーロッパ世界の誕生　マホメットとシャルルマーニュ』創文社, 1960 (Trans. of PIRENNE, H., *Mahomet et Charlemagne*, Paris & Bruxelles, 1937).

ファクンドゥス写本, 1998: ゴンザレス・エチェガライほか解説（大高保二郎, 安發和彰訳）『ベアトゥス黙示録註解：ファクンドゥス写本』岩波書店, 1998 (Trans. of GONZALEZ ECHEGARAY, J., YARZA LUACES, J. et al., *Comentarios al Apocalipsis de Beato de Liébana*, 1994, 1995).

フォション, 1970: フォション『西欧の芸術 I　ロマネスク』鹿島出版会, 1970 (Trans. of FOCILLON, H., *Art d'Occident, Le Moyen Âge Roman*, Paris, 1938/1965).

――, 1971: IDEM『至福千年』みすず書房, 1971 (Trans. FOCILLON, H., *L'an mil*, Paris, 1952).

ブラウン, 2002: ブラウン『古代末期の世界　ローマ帝国はなぜキリスト教化したか？』刀水書房, 2002 (Trans. of BROWN, P., *The World of Late Antiquity AD150-750*, London, 1971).

ホーグ, 2001: ホーグ『イスラム建築』本の友社, 2001 (Trans. of Hoag, J. D., *Islamic Architecture*, Milano, 1978).

マンゴー, 1999: マンゴー『ビザンティン建築』本の友社, 1999 (Trans. of Mango, C., *Architettura Bizantina*, Milano, or *Byzantine Architecture*, 1974, 1978, 1980).

ユベール et alii, 1970: ユベール, J.「建築とその装飾」『カロリング朝美術』人類の美術, 新潮社, 1970, pp.1-68 & plates (Trans. of HUBERT, J., *L'Empire carolingien*, L'Univers des Formes, Paris, 1966).

ラウデン, 2000: ラウデン, J.『初期キリスト教美術・ビザンティン美術』岩波世界の美術, 岩波書店, 2000 (Trans. of LOWDEN, J., *Early Christian & Byzantine Art*, Phaidon Press, London, 1997).

ローマックス, 1996: ローマックス, D. W.『レコンキスタ：中世スペインの国土回復運動』刀水書房, 1996 (Trans. of LOMAX, D. W., *The Reconquest of Spain*, London, 1978).

ワット, 1980: ワット, W. M.『イスラーム・スペイン史』岩波書店, 1980 (Trans. of Watt, W. M., *A History of Islamic Spain*, Edimburgh, 1965).

図版出典一覧

（ADAM, 1996) 3-55

（AINAUD, 1976) 3-90a

（ALMAGRO, 2001c) 3-141

（ARBEITER & NOACK, 1999) 3-21, 31

（ARIAS PÁRAMO, 1993) 1-5, 2-18, 3-23, 40b, 40c, 82, 83, 85

（BANGO, 2001) 1-2a, 11, 3-13, 27

（BARRAL, 2001) 3-146

（BORRÁS, 1990) 3-32

（CABALLERO & ARCE, 1997) 3-8b

（CABALLERO & FEIJOO, 1998) 3-5a, 5b

（CABALLERO & LATORRE, 1980) 3-40e

（CABALLERO & SÁEZ, 1999) 3-114

（CABALLERO, ARCE & UTRERO, 2003) 3-6b, 40d

（CAMPS, 1953) 3-99, 100c, 100d, 101c, 101d, 102c, 102d, 103, 104, 105b, 106b, 107b, 108b, 110b, 111b

（CHALMETA, 1989) 4-5

（CONANT, 1959) 2-4

（CRESWELL, 1958) 3-3

（DÍAZ DE ENTRESOTOS, 1976) 3-40a

（DODDS, 1990) 1-9, 3-6a, 17, 30, 41a, 45

（DODDS, 1990) をもとに筆者作成 4-14

（*Edad Media*, 2005) 2-5, 6

（ETTINGHAUSEN & GRABAR, O., 1987) 3-49

（EWERT, 1972) 3-52

（EWERT, 1995) に筆者加筆 3-35

（EWERT et alii, 1997) 3-53, 110a

（FERNÁNDEZ ARENAS, 1972) 4-30

（FILLITZ et alii, 1969) 3-134

（FONTAINE, 1978a) 3-11, 19

（FONTAINE, 1978b) 3-18, 89, 140

（GAYA, 1943) 3-113

（GODOY, 1995) 3-8a

（GÓMEZ-MORENO, 1906) 1-7

（GÓMEZ-MORENO, 1909) 4-8a, 8b

（GÓMEZ-MORENO, 1919) 2-15, 3-37e, 42, 43, 117, 125, 137b, 4-7, 16

（GÓMEZ-MORENO, 1925) 3-98

（GÓMEZ-MORENO, 1951) 3-36b, 109

（HAUPT, 1923) 1-2b

（HAUSCHILD, 1972) 3-119

（HERNÁNDEZ, 1975) 3-34

（HILL & GOLVIN, 1976) 3-50

（HUBERT et alii, 1968) 3-56

巻末資料

(Junyent, 1980) 3-145

(Krautheimer, 2000) 3-47, 48

(Larren, 1990) に筆者加筆3-91

(Lorenzo Fernández & García Álvarez, 1950) 1-10, 3-122

(Luengo, 1947) 3-58

(Martínez Tejera, 2005) 3-147b

(Mata, 1987) 4-20b

(McClendon, 2005) 1-12, 3-135c, 135d

(Mentré, 1996) 2-19

(Montenegro & Blázquez, 1986) 2-11

(Noack, 1985) 3-24

(Núñez, 1989) 3-41b

(Olmo, 1988) 3-28

(Orlandis, 1987) 2-12, 13

(Palol, 1988) 3-4a

(Palol, 1994) 3-1

(Palol & Ripoll, 1988) 2-2, 3-2, 7b, 12, 29, 81, 137a, 4-2

(Pavón, 1994b) 3-131

(Peña Bocos, 1993) 2-7

(Peña, 1996) 3-78b

(Pijoan, 1942) 4-21

(Ramos, 1991) を原図とする4-13

(Regueras, 1990) 3-37f, 57, 120, 148

(*Repertorio Extremadura*, 2003) 3-22, 137c

(Rivoira, 1925) 3-44

(Rollán, 1983) 3-88, 147a

(Tarradellas, 1997) 3-73

(Torres Balbás, 1934) 3-7a

(Torres Balbás, 1957) 2-14, 3-33, 112

(Uranga & Íñiguez, 1971) 3-25

(ウォード・パーキンズ, 1996) 3-130, 142

(ユベール, 1970) 3-135a, 135b

Ángel Luis Fernández Muñoz 3-40f, 41c

Diario de León, 2004/3/5 3-39

H. Larrén Izquierdo 2-9

Instituto Gómez- Moreno de la Fundación Rodríguez Acosta (Granada) 1-6

Manuel Gómez-Moreno 3-41d

R. Puertas Tricas 2-8

筆者作成 2-3, 3-77, 96, 97, 127, 132

筆者撮影 1-1, 3, 4, 8, 2-1, 10, 16, 17, 3-4b, 9a, 9b, 10a, 10b, 14a, 14b, 15, 16, 20, 26, 36a, 37a, 37b, 37c, 37d, 38a, 38b, 38c, 46, 51, 54, 59, 60, 61, 62, 63, 64, 65, 66, 67, 68, 69, 70a, 70b, 71, 72, 74, 75a, 75b, 75c, 76a, 76b, 78a, 79a, 79b, 79c, 80a, 80b, 80c, 84, 86, 87, 90b, 92, 93, 94a, 94b, 95a, 95b, 95c, 100a, 100b, 101a, 101b, 102a, 102b, 105a, 106a, 107a, 108a, 111a, 115, 116a, 116b, 118, 121, 123, 124, 126, 128, 129, 133, 136, 137d, 138, 139, 143, 144, 149, 150, 151, 152, 4-1a, 1b, 3, 4a, 4b, 6a, 6b, 9, 10, 11, 12, 15, 17, 18, 19, 20a, 22, 23, 24, 25, 26, 27, 28, 29

656

あとがき

　本書の大部分は、これまでの筆者の研究成果を再構成したものなので、明確な初出を挙げることの出来る部分は多くない。

　研究の出発点は2002年2月に東京大学大学院工学系研究科建築学専攻修士論文として提出した「モサラベと十世紀スペインの教会堂」にある。また、第一部、第二部第2-3章、第三部第2章および第4章、第四部第1章という本書の中心的部分の骨格が整えられたのは、スペインのマドリッド・アウトノマ大学美術史学科においてI・バンゴ教授の下DEA請求論文としてまとめ2005年4月に発表した「サンティアゴ・デ・ペニャルバ教会堂」(ITO, 2005a) においてである。このうち、サンティアゴ・デ・ペニャルバの建築的特徴全般を巡っては (ITO, 2005b) において加筆・修正の上抽出した。同じペニャルバを主題に工法的特徴にテーマを限定し、さらに考察を深めたのが、(伊藤, 2006) である。これらを再構成・加筆・修正したものが本書第三部・第四部に活かされた。また、(伊藤, 2005) は第一部第2章の一部となった。第三部第5章の初出は (伊藤, 2007) である。この章に関しても幾つかの点で加筆を行なった。そのほかの部分を書き下ろしたのが本書の下敷きである学位請求論文 (伊藤, 2008) である。

　第三部第2章には、学位論文提出後、恩師鈴木博之への献呈論文集に収録された (伊藤, 2009) とそれを加筆修正して結論部分を大幅に書き換えた (ITO, 2012) の内容が反映されている。第三部第3章は (伊藤, 2012a) に加筆修正を加えたものである。そのほか第三部におけるコルドバ大モスクに関する内容には、(伊藤, 2012b；IDEM, 2014；IDEM, 2015) の成果が一部反映された。

　本書の刊行までは長い道のりであった。2002年にマドリッドに留学してから博士論文提出まで6年、本書の刊行はそこからさらに8年かかったことになる。孤独で、しかし全てが清新だった渡西後の最初の数週間、スペイン語やスペインの公務員と悪戦苦闘した1年目、建築や美術史を専攻する人だけでなく、様々な分野のたくさんの友人に恵まれた3年間の留学生活が、つい昨日のことのように思い出される。博士号取得後の2011-12年に日本学術振興会特別研究員として再びマドリッドに滞在した際には、マドリッド・アウトノマ大学美術史学科のファカルティの一員として温かく迎えられ、学生時代とはまた違った濃密な一年間を過ごすことができた。長く、それなりに苦労もあった研究生活だったが、その成果物である本書だ

けでなく、そこに至るまでに出会った人々や、脇道に逸れて関わった様々な活動が、私の今の財産となっている。何よりもスペインという土地が与えてくれたインスピレーションはかけがえのないものであった。

　本書を執筆するに当たり、出版を勧めて下さった中央公論美術出版社長（当時）の小菅勉氏、編集を担当して下さった鈴木拓士氏のほか、本当にたくさんの先生方や友人のお世話になった。

　東京大学大学院における指導教授、故鈴木博之先生には、卒業論文から博士論文まで足かけ9年間もの間指導を賜った。その間、論文指導の場でもそうだが、ふと垣間見える先生のものの見方や人への伝え方から多くを学んだように思う。尊敬できる建築史家・教育者の下で学ぶことができたのは本当に光栄であった。学生の研究指導をするようになってからは、ふと、ああこういうとき鈴木先生ならどうおっしゃっただろうか、と考えさせられることも多く、当時の自分の不勉強が悔やまれる。歴史系研究室の伊藤毅教授、藤井恵介教授からは、また違った角度から厳しくも温かいご指摘を頂いた。横手義洋助教（当時）は、大学院入学直後から身近な先輩として何かとアドバイスを下さった。研究室の仲間、とりわけ修了が同期かほぼ同期となる鈴木真歩氏、阿部祐子氏、初田香成氏、戸田穰氏との切磋琢磨は、研究を進める大きな原動力となった。

　マドリードへの留学は、1年目にスペイン外務省の給費奨学金をいただけたことで弾みがついた。1年目にはPedro Navascués正教授にいろいろと便宜を図っていただいた。そして2年目以降は、Universidad Autónoma de Madridで指導教官を引き受けてくださったIsidro Bango正教授が研究上の指針を示してくださった。Bango先生が2011-12年に客員講師として迎えて下さらなければ、現在まで続くIsabel Cervera、Fernando Marías、Juan Carlos Ruiz Souza、Susana Calvo、Elena Alcalá、Gerardo Botoら研究者との交友関係は生まれていなかった。ほかにスペインではArtemio Martínez Tejera、Luis Caballero Zoreda、María de los Ángeles Utrero、Ángel Luis Fernández Muñoz、Pedro Marfil、Gregoria Cavero Domínguez、Milagros Guardia、Manuel Núñez、Carlos Tejedor、Joaquín Díaz諸氏から研究上の貴重なアドバイスを頂き、また論文や図版資料を拝見させて頂いた。

　博士号取得後は、なんといっても日本学術振興会特別研究員として快く受け入れてくださり、都市史とフィールドワークの魅力を教えて下さった法政大学の陣内秀信教授に深く感謝したい。とくに陣内先生のインクルーシヴで前向きな姿勢からは多くを学ばせていただいた。陣内研究室で机を並べた稲益祐太氏、樋渡彩氏、Diego Cosa氏にも感謝したい。東京理科大学では熊谷亮平氏にお世話になった。東海大学では小沢朝江教授、渡邉研司教授をはじめとする建築学科の同僚、金沢百枝教授

あとがき

をはじめとするヨーロッパ文明学科の皆様から多くの刺激を頂いた。また学外では、早稲田大学教授（当時）の大髙保二郎先生に本当にお世話になった。研究当初の右も左も分からなかったときから学位請求審査会まで、先生のご指導があったからこそ、博士論文が日の目を見たのだと思う。安發和彰氏、鳥居徳敏氏、木下亮氏、小倉康之氏、久米順子氏、毛塚実江子氏、村井蓉子氏をはじめとするスペイン・ラテンアメリカ美術史研究会の皆様、三宅理一氏、羽生修二氏、深見奈緒子氏、加藤耕一氏、平剛氏をはじめとする中世建築研究会の皆様にも深い感謝の意を表したい。

　マドリッドでの研究生活を支えてくれた友人は無数いるが、とりわけ Alexandre Wagemakers、Esther Alcolea、Maribel Sanz、Marcelo Frydman、Nabil Mouaffak、Rafael Gallegos、Lope Pelillo、José Miguel Sánchez、Julia Rodríguez、Victoria Esteban、Valerio Platania、Rosanna Deflorian、Fernando Carmena 諸氏の名を挙げたい。レオンの David Marcos と Adrián Álvarez、コルドバの Rosa Muñoz Gómez 一家と Ignacio Collado、ジローナの Víctor Masferrer、グラナダの Fidel Garrido をはじめ、多くの方に各地での遺構訪問の際に大変お世話になった。Jorge Almazán 氏からは留学当初から帰国後まで様々な刺激をもらった。帰国後の同居生活で苦楽を共にした村重盛紀氏、村本陽介氏、長引く論文執筆生活を文句を言いながらも支えてくれた両親と妹にも最大限の感謝の意を表したい。最後に、建築を巡る旅に新しい悦楽を見出させてくれた妻船曳桜子と子供たちに、心からお礼を言いたい。

　　2016年12月

伊藤 喜彦

659

著者略歴

伊藤 喜彦（いとう・よしひこ）
1978年生。東京大学大学院工学系研究科建築学専攻博士課程修了。
博士（工学）。2002−05年マドリッド留学。日本学術振興会特別
研究員（法政大学）、東京理科大学工学部第一部建築学科PD研究
員を経て、2017年現在、東海大学工学部建築学科准教授。
専門はスペイン建築史

スペイン初期中世建築史論
──10世紀レオン王国の建築とモサラベ神話──　ⓒ

平成二十九年一月　十　日印刷
平成二十九年一月二十五日発行

著　者　　伊藤　喜彦

発行者　　日野　啓一

印　刷
製　本　　図書印刷株式会社

中央公論美術出版

東京都千代田区神田神保町一-一〇-一
ＩＶＹビル6階
電話〇三-五五七一-四七九七

製函　株式会社加藤製函所

ISBN978-4-8055-0786-5